国家出版基金项目
NATIONAL PUBLICATION FOUNDATION

中華大藏經 續編 175

漢傳撰著部（一） 第一册

中華書局

圖書在版編目(CIP)數據

中華大藏經:漢文部分:續編.漢傳撰著部.一/《中華大藏經·續編》編委會編.—北京:中華書局,2023.9
ISBN 978-7-101-16325-4

Ⅰ.中… Ⅱ.中… Ⅲ.大藏經 Ⅳ.B941

中國國家版本館 CIP 數據核字(2023)第 169608 號

責任編輯:鄒　旭
裝幀設計:周　玉
責任印製:管　斌

中華大藏經(漢文部分)·續編:漢傳撰著部(一)
(全八册)
《中華大藏經·續編》編委會 編
*
中 華 書 局 出 版 發 行
(北京市豐臺區太平橋西里 38 號　100073)
http://www.zhbc.com.cn
E-mail:zhbc@zhbc.com.cn
北京建宏印刷有限公司印刷
*
787×1092 毫米 1/16 · 276¾印張 · 16 插頁 · 3360 千字
2023 年 9 月第 1 版　2023 年 9 月第 1 次印刷
印數:1-300 册　定價:2800.00 元

ISBN 978-7-101-16325-4

《中華大藏經（漢文部分）·續編》編輯委員會

主　編

任繼愈

常務副主編

杜繼文

副主編

方廣錩　潘桂明　李　申　張新鷹

執行副主編（甲部）

楊維中　傅新毅　吕建福

編輯委員會委員（按姓氏筆劃爲序）

王　卡　王邦維　王志遠　王亞榮　方立天　方廣錩　史金波　白化文　任　遠

任文利　任繼愈　吕有祥　吕建福　吴敏霞　李　申　李　勁　李利安　李明友

李富華　杜繼文　何　梅　何孝榮　何勁松　侯　沖　紀華傳　洪修平　孫亦平

陳永革　徐文明　徐蓀銘　卿希泰　郭齊勇　梅德愚　黄心川　黄明信　黄海德

黄燕生　張　弘　張廷銀　張風雷　張新鷹　崔正森　常崢嶸　馮大北　萬　里

董　平　董　群　葛維鈞　傅新毅　楊曾文　楊維中　詹石窗　業露華　温玉成

趙林恩　樓宇烈　閻　韜　劉國强　潘桂明　賴永海　龍　晦　魏道儒　蘇樹華

鍾肇鵬

編輯委員會辦公室工作人員（按姓氏筆劃爲序）

王亞軍　巨　卉　馬左書　郭金昌　許效民

案：主編任繼愈二〇〇九年七月十一日因病逝世後，杜繼文以常務副主編名義履行主編職責。方廣錩、潘桂明分别因爲工作和身體原因從二〇一二年起不再擔任副主編、編委。

《中華大藏經（漢文部分）》的編纂及續編（代總序）

任繼愈

一、《中華大藏經（漢文部分）》編輯出版始末

大藏經，是繼承和發揚佛教歷史上的「結集」傳統，以一定的結構、體例和編輯方式，匯總以佛教經典爲核心的佛教典籍，並通過一定的載體保存傳世佛教文獻的叢書。當今世界佛教的三個系統——南傳佛教、漢傳佛教、藏傳佛教，都有自成體系的大藏經，即南傳巴利語三藏、漢文大藏經和藏文大藏經。其他各種文字的大藏經或佛書集成，都不出對這三種大藏經翻譯、重編的範疇。大藏經不僅對於佛教的存在和發展具有舉足輕重的作用，而且對哲學、歷史、民族、語言、文字、文學、藝術、天文、曆算、醫藥、建築、國際關係等許多領域都産生了深遠的影響，堪稱世界文化的瑰寶。所以，大藏經不止屬於佛教，而且屬於整個人類。

佛教傳入中國兩千多年來，經歷了從一個外來宗教轉變爲中國傳統文化重要組成部分的過程。在這個過程當中，佛教經典的翻譯、佛教義理的詮解、佛教宗派的建立、佛教觀念的普及，無不依賴漢文爲必須的工具；中國原有的思想文化，包括信仰形態，與使用漢文表述的佛教體系之間，相互碰撞，相互

滲透，相互滋養，相互豐富，使誕生於印度的佛教在中華大地上開出了繁盛的花朵，創造了儒、釋、道三家鼎立支撐中國傳統文化整體的壯觀局面。應運而生的漢文大藏經，就是佛教中國化的有力見證和突出標誌。從唐代以前的寫本，到北宋以迄清代的刻本，千餘年間，漢文大藏經版本不斷增加，内容不斷擴充，特别是宋以後歷代王朝都將編輯刊印漢文大藏經作爲「盛世盛舉」的事實，説明了社會各階層的廣大信仰者對於佛教法寶的需求和崇敬，説明了華夏民族對於佛教已經成爲「自己的」精神財富的接納和認可。由於長期的積累、反復的蒐集，也由於中國文化傳統和佛教本身所具有的包容性，漢文大藏經在三種語系的大藏經中，表現出了所收典籍數量最大、涉及時間跨度最長、地區覆蓋面最廣、包含佛教派别最多的特點，它是中外文化交流的結晶，成爲中華傳統文化的三大支柱（儒、釋、道）之一。漢文大藏經不但受到佛教界一以貫之的尊崇和珍愛，而且隨着近現代學術文化事業的開展，越來越受到學術界的廣泛重視和深入研究。

漢文大藏經以其篇幅宏大、版本衆多、歷時久遠聞名於世。雕版印刷術以前，佛經傳播靠手寫流傳。南北朝時北方已有摩崖石刻佛經，刻鑿在崖石上，與造像祈福目的相同。隋代已開始用石板刻經，那是爲了保存佛教經典，以防止兵燹戰亂的破壞。刻在石板上，每塊重達百斤，利於保存，但不便閱讀。十世紀，北宋開寶年間開始以木版印刷藏經，世界上第一部雕版大藏經問世，世稱《開寶藏》。後來遼、金、元、明、清各朝都曾投入大量人力物力雕造藏經。現存公私家刊印的《大藏經》，達二十種之多。辛亥革命後，還出版過鉛字排印的兩種大藏經——《頻伽藏》和《普慧藏》。在國外，漢文版大藏經有《高麗藏》《黄檗藏》《弘教藏》《卍續藏》《大正藏》等。縱觀國内外已出版的各種大藏經，它們的卷數雖然從五千餘卷逐次增加到上萬卷，有的（如日本《大正藏》）至今還是學術研究比較通用的版本，但都不免有這樣那樣的缺點，今天看來，都不算理想的版本。而由於國力不逮，中國佛教界和學術界只能接受十八世紀前期清朝朝廷刻印《乾隆大藏經》（《清藏》，又稱《龍藏》）以後兩百多年間中國没有大規模重新編纂漢文大藏經的憾事。

一九八二年，國務院古籍整理出版規劃小組在全國古籍整理出版規劃會議上，將編輯出版《中華大藏經（漢文部分）》列入國家規劃，委託時任中國社會科學院世界宗教研究所所長的任繼愈主持。這是中國進入新的歷史發展階段以後，以國家的力量支持學術界整理編輯的一部新版漢文大藏經。爲了避免當今流行於世界的日本《大正藏》的缺失，《中華大藏經》力求做到版本要「精」，内容要「全」。該編以一一四九—一一七三年在山西刻印、上世紀三十年代在山西趙城縣廣勝寺發現的稀世孤本《趙城金藏》爲基礎，以歷代大藏經有千字文帙號的部分爲範圍，對勘了《房山雲居寺石經》《資福藏》《影印宋磧砂藏》《普寧藏》《永樂南藏》《徑山藏》《清藏》《高麗藏》等八種大藏經，共收録典籍一千九百三十九種，約一億多字。經過了十三年、先後一百六十人的艱苦努力，一九九四年底全書編纂完成，一九九七年由中華書局出齊全部一百零六册，二〇〇四年又出版了《總目》，至此，《中華大藏經（漢文部分）》圓滿竣工。

《中華大藏經（漢文部分）》是中華人民共和國成立以後我國學術界對浩繁的佛教文獻進行集中整理出版的一個重大成果，先後獲得全國古籍整理成果一等獎、國家圖書獎榮譽獎、中國社會科學院優秀科研成果榮譽獎，還被列入國家禮品目録。

二、《中華大藏經（漢文部分）·續編》的意義與重新啓動緣起

《中華大藏經（漢文部分）》（以下簡稱《正編》）的圓滿完成和巨大成功，促使學術界和社會上日益形成期盼《續編》的呼聲。

實際上，早在一九八二年《正編》起步之初，編纂《續編》的設想就已在醖釀之中，只是由於條件不成熟，《正編》完成之後，《續編》未能立即啓動。隨着《正編》的問世和近二十年來的形勢發展，越來越使人感到《續編》上馬的必要性和迫切性。

按照傳統，以往每個朝代編纂大藏經時，一般都會對前代的大藏經進行整理，並增收新的佛教文獻。漢文大藏經從開始的五千多卷，發展到後來的一萬卷以上，除了因爲漢譯佛經數量有所增加以外，主要是歷代編纂者不斷蒐集增補了以中國佛教文獻爲重心的大量新出新見的佛教文獻及相關資料。這是中華民族十分重視保存文獻資料的良好風氣在佛教領域的體現，也是漢文大藏經之所以具有特殊歷史文化價值的重要原因之一。所增收的佛教文獻形成續藏，從而使大藏經的内容不斷更新、擴展。唐、宋、元、明、清，無不如此。《正編》所收，僅係歷代大藏經的有千字文帙號部分，尚未包括古代各版大藏經所收入的全部佛教典籍（無千字文編號部分），更未包括百年來新發現的佛教文獻，如敦煌遺書，房山石經，西夏故地之新出佛典，六朝以來的散逸佛典（包括散逸在國外的佛典），金石資料中的佛教文獻，各地圖書館、博物館保存的未爲歷代大藏經所收的古代佛教典籍，正史、地方史志、叢書、類書、個人文集中保存的佛教資料，與佛教有關的金石資料等，不勝枚舉。此外，近代以來，湧現了一批從梵文、巴利語、藏文翻譯新譯的漢文佛教典籍，新的佛教研究著作也層出不窮。這些，都不應該被我們編纂的

利用文化遺産正確方針的指導下，新中國社會主義文化建設和古籍整理的全貌。

在今天黨中央提出建設和諧社會與和諧世界的宏大構想面前，編輯出版《中華大藏經（漢文部分）·續編》就顯得更加富有時代意義。它可以進一步突出中國極其豐富的漢文佛教典籍在佛教發展史上無可替代的價值，進一步鞏固中國佛教在世界佛教中的特殊重要地位，進一步增强對中國傳統文化資源的開發和利用，進一步發揮佛教文化成果和佛教學術研究在社會主義先進文化建設中的積極作用，進一步團結宗教界和廣大信教群衆努力構建社會主義和諧社會。總而言之，在《正編》之後接着進行《續編》的編纂工作，是使整個《中華大藏經》事業的社會效益和國際影響進一步擴大的需要，既是錦上添花，又是雪中送炭，而且也完全符合歷史上大藏經編纂的慣例。

二〇〇二年三月，在任繼愈主持下，成立《中華大藏經（漢文部分）·續編》編輯委員會，制訂了工作方案、工作標準，開展了部分業務。然而，《續編》的工程總量數倍於《正編》，遇到的最大困難是經費不足，編輯委員會無法按照原定計劃全面鋪開工作。

二〇〇六年春節期間，中宣部雒樹剛副部長在任繼愈家中問及工作有何困難和要求，得知以上情况，當即表示中宣部願意大力支持，希望儘快提出具體計劃。中央政治局委員、中宣部部長劉雲山等領導同志對《中華大藏經（漢文部分）·續編》編纂工作十分關心，高度重視，委託新聞出版總署負責。新聞出版總署認真研究後，決定向中央財政申請專項資金，支持這項意義重大的文化出版工程。

領導同志和上級機關的支持給了《續編》編輯委員會極大的鼓舞。近日，任繼愈主持召開會議，重新確定了編輯委員會主要負責人員，決定擴大編輯委員會組成範圍，並儘快提交申請專項經費、重新啓動《續編》工作的論證報告。

三、《中華大藏經（漢文部分）·續編》的基本内容、結構和規模

《中華大藏經（漢文部分）·續編》收録典籍的範圍爲《正編》没有收入的漢文佛教典籍，下限截至當代，共約四千種以上，字數在兩億六千萬字左右，是《正編》的一倍多。

《續編》計劃分設如下諸部：

一、印度典籍部，收入印度佛教典籍漢譯本。

二、南傳典籍部，收入南傳佛教典籍漢譯本。

三、藏傳典籍部，收入藏傳佛教典籍漢譯本。

四、漢傳注疏部，收入關於印度佛教、南傳佛教、藏傳佛教典籍的注疏及復疏。

五、漢傳撰著部，收入論述教義的佛教典籍及對這些典籍的注疏與復疏，以及佛教的論文總集、纂輯、僧人個人文集、類書等佛教文獻。

六、史傳地志部，收入各種佛教史傳及佛教歷史地理學著作，包括總史類、别史類、史料集、寺志、山志、僧人行腳紀、各種地方史志中的佛教資料等。

七、懺儀部，收入各種佛教懺儀。

八、疑僞經部，收入各種疑經與僞經。經考證，某些以佛經名義出現的漢文佛教典籍並非傳自古代印度，應該是中國佛教信徒自己編撰的，假佛名以流通；出處尚存疑者被稱爲疑經，證明確係僞託者稱

爲僞經。這些典籍是佛教中國化的極好例證，對於研究佛教與中國社會思想文化的關係價值甚大。

九、論衡部，收入中國儒釋道三家論議佛教的典籍、言論。這是《續編》中極有特色的一個部類，擬從《四庫全書》《四庫存目叢書》《四庫禁毁叢書》《續修四庫全書》《四庫未收叢書》《道藏》及各代總集、别集和各種歷史文獻中選取儒道兩家對佛教的評論和佛教與之論辯的篇什，全面反映歷史上佛教與儒道兩家的關係及其思想交融。

十、外教部，收入歷史上與佛教曾有交涉的國外其它宗教的相關典籍漢譯本，反映出佛教對後傳入中國的外來宗教的影響，可供中外文化交流史等研究領域參考。

十一、目録音義部，收入佛教目録、音義等各種工具書。

根據各典籍派别歸屬、思想傾向、功用形態的不同，對收入上述諸部的典籍，進一步分作若干類，並提供各種必要而實用的檢索手段。通過這一工作，揭示諸經典最本質的特點、内容的相互聯繫與相互間的淵源流變，分門别類地把全部佛教典籍組織成爲一個有内在邏輯聯繫的有機整體，以便於讀者從總體上把握大藏經，並可明確某一典籍在整個大藏經中的地位。

《續編》采用紙本與電子版配套的方式出版。紙本要莊重、典雅、劃一、美觀，便於閱讀與佛教信徒供養。電子版便於攜帶和保藏，專供研究與檢索。

擬收入《續編》的典籍可分爲「歷代大藏經中無千字文編號（包括一部分後增入的有千字文帙號但未能收入《正編》的）」和「新編入藏」兩大部分。

爲使各界對未來《續編》出版後的基本樣態獲得直觀印象，編輯委員會於二〇〇六年四月編印出一册樣書，其中收入了《〈續編〉編纂説明》、十一部類的若干篇目樣稿，共約一百萬字，大十六開精裝，一千零二十四頁。

《續編》如出齊，全套爲兩百六十册左右，擬一次推出；若與《正編》一百零七册並列，堪稱壯觀，足以在我國出版史上留下濃重的一筆。

四、完成《中華大藏經（漢文部分）・續編》的條件和預計進度

《續編》從二〇〇二年開始前期工作到現在，雖然由於經費問題舉步維艱，但畢竟做了一些嘗試，取得了一些收穫，使編輯委員會對重新啓動編纂工作後能夠最終完成這個項目抱有充足的信心。

首先，主編任繼愈身體尚健，仍能居中指揮；常務副主編杜繼文在佛教哲學和佛教思想史方面，是國内公認的重要權威，並有較强的組織管理能力；目前進入編輯委員會的委員，也多是佛教研究的知名學者，而且，他們都可以聯繫和組織一批優秀的青年學者加入《續編》的工作隊伍。

其次，近二十年來，我國自己培養的佛教專業青年學者已達兩百人左右；社會上，熱愛佛學典籍、學有專長、術有專攻的業餘研究者大有人在。這些都構成了《續編》工作可以動員的力量。編輯委員會準備向社會發出招聘啓事，經過嚴格考試、篩選，建立一支專業與業餘相結合、長期與短期相結合、集中與分散相結合的點校工作隊伍，以使編纂進度得到可靠的保證。

第三，《續編》的編纂有《正編》的工作經驗可資借鑑。《正編》的編輯出版前後歷經十三年，參加工作的人員達一百六十人之多，在人員使用、業務管理等方面積累了很多經驗，這些經驗可供《續編》編輯委員會參考，不必完全從頭摸索。

第四，「歷代無編號」部分的資料是現成的，收藏地點相對比較集中，主要工作在於對其中未曾整理出版過現代版本的篇目成批照相複製後進行標點。而「新編入藏」部分，經過這些年的艱苦摸底，目録基本上是清楚的，大部分篇目的采訪方向心中有數。

最後，電腦、互聯網、數碼設備等技術手段的普及運用可以給《續編》的資料收集、標點校勘、文字編輯、影像處理、通訊聯絡、業務管理提供極大的便利，大大提高編纂工作的效率和品質，這些條件在《正編》編輯出版的時候還不具備，而又正是《續編》完全通過重行録入排印形成全新版本所絶對需要的。應該説，《續編》的成功將是建立在先進技術手段的支持之上。這樣的技術條件，十年前還不可想像，目前卻完全能夠達到。

在以上條件的保障下，《中華大藏經（漢文部分）·續編》預計在經費到位後用五年左右的時間就有可能完成。

《續編》完成後，將與《正編》珠聯璧合，《中華大藏經（漢文部分）》將體現中國漢傳佛教典籍之全貌，體現當代中國佛教研究的水準，成爲一座中國歷史上蒐羅最爲廣泛、内容最爲宏富的漢文佛教典籍寶庫，爲當代，爲後人提供詳實、完整、科學、實用的佛教文獻，既可作爲佛教信仰者諷誦的經典，更可爲研究中華傳統文化貢獻力量。

二〇〇六年十一月二十二日

案：本文爲任繼愈先生二〇〇六年十一月二十二日爲重新啓動《中華大藏經（漢文部分）·續編》而提請國家新聞出版總署轉報中央的論證報告（有所節略）。現作爲全書代總序，以寄託對任繼愈先生的深切緬懷。

編纂説明

《中華大藏經（漢文部分）·續編》（以下簡稱《續編》）是列入「十二五」「十三五」國家重點出版物出版規劃的「重大出版工程」項目。任繼愈先生在其向中央提交的論證報告（即本書代總序）中對《續編》的文化意義、啓動緣起、基本内容、規模結構、編纂條件等都做了詳細介紹，此不贅述。

值此出版之際，《續編》編輯委員會和中華書局編輯部有必要對這樣一部鴻篇巨製，在任先生論證報告提交之後、尤其是任先生去世之後的有關進展事項，以及整體的編纂原則做出簡要説明。

《續編》的後續進展

任繼愈先生的論證報告於二〇〇六年年底報送國務院，二〇〇七年三月二十九日得到中央領導批示，獲得支持，《續編》正式步入作爲國家工程的運作軌道。

二〇〇七年十一月四日，任繼愈先生主持召開擴大重組的《續編》編輯委員會全體會議，宣佈《續編》工作重新啓動。因方廣錩教授承擔了國家圖書館敦煌文書的整理出版項目，根據任繼愈先生的意見，《續編》常務副主編改由杜繼文擔任，方廣錩、潘桂明、李申、張新鷹任副主編；其中，方廣錩、潘桂明、李申協助主編和常務副主編負責專業事務，張新鷹協助主編和常務副主編負責行政事務（二〇一二年起，方廣錩、潘桂明分别因敦煌文書整理項目的需要和個人身體原因先後不再擔任副主編、編委）。作爲編纂工作的聯絡協調樞紐，設在北京的編委會辦公室固定人員增加到三名。

在任繼愈先生領導下，《續編》編委會通過考試遴選社會人士，連同部分編委組織聯繫的專業人員，組建起了二百餘人的標點和審讀隊伍，制訂了標點校勘體例和三審流程、工作轉單、點校合同、報酬標準及經費管理使用辦法等一系列相關文件。《續編》標點工作大面積鋪開。

二〇〇九年三月，根據新聞出版總署關於中央領導批准上馬的圖書編纂出版項目統一變更爲國家出版基金項目的要求，由中華書局出面向國家出版基金辦公室履行了規定的重新申報手續，並明確了《續編》仍由《正編》出版單位中華書局出版，由中華書局承擔該項目的主管責任。經過認真考慮和協商，任繼愈先生同意中華書局的設想，將《續編》分爲甲乙兩部，甲部爲歷代大藏經中未被《正編》收録的部分，乙部爲「藏外」文獻、近現代新譯新編典籍。之所以對編纂計劃做出這樣的調整，是因爲甲部内容範圍相對清晰，便於國家出版基金規劃管理辦公室掌握預期成果規模，據以確定經費資助額度和資助年限；而乙部範圍比較寬泛，在其收録邊際尚存在一些模糊的情況下，短期内難以確定總體規模和完成時間。根據現有管理要求，這個調整應該説是實事求是的。目前出版的《續編》就是申報國家出版基金並獲得批准的「甲部」的範圍。

二〇〇九年六月一日，任繼愈先生在北京醫院病床上與中華書局簽署了「甲部」的出版合同。這份合同是任繼愈先生親筆簽署的最後一份文件。七月十一日，任繼愈先生與世長辭，享年九十三歲。彌留之際，他還在昏迷中反復叨念「中華藏」，喃喃不捨。《續編》成了他最爲牽掛的未竟事業，也爲他的學術生涯寫下了濃重的絶筆。

任繼愈先生去世後，杜繼文先生以常務副主編名義擔負起主編職責。二〇〇九年十一月，杜繼文主持召開會議，明確了任繼愈先生逝世後《續編》的工作思路和基本分工。爲加快工作進度，二〇一〇年一月，杜繼文親自協調，支持楊維中教授牽頭組建了以南京大學哲學系師生校友爲主的近百人團隊，承擔從標點到二審的「一攬子」工作流程。隨後又在陝西、浙江、山西建立或試行了類似的團組工作模式，會同分散在北京、上海、蘇州等地的學者和社會人士，進一步嚴密了標點人力網絡，提高了專業工作和管理工作效能。自二〇一〇年至二〇一七年，編委會每年都召開一次年度編纂工作會議，協調解決工作中的各種問題。二〇一八年六月，《續編》的點校工作基本結束，全面轉入編校出版流程。

根據工作需要和參與深度，在任繼愈先生生前確定的涵蓋老一代和中生代諸多知名佛教及中國哲學研究者的編委會名單保持不變的基礎上，杜繼文先生增補了以中青年學者爲主的若干位編委，又聘請南京大學楊維中教授、傅新毅教授，陝西師範大學吕建福教授任甲部執行副主編。這幾位執行副主編不僅在編纂點校階段承擔領導集體團隊、協助審讀定稿等重要職責，在中心工作轉入編輯出版階段以後，吕建福、傅新毅教授又接受了配合中華書局編輯部通讀校樣的艱巨任務。此前，傅新毅教授還受杜繼文先生委託，完成了至關重要的甲部目録的編製工作。

《續編》的編纂方案

《續編》甲部的收録範圍，爲中國歷代藏經及《高麗藏》《卍正藏》《新纂卍續藏》《大正藏》（第一至五十五册及第八十五册）所收，而《中華大藏經（漢文部分）》正編未收的佛教典籍。有關日本著述部分，《續編》甲部僅收《頻伽》《普慧》二藏（代表國人對日本著述之基本評估）所收者。

《續編》甲部篇目總數爲兩千二百七十二種（含存目四十八種），八千四百九十六卷，總約兩億字。全編每經一個序號，列爲十大部類（任繼愈先生曾提出《續編》分爲十一部類的設想，其中包括從各代總集、別集和各種歷史文獻中選取儒道兩家對佛教的評論和佛教與之論辯的篇什，全面反映歷史上佛教與儒道兩家關係及其思想交融的「論衡部」。由於論衡部内容均屬乙部範圍，甲部未設此部類）。各部類名稱、所含經號範圍具體如下：

一、印度典籍部（第一—一九九號），收入印度佛教典籍漢譯本，包括經律論及密教文獻等。

二、南傳典籍部（第二〇〇—二〇五號），收入南傳佛教典籍漢譯本。《續編》甲部所收，爲近代翻譯而被收入《普慧藏》者，其他南傳三藏及藏外文獻之漢譯本，擬在《續編》乙部選擇收録。

三、藏傳典籍部（第二〇六—二〇八號），收入藏傳佛教典籍漢譯本。《續編》甲部所收，爲《大正》《卍續》二藏收録之清代譯籍，其他歷代譯籍（如《大乘要道密集》等）及近現代翻譯的甘珠爾、丹珠爾文獻等，擬在乙部選擇收録。

四、漢傳注疏部（第二〇九—九二一號），收入漢地及古代朝鮮、古代日本與漢地佛教有交涉的著述中有關印度佛教、南傳佛教、藏傳佛教的典籍的注疏、復疏。

五、漢傳撰著部（第九二二—一八八八號），收入漢地及古代朝鮮、古代日本與漢地佛教有交涉的著述中論説教義的典籍，和有關這些典籍的注疏、復疏，以及論文總集、僧人詩文别集等佛教文獻。

六、禮懺部（第一八八九—一九六三號），收入佛教的各種懺儀及其注疏、禮讚文等。

七、史傳地志部（第一九六四—二一五四號），收入各種佛教史書及佛教歷史地理學著作，包括通史類、雜史類、史料集、僧傳、燈録、年譜、寺志、山志、僧人行記等。

八、疑似部（第二一五五—二二二五號），收入各種疑經與僞經。凡較爲公認係疑僞者收入此部，否則入「印度典籍部」。

九、音義目録部（第二二二六—二二六五號），收入佛教音義、目録等各種工具書。

十、外教部（第二二六六—二二七二號），收入歷史上與佛教曾有交涉的其他宗教的漢語典籍，如道教、印度教、耆那教、摩尼教、景教等的相關文獻。

《續編》編纂工作開始後，各級領導、各界人士都給予了熱心關注和大力支持。他們或在項目論證時欣然首肯，或在文獻資料方面慷慨捐贈，或者利用寺院條件爲編纂工作提供便利，成爲《續編》工作順利推進的重要助緣。我們在此對他們的雅情高誼表示衷心的感謝！

編輯委員會辦公室的王亞軍女士、馬左書先生、許效民先生，在超過十年的時間裏，他們各司其職，分工合作，在困難條件下擔負了極其繁重瑣細的事務，爲分散在全國各地的編纂業務承擔者提供高效率、全方位服務，保證了標點整理階段各個環節的聯絡、溝通和人力、財力的順暢調度，履行了全盤工作中心樞紐的職能。他們的工作，得到《續編》編纂項目全體參加者的好評。我們也向他們三位以及參加辦公室二〇〇五年以前工作的郭金昌先生和二〇一〇年以後擔負南京團隊行政事務管理的巨卉女士表示衷心的感謝！

《中華大藏經（漢文部分）・續編》編輯委員會

中華書局編輯部

二〇一八年十一月

編校凡例

一、全編分十部，每部以篇章頁標明起始。

二、全編所收各類文獻統一編號，序號標於經題前，如「〇〇〇一 般若波羅蜜多心經」。

三、凡一種文獻有兩種以上版本且文字出入較大，無法在同一文本中會校者，則分别予以整理，並在經題下括注「别本」以示區分。部分文獻《中華大藏經（漢文部分）》正編曾予收録，别本則收入續編，讀者可互爲參照。

四、目録中於經題下簡要注明著譯者信息，部分失譯經論僅標明譯出時代。相關信息據可靠文獻資料，略有改訂。如原本未提供明確的著譯者信息且難以考證者，則付之闕如。

五、整理所據底本、校本，於首條校勘記中説明；敦煌遺書的編號皆用漢字表述。底本信息描述方式爲「底本據《大正藏》」「底本據《卍續藏》」「底本據《嘉興藏》」「底本據《房山石經》」「底本據斯（或「伯」「北敦」等）××××號」等；使用校本者，描述方式爲「底本據《嘉興藏》，校本據《大正藏》」等。

六、録文基本遵從底本原貌，僅對部分版刻誤字、避諱字、舊字形作修改，不再出校。底本殘缺文字以「□」表示，底本殘缺且難以確定字數者以「□……□」表示，底本文字難以辨識者以「◇」表示。

七、科文均影印收録。底本天頭地脚中科分、批注等内容，酌情移置正文相應段落後或校勘記中。

八、注疏中的注文、疏文較所釋經論原文退兩格，偈頌、真言亦較長行退兩格，個别結構較複雜的文獻特殊處理。

九、底本所附寫經、刊刻尾記，有一定版本參考價值者亦予收録，空一行録於尾題後。

一〇、底本明顯錯誤之處改正出校，底本疑誤或兩通之處出校存疑，適當參考底本、校本原校勘記及其他相關文獻。篇幅較短的校勘記置於篇末，篇幅較長的校勘記則分别置於各卷或與之同級的各分、各篇等之後。

一一、標點視文獻具體情况，以疏通文意爲主，至少采用逗號、句號和書名號三種標點符號；因實際需要，部分文獻采用了多於三種的標點符號，亦予以保留。除個别文獻外，偈頌、真言一般不加標點。不論采取何種標點方法，每種文獻内部保持統一。

一二、篇幅較長的文獻，頁眉除經題外，另標明卷次、篇章簡稱如「卷上」「卷一」「第一品」等，以便讀者翻閲；篇幅較短的文獻，頁眉則僅標明經題。

一三、整理者姓名署於篇末。署名方式爲「（某某整理）」「（某某、某某整理）」「（卷×至卷×由某某整理，卷×至卷×由某某整理）」等。

一四、梵文字母采用由崔文治先生重新摹寫的字體。

第一七五册目録

漢傳撰著部

漢傳撰著部

〇九二二

奉法要（存目）[一]

晉郤超集

校勘記

〔一〕此本出《弘明集》卷十三。《弘明集》已收入《中華大藏經（漢文部分）》正編第六二册第一一九〇號，此處存目。

○九一三

鳩摩羅什法師大義[一]

鳩摩羅什法師大義卷上

宋國廬山慧遠法師，公少瞻儒道，擅堅白之名，及脱俗高尚，亦江左須彌。凡所述作，莫非皆是實歸之路。默問常安[二]草堂摩訶乘法師鳩摩羅什。

《苻書》云，什是天竺大婆羅門鳩摩羅炎之子也，其母須陀洹人。什初誕生，圓光一丈，暨長超絶，獨步閻浮，至乎歸伏異學，歷國風靡，法集之盛，雲萃草堂。其甘雨所洽者，融、倫、影、肇、淵、生、成、叡八子也。照明之祥，信有徵也。

大乘經中深義，十有八途，什法師一一開答。今分爲上、中、下三卷，上卷有六事，中卷有七事，下卷有五事。

初問答真法身　次重問答法身
次問答法身像類　次問答法身壽量
次問答三十二相　次問答受決

○初問答真法身

遠問曰，佛於法身中爲菩薩説經，法身菩薩乃能見之。如此，則有四大五根。若然者，與色身復何差别，而云法身耶。經云，法身無去無來，無有起滅，泥洹同像。云何可見，而復講説乎。

什答曰，佛法身者，同於變化，化無四大五根。所以者何。造色之法，不離四大。而今，有香之物，必有四法，色、香、味、觸。有味之物，必有三法，色、味、觸。有色之物，必有二法，有色、有觸。有觸之物，必有一法，即觸法也。餘者，或有或無，如地，必有色、香、味、觸。水，有色、味、觸。若水有香，即是地香，何以知之，真金之器用承天雨，則無香也。火，必有觸，若有香者，即是木香，何以知之，火從白石出者，則無香也。風，但有觸，而無色也。若非色之物，則異今事，如鏡中像、水中月，見如有色，而無觸等，則非色也。化亦如是，法身亦然。

又，經言法身者，或説佛所化身，或説妙行法身[三]性生身。妙行法性生身者，真爲法身也。如無生菩薩，捨此肉身，得清淨行身。又如《法華經》説，羅漢受起[四]爲佛。經復云，羅漢末後之身。是二經者，皆出佛口，可不信乎。但以羅漢更不受結業形，故説言後邊耳。譬如法身菩薩，淨行生故，説言作佛。如是佛事，雖皆是實，而有參差，有真有僞。真法身者，遍滿十方虚空法界，光明悉照無量國土。説法音聲，常周十方無數之國，具足十住菩薩之衆，乃得聞法。從是佛身方便現化，常有無量無邊化佛，遍於十方，隨衆生類若干差品而爲現形，光明色像，精麤不同。

如來真身，九住菩薩尚不能見，何況惟越致及餘衆生。所以者何。佛法身者，出於三界，不依身、口、心行，無量無漏諸淨功德本行所成，而能久住，似若泥洹。真法身者，猶如日現。所化之身，同若日光。如《首楞嚴經》，燈明王佛壽七百阿僧祇劫，與此釋迦同，是彼一身，無有異也。若一佛者，此應從彼而有。法性生佛所化之佛，亦復如是。

若言法身無來無去者，即是法身實相，同於泥洹，無爲無作。又云，法身雖復久住，有爲之法，終歸於無，其性空寂。若然者，亦法身實相，無來無去。如是雖云法身説經，其相不生不滅，則無過也。

遠領解曰，尋來答要，其義有三，一謂法身實相，無來無去，與泥洹同像。二謂法身同化，無四大五根，如水月、鏡像之類。三謂法性生身，是真法身，能久住於世，猶如日現。此三各異，統以一名，故總謂法身。而傳者未詳辨，徒存名而濫實，故致前問耳。君位序有判，爲善。

○次重問法身并答

遠問曰，法身實相無去無來，《般若經》中法上菩薩答常悲，已有成觀。又，法身同化，如鏡像之類，方等諸經引喻言，日月宮殿不移，而光影現於江河。此二條，是所不疑。

今所問者，謂法性生身，妙行所成。《毗摩羅詰經・善權品》云，如來身者，法化所成。來答之要，似同此説。此一章所説列法，爲是法性生身所因非。若是前因者，必由之以致果。聞〔五〕致果之法，爲與實相合不。若所因與實相合，不離〔六〕餘垢，則不應受生。請推受生之本，以求其例。

從凡夫人，至聲聞得無著果最後邊身，皆從煩惱生，結業所化也。從得法忍菩薩，受清淨身，上至補處大士，坐樹王下取正覺者，皆從煩惱殘氣生，本習餘垢之所化也。自斯以後，生理都絶。夫生者，宜相與癡言。若大義所明，爲同此不。若同此，請問所疑，得忍菩薩，捨結業受法性生身時，以何理而得生耶。若由愛習之殘氣，得忍菩薩煩惱既除，著行亦斷，尚無法中之愛，豈有本習之餘愛。設有此餘，云何得起，而云受身。爲實生爲生耶，不生爲生乎。若以不生爲生，則名實生，便當生理無窮。若以生爲生，則受生之類，皆類有道。假令法身菩薩，以實相爲已住，妙法爲善因，至於受生之際，必資餘垢以成化。但當换之，以論所有理耳。

今所未了者，謂止處已斷，所宅之形，非復本器，昔習之餘，無由得起。何以知其然。煩惱殘氣，要從結業後邊身生，諸〔七〕以効明之。向使問舍利弗，常禪定三昧，聲色交陳於前，耳目無用，則受淡泊而過。及其在用，蹔過鼻眼之凡夫，便損虧大乘〔八〕，失賢〔九〕支想。所以爾者，由止處未斷，耳目有所對故也。至於忘對，由尚無用，而況絶五根者乎。此既煩惱殘氣，要由結業五根之効也。假使慈悲之性，化於受習之氣，發自神本，不待諸根。四大既絶，將何所攝，而有斯形。陰陽之表，豈可感而成化乎。如其不可，則道窮數盡，理無所出。水、鏡之喻，有因而像。真法性生，復何由哉。

什答曰，後後[一〇]五百歲來，隨諸論師，遂各附所安，大小判別。小乘部者，以諸賢聖所得無漏功德，謂三十七品，及佛十力、四無所畏、十八不共等，以爲法身。又以三藏經顯示此理，亦名法身。是故天竺諸國皆云，雖無佛生身，法身猶存。大乘部者，謂一切法無生無滅，語言道斷，心行處滅，無漏無爲，無量無邊，如涅槃相，是名法身。及諸無漏功德，并諸經法，亦名法身。所以者何。以此因緣，得實相故。又，大乘法中，無決定分別是生身是法身，所以者何。法相

畢竟清淨故。而隨俗分別，菩薩得無生法忍，捨肉身次受後身，名爲法身。所以者何。體無生忍力，無諸煩惱，亦不取二乘證，又未成佛，於其中間所受之身，名爲法性生身。

然諸論師，於此法身，而生異論。或言無諸煩惱者，已得涅槃，不應復生，如如[一一]《自在王經》說，佛告自在王菩薩，我於燃燈佛時，通達四自在，即於爾時已得佛道，入於涅槃，是吾末身也。自在菩薩言，若爾時得涅槃者，從是以來復何所作。佛言，自利已辦，但爲教化衆生，淨佛國土，具足諸神通力威德故。以此因緣，可知身分雖盡，常以化身度脱衆生。

或言，是事不然。所以者何。若爾時得涅槃實道者，身分都盡，又無心意，云何能現化五道，度脱衆生，淨佛土耶。譬如實有幻師，然後能幻事，若無幻師，則無幻事。是故菩薩得無生法忍，雖無煩惱，應有餘習。

如阿羅漢成道時，諸漏雖盡，而有殘氣。但諸羅漢於諸衆生中無大悲心，諸有餘習更不受生。而菩薩於一切衆生深入大悲，徹於骨髓，及本願力，並證實際，隨應度衆生，於中受身，存亡自在，不隨煩惱。至坐道場，餘氣及盡。若不爾者，佛與菩薩不應有别。

或言，得無生法忍菩薩有二，一者得五神通，二者六神通。得五神通者，煩惱成就，但不現前。如人捕得怨賊，繫之在獄，不能爲患。如是諸菩薩無生忍力故，制諸煩惱，永不復生，但以清淨心，修六波羅蜜功德。如凡夫人，成就三界煩惱，上二界煩惱不現在前，雖有煩惱，無所能爲。住五神通，種種現化，度脱衆生，故留餘結，續復受生。若無殘結，則無復生。猶如責米，故留縠種。漸漸具足六波羅蜜，教化衆生，淨佛國土。乃坐道場，捨煩惱結，然後成佛。具六神通者，所作已辦，自利已〔三〕足，如阿羅漢、辟支佛，無復異也。此身盡已，更不受生，但以本願大悲力故，應化之身相續不絶，度衆生已，自然成佛。所度既畢，自然而滅。先是實滅，以汲引衆生故，變化其身，令復示其都滅。

又，三藏論師，菩薩雖得六神通，不盡諸漏。行四無量心，生色界中，乃至末後身，生羅睺羅，於尼連禪河浴，爲大水所漂，力不能制，嫌憒五人捨我而去。坐道場時，以十六心，得阿那含。以十八心，斷無色界結。以三十四心，破一切煩惱，得一切智。成佛已，具受人法飢、渴、寒、熱、老、病、死等。雖心得解脱，身猶有碍，但以一切智慧大悲心爲勝耳。

如是等諸論義師，皆因佛語，説菩薩相，於是各生異端，得中者少。意謂菩薩得無生法忍，捨生死身，即墮無量無邊法中。如阿羅漢，既入無餘涅槃，墮在無量無邊法中，不得説言若天若人，若在若滅。何以故。因緣故名爲人，因緣散自然而息。無有一定實滅者，但名有變異身。得如是法門，便欲滅度時，十方佛告言，善男子，汝未得如是無量無邊見頓〔一三〕佛身，又未得無量禪定智慧等諸佛功德，汝但得一法門。勿以一法門故，自以爲足。當念本願，憐愍衆生，令不知如是寂滅相故，墮三惡道，受諸苦惱。汝所得者，雖是究竟真實之法，但未是證時。爾時菩薩，受佛教已，自念本願，還以大悲入於生死。是菩薩，名之不在涅槃，不在世間，無有定相，以種種方便度脱衆生。

設有問言，菩薩答爾，無復實生，受〔一四〕懃苦，無諸惱患，功勳甚少。應答，是事不然。著於凡夫時，以顛倒著心，要期果報，雖修苦行，皆非實行。今得諸法實相，具涅槃樂，而入生死化度衆生，是爲希有。

設復問言，若此人戲想都滅，又無我心，何復以功德希有耶。應答，菩薩之心無有斯事，但爲分別者，言有大有。如師子有大力，不以爲大，但餘狩以爲大耳。又如神藥，爲益衆生故，出於世間，而無分別，但餘人知有大力。如〔一五〕之人，言身畢竟寂滅相，如幻，如夢，如鏡中像，不可以生相、不生相爲難。何以故。此人墮在無數量，不應以戲論求之。但以人妄謂，菩薩有至道場，盡諸結使，斷彼意故，説言菩薩唯有結使殘氣耳。

如大乘論中説，結有二種，一者，凡夫結使，三界所繫。二者，諸菩薩得法實相，滅三界結使，唯有甚深佛法中，愛、慢、無明等細微之結，受于法身。愛者，深著佛身及諸佛法，乃至不惜身命。無明者，於深法中，不能通達。慢者，得是深法，若心不在無生忍定，或起高心，我於凡夫得如是寂滅殊異之法。此言殘氣者，是法身菩薩結使也。以人不識故，説名爲氣。是殘氣不能使人生於三界，唯能令諸菩薩受於法身，教化衆生，具足佛法。譬如凡夫結使，或有鄣天人道者，所謂邪見、瞋恚、慳、嫉等，以甚惱害衆生故。或有不鄣者，所謂身見、戒取、愛、慢、無明等，以其不惱衆生故。結使或生三界，亦如是。是故菩薩亦名得解，亦名未脱，於凡夫結使爲脱，於佛功德結使未脱。或言，得六神通，爲盡三界結使故。或言，得五神通，爲未破菩薩結使故。

又言，尚無法中之愛者，謂無凡夫、二乘法中之愛。所以者何。菩薩出過二地故，如須陀洹，知一切法無常苦患，即不生愛。若心不在道，即有所愛。又如羅漢，於一切中無所愛，於佛法中，而有所愛。如舍利弗、摩訶迦葉，聞佛甚深智慧無量神力，便與以言，若我本知佛功德如是者，在於地獄中，寧一脇著地，乃至逕劫，於佛道中，心不應有悔。又諸聲聞皆大號泣，聲振三千大千世界，云何乃失如是大利。是故二乘成道，雖斷三界愛結，於佛功德法中，愛心未斷。諸菩薩忽[一六]如是，無生忍力故，總言一切無所愛，而念佛恩重，深愛佛法，但不起戲論耳。若於一切法中，已斷愛者，即不復能具足上地，而此人未滿應滿，未得應得。

又言，正[一七]處已斷，所宅之形非復本器，昔習之餘，無由得起者，三界外形現妙，愛習之餘亦微，是故設復異形，理相因發，即無過也。

又，此涅槃而爲鄣，如大乘經，一切法從本以來，常寂滅相，一切衆生，所作已辦，但無明等諸結使鄣故，不能自知我等即是寂滅相。菩薩如是滅除鄣碍，爾乃自知我今作佛。若無菩薩結使鄣者，先已是佛。

有三種鄣，一者三界諸煩惱，鄣涅槃道。二乘，菩薩結使，鄣於佛道，此最難斷，以其微隱故。譬如怨賊界[一八]避，內賊難識難知。得無生法忍時，世間實相，雖破凡夫結使，未除佛道結使，於佛道中，猶有錯謬。若無錯謬，得無生法忍時，即應是佛。若欲教化衆生，淨佛國土，便可一時頓具。何以故。得先碍實智故。所以不得爾者，以有微鄣故。

又，無生忍力，但能破邪戲論等，示諸法實相，後得佛時，乃於一切法中通達，無近無遠，無深無淺。問[一九]有菩薩阿毗曇，當廣分別結使相，如聲聞阿毗曇，廣分別根本十結。

又，言四大既絶，將何所搆，而有斯形者，既云生塗不絶，法身之應無所疑也。但阿毗曇法、摩訶衍法，所明各異，如《迦旃延阿毗曇》說，幻、化、夢、響、鏡像、水月，是可見法，亦可識知，三界所繫，陰、界、入所攝。大乘法中，幻、化、水月，但誑心眼，無有定法。又小乘經說，化人爲何界所攝。答，無處所。今以大乘法，論說法身，無有四大五根，幻化之事。肉眼所見，尚無所攝，何況法身微妙耶。是故但無三界麤四大五根耳，爲度衆生因緣故現，緣盡則滅，譬如日現清水，濁則不見。如是諸菩薩，常在法性中，若衆生利根、福德清淨者，即隨其所見應度之身。

復次，若欲求其實事者，唯有聖人，初得道時，所觀之法，滅一切戲論，畢竟寂滅相。此中涅槃相、生死相尚不可得，何況四大五根。如是不應以四大五根爲實，謂無此者即不得有法身也。如一有爲法，皆虚妄不實。有爲法者，即是五陰。五陰中最麤者，所謂色陰。若然者，虚妄之甚，不過四大。所以者何。思惟分裂[二〇]，乃至微麤亦復不有，論中廣說。但於凡夫數法和合，得名色陰。色陰無有決定，何況四大五根。是故不得以凡夫虚妄所見色陰，以爲實證，而難無量功德所成之身。若欲取信者，應信法身。如經中說，所有色，皆從四大有，爲三界繫使因緣故。說菩薩法身四大五根，同如變化，不得以之爲一也。又，欲界、色界衆生，以四大五根桎梏，不得自在。乃至阿羅漢、辟支佛，心雖得離三界之累，形猶未勉寒熱飢渴等患。法身菩薩即不然，無有生死，存亡自在，隨所變現，無所罣碍。

○次問真法身像類并答

遠問曰，衆經說佛形，皆云身相具足，光明徹照，端正無比，披服德式，即是沙門法像。真法身者，可類此乎。若類於此，即有所疑。何者。佛變化之形，託生於人，於〔二〕人中之上，不過於轉輪聖王。是故世尊表出家之形、殊妙之體，以引凡俗。此像類大同，宜以精麤爲階差耳。且如來真法身者，唯十住之所見，與群麤隔絕。十住無師，又非所須。縱使有待於來，足不俟之以進業，將何所引，而有斯形。若以功報，自然不期而後應，即菩薩不應標捤有位，以立德本。

什答曰，佛法身、菩薩法身，名同而實異。菩薩法身雖以微結，如先說。佛法身即不然，但以本願業行因緣，自然施作佛事。如《密迹經》說，佛身者，無方之應，一會之衆生，有見佛身金色，或見銀色，車渠、馬瑙等種種之色。或有衆生見佛身與人無異，或有見丈六之身，或見三丈〔三〕，或見千萬丈形，或見如須彌山等，或見無量無邊身。如以一音，而衆生隨意所聞。或有聞佛音聲崇濡微妙，如迦陵頻伽鳥、白鵠之聲，如獅子吼聲，如野牛王聲，如打大鼓之聲，如大雷聲，如梵王聲等，種種不同。有於音聲中，或聞說布施，或聞說持戒、禪定、智慧、解脫、大乘等，各各自謂爲我說法，是法身神力無所不能。若不爾者，何得一時演布種種音聲、種種法門耶。當知可皆是法身分也。

白淨王宮佛身，即是法身分，不得容有像類。何以故。釋迦牟尼佛身，能一時於千萬國土皆作佛事，種種名號，種種之身，教化衆生。

言十住無師者，爲下凡夫、二乘、九住已還可，非於諸佛言無師也。乃至坐道場菩薩，尚亦有師，何況十住。如《十住經》中說，菩薩坐道場欲作佛，爾時十方佛口中放光明，來入其頂。是菩薩即時深入無量三昧、諸佛三昧、陀羅尼、解脱等。通達過去未來劫數，無量劫爲一劫，一劫爲無量劫。一微塵爲無量色，無量色爲一微塵。分別無量十方三世國土名號，及衆生名字、行業、因緣本末、種種解脱道門次第。以一心[三]相應慧，通達一切法，得無礙解脱，名之爲佛。無礙解脱是佛法之根本，如經說，十住菩薩當知如佛。是佛讚歎十地功德，如讚誦《法華》者，即爲是佛。又言，我以兩肩荷負此人。又如《放鉢經》中，文殊師利語彌勒大士，汝可取鉢。彌勒不能取之。文殊師利即中其臂，下方取鉢。爾時彌勒語文殊師利，汝今雖有如是之力，我作佛時，如汝之比，無量無數，不能知我舉足下足之事。而此大菩薩，皆是十住，施佛法不可思議，皆不能及。又文殊、彌勒等，於佛法中，處處多有所問，或爲利益衆生故，或復自爲利益，使得甚深佛法故。若然者，云何言十住無師耶。

又，諸大菩薩，不分別是麤是細，能觀一切法皆細，能觀一切法皆麤。如《般若波羅蜜經》中說，須菩提言，世尊，般若波羅蜜甚深。佛言，菩薩觀般若波羅蜜，觀淺亦失，是故不得說如眼所見爲麤，心所見爲細。大菩薩聞已，離於眼等諸根，但以法界從佛聞法。如《不可思議解脱經》中說，文殊師利與十方菩薩在佛會中共坐聽法，而能有身南國遊行。

又，大菩薩常在定中而能見佛聽法，聲

所不能及。如《思益》中說，普華菩薩問舍利弗，汝入滅盡定，能聽法不。答言，不能。菩薩即能。

如是，法身菩薩所能行，無量不可思議。若有果報生身五[二四]根者，可有此難，精麤不同。然體平等者，身心無復差別之相。

復有人言，法身菩薩利益衆生故，以眼等見佛聞法施立供養而有所聞。所以者何。欲爲開引新發意菩薩故。

○次問真法身壽量并答

遠問曰，凡夫壽，皆行業之所成，成之有本。是故，雖精麤異，體必因果。乘來答云，法身菩薩非身、口、意業所造。若非意業，即是無因而受果，其可然乎。如其不然，妙體之來，由何而得。

又問，從法忍菩薩，始還法身，暨于十住，精麤優劣，不可勝言。其中所受，皆有命根長短，亦應隨精麤而爲壽量。自十住已還，不復精論。今所聞者，旨在十住。《十住經》說，十住菩薩，極多有千生補處，極少至一生補處者。此即是法身生，非若是者，必爲功報轉積，漸造於極，以至一生也。爲餘垢轉消，生理轉盡，以至一生乎。若餘垢轉消，即同須陀洹七生之義，以聖道力故，不至於八。今十住不過千生者，爲是何力耶。若是遍學時道力所制者，即生理有限，不得至千。以是而推，即不同生七可知。

若功報轉積理極故，唯一生者，一生即是後邊身。身盡於後邊，即不得不取正覺。若不得不成，何故菩薩有自誓不取正覺者。自誓之言，爲是變化形，爲真法身乎。若變化形者，便是推[二五]假之說。若是真法身者，數有定極，即不得有自誓無窮之言也。

什答曰，今重略叙。法身有二種，一者，法性，常住如虛空，無有爲無爲等戲論。二者，菩薩得六神通，又未作佛，中間所有之形，名爲後[二六]法身。法性者，有佛無佛，常住不壞，如虚空無作無盡。以是法八聖道分、六波羅蜜等，得名爲法。乃至經文章句，亦名爲法。如須陀洹，得是法分，名爲初得法身。乃至阿羅漢、辟支佛，名後得法身。所以者何。羅漢、辟支佛，得法身已，即不復生二[二七]界。是佛分別三乘義，故不説有法所去處。准《法華經》，有此説耳。若處處説者，《法華經》不名爲秘要之藏。又，亦不能令人多修習涅槃道，盡諸漏結。是故天竺但言歌耶，秦言或名爲身，或名爲衆，或名爲部，或名法之體相。或以心，心數法名爲身，如經説六識身、六觸身、六受身、六愛身、六相[二八]身、六思身等。

始八聖道等衆事和合，不相離故，得名爲身。得無生法忍菩薩，雖是變化虚空之形，而與肉身相似故，得名爲身。而此中真法身者，實法體相也。言無身、口、意業者，是真法身中説。或有人言，得無生法忍菩薩，解能[二九]業相，壞三界業故，但以大悲心起菩薩事，以壞業故，名爲無業，謂無如凡夫分別之業耳。如佛言，我從得佛已來，不復起業，滅業相故，名爲非業。又，諸菩薩，有所起業，皆與無生忍合故，名爲無業。是故菩薩施業中，不分別取相，名爲無業。

經言千生者，所未聞故，不得委要相答耳。如普賢、觀世音、文殊師利等，是十住菩薩，具足佛十力、四無所畏、十八不共法，以本願廣度衆生，故不作佛。如《文殊師利受記經》中説，若干阿僧祇劫，當得作佛。而釋迦文佛等，皆以文殊師利爲發意因緣，爾時勢力已成。如是推求本末，即不限千生也。若經言有千生者，即是本無别願久住世間。或是鈍根未具足諸佛法故，即有多生。若功德具足者，即是一生。又，功德積滿，唯有一生，不得不成正覺。菩薩有二種，一者，功德具足，自然成佛。如一切菩薩，初發心時皆立過願[三〇]言，我當度一切衆生，而後漸漸心智轉明，思惟籌量，無有一佛能度一切衆生。以是故，諸佛得一切智，度可度已，而取滅度，我亦如是。二者，或有菩薩，猶在肉身，思惟分別，理實如此，必不得已，我當别自立願，久住世間，廣與衆生爲緣，不得成佛。譬如有人，知一切世間皆歸無常，不可常住，而有修習長壽業行，往非有相非無相處，乃至八萬劫者。又阿彌陀等清淨佛國，壽命無量。

○次問修三十二相并答

遠問曰，三十二相，於何而修。爲修之於結業形，爲修之於法身乎。若修之結業形，即三十二相，非下位之所能。若修之於法身，法身無身、口業，復云何而修。若思有二種，其一不造身、口業，而能修三十二相。

問，所緣之佛，爲是真法身佛，爲變化身乎。若緣真法身佛，即非九住所見。若緣變化，深詣之功，復何由而盡耶。若真形與變化無異，應感之功必同。如此，復何爲獨稱真法身佛妙色九住哉。

什答曰，法身可以假名説，不可以取相求。所以者何。聲聞三藏法中，唯説佛十力等諸無漏法爲法身，佛滅度後，以經法爲法身，更無餘法身名也。摩訶衍中説，菩薩無生法忍，斷諸煩惱，爲度衆生故，而爲受身，諸論議師名此爲法身。何以故。是中無有結使及有漏罪業，但是無爲清淨六波羅蜜果報，此身常有自在無礙，乃至成佛也。

轉輪聖王，人中第一，唯有三十二相，是故菩薩應世之身，有三十二相。於生死中，種其因緣，於菩薩法身，令增益明淨。所以者何。三十二相，凡夫亦有，非爲難事。如佛弟難陀，前身以雌黄畫[三一]辟支佛塔，而作是願，願我當得金色相好之身。如是福德因緣，壽終之後，爲波羅捺國造[三二]利奢王子。復見迦葉塔，心懷歡喜，即中作蓋。以是因緣故，天人中受無量福樂，末後生爲迦毗羅婆國白淨王子，具三十二相，出家學道得阿羅漢，於諸端正比丘中，最爲第一。阿泥律陀，供養波利陀辟支佛，七世生忉利天上，七世生人中，作轉輪聖王，七寶具足，得三十二相。

又，如佛言，汝等比丘，見有受最上樂者，當知我亦曾受如是樂。所以者何。從無始世界以來，所生之處，無不逕歷。而今雖復惡世，猶有得一相、二相、五三相者。以是故知，生死身中，修諸相好。但相好所得，莊嚴清淨，光明照耀，威德具足，名爲佛。

所問三十二思者，迦旃延弟子自以意説耳，非佛所説。又所謂三十二思者，非一念中具也。一念時促不住，事不成辨。一切有爲法，要須和合能有所成。如人見三十二人過惡，若欲害者，非但一念，然當斷命時，乃名殺心。雖前後多有殺心，但是得名稱三十二相。

有人言，菩薩若見佛身，若見佛有三十二相，以所修福德迴向，願我得如是果報。或時，佛爲人説修三十二相法，人眼見佛三十二相，便發願言，我當於未來世，得如是相。然後以淨功德，令其成就。如先下種，後加溉灌。如施草蓯林等，得立安相。施燃燈明等，得大光明相。慈悲等觀衆生，得紺清[三三]眼。常以頭面敬師長賢聖，及施蓋帽等因緣故，得肉髻相。或有人不從佛聞，亦不見[三四]佛，但聞他説有三十二相，或自讀經書，便發願言，我得三十二相，漸漸滿足。

如上所説，或有人若見佛，若不見佛，其心無在，但聞大乘義，於衆生[三五]起慈悲心，欲以諸法實相，利益衆生，願我當得第一心身，汲引衆生，令信我説。如《印經》中佛爲彌勒説，有七因緣，發阿耨多羅三藐三菩提心。一者，佛令發心。二者，見正法壞時，護持法故發心。三者，見衆生可愍故發心。四者，菩薩令發心。五者，見人發心，亦發心。六者，大布施故發心。七者，聞佛有三十二相、八十隨形好而發心。佛告彌勒，前三發心必得成佛，不復退轉。後四發心，不能當定，多有退轉。是故當知，種三十二相，其事不同。

又，法身菩薩者，經亦不了了説有法身國土處所也。但以理推之，應有法身。若諸菩薩，滅諸煩惱，出於三界，既無生身，亦不入涅槃，於是中間，若無法身，其事云何。是故，諸論師言，於此中間，從無漏法性生身，名爲法身。

又，此非從[三六]一身而已，隨本功力多少，而有其身，或有二身、三身、十身、百、千、萬、無量阿僧祇身，乃至無量十方世界，皆現其身，爲具足餘佛法，兼度衆生故。《迦旃延阿毗曇》中，無漏法元[三七]有果報，何以故。聲聞法中但説三界事，及小涅槃門。大乘中過凡夫法，及小涅槃門，更説清淨大乘事，如《不可思議經》等。如凡夫雖起善業，煩惱未斷故，侵奪福德。以性相違故，不令善業增益。諸阿羅漢，雖無煩惱，毀損善法，證涅槃故，其心不發，不能增長佛道善根。是菩薩滅諸[三八]煩惱，無有虧損善法故，復不證涅槃故，心即不復功德增長。爾時起一切德，勝本從無始世界來所爲福德。如《思益經》説，我以五華施佛，勝本一切所施頭目髓腦等。何以故。本布施皆是虛妄，雜諸結使，顛倒非實。此施雖少，清淨真[三九]。如人夢中得無量珠寶，不如覺時少有所得。以菩薩三界鄣礙都滅，唯有佛道微鄣未盡耳。如以一燈破暗，不能破第二燈分。若能破者，第二燈即無所增益。而第二燈所破闇與初燈合，但無初燈所破之闇。菩薩得無生法忍亦如是，捨生死身受法身，破三界凡夫鄣礙，應作佛。是人爾時起業，無有三界結縛，唯不能破諸菩薩鄣礙。若破者，即是十住，便有菩薩結縛微礙，有所起業，皆悉真實清淨無量。何以故。不爲生死所拘，不與煩惱共合故，心志廣大。從法身以後所受之身，如幻、如鏡中像。業亦如是，心所起業隨[四〇]，所得果報隨[四一]。不可以三界麤身，難菩薩微妙出過三界之形也。

問所緣佛爲真法身、爲變化身者，是事先已答，如上説。

或有見者，或有聞者，或自爲衆生故，莊嚴其身。或有人不見佛不聞法，尚能發阿耨多羅三藐三菩提心，何況見佛聞法者。此人以心眼，緣三世佛相，過去佛身相，我當知[四二]是。念現在、未來世佛身相，我身亦當如是。或有人隨所好樂，自生憶想，我所作功德，迴向佛道，後作佛時，壽命、國土、功德、相好當如是。

此緣《釋迦文佛本初發心經》説，於無佛、無佛法國中，爲大王名光明。時有小王，以好白象子，奉光明王。王見已歡喜，令象師如法調伏。象師如法善治，令王乘之，遊戲林野。是象於林中，聞牝象香氣，婬欲心發，馳走趣向。王語象師制之令住，象師即以鉤制，不能令止。時王眼視外物，物皆運轉，深入榛藪，壞衣傷體，即仰攀樹枝，得免濟。象後念人間飲食，還來至宫。王問大臣，若人爲王作此因緣者，應何治之。大臣言，罪應極法。時象師言，莫誑殺，我已善治。王言，象惡如此，如何善治。象師即於王前，燒大鐵丸，語象言，取赤鐵丸吞之，若不吞者，還以本法治汝。象自籌量，寧須臾而死，不能久受苦痛，便取鐵凡吞之，燒身徹過，大吼而死。王見此已，知其調伏。即問象師，調伏如此，近以何因緣，有此惡事。象師言，心有婬欲重病，勢用發故，無所領計。王聞已驚怖，婬欲大病，此從何來。象師言，我亦不知所從來，及其增減時。王言，如是之病，無人能治耶。象師言，欲治之者衆，皆不得其法，還自墜浴。有人爲破婬欲賊故，離五欲，受苦行。或有人其受五欲，情即厭離，以是因緣，得脱此病。或有出家，種種因緣，欲免斯患，皆不拔此婬毒樹之根。王聞已憂怖，説象師言，如此之病，難可得治。於天人之中，有能破此病者耶。象師言，我傳聞有大人出世，身體金色，有三十二相、八十隨形好，常光遠照，愍哀衆生，號之爲佛。是人了知婬欲生滅之道，愍衆生故爲[四三]説之。王聞是已，即便下牀，右膝着地，合掌而言，我以如法治國，及布施等功德，以此福德因緣，當得成佛，治一切衆生婬欲重病。從是發心已後，初值佛號名釋迦文，於壽百歲衆生中作佛。

今釋迦佛事，皆同彼佛。時光明王作陶師，字廣炤。彼釋迦文佛，度衆生已，與五百阿羅漢，度廣炤，極行圓出至其家。廣炤即以煖湯、塗油、燃燈、石蜜漿等供養於佛。陶師從聞佛法，而發其心，我當來世作佛，亦當如是。

是人於無佛法世，尚能發心。何況見佛聞法，種三十二相者。若初發心了了不錯者，復何貴成佛耶。唯佛一人，得無錯耳。

是故當知，如光明王，遇得因緣，便自發心。以是因緣，復得人身。值釋迦文佛，從佛聞法然後願。昔於暗中發願，但爲破婬欲病者。後得值佛，了了分別名號而發其願。漸漸心轉微妙，能自以身施轉。後於諸法中，無所取相，安住畢竟空，具足六波羅蜜，發清淨願。本願與吾我，貪著心雜。今之所願，清淨無垢。又不可無因，唯願而得淨願，是事爲難。如蓮華雖淨，必因泥生，不可生於金山上。如《維摩詰經》中説。

又，佛法離一異相故，無決定真身。離異相故，無決定麤身。但以人顛倒罪因緣故，不能見佛。顛倒漸薄，淨眼轉開，乃能見也。佛身微妙，無有麤穢。爲衆生故，現有不同。

又，衆生先世種見佛因緣，厚薄名異。薄者，如今見形像、舍利等。厚者，得見相好生身，施作佛事。見生佛亦有二種，或見下，或見佛上妙之身。見上妙身亦有二種，或[四四]有見佛如須彌山等，或有見佛無量無邊之身。如轉法輪時，持力菩薩欲量佛身，是見上身也。

如上諸身，能度衆生，破除塵勞者，雖精妙不同，皆爲是實。於妙中，又有妙焉。乃至真法身，十住菩薩，亦不能具見。唯諸佛佛眼，乃能具見。又，諸佛所見之佛，亦從衆緣和合而生，虛妄非實，畢竟性空，同如法性。若此身實，彼應虛妄。以[四五]不實故，彼不獨虛妄。虛妄不異，故麤妙同。宜以麤身，能爲衆生作微妙因緣，令出三界，安住佛道，亦不名爲麤也。

○次問受決法并答

遠問曰，受決菩薩，爲受真法身決，爲變化之決。若受變化之決，則釋迦受決於定光，彌勒受莂於釋迦是也。斯類甚廣，皆非真言。若受真法身決，後成佛時，則與群麤永唯，絶[四六]當十住菩薩，共爲國土，此復何功何德也。若功德有實，應無師自貴[四七]，復何人哉。如其無實，則是權假之一數。經云，或有菩薩，後成佛時，其國皆一處[四八]補處。此則十住共爲國土明矣。若果有十住之國，則是諸菩薩終期之所同，不應云説或有。或有而非真，則是變化之流。如此，真法身佛，正當獨處於玄廓之境。

什答曰，説菩薩受記者，各各不同。或有人言，爲利衆生故，與其受記。或以肉身菩薩，於無量劫久行菩薩道，爲彼受記，示其果報，安慰其心耳。或云，變化轟中有受記義義[四九]，於法身則無此事。或有人言，受記是實事，唯應與法身受記，不應爲變化身也。

復此何功德者，如來智德無量無邊，利益十住，其功最勝，以彼利根，所受彌廣故也。如《般若》中説，供養無量阿惟越致，不如一人疾作佛者。

言無師自覺者，但不目外道爲師耳，此義上以明。

若如實諸[五〇]者，諸佛威儀轟事，尚不可知，何况受記深奥義乎。有衆生未發心，而佛與受記。有人現前發心，不與受記。有人發心時，便與受記。有人[五一]於生死身得無生法，而爲受記。有捨生死身受法身，而得受記，如文殊師利等是也。有菩薩，從無量諸佛受記，如釋迦牟尼，從燃燈佛、蓮華上佛、華上名佛乃至迦葉佛，皆從受記。有天王佛，與釋迦牟尼真身受記。或於大法身菩薩衆中與受記[五二]，是菩薩雖於大衆中，佛先受記，不以爲説，何以故。自知處處身受記故，不以一身受記爲喜，亦不可見喜事故。譬如阿那婆達多龍王受記時，阿闍世王言，汝得大利，於大衆中受記爲佛。龍王言，誰受記者。若身也，身如瓦石，若心也，心如幻化。離此二法，無受記者。當知，有何利而生歡喜也。若我受記，一切衆生亦當受記，其相同故。如是無量不可思議，不應以事迹爲難。

又，諸佛菩薩身無[五三]量音聲説法，無量神通方便，爲利益菩薩，兼利衆生故，而與受決。

難言，衆生不應説云或有者，佛法無量，不可頓盡，隨時應物，漸爲開示。十住之國，是諸菩薩終期所同，理故然矣。佛種種廣分別諸菩薩相，故《住〔五四〕生品》中説言或有。

獨處玄廓之境者，若以獨處玄廓爲本，來化衆生，此復何咎。諸佛從無量無邊智慧方便生，其身微妙不可窮盡。衆生功德未具足故，不能具見佛身，唯佛與佛乃能盡耳。功德智慧等，皆亦如是。如四大河從阿那婆〔五五〕多池出，皆歸大海。人但見四河，而不見其源。唯有神通者，乃能見之。人雖不見，推其所由，必知有本。又，彼池中清淨之水，少福衆生不能得用。從彼池出，流諸方域，爾乃得用。其佛法身，亦復如是，當其獨絶於玄廓之中，人不蒙益。若從其身化無量身，一切衆生爾乃蒙益。

鳩摩羅什法師大義卷上

校勘記

〔一〕底本據《卍續藏》。

〔二〕「常安」，疑爲「長安」，下同。

〔三〕「身」，疑衍。

〔四〕「起」，《妙法蓮華經》（《大正藏》本）作「記」。

〔五〕「聞」，疑爲「問」。

〔六〕「離」，疑爲「雜」。

〔七〕「諸」，疑爲「請」。

〔八〕「乘」，底本原校云一本作「業」。

〔九〕「賢」，疑爲「覺」。

〔一〇〕「後」，底本原校疑衍。

〔一一〕「如」，底本原校疑衍。

〔一二〕「已」，底本脱，據底本原校補。

〔一三〕「頓」，疑爲「諸」。

〔一四〕「受」，底本原校云一本前有「現」字。

〔一五〕「如」，底本原校疑後脱「此」字。

〔一六〕「忽」，底本原校疑爲「得」。

〔一七〕「正」，底本原校疑爲「止」。

〔一八〕「界」，疑爲「易」。

〔一九〕「問」，底本原校疑爲「聞」。

〔二〇〕「裂」，底本原校疑爲「別」。

〔二二〕「於」，底本原校云一本無。
〔二三〕「丈」，底本原校疑爲「尺」。
〔二三〕「心」，底本原校疑爲「念」。
〔二四〕「五」，底本作「三」，據底本原校改。
〔二五〕「推」，疑爲「權」。
〔二六〕「後」，底本原校云一本作「復」。
〔二七〕「二」，底本原校疑爲「三」。
〔二八〕「相」，疑爲「想」。
〔二九〕「能」，疑爲「脱」。
〔三〇〕「願」，底本作「度」，據底本原校改。
〔三一〕「盡」，底本原校疑爲「畫」。
〔三二〕「造」，底本原校云一本作「告」。
〔三三〕「清」，底本原校疑爲「青」。
〔三四〕「見」，底本作「從」，據底本原校改。
〔三五〕「生」，底本原校云一本後有「中」字。
〔三六〕「從」，疑爲「徒」。
〔三七〕「元」，底本原校疑爲「無」。
〔三八〕「諸」，底本脱，據底本原校補。
〔三九〕「真」，疑後脱「實」字。
〔四〇〕「隨」，底本原校云一本後有「身」字。
〔四一〕「隨」，底本原校疑後脱「業」字。
〔四二〕「知」，底本原校疑爲「如」。
〔四三〕「爲」，底本原校云一本前有「而」字。
〔四四〕「見下」至「種或」，底本脱，據底本原校補。
〔四五〕「以」，底本原校云一本後有「此」字。
〔四六〕「唯絶」，疑爲「絶唯」。
〔四七〕「貴」，底本原校疑爲「覺」。
〔四八〕「處」，疑爲「生」。
〔四九〕「義」，疑衍。
〔五〇〕「諸」，底本原校疑爲「語」。
〔五一〕「有人」，底本脱，據底本原校補。
〔五二〕「與受記」，底本脱，據底本原校補。
〔五三〕「無」，底本脱，據底本原校補。
〔五四〕「住」，底本原校疑爲「往」。
〔五五〕「婆」，底本原校疑後脱「達」字。

鳩摩羅什法師大義卷中

宋國廬山慧遠法師，默問常安草堂摩訶乘法師鳩摩羅什大乘經中深義，十有八途，什法師一一開答。分爲上、中、下三卷。上卷有六事，中卷有七事，下卷有五事。

次問答法身感應　次問答法身盡本

次問答造色法　次問答羅漢受決

次問答觀佛三昧　次問答四相

次問答如法性真際

○問法身感應并答

遠問曰，天[二]形開莫善於諸根，致用莫妙於神通。故曰，菩薩無神通，猶鳥之無翼，不能高翔遠遊，無由廣化衆生，淨佛國土。推此而言，尋源求本，要由四大。四大既形，開以五根。五根在用，廣以神通。神通既廣，隨感而應。法身菩薩，無四大五根。無[三]四大五根，則神通之妙，無所因假。若法身獨運，不疾而速，至於會應群麤，必先假器。假器之大，莫大於神通，故經稱如來有諸通慧，通慧則是一切智海。此乃萬流之宗會，法身祥雲之所出。運化之功，功由於茲，不其然乎，不其然乎。若神通乘衆器以致用，用盡故無器不乘。斯由吹萬不同，統以一氣。自本而觀，異其安在哉。則十住之所見，絶於九住者，直是節目之高下，管窺之階差耳。

什答曰，法身義以明。法相義者，無有無等戲論，寂滅相故。得是法者，其身名爲法身。如法相不可戲論，所得身亦不可戲論若有若無也。先言無四大五根，謂三界凡夫麤法身。如法相寂滅清淨者，身亦微細。微細故，説言無。如欲界天身，若不令人見，則不見也。色界諸天，於欲界天亦爾。又，如欲界人得色界禪定，有大神通，而餘人不見，以微細故。又，如禪定無[三]數[四]色，雖常隨人，而不可見。雖有而微，微故不現。菩薩四大五根，復微於此。凡夫二乘，所不能見。唯同地以上諸菩薩，及可度者，乃能見耳。又，如變化法中說，欲界變化色，依止欲界四大。色界變化色，依止色界四大。菩薩法身如是，似如變化，然別自有微細四大五根神通，非可以三界繫心及聲聞心，所能見也。若得菩薩清淨無障礙眼，乃能見之。如《不可思議解脱經》說，十方大法身菩薩，佛前會坐聽法。爾時千二百五十大阿羅漢，佛左右坐，而不能見，以先世不種見大法身菩薩會坐因緣故。如人夢中見天上之園觀，及至覺時，設近不見。又，如人入水火三昧，若不聞者，雖共一處，都無所見。

或人言，法身菩薩神通，不須因假四大五根乃有施用。世間神通，要因四大五根耳，如地上火，因木而出，天上電火，從水而出。及變化火，亦不因木有。

當知不得以四大五根定爲神通之本。如佛變化種種之身，於十方國，施作佛事，從佛心出。菩薩法身亦如是，任其力勢，隨可度衆生，而爲現身。如是之身，不可分別戲論。如鏡中像，唯表知面相好醜而已，更不須戲論有無之實也。

若神通乘衆器以致用，用盡故無器不乘者，聖人所可引導群生器用，無非神通，皆是初通中說。神通之事，或有功行所成，或有果報所得。若以果報得者，不須功業，隨意應物。非果報得者，假於定力，乃有所用。

若九住、十住所見，麤細不同者，是則爲異。十住所見之身雖妙，亦非決定。何故。唯諸佛所見者，乃是法身決定。若十住所見是實者，九住所見應是虛妄。但此事不然，故有所見精麤、淺深爲異也。乃至須陀洹，但見實相身。十住大菩薩，亦同所見。如蚊子得大海之底，乃至羅睺阿修羅王，亦得其底。雖得之是同，而深淺有異[五]。則因佛法身相精麤了。聲聞人及初習行菩薩，因丈六身，而得實相。或有菩薩，功德純厚，信力彌固，所見之身，過於丈六，隨愛色而得實相。如《密迹經》説，得無生忍阿惟越致菩薩，所見佛身，無量無邊，世間端正，第一無比，而不取相，不生貪著，因此身已得甚深三昧陀羅尼等。如是轉勝，如聲聞法中所有不同。須陀洹欲得斯陀含道，捨本所得大道。雖非顛倒，以斯陀含道微妙大利故。如人爲大利故，捨於小利。菩薩從一地至一地亦如是，雖得無生法忍，實事爲定，而得一地捨一地，以本地鈍不明了，不微妙故。此二俱趣佛道，不名爲異同也，不出於實相故，實相則是無復別異大小。菩薩分別佛身者，所見爲異。

○次問法身佛盡本習并答

遠問曰，《大智論》曰，阿羅漢、辟支佛盡漏，譬燒草木，烟炭有餘，力劣故也。佛如劫燒之火，一切都盡，無殘無氣。論又云，菩薩逮[六]法忍得清淨身時，煩惱已盡，乃至成佛，乃盡餘氣。如此，則再治而後畢，劫不重燒，云何爲除耶。若如《法華經》説，羅漢究竟與菩薩同，其中可以爲階差，煩惱不在殘氣。又，三獸度河，三士射的，今同大除。此皆都聞經，非大類立言之本意，故以爲疑。

又問，真法身佛，盡本習殘氣時，爲以幾心。爲三十四心耶。爲九無礙、九解脱耶。爲一無礙、一解脱耶。若以三十四心，煩惱先已盡，今唯盡殘氣，不應復同聲聞經説。答[七]以九無礙、九解脱，煩惱有九品，雙道所斷故，無有此用。可煩惱殘氣，非三界漏結之所攝，餘垢輕微，尚無一品，況有九乎。若以一無礙、一解脱，計三界九地中，皆應有殘氣，不得徧治上地。若從不用以上，先以世俗道斷，今雖上地而有疑，何者。無漏法與世俗道俱斷九品結，功同而治異，故有斯義。推本習殘氣，尚非無漏火所及，況世俗道乎。夫功玄則治深，數窮則照微，理固宜然。想《法身經》當有成説，殘氣中或有差品之異，是所願聞。

什答曰，聲聞人謂佛與阿羅漢，辟支佛俱共得，若斷諸煩惱，無復有異，是故世間大劫盡大爲喻。

又，以菩薩至坐道場乃斷煩惱，是故分別習有餘、無餘爲異耳。如摩訶衍經説，得無生忍菩薩，斷諸煩惱，具六神通。而諸論師所明不同。

或言，若菩薩斷煩惱，得漏盡通者，則同漏盡阿羅漢。漏盡阿羅漢，永不復生。是事不然，所以者何。以菩薩未斷習氣，而證於涅槃，無大悲心故，不能復生。菩薩無此二故，明生生不絶。

或有人言，菩薩得無生法忍時，三界繫煩惱及習氣俱盡。而法身菩薩，別有結使未滅，雖然，亦不妨習行佛道。如賊繫縛在獄，雖爲未死，無所能作。是菩薩結使，並地地中斷，至坐道場，實欲成佛，爾乃滅盡。此義，如上燈喻中説。如是義者，則無所妨礙，以其不滅故，而今菩薩具足十地。言法身菩薩斷煩惱者，此説亦實，爲斷三界凡夫煩惱故。法身菩薩不斷煩惱者，此説亦實，有菩薩細微煩惱故。如燃燈時有闇有明者，得有所見。有闇者，燃第二燈時，其明增益，當知先有微闇故。若光無闇，燃第二燈時，不應有異。

又，三十四心、九無礙道、九解脱道，皆非佛説。何以故。《四阿含》、毗尼及摩訶衍中，無此説故。但阿毗曇者作如是分別。若佛有此説者，當求本末而來難。以之爲遇，不受所論。

又，三十四心、九無礙、九解脱道，以人通議〔八〕故，是以於《大智論》中説，爲分别佛與二乘爲異耳。諸摩訶衍經説，佛以一念慧，斷一切煩惱習，所有應知應見，無不通達。此一念慧，於無量劫來，修習明利，最爲第一，不復須假餘心力也。若聲聞、辟支佛、諸菩薩，所有智慧不能如是者，乃用九無礙道、九解脱，以其鈍故。如人刀鈍，手力劣弱，多斫乃斷，若大力利刀，一斫則斷。如是佛坐道場，末後之慧，最第一利，無能勝者，一時斷諸煩惱，永盡無餘。以人不議，故名爲殘氣耳。而有爲議〔九〕法，皆羸劣故，衆緣和合，乃有所作。最後金剛之慧，則不然也，以有大力故，唯用相應共生心心數法處，不須餘心力。

如是説者，於理爲便。如凡夫結使習氣不能大悲事，而令身口業相，小有異相，起彼不淨之心。菩薩結使亦如是，勢力衰薄，雖不能起罪業，但稽留菩薩，不令疾至佛道。是故説，法身菩薩成佛時，斷煩惱習，昔聞有菩薩阿毗曇，地地中分别諸菩薩結使及其功德。如《大品十地》説，捨若干法，得若干法。先來之日，不謂此世無須菩薩阿毗曇事。而來問精究，苦求殘氣之差品。今未有此經，不可以意分别，是故不得委由相答也。

○次問答造色法

遠問曰，經稱四大不能自造，而能造色。又問，造色能造色不。若能造色，則失其類。如其不能，則水月、鏡像，復何因而有。若有之者，自非造色如何。又問，水月、鏡像，色陰之所攝不。若是色陰，直是無根之色，非爲非色。何以知其然。色必有象，象必有色。若像而非色，則是經表之奇言。如此，則阿毗曇覆而無用矣。

什答曰，經言一切所有色則是四大及四

大所生。此義深遠難明，今略敘其意。地、水、火、風，名爲四大。是四法，或内或外。外者何也。則山河風熱等是。内者，則骨面温氣等是。四大如是，無所不在。而衆生各各稱以爲身，於中次生眼等五根。五根雖非五識所知，亦不得謂之無也。所以者何。譬如髮爪，雖是身分，無所分別，以離根故。又如癩病之人，身根壞敗，雖有皮肉，而無所覺。是故當知，皮肉之内，別有覺用。又能生身識，以是故，名爲身根。假令身肉但有身根者，以指觸食，唯知冷熱，不知香味。是故當知，別有鼻、舌根等。

若然者，四大之身，必生五根，分別五塵故。五根之色，其爲微細，非五識所知，難了難明，是故佛名四大所生色。若問，五根難明，佛名爲四大生色者，五塵何以復名四大所生色耶。答曰，五塵亦復微細，如水月、鏡像等，雖復眼見，無有餘塵。若離餘塵，則非是色。若聲，從觸有，謂爲可聞，無有住處，時過則滅，因緣雖存，無聲可聞。若香，離色、味、觸，則不可得。味、觸亦然。是故五塵，亦名四大所生色，以其小故。

或言，身根遍於一體，其餘四根少分處生。如瞳子内鍼頭之處，眼根見色，餘處因此總名爲眼。其餘根皆亦如是。身根所觸，審有所覺。凡夫之人身所覺事，以之爲實。如人得罹於官，苦以刀杖治之，終不以餘塵爲用也。樂亦如是。衆生多五欲，於細滑中，婬欲偏重，乃有隨而死者，是故佛經或以之爲初。又如人晝〔一〇〕見於色，闇中雖無所見，以身觸故，便得其事。當知身根常有實用，餘根無有此力。又，身根遍生身識，是故身所覺法，名爲四大。

若問，身根所覺有十一事，何故但說四法爲大也。答，其餘七法，皆四大所攝。四大爲根本，是其氣分耳。輕重是覺分，堅是相密。若分散則爲輕物，若集之則爲重物。澁亦然。地有二種，一微塵次密相近，名爲滑物，若微塵疎遠，名爲澁物。寒是風水之分。水常冷相，若與火合則熱，離火還歸本相。風亦冷相，若火力偏多，名爲熱風，離火還爲冷風。如熱時搖扇，即得冷風。又，身內風發，便令體冷，若服熱藥，冷風則止。水有二相，一爲流相，二爲冷相，經中多說流相，以相常有不可壞故。一切法皆有二相，客相、舊相。佛通達一切法本末故，說其舊相。如水或與火相，可使爲熱，流是舊相，雖與熱合，猶不捨流相，是故寒是火〔三〕所攝。飢渴者，以人腹內風火力故消食，消食已則從尅人身，是故飢，雖食難消之物，而無所患，以能消故。若如是分別，四大氣分，乃應無量。如長短、此彼、麤細、方圓、燥濕、合散等，皆可以身根覺知，何止七事耶。佛是一切智人，是故但說四大色，及四大所生色。

或言，眼見草木從種出生，如是細爲麤因，如種中無樹，推樹爲從何來。有人言，無因無緣，自然而生。或有人言，萬物皆從大生。有人言，從微塵生。有人言，從常性生。唯佛言，從四大生，所謂種中地、水、火、風也。此中雖有餘物，佛但說四大，以四大能利成果故，堅相能持，水相能爛，火相能成熟，風相能增長。如是，樹得成茂。色等無有此用，是故不說。

又內四大，人初入胎時，地能持之，水能和合，火能成熟，風能開諸竅，令得增長。爾時小兒未有眼等根故，不能分別。以初得身根故，而分別四大所能。是故說一切色，皆四大爲根本。如經說六種，十二觸，八〔三〕十八意行，四善處，名之爲人。是中分別義者，如小兒初入胎時，未有眼等故，但有六種，四大、虛空及識。雖有色、香、味等，以其不覺，不爲利益，故不說也。六入既成，於外麤受樂，名爲觸生受。而復意識常多發用，眼識〔一三〕所見色，分別好醜中間。乃至意所知法，分別好醜中間，是名十八意行。又終能住於四善之處，所謂槃分別諸法，是智慧處。槃實不虛，是誠諦處。槃捨則捨惡，是捨處。槃離憒鬧，是寂滅處。

或言，次第而生，如大劫盡時無所復有，唯有虛空。爾時虛空中，有諸方風來，互相對持。後有天雨，風持此水。水上有風，擾動而生水沫。水沫積厚，于〔一四〕乃成地，從生草木等。以觀一切水色，初始皆從風出，以能持故。是以說，所有盡皆以四大爲根本。今〔一五〕色、味等，亦爲四大因緣，四大亦爲色等之〔一六〕因緣，但以初得名故。如穀子中，大有色有味等，牙時色、味等，亦有四大，但分別先後因果，得其名耳。如內四大，初入胎時〔一七〕，繫在赤白不淨之中，雖有色、香、味，以無眼等故，不覺不知。唯有身根，覺知四大有用。佛因此心故，說四大爲生色之本。是故十二因緣中第三因緣時，雖有四大所生色，以微細未能遮識，識〔一八〕增發故，說識因緣名色。歌羅羅時四大成就，反名爲色。歌羅羅時中識成就，反名爲名。所謂成就者，了了相現也。是故說內四大，爲生色之本。

佛言所有色，四大、四大生有，是總相說耳。或有三大、二大、一大。四大者，如身也。三大者，如死人身，中無有火大。二大者，如熱水、熱風、熱合名等。一大者，如風，風中無有地、水也。四大生色中亦如是，或四或一。如飲食有味、香、觸。如淨潔玉器承天雨，但有色、味、觸，無有香氣。地氣合故，乃可有香。如火從珠日出者，無香無味，但有色、觸，燒爲觸，照爲色。如鏡像、水月，唯有一色。

四大不能自造，而能造者，經無此說，

亦無造名，但傳譯失旨耳。佛唯説所有色，若四大、四大所生，因四大復生四大，如種中四大，復生芽中四大，芽中四大所生色，復生四大所生色，亦互相生，如前説。

又，外道説，四大是常，無時不有。若佛説所[一九]有色，皆是四大，則外道增其邪見。是故佛言，色非唯四大而已，因四大故，更有色生，是名四大所生色。是色有三種，善、不善、無記。以善身、口業色，能生天、人報四大。不善身、口業色，能生三惡處報四大。無記色，自然因、共生因。阿毗曇中亦如是説。若然者，云何言四大不自生也。如人還生人，或生畜生，而生中不正説。從四大生者，皆是四大所生色，如阿毗曇分別，四大一陰一入界所攝。但[二〇]四大則無別陰、界、入，以四大少故。四大所生色陰，十一入、十一界所攝。若但四大所生色，則無別陰也，十入、十界所攝。如是四大、四大所生色，雖沒[二一]自生，生彼無咎。所以者何。生生之大，以有空名，如前説水月、鏡像。阿毗曇人有法相者，謂是陰、界、入故攝。如經説三種色，有色可見有對，有色不可見有對，有色不可見無對。

又，如不見不聞不嗅不味不觸，尚名爲色，何況眼鏡像，如非色耶。

是故水月、幻、化等，是可見色。而佛法爲度衆生故，説水月、鏡像、影、響、炎、化、喻等，默人終不貪著，謂之爲有。是故以爲空喻。如幻化色，雖是不實事，而能誑惑人目。世間色像亦復如是。

是以過五百年後，而諸學人多著於法，墮於顛倒。佛以幻化爲喻，令斷愛法，得於解脱。是故或時説有，或時説無。凡夫人無有慧眼，深著好醜、麁細等，起種種罪業，如是何得言無耶。佛説一切色，皆虚妄顛倒不可得，觸捨離性，畢竟空寂相。諸阿羅漢以慧眼，諸菩薩以法眼，本末了達，觀知色相，何得言定有色相耶。諸佛所説好醜此彼，皆隨衆生心力所解，而有利益之法，無定相，不可戲論。然求其定相，來難之旨，似同戲論也。

○次問羅漢受決并答

來答稱，《法華經》説，羅漢受記爲佛，譬如法身菩薩淨行受生故，記菩薩作佛。居此，爲法身之明證。

遠問曰，經説，羅漢受決爲佛，又云，臨滅度時，佛立其前，講以要法。若此之流，乃出自聖典，安得不信。但未了處多，欲令居決[三]其所滯耳。

所疑者衆，略序其三，一，謂聲聞無大慈悲。二，謂無漚和、般若。三，謂臨泥洹時，得空空三昧時，愛著之情都斷，本習之餘不起，類同得忍菩薩，其心泊然，譬如泥洹後時。必如此，愛習殘氣，復何由而生耶。斯問以備於前章。

又，大慈大悲，積劫之所習，純誠著於在昔，真心徹於神骨。求之羅漢，五緣已斷，焦種不生，根敗之餘，無復五樂，慈悲之性於何而起耶。

又，漚和、般若，是菩薩之兩翼，故能淩虚遠近，不墜不落。聲聞本無此翼，臨泥洹時，縱有大心，譬若無翅之鳥，失據墮空，正使佛立其前，羽翮復何由頓生。若可頓生，則諸菩薩，無復積劫之功。

此三最是可疑，雖云有信，悟必由理。理尚未通，其如信何。

什答曰，一切阿羅漢，雖得有餘涅槃，心意清淨，身、口所作，不能無失念。不知之人，起不淨想，其實無復別有垢法。如人鏁脚，久久乃離，脚雖不便，更無别法。阿羅漢亦如是，從無始生死來，爲結所縛，得阿羅漢道，雖破結縛，以久習因緣故，若心不在道，處於憒閙，因妄念，令身、口業而有失相。是人入無餘涅槃時，以空空三昧，捨無漏道，從是以後，永無復有身、口業失。時聞[二三]促故，不應難言更當起也。

又謂，以空空三昧，能斷餘習者，是事不然。何以故。用此三昧，捨無漏者，則非無漏定。若然者，何得謂煩惱習氣都盡耶。

又，阿羅漢還生者，唯《法華經》説。無量千萬經皆言，阿羅漢於後邊身滅度。而《法華經》是諸佛秘藏，不可以此義，難於餘經。若專執《法華經》以爲決定者，聲聞三藏，及餘摩訶衍經，寢而不用。

又有經言，菩薩畏阿羅漢、辟支佛道，過於地獄。何以故。墮於地獄，還可作佛。若爾者，唯有《法華》一經可信，餘經皆爲虚妄。是故不應執著一經，不信一切經法，當應思惟因緣，所以取涅槃，所以應作佛。然五不可思議中，諸佛法是第一不可思議。佛法者，謂阿羅漢涅槃當作佛[二四]，唯佛知之。

又，聲聞人，以愛爲集諦，阿羅漢愛盡故，則無復生理。摩訶衍人言，有二種愛，一者，三界愛。二者，出三界愛，所謂涅槃佛法中愛。阿羅漢雖斷三界愛，不斷涅槃佛[二五]中愛。如舍利弗心悔言，我若知佛有如是功德智慧者，我寧一劫於阿鼻地獄一脅著地，不應退阿耨三菩提。

又，《毗摩羅詰經》，摩訶迦葉與目連悔責，一切聲聞，皆應號泣。此是愛習之氣。

又，《首楞嚴三昧》中説，如盲人夢中得眼，覺則還失。我等聲聞智慧，於佛智慧，更無所見。此似若無明。如是愛、無明等，往來世間，具菩薩道，乃當作佛佛[二六]。設入菩薩道，尚不得同直修菩薩道者，何況同無生法忍菩薩也。何以故。是人於衆生中，不生大悲心，直趣佛道，但求自利。於無量甚深法性中，得少便證。以是因緣故，教化衆生，淨佛國土，皆爲遲久，不如直趣佛道者疾成於佛。

又，阿羅漢慈悲，雖不及菩薩慈悲，與無漏心合故，非不妙也。如經中說，比丘慈心和合，修七覺意，設斷五道因緣者，慈悲猶在。發佛道心時，還得增長，名爲大慈大悲。如《法華經》中說，於他方現在佛聞斯事，然後發心。

又，涅槃法，無有決定不相應焦羅漢耳[二七]。何以故。涅槃常寂滅相，無戲論諸法。若常寂滅無戲論，則無所妨。

又，諸佛大菩薩，深入法性[二八]，不見法性，不[二九]三品之異。但爲度衆生故，說有三分耳。

漚和、般若是菩薩兩翅者，而《法華經》義，不以此說也。是《般若波羅蜜經經[三〇]》中，讚嘆般若波羅蜜故。有菩薩離般若波羅蜜，但以餘功德求佛道者，作此喻耳。是故佛言，雖有無量功德，無般若、漚和，如鳥無兩翅，不能遠至。如是成阿羅漢，到於涅槃，大願以滿，不能復遠求佛道。若《法華經》說，實有餘道。又，諸佛贊助成立，何有難事哉。佛有不可思議神力教化，能令草木說法往來，何況於人。如焦穀不能生，此是常理。若以神力、呪術、藥草力，諸天福德願力，尚能移山住流，何況焦種耶。如以無漏火，燒阿羅漢心，不應復生，但以佛無量神力接佐，何得不發心作佛也。假使佛語阿難，作衆惡事，以恭敬深愛佛故，尚亦當作。何況佛記言作佛，爲開其因緣，而不成佛乎。如大醫王，無有不治之病。如是佛力所加，無有不可度者。又，阿羅漢於涅槃不滅，而作佛者，即是大方便也。

又，菩薩先願欲以佛道入涅槃，無般若、方便故，墮聲聞、辟支佛地，如無翅之鳥。今阿羅漢，欲以聲聞法入涅槃，或於中道，以有漏禪，生增上慢，如無翅鳥，不得隨願，便當墮落。若能隨佛所説，與禪定、智慧和合行者，得入涅槃。是名阿羅漢中有二事，以禪定爲方便，無漏慧爲智慧。

又，佛説般若波羅蜜時，未説《法華經》，《法華經[三一]》是諸佛欲入涅槃時，最後於清淨衆中，演説祕藏。若有先聞者，心無疑難。而諸阿羅漢謂所願以畢，佛亦説言，阿羅漢末後身滅度。菩薩聞已，於阿羅漢道則有畏。今略説二因緣故，佛有此説。一者，祕法華義故，多令衆生樂小乘法，得於解脱。二者，欲使菩薩直趣佛道，不令迂迴。所以者何。阿羅漢雖疾證無爲法，盡一切漏，得到苦邊，後入菩薩道時，不根明利，習大道爲難，以所資福德微薄故。若無此二因緣者，阿羅漢終歸作佛，不應爲作留難也。

○次問念佛三昧并答

遠問曰，念佛三昧，《般[三二]舟經・念佛章》中説，多引夢爲喻。夢是凡夫之境，惑之與解，皆自厓已還理了。而經説念佛三昧見佛。則問云，則答云，則決其疑網。若佛同夢中之所見，則是我相之所矚。想相專則成定，定則見佛。所見之佛，不自外來，我亦不往，直是想專理會，大聞[三三]於夢了。疑大[三四]我或或[三五]不出，境佛不來，而云何有解，解其安從乎。若真茲外應，則不得以夢爲喻。神通之會，自非實相，則有往來。往則是經表之談，非三昧意，後[三六]何以爲通。

又，《般若[三七]經》云，有三事得定，一，謂持戒無犯。二，謂大功德。三，謂佛威神。問，佛威神[三八]爲是定中之佛，外來之佛。若是定中之佛，則是我想之所立，還出於我了。若是定外之佛，則是夢表之聖人。然則，成會之表[三九]，不專在内，不得令聞[四〇]於夢，明矣。念佛三昧法，法爲爾不。二三之説，竟何所從也。

什答，見佛三昧有三種。一者，菩薩或得天眼、天耳，或飛到十方佛所，見佛難問，斷諸疑網。二者，雖無神通，常修念阿彌陀等現在諸佛，心住一處，即得見佛，請問所疑。三者，學習念佛，或以離欲，或未離欲，或見佛像，或見生身，或見過去未來現在諸佛。是三種定，皆名念佛三昧，其實不同。上[四一]者得神通見十方佛，餘者最下，統名念佛三昧。

復次，若人常觀世間厭離相者，於衆生中，行慈爲難。是以爲未離欲諸菩薩故，種種稱讚般舟三昧。而是定力，雖未離欲[四二]，亦能攝心一處，能見諸佛，則是求佛道之根本也。

又，學般舟三昧者，離[四三]言憶想分別，而非虚妄，所以者何。釋迦文佛所説衆經，明阿彌陀佛身相具足，是如來之至言。又《般舟經》種種設教，當念分别阿彌陀佛，在於西方，過十萬佛土，彼佛以無量光明，常照十方世界。若行[四四]如經所説，能見佛者，則有本末，非徒虚妄憶想[四五]分别而已。以人不信，不知行禪定法，作是念，未得神通，何能遠見諸佛也。是故佛以夢爲喻耳。如人以夢力故，雖有遠事，能到能見。行般舟三昧菩薩，亦復如是，以此定力故，遠見諸佛，不以山林等爲礙也。以人信夢故，以之爲喻。又，夢是自[四六]然之法，無所施作，尚能如是，何況施其功用而不見也。

又，諸佛身有決定相者，憶想分别，當是虚妄。而經説諸佛身皆從衆緣生，無有自性，畢竟空寂，如夢如化。若然者，如説行見諸佛身，不應獨以虚妄也。若虚妄者，悉應虚妄。若不虚妄，皆不虚妄。所以者何。普令衆生，各得其利，種諸善根故。如《般舟經》中見佛者，能生善根，成阿羅漢[四七]、阿惟越致。是故當知，如來之身無非是實。

又，憶想分别，亦有[四八]時有。若當隨經所説，常應憶想分别者，便能通達實事。譬如常習燈燭日月之明，念後[四九]鄣物，便得天眼，通達實事。

又，下者持戒清淨，信敬深重，兼彼佛神力及三昧力，衆緣和合，即得見佛，如人對見鏡像。

又，一凡夫，無始以來曾見，皆應離欲得天眼、天耳，還復輪轉五道。而般舟三昧，無始生死以來，二乘之人，尚不能得，況於凡夫。是故不應以此三昧所見，謂爲虚妄。

又，諸菩薩得此三昧，見佛則問，解釋疑網。從三昧起，住麁心中，深樂斯定，生貪着意。是故佛教行者，應作是念，我不到彼，彼佛不來，而得見佛聞法者，但心憶分别，了三界之物，皆從憶想分别而有，或是先世憶想果報，或是今世憶想所成。聞是教已，心厭三界，倍增信敬。佛善説如是微妙理也，行者即時得離三界欲，深入於定，成般舟三昧。

○次問四相并答

遠問曰，經云，前四相各行人法，後四相行[五〇]一相，一相更相爲，故不受無窮之難。而《大智論》云，若生能生生，則生復有生。若復有生，則有生。夫生生者如此，便爲無窮。若果無窮，則因[五一]無崖分。若其有窮，則因緣無由而生。據今有生，則不應受無窮之難。若不受無窮之難，若不受無窮之難[五二]，則四相更相爲没，令前能生法復生生，則反覆有能生之力。若前生能反覆，則不應限後生之不能。如此[五三]，還入於無窮矣。

又問，四相與心法爲同若有因，爲有前後之差，爲一時並用也。若一時並用，則生滅性相違，滅時不應生，生時不應滅。若有前後之差，則生中無滅，滅中無生。若生中無滅，則生墮有見。若滅中無生，則滅墮無見。有無既分，則斷常兩行矣。若生中有少滅，滅中有少生，則前生與後生相陵，前滅與後滅相踐，如此，則不應云新新生滅，相離無故也。必其無故，則因緣之與不陵踐，明矣。若生爲住因，住爲滅因，則生中無住，住中無滅。假令如新衣之喻，則生中已有住，住中已有滅，則是因中有果，果不異因，因果並陳，厚[五四]然無差別。若然者，進退落於疑地，反覆入於負門也。

什答曰，言有爲法四相者，是迦旃延弟子意，非佛所說。衆經大要有二，所謂有爲法、無爲法。有爲法，有生、有滅、有住、有異。無爲，無生、無滅、無住、無異。而佛處處說，但有名字耳。尚不決定言有生相，何況生生也。此是他人意，非信所[五五]受，何得相答。如他人有過，則非所知。

然佛說一切法，若常，若無常多[五六]。無常名先無今有，已有便無。常名則離如是之相。無常是有爲法，常即是無爲法。佛爲衆生說諸因緣出世法，名爲生。如母子，如芽從種生，此是現所見事，名之爲生。滅名衆緣壞敗，若衆生而言名爲死，若萬物而言[五七]爲壞。從生至滅，於其中間異相名住、異。若衆生而言，名老死病瘦。若非衆生而言，名委異變故。如是內外之物，名爲生、滅、住、異。直信之士，聞此事已，即生厭離，得道解脫。佛大意所明，其旨如此。

而比丘深心愛法，戲論有爲之相，分別有八法俱生，理尚失中，則是衆難之府。若一時生[五八]，則無因緣。若次第生，則是無窮。又，不應離法有生，所以者何。生是有爲相，若離生有法者，則非有爲法。若生能合法爲生者，法何故不能合生爲非生。亦如來難之咎，如是多過。

是故，佛小乘經中說生、滅、住、異，但有名字，無有定相也。大乘經中說生是畢竟空，如夢幻，但或凡夫心耳。大乘之法，是所信伏故。以之爲論，諸法無生，求生定相不可得故。若因中有法者，則不應名生，如囊中[五九]物，非囊所生。若因中先無者，法何故不從非因中生。如乳中無酪，水亦因無。若有生者，爲説瓶初時有也，爲泥後非起瓶時有也。此二時俱不然，所以者何。已生未生故。生時過亦如是。若即瓶成爲生，此亦不無生分。無瓶亦不應以妄生，何以故。三事相離即無也。若一時，即無因緣。無因緣者，應各自生。如是等無量之過。

是故，諸佛如來，知生法無有定相，經誑凡夫之目，如夢中事，無有本末。以此因緣，説一切法，無生無滅，斷言語道，滅諸心行，同泥洹相。得此妙理，即成無生法忍。

○次問如法性真際并答

遠問曰，經説法性，則云，有佛無佛，性住如故。説如，則明受決爲如來。說真際，則言真際不受證。三説各異，義可聞乎。

又問，法性常住，爲無耶，爲有耶。若無，如虛空，則與有絶，不應言性住。若有而常住，則墮常見。若無而常住，則墮斷見。若不有不無，則必有異乎有無者。辨而結[六〇]之，則覺愈深愈隱，想有無之際，可因緣而得也。

什答曰，此三義，上無生忍中已明。

又，《大智度論》廣説其[六一]事，所謂斷一切語言道，滅一切心行，名爲諸法實相。諸法實相者，假爲如、法性、真際。此中非有非無尚不可得，何況有無耶。以憶想分別者，各有有、無之難耳。若隨佛法寂滅相者，則無戲論。若有、無戲論，則離佛法。《大智論》中，種種因緣，破有破無，不應持所破之法爲難也。若更答者，亦不異先義。若以異義相答，則非佛意，便與外道相似。

今復略説，諸法相隨時爲名。若如實得諸法性、相者，一切義論所不能破，名爲如，如其法相，非心力所作也。諸菩薩利根者，推求諸法如相，何故如是寂滅之相，不可取不可捨，即知諸法如相，性自爾故。如地堅性、水濕性、火熱性、風動性，火炎上爲事，水流下爲事，風傍行爲事，如是諸法性，性自爾，是名法性〔六二〕也。更不求勝事，爾時心定，盡其邊極，是名真際。是故，其本是一，義名爲三。如道法是一，分別上中下，故名爲三乘。初爲如，中爲法性，後爲真際。真際爲上，法性爲中，如爲下。隨觀力故，而有差别。

又，天竺語音相近者以爲名。是故說，知諸法如，名爲如來。如正遍知一切法，故名爲佛。

又，小乘經中亦說如、法性。如《離〔六三〕阿含》中，一比丘問佛，世尊，是十二因緣法，爲佛所作，爲餘人所作。佛言，比丘，是十二因緣，非我所作，亦非彼所作。若有佛，若無佛，諸法如法性，法性常住世間。所謂是法有故是法有，是法生故是法〔六四〕生。無明因緣識，乃至生因緣老死，因緣諸苦惱。若無明滅故行滅，乃至老死滅故，諸苦惱滅。但佛爲人演說顯示，如日顯照萬物，長短好醜，非日所作也。如是聲聞經說，世間常有生死法，無時不有。是名有佛無佛相常住。

真際義者，唯大乘法中說，以法性無量，如大海水，諸聖賢隨其智力所得。二乘人智力劣故，不能深入法性，便取其證，證知如實之法微妙理極，深厭有爲，決定以此爲真，無復勝也。而諸菩薩，有大智力，深入法性，不隨至爲證。雖放深入，亦更無異事。如飲大海者，多少有異，更無别事。

又諸菩薩，其乘順忍中，未得無生法忍，觀諸法實相，爾時名爲如。若得無生法忍已，深觀如故，是時變名法性。若坐道場，證於法性，法性變名真際。若未證真際，雖入法性，法性，故名爲菩薩，未有聖果。乃至道場，諸佛以一切智無量法性故爾〔六五〕爾，乃出菩薩道，以論佛道也。

鳩摩羅什法師大義卷中

校勘記

〔一〕「天」，底本原校疑爲「夫」。

〔二〕「無」，底本脱，據底本原校補。

〔三〕「無」，底本原校云一本前有「生」字。

〔四〕「數」，底本原校疑爲「微」。

〔五〕「異」，底本原校云一本後有「深淺有異」四字。

〔六〕「逮」，底本作「違」，據底本原校改。

〔七〕「答」，底本原校云一本作「名」，今疑爲「若」。

〔八〕「議」，疑爲「識」，下一「議」字同。

〔九〕「議」，疑爲「諸」。

〔一〇〕「盡」，底本原校疑爲「晝」。

〔一一〕「火」，底本原校疑爲「水」。

〔一二〕「八」，底本原校疑衍。

〔一三〕「識」，底本原校云一本無。

〔一四〕「于」，底本原校疑爲「爾」。

〔一五〕「今」，底本原校云一本後有「之」字。

〔一六〕「之」，底本原校云一本無。

〔一七〕「時」，底本原校云一本後有「識」字。

〔一八〕「識」，底本原校云一本後有「力」字。

〔一九〕「所」，底本原校云一本前有「諸」字。

〔二〇〕「但」，底本原校云一本前有「若」字。

〔二一〕「没」，底本原校云一本作「復」。

〔二二〕「決」，底本原校云一本作「釋」。

〔二三〕「聞」，疑爲「間」。

〔二四〕「佛」，底本原校云一本後有「不不作佛」四字。

〔二五〕「佛」，底本原校疑後脱「法」字。

〔二六〕「佛」，底本原校疑衍。

〔二七〕「耳」，底本原校云一本作「牙」。

〔二八〕「性」，底本原校云一本後有「故」字。

〔二九〕「不」，疑後脱「見」字。
〔三〇〕「經」，底本原校疑衍。
〔三一〕「法華經」，底本脱，據底本原校補。
〔三二〕「般」，底本原校云一本前有「如」字。
〔三三〕「聞」，疑爲「同」。
〔三四〕「大」，疑爲「夫」。
〔三五〕「或」，疑衍。
〔三六〕「後」，底本原校疑爲「復」。
〔三七〕「若」，底本原校云一本作「舟」。
〔三八〕「問佛威神」，底本脱，據底本原校補。
〔三九〕「表」，底本原校云一本作「來」。
〔四〇〕「聞」，底本原校疑爲「同」。
〔四一〕「上」，底本脱，據底本原校補。
〔四二〕「欲」，底本脱，據底本原校補。
〔四三〕「離」，疑爲「雖」。
〔四四〕「行」，底本原校云一本後有「人」字。
〔四五〕「想」，底本脱，據底本原校補。
〔四六〕「自」，底本作「不」，據底本原校改。
〔四七〕「漠」，疑爲「漢」。
〔四八〕「有」，底本原校云一本作「或」。
〔四九〕「後」，底本作「復」，據底本原校改。
〔五〇〕「行」，底本原校云一本前有「各」字。
〔五一〕「因」，底本原校云一本後有「緣」字。
〔五二〕「若不受無窮之難」，疑衍。
〔五三〕「此」，底本原校云一本後有「復」字。
〔五四〕「厚」，疑爲「儼」。
〔五五〕「信所」，疑爲「所信」。
〔五六〕「多」，底本原校云一本無。
〔五七〕「言」，底本原校云一本後有「名」字。
〔五八〕「生」，底本脱，據底本原校補。
〔五九〕「中」，底本原校云一本後有「出」字。
〔六〇〕「結」，底本原校云一本作「詰」。
〔六一〕「其」，底本作「五」，據底本原校改。
〔六二〕「性」，底本原校云一本後有「入如法性」四字。
〔六三〕「離」，底本原校疑爲「雜」。

〔六四〕「是法」，底本脱，據底本原校補。

〔六五〕「爾」，底本原校疑衍。

鳩摩羅什法師大義卷下

宋國盧山慧遠法師，默問常安草堂摩訶乘法師鳩摩羅什大乘經中深義，十有八途。什法師一一開答，分爲上、中、下三卷。上卷有六事，中卷有七事，下卷有五事。

次問答實法有　次問答分破空

次問答後識追憶前識　次問答遍學

次問答經壽

○問實法有并答

遠問曰，《大智論》以色、香、味、觸爲實法有，乳酪爲因緣有。請推源求例，以定其名。夫因緣之生，生於實法。又問，實法爲從何生。經謂，色、香、味、觸爲造之色，色則以四大爲本。本由四大，非因緣如何。若是因緣，復如何爲實法。尋實法以求四大，亦同此疑。何者。論云，一切法各無定相，是故得神通者，令水作地，地作水，是四大之相，隨力而變。由以慈〔一〕觀，故知四大與造色，皆是因緣之所化，明矣。若四大及造色非因緣，則無三相。無三相，世尊不應説以非常爲觀。非常，則有新新生滅。故曰，不見有法，無因緣而生，不見有常，常生而不滅。如此，則生者皆有因緣。因緣與實法，復何以爲差。

尋論所明，謂從因緣而有，異於即實法爲有。二者雖同於因緣，所以爲有則不同。若然者，因緣之所化，應無定相。非因緣之所化，宜有定相。即此論《神通章》中説，四大無定相。定相無，故隨滅而變，變則捨其本。色、香、味、觸出於四大，則理同因緣之所化，化則變而爲異物。以此推，實法與因緣，未爲殊異。論意似旨有所明，非是窮崖本極之談，故取於君。

什答曰，有二種論，一者，大乘論，説二種空，衆生空、法空空[二]。者[三]，小乘論，説衆生空。所以者何。以陰、入、界和合，假爲衆生，無有別實。如是論者，説乳等爲因緣有，色等爲實法。

又，以於諸法，生二種著，一者，著衆生，二者，著法。以著衆生故，説無我法，准名色爲根本。而惑者於名色取相分別，是衆生、是人、是天、是生、是舍、是山林、是河等，如是見者，皆不出於名色。譬如泥是一物，作種種器，或名瓮，或名瓶，瓮破爲瓶，瓶破爲瓮，然後還復爲泥，於瓮無所失，於瓶無所得，但名字有異。於名色生異相者亦如是，若求其實，當但有名色。聞是説已，便見一切諸法無我、無我所，即時捨離，無復戲論，修行道法。有人於名色不或衆生相，或於法相，貪著法故，戲論名色。爲是人故，説名色虚誑，色如幻如化，畢竟空寂。同如衆生，因緣而有，無有定相。

是故當知，言色等爲實有，乳等爲因緣有，小乘論意，非甚深論法。何以故。以衆生因此義故，得於解脱。若言都空，心無所寄，則生迷悶。爲是人故，今[四]觀名色二相，無常苦空。若心厭離，不待餘觀。如草藥除患，不須大藥也。

又，令衆生離色等錯謬，若一相，若異相，若常相，若斷相，以是故説色等爲實有，乳等爲假名有。如是觀者，即知衆生緣法，非有自性，畢竟空寂。若然者，言説有異，理皆一致。

又，佛得一切智慧，其智不可思議。若除諸佛，無復有人，如其實理，盡能受持。是故，佛佛隨衆生所解，於一義中三品説道。爲鈍根衆生故，説無常苦空，是衆生聞一切法無常苦已，即深厭離，即得斷愛，得解脱。爲中根衆生故，説一切無我，安穩，寂滅，

泥洹，是衆生聞一切法無我，准[五]泥洹，安穩，寂滅，

即斷愛，得解脱。爲利根者，説一切法從本已來，不生不滅，畢竟空，如泥洹相。

是故於一義中，隨衆生結使心錯，便有深淺之異。如治小病，名爲小藥，治大病，名爲大藥，隨病故，便有大小。衆生心有三毒之病，輕重亦復如是，憂[六]恚力等，愚癡則漏。所以者何。愛，小罪而難離。恚，大罪而易離。癡，大罪而難離。以愛難離故是惡相，以小罪故非惡。以恚大罪故是惡相，易離故非惡相。是二力等故，遣之則易。所謂不淨、慈悲、無常、苦觀。癡心若發，即生身見等十二見，於諸法中深墮錯謬。爲此病故，演説無我、衆緣生法，則無自性，畢竟常空，從本以來，無[七]生相。

是故，佛或説衆生空，或説法空，言色等爲實法，乳等爲因緣有，無咎。

○次問分破空并答

遠問曰，《大智論》推疊求本，以至毛分。唯[八]毛分以求原，是極微。極微即色、香、味、觸是也。此四味觸有之，色、香、味、觸則不得謂之寄名。然則極微之説，將何所據。爲有也，爲無也。若有實法，則分破之義，正可空疊，猶未空其本。本不可空，則是尺[九]捶之論[一〇]，墮于常見。若無實法，則是龜毛之喻，入乎[一一]斷見。二者非中道，並不得謂之寄名。

設令十方同分，以分破爲空。分焉詘有，猶未出於色，色不可出故，世尊謂之細色，非微塵。若分破之義，推空因緣有，不及實法故。推疊至于毛分盡，而復智空可也。如此，後[一二]不應以極微爲奇[一三]名。極微爲奇名，則空觀不止於因緣有，可知矣。然則，有無之際，其安在乎。不有不無，義可明矣。

什答曰，佛法中都無微塵之名，但言色

若麤若細，皆悉無常，乃至不説有極微極細者。若以極細爲微塵，是相不可得。而論者於此多生過咎，是故不説。又，極細色中，不令衆生起於愛縛。若有縛處，佛則爲縛説[四]解之法。

又，大乘經中，隨凡夫説微塵名字，不説有其定相。如極麁色不可得，極細色亦不可得。如優樓迦弟子説《微塵品》，謂微塵定相有四，色、香、味、觸。水微塵有色、味、觸。火微塵有色、觸。風微塵但有其觸。是人離四法別有，以地大故，四法屈地。極小地，名爲微塵，一切天地諸色之根本，是不可壞相。佛弟子中亦有説微塵處，因佛説有細微色，而細中求細，極細者，想以爲微塵捊。

爲破外道邪見及佛弟子邪論故，説微塵無決定相，但有假名。何以故。如五指和合，假名爲拳。色等和合，假名微塵。以佛法中常用二門，一，無我門，二，空法門。無我門者，五陰、十二入、十八性、十二因緣，決定有法，但無有我。空法門者，五陰、十二入、十八性、十二因緣，從本以來無所有，畢竟空。若以無我門破微塵者，説色、香、味、觸爲實法，微塵是四法和合所成，名之假名。所以者何。是中但説我空，不説法空故。若以法空者，微塵、色等，皆無所有，不復分別是實是假。

又，不可謂色等爲常相。所以者何。以從衆因緣生，念念滅故。爲陰、界、入攝故，亦不得言無。凡和合之法，則有假名，但無實事耳。如色入、觸入，二事和合，假名爲火。若以二法和合，有第三火法者，應別有所作，然實無所作。當知一火能燒，造色能照，無別法也，但有名字。是故或説假名，或説實法，無咎。

又，佛法聖觀有四種，一，無常，二，

苦，三，空，四，無我。佛或以無我觀度衆生，或以空觀度衆生。若説無我，則有餘法。若説空，則無所有。若以空法破微塵者，則人不信受。何以故。汝乃言無麤色，何獨説無微塵也。若以無我法無微塵者，人則易信。

若無實法，則龜毛之喻，入于斷見者，是事不然。何以故。或有言，我同於身，若身滅者，我即同滅，亦復無有至後身者。若無微塵，不在此例也。又，不以我爲斷常見，所以者何。我、我所見，名爲身見，五見各別故。或言五陰，因變爲果，名之爲常。或以五陰是有爲法，因滅更有果生，名之爲斷。而智者分別尋求微塵理極，本自無法，則無所滅。如我本來自無，雖復説無，不墮斷滅之見。如是以無我門，説[一五]破微塵，不墮滅中。

又，摩訶衍法，雖説色等，至微塵中空。心、心數法，至心中空。亦不墮滅中。所以者何。但爲破顛倒邪見故説，不是諸法實相也。若説無常，破常顛倒故。

若説心、心數法念念滅，破衆緣和合一相故。常不實，不常亦不實。若合相不實，離相亦不實。若有相不實，無相亦不實。一切諸觀滅，云何言斷見。斷見名先有今無。

若小乘法，初不得極麤色，乃至極細色。若大乘法畢竟空，現眼所見，如幻如夢，決定相尚不可得，況極細微塵也。極麤極細，皆是外道邪見戲論耳。

如外道《微塵品》中，師云，微塵是常相，何以故。是法不從因生故。問曰，其云何可知。答曰，微塵和合麤色可見，當知麤色是微塵果。果麤故可見，因細故不可見。是故，有因必有果，有果必有因。又，無常遮常故，當知空有常法。所以者何。與無常相違故。以無明故，定有常法，令無常明故，當知無明中有常法。麤[一六]物多和合故，色在其中，而可明見。微塵中雖有色，以無餘故，而不可見。設多風和合，色不在中，則不可見。如一二寸數法、量法，一異，合離，此彼，動作等，因色如故，則可見。若數量等，於無色中者，則不可見。

如是等，外道戲論微塵。是故説微塵，如水中月。大人見之，不求實事。如是，若麤色，若細色，若遠，若近，若好，若醜，若過去，若未來，悉是虚妄，皆如水中月，不可説相，但欲令人心生厭離，而得涅槃。受、想、行、識，亦如是。

又，衆生無始世界以來，深著戲論故，少於有、無中，見有過患，直至涅槃者。是故佛意欲令出有、無故，説非有非無，更無有法。不知佛意者，便著非有非無，是故佛復破非有非無。若非有非無能破有、無見，更不貪非有非無者，不須破非有非無也。若非有非無，雖破有、無，還戲論非有非無者，爾時佛言，捨非有非無，亦如捨有、無。一切法不受不貪，是我佛法。如人藥以治病，藥若爲患，復以藥治。藥若無患，則止。佛法中智慧藥亦如是，以此藥故，破所貪著。若於智慧中，復生貪著者，當行治法。若智慧中無所貪著者，不須重治也。

○次問後識追憶前識并答

遠問曰，前識雖冥傳相寫，推之以理，常、斷二非故，除〔一七〕之而無間，求相通利則有隔，何者。前心非後心故，心心不相知。前念非後念，雖同而兩行。而經有憶宿命之言，後識知前識之説，義可明矣。《大智論》云，前眼識滅，生後眼識，後眼識利轉有力，色雖暫有不住，以念力利故能知。推此而言，則後念可得追憶前識。若果可追憶，則有所疑。

請問，前識後念，爲相待而生，爲前識滅而後念生，爲一時俱耶。若相待而生，則前際其塞路。若前滅而後生，則後念不及前識。若生滅一時，則不應有利鈍之異。何以知其然。前識利於速滅，後念利於速生。利既同速，鈍亦宜然。若其間別有影迹相乘，則令玄於文表，固非言緣所得。凡此諸問，皆委之於君，想理統有本者，必有釋之。

什答曰，有人言，一切有爲法，離無常想，念念生滅，有念力，名爲心法。此念生時，自然能緣身所經來，相自爾故。如牛羊生時自趣乳，譬之如鐵自趣磁石。如是念有大力，所經雖滅，而能智之。譬如聖智者，能知未來事，雖未生來，有聖智力故，而能知之。念過去事，亦復如是。又，念與心義同，不相離故。是故，說念則說心。

後[一八]有人言，諸法實相若常，虚妄顛倒，無常亦如是。如《般若波羅蜜》中，佛須告[一九]菩提，菩薩若常，不行般若波羅蜜。若無常，亦不行般若波羅蜜。是故，不應難無常是實法滅，云何後心能知前心也。是故，《如品》中佛說，現在如即是過去如，過去如即是未來如，未來如即是過去現在如，過去現在如即是未來如。如是等際三世相，際三世相故，云何言後心爲實有，以過去心爲實無耶。

後[二〇]有人言，心有二種，一者，破裂分散，至念念滅，似如破色至於微塵。二者，相續生故，而不斷滅。若念念滅，生滅中不應以後心知前心事。若相續不斷中，則有斯義。如佛告諸比丘，心住者，當觀無常相。以心相續不斷故，名爲心住。相續中念念生滅故，當觀無常相。如燈炎，雖有生滅，相續不斷故，名有燈炷，而有其用。若炎中生滅故，則無燈用。心亦如是，有二種義，故無咎。雖念念滅，以不斷故，而有其用，能以過去未來之事。設心異緣，但以後心緣於前心者，不須緣彼所緣。若以前心，則能通其所緣。

○次問遍學并答

遍學菩薩，雖入二道，悉行悉知，而不決定取泥洹證，所以者何。本有不證之心，不捨一切故，理窮則返。如入滅盡定，先期心生，設復暫滅，時至則發。

遠問曰，如菩薩觀諸法空，從本以來，不生不滅。二乘道者觀法生滅，何得智及斷，是菩薩無生法忍。

什答曰，二乘雖觀生滅，不別於不生不滅，所以者何。以純歸不異故。如觀苦生滅，觀盡不生不滅。但爲盡諦，而觀三諦。是以經言，苦諦知已應見，如惡如賊，皆爲虛妄。集諦知已應斷，道諦知已應修，滅諦知已應證。

又，聲聞[三]言，入泥洹時，以空空三昧等，捨於八聖道分，以是故言盡諦，爲真無上之法。若三諦是實，不應有捨。捨故，則非實也。經言實者，欲爲顛倒故。於實法相，則非諦也。若不受不著，而不取相，則爲真諦。不生不滅，其相亦然，二皆同歸無相解脱門。

又，聲聞經言，無常即是苦，苦即是無我。若無我，則無我所。無我所者，則爲是空，不可受著。若不受著，則是不生不滅。

問曰，諸佛雖非我所，云何則不生不滅耶。

答曰，不然。若實生滅，應可受著，又不應用空空三昧。如佛常云，一切不受，心得解脱，得泥洹，是豈虛言。若生滅可取著者，則是分別，非爲實相。若非實相，不得以不生不滅爲虛，生滅爲實，但爲生死麤觀念心厭故，説言生滅。如人遠見青氣，近無所覩。如是一切賢聖，皆應一道，無有異耶。而大小之稱，致有利鈍，觀有深淺，悟有難易，始終爲異，非實有別。如人食麵，精麤著品，而實不異。

前答云，遍學者，菩薩雖入二道，悉行悉知，而不決定取泥洹證。所以者何。本有不證之心，心不捨一切故，理窮則返。如入滅定，先期心生，設復暫滅，時至則發。

問曰，無漏聖法，本無當於三[二二]乘。二乘無當，則優劣不同，階差有分。分若有當，則大乘自有其道。道而處中，其唯菩薩，乘平直往，則易簡而通。復何爲要逕九折之路，犯三難以自試耶。

又，三乘之學，猶三獸之度岸耳。涉深者，不待於假後。假後既無功於濟深，而徒勞於往返。若二乘必是遍學之所逕，此又似香像先學兔馬之涉水，然能蹈涉於理深乎。如其不爾，遍學之義，未可見也。

答曰，菩薩欲成一切智智[二三]故，於不善、無記法中，尚應學知，何況善法耶。外道神通，諸善之法，亦當學知，況賢聖道法乎。如人目見一切好醜之事，須用則用，若不用者，見之而已。菩薩如是，以慧眼見知一切法，直入大乘行者而行之。餘二乘法，唯知而已。

或有人言，佛説遍學，爲以導二乘人故。如佛本爲菩薩時，雖知六年苦行非道，但爲度邪見衆生故，現行其法。既成佛已，毁呰苦行，説言非道，聞者即皆信受。以佛曾行此法，實非道也。若菩薩但學大乘法者，二乘之人謂，菩薩雖總相知諸法，而不能善解二乘法也。

又，二乘法是菩薩道，所以者何。用此二道，度脱貪著小乘衆生，取之則易。

又，如人密知是道非道，便離非道行正道。菩薩亦如是，明知二乘行法不能至佛，即離其法，行於大道道[二四]。然者雖學二乘之法，而不失其功，以成佛乘故。而小乘人鈍根，不能通達大乘法故，迂迴爲難。大乘之人，利根智力强故，不以爲離[二五]也。如能浮人，雖入深水，不以爲難。九折三難者，此皆畢竟空智慧之分，不得以之爲難。雖不能度，不期成佛爲異耳。以諸菩薩從發意以來所行之道，與畢竟空智和合，如《般若波羅蜜·初品》中説，施者、受者、物不可得。是故非爲難也。

言三獸者，如兔不能及象馬之道，馬不能及象所蹈。如馬要先逕兔道，然後自行其道。香象要先逕兔馬之道，後乃自倒[二六]其地。菩薩亦如是，先洗[二七]二乘之地，然後自到其道也。

又問，聲聞、緣覺，凡有八輩，大歸同趣，向泥洹門。又，其中或有次第得證，或有超次受果，利鈍不同，則所入各異，菩薩云何而學般若耶。心利者不可挫之爲鈍，鈍者不可鋭之令利。菩薩利根，其本超此，而甫就下位之優劣，不亦難乎。若云能者爲易，於理復何爲然。其求之於心，未見其可。而經云遍學，必有深趣。

答曰，學者善分別，諦知其法。如有大德之人，往觀煞生法，其弟子問之何故，答言，我未得道，靡所不更。或至此處，知彼要脈，不令衆生受諸苦[二八]。若以三解脱門，觀涅槃法，知斷如是結使，得如是涅槃。三結盡，得涅槃分，謂無爲須陀洹果，乃至羅漢，得漏盡涅槃果。

又，如人眼見坑塹，終不墮落。假令入其法者，於法不證，不受信行、法行之名，以諸菩薩利根故，超出二乘，於大菩薩，有所不及。了如師子，雖處於百獸，爲勝也。如國王行百里，應中道宿，見有大臣住處，王雖在中入出觀者而無宿意，作是念言，此雖爲妙，自知別有勝處。菩薩亦如是，若入道慧時，分別觀知外道禪定五神通法，及二十七種賢聖法，所謂十八種學法、九種無學法，及辟支佛，分別觀已，續行菩薩道，得二種利益。一者，自了了知其法用，度衆生時，無所疑難。二者，所度衆生，知彼體行此法，則便信受。若不爾者，同在生死，彼我無異，便不信受。

又問，若菩薩遍學，爲從方便始，爲頓入無漏一道也。若從方便始，以何自驗其心，知必不證，而入無漏也。若不先學方便以自驗，則是失翼而墮空，無相酬可自反。若先學漚和、般若，心平若稱，一舉便可頓登龍門，復何爲遍學乎。

答曰，是事，佛於《般若》已説。菩薩入三解脱門，要先立願，學觀如已，心則厭離，雖不取其證，我學觀時，非是證時。以如是之心入無漏者，終不證也。

又人言，菩薩先以二因緣故，不取其證也，一者，深心貪樂阿耨多羅三藐三菩提，二者，於衆生中，大悲徹於骨髓，不欲獨取涅槃。雖知一切法中涅槃無爲，但以時未至故，是名菩薩。於衆生中，大悲之至，所謂得涅槃味，而不取證也。

復有人言，菩薩無量劫來，修習福德利根故，入三解脱門時，即深入無漏法，以此勢力，不能自反。譬如大魚隨順恒河，入於大海，不能得反，以水力牽故。爾時十方諸佛，現其身相語言，善男子，當念本願，度一切衆生，莫獨入涅槃。汝但得一法門，我等如是無量阿僧祇法門，憐愍衆生故，猶住世間，何況於汝。時菩薩信受佛語故，不取果證。

菩薩遍學，義如前説。是故，不得以乘平直住[二九]爲難。

又問，經云，四道與辟支佛智及滅智，皆是菩薩之忍辱，意似是學彼滅智，以成此忍。彼學本自不同，法忍云何而成。若必待此而不證，即諸佛世尊，大會説法，其中應不俄爾之頃，頓至法忍者。推此而言，反覆有疑。

答曰，經云，須陀洹乃至阿羅漢、辟支佛，若智若斷，皆是菩薩無生法忍者。智名學人四智，無學人六智。斷名學人有餘斷，無學人無餘斷。是皆以諸法實相爲已用，但二乘鈍故，須以六智。菩薩利故，唯用一智，所謂如實智。如鈍斧伐樹數下乃斷，若以利斧一斫便斷，是一樹一斷，但功用有異耳。諸賢聖如是，斷諸結樹，以小乘智慧鈍故，分爲分智。凡夫所想[三〇]顛倒，往來生死，受諸苦惱，説名爲苦。以無漏智慧深厭此苦，厭已即捨。苦無自性故，所以者何。是畢竟不生性。如是知已，結使自然不生，是名集滅道智。修此行已，增其盡智、無生智。菩薩利根故，知苦諦一相，所謂無相。但以凡夫顛倒之心，分别有苦有樂。

又，此苦因於愛等，亦是一相，因同果故。此中無所斷，亦無所證，於其觀中，善能通達。是故當知，聲聞智慧鈍故，先習此道，後乃得力。以菩薩深入故，觀四諦爲一諦，如《思益經》中，説四諦爲一諦。

又，《般若波羅蜜》中，説聲聞所有智、所有斷，皆在菩薩無生法忍中。聲聞人以四諦，入諸法實相。菩薩以一諦，入諸法實相。聲聞智慧鈍故，多以厭怖爲心。菩薩智慧利故，多以慈悲爲心。同得諸法實相故，名爲所有智、所有斷，皆是菩薩無生法忍。如以蘇作種種食，名雖有異，而蘇是一也。

或有人言，衆生或愛多，或見多，愛多者，以無作解脱，能入涅槃。無作解脱者，所謂諸法無常。若見多者，以空解脱門，能入涅槃。空解脱門[三一]者，所謂空、無我。若觀無常、苦者，化之則易。若觀空、無我者，所行之道，轉深轉微。所謂諸菩薩深愛樂佛法，亦未斷結使，生諸戲論，分别常無常、苦非苦、空非空、我非我、有無非有非無、生不生、非生非不生等。滅此戲論故，佛爲説無生法忍。如人服散除病，散復爲患，覆以下散，藥爲希有也。無生法忍亦如是，觀諸法性故，得名爲深。以除細微之病故，藥名爲妙。

復有人言，有人謂，菩薩不得聲聞、辟支佛道功德之利，是故説菩薩無生法忍中，悉得其利。又此章中，不言學彼以成此用。先云遍觀十地者，名之爲學耳。

又答云，如[三二]入滅定，先期心生，設復暫滅，時至自發。

問曰，若菩薩不證，必同此喻。以此則凡造[三三]遍學，不應有退轉，豈非失位於龍門乎。若未經遍學，便云退轉，此猶未涉險而頓駕，而本自不行，復何所論。

答曰，菩薩有二種，有退，有不退。退亦有二種，一者，直行五波羅蜜，如舍利弗等，持頭目施，而生厭退。二者，無方便，行般若波羅蜜，入三解脱門，觀涅槃時，以深妙藥[三四]故，即便取涅槃證。

取涅槃證，有二種，一，行菩薩道，以無方便，入三解脱門，證於涅槃。二者，菩薩聞佛説，菩薩應學聲聞、辟支佛道，度脱衆生。雖是菩薩，而用聲聞、辟支佛法，入三解脱門。是人無方便，慈悲心薄，深怖畏老病死苦，取涅槃證。如人若能乘馬，不隨馬也，不善乘者，便隨馬力。諸菩薩亦如是，起無漏心，入解脱門，隨順無漏，不能自拔。如是退轉菩薩，優劣不同。若久行菩薩道者，成就方便力，雖起無漏心，而不隨之，以慈悲方便力故，不令墮落。如是者，則同滅定爲喻也。

又，退轉者，雖有本願，以福德智慧力用薄故，不能自出。如入賊陳，皆願欲出，其身力方便者，乃能得出。無力者，雖有其意，不能得出。

又，如説《法華經》畢竟空，設有退轉，究竟皆當作佛。佛説退者，意欲令菩薩當得直道，始終無退。如《般若波羅蜜·不退品》

中說，又須菩提言，世尊，菩薩退爲以何法退。色陰退也，受、想、行、識退也。佛言，不也。離五陰有退也。佛言，不也。須菩提言，若不爾者，云何有退。佛爲須菩提，漸以明《法華經》義。

問曰，聲聞、辟支佛智及滅，則是菩薩忍。菩薩於智滅中不證時，爲是無生滅觀力也，爲是度人心力也。若是無生滅觀力，則遍學時不得並慮。若不並慮，則無生滅之觀，玄而不微。以其無微，菩薩便應隨至取證。若是度人心力，時至則反。凡爲菩薩，以僧那自誓，此心豈不必欲度人，而中退轉者，何也。

又云，《大智論》云，得忍菩薩，解諸法實相，廓然都無時，猶如夢中乘筏渡河，既覺無復度意。若爾者，先期其[三五]有，何功用有。得忍大士，已起陰路，猶尚若茲，況未至者乎。

君來喻雖美，吾喻是其捨[三六]也。

答曰，無生觀力劣，而去[三七]有同。何以故。無生，各[三八]一切法從本以來，不生不滅。以不[三九]滅法故滅故[四〇]，滅諸觀行。菩薩如是智力，雖二道，不應爲證。

何以故。證名第一直[四一]實，更無勝法。而菩薩以利智慧，深得法性，不應以法爲證也。然雖心不並慮，因見小乘法卑陋故，深發本識，知非所樂，但爲度小乘人故，觀其法耳。譬如大鳥，常有甚深清淨之池，以小緣故，暫住濁水，事訖便去，不樂久也。此亦如是，隨大力所牽，不爲小力所制。

度人心力者，諸菩薩雖入無漏禪定，而能不捨慈悲之心。小乘則不然，以其力劣故，心在無漏，則不應復有心所念。

又，菩薩以小乘法，觀泥洹時，有樂小乘道者，因用其法，而度脫之，此則是度人心也。凡言善學小乘法者，皆是得忍[四二]無生忍菩薩，所以者何。以彼謗言，尚不則此法，何能以是度人也。是故學者，以有殊妙之事故。如富樓那，過去無量佛所，於弟子衆中，第一法師，今佛弟子中，亦爲第一。是故當知，是大菩薩，現行小法。

又，小菩薩等，得甚深大乘之法，行五波羅蜜，若入小乘空法者，不知般若波羅蜜，無方便力，慈心弱，不能自拔，爾時隨至而證。佛若教如是等菩薩遍學者，則生厭心，失菩薩道。如人有呪火之力，能入大火，若無呪力，則不堪任。

又人言，菩薩利根故，知涅槃寂滅相真實之法，雖有慈悲之力，不能自制，但以十方諸佛，現其妙身，而教化之。譬如身大者，墮在深坑，一切繩用不能令出，唯有大士，以金剛瓅，爾乃出之。菩薩亦如是，深見生死過患涅槃寂滅安穩之處，唯有諸佛，乃能令出，更無餘人也。

又問，遍學以何爲始終。從發意生得忍，其中住住皆是遍學不。若初住遍學，於二乘智滅中，已得無生法忍，則不應復住住遍學。若果不住住遍學，則其中無復諸住階差之名。若初住不得忍，即住住皆應遍學。若住住遍學，則始學時漏結不盡。如其不盡，則雖學無功。想諸菩薩，必不徒勞而已。

又問，《十住除垢經》説，菩薩初住中遍學，雖入聖諦，不令經滅，亦不令起。此語似與《大智論》異，亦是成[四三]答所不同，是乃方等之契經，於理者[四四]所共信。若不會通其趣，則遍[四五]之説，非常智所了之者，則有其人。

答曰，此義前章已明。要大菩薩現作聲聞，爲度小乘人故，學大乘法，如富樓那等。

或有人言，有三種慧，聞慧、思慧[四六]。未得無生法忍菩薩，以聞、思慧，學二乘法，何以故。是人福德智慧未深厚故。若用修慧，則便作證。是故唯無生法忍菩薩，三慧遍學諸道。

又，新發意菩薩慧，誦讀思惟大乘經法，

雖學，亦不爲成無生法忍也。而得忍菩薩，同體實相之利，但深淺有異，是故觀智而已。此因緣先已說。

又，《十住斷結》說，未見此經，不得玄以相答。

又問，證與取證，云何爲證。菩薩爲證而不取，爲不證不取也。若證而不取，則證與取證宜異。若以盡爲證，盡不先期而設至，云何爲不取。若謂既證而不取，則須菩提不應云是處不然。若以盡爲證，三結盡時，則是須陀洹。下分盡時則那含，二分盡時則是阿羅漢。若三處皆盡而非三道，則有同而異者矣，其異安在乎。若先同而後異，直是先小而後大耳。若先異而後同，直是先大而後小耳。若都不同不異，則與來答趣[四七]，而永後會，此所望也。

答，經直云證，欲令易解故，說言永證，證與所證，無有異義。《般若波羅蜜》中，佛爲須菩提解之，菩薩欲入三解脱門，先發願，不住證。即今是學行時，非是證時，以本願大悲念衆[四八]生故，雖入三解脱門，而不作證。如王子雖未有職，見小職位，觀知而已，終不貪樂，當知别有大職故。菩薩亦如是，雖入小乘法，未具足六波羅蜜十地菩薩事故，而不作證。證名已具足放捨止息，所觀第一，更無有勝，不復畏受三界苦惱，是名爲證。譬如人有事相言，未得可信重人爲證者，則生憂怖，種種方便，求自勉濟，若得證已，心則安穩，不復多言也。諸賢聖如是，知世間可厭離，無所貪著，即見無生無滅、無作無相常法。

此法無爲，不生不滅故，不可在心。不可在心故，不名爲修。以無漏故，不名爲斷，但以爲證耳。此理真實，第一可信。若於是法，貪欲修行，即是戲論，生法煩惱，是故應證而不應修。如熱金丸雖好，正可眼見，不可手捉。如是證涅槃已，不復須厭斷修道。

凡證，說有四種，一者，有人欲得諸法實相，修行其道，見涅槃相，即以爲殊妙，發大歡喜，而生相著。因涅槃故，有所戲論。此人之心，自謂得微妙法，名爲智慧中戲論煩惱也。二者，見涅槃法，厭離心薄遲鈍故，不能信一切煩惱，或爲須陀洹，或爲斯陀含，或爲阿那含，名爲學涅槃者，不名得證也。三者，厭情休息智慧心，則見涅槃已，不生愛著，不生戲論，捨諸煩惱，名阿羅漢、辟支佛。四者，發心阿耨多羅三藐三菩提，爲度衆生故，欲與衆生第一之利，所謂涅槃利，爲生死中厭離心厚，世世修習種種法門，無量福德，利根第一。雖見涅槃，不生愛著，不生戲論，捨一切凡夫結使，知一切法同涅槃，無生無滅。但未具足菩薩之道，本願未滿，唯斷凡夫結使，未斷菩薩細微結使故，不名爲證。證名所作已辦，不復更有所作。得證者，唯有三人，阿羅漢、辟支佛、佛。三學人，雖斷結使，不患盡故，但假名爲證，非實證也。如因得道人故，餘學道者，通名道人。此中得無生菩薩，知諸法實相涅槃，自利已足，三界苦斷，爲教化成就衆生故，出於涅槃無爲之法，還修有爲福德，淨佛國土，引導衆生，是故不名爲證也。

○次問住壽義并答

遠問曰：經云：知四神足，多修習行，可得住壽一劫有餘。又，須菩提請世[四九]爲住壽恒沙劫。既有此法，即宜行之有人。請問，諸佛菩薩，竟有住壽者不？若果有者，爲是法身，爲是變化身乎？若是法身，法身則有無窮之壽，非凡壽所及，不須住壽。若是變化身，化身則滅時而應，時長則不宜短，時短則不宜長，以此住壽，將何爲哉？又問，壽有自然之定限，壽之者與化而往，目[五〇]應無陳，時不可留，云何爲住？若三相可得中停，則有爲之相暫與涅槃同像，不知胡音中竟住壽不。若以益算爲住壽，則傳譯失旨。

又，得滅盡三昧者，入斯定時，經劫不變，大火不能焚，大海不能溺。此即是三昧力，自在壽住。今所疑者，不知命根爲何所壽，爲寄之於心，爲寄之於形，爲心形兩寄也。若寄之於心，則心相已滅，滅無所寄。若寄之於形，即形隨化，時不可留，何以時[五一]之。《力士移山經》云，非常之變，非十力所制。制非十力，則神足可知也。此問已備之於前章。若一理推釋，二亦俱解。

什答，若言住壽一劫有餘者，無有此説，傳之者生，如《長阿含・大泥洹經》，阿難白佛，乘現證，從世尊聞。若善修習四如意，是人若欲壽一劫，若減一劫，則成耶。《摩訶衍經》曰，若欲壽恒河沙劫者，此是假言，竟不説人名。用此法者，如賓頭盧頗羅墮阿羅漢，善修習如意故，壽命至今不盡。因現神足力，取栴檀鉢故，佛以此治之。唯聞此一人，行其法用，餘者未聞。

又，諸阿羅漢觀身如病如癰，如惡怨賊。如退法阿羅漢，多[五二]有自害，況當故欲久壽也。以體無我心故，深拔貪著根本故，以涅槃寂滅安穩之利，以不樂久住，雖住先世因緣，身盡則止。

又，法身、變化身，經無定辨其異相處，此義先已説。聲聞人中説變化之無心意識寒熱等慧，性是無記，正可眼見，爲事故現，事證則滅。如是之身，無有根本，則無久壽之爲義。法身二種，一者，三十七品等諸賢聖法[五三]，二者，三藏經等，此皆非身非命，亦不得有久壽之爲義。當是先世行業所得之身，爲大因緣故，欲久住者，便得隨意。摩訶衍中法身想，先已具説其因緣。

今者，略説菩薩法身，有二種，一者，十住菩薩，得首楞嚴三昧，令菩薩結使微薄，是人神力自在，與佛相似，名爲法身。於十方現化度人之身，名爲變化身，隨見變化身者，推求根本者，以爲法身。是故凡小者，名爲變化身。如此之人，神力無礙，何須善修四如意足也。二者，得無生忍已，捨結果身，得菩薩清淨業行之身，而此身自於分憶，能爲自在，於其分外，不能自在無礙。是菩薩若欲善修習如意，亦可有恒沙劫壽耳。如人有力，不假大用，若無力者，乃有所假。初入法身菩薩亦如是，神通之力未成就故，若修如意者，便得隨意所作。

又，《修如意章》中言，若人欲劫壽者，便得如意，不言住壽也。如《阿毗曇》中說，有阿羅漢，以施得大福德願力，轉求增壽，便得如願。所以者何。是人於諸禪定，得自在力，願智、無諍三昧、頂禪等，皆悉通達。以先世因緣壽將盡，爲利益衆生故，餘福因緣，轉求長壽，便得如願。如檀越欲施比丘多種食之物，而是比丘有遊行因緣，不須此物，善喻檀越言，汝以好心見施，可貪〔五四〕此食爲衣物，而得如願。又，善修如意者亦如是，雖不先世福德求壽，以得無漏法故，專修有漏甚深善根。修有漏甚深善根力故，便得增壽果報。無漏雖無果報，能令有漏清淨，小而獲大果。

又，滅盡三昧力因緣故，令餘行增壽。若入滅盡三昧時，過於生理，身則毁壞，無復身因，起是即無。若入餘定，則無此事。如一比丘欲入滅盡三昧，作起心因緣，願力〔五五〕打揵推得當從定起。有賊來，破壞僧坊，十二年中，無楗槌音，此比丘猶在定中。後檀越還修立僧坊，打楗槌，比丘便覺，時即死也。

鳩摩羅什法師大義卷下終

校勘記

〔一〕「慈」，疑爲「兹」。

〔二〕「空」，疑衍。

〔三〕「者」，疑前脱「二」字。
〔四〕「今」，底本原校疑爲「令」。
〔五〕「准」，疑爲「唯」。
〔六〕「憂」，底本原校疑爲「愛」。
〔七〕「無」，底本原校云一本前有「以」字。
〔八〕「唯」，疑爲「推」。
〔九〕「尺」，底本作「天」，據底本原校改。
〔一〇〕「論」，底本脱，據底本原校補。
〔一一〕「孚」，底本原校疑爲「于」。
〔一二〕「後」，疑爲「復」。
〔一三〕「奇」，疑爲「寄」，下一「奇」字同。
〔一四〕「縛説」，疑爲「説縛」。
〔一五〕「説」，底本原校云一本作「設」。
〔一六〕「廲」，底本原校云一本作「遮」。
〔一七〕「除」，底本原校云一本作「際」。
〔一八〕「後」，底本原校疑爲「復」。
〔一九〕「須告」，疑爲「告須」。
〔二〇〕「後」，底本原校疑爲「復」。
〔二一〕「聞」，底本原校疑後脱「經」字。
〔二二〕「三」，疑爲「二」。
〔二三〕「智」，底本原校云一本無。
〔二四〕「道」，疑衍。
〔二五〕「離」，疑爲「難」。
〔二六〕「倒」，底本原校疑爲「到」。
〔二七〕「洗」，疑爲「逕」。
〔二八〕「苦」，底本原校云一本後有「惱」字。
〔二九〕「住」，疑爲「往」。
〔三〇〕「所想」，底本原校疑爲「取相」。
〔三一〕「門」，底本原校云一本無。
〔三二〕「如」，底本原校云一本作「以」。
〔三三〕「造」，底本原校云一本作「告」。
〔三四〕「藥」，疑爲「樂」。
〔三五〕「其」，底本原校云一本作「後」。
〔三六〕「捨」，底本原校云一本作「族」。
〔三七〕「去」，底本原校云一本作「玄」。
〔三八〕「各」，疑爲「名」。

〔三九〕「不」，疑後脱「生」字。

〔四〇〕「滅故」，底本原校疑衍。

〔四一〕「直」，疑爲「真」。

〔四二〕「忍」，疑衍。

〔四三〕「成」，底本原校疑爲「來」。

〔四四〕「者」，底本原校疑爲「有」。

〔四五〕「遍」，疑後脱「學」字。

〔四六〕「慧」，疑後脱「修慧」二字。

〔四七〕「趣」，疑爲「違」。

〔四八〕「念衆」，底本作「發願」，據底本原校改。

〔四九〕「世」，疑後脱「尊」字。

〔五〇〕「目」，疑爲「自」。

〔五一〕「時」，疑爲「明」。

〔五二〕「多」，底本作「今」，據底本原校改。

〔五三〕「法」，底本作「故」，據底本原校改。

〔五四〕「貪」，疑爲「令」。

〔五五〕「力」，底本原校云一本無。

（法中整理）

○九二四

肇論[一]

肇論序

後秦僧肇作

小招提寺僧慧達述[二]

慧達率愚，通[三]序長安釋僧肇法師所作《宗本》《不[四]遷》等四論。但末代弘經，允屬四依菩薩，爰傳茲土，抑亦其例。至如彌天大德、童壽桑門，並創始命宗，圖辨格致，播揚宣述，所事玄虛，唯斯擬聖默之所祖。自降乎已還，歷代古今，凡著名僧傳及傳所不載者，釋僧叡等三十[五]餘僧，清信檀越謝靈運等八百許人。至能辨正方言，節文階級，善覈名教，精搜義理，揖此羣賢語之所統[六]。有[七]美若人，超語兼默，標本則句深達佛心，明末則言言備通衆教。諒是大乘懿典，方等博書，自古自今著文著筆，詳汰名賢所作諸論，或六家[八]七宗，爰延十二，並判其臧否、辨[九]其差當，唯此憲章無弊斯咎。良由襟[一〇]情汎若，不知何係，匹[一一]彼淵海，數越九流，挺[一二]拔清虛，蕭然物外。知公者希，歸公採什，如曰不知，則公貴矣[一三]。

達猥生天幸，逢此正音，欣躍弗已，饗誅無疲[一四]。每至披尋，不勝手舞，誓願生生盡命弘述，達於肇之遺文，其猶若是，況《中》《百》《門》觀，爰洎方等深經，而不至增乎。世諺咸云，肇之所作，故是《成[一五]實》真諦，《地論》通宗，莊老所資孟[一六]浪之說。此實巨蠹之言，欺誣亡歿，街巷陋音，未之足拾[一七]。夫神道不形，心敏難繪，既文拘[一八]義遠，故衆端之[一九]詭，肇之卜意豈徒然哉，良有以也。如須[二〇]狥狎其言，願生生不面，至獲忍心，還度斯下。

達留連講肆二十餘年，頗逢重席，末覩斯

論〔二一〕，聊寄一序，託悟在中，同我賢余〔二二〕，請俟來哲。夫〔二三〕大分深義，厥號本無。故建言宗旨，標乎實相，開空法道，莫逾真俗。所以次釋二諦，顯佛教門。但圓正之因，無尚〔二四〕般若，至極之果，唯有涅槃，故末啓重玄，明衆聖之所宅。雖以性空擬本，無本可稱，語本絶言，非心行處。然則不遷當俗，俗則不生，不真爲真，真但名説。若能放曠蕩然〔二五〕崇兹一道，清耳虛襟〔二六〕無言二諦，斯則静照之功著，故般若無知，無名之德興，而涅槃不稱。余謂此説周圓，罄佛淵海，浩博無涯，窮法體相。雖復言約而義豐，文華而理詣，語勢連環，意實孤誕，敢是絶妙好辭，莫不竭兹洪論。所以童壽歎〔二七〕言〔二八〕：解空〔二九〕第一，肇公其人。斯言有由矣〔三〇〕，彰在翰〔三一〕牘。但宗本蕭然，莫能致詰，《不遷》等四〔三二〕，事開接引，問答析微，所以稱論。

肇論序終

校勘記

〔一〕底本據《嘉興藏》。校本分别爲：甲本，《大正藏》；乙本，金陵刻經處本。並參考中華書局點校本《肇論校釋》。

〔二〕「小招提寺僧慧達述」，乙本無。

〔三〕「通」，乙本無。

〔四〕「不」，甲本前有「物」字。

〔五〕「十」，甲本作「千」。

〔六〕「但末代弘經」至「揖此羣賢語之所統」一百一十八字，乙本無。

〔七〕「有」，乙本前有「曰」字。

〔八〕「家」，甲本無。

〔九〕「辨」，甲本作「辯」。

〔一〇〕「襟」，甲本作「襟」，下同。

〔一一〕「匹」，甲本作「譬」。

〔一二〕「挻」，底本脱，據甲本補。

〔一三〕「諒是大乘懿典」至「則公貴矣」九十四字，乙本無。

〔一四〕「欣躍弗已饗譏無疲」，乙本無。

〔一五〕「成」，甲本作「誠」。

〔一六〕「孟」，甲本作「猛」。

〔一七〕「達於肇之遺文」至「未之足拾」六十八字，乙本無。

〔一八〕「拘」，甲本後有「而」字。

〔一九〕「之」，甲本後有「所」字。

〔二〇〕「須」，甲本作「復」。

〔二一〕「既文拘義遠」至「末覩斯論」五十九字，乙本無。

〔二二〕「託悟在中同我賢余」，乙本無。

〔二三〕「夫」，乙本作「蓋」。

〔二四〕「尚」，甲本作「上」。

〔二五〕「放曠蕩然」，乙本無。

〔二六〕「清耳虛襟」，乙本無。

〔二七〕「歎」，底本作「欺」，據甲本改。

〔二八〕「雖復言約而義豐」至「所以童壽歎言」三十八字，乙本無。

〔二九〕「解空」，乙本作「洪論」。

〔三〇〕「斯言有由矣」至序文結尾，乙本無。

〔三一〕「翰」，底本作「輪」，據甲本改。

〔三二〕「四」，甲本後有「論」字。

肇論卷上

長安〔一〕釋僧肇作

宗本義

本無、實相、法性、性空、緣會，一義耳。何則。一切諸法，緣會而生。緣會而生，則未生無有，緣離則滅。如其真有，有則無滅。以此而推，故知雖今現有，有而性常自空。性常自空，故謂之性空。性空故，故曰法性。法性如是，故曰實相。實相自無，非推之使無，故名本無。言不有不無者，不如有見常見之有，邪見斷見之無耳。若以有爲有，則以無爲無，有既不有，則無無也〔三〕。夫不存無以觀法者，可謂識法實相矣，是謂〔三〕雖觀有而無所取相。然則法相爲無相之相，聖人之心爲住無所住矣。

三乘等觀性空而得道也。性空者，謂諸法實相也。見法實相故云正觀，若其異者便爲邪觀。設二乘不見此理，則顛倒也。是以三乘觀法無異，但心有大小爲差耳。漚和般若者，大慧之稱也。諸〔四〕法實相，謂之般若，能不形證，漚和功也。適化衆生，謂之漚和，不染塵累，般若力也。然則般若之門觀空，漚和之門涉有。涉有未始迷虛，故常處有而不染。不厭有而觀空，故觀空而不證。是謂一念之力，權慧具矣。一念之力權慧具矣，好思歷然可解。泥洹盡諦者，直結盡而已，則生死永滅，故謂盡耳，無復別有一盡處耳。

物不遷論第一

夫生死交謝，寒暑迭遷，有物流動，人之常情。余則謂之不然。何者。《放光》云：法無去來，無動轉者。尋夫不動之作，豈釋動以求靜，必求靜於諸動。必求靜於諸動，故雖動而常靜，不釋動以求靜，故雖靜而不離動。

然則動靜未始異，而惑者不同。緣使真言滯於競辯，宗途屈於好異。所以靜躁之極，未易言也。何者。夫談真則逆俗，順俗則違真。違真故迷性而莫返，逆俗故言淡而無味。緣使中人未分於存亡，下士撫掌而弗顧，近而不可知者，其唯物性乎。然不能自已，聊復寄心於動靜之際，豈曰必然。試論之曰：

《道行》云：諸法本無所從來，去亦無所至。《中觀》云：觀方知彼去，去者不至方。斯皆即動而求靜，以知物不遷，明矣。夫人之所謂動者，以昔物不至今，故曰動而非靜。我之所謂靜者，亦以昔物不至今，故曰靜而非動。動而非靜，以其不來，靜而非動，以其不去。然則所造未嘗異，所見未嘗同。逆之所謂塞，順之所謂通。苟得其道，復何滯哉。

傷夫人情之惑也久矣，目[五]對真而莫覺。既知往物而不來，而謂今物而可往。往物既不來，今物何所往。何則。求向物於向，於向未嘗無，責向物於今，於今未嘗有。於今未嘗有，以明物不來，於向未嘗無，故知物不去。覆而求今，今亦不往。是謂昔物自在昔，不從今以至昔。今物自在今，不從昔以至今。故仲尼曰：回也見新，交臂非故。如此，則物不相往來，明矣。既無往返之微朕，有何物而可動乎。然則旋嵐偃嶽而常靜，江河競注而不流，野馬飄鼓而不動，日月歷天而不周，復何怪哉。

噫。聖人有言曰：人命逝速，速於川流。是以聲聞悟非常以成道，緣覺覺緣離以即真。苟萬動而非化，豈尋化以階道。覆尋聖言，微隱難測，若動而靜，似去而留，可以神會，難以事求。是以言去不必去，閑人之常想，稱住不必住，釋人之所謂往耳。豈曰去而可遣，住而可留耶。故《成具》云：菩薩處計常之中，而演非常之教。《摩訶衍論》云：諸法不動，無去來處。斯皆導達群方，兩言一會，豈曰文殊而乖其致哉。是以言常而不住，稱去而不遷。不遷，故雖往而常靜。不住，故雖靜而常往。雖靜而常往，故往而弗遷，雖往而常靜，故靜而弗留矣。然則莊生之所以藏山，仲尼之所以臨川，斯皆感往者之難留，豈曰排今而可往。

是以觀聖人心者，不同人之所見得也。何者。人則謂少壯同體，百齡一質，徒知年往，不覺形隨。是以梵志出家，白首而歸，隣人見之曰：昔人尚存乎。梵志曰：吾猶昔人，非昔人也。隣人皆愕然，非其言也。所謂有力者負之而趨，昧者不覺，其斯之謂歟。是以如來因群情之所滯，則方言以辯惑，乘莫二之真心，吐不一之殊教。乖而不可異者，其唯聖言乎。故談真有不遷之稱，導俗有流動之說，雖復千途異唱，會歸同致矣。而徵文者聞不遷，則謂昔物不至今，聆流動者，而謂今物可至昔。既曰古今，而欲遷之者，何也。是以言往不必往，古今常存，以其不動。稱去不必去，謂不從今至古，以其不來。不來，故不馳騁於古今。不動，故各性住於一世。然則群籍殊文、百家異説，苟得其會，豈殊文之能惑哉。

是以人之所謂住，我則言其去。人之所謂去，我則言其住。然則去住雖殊，其致一也。故經云，正言似反，誰當信者。斯言有由矣。何者。人則求古於今，謂其不住。吾則求今於古，知其不去。今若至古，古應有今，古若至今，今應有古。今而無古，以知不來，古而無今，以知不去。若古不至今，今亦不至古，事各性住於一世，有何物而可去來。然則四象風馳，璇璣電捲，得意毫微，雖速而不轉。

是以如來，功流萬世而常存，道通百劫而彌固。成山假就於始簣，脩途托至於初步，果以功業不可朽故也。功業不可朽，故雖在昔而不化，不化故不遷，不遷故，則湛然明矣。故經云三災彌綸而行業湛然，信其言也。何者。果不俱因，因因而果。因因而果，因不昔滅。果不俱因，因不來今。不滅不來，則不遷之致明矣，復何惑於去留，踟躕於動靜之間哉。然則乾坤倒覆，無謂不靜，洪流滔天，無謂其動。苟能契神於即物，斯不遠而可知矣[六]。

不真空論第二

夫至虛無生者，蓋是般若玄鑒之妙趣，有物之宗極者也。自非聖明特達，何能契神於有無之間哉。是以至人通神心於無窮，窮所不能滯，極耳目於視聽，聲色所不能制者，豈不以其即萬物之自虛，故物不能累其神明者也。是以聖人乘真心而理順，則無滯而不通，審一氣以觀化，故所遇而順適。無滯而不通，故能混雜致淳。所遇而順適，故則觸物而一。如此，則萬象雖殊而不能自異。不能自異，故知象非真象。象非真象，故則雖象而非象。

然則物我同根，是非一氣，潛微幽隱，殆非群情之所盡，故頃爾談論，至於虚宗，每有不同。夫以不同而適同，有何物而可同哉。故衆論競作，而性莫同焉。何則。心無者，無心於萬物，萬物未嘗無。此得在於神静，失在於物虚。即色者，明色不自色，故雖色而非色也。夫言色者，但當色即色，豈待色色而後爲色哉。此直語色不自色，未領色之非色也。本無者，情尚於無，多觸言以賓無。故非有，有即無，非無，無即〔七〕無。尋夫立文之本旨者，直以非有非真有，非無非真無耳。何必非有無此有，非無無彼無。此直好無之談，豈謂順通事實，即物之情哉。

夫以〔八〕物物於物，則所物而可物，以物物非物，故雖物而非物。是以物不即名而就實，名不即物而履真。然則真諦獨静於名教之外，豈曰文言之能辯〔九〕哉。然不能杜默，聊復厝言以擬之。試論之曰：

《摩訶衍論》云：諸法亦非有相，亦非無相。《中論》云：諸法不有不無者，第一真諦也。尋夫不有不無者，豈謂滌除萬物，杜塞視聽，寂寥虚豁，然後爲真諦者乎。誠以即物順通，故物莫之逆，即僞即真，故性莫之易。性莫之易，故雖無而有，物莫之逆，故雖有而無。雖有而無，所謂非有，雖無而有，所謂非無。如此，則非無物也，物非真物。物非真物，故於何而可物。故經云：色之性空，非色敗空。以明夫聖人之於物也，即萬物之自虚，豈待宰割以求通哉。是以寢疾有不真之談，《超日》有即虚之稱。

然則三藏殊文，統之者一也。故《放光》云：第一真諦，無成無得，世俗諦故，便有成有得。夫有得即是無得之僞號，無得即是有得之真名。真名故，雖真而非有，僞號故，雖僞而非無。是以言真未嘗有，言僞未嘗無。二言未始一，二理未始殊。故經云：真諦、俗諦謂有異耶，答曰無異也。此經直辨〔一〇〕真諦以明非有，俗諦以明非無，豈以諦二而二於物哉。然則萬物果有其所以不有，有其所以不無。有其所以不有，故雖有而非有。有其所以不無，故雖無而非無。雖無而非無，無者不絶虚，雖有而非有，有者非真有。若有不即真，無不夷跡，然則有無稱異，其致一也。故童子歎曰：説法不有亦不無，以因緣故諸法生。《瓔珞經》云：轉法輪者，亦非有轉，亦非無轉，是謂轉無所轉。此乃衆經之微言也。何者。謂物無耶，則邪見非惑，謂物有耶，則常見爲得。以物非無，故邪見爲惑，以物非有，故常見不得。然則非有非無者，信真諦之談也。故《道行》云：心亦不有亦不無。《中觀》云：物從因緣故不有，緣起故不無。尋理即其然矣。

所以然者，夫有若真有，有自常有，豈待緣而後有哉。譬彼真無，無自常無，豈待緣而後無也。若有不能自有，待緣而後有者，故知有非真有。有非真有，雖有，不可謂之有矣。不無者，夫無則湛然不動，可謂之無。萬物若無，則不應起，起則非無，以明緣起故不無也。故《摩訶衍論》云：一切諸法，一切因緣故應有，一切諸法，一切因緣故不應有。一切無法，一切因緣故應有，一切有法，一切因緣故不應有。尋此有無之言，豈直反論而已哉。若應有，即是有，不應言無。若應無，即是無，不應言有。言有，是爲假有，以明非無，借無以辨非有。此事一稱二，其文有似不同，苟領其所同，則無異而不同。

然則萬法，果有其所以不有，不可得而有，有其所以不無，不可得而無。何則。欲言其有，有非真生，欲言其無，事象既形。象形不即無，非真非實有。然則不真空義，顯於兹矣。故《放光》云：諸法假號不真。譬如幻化人，非無幻化人，幻化人非真人也。夫以名求物，物無當名之實，以物求名，名無得物之功。物無當名之實，非物也，名無得物之功，非名也。是以名不當實，實不當名，名實無當，萬物安在。故《中觀》云物無彼此，而人以此爲此，以彼爲彼，彼亦以此爲彼，以彼爲此。此彼莫定乎一名，而惑者懷必然之志。然則彼此初非有，惑者初非無，既悟彼此之非有，有何物而可有哉。故知萬物非真，假號之[二]矣。是以《成具》立强名之文，園林託指馬之况。如此，則深遠之言，於何而不在。是以聖人乘千化而不變，履萬惑而常通者，以其即萬物之自虚，不假虚而虚物也。故經云：甚奇，世尊，不動真際爲諸法立處。非離真而立處，立處即真也。然則道遠乎哉，觸事而真。聖遠乎哉，體之即神[三]。

肇論卷上

校勘記

〔一〕「長安」，甲本、乙本前有「後秦」二字。

〔二〕「有既不有則無無也」，甲本、乙本無。

〔三〕「是謂」，甲本、乙本無。

〔四〕「諸」，《肇論校釋》校改爲「見」。

〔五〕「目」，乙本作「自」。

〔六〕「矣」，甲本後有「物不遷論終」五字。

〔七〕「即」，甲本、乙本作「亦」。

〔八〕「夫以」，甲本作「以夫」。

〔九〕「辯」，甲本、乙本作「辨」。

〔一〇〕「辨」，甲本、乙本作「辯」。

〔一一〕「之」，甲本、乙本作「久」。

〔一二〕「神」，甲本後有「不真空論終」五字。

肇論卷中

長安釋僧肇作

般若無知論第三

夫般若虚玄者，蓋是三乘之宗極也，誠真一之無差，然異端之論紛然久矣。有天竺沙門鳩摩羅什者，少踐大方，研幾斯趣，獨拔於言象之表，妙契於希夷之境，齊異學於迦夷，揚淳風於[二]東扇。將爰燭殊方而匿耀[三]凉土者，所以道不虚應，應必有由矣。弘始三年，歲次星紀，秦乘入國之謀，舉師以來之意也。北天之運，數其然也。大秦天王者，道契百王之端，德洽千載之下，游刃萬機，弘道終日，信季俗蒼生之所天，釋迦遺法之所仗也。時乃集義學沙門五百餘人於逍遥觀，躬執秦文，與什公叅定方等。其所開拓者，豈唯當時之益，乃累劫之津梁矣。余以短乏，曾厠嘉會，以爲上聞異要，始於時也。然則聖智幽微，深隱難測，無相無名，乃非言象之所得。爲試罔象其懷，寄之狂言耳，豈曰聖心而可辨哉。試論之曰：

《放光》云：般若無所有相，無生滅相。《道行》云：般若無所知，無所見。此辨智照之用，而曰無相、無知者何耶。果有無相之知，不知之照，明矣。何者。夫有所知，則有所不知。以聖心無知，故無所不知。不知之知，乃曰一切知。故經云：聖心無所知，無所不知。信矣。是以聖人虚其心而實其照，終日知而未嘗知也。故能默耀韜光，虚心玄鑒，閉智塞聰，而獨覺冥冥者矣。然則智有窮幽之鑒，而無知焉，神有應會之用，而無慮焉。神無慮，故能獨王於世表，智無知，故能玄照於事外。智雖事外，未始無事，神雖世表，終日域中。所以俯仰順化，應接無窮，無幽不察，而無照功。斯則無知之所知，聖神之所會也。然其爲物也，實而不有，虚而不無，存而不可論者，其唯聖智乎。何者。欲言其有，無狀無名，欲言其無，聖以之靈。聖以之靈，故虚不失照，無狀無名，故照不失虚。照不失虚，故混而不渝，虚不失照，故動以接麤。是以聖智之用，未始暫廢，求之形相，未暫可得。故寶積曰：以無心意而現行。《放光》云：不動等覺而建立諸法。所以聖迹萬端，其致一而已矣。是以般若可虚而照，真諦可亡而知，萬動可即而静，聖應可無而爲。斯則不知而自知，不爲而自爲矣。復何知哉。復何爲哉。

難曰：夫聖人真心獨朗，物物斯照，應接無

方，動與事會。物物斯照，故知無所遺。動與事會，故會不失機。會不失機，故必有會於可會。知無所遺，故必有知於可知。必有知於可知，故聖不虛知。必有會於可會，故聖不虛會。既知既會，而曰無知無會者，何耶。若夫忘知遺會者，則是聖人無私於知會，以成其私耳。斯可謂不自有其知，安得無知哉。荅曰：夫聖人功高二儀而不仁，明逾日月而彌昏，豈曰木石瞽其懷，其於無知而已哉。誠以異於人者神明，故不可以事相求之耳。子意欲令聖人不自有其知，而聖人未嘗不有知，無乃乖於聖心，失於文旨者乎。何者。經云：真般若者，清淨如虛空，無知無見，無作無緣。斯則知自無知矣，豈待返照然後無知哉。若有知性空而稱淨者，則不辨於惑智，三毒、四倒皆亦[三]清淨，有何獨尊淨於般若。若以所知美般若，所知非般若，所知自常淨，故般若未嘗淨，亦無緣致淨歎於般若。然經云般若清淨者，將無以般若體性真淨，本無惑取之知。本無惑取之知，不可以知名哉。豈唯無知名無知，知自無知矣。是以聖人以無知之般若，照彼無相之真諦。真諦無兔馬之遺，般若無不窮之鑒，所以會而不差，當而無是，寂怕無知，而無不知者矣。

難曰：夫物無以自通，故立名以通物。物雖非名，果有可名之物當於此名矣。是以即名求物，物不能隱。而論云聖心無知，又云無所不知，意謂無知未嘗知，知未嘗無知。斯則名教之所通，立言之本意也。然論者欲一於聖心，異於文旨，尋文求實，未見其當。何者。若知得於聖心，無知無所辨。若無知得於聖心，知亦無所辨。若二都無得，無所復論哉。荅曰：經云：般若義者，無名無說，非有非無，非實非虛。虛不失照，照不失虛，斯則無名之法，故非言所能言也。言雖不能言，然非言無以傳，是以聖人終日言而未嘗言也。今試爲子狂言辨之。夫聖心者，微妙無相，不可爲有，用之彌勤，不可爲無。不可爲無，故聖智存焉，不可爲有，故名教絶焉。是以言知不爲知，欲以通其鑒，不知非不知，欲以辨其相。辨相不爲無，通鑒不爲有。非有，故知而無知，非無，故無知而知。是以知即無知，無知即知，無以言異而異於聖心也。

難曰：夫真諦深玄，非智不測，聖智之能，在茲而顯。故經云：不得般若，不見真諦。真諦則般若之緣也，以緣求智，智則知矣。答曰：以緣求智，智非知也。何者。《放光》云：不緣色生識，是名不見色。又云：五陰清淨故，般若清淨。般若即能知也，五陰即所知也，所知即緣也。夫知與所知，相與而有，相與而無。相與而無，故物莫之有，相與而有，故物莫之無。物莫之無，故爲緣之所起，物莫之有，故則緣所不能生。緣所不能生，故照緣而非知，爲緣之所起，故知、緣相因而生。是以知與無知，生於所知矣。何者。夫智以知所知，取相故名知。真諦自無相，真智何由知。所以然者，夫所知非所知，所知生於知，所知既生知，知亦生所知。所、知既相生，相生即緣法，緣法故非真，非真故非真諦也。故《中觀》云：物從因緣有故不真，不從因緣有故即真。今真諦曰真，真則非緣。真非緣，故無物從緣而生也。故經云，不見有法無緣而生。是以真智觀真諦，未嘗取所知。智不取所知，此智何由知。然智非無知，但真諦非所知，故真智亦非知。而子欲以緣求智，故以智爲知。緣自非緣，於何而求知。

難曰：論云不取者，爲無知故不取，爲知然後不取耶〔四〕。若無知故不取，聖人則冥若夜游，不辨緇素之異耶。若知然後不取，知則異於不取矣。答曰：非無知故不取，又非知然後不取。知即不取，故能不取而知。

難曰：論云不取者，誠以聖心不物於物，故無惑取也。無取則無是，無是則無當。誰當聖心，而云聖心無所不知耶。答曰：然，無是無當者。夫無當則物無不當，無是則物無不是。物無不是，故是而無是，物無不當，故當而無當。故經云：

盡見諸法而無所見。

難曰：聖心非不能是，誠以無是可是。雖無是可是，故當是於無是矣。是以經云真諦無相故般若無知者，誠以般若無有有相之知。若以無相爲無相，有何累於真諦耶。荅曰：聖人無無相也。何者。若以無相爲無相，無相即爲相。捨有而之無，譬猶逃峰而赴壑，俱不免於患矣。是以至人處有而不有，居無而不無。雖不取於有無，然亦不捨於有無。所以和光塵勞，周旋五趣，寂然而往，怕爾而來，恬淡無爲而無不爲。

難曰：聖心雖無知，然其應會之道不差。是以可應者應之，不可應者存之。然則聖心有時而生，有時而滅，可得然乎。荅曰：生滅者，生滅心也。聖人無心，生滅焉起。然非無心，但是無心心耳。又非不應，但是不應應耳。是以聖人應會之道，則信若四時之質。直以虛無爲體，斯不可得而生，不可得而滅也。

難曰：聖智之無，惑智之無，俱無生滅，何以異之。荅曰：聖智之無者，無知。惑智之無者，知無。其無雖同，所以無者異也。何者。夫聖心虛靜，無知可無，可曰無知，非謂知無。惑智有知，故有知可無，可謂知無，非曰無知也。無知即般若之無也，知無即真諦之無也。是以般若之與真諦，言用即同而異，言寂即異而同。同故無心於彼此，異故不失於照功。是以辨同者同於異，辨異者異於同，斯則不可得而異，不可得而同也。何者。內有獨鑒之明，外有萬法之實。萬法雖實，然非照不得。內、外相與以成其照功，此則聖所不能同，用也。內雖照而無知，外雖實而無相，內、外寂然，相與俱無，此則聖所不能異，寂也。是以經云諸法不異者，豈曰續鳧截鶴，夷嶽盈壑，然後無異哉。誠以不異於異，故雖異而不異也。故經云：甚奇，世尊，於無異法中而說諸法異。又云：般若與諸法，亦不一相，亦不異相。信矣。

難曰：論云言用則異，言寂則同，未詳般若之內，則有用寂之異乎。荅曰：用即寂，寂即用，用寂體一，同出而異名，更無無用之寂而主於用也。是以智彌昧，照逾明，神彌静，應逾動，豈曰明昧動静之異哉。故《成具》云：不爲而過爲。《寶積》曰：無心無識，無不覺知。斯則窮神盡智，極象外之談也。即之明文，聖心可知矣[五]。

附劉遺民書問[六]

遺民和南：頃餐徽聞，有懷遥佇，歲未寒嚴，體中如何。音寄壅隔，增用抱藴。弟子沉痾草澤，常有弊[七]瘵耳。因慧明道人北遊，裁通其情。古人不以形疎致淡，悟涉則親，是以雖復江山悠邈，不面當年，至於企懷風味，鏡心象迹，佇悦之勤，良以深矣。緬[八]然無因，瞻霞永歎，順時愛敬。冀因行李，數有承問。伏願彼大衆康和，外國法師當[九]休納。上人以悟發之器而遘兹淵對，想開究之功，足以盡過半之思。故以每惟乖闊，憤愧何深。此山僧清常，道戒彌厲[一〇]，禪隱之餘則惟研惟講，恂恂穆穆，故可樂矣。弟子既以遂宿心，而覩兹上軌，感寄之誠，日月銘至。遠法師頃恒履宜，思業精詣，乹乹宵夕。自非道用潛流，理爲神御，孰以過順之年，湛氣若兹之勤。所以憑慰既深，仰謝逾絶。

去年夏末，始見生上人示《無知論》，才運清儁，旨中沉允，推涉聖文，婉而有歸。披味殷勤，不能釋手，真[一一]可謂浴心方等之淵，而悟懷絶冥之肆者矣。若令此辯[一二]遂通，則般若衆流，殆不言而會。可不欣乎。可不欣乎。然[一三]夫理微者辭險，唱獨者應希，苟非絶言象之表者，將以存象而致乖乎。意謂荅以緣求智之章，婉轉窮盡，極爲精巧，無所間然矣。但暗者難以頓曉，猶有餘疑一兩，今輒題之如别，想從容之暇，復能粗爲釋之。

論序云：般若之體，非有非無，虚不失照，照不失虚，故曰不動等覺而建立諸法。下章云：異乎人者神明，故不可以事相求之耳。又云：用即寂，寂即用，神彌静，應逾動。夫聖心冥寂，理極同無。不疾而疾，不徐而徐。是以知不廢寂，寂不廢知，未始不寂，未始不知。故其運物成功化世之道，雖處有名之中，而遠與無名同。斯理之玄，固常所彌昧者矣。但今談者，所疑於高論之旨，欲求聖心之異，爲謂窮靈極數妙盡冥符耶，爲將心體自然靈怕獨感耶。若窮靈極數妙盡冥符，則寂照之名，故是定慧之體耳。若心體自然靈怕獨感，則群數之應，固以幾乎息矣。夫心數既玄而孤運其照，神淳化表而慧明獨存，當有深證，可試爲辨之。疑者當以撫會應機覩變之知，不可謂之不有矣。而論旨云本無惑取之知，而未釋所以不取之理。謂宜先定聖心所以應會之道，爲當唯照無相耶，爲當咸覩其變耶。若覩其變，則異乎無相，若唯照無相，則無會可撫。既無會可撫，而有撫會之功。意有未悟，幸復誨之。

論云：無當則物無不當，無是則物無不是，物無不是，故是而無是，物無不當，故當而無當。夫無當而物無不當，乃所以爲至當，無是而物無不是，乃所以爲真是。豈有真是而非是，至當而非當，而云當而無當，是而無是耶。若謂至當非常當，真是非常是，此蓋悟惑之言本異耳，固論旨所以不明也。願復重喻，以袪其惑矣。

論至日，即與遠法師詳省之，法師亦好相領得意，但標位似各有本，或當不必理盡同矣。頃兼以班諸有懷，屢有擊其節者，而恨不得與斯人同時也。

答劉遺民書[一四]

不面在昔，佇想用勞。慧明道人至，得去年十二月疏并問。披尋返覆，欣若暫對。涼風屆節，頃常如何。貧[一五]道勞疾，多不佳[一六]耳。信南返不悉。八月十五日釋僧肇疏答。

服像雖殊，妙期不二，江山雖緬，理契即隣。所以望途致想，虛襟有寄。君既遂嘉遯之志，標越俗之美，獨恬事外，歡足方寸，每一言集，何嘗不遠喻林下之雅詠，高致悠然。清散未期，厚自保愛。每因行李，數有承問。願彼山僧無恙，道俗通佳。承遠法師之勝常，以爲欣慰。雖未清承，然服膺高軌，企佇之勤，爲日久矣。公以過順之年，湛氣彌厲，養徒幽巖，抱一冲谷，遐邇仰詠，何美如之。每亦翹想一隅，懸庇霄岸，無由寫敬，致慨良深。君清對終日，快有悟心之歡也。

即此大衆尋常，什法師如宜。秦王道性自然，天機邁俗，城塹三寶，弘道是務。由使異典勝僧方遠而至，靈鷲之風萃於兹土。領公遠舉，乃千載之津梁也，於西域還，得方等新經二百餘部，請大乘禪師一人，三藏法師一人，毘婆沙法師二人。什法師於大石寺出新至諸經，法藏淵曠，日有異聞。禪師於瓦官寺[一七]教習禪道，門徒數百，夙夜匪懈，邕邕肅肅，致可欣樂。三藏法師於中寺出律藏，本末精悉，若覩初制。毘婆沙法師於石羊寺出《舍利弗阿毘曇》胡本，雖未及譯，時問中事，發言新奇。貧道一生，猥叅嘉運，遇兹盛化，自恨不覩釋迦祇桓之集，餘復何恨。而慨不得與清勝君子同斯法集耳。

生上人頃在此，同止數年，至於言話之際，常相稱詠。中途還南，君得與相見，未更近問，惘悒何言。威道人至，得君《念佛三昧詠》，并得遠法師《三昧詠》及《序》。此作興寄既高，辭致清婉，能文之士率稱其美，可謂游涉聖門，扣玄關之唱也。君與法師當數有文集，因來何少。什法師以午年出《維摩經》，貧道時預聽次，叅承之暇，輒復條記成言，以爲注解。辭雖不文，然義承有本。今因信持一本往南，君閑詳，試可取看。

來問婉切，難爲郢人。貧道思不關微，兼拙於筆語，且至趣無言，言必乖趣，云云不已，竟何所辨。聊以狂言，示訓來旨耳。

疏云：稱聖心冥寂，理極同無，雖處有名之中，而遠與無名同，斯理之玄，固常彌昧者。以此爲懷，自可忘言内得，取定方寸，復何足以人情之所異，而求聖心之異乎。

疏曰：談者謂窮靈極數妙盡冥符，則[一八]寂照之名，故是定、慧之體耳。若心體自然靈怕獨感，則群數之應，固以幾乎息矣。意謂妙盡冥符，不可以定、慧爲名，靈怕獨感，不可稱群數以息。兩言雖殊，妙用常一。迹我而乖[一九]，在聖不殊也。何者。夫聖人玄心默照，理極同無。既曰爲同，同無不極。何有同無之極而有定、慧之名。定、慧之名，非同外之稱也。若稱生同内，有稱非同，若稱生同外，稱非我也。又聖心虚微，妙絶常境，感無不應，會無不通，冥機潛運，其用不勤，群數之應，亦何爲而息耶。且夫心之有也，以其有有。有不自有，故聖心不有有。不有有，故有無有。有無有故，則無無。無無故，聖心[二〇]不有不無。不有不無，其神乃虚。何者。夫有也無也，心之影響也，言也象也，影響之所攀緣也。有無既廢，則心無影響。影響既淪，則言象莫測。言象莫測，則道絶群方。道絶群方，故能窮靈極數。窮靈極數，乃曰妙盡。妙盡之道，本乎無寄。夫無寄在乎冥寂，冥寂故，虚以通之。妙盡存乎極數，極數故，數以應之。數以應之，故動與事會，虚以通之，故道超名外。道超名外，因謂之無，動與事會，因謂之有。因謂之有者，應非[二一]真有，强謂之然耳，彼何然哉。故經云，聖智無知而無所不知，無爲而無所不爲。此無言無相寂滅之道，豈曰有而爲有，無而爲無，動而乖静，静而廢用耶。

而今談者多即言以定旨，尋大方而徵隅，懷前識以標玄，存所存之必當。是以聞聖有知，謂之有心，聞聖無知，謂等太[二二]虚。有無之境，邊見所存，豈是處中莫二之道乎。何者。萬物雖殊，然性本常一，不可而物，然非不物。可物於物，則名相異陳，不物於物，則物而即真。是以聖人不物於物，不非物於物。不物於物，物非有也。不非物於物，物非無也。非有，所以不取。非無，所以不捨。不捨，故妙存即真。不取，故名相靡因。名相靡因，非有知也。妙存即真，非無知也。故經云：般若於諸法，無取無捨，無知無不知。此攀緣之外，絶心之域，而欲以有無詰者，不亦遠乎。請詰夫陳有無者，夫智之生也，極於相內，法本無相，聖智何知。世稱無知者，謂等木石、太虛無情之流。靈鑒幽燭，形於未兆，道無隱機，寧曰無知。且無知生於有〔三〕知，無無知也，無有知也。無有知也，謂之非有，無無知也，謂之非無。所以虛不失照，照不失虛，怕然永寂，靡執靡拘。孰能動之令有，静之使無耶。故經云，真般若者，非有非無，無起無滅，不可説示於人。何則。言其非有者，言其非是有，非謂是非有。言其非無者，言其非是無，非謂是非無。非有，非非有，非無，非非無，是以須菩提終日説般若，而云無所説。此絶言之道，知何以傳。庶參玄君子，有以會之耳。

又云宜先定聖心所以應會之道，爲當唯照無相耶，爲當咸覩其變耶。談者似謂無相與變，其旨不一。覩變則異乎無相，照無相則失於撫會。然則即真之義，或有滯也。經云：色不異空，空不異色，色即是空，空即是色。若如來旨，觀色空時，應一心見色，一心見空。若一心見色，則唯色非空，若一心見空，則唯空非色。然則空色兩陳，莫定其本也。是以經云非色者，誠以非色於色，不非色於非色。若非色於非色，太虛則非色，非色何所明。若以非色於色，即非色不異色。非色不異色，色即爲非色。故知變即無相，無相即變。群情不同，故教迹有異耳。考之玄籍，本之聖意，豈復真僞殊心，空有異照耶。是以照無相，不失撫會之功，覩變動，不乖無相之旨。造有不異無，造無不異有。未嘗不有，未嘗不無，故曰不動等覺而建立諸法。以此而推，寂用何妨。如之何謂覩變之知，異無相之照乎。恐談者脱謂空、有兩心，静躁殊用，故言覩變之知，不可謂之不有耳。若能捨己心於封內，尋玄機於事外，齊萬有於一虛，曉至虛之非無者，當言至人終日應會，與物推移，乘運撫化，未始爲有也。聖心若此，何有可取，而曰未釋不取之理。

又云無是乃所以爲真是，無當乃所以爲至當。

亦可如來言耳。若能無心於爲是，而是於無是，無心於爲當，而當於無當者，則終日是不乖於無是，終日當不乖於無當。但恐有是於無是，有當於無當，所以爲患耳。何者。若真是可是，至當可當，則名相以形，美惡是生，生生奔競，孰與止之。是以聖人空洞其懷，無識無知。然居動用之域，而止無爲之境，處有名之内，而宅絶言之鄉。寂寥虚曠，莫可以形名得，若斯而已矣。乃曰真是可是，至當可當，未喻雅旨也。恐是當之生，物謂之然，彼自不然，何足以然耳。夫言迹之興，異途之所由生也。而言有所不言，迹有所不迹。是以善言言者，求言所不能言，善迹迹者，尋迹所不能迹。至理虚玄，擬心已差，況乃有言。恐所示轉遠，庶通心君子，有以相期於文外耳。

肇論卷中

校勘記

〔一〕「於」，《肇論校釋》作「以」。

〔二〕「耀」，甲本作「羅」。

〔三〕「皆亦」，甲本、乙本作「亦皆」。

〔四〕「耶」，乙本作「取」。

〔五〕「矣」，甲本後有「般若無知論終」六字。

〔六〕「附劉遺民書問」，甲本、乙本作「劉遺民書問附」，《肇論校釋》作「劉君致書覈問」。

〔七〕「弊」，乙本作「幣」。

〔八〕「紖」，甲本、乙本作「緬」，下同。

〔九〕「當」，甲本、乙本無。

〔一〇〕「厲」，甲本、乙本作「勵」。

〔一一〕「真」，甲本、乙本作「直」。

〔一二〕「辯」，甲本、乙本作「辨」。

〔一三〕「然」，甲本、乙本無。

〔一四〕「荅劉遺民書」，乙本后有雙行小字「書有二幅，前短札，後長幅」，《肇論校釋》作「論主復書釋答」。

〔一五〕「貧」，甲本作「貪」。

〔一六〕「佳」，甲本作「住」。

〔一七〕「瓦官寺」，《肇論校釋》作「宫寺」。

〔一八〕「則」，甲本作「別」。

〔一九〕「乖」，甲本作「乘」。

〔二〇〕「心」，底本、甲本、乙本作「人」，據《肇論校釋》改。

〔二一〕「非」，底本、甲本、乙本作「夫」，據《肇論校釋》改。

〔二二〕「太」，甲本、乙本作「大」。

〔二三〕「有」，底本、甲本、乙本作「無」，據《肇論校釋》改。

肇論卷下

長安釋僧肇作

涅槃無名論第四

奏秦王表〔一〕

僧肇言：

肇聞：天得一以清，地得一以寧，君王得一以治天下。伏惟陛下，濬〔二〕哲欽明，道與神會，妙契環中，理無不統，游刃萬機，弘道終日，威被蒼生，垂文作則。所以域中有四大，而王居一焉。

涅槃之道，蓋是三乘之所歸，方等之淵府，渺漭希夷，絶視聽之域，幽致虚玄，殆非群情之所測。肇以人微，猥蒙國恩，得閑居學肆，在什公門下十有餘載。雖衆經殊致，勝趣非一，然涅槃一義，常以聽習爲先。肇〔三〕才識闇短，雖屢蒙誨喻，猶懷疑漠漠，爲竭愚不已，亦如似有解。然未經高勝先唱，不敢自決。不幸什公去世，諮參無所，以爲永慨。而陛下聖德不孤，獨與什公神契，目擊道存，快盡其中方寸，故能振彼玄風，以啓末俗。一日，遇蒙《荅安城侯姚嵩書》，問無爲宗極。何者。夫衆生所以久流轉生死者，皆由著欲故也。若欲止於心，即無復於生死。既無生死，潛神玄默，與虚空合其德，是名涅槃矣。既曰涅槃，復何容有名於其間哉。斯乃窮微言之美，極象外之談者也。自非道參文殊，德侔慈氏，孰能宣揚玄道，爲法城塹，使夫大教卷而復舒，幽旨淪而更顯。尋玩殷勤，不能暫捨，欣悟交懷，手舞弗暇。豈直當時之勝軌，方乃累劫之津梁矣。然聖旨淵玄，理微言約，可以匠彼先進，拯拔高士。懼言題之流，或未盡上意，庶擬孔《易》十翼之作。豈貪豐文，圖以弘顯幽旨，輒作《涅槃無名論》。

論有九折十演，博採衆經，託證成喻，以仰述陛下無名之致。豈曰關詣神心，窮究遠當，聊以擬議玄門，班喻學徒耳。論末章云：諸家通第一義諦，皆云廓然空寂，無有聖人。吾常以爲太甚逕庭，不近人情。若無聖人，知無者誰。實如明詔。實如明詔。夫道，恍惚窅[四]冥，其中有精，若無聖人，誰與道游。頃諸學徒，莫不躊躇道門，怏怏此旨，懷疑終日，莫之能正。幸遭高判，宗徒⿰巾畫[五]然，扣關之儔，蔚登玄室。真可謂法輪再轉於閻浮，道光重映於千載者矣。今演論之作旨，曲辨涅槃無名之體，寂彼廓然，排方外之談。條牒如左，謹以仰呈。若少參聖旨，願勑存記，如其有差，伏承指授。

僧肇言：泥曰、泥洹、涅槃，此三名前後異出，蓋是楚夏不同耳。云涅槃，音正也。

九折十演者

開宗第一

無名曰：經稱有餘涅槃、無餘涅槃者，秦言無爲，亦名滅度。無爲者，取乎虚無寂寞，妙絶於有爲。滅度者，言其大患永滅，超度四流。斯蓋是鏡像之所歸，絶稱之幽宅也。而曰有餘、無餘者，良是出處之異號，應物之假名耳。

余嘗試言之：夫涅槃之爲道也，寂寥虚曠，不可以形名得，微妙無相，不可以有心知。超群有以幽升，量太虚而永久。隨之弗得其蹤，迎之罔眺其首，六趣不能攝其生，力負無以化其體。潢漭惚恍，若存若往，五目不覩其容，二聽不聞其響，冥冥窅〔六〕窅，誰見誰曉。彌綸靡所不在，而獨曳於有無之表。然則言之者失其真，知之者反其愚，有之者乖其性，無之者傷其軀。所以釋迦掩室於摩竭，淨名杜口於毗耶，須菩提唱無説以顯道，釋梵絶〔七〕聽而雨華。斯皆理爲神御，故口以之而默。豈曰無辯，辯所不能言也。

經云：真解脱者，離於言數，寂滅永安，無始無終，不晦不明，不寒不暑，湛若虚空，無名無説。論曰：涅槃非有，亦復非無，言語道斷，心行處滅。尋夫經論之作，豈虚構哉。果有其所以不有，故不可得而有，有其所以不無，故不可得而無耳。何者。本之有境，則五陰永滅，推之無鄉，而幽靈不竭。幽靈不竭，則抱一湛然，五陰永滅，則萬累都捐。萬累都捐，故與道通洞，抱一湛然，故神而無功。神而無功，故至功常存，與道通洞，故沖而不改。沖而不改，故不可爲有，至功常存，故不可爲無。然則有無絶於内，稱謂淪於外，視聽之所不暨，四空之所昏昧。恬焉而夷，怕焉而泰，九流於是乎交歸，衆聖於是乎冥會。斯乃希夷之境，太玄之鄉，而欲以有無題牓〔八〕，標其方域，而語其神道者，不亦邈哉。

覈體第二

有名曰：夫名號不虚生，稱謂不自起。經稱有餘涅槃、無餘涅槃者，蓋是返本之真名，神道之妙稱者也。請試陳之：

有餘者，謂如來大覺始興，法身初建，澡八解之清流，憩七覺之茂林，積萬善於曠劫，蕩無始之遺塵。三明鏡於内，神光照於外，結僧那於始心，終大悲以赴難。仰攀玄根，俯提弱喪，超邁三域，獨蹈大方。啓八正之平路，坦衆庶之夷途，騁六通之神驥，乘五衍之安車。至能出生入死，與物推移，道無不洽，德無不施。窮化母之始物，極玄樞之妙用，廓虚宇於無疆，耀薩雲於幽燭。將絶朕於九止，永淪太虚，而有餘緣不盡，餘迹不泯，業報猶魂，聖智尚存，此有餘涅槃也。經云：陶冶塵滓，如鍊真金，萬累都盡，而靈覺獨存。

無餘者，謂至人教緣都訖，靈照永滅，廓爾無朕，故曰無餘。何則。夫大患莫若於有身，故滅身以歸無，勞勤莫先於有智，故絶智以淪虛。然則智以形倦，形以智勞，輪轉脩途，疲而弗已。經曰：智爲雜毒，形爲桎梏。淵默以之而遼，患難以之而起。所以至人灰身滅智，捐形絶慮，内無機照之勤，外息大患之本，超然與群有永分，渾爾與太虛同體。寂焉無聞，怕爾無兆，冥冥長往，莫知所之。其猶燈盡火滅，膏明俱竭，此無餘涅槃也。經云：五陰永盡，譬如燈滅。

然則有餘可以有稱，無餘可以無名。無名立，則宗虛者欣尚於冲默，有稱生，則懷德者彌仰於聖功。斯乃典誥[九]之所垂文，先聖之所軌轍。而曰有無絶於内，稱謂淪於外，視聽之所不暨，四空之所昏昧，使夫懷德者自絶，宗虛者靡託。無異杜耳目於胎殼，掩玄象於霄外，而責宫商之異，辨[一〇]玄素之殊者也。子徒知遠推至人於有無之表，高韻絶唱於形名之外，而論旨竟莫知所歸，幽途故自藴而未顯。静思幽尋，寄懷無所，豈所謂朗大明於冥室，奏玄響於無聞者哉。

位體第三

無名曰：有餘、無餘者，蓋是涅槃之外稱，應物之假名耳。而存稱謂者封名，志器象者躭形。名也，極於題目，形也，盡於方圓。方圓有所不寫，題目有所不傳，焉可以名於無名，而形於無形者哉。

難序云：有餘、無餘者，信是權寂致教之本意，亦是如來隱顯之誠迹也。但未是玄寂絶言之幽致，又非至人環中之妙術耳。子獨不聞正觀之説歟。《維摩詰》言：我觀如來無始無終，六入已過，三界已出，不在方，不離方，非有爲，非無爲，不可以識識，不可以智知，無言無説，心行處滅。以此觀者，乃名正觀，以他觀者，非見佛也。《放光》云：佛如虛空，無去無來，應緣而現，無有方所。然則聖人之在天下也，寂莫虛無，無執無競，導而弗先，感而後應。譬猶幽谷之響，明鏡之像，對之弗知其所以來，隨之罔識其所以往。恍焉而有，惚[二]焉而亡，動而逾寂，隱而彌彰，出幽入冥，變化無常。其爲稱也，因應而作，顯迹爲生，息迹爲滅，生名有餘，滅名無餘。然則有無之稱，本乎無名，無名之道，於何不名。是以至人居方而方，止圓而圓，在天而天，處人而人。原夫能天能人者，豈天人之所能哉。果以非天非人，故能天能人耳。其爲治也，故應而不爲，因而不施。因而不施，故施莫之廣，應而不爲，故爲莫之大。爲莫之大，故乃返於小成，施莫之廣，故乃歸乎無名。

經曰：菩提之道，不可圖度，高而無上，廣不可極，淵而無下，深不可測，大包天地，細入無間，故謂之道。然則涅槃之道，不可以有無得之，明矣。而惑者覩神變，因謂之有，見滅度，便謂之無。有無之境，妄想之域，豈足以標牓玄道而語聖心者乎。意謂至人寂怕無兆，隱顯同源，存不爲有，亡不爲無。何則。佛言：吾無生不生，雖生不生，無形不形，雖形不形。以知存不爲有。經云：菩薩入無盡三昧，盡見過去滅度諸佛。又云：入於涅槃而不般涅槃。以知亡不爲無。亡不爲無，雖無而有，存不爲有，雖有而無。雖有而無，故所謂非有，雖無而有，故所謂非無。然則涅槃之道，果出有無之域，絶言象之逕[三]，斷矣。子乃云：聖人患於有身，故滅身以歸無，勞勤莫先於有智，故絶智以淪虛。無乃乖乎神極，傷於玄旨者也。

經曰：法身無象，應物而形，般若無知，對緣而照。萬機頓赴而不撓其神，千難殊對而不干其慮。動若行雲，止猶谷神，豈有心於彼此，情係於動静者乎。既無心於動静，亦無象於去來。去來不以象，故無器而不形，動静不以心，故無感而不應。然則心生於有心，象出於有象。象非我出，故金石流而不燋，心非我生，故日用而不動。紜紜自彼，於我何爲。所以智周萬物而不勞，形充八極而無患。益不可盈，損不可虧，寧復痾癘中逵，壽極雙樹，靈竭天棺，體盡焚燎者哉。而惑者居見聞之境，尋殊應之迹，秉執規矩而擬大方，欲以智勞至人，形患大聖，謂捨有入無，因以名之，豈謂採微言於聽表，拔玄根於虛壤者哉。

徵出第四

有名曰：夫渾元剖判，萬有參分。有既有矣，不得不無。無不自無[一三]，必因於有。所以高下相傾，有無相生，此乃自然之數，數極於是。以此而觀，化母所育，理無幽顯。恢恑憰怪，無非有也。有化而無，無非無也。然則有無之境，理無不統。經云：有無二法，攝一切法。又稱三無爲者，虛空、數緣盡、非數緣盡。數緣盡者，即涅槃也。而論云：有無之表，別有妙道，妙於有無，謂之涅槃。請覈妙道之本。果若有也，雖妙非無，雖妙非無，即入有境。果若無也，無即無差，無而無差，即入無境。總而括之，即而究之，無有異有而非無，無有異無而非有者，明矣。而曰有無之外別有妙道，非有非無謂之涅槃。吾聞其語，未即於心也。

超境第五

無名曰：有無之數，誠以法無不該，理無不統。然其所統，俗諦而已。經曰：真諦何耶，涅槃道是。俗諦何耶，有無法是。何則。有者有於無，無者無於有。有無所以稱有，無有所以稱無。然則有生於無，無生於有，離有無無，離無無有。有無相生，其猶高下相傾，有高必有下，有下必有高矣。然則有無雖殊，俱未免於有也。此乃言象之所以形，是非之所以生，豈足[一四]以統夫幽極，而[一五]擬夫神道者乎。是以論稱出有無者，良以有無之數，止乎六境之内。六境之内非涅槃之宅，故借出以祛之。庶悕道之流，髣髴幽途，託情絶域，得意忘言，體其非有非無，豈曰有無之外，別有一有而可稱哉。經曰三無爲者，蓋是群生紛繞，生乎篤患，篤患之尤，莫先於有，絶有之稱，莫先於無，故借無以明其非有。明其非有，非謂無也。

搜玄第六

有名曰：論旨[一六]云涅槃既不出有無，又不在有無。不在有無，則不可於有無得之矣，不出有無，則不可離有無求之矣。求之無所，便應都無。然復不無其道，其道不無，則幽途可尋。所以千聖同轍，未嘗虛返者也。其道既存，而曰不出不在，必有異旨，可得聞乎。

妙存第七

無名曰：夫言由名起，名以相生，相因可相，無相無名，無名無説，無説無聞。經曰：涅槃非法，非非法，無聞無説，非心所知。吾何敢言之，而子欲聞之耶。雖然，善吉有言，衆人若能以無心而受，無聽而聽者，吾當以無言言之。庶述其言，亦可以言。淨名曰，不離煩惱而得涅槃。天女曰：不出魔界而入佛界。然則玄道在於妙悟，妙悟在於即真，即真則有無齊觀，齊觀則彼已莫二。所以天地與我同根，萬物與我一體。同我則非復有無，異我則乖於會通。所以不出不在，而道存乎其間矣。何則。夫至人虛心冥照，理無不統，懷六合於胸中而靈鑒有餘，鏡萬有於方寸而其神常虛。至能拔玄根於未始，即群動以靜心，恬淡淵默，妙契自然。所以處有不有，居無不無。居無不無，故不無於無，處有不有，故不有於有。故能不出有無，而不在有無者也。然則法無有無之相，聖無有無之知。聖無有無之知，則無心於內，法無有無之相，則無數於外。於外無數，於內無心，此彼[一七]寂滅，物我冥一，怕爾無朕，乃曰涅槃。涅槃若此，啚度絶矣，豈容可責之於有無之內，又可徵之於有無之外耶。

難差第八

有名曰：涅槃既絶啚度之域，則超六境之外，不出不在而玄道獨存。斯則窮理盡性究竟之道，妙一無差，理其然矣。而《放光》云：三乘之道，皆因無爲而有差别。佛言：我昔爲菩薩時，名曰儒童，於然燈佛所已入涅槃。儒童菩薩時於七住初獲無生忍，進脩三位。若涅槃一也，則不應有三。如其有三，則非究竟。究竟之道，而有升降之殊，衆經異説，何以取中耶。

辨差第九

無名曰：然究竟之道，理無差也。《法華經》云：第一大道無有兩正，吾以方便爲怠慢者，於一乘道分别説三。三車出火宅，即其事也。以俱出生死，故同稱無爲。所乘不一，故有三名。統其會歸，一而已矣。而難云三乘之道，皆因無爲而有差别，此以人三，三於無爲，非無爲有三也。故《放光》云：涅槃有差别耶，荅曰無差别，但如來結習都盡，聲聞結習不盡耳。請以近喻，以況遠旨。如人斬木，去尺無尺，去寸無寸。脩短在於尺寸，不在無也。夫以群生萬端，識根不一，智鑒有淺深，德行有厚薄，所以俱之彼岸，而升降不同。彼岸豈異，異自我耳。然則衆經殊辯，其致不乖。

責異第十

有名曰：俱出火宅，則無患一也。同出生死，則無爲一也。而云彼岸無異，異自我耳。彼岸則無爲岸也，我則體無爲者也，請問我與無爲，爲一爲異。若我即無爲，無爲亦即我，不得言無爲無異，異自我也。若我異無爲，我則非無爲，無爲自無爲，我自常有爲。冥會之致，又滯而不通。然則我與無爲，一亦無三，異亦無三。三乘之名，何由而生也。

會異第十一

無名曰：夫止此而此，適彼而彼，所以同於得者，得亦得之，同於失者，失亦失之。我適無爲，我即無爲，無爲雖一，何乖不一耶。譬猶三鳥出網，同適無患之域。無患雖同，而鳥鳥各異。不可以鳥鳥各異，謂無患亦異。又不可以無患既一，而一於衆鳥也。然則鳥即無患，無患即鳥。無患豈異。異自鳥耳。如是三乘衆生，俱越妄想之樊，同適無爲之境。無爲雖同，而乘乘各異。

不可以乘乘各異，謂無爲亦異。又不可以無爲既一，而一於三乘也。然則我即無爲，無爲即我。無爲豈異，異自我耳。所以無患雖同，而升虚有遠近，無爲雖一，而幽鑒有淺深。無爲即乘也，乘即無爲也。此非我異無爲，以未盡無爲，故有三耳。

詰漸第十二

有名曰：萬累滋彰，本於妄想，妄想既祛，則萬累都息。二乘得盡智，菩薩得無生智，是時妄想都盡，結縛永除。結縛既除，則心無爲，心既無爲，理無餘翳。經曰：是諸聖智不相違背，不出不在，其實俱空。又曰：無爲大道，平等不二。既曰無二，則不容心異〔一八〕，不體則已，體應窮微。而曰體而未盡，是所未悟也。

明漸第十三

無名曰：無爲無二，則已然矣。結是重惑，而〔一九〕可謂頓盡，亦所未喻。經曰三箭中的，三獸渡河，中渡無異，而有淺深之殊者，爲力不同故也。三乘衆生，俱濟緣起之津，同鑒四諦之的，絶僞即真，同升無爲。然則所乘不一者，亦以智力不同故也。夫群有雖衆，然其量有涯，正使智猶身子，辯若滿願，窮才極慮，莫窺其畔。况乎虚無之數，重玄之域，其道無涯，欲之頓盡耶。書不云乎：爲學者日益，爲道者日損。爲道者，爲於無爲者也。爲於無爲，而曰〔二〇〕日損，此豈頓得之謂。要損之又損之，以至於無損耳。經喻螢日，智用可知矣。

譏動第十四

有名曰：經稱法身已上，入無爲境，心不可以智知，形不可以象測，體絶陰入，心智寂滅。而復云進修三位，積德彌廣。夫進修本於好尚，積德生於涉求。好尚則取捨情現，涉求則損益交陳。既以取捨爲心，損益爲體，而曰體絶陰入，心智寂滅。此文乖致殊，而會之一人，無異指南爲北，以曉迷夫。

動寂第十五

無名曰：經稱聖人無爲，而無所不爲。無爲，故雖動而常寂，無所不爲，故雖寂而常動。雖寂而常動，故物莫能一，雖動而常寂，故物莫能二。物莫能二，故逾動逾寂，物莫能一，故逾寂逾動。所以爲即無爲，無爲即爲，動寂雖殊而莫之可異也。《道行》曰：心亦不有亦不無。不有者，不若有心之有。不無者，不若無心之無。何者。有心，則衆庶是也，無心，則太虛是也。衆庶止於妄想，太虛絶於靈照，豈可止於妄想，絶於靈照，標其神道而語聖心者乎。是以聖心不有，不可謂之無，聖心不無，不可謂之有。不有，故心想都滅，不無，故理無不契。理無不契，故萬德斯弘，心想都滅，故功成非我。所以應化無方，未嘗有爲，寂然不動，未嘗不爲。經云：心無所行，無所不行。信矣。儒童曰：昔我於無數劫，國財身命施人無數，以妄想心施，非爲施也。今以無生心，五華施佛，始名施耳。又空行菩薩入空解脱門，方言今是行時，非爲證時。然則心彌虛，行彌廣，終日行，不乖於無行者也。是以《賢劫》稱無捨之檀，《成具》美不爲之爲，禪典唱無緣之慈，《思益》演不知之知。聖旨虛玄，殊文同辯，豈可以有爲便有爲，無爲便無爲哉。菩薩住盡不盡平等法門，不盡有爲，不住無爲，即其事也。而以南北爲喻，殊非領會之唱。

窮源第十六

有名曰：非衆生無以御三乘，非三乘無以成涅槃。然必先有衆生，後有涅槃，是則涅槃有始，有始必有終。而經云，涅槃無始無終，湛若虛空。則涅槃先有，非復學而後成者也。

通古第十七

無名曰：夫至人空洞無象，而萬物無非我造[二一]，會萬物以[二二]成己者，其唯聖人乎。何則。非理不聖，非聖不理，理而爲[二三]聖者，聖不異理也。故天帝[二四]曰：般若當於何求。善吉曰：般若[二五]不可於色中求，亦不離色中求。又曰：見緣起爲見法，見法爲見佛。斯則物我不異之效也。所以至人戢玄機於未兆，藏冥運於即化，總六合以鏡心，一去來以成體。古今通，終始同，窮本極末，莫之與二，浩然大[二六]均，乃曰涅槃。經曰：不離諸法而得涅槃。又曰：諸法無邊，故菩提無邊。以知涅槃之道，存乎妙契，妙契之致，本乎冥一。然則物不異我，我不異物，物我玄會，歸乎無極。進之弗先，退之弗後，豈容終始於其間哉。天女曰，耆年解脱，亦何如久。

考得第十八

有名曰：經云：衆生之性，極於五陰之內。又云：得涅槃者，五陰都盡，譬猶燈滅。然則衆生之性，頓盡於五陰之內，涅槃之道，獨建於三有之外。邈[二七]然殊域，非復衆生得涅槃也。果若有得，則衆生之性不止於五陰。必若止於五陰，則五陰不都盡。五陰若都盡，誰復得涅槃耶。

玄得第十九

無名曰：夫真由離起，僞因著生，著故有得，離故無名。是以則真者同真，法僞者同僞。子以有得爲得，故求於有得耳。吾以無得爲得，故得在於無得也。且談論之作，必先定其本。既論涅槃，不可離涅槃而語涅槃也。若即涅槃以興言，誰獨非涅槃而欲得之耶。何者。夫涅槃之道，妙盡常數，融冶[二八]二儀，滌蕩萬有，均天人，同一異，內視不己見，返聽不我聞，未嘗有得，未嘗無得。經曰，涅槃非衆生，亦不異衆生。《維摩詰》言：若彌勒得滅度者，一切衆生亦當滅度。所以者何。一切衆生本性常滅，不復更滅。此名滅度，在於無滅者也。然則衆生非衆生，誰爲得之者。涅槃非涅槃，誰爲可得者。《放光》云：菩提從有得耶。答曰：不也。從無得耶。答曰：不也。從有無得耶。答曰：不也。離有無得耶。答曰：不也。然則都無得耶。答曰：不也。是義云何。答曰：無所得故爲得也。是故得無所得也。無所得謂之得者，誰獨不然耶。然則玄道在於絶域，故不得以得之。妙智存乎物外，故不知以知之。大象隱於無形，故不見以見之。大音匿於希聲，故不聞以聞之。故能囊括終古，導達群方，亭毒蒼生，疎而不漏。汪哉洋哉，何莫由之哉。故梵志曰，吾聞佛道，厥義弘深，汪洋無涯，靡不成就，靡不度生。然則三乘之路開，真僞之途辨〔二九〕，賢聖之道存，無名之致顯矣〔三〇〕。

肇論卷下

校勘記

〔一〕「奏秦王表」，甲本作「表上秦主姚興」。
〔二〕「濬」，甲本、乙本作「叡」。
〔三〕「肇」，甲本前有「但」字。
〔四〕「窅」，甲本作「窈」。
〔五〕「幢」，《肇論疏》（《大正藏》本）作「幢」。
〔六〕「窅」，甲本作「窈」。
〔七〕「絶」，甲本作「約」。
〔八〕「牓」，甲本、乙本作「榜」。
〔九〕「典誥」，甲本、乙本作「誥典」。
〔一〇〕「辨」，甲本、乙本作「辯」。
〔一一〕「惚」，甲本作「總」。
〔一二〕「逕」，甲本、乙本作「徑」。
〔一三〕「無不自無」，甲本、乙本作「無自不無」。
〔一四〕「足」，甲本、乙本作「是」。
〔一五〕「而」，甲本、乙本無。
〔一六〕「旨」，底本、甲本、乙本作「自」，據《肇論校釋》改。
〔一七〕「此彼」，甲本、乙本作「彼此」。
〔一八〕「心異」，《肇論校釋》作「異心」。
〔一九〕「而」，甲本、乙本無。
〔二〇〕「日」，甲本、乙本作「曰」。
〔二一〕「造」，乙本作「適」。
〔二二〕「以」，乙本作「已」。
〔二三〕「爲」，乙本作「成」。
〔二四〕「帝」，乙本作「常」。
〔二五〕「般若」，乙本無。

〔二六〕「大」，乙本作「太」。

〔二七〕「邈」，甲本作「貌」。

〔二八〕「治」，甲本作「治」。

〔二九〕「辨」，甲本、乙本作「辯」。

〔三〇〕「矣」，甲本後有「涅槃無名論終」六字。

（劉奉禎整理）

○九二五

肇論疏[一]

陳　惠達撰

肇論疏目次[三]

肇論疏目次終

校勘記

〔一〕底本據《卍續藏》。

〔三〕底本原校云目録新作。

肇論疏卷上

目[二]有餘、無餘泥曰，止取無餘。又《道行》譯音，泥洹是無爲滅度，泥曰是滅訖盡也。古《淨名・法供養品》云：佛般泥洹曰。今經云諸佛滅度，正謂無餘爲泥曰。《放光經》云泥洹、泥曰，此二名間出也。

表上秦王姚主者，姚，舜姓也。造論後，作序奉上秦王姚主也。表，是表送於王也。《序》有七義：一、嘆王德；二、涅槃下，嘆所述涅槃；三、肇以下，自謙；四、而陛下，嘆王論；五、能聖下，依王論作論；六、論末下，出異義；七、今演下，結作論奉上也。

初，嘆王德者，末代述《涅槃論疏》。釋僧肇者，安師《傳》云：自魏晉沙門依師爲姓，故姓各不同；而法師以爲大師之本莫尊卑[三]釋迦，乃以釋命氏。後得《增一阿含》，果稱四河入海無復河名，四姓以爲沙門皆稱釋種。既懸與經符，遂爲永息之。涅槃、泥洹、泥曰，即此論云楚、夏（中花州曰夏，南越都曰楚。）不同，而涅槃音正。（觀師、大亮師亦述此義也。）然《須真天子問經》云：於泥洹行不槃泥洹，於泥曰行不槃泥曰。招提意：泥洹通。作必有所依，故佛滅度後，造論必先歸敬三寶也。今肇師依王作論，傳行於世，是以先陳王德。有三科：一、引古，二、正嘆，三、證今也。

先今引古，言而不用。言嘆者，將嘆大人不敢專輒，故依古人成言以冠章首也。《老子》云：天得一以清，地得一以寧，神得一以靈，谷得一以盈，侯王得一以爲天下鎮。而今云三者，爲明三文[三]故也。既述古言，釋此一義，三解不同。王弼云：一數之始，物之極也，各是一物之所以爲主。故《外篇[四]・天地》云：一之所起，有一而未形也。郭象釋云：一，兩有之初，至妙者也。一之所起，起於至一，非起於無也。河上公云：一，無也，道之子也。果簡文序云：一，空也。

木有木空，名[五]有名空，故舛通自生者之也。若論内義，即是因緣無住爲一也。

第二，科伏惟下，正歎，有四雙八句。伏惟陛下者，此是總句。《漢雜事》云：漢有天下號也，天下號曰皇帝，自稱曰朕，臣稱之曰陛下。蔡邕曰：天子尊貴，不敢斥言，故呼陛下，近類足下。初，兩雙四句，嘆體用及境智。後，兩雙四句，嘆知機及作論也。叡哲欽明，道與神會，此二句嘆體、用。叡哲欽明，此句嘆體。《繫詞》云：古之聰明德聖人，常叡知武，有此六不衰之也。叡，聖也，徹也。喆者，哲字。丁列反，智。欽敬也，美也。亦大皃也，亦想也。道與神會，此句歎用也。道，謂所修道品，與心神契會無二也。神神也引，神所反，無所不在，不可以方測知，故曰神也。亦幽明不測，謂之神之也[六]。妙契環中，理無不統者，此二句第二雙。此二句舉境嘆智，環中爲境，妙契是智。《莊子》云：是非反覆，相尋無窮，故謂之環中。環中，空矣。今以是非爲環而得其中者，無是非者。若論内義，非環中空爲中。若以環中空虚爲中者，空有異體也。上二句，明所修道品與心神無二。此二句，明所修道與境無二也。是非爲環，無是非爲中。環即俗，中即是真，言妙契真俗也。既會真俗，環無不會，故云理無不統也。亦可上句爲真，下句爲俗也。

遊刃萬機下，後兩雙四句，嘆知機及作論。此句，正嘆照機之智。遊刃萬機者，《莊子・養生》云：庖丁爲文惠君解牛，而刀刃若新發，於所用之刀十九年，所解數千矣。形彼節者有間，刀刃無享[七]，入有間，怪怪[八]必有餘地，以喻知機，養生全之也。弘道終日，此句明不癈道，終日萬即[九]而不癈道也。依被倉生，垂文作則者，第二雙，正嘆作論。依被倉生，此句明所爲聖人之德。衣被萬物，與依附也，所以加也。衣，音於被反。被，扶之也。倉生者，兵府爲庫，穀府爲倉。倉，藏也。《釋論》云：穀倉，喻身也。行者身業因緣結實入倉，因緣熟便得人身。倉中麻、麥等，即是身中種種不淨也。農夫開倉，即見種種子異。如惠眼開，見身倉不淨也。腹藏穀，謂之倉生也。垂文作則，此句正明作論。手自作文，爲垂也。爲後世軌，是作則義也。

第三科，域中下，證今，正結歎王德也。四大，謂通天地有此四。言大者，萬物雖富，莫大天地，故火劫燒燃，天地創判；天地既分，中有其人；人中之大，莫過王。故云三大也。道爲通，生萬物，故是最大，故云域中有四大也。道、域異者，王弼云：凡物名有秤，無非其極。言道無有，一有所由。所由然後謂之道，然則道是秤之大，不若無秤之大也。無名不可得而稱，謂之域。域，限也。居，封也。若論内義，此四皆在畢竟空中，無住爲本，故言域中有四大也。此云一者，數之一也。

第二義，嘆涅槃理。有二科：一、歎用；二、眇莽下，嘆體。此云涅槃道者，果地涅槃爲道也。道與神會之道，以所修道品爲道也。弘道終日之道，凡是因果、境智、有無等爲道也。三乘之所歸者，舉行嘆理，可二義釋：一云，三乘雖殊，皆歸一乘道；一云，三乘皆證無爲，無爲無二。故云所歸也。方等之淵府者，舉教嘆理。淵，是水之深處衆魚之所聚也。府，椋也，財賄之所藏也，亦爲官所聚居曰府也。亦二義釋：一云，行因教起，果從行立，故云聚會處也；一云，教中明果地萬德，故云淵府也。二嘆體，眇莽者，目遠望目[一〇]眇，目無精曰𥊍。遠法師云：眇𥊍無明，猶促夜之有旦，似寐而不覺也。《莊子》云：眇𥊍，羣碎之謂也。乘群碎馳萬物，故能出處常通而無滯狹之地。視之不見形曰夷，聽之不聞響曰希。然即眇𥊍希夷，明境智絶也。此云域者，以有爲之域異上畢竟空域，即是有無兩域義。幽致虚玄者，言心行滅也。

第三義，自謙。有二科：一、出受學處；二、餘下，明自謙。就受學處，有三段：初，明自慶；次，出受學處；後，明所受學謂也。

猥蒙國恩者，明其自慶，此句慶被王命。猥之言再：一、命出家；二、命生、肇、叡等與什師助定經論。故云再蒙也。

閑居學肆者，此句慶預學徒。鄭玄云：敷陳孝理，必處講堂。兩人侍以還，謂之閑居。三人侍，謂之居茵也。王肅云：曾子獨侍，閑而陳孝，故云閑居。居，處也。

次，在什公門下，正出受學處。十有餘載者，夏年曰歲。歲，起也。起，限也。殷年曰載，載謂生載物也。周歲曰年，年，進也，孰新而進也。今在什門下，以虚衿得實，故云載也。

後雖衆經殊致下，明所受學理。言殊致者，明經旨不一也。勝趣非一者，般若無相，《法花》同歸，各是勝趣。如云諸經之王也，雖勝趣非一，而宗學者涅槃是也。第二科，但肇才下，自謙。有三段：初，自謙；次，明造論之由；後，歎師背世也。才闇識短者，才，能也；識，謂宿彼修習智也。誨，教也、喻也。猶懷漠漠，《玉篇》云：漠漠，猶成就之皃也。又定也，静寂也，泊也，静安之皃也。言才闇識短，一無所獲也。

次，愚竭不已下，出造論之漸。今於師邊竭愚未盡，而義宗有本，亦如似有解。然未示高名，勝建先興之處，故自未決也。後，不幸以下，歎師背世。若在什師，敢有是非決處。師既背世，諮參無所也。遠生，下句，以依王論輒擬十翼翊也。

第四義，嘆王論。有二科：一、歎王論；二、自非下，教同大士。正嘆中，有三段：初，明體用者不害言聲；次，明論宗；後，結明無相也。

聖德不孤者，《論語》云：德不孤，必有隣。又《文言》曰：坤釋第爻云，君子解以直内，義以方外，敬義立而德不孤之也。言陛下與什師德隣，故云不孤也。

目擊道存者，《莊子》云：見所見而來，聞所聞而去。仲尼云：若夫人者，目擊而道存。目裁往而達心也。子路曰：孔子欲見子雪也久矣，今見之而不可言，何。仲尼曰：若夫人者，目擊而道存，不可以容聲矣。自裁士意已達，故之也。

次，故能下，明論宗。《傳》云：秦王姚興，道味玄深，遊心佛法，託志大乘，乃著《通三世論》，永定因果。王公下，並服厥風。其中當〔二〕山公顯，安城侯嵩，作信業緣，預衆次矣之也。振理敷於教，謂之振玄風，亦可佛教爲玄風也。夫建立生死，皆因愛欲，愛欲既亡，生死永絶，名爲涅槃也。

潛神玄漠者，《易》云潛龍勿用，言聖人即擬無名，無名之聖，聖未有功，迹非所擬知也。潛，深也，汎也，藏也，上也，思也。察，發之也。玄者，冥嘿無有也。

虚空合其德者，生死無所有爲涅槃，如萬物無所有爲虚空，故云合德也。後既名涅槃下，結無相，如文可見也。

第二科，自非道參下，同大士。有三段：初，舉二大士合王；次，現得度悟；後，明來世軌也。

爲法城塹者，文殊爲釋迦祖師，今爲弟子，相成教法。如妨非爲城，水流無罪，土爲塹也。大教卷致更顯，明釋迦法滅，彌勒出世，更顯是也。

次，尋翫下，明現得悟也。豈直下，明來世軌也。

第五義，依王論作論。有二科：一、造論所由；二、輒作下，正出所作論也。造論所由，有三段：初，就理教明所由；次，就愚智二人明所由；後，引類作論也。理教者，聖旨幽玄，此句明王論之理深也。理微言約，此句明理上之教昧也。次，不可以下，就愚智二人明所由也。先進、高士即是智人，言提即是愚人。《離騷》云：焉呼小子，未知臧否。匪面命之，言提耳，諷諫爲要也。

後庶擬下，引類作論之意。十翼者，一解云：一曰象。象，折也。次折卦中諸義。二曰象。象以法象爲義，盡卦所擬法，即謂之爲象。三、文言。四、繫辭。五、況卦。六、序卦。七、雜卦。唯有七，多而謂十。祖者，以仲尼之七，成先聖之三。三者，伏羲卦，文王卦辭，元亨利貞是也；周文辭，初九潛龍勿用是也。十名生於仲尼，故云十翼之也。

豈貪豐文，圖以弘顯幽旨者，結造論之由也。

第二科，輒作下，正出所作論。有三段，對上三段。從初至託證成喻，對上理教，明作論。次，仰述下至遠當，對上曰如人述論也。神心者，大王神心也。今窮究心慮，未足遠當。後聊以擬儀[二]下，對上引類結所作論也。玄門者，《老子》云：玄之又玄，衆妙之門。《莊子》云：入出而不見其形，謂之天門。門有四義：一、教爲理門，以教詮理；二、境爲智門，因境生智；三、權爲實門，開方便門，示真實相；四、三解脱爲涅槃門，亦如十地爲佛果門也。玄是冥嘿絶相之理，門是遍生不壅之義也。

第六義，彈異家。有二科：一、述王論；二、實如下，明損益，肇師辭也。述王論有三段，初，出異解。云云。

次，吾當[三]下，就情彈，後依理破也。就情彈者，王論云：殊太逕庭。《逍遥》云：肩吾問於連舛曰，吾聞實[四]於接輿，大而無當，往而不反。吾驚怖焉，太有逕庭，不近人情，而其言謂何哉。藐姑射山有神人屋[五]焉，肥[六]膚若冰雪，淖約若處子，不食五穀，吸風飲露。立以狂[七]而不信也，言聖人無機未貪，即如射香燃之時也。而惑者不得信，謂逕庭直往不付人情者也。後若無聖人知無者誰，正是依理破也。

第二科，實如明語[八]下，肇師對上明損益有三段，亦對上三段：初，依隨順釋對上異家；次，違情明損對就情彈；後，順隨明益對依隨破也。

恍惚窈冥，其中有精者，《老子》云：恍乎惚乎，其中有精。東宫云：無象而爲象，以恍惚爲致也。窈冥者，理之深遠無極難見皃也。注云：窈冥者，可無也。其中有精，精，此舉外説者，心反冥極，窮理盡性，是謂之精。是以東宫云：異於大虛謂之而況内理教也。

次，頃諸學士下，違情明損。躇躊，行不進之皃。怏怏，心不服之狀也。

後，幸遇[一九]下，順隨明益也。叩關之疇者，叡師《大品序》云：究摩羅什師，惠心風[二〇]悟，遺風振響；秦王扣其虛關，匠伯陳其淵致，末法中興，將始於此之也。

蔚蹬玄室者，遠師云：名冠入室，跡並絶塵也。賢人爲昇堂，聖人爲入室是也。蔚，於貴反，草木盛皃也。支道林《與高麗道人書》云：炳蔚中士，既其日立曜也。徐廣云：室，實也，物實其中。

法輪再轉者，教譬法輪，以三義釋：一、調伏衆生，如王金輪能伏四方；二、滅煩惱賊，如王金輪勇兇惡人；三、轉下成上，如王輪自下昇上也。若論輪體，境、智悉爲輪體。轉者，如説而行，謂之輪。以釋迦爲一，故云再也。雲映者，遠法師云：至道映於當季。

第七義，總結作論。有三科：一、今演論下，明論宗。第二科，疾扶[二一]下，明取捨。今不取廓然無聖，唯取至人，排於方外也。第三科，條牒下，奉上也。如左者，我之所謂如下所云。左，下也。承，御法也，奉也，從也，傳也。

○演開宗第一

十演九折，正辨論體，即是十釋九難。故遠法師云：九折，三難也。演，廣也，弘也，近也，亦水門也。非漸出曰演，今漸開宗，故云演也。折，是屈折義，亦棄財之言，亦曲也。折之以取中之，更折以成偏，故叡法師《中論序》云折之以中道之也。

開宗大意，言趣難像，是以先述什師三粗[二二]佛見文意。廬山遠法師問曰：佛於法身中爲菩薩説法，法身菩薩乃能見。如此即有四大、五根，與色身有何差別。又經云法身無來無去、無有起滅，與泥洹同像，云何可見而復講説經。什師答曰：佛法身者，同於變化，即四大、五根。然經云法身有三種：一者，法身實相無來無去，同於泥洹無爲無作；二者，妙行法性身，真爲法身，猶如日視[三]遍法界光明，悉照無量國土，説法音聲當周十方，十地菩薩乃得聞法；三者，從是法身方便化現，隨衆生類若干差别，同若日光。如《首楞嚴經》，燈明佛壽七百阿僧祇，即是釋迦無有異也。今謂開宗之意，正辨妙行法性生身之涅槃，此妙行生身佛無來無去，即是法身實相也。

開宗有四義：一、依名釋義，即《玄義》中第二，簡名也。二、余嘗下，正辨涅槃無名義，即《玄義》中第三無名也。三、經曰下，引經論釋義。四、然則下，經用也。以所申經，目能説人，故云無名曰也。依名釋義，有二科：一、釋涅槃名義；二、明餘、無餘也。釋名者，翻爲滅度，亦名無爲是也。釋義者，無爲取於虚無寂漠之義。虚者，虚心。無者，無形。智滅爲寂，安静爲漠，斯即虚心無形。智滅安静者，是釋妙無義也。妙絶有爲者，釋其非有，亦無三相所爲，故言妙絶有爲也。滅度亦是妙無。大患爲果，四流爲因，因果累盡也。四流：欲流、有流、見流、無明流。斯即以永滅釋滅，以超度義如是。光宅云：滅則重無，度則繫有。義通人法也。

斯蓋下，舉譬雙釋無爲、滅度義也。

鏡像之所歸者，舉用釋義。絶稱之幽宅者，就體釋絶相也。以體、用二義釋譬：一者，體云畢竟空，謂如鏡也；像即生死，故經云如鏡中像也。何者。理本清淨，淨如明鏡。以初無明心，迷畢竟空，起業涅槃，搆造生死。業風既息，即心無爲。心既無爲，超度三有，如波自息，爲清淨水也。問：若爾，水清始出。答：清水動波，風息歸清。然水動成濁，無别本清。若濁清並有，墮真宗義也。二者，如鏡中像，來無所出，去無所至。内合亦爾。三界火宅，八苦燒燃。今此火宅本自不燃，今得涅槃亦無滅相，如鏡像無去來相也。斯即言滅度者，言其非是滅，非謂是滅度。言無爲者，言其非是有，非謂是無爲。名無得物之功，物無當名之實。相名實無當，歸于絶宅也。

第二科，明餘、無餘，此即略標感應義也。良是出處之異名[二四]，應物之假名，《易》云：君子之道，出處語嘿。不違其中，其跡雖異，道同即應。故云：居而龍見淵，嘿而雷聲虚。桑注云：出即天子，處即人民。俱以泰然而自得，非爲而得之也。今義亦爾。本、迹雖殊，有餘、無餘俱是假號。何即本、迹雖異，同無名相，假名相説。故遠師云：玄不同方，迹絶兩冥。今明三義：一、俱就迹明餘、無餘；二、就法身妙有妙無弁[二五]餘、無餘；三、本、迹合論。此云出即有餘，處即無餘也。經論説假有三種三假：一、因成假，相續相待。此直論萬法相假而成，不關此中也。《大品》説三假：一、法假，二、受假，三、名假。所以説此三假者，佛命善吉轉教，自陳其意云：般若洞達無相，則無菩薩可教，亦無般若可説，云何教菩薩使其行波若耶。佛答：波若但有名字，菩薩亦但有名字，是名字不在内，不在外，不在中間。所言菩薩行般若者，但是三假施設耳。上云所歸、幽宅，從用歸體。今餘、無餘，從體起用。用不自用，由體故用，體不自體，由用故體，體用雖殊，歸于無二，亦可出入相對也。

第二義，正辨涅槃無名。上，依名釋義，正釋妙無。此中，兼辨妙有，有二科：一、無形相故心行滅；二、然即[二六]下，舉人證。初科有三段：初，明心相多忘；次，以虚空譬無三世；後，辨異虚空也。寂寥空曠四字，明無形相也。微妙無相四字，證心行滅也。

次，超群有下，以虚空譬至人，形容永超生死，故云超也。非明亦非闇，下故云幽昇也。欲譬其相久，又同虚空也。

隨之下，三句，明非三世。次，一句，明無三相也。隨之不見，故無過去。迎之不見，故無未來。六趣不攝，故無現在也。力負者，三相也。《莊子》云：無力之力，莫大於變化，而凡人不知。將思深藏，難至深至。同而無敢禁其化變者，故藏而有之者，不能制其遁。無藏而任化者，變不能變。故云力負無以化其體也。

後漢[二七]漭下，辨異。虚空漠漭無爲若亡，怳忽無形若在。五目，即五眼也。分耳爲二，謂天與人也。冥冥窈窈，誰見誰曉。《莊子》云：視乎無色冥冥，聽乎無聲窈窈。冥冥之中獨見，曉焉；無聲中獨聞，和焉。窈，深也。彌淪者，即畢竟空。深之又深，窮其原也。靡所不在者，遍在諸物義也。東廓子問莊子曰：道惡乎在。答：無所不在。東廓子曰：斯而可。莊子曰：任螻蟻。曰：何其下。曰：在瓦壁。何其俞甚乎。曰：在屎溺。東廓子不應，莊子云：夫子之問也，問不及質也。無爲無處而問所在，故不及質之也。斯即形、名絶，心知滅，見聞亡，而云不無其道，可謂出有無之外矣。

第二科，然下，舉人證。上，直弁法相，言、相兩絶。今，舉人、法而證也。法者，言、智、有、無四法也。凡欲立言談理，莫過此四。言即失絶言，知即反心滅。此云之者，是至義也。言、知論用，有、無就體也。次舉四人證，故寄至極於四聖，表理絶相也。斯乃有言於無言，未若無言於無言，所以杜口而雨花也。

釋迦掩室於摩竭者，《釋論》第七卷云：佛得道後，五十七日寂不説法，自言，我法甚深難解，一切衆生縛著世法，無能解者，不如嘿嘿然入涅槃也。杜口者，《淨名經・入不二法門品》，衆聖菩薩問維摩，維摩默然不答也。是唱無説者，佛命善吉傳教，自陳其意云：般若洞達無相，無菩薩可教，亦無般若可説，云何使其行耶。佛答：般若但有名字，菩薩但有名字。此名字不在内、不在外、不在中間。但三假施設耳。絶視聽而雨花者，《散花品》云：帝釋及四天王作是念，時遍於虚空中化成花臺。須菩提心念，是所散花從心樹生，非樹生花。釋帝桓因語須菩提，是花非生花，亦非意生花。須菩提言，憍尸迦，非但是花不生，色色[二八]不生，乃至波若亦不生。又不壞假名而説諸法。所以明花不生者，上《幻聽品》云：衆生如幻，聽法者亦如幻；衆生如化，聽法者亦如化。乃至涅槃亦如幻如夢，是幻夢、涅槃不二别。如是人無聞、無聽、無知、無證。欲證此義，故以《散花品》證無生無説也。所以須嘿者，言、意是有所言、所意者，即故求之於言、意之表。無意之城即是語、嘿兩教也。上以言表無相，是立教之本意。今以無言表無相，是嘿教之詮理。語、嘿雖殊，所表無二也。今明涅槃，非但遣其有言有名。若以無言爲無名，無名即爲名，然即名與無名相與而有，相與而無。輿言即冥，癈言即寂。寂與不寂，歸乎無極。上，即舉法明無相。下，即舉人證無言。此是人法相對，亦語嘿相對也。

斯蓋下，排于上士。何者。上士受道以神，中士受道以知，下士受道以耳故。

第三義，引經證。釋所以絶，即有三科：一、引經證，上云無形故心行滅，及虚空喻義。文云證者，謂證得之證也。

第二科，論曰下，以論釋經也。《中論·涅槃品》云：若涅槃是有，不應名無不受。若無是涅槃，云何名不受。是故知涅槃，非有亦非無也。

第三科，果有下，雙釋經論意。此中，先立有章門。何者下，正釋。釋之中，初，三雙六句，就體釋有無；次，兩雙四句，約用弁非有無也。本，是推折義。本末[二九]有境，乃得涅槃。既得涅槃，五陰永滅。故不可言有，即是有之所無，無有物也。推之無鄉而妙智不竭，故不可言無，即是無之所有。又萬德炳然，此一雙兩句釋義也。

幽靈不竭，抱一湛然，傅釋上句，是妙有也。五陰永滅，萬累都損[三〇]，遂釋上句，是妙無也。此一雙兩句，釋妙有、妙無也。萬累都損，故與道通洞。明物空智空，結不一不異也。

神而無功常存[三一]下，兩雙四句，約用弁，此句，正弁智用也。道通洞故，冲而不改，此句舉物空以結智用也。冲，虚也，深也，清也。下兩句，結智用非有無之。《莊子注》云：未曾有謝生於自然者，而必欣賴於針名，故理至即迹滅，以至理爲一神而無功者也。體故有用，用故有體。體、用雖殊，歸乎無二也。

第四義，結脩成用。有三科：一、從初至伯[三]焉而泰，結境智相絶也。暨，其冀反，訓至也。泊，依也，舟所依處也。

第二科，九流下，結其初用四禪、四空、欲界爲九流。又九流者，外書有六家九流：一、陰陽家，四時之順不可失。二、儒家，于初之有不可失。三、墨家，殫本節用不可癈。四、法家，君臣亦不可改。五、名家，正名實不可不察。六、道家。七、縱横家，即上誑而棄其信。八、雜家，兼儒墨而無不貫。九、農家，勸耕桑足求食之業。所謂九流之哉矣。

第三科，斯乃下，戒勸也。希夷之境，太玄之鄉者，勸道必也此也。而欲下，戒勿惡取空也。捞，方莽反。之[三]方域，謂畢竟空爲方域境也。

神道，謂體畢竟空之智也。

○折竅體第一[三四]

竅，實也，亦研竅也。《漢書・陳平傳》云：稻麥食其没。又銜轍云：甲之剥，其曰實竅，定實也。

此中難意。上，開宗中，有四義：第一，依名釋義中，餘、無餘義作難也。什師論云：此妙行生身佛，有二種，一、常住法身，如虚空等；第二、十住菩薩得神通未作佛時，具足佛十力等，以大智力廣度衆生不作佛，如普賢、文殊等名爲佛，名壽量佛。此中兩難：初，就學佛作有餘難；後，就學佛報謝歸於無爲作無餘難也。文有三義：一、以名定實，申經意；二、請誡下，各難餘、無餘；三、然即下，雙難也。以名定實者，夫名號在法，秤謂在言。不自起，必因可名之實。名謂釋迦，號謂十力等德也。反本者，就本爲無餘。神道者，據迹爲有餘也。

第二義，別難。有二科：一、有餘難，二、無餘難。初，有餘難。如來大覺法身初建者，義開斷惑，三家不同：一云，金剛時斷惑盡，種智不斷，但無常報身未謝，故云學佛。大亮師、愛師、旻師與文等同用此說也。二云，唯佛時惑盡，故云佛智所斷。即儒師、宗師、藏師等所用也。三云，金剛終時惑盡，佛智爲解脱，證得常住。瑶師、誕師、雲師等皆用此說也。地論師有兩說：一云，金剛心斷煩惱、涅槃鄣都盡，佛智斷智障盡；二云，金剛心時智障、涅槃障都盡也。此三義中，未知肇師適用何義也。什師注《維摩經·菩薩入不二法門》云：實相慧要盡法性，然後乃止。今此一文，二家諍之。一家執此文云：不遵佛盡法性，故知金剛盡也。一家云：盡法性者，唯佛是也。又《婆沙》出頓悟者說云：金剛心時頓斷衆惑。而釋道安師遊疑略云：薩云若者，言其得一，於金剛惠一時成一切智，無知也無不知。今此論云曜薩云以幽燭，斯即金剛之惠無幽不燭，即種智滿。種智既滿，惑無不盡，即惑盡義也。而報未盡，故是無常也。生法師亦云：斷惑實是金剛，而佛智有功，猶聖王由治。

下理民而秤治歸王。《大論》云：成佛，有二種，一、實行，二、權迹。實行者，菩薩坐樹下入第十地名爲法雲，譬如大雲澍雨連下，無間心自然生無量無邊清淨佛法，念念無量。放眉間光，降伏魔怨。十方諸佛慶其功勳，聖放眉間光從菩薩頂入。十地功德變爲佛惠，斷一切涅槃習，得無礙解脱。十力大惠，一切佛法也。權迹者，住是十地中以方便力，此中更說第十地，所謂菩薩行六度以方便力故。過乾惠地乃至菩薩地，住於佛地。佛地即是第十地，故《十地經》第十地云：十方諸佛光明入菩薩頂時，名爲得職入諸佛界，具佛十力，當墮佛數也。今此中難意，俱就修成應、化二種法身爲雙難也。本即法身初建，迹即樹王成道。本滲[三五]八解之清，迹浴尼連禪河，本憩七覺之林，迹坐菩提樹下。下皆例之思。

結僧那至溺[三六]喪，明本地發心智也。僧那，翻爲弘誓。結弘誓於初心，如成山於初簣也。

仰攀玄根，俯極[三七]溺喪者，即上求佛道，下化衆生也。溺喪者，喪謂云失鄉而殊奔者也。遠師云：然極溺俗相説相[三八]，拔幽根於重劫也。

三域下，明學佛出世擬化之用也。三域，謂三界。大方，謂涅槃。一緣應現大千，謂之大方也。開八正之平路，即是教也。坦衆庶之夷途者，謂平等説無境也。馳六通之神驥，即是權智也。乘五衍之安車者，謂五乘人秤機如安車也。出生入死與物移者，《莊子》云：至人無死生，但排前返化之理而行於天下。窮化母之始物，下至永倫大虚，還就金剛本地，終照周義也。物無名時爲始，有名即爲母，言窮真諦用也。玄樞者，樞是制動之主。門户扉樞，《莊子》云，是非莫得其偶任之道樞也。言極俗諦用也。廓靈宇於無壃者，金剛心報謂之靈宇。什師《實相論》引《往生品》云：猶處玄廓之境者，若以猶獨處玄廓爲本，來化衆生，此復何咎。如四大河水從池流出，到諸方域，爾乃得用。諸佛法身，止如如也。當其獨絶玄廓之中，人不蒙益。從真身化無量身，一切衆生爾乃得益也。虚室曰廓。《莊子》云：不可内於虚臺。虚臺者，心也。《離騷》云：閉[三九]空于[四〇]天地之間曰宇，人心曰宇也。曜薩云以幽燭者，以之孤子住[四一]。宇，居也。實而無處者，宇也。天

將絶眹於九止者，金剛報謝，即入無餘。九止，即九衆生居也。

金剛惠無幽不燭，智用萬境，惑盡於此也。

而有餘緣未盡下，結難。若於緣未盡，到金剛報，住壽無量。報身交謝，故云業報猶魄，聖智尚存也。舊云：魄[四二]即人神明，魄即是人形體。《郊特[四三]牲》云：體魄即降，知氣於上。又云：魂氣歸天，形魄歸于地。又《制旨》曰：精氣爲魂，濁氣爲魂[四四]。又月生三日謂之魄。故知是魄者，謂之是形器者也云爾。

經曰下，以經證有餘，難智斷雙結也。

無餘者下，第二科，正難無餘也。大意如《法花》云終歸於空言。歸空者，乃是歸於冥真無相涅槃，非是灰身滅智爲歸空也。何者。文云：超然與群有永分，渾爾與大虚同體。又冥冥長往，莫知所之。故智非是昔滅，乃是金剛報謝歸於冥真涅槃也。形智兩軨[四五]，修途無息也。在足曰桎，之日反。在手曰梏。古酷反。無趾語老聃曰：孔丘於至人未勝，何賓賓以學久爲也，不知以此爲桎梏耶。

經曰下，以經證無餘難，亦可據迹也。

第三義，雙結兩難。有三科：一、然即至軌轍，立宗結難，陳立教之大意，明其用大也。典，經也。誥，告法也。軌轍，轉轍，徒列反。車一迹音軌。

第二科，而曰下，擧上開宗，反難無用也。轂，尸角反，卵外堅之掩覆。《易》云：縣象著明，莫大而日月。霄，私進反，近夫赤氣，字應作宵。耳弁宫商，目別紫素也。

第三科，子徒知下，即上開宗，亦論旨難解，依教求宗，寄懷無所也。

朗大明於冥室，奏玄響於無聞者。遠師云：欲闢重冥於幽室，必開户牖以通其照。冥冥玄夜，幽寢無期，玄音發詠而大道宣流也。

○演位體第二[四六]

不言立體而言位者，《易》云所居曰位也。初，上爲位，一標位，其城後九。又無名，名莫道，適爲立。只一口之一，云位體之也。上據本、迹難餘、無餘，答本、迹相即。感應是受，明丈六即真也。

文有三義：一、總答；二、放光下，明真應；三、惑者下，別答兩難也。

總答，有三科：一、牒宗，二、眨難，三、中宗。牒宗，可見。

第二科，而存下，眨難。秤謂出于名號，器象生于物形故之。《易》云：在天爲象，在地成形。象是髪鬘之義。日月、星辰，其理幽昧，故在天爲象。山川單體質逼著，故在地成形者之也。以名題目，未盡無方。如言方不題圓，云柱不目梁也。品象物形，盡於方圓。非方即圓，非圓即乃方。焉得名形，擬彼絶名乎。

第三科，申宗。有二段：初，申權迹；後，申宗本。從初至妙術，申權教意。權宗中，初，就所化明餘、無餘。亦是下，就化主明餘、無餘也。絶言幽致即是妙無，環中妙術即是妙有。但是權教言餘無餘，未亦是真本妙有妙無，故云未也。

後子獨下，引經申本也。法身無三世，過六情，越三界。又無在無不在，無在故不在方，無不在故不離方。又欲言有，都無相無名。欲言無，都脩備應萬形。故云非有爲非無爲也。注云：佛者，何也。蓋窮理盡性，大覺之秤也。至道靈玄，妙絶常壞。心不可以智知，形不可以象得。非無而不可爲有，即是妙無。同萬物之爲，而居不爲之城。處言數之内，止無言之鄉。非有而不可爲無，即是妙有。寂漠靈曠，物莫能得。不知所以名，環謂之覺。以此觀者乃名見佛，以他觀者非見佛以也。

第二義，明真應相，即有三科：一、明感應；二、其物下，明真應相即；三、其治下，忘懷用也。明感應，有三段：初，就法譬明應體，次，出感應用，後，以譬釋也。

佛靈空者，空無等遍在諸物。佛亦如此，如虚空無異也。誰云虚空有去來而云無去無來者，約物而言。何者。法從空出，還歸於空。法雖出入，空無異前也。應緣而現，無有方所者，合譬也。應雖去來，體無異前，此是應之體用也。

次段，然即下，明感應用。寂者，照。漠者，静。安虗者，虗心。無者，無形也。導而弗先者，釋無競義。必教雖八萬而不導先者，感而後應者，釋無執義。形雖八殊，隨感而應也。

後段，譬猶下，喻其應用。上，以虗空喻體，今須嚮鏡譬其應用。來無所出，去無所至。恍焉上之調也。居方等四句，以應即真也。源夫下四句，以真即應。初二句，舉非也。果以下二句，以真即應也。

第三科，明忘懷用。有三段：初，明忘懷用；次，證菩提深廣；後，結涅槃出有無外也。忘懷中，有三雙六句：初二句，章門；次兩句，釋施行也，教也，與也；後兩句，歸功。爲莫之大，乃反於小成者，大教廢，小教作，能大故能小。小成者，如儒、墨、形名之徒也。夫大道隱而小道成，故曰小成也。施莫之廣，歸於無名之者，無爲之道爲通生萬物而不持，顯其功也。次，經曰下，以忘懷故菩提深廣。初句標絶，次高廣相對，次淵深相對，後大小相容也。故謂之道者，後然即下，結涅槃出有無外也。舊解感應，三家不同。第一，光宅云：法身理絶言外，德超數表。故《易》云：寂不動感而遂通。遂通之用，本由慈悲。故迦葉《攝論》云：法本自無，唯心緣起。若論法空，不言其真，但就心神名真如理。設論若存，忽焉若亡。斯即無聲何有響，無形何有緣。《莊子》云：大人之教，若形之於影，聲之於響。有問而應之，盡其懷爲天下配。家[四七]乎無響，行乎無方。聖人用心如鏡之，影動而體寂，影隱而形彰，故云出幽入冥，反化無常。《莊子》云：聖人之生也天行，其死也物化。靜而與陰同德，動而與陽彼[四八]。不爲福先，不爲福始。感而後應，迫而後動。不得得[四九]而後起，去智與知[五〇]，順天下之理者也。

第二科，明真應相，即有三段：初，明應迹；次，明法身；後，明相即也。言其物者，以丈六爲物也。何者。凡言物者，自我之外者云物也。丈六亦是法身之外，故是物矣。因應而作者，丈六因應而起也。生名有餘，滅名無餘，正明應迹也。

次，然即下，明法身義。有餘、無餘本起法身，既無名相有何不名，所謂中道法身是也。後是以下，真應相即，有二雙八句。是以者，名非萬法無相，還以心真如爲體。又無始來心識異，無情等生便解性，此心解性無當解義。善、惡等別，但由客塵。八識不同而心解性不轉，如水界清濁不同而水性不改，亦如真金作釧、作環而金性不改也。此解性與八識爲一爲異。答：體無異故。一句八識，是義爲波若所治，解性不爲波若所治，故猶如鵞唼乳，是以所修萬行薰此解性。此解性無盡，至佛果時爲應身功德，亦智惠所依止處，以真如爲其體也。又所修萬行與真如冥會，故七卷經云：如如，如如智。一云：解性即真如理也。請問開善義。真諦是頑法，有心是解知。知無知相與冥合者，如黑木、白木冥附無際，終無合義。又問《攝論》義。就心神論真如，亦就心神言波若者，斯皆俱辨心神之道。而言真如爲境，是所冥。波若若爲知，是能冥。此一心體有能所者，此亦難解。又若修成果不爲法身者，三性擧體不應爲三無性也。今謂兩釋猶有能所，即有所得，冥義未窮故。有所得，有二種：一、以智得境，有所得；二、以名得實，名法相當，是有所得也。冥者，泯然。能所無間，故云冥也。支道琳法師以泯爲冥，叡師亦以泯然爲冥也。今意亦然，以冥爲冥。心泯成中，智泯無相。若對上兩釋者，心變爲理，智轉爲境。境空心寂，大道無二。如此有何境而可會，有何智而能冥。能、所泯寂，得而無得，名無所得，即是大冥矣。故《大論》云：實相波若者，若實證真智，理、智相泯。理與智合，融同無三相，無相何有境智之殊、因果之別也。若不變爲理，如境而解，猶有能所，墮有所得義也。心轉爲理而云佛性涅槃者，就詮爲論耳。何者。昔是凡夫，於今成悟乃名爲佛。而此中果非迷非悟，悟無相名中道果。如論云：非愚非智，名體波若。若爾，非真非俗之中，非迷非悟正果，云何異耶。解者云：兩中是一，就詮爲異，何無迷悟。就心不論外法，故此外法約真、俗以論中，而此心法亦就真、俗，何異木石而是心法。昔迷今悟，故此心法約迷、悟以弁中。迷時爲因，名正性。悟時爲果，名正果。此中道果，即是體冥。何就心神論其冥義，故有能所。今有所得即是用冥也。文有三段。初，就體冥，明不出不在。次，而即下，諸佛經云：如是大慈悲，今爲何可在。又《法花》云：世尊大恩，憐愍教化利益我等。憐愍則悲，利益即慈。而善、惡兩用，感此慈、悲二德。善有增隨，隨便感慈。惡有感義，超即致悲。凡作善、惡，常感慈悲，而必藉外緣見色聞聲。故以常感爲始，見聞爲終。始者曩劫，善、惡久相關感。終者時熟，今晨興今時即應。然而過去善、惡正爲感體，而念生佛現者，此語其終，不談其始。若論感應，義有二途，並有虛實。感，有二實：一、開實本，二、得實益。應，有二實：一、以實爲本，二、實能利益。應有一虛，實無法起，亦無形聲而使物見聞，故名爲虛。感有一虛，謬計形聲語言是實，心非實解，故目爲虛也。第二，莊嚴云：聖人降應爲生善法，衆生作善符於聖心。汎爾通論感通三世，實求實義正取二世。宿善業起，現在時有能感力。今雖過去，而感力不亡。如習因生習果，雖有二世而以現在正爲感體，招應亦爾。若就三點論其應用，以智照幾諸異迹。今取應用正是智能，於四德中，正是我用，八自在我，是般若用故也。照幾降迹，非體真之智也。若論法起，可作兩釋。聖人智力自在無方，實自無法。今見有法，如《純陀品》，如金翅鳥及見己影。影是有法，爲法身所見，故知實有舍利法起也。第三，開善義云：冥相感召爲感，樾機不差秤之爲應。若括囊爲談，即三世善都有感義。窮尋其旨，唯未來善。何者。過去、現在善體已生，因力既足，何假聖應。正是未來而假緣，乃至故聖爲緣發生此善，竅[五二]論感體唯未來善。故《易》云：幾者，動之微，吉之先現者也。若論應用，法身無色而現色身，故知應現是法身迹也。法身有顯丈六用也，故不同虛義。而無別法起，以不同影起也。今即不然。注云：心生於有心，像出於有形。

今論感，應善二途感：一者，有所得心善感丈六身，名爲傍感。二者，正感，以中道心感中道法身，名爲正感也。而就傍感，義有多途。以過去善爲幾，故《法花》云：我等宿福慶，今得值世尊。亦以現在善爲幾，故《勝鬘》云：即生此念時，佛於空中現。又以未來善有已感義，故云：今雖無益，作後世因。亦惡有感義，故云：以病增故，求覓良醫。以三世善通感，故經云：我久安立，汝先世已開覺。今復極受，汝本來生亦然。而今義宗丈六無當，即是法身。而云感法身名爲正感者，例如一柱以對心偏，名爲偏柱。對中道心，名中道柱。若於應體以無當爲體，而對偏心現丈六身，即是偏對。應中道心，應無當身，即是正應。若謂其位，六地以還，有無俱偏。七地已上，有無不偏也。生法師云：感應有緣。或同生苦處，共於悲愍。或因愛欲，共於結縛。或因善法，還於開道。故有心而應也。埵法師盛說無緣，引盧舍那爲證。一切諸佛身，同一盧舍那。但於迹中異，故彼此不同耳。今即兩取。若有所得，心即有緣感。以無所得，心即無緣感。故無心而應，如銅山崩鍾鈴應。今義例上可知，真應相即，解者不同。《攝論》云：化佛但是色聲，無論其智，既法與智相即爲一也。若開善義，解丈六是法身用。異於二家，故體用相即爲一也。今即不爾，丈六無當即是法身。如注云：夫聖人空洞無像，應物故形。形無當體，況長短之有恒。群生萬形果報不同，是以應之不同耳。取其長短，是衆生之心。本其無當，即法身之真。豈曰體用異處，真應兩行，然後辨其丈六即真者哉。斯即於見未曾所見，未曾有無相爲法身，符同爲應身，故云心生於有心，像出於有形。心非我生，故日用不勳。像非我出，故金流不然也。此中，即開二義：一、本迹義，二、隨內外義。本迹者，非本無以垂迹，非迹無以顯本。本迹雖殊，無朕一也。內外者，就感應各明四句感四者：一、理外感理內；二、理內感理外，如十地大士見丈六法身也；三、理內感理內；四、理外感理外也。應中四句反取即是耳，斯即四句無當感應體也。

第三義，別答兩難。有三科：一、難家所執是或者情；二、意謂下，別答兩難；三、覿者下，非其難意也。言惑情者，覿反謂有，見感謂無。只是惑情，未足擬其玄道也。

第二科，意謂下，別答。有二段：一、有無相即，答無餘難；二、經曰法身下，約法身般若真應相即，答有餘難也。若以義論，皆得通。若但下，別結，故云別示。答無餘難，有四階：一、有無雖異旨趣無二；二、何即下，引佛與經釋上無有；三、亡不爲無下，釋上經意相即表理；四、子乃下，釋答無餘難也。寂泊無兆者，所泊之處寂然無朕也。隱顯同源者，非本無以垂迹，非迹無以顯本。本迹雖殊，不思議一，即是同源也。存不爲有，亡不爲無者，釋上生下。同源故顯而不有，隱而不無也。二、何即下，引佛與經，釋上有、無，即有、無相即義。初，引佛言證存不爲有，以有即無也。從經曰下，引兩經證亡不爲無，以無即有也。

三亡不爲無雖無而有下，兩雙四句。一、結釋上經意相即表理。此句牒上句云，以無即有也。存不爲有，雖有而無，此句牒上佛言，以有即無。此一雙兩句，釋相即也，雖無而有。所謂非有下，一雙兩句，以有無表非有非無。然即下，所表非有非無之理，今所云無餘涅槃也。

四子乃下，結答無餘，如文也。二、答有餘難，有四階：一、就法身波若明應之體相；二、萬幾頓赴下，明法身波若忘懷用；三、然即下，就法身波若明丈六即真；四、所以下，結答有餘難也。上，總答以虛空譬辨應之體，今以二點明應之相。法身無像應物以形者，注云：法身者，虛空身也。無生而無不生，無形而無不形，即無當法身，隨其心水淨穢不同而法身無當，如水現月應物以形也。波若無知對緣而照者，注云：無相真惠。無知而無不知，無爲而無不爲，即無知般若隨其境界照境不同，而波若無知，如鏡現色，對緣而照也。《大品》云：以空無偏，故神通周遍。此就二點以明其本也。

二萬幾頓赴下，明忘懷用。至不干其慮，釋波若用，神慮即是波若知也。動若行雲，止猶谷神者，釋法身用。至人無心玄被，唯感之從[五二]。若不係之雲，隨風之東西，故動若行雲也。止若谷神者，谷神，中央之無也。《老子》曰：無形無影，無逆無造。處處早不動，守靜不衰，而不見其形，故云止若谷神者也。豈有下，就雲谷結明無心心。情異[五三]者，《莊子注》云：是非爲情，無是無非，情將無寄乎。法師云：心緣法生，有用有實；情附心起，有用無實。非虛情無以忘計，無心家即情無不附。此二相資，輪轉三有無極者也。既無心於動靜者，舉心無相，釋遣像形也。去來不以像下兩句，明法身般若，忘懷故不違諸相，即是無相不違相也。

三然即下，就法身波若明丈六即真，有三雙六句。初，兩句，立章門。心生於有心者，於堯即治天下，百姓皆託我有也。次，明形非我出，故金流不燋。下，兩句，別釋也。此句法身即丈六。何者。至人推理任在，故世不然。爲悉既在天而天，即在火爲火，火豈能燒乎。心非我生，故日用不勤[五四]者，波若即丈六。何者。聖人無心，以萬物心爲心，故幾現不同。我體善生，不勞我用。現非我現，用非我用，我無勞矣，故日用不勤也。云云自彼、於我何有[五五]者，感、應雙結。何者。感雖云云，三千不同，論其應照，無異寂然之地。四、所以下，結答有餘難。智周結般若，形死[五六]結法身也。八極者：一、東北倉明，二、東方開明，三、東南陽明，四、南方暑明，五、西南自門，六、西方閶闔，七、西北幽都，八、北方寒門。是論八極也。益不可盈者，注而不滿，論境生而智不增也。損不可虧者，酌而不竭，論境智而不智，釋智周義。《莊子》云：益之而不加益也，損之而不加損，聖人之所保之也。寧可[五七]

下，釋法身形無義也。癘，役病。八方并天爲九。云中逵，如云我今背病也。天冠，寺名也。

第二[五八]科，而覲[五九]者下，非其難意。覲[六〇]秉執規矩而擬大方者，以無規有規擬儀至人也。拔玄根於虛壞[六一]者，遠法師云：世號知沈根可移之於沖根也。

○折徵出第二[六二]

《爾雅》曰：賢士隱山，王徵猶驗也。明也者，徵之令出也。又一成者，之也。今所明涅槃，出有無外，徵召有無之內也。《開宗》中云：涅槃獨申有無之表。今難此意文，有二義：一、明有無二法攝一切法，罄無不盡。何處有有無之，若有妙道字。二、而論下，正設難也。

夫渾源判創[六三]，萬有參分者。渾，下昆反，水原流渾周一皃也。據說而言，有大易、大初、大始、太素者，未見氣也。總氣形質三，而名混淪。混淪者，萬物渾原[六四]而未相離也。視之不見，聽之不聞，修之不得也。《易》曰：有易大通，是其二儀。太極亦云太一，亦云無一。一即太極，二而二儀。如無秤取其有之所極，謂之太極也。清者上爲天，濁者疑爲地。流爲江海，結爲岳。受天地清氣爲天，欲云創[六五]判也。參分者，隨參也，亦三也。三文世既立，萬有參分。此言無者只是偏無，極似儱淚而難宗降於主，其宜然矣。化母所育者，言道所出物即非有也。幽即鬼道，顯即人事。恢，大也。詭，居爲反，詐一青。譎，古穴反，小也。恠，古懷反，異也。正是連字成訓也。凡物事太者可恠曰恢詭，小者可恠曰譎恠者之矣也。

經曰下，引證涅槃爲數滅無爲。

第二義，正設難。有三段：初，領上語；次，請窮[六六]下，正作有無兩關；後，總而下，結也。總而括者，上云有無二法攝一切法故，總括諸法莫出有無也。即而究之者，結雖妙非無等也。而曰下，雙唱六解。

○演超境第二[六七]

問家道理不過有無，今明出有無外，故云超境也。此義明佛果二諦攝不攝，略出四解。第一，光宅云：相成招果，不即空不異空，故即體虚。假真解感果，體不即空，不即空故實而非假。但妙有真常，非二諦攝。至如三無爲，龜毛兔角等，此非俗有，何即空。第二，莊嚴云：名相假有。此四義中，得云佛果，名相有而不之假，故非二諦。第三，開善云：佛果是相續假，是相待假。既云二假，非俗如何，但有麤妙耳。第四，埵法師云：妙絶於有無之域，玄越於名數之表，故佛非二諦。今明二諦，自有四階。然二諦之名，非至極之體，但弁法相非有非無，故先破執，然後顯示中道，故借名顯相以表之。四階者：一、有無二諦，二、因緣二諦，三、生死、涅槃相對二諦，四、佛果二諦也。有無二諦者，亦名偏有偏無，對凡性心所謂二諦。何者。假名衆生，有名用體，名爲俗諦，名用體空，名爲真諦。因緣二諦者，對於聖心所明二諦，因緣和合假名衆生，萬法相假名爲俗諦。因緣無處本自不生，名爲真諦。相待二諦者，生死、有無名爲俗諦，佛果涅槃名真諦。何者。俗是俗情，凡是有無。萬法堦[六八]是倒情也所作，故名俗諦。佛果涅槃，永絶有無，超出生死。今對生死爲俗，涅槃名真諦也。就佛果明二諦者，廣修萬行得佛菩提，行因得果是因緣果，名爲俗諦。佛果萬德一圓，一相無相，因果相絶，名第一義諦。凡言因緣，即有四種：一、和合因緣，二、相續因緣，三、相待因緣，四、境智因緣。是故從此因緣生法皆名世諦，因緣無當即無所得第一義諦，故此佛果二諦所攝。《中論》偈云：因緣所生法，我説即是無，亦爲是假名，亦是中道義。此四種二諦，配四論者，第三、第四二，即涅槃無知所申之理。第一、第二兩階二諦，即《不遷》《不真》所明理也。文有三義：一、述難；二、何即下，釋難家有無義；三、論稱下，申宗。初，述難者，有無之數法無不該者。如難家云：經曰下，證俗諦有無也。

第二義，何即下，述釋有有無。有無所以稱有者，即釋有者有於無句也。無有所以稱無者，即釋無者無於有句也。然即下，重釋有無假。其猶高下相傾，未足擬其幽玄涅槃，故《成論》破云：如虎吟子，若急即傷，若緩即失。過猶不知，二俱有過。若定説無是爲過，若定説有是咎不知，故經云應捨二邊也。

第三義，論秤下，第三真諦，更申上宗出有無意。此忘言絶域，豈有一有而可稱乎。故舊云肇師義唯真無俗，正謂此矣。第四階佛果二諦，即《涅槃》《無知》兩論釋其義也。經曰下，釋所引三無爲也。數緣無爲，明其非有非無，故即無相無爲也。

〇折幾[六九]玄第三[七〇]

支道琳師《物有玄幾論》云：物有幾玄於未兆。《易》云：玄幾者，物動之微，吉之先出也。注解：背無向有，有而未見。又幾謂幾開，制動之王者之也。若論内義，是可生理。言幾玄者，是冥嘿無所有而有可生理者。爲當以有無得，爲當離有無得。文有二義：第一義，蹈即離兩關，難其得義；第二義，然後[七一]下，牒論所明理。以聖不虚反，仍請聞妙旨也。云不出有無不在有無者，超境可云，借出以云，即不在義。又云豈曰有無外而可秤哉者，即不出義。

〇演妙存第四[七二]

涅槃之道，不在有無，而不出有無。然即冥真妙道存乎即真，故曰妙存也。

文有二義：一、正難，遣其聞義；二、淨名下，正説冥義也。正中有三段：初，遣名相，理即可説；次，經曰下，引經證理無相，遣其聞義；後，雖然下，心戒聽，無心而受，無聽而聽者。書云：大士受道以神，中士受道以心，下士受道以耳之。以神聽者通無生，以心聽者知内情，以耳聽者聞外聲也。注云：無説豈曰不言，謂能無其所説也。無聞豈曰無聽，謂能無所聞也。無其所説，故終日説而未嘗説。無其所聞，故終日聞而未嘗聞也。吾當以下，述言許答也。

第二正説冥義，有二科：一、依經立宗，二、然即下，正弁冥義也。立宗者，《淨名》曰：不離煩惱而得涅槃。就煩惱法明不出不在。注釋：煩惱真性即是涅槃。惠力强者，觀煩惱性即入涅槃，不待斷而入也。又不出魔界而入佛界，就邪法立不出不在。注釋：佛性魔性本不殊，爲捨邪而正乎。此即明理不殊，故是不出不在義也。

第二科，然即下，正弁冥義。招提判經文，唯説同無生，如實際無[七三]正明文廣説冥義。若如《惠仰經》説，亦非冥非不冥。此止有言也，今先出異解。開善云：心法本無，今乃始有。此心研修，冥彼萬物之真諦。心是有法，境是真諦，心冥真諦境。境無境相，智無智相，境、智無二，即冥真無相。而云唯智是照，境即冥會也。約用冥，明不出不在。後，然即下，遣能所、泯境智也。然即玄道在乎妙悟者，初就體冥。此中有兩種四句，結二句并十句也，初四句弁冥齊即義。言玄道者，即迷弁中，以其未顯謂之玄道。解悟此理，妙於迷昧，故云妙悟。迷時中道，於今即顯。迷中在解，謂之爲存。一句也。

妙悟在於即真者，妙悟之智，體自成真，非別有真，以智即真也。今謂即義有二：一、兩物相即，二、舉體成真爲即也。如開善義，善心冥境，不即成真者，反難開善二諦相即義。俗亦不應舉體成真，若俗舉體成真者，今亦心法反成中境，此復何妙。若猶不許，即非大道，無二句也。

即真即有無齊觀者，體即成真，真即中道。中道即有無齊觀，觀者異於萬法，中道故云觀。三句也。

齊觀即彼己莫二者，上云齊觀即如，有智惠能齊前境，故釋之。彼即境也，己即智也。理無有無之相，觀無彼己之解。故注云：觀生於緣，離緣故無觀。可謂冥中觀，亦名平等觀，亦名第一義觀，亦名中道觀，亦名即體觀。四句也。

所以下，四句，證成前義。天地與我同根者，無二中道爲根。萬物與我一體者，以是非爲一體。此二句也。故注云：第一道理，無不極乎。若虛空無昇降之殊也。同即非復有無者，同亦二義：一、兩物不異爲同，二、舉體反成爲同。如十迮金，融成一圓，既同此理，體非有無。三句也。異即乖於會通者，若我與理異，乖於中道會通之義。四句也。

所以下，兩句，就體冥結不出不在以答問也。同非有無即不在，異乖會通即不出矣。次段，就用冥弁不出不在，二諦爲用冥，此二諦即是用冥，如兩物相即爲即。若就用冥論相即義，亦不當四句：一亦不即，異亦不即，即亦不即，離亦不即也。就此有四階：一、總標冥會，夫至人虛心冥照，理無不統者也。二、從懷六合至其神豈[七四]虛，明照俗冥有即異物冥也。天地、四方爲六合，聖照無盡，謂言有餘照俗也。方寸者，心也。虛心照物智，其心常虛也，冥有也。三、從至能[七五]妙契自然，照真冥空也。隱而未明，謂之玄根。爲萬物本，謂之立根。爲學之本，謂之玄道。今即顯出，謂之拔也。物雖群動而照即空，謂之靜心照真也。天地之平，道德之極，聖人所休，謂之恬惔，言不著也。聖人神靜爲天地鑒，謂之淵嘿也。理無人作，故曰自然。冥契無二，謂之妙契冥空也。有言，肇師是有所得義，既有淵嘿之解，有所契自然，豈非有所得乎。今謂不然，可二義釋：若論體冥，久絶能所是無所得；論其用冥，境智相會是有所得。有所得、無所得，歸于無二，即大無所得也。四、所以下，就用冥結不出不在以答問也。處有不有，居無不無者，冥俗而不爲俗，契真而不爲真也。居無不無故於無處有者，釋上非真也。居有不有故於有處無者，釋上非俗也。始注云：在有不捨無，在無不捨有。

處有常修空，修空當萬化也。引一本證上不出不在。居無不無，故能不出於有，不無於無故者，此明居無不出有也。處有不有，故能不出於無，不有於有故者，此明居有不出無也。處於有無而不在有無者，此句雙結不在也。若言處於有無而不在有無者，即可對語不在有無而不出有無。上已明不出，故此句闕也。

後段，泯境、智，今言不出不在。如有境、智，以遣境、智歸于無二，正是開善冥無相義。法無有無之相，聖無有無之智者，境無境相，智無智相也。聖無有無之智，無心於內者，智相絕於內也。法無有無之相，即無數於外者，境用相絕於外也。於外無數、於內無心者，遣內外也。此彼寂滅、物我冥一者，境智泯能所，一歸于無二。故注云：觀生於緣，離緣故無觀也。泊爾無朕乃曰涅槃者，指言有在也。理既如此，豈可徵在。有無而可，責出有無耶。

○折難差第四〔七六〕

上已明果，此下四折，難三乘行。理既無二，悟不應異，故曰難差也。

文有三義，一就理領宗。六境者，六塵也。窮理盡性者，窮萬物理，盡心神性。

第二義，《放光》曰下，就行作兩關難：初，就小乘難三乘差別；次，就大乘明三位不同也。初獲無生者，肇師執小頓悟，七地始悟無生。又三乘得道，有聲聞義。第三義，答〔七七〕涅槃一也下，雙結兩難，衆經殊言，何以取正。

○演弁差第五〔七八〕

理雖無二，約理教、悟異，故曰弁差也。

文有三義：一、述經意，二、而難下答，三、夫以下，結答也。大道無二，而隨根性於一說三，然其所證無爲無二也。法流漢地，賢者不少。今言盛者，支道林、竺僧弼、竺法汰、釋道安、鳩摩羅什等，皆無三六說。唯竺道生執大頓悟云：

無量三乘有因三乘。肇師、琟師等執小頓悟，非但無小行得道，其登地以上、六地以還，亦非真理，即不言有菩薩而無聲聞也。開善曾用此義。會稽東山寺，名法花山寺。從此出於興皇寺，講導有聲聞義。上入堂言業靳都亭頭，業靳者，謂語事也；都亭契頭，有寺名靈喜寺，開善曾在彼寺遵有聲聞，與學士論志。上雖不在彼，而云知其事爾者也。明三乘同觀義，都喜賓奉法要云：二乘著無以捨有，大乘同志以即真。此明同觀義。遠法師執異觀爲問，什師以同觀爲答，即同觀之説與肇師不異也。而《不遷論》云聲聞聞無常以成道，緣覺覺緣離以悟真者，此是從詮爲言也。但樂小功德，厭畏生死，即爲聲聞。樂獨善寂，少多濟物，即爲緣覺。志安生死，不求自出，名爲菩薩。即七地以上過於二乘，此不須論。今六地以下與三乘同，同爾許空智，斷見思義盡，俱出火宅，更不受三界，出火宅義也。故《釋論》云：羅漢出三界，於淨土中聞《法花經》，具足佛道。此明羅漢生中間淨土也。於義必須中間出者，二乘改小學大，多用其功。若上受變易，都無聲教受悟，良難報身親承質也。

第二義，正答難。此中，但答三乘差難三位不同問，第八章中自當釋也。此以人三三[七九]無爲，非無爲有三者，以人約法，故有三無爲也。《放光》曰下，引證及譬，文可解。如來結習都盡，聲聞結習未盡者，什師《實相論》云：大乘《中論》，結有二，一、凡夫結使，三界所繫；二、諸菩薩聞[八〇]法實相義，三[八一]界結使，唯有甚深佛法[八二]愛、慢、無明等等細微之結，受法身也，深著佛身，不借[八三]身命也。無明者，於深法中不能達通也。慢者，得是深法不在無生忍，或起高心，我於凡夫聞殊異之法。以人不識，此言殘氣，是殘氣不生三界，唯受法身，教化衆生具足佛道也。譬，釋可見也。

第三義，夫以下，結答。根性不同，故昇降不一。而無爲無二，然即教雖不一，致歸寧異。

○折責異第五[八四]

就人法異爲難，故曰責異之也。法即無爲，人是能體無爲者也。若所證無爲無二，能證之人亦應無差。若言無爲無異、異自我者，即失三乘得道義也。

文有三義，領宗定義。

第二義，請問下，正作兩關。若一，不應言異自我耳。若異，即失冥會之道也。

第三義，然即下，結。一亦無三者，以法即人，法既無三，人亦無三。異亦無三者，若人法異，即人雖有三，無爲無三。然即三乘之人，非因無爲而有差別也。

○演會異第六[八五]

三乘不一，而俱證無爲而爲一，故云會異之也。無爲即乘，乘即無爲。人法恒即而未盡無爲，故有三名。文有三義：一、引古況釋，證人法不異；二、譬喻下，以譬合釋；三、然即下，歸宗結答也。夫止此而此，適彼而彼者，理無彼此，唯反所適也。所以同於得者，得亦得之，同於失者，失亦失之者，無爲無形，成濟萬物，故得其道者與道同體，失其道者亦同體。我適無爲下，人法爲即也。

第二義，初，出鳥譬。然即下，牒譬合釋可釋[八六]。

第三義，然即下，歸宗結答。法有二種：一、無爲法，二、乘法。乘法者，智也。無患雖同而有高下之飛者，譬也。無爲雖一而有深淺之賢者，合也。舉乘法有三也。無爲乘也者，有無法相即也。乘即我也者，以乘法而即人也。此非我異無爲者，以人即無爲法也。以未成[八七]無爲故者，舉人有三，明無爲不一也。

○折詰漸第六[八八]

詰，治也，問其罪也，責也，讓也。漸也，

近也。此中難意，執頓悟義難三乘，無爲有淺深及位有上下，而頓悟者兩解不同：第一，竺道生法師大頓悟云，夫稱頓者，明理不可分，悟語照極，以不二之悟符不分之理。理智恚釋謂之頓悟，見解名悟，聞解名信。信解非真，悟發信謝。理數自然，如菓就自零。悟不自生，必籍信漸。用信僞惑，悟以斷結。悟境停照，信成萬品，故十地、四果蓋是聖人提理。今近使夫者自强不見聞，信從教生，設非信是，義同市虎。答曰：信實解當冥。由説主所謬，聖聖相傳，信教冥符，出苦累亡，豈同市虎難。舊云：空若漸見，若言佛性亦漸見。若言佛性平等非漸見者，空亦如是，豈得漸見，故知諸佛乃能悟耳。用此義者，什師注云：樹王成道。小乘以卅四心成道，大乘中，唯一念確然大悟，具一切智也。第二，小頓悟者。支道琳師云：七地始見無生。彌天釋道安師云：大乘初無漏惠，稱摩訶波若，即是七地。遠師云：二乘未得無有，始於七地方能得也。埵法師云：三界諸結，七地初得無生，一時頓斷，爲菩薩見諦也。肇法師亦同小頓悟義。何者。即二諦是用，無二爲體。二諦是筌，不二爲之中。而六地以還，有無不並無二之理。心未全一，故未悟理也。若七地以上，有無雙涉，始名理悟。《釋論》第四十九卷云：捨，有二種，一、捨結行施，二、捨結得道。此以捨結爲捨，與第二捨結作因緣，至七地乃能捨結中代名德。執小頓悟者執此文。又《十住論》第一卷末，初地不嗔，云是菩薩結未斷，故多行善心，少於瞋恨。今謂處文，明七地方斷。此文復説初地未斷，龍樹所説正自始之。此中難意，二乘三界結盡，即齊七地，俱應理悟。文有二義：第一義，擧結盡無爲，無爲無二，何説三人理無餘翳。第二義，經曰下，證智無差。又曰下，證境無二。既下，結難也。

○演明漸第七〔八九〕

理無階差，其實然矣。責令頓盡，義不然之。

文有三義：一、引經釋譬，二、舉事況理，三、引證答難也。箭譬智，的喻境，獸況人，河合法，即境智；人河合法，即境法也。三乘濟緣起合獸河，鑒四濟無爲合箭的。然其下，結不一也。

第二義，夫群下，舉事況理。正使舍利之智、富那之辨，莫闚有崖之事，況無岸主玄之理一悟頓盡乎。遠師云：非夫聖近善誘，孰闚其非。夫窮神冥應，孰岸其極也。

第三義，書不下，引證答難。爲學日益者，務欲進學益其日也。爲道日損者，欲反無爲彌損有爲也。損之至于無損者，窮損有爲而無不爲。夫群生封深，不可頓捨階級，漸遣以無遣。訖此答無爲無二難也。經喻螢日者，即《大品經·習應品》日喻菩薩智，螢喻聲聞智。此答者無差難。

○折幾動第七[九〇]

七地法身進修三位，心智未寂故有微動。幾者，動之微者之也。上難差中，引儒童時據大乘爲難。其今未釋故須更難，非別起也。判法身位，三家不同：第一，《攝論》云，地前卅心，見思及習都盡。初地以上，斷迷理無明，故分證法身也。第二，梁時三大法師並云，八地爲法身位，七地未合也。第三，什師、肇師等並云，七地入法身位，心智寂滅。而云進修三位者，理未窮故，有進趣之功。若有進趣之功，動請[九一]未息，云何心智寂滅，故有幾動也。

文有三義：一、引經釋心智寂滅；二、而後[九二]下，正難；三、既以下，舉文義結難也。法身以上，入無爲境者，六住已下，以未全一，在有即捨空，在空即捨有，未能以平等真心有無雙涉；七地以上，二行俱寂，心不可以像得，故心智寂滅也。

第二義，而後下，正難。既以取捨爲情，心智未絕也。

第三義，既以下，文義乖難定。文乖殊致[九三]

者，違經絶言之文，乖彼悟理之旨也。南喻闇進修三位也。謝康樂靈運弁宗述生師頓悟云：南爲聖也，北爲遇也。背北向南，非停北之謂。然向南可以至南，背北非是停北。非是停北，故運可去矣。可以至南，故悟可得矣。釋惠觀師執漸悟以會斯譬云：發出嵩洛，南形衡，去山百里，髣髴雲嶺，路在嵩朝，岑嚴遊踐。今發心而向南，九階爲髣髴，十住爲見岑，大舉爲遊踐。若以足言之，向南而未至。以眼言之，即有見而未明。但弁宗者得其足以爲五度度，況漸悟者取其眼以爲波若之向南之行。而所取之義殊，猶不龜之能而所用之功異之也。

○演動寂第八[九四]

法身大士，體實相空，以智寂滅而形充八極。逾動逾寂，故曰動寂者之也。

文有三義：一、動寂無二；二、道行下，明無相萬行；三、儒童下，明不住道也。經秤聖人無爲而無不爲者，大乘觀空但見諸法唯空唯無，故曰無爲也。無爲觀行不證因果，不捨生死，被萬物功德曰藏，故無所不爲也。無爲故雖動而寂，無所不爲故雖寂而動者，動静相即，如不起寂滅道場而現身七處八會。又身周十方而不離本土，即是二智方便，非二乘所見也。

雖寂下，就二乘明同異，亦可以境爲物，就境空明其同異。雖寂而動，物莫能一者，智有應會之用，境即不爾，故物莫能一也。雖動而寂，物莫二者，境空心寂體相無二，故云莫二也。若爾，七地已上如冥義。若論體冥，七地以上有，方不生滅，故不得言若論用冥七地即能。故什師云：冥心真境，即十地能冥，因其宜也。又注云：得無生法忍，即於法無取無得，心相永滅，故無所得也。

物莫能二故下，結動静爲無爲相即也。若判惠者，四宗不同：一、琟師云，六地以還名道惠，七地以上名道種惠。二、馮師云，初地至七地名道惠，八地名道種惠。三、亮師云，初地即能空有並照名道種惠。四、什師、肇師等，七地名道種惠也。明地體不同，琟師以空惠爲地體，諸功德爲治地。乘一解一，行爲地體。今意無相萬行悉爲地體也。七地習氣盡，如舍利弗神力去花不能全者，注云：著與不著，在心不在花。此分別心即是習氣，既入七地是法身位，即花不著，故七地習氣盡也。

第二義，明無相萬行，有二科：一、心爲行本，故先以二義釋心無相。二、明所起行損也。二義者：一、就偏有偏無釋心非有非無。有心即惑情，無心即偏無。偏無即是小乘滅心定也，豈可惑情偏無而標法身耶。二、是以心不有，心不有下，就因緣有無釋心非有非無。何者。凡行起非畢竟空也。注云：欲言其無，萬行斯修，萬行斯修，雖無而有，不可謂言無也。欲言其有，無相無名，無相無名，二雖有而無，不可謂之有也。言有不乖無，言無不乖有。有無雖異，其致無二也。

第二科，不有下，明無相行，有三雙六句。因緣境界即是萬行因之而起，故初兩句冥二諦，故心無相也。不有故心相[九五]都滅，此句冥真之智。如不無故理無不契，此句冥有之解也。理無不契下兩句，明所起忘懷行也。所以應化下兩句，明其並觀。故注云：雖達法相而能不證，處有常修空，修空常萬化也。經曰下，證上三雙，義出有之。

第三義，明不住道，有二科：一、就空有行明不住道。二、是以下，據爲無爲明不住道也。初有四階：一、昔我下，擧非。二、今以下，行有不住有。三、空行下，證空不住空。遠師問：取證云何異。什師答：證欲令易解，故云取證。佛爲須菩提説菩薩欲入三解脱門，先反願不作證。今時學行時非是證時，如王子雖未有職，見小職位終不貪著，知當有大職。菩薩亦如是。四、然即下，就心行結不住道。故注云：冥空存德，彼我兩濟。濟，成也。

第二科，是以賢下，據爲無爲明不住，有四階：一、引四經證成前義，所以重證者，上結難云文乖殊致。今云聖旨虚空[九六]，殊文同弁。教雖萬差，所明理同，無以教異而異於理也。二、豈可下，簡異二乘。二乘觀空，以寂爲寂，在有爲有，以苦爲苦也。三、菩薩下，正結有爲、無爲不住道也。住盡不盡平等法門者，盡即涅槃，不盡即生死。以大悲故住於生死，以波若故住於涅槃，故云住平等法門也。不盡有爲不住無爲者，注云：有爲雖僞，捨之大乘不成；無爲雖實，住之惠心不明。是以菩薩不盡有爲，故德無不就。不住無爲，故道無不覆。此二無礙門，菩薩弘道之愛，佛事無方之所。由四轉譬貶之，《蒼頡》注云：迷者，指東爲西方也。

○折窮源第八[九七]

此下四番，明本始涅槃是衆生所歸之源，故云窮源者之也。前章明萬行，今問所得果，文有二義：一、若行因人得，涅槃始有，有始有終。第二義，而終[九八]下，引經結難。若無始終，非復衆生得涅槃也。

○演通古第九[九九]

今於始有乃通於古，故云通古也。佛果，有二：一、實相中道果，二、萬行修成果。今言通古，是萬行修成果。若論本始，中道果爲本有，修成果爲始有。文有三義：一、明理、聖無異，遣其本始之義。二、所以下，體理、人、法非三世。此義正是開善本有義也。三、然即[一〇〇]下，正結非本非始義也。初，有三段：初，失[一〇一]至人[一〇二]唯聖人乎，總標聖人以萬物爲體。次，何即下，正明理、聖無異，證非始有，理既本有，契理之聖寧可始終乎。後，天帝曰下，離境無智，即境而求智也。見緣爲見佛者，離境無別智，故見緣即見佛。何者。若見十二因緣，爲成佛之性，即是見法。若見成佛之法，即是見佛義也。此證理、聖無異義也。

第二義，體理、人、法明非三世，有三科：一、就人明非三世；二、經曰下，就法證其無邊；三、以知下，歸于無二。初有二段：初，明三世智。戢玄幾於未兆者，戢，側立反，聚也，易不難也，斂也，藏兵訓也。物雖未有，理必玄有。可生之理而形體未現，謂之未兆者。未來也，可生理聚照未來，謂之戢也。藏冥運於既化者，有物冥運入於過去，謂之既化。既化者，過去也。反化之理照過去，謂之藏。如總六合以鏡心者，理照萬象，如鏡無心照物也。

後段一去來，雖照三世，體無異相。何者。上會萬物以成已者，惑謂物有三世，佛亦宜然，故云一去來以成體。而遍三世，故云古今通，始終同也。窮本極末，莫與之[一〇三]二者，窮本即理始，極有不得兩種涅槃，而體無二，故云莫二也。亦冥真有，兩冥無異，故云莫二。浩然大均乃曰涅槃者，結言有在也。

第二科，經曰下至無邊，以斷兩法，證其無邊，即二經是也。

第三科，以智下，遣得歸于無二。

第三義，然即下，結答無始終。初，結物我無二；次，結無始終；後，天曰以下，況上舍利弗嘿不答者，表理無久近也。

○折考得第九[一〇四]

考，據也，引也。若衆生得涅槃者，即徵之得，城[一〇五]謂之考得也。

文有二義：一、作兩闕難，二、結難。兩闕者，初闕以昔難。今經云：五陰都盡，喻如燈滅。今日所云獨在三有之外，具非衆生得涅槃也。後闕，果若有得下，以今疑昔也。第二義，結難。若不止五即不都盡，結後闕。五若都盡者，結前闕也。

○演玄得第十[一〇六]

難家張兩關以得，今旨遣有所得心以辨正果，故云玄果之也。注云：菩薩空即是涅槃。玄得涅槃者，但是果名。而今始顯，非今始成。祇菩薩性空，今顯性空中大道無二。得非始得，故云玄得，亦上云通古是無所得中有所得。今云玄得，有所得中無所得也。

文有三義：一、立宗二，褒貶。二，且談下，辨無所得。三、然即下，總結此論大意。初有三段：初，立宗遣情。夫真由離起，僞因著生也，著故有得，離故無名者，此遣情謂。凡言得者，非有即是無，非無即是有。封此有無，即有所得。既離有無，即無有無之可得，故云著故有得，離故無名也。次段，是以下，明人法不相離，則之言法，是以以真爲法者，人亦同真，離有離無。以僞法者，人亦同僞，著有著無也。後段，子以下，喪[一〇七]貶同真僞者。誰乎。子以著有著無，故存得爲得；吾離有離無，故得在無得耳。

第二義，且談下，辨無所得，有三階：一、就迷辨中則是理性，故云菩薩空即是涅槃，故不可離即空而悟涅槃也。亦名本有。既云本有，得非始得。得者，未得名之爲得。若爾，誰獨本非涅槃而今得也耶。

二、何者下，正辨果性，就悟辨中即是正果。名名[一〇八]始有，而此始有非今始成，祇涅槃性空如顯今日，故始而非始，得而無得耳。道者，異於玄也，妙盡有無常數也。融冶二儀，滌蕩萬有者，融大明也，平等正果，天不爲高，地不爲下，萬有雖殊，歸之無異也。均天人則是融冶二儀，一同異是滌蕩萬有也。内視下，就見聞返照，照無能所也。未嘗無，結本有理性也。未嘗有，結始有果性也。本有、始有，理性、正果，平等大道歸于無二也。

三、經曰舉人、法一異，證理無得也。涅槃非衆生，亦不異衆生者，衆生即空中道名涅槃，故名非衆生也。而離衆生更無別空，故云不離也。果德雖多，不過智斷。初，引《淨名》證斷無得無。法本不起，今即無滅，義即是理滅也。然則下，遣情。云衆生者非衆生，可作兩釋：一云，言衆生者，本無衆生相，誰能得者；一云，非衆生者，木石也。涅槃，例解。次，引《放光》證智無得，文相顯然也。得者，謂之得也。獨不然也，此句者遣情也。今實相涅槃既云正果，修成涅槃應名緣果。雖云心識對緣果名正因，若對中道正性皆名緣因也。然則正果緣果，正因緣因，更果因果，可作四句遣其性謂也。一句，對正果名正因，故注云：平等大道以無行爲因，無上正覺以無得爲果。對緣果名緣因，故注云：勞塵[一〇九]衆生即成佛道，更無異人成佛。又云：以順萬行故得佛果，故是佛種也。二句，緣因亦爲正果之因，正因亦爲緣果之因。何則。非衆生無以成中道果，非正因無有修成之義。三句，緣正非正，正緣非緣。四句，非正非緣。第一大道無有兩正，大無所得也。

第三義，結論，大意有三段。初，以四句結境智無所得。然則下，四句也。次段，至能下，結難理用。囊括終古，導達群方者，通三世、遍萬有。《易》曰：括囊，無咎無譽。以多容爲用。括，結也。結之者，不受括也。亦不貴賢士隱，上不受命，下不施令，有似囊括之。亭毒蒼生，跡而不漏者，汪哉洋哉，何莫由之者，遠師云：汪之焉莫得其量，洋之焉莫其盛之也。引梵證理，深得而不失，謂之成就也。後段，然則下，結論用者。上十演開釋，莫過境智、因果，故初四句結境智無得。次，辨理用。此下四句，結論用。後，因果結宗也。因則三乘爲宗，果則涅槃爲致。此中，初二句，結因；後二句，結果。三乘之路開者，上云三乘衆生俱越妄想。無爲豈異，異自我也。因教悟道，此言不虛也。真僞之路辨者，若論正行實在七地而之得者，如提見瓦石，故簡真僞也。玄[一一〇]聖之道存者，此下明果，上云玄道存乎妙悟者是也。無名之致顯者，聖德雖多，今論《涅槃無名》是也。

無名論義記上

不真空論

若如兩不釋意，此亦并俗。何則。上明不遷，正就今昔以明不遷。今明不真之文，亦就俗法以明不真。故文云：欲言真〔二二〕有，有非真生。又諸法假號不真，譬如幻化人。非無幻化人，幻化非真人也。而上《不遷論》，正對執教之人以明有諸法不動不遷。今明不真，直就萬法以明即空之真。此不真空名，所作兩釋：一云世法不真，體性自空；一云俗法浮僞，遣僞之空亦非真空，名不真空。若以俗空名不真者，般若之空應名真空。故《無知論》云：真波若者，清淨如空。又云：真諦何也，涅槃道是。今即簡異真空，故以不真立言。若以聖智對之，亦名真空也。

文有二義：一、明論所由，二、項〔二三〕爾下，正辨論體。夫至虚無生者，有非真生所以爲空，空故所以無生，故云至虚無生，正釋不真空義也。蓋是波若玄鑒之妙趣者，此乃舉智釋境。與玄一體，即自照謂之玄鑒也。有物之宗極者，若對聖智名爲真空，故此萬法以此爲體，故云宗極也。何能契神於有無間者，唯至人特達獨空之中，故云間也。上云非聖非理，非理非聖，此之論也，此是表宗耳。

是以下，明所由，有三科：一、舉至人歎不真空。二、就順物歎應化用。三、就萬物結明所由也。通神心於無窮，窮所不能滯者，通道理之無窮，故是非不能爲尋也。聲色所不能制者，五色令人目冥，五音令人耳聾，此聲色之所不能制也。豈不以下，舉物空釋所以不制也。

第二科，是以乘下，就順物歎用。乘真心以履〔二三〕順，無滯而不通者，體真之心履順物性，故滯惑之物無不通其情也。至人觀仲氣以化衆生，過化之徒無不適其性也。一者，物之始，至妙有一而未形也。適者，秤也。無滯而不通者，夫與物冥者爲能無待而常通，作但自通而已。夫順有滯者，同勞於大道。是以凡聖雖殊，至於各得其性即不能殊也。故能混雜致純者，覩之無色，聽之無聲，擣之無形，此三不可得，故名混而爲一也。至人與反化爲一，而常遊獨，故云雜也。純者不虧其神，百行周擧，萬返參備而不虧，故云致純也。所遇順適，即觸物而一者，無物不同，唯化所適，故所化爲一也。

第三科，如此下，就萬物及無二理結理難，解明造論所由。從初至雖像而非像，就因緣空萬物一異明造論所由。然即下，無二大道，幽隱難解，所以造論也。

第二義，項爾下，正弁論體，有五科：一、弁理者不同。二、夫以物下，就萬物明不真。三、《放光》曰下，就二諦明不真。四、童子下，就因緣有無明不真空。五、夫以名下，遣名物勸學也。衆論各異而同適不二，以異端而同趣，豈不以涇渭乎。上言教異、旨同者，就教爲論也。此云性異莫同者，就情而言也。第一，解心無者，竺法温法師《心無論》云：夫有，有形者也。無，無像者也。有像不可言無，無形不可言有。而經秤色無者，但內正其心，不空外色。但內停其心令不想外色，即色想廢矣。第二，解即色者，支道琳法師《即色論》云：吾以爲即色是空，非色滅空，此斯言至矣。何者。夫色之性，色雖色而空。如知不自知，雖知恒寂也。彼明一切諸法無有自性，所以故空。不無空此不自之色，可以爲有，只已色不自，所以空爲真耳。第三，解本無者，彌天釋道安法師《本無論》云：明本無者，秤如來興世以本無弘教，故方等深經皆云五陰本無。本無之論由來尚矣，須得彼義爲是本無，明如來興世只以本無化物。若能苟解無本，即思異息矣。但不能悟諸法本來是無，所以名本無爲真，末有爲俗耳。盧山遠法師本無義云：因緣之所有者，本無之所無；本無之所無者，謂之本無，本無與法性同實而異名也。性異於無者，察於性也。無異於性者，察於無也。察性者不知知無，除[二四]無者不知性知性，知性無性者其唯無除也。破三家説，如文解也。

第二科，夫以物下，就萬物以明不真，有三段：初，就名物明真諦。次，依論明不真。後，依人證不真即空也。初段，有二階：一、標是非。夫以物物於物，即所物而可物者，舉不也。以物物非物，雖物而非物者，標是也。二、是以下，就名物明所表真。是以物不即名而就實者，物無當名，即是物之實義。名不即物而履真者，名無得物，即是名之真義也。物無當名，名無得物，名物無當，即是真實真諦義。然即下，明名物所表真諦絶名教也。

次段，摩訶衍下，依論明不真空義，有二階：一、依二論標中道，釋之有三雙六句，并結真諦。尋夫下，彈舊義。二、誠以下也，即物順通故物莫之逆者，此句明相不違無相，即物之真遍達萬法，無有一法逆此真諦也。即僞即真故性莫之易者，此句明無相不違相。既順通萬物，即僞即真，故不斷煩惱而得涅槃也。性莫之易者，雖無而有。物莫之逆，故雖有而無。此第三雙，以有無表非有非無也。此下正結不真空義也。

後段，故經下，以人證不真空。有二階：一、以境智證，色之性空非色敗空者，依經證色境即空。次，以明聖人下，以至人智證即空之義。二、以致證引疾證不真之説，引超日證即空之教。然即下，通會之也。

第三科，《放光》曰下，就二諦明不真空，有三段：初，就真、俗明不二；次，明有、無相即；後，正結不真有不真空也。上云諸法即空似無二諦，故初立二諦真僞明得無得。次，言真下，歸于無二也。真諦無成無得，俗諦故有成得者，依經立二諦，明得無得也。夫成[二五]得即是無得之僞號者，其功可見，其德可秤，與成得義，而真諦無成無得，於中成得，即爲僞法也。無成[二六]

得即是有得之真名者，真諦無成得，常是無爲而無不爲；無不爲故無不得，故言有得之真名。此兩句真俗相對，明真僞也。真名故雖得〔二七〕而非得〔二八〕者，萬物得其真而不知所以得，故得而無得也。僞號故雖僞而非無者，依真起僞故不得而得。此兩句真俗相對，明得不得，亦名忘不忘也。言真未嘗有，言僞未嘗無，二言未始一，二理未嘗殊者，遣真俗明不二。有不自有，由無故有，無不自無，因有故無，有無相待，二不相會，故云二言未始一也。有無所表，大道無二，故云二理未嘗殊也。故經下，引經證所表無異也。此經云直辨真諦以明非有，俗諦以明非無者，一往，直論真諦以表非有，俗諦以表非無；雖是二，所表無二。此即竪論也。若再往，真諦亦表非無，俗諦亦表非有。何者。由真故俗，俗是真俗。由俗故真，真是俗真。故俗真表非無，真俗故俗〔二九〕表非有。此是横論也。竪横雖殊，俱是無所得二諦也。

次段，然即下，有無相即，有二節：初，明不有不無。後，以不有不無相即，非有非無也。後段，結不真空。雖明〔三〇〕無而非無，無者不絶虚，此句結無非真無，絶虚空無也。雖有而非有，有者非真有，此句結非真有也，真有者偏有也。若有不即真，無不夷迹者，若言有非偏真，言無亦非斷滅。

第四科，童子下，就因緣明不真空，有三段：初，就教理，非定有無明不真空。次，約因緣，有無表非有非無。後，釋因緣，結不真空也。初段，有章門與釋，章門有二。説法不有亦不無者，境界章門。注云：自有即不有，自無即不無。以因緣故諸法生者，性有亦不由緣，性無亦不由緣。以非性有性無，故因緣生也。轉法輪下，言教章門。注云：法輪常淨，猶若虚空。聖人無知，至若虚空故。經曰：説而無説。亦所説法輪既不當有無，能説之教言而無當也。

何者下，先釋言教章門。從初至常見爲得，

言偏有無即墮斷常也。次，物非無故至常見不得，釋非也。然即理非有無，故所説言教言而無當，是論真諦之教也。下舉《道行》，以心無相證教無當也。

《中論》云下，釋境界章門。初，從因緣故不有、不無者，即上云説法不有亦不無，以因緣故諸法生義也。故《四諦品》云：衆緣所生法，我説即是無。亦爲是假名，亦是中道義。所以然者下，正釋性有性無。夫有若真有下，先釋性有。譬彼真無下，類釋性無也。若有不能自有下，破性有，明因緣有，有非真有也。不無者下，破性無，明因緣無，緣無非真無。若一向無即法不得起，如虚空無，不能與無也。夫緣起故不無者，非如性無，故不可謂之無也。若爾，非有但非真有，無亦非真，故不真有不真無，以明不真空義。次段，《摩訶衍論》下，以因緣有無表非有非無，俱是因緣。文可見。假有以明非無，借無以辨非有者，上明真俗以表理，今以假義明表理。若論理體並絶四句，而非論無以顯理，故以假義略示，表相假者不自義。何者。無自故，假他故，故非無。又若有云何假，若無云何假，然即義不即有無不離有無也。此中假有表中道非無，借無表中道非有。若反覆言，假有表非有，假無表非無。故云理一秤二，論雖有二，所表不異也。

後段然即下，正結因緣。何即下，明不真義。欲言其有，有非真生者，若相對立句，俱就有無明不真義，而今但就有邊言不真者，惑情多滯有邊，故就有明不真耳。若就無言之，欲言其無，無無真形。欲言其有，無相無形。不即有，非真非實無也。下引幻化人譬上不真有，故《中論・觀業品》云：如佛反〔二二〕化人，更作反化人。如初反化人，是名爲作者。反人〔二三〕所作，是即〔二三〕名爲業。皆如幻與夢，如炎亦如嚮。

第五科，以名求物下，遣名物以勸學。上來，談論皆依名物，今若不遣義猶未周，故遣名物以觀〔二四〕學。有三段：初，以名實無當類空萬物。

次，以彼此無定類遣萬法。後，引證結勸也。物同非物，故無當名之實者；名是誰名，而有得物之物[二五]。名、物無故，功、實亦無也。

次段，性[二六]觀下，現見彼此無定，證成名實無當之義也。既悟彼此，類空萬法也。

後段，是以《成具》下，引證結勸。以《成具》證名實無當，以薗林中彼此無定説也。是以聖人下，擧聖智以勸學。故經云下，引經證理，理爲有之本。然即下，就境智以勸學者也。

不真空論竟

肇論疏上

此疏惠達師撰，云云。未詳之。

康永三年閏二月廿九日，以尊良上人之本重校點之。

件本云：文永三年五月四日，於光明山東谷往生院以東南院御本寫了。本字極草之間，老眼難見解，定多其謬歟，後學正之。三論宗智舜。春秋六十八。

寫本記云：神龜三年正月七日寫竟。

寶龜二年年次辛亥。四月二十七日，沙彌慈晉。

貞和四年，談[二七]《肇論》了。

仙光院《肇論述義》中多引惠達言，其文悉合，此疏惠達撰無疑者哉。

校勘記

〔一〕底本原校云「目」上原本闕失一葉。

〔二〕「卑」，底本原校疑衍。

〔三〕「文」，底本原校疑爲「才」。

〔四〕「篇」，底本作「扁」，據文意改。

〔五〕「名」，底本原校云一本作「石」，下一「名」字同。

〔六〕「神也引」至「之也」，底本原校疑爲正文。

〔七〕「享」，底本原校疑爲「厚」。

〔八〕「怪怪」，底本原校疑爲「恢恢」。

〔九〕「即」，疑爲「機」或「幾」。

〔一〇〕「目」，疑爲「曰」。

〔一一〕「當」，底本原校云一本作「常」。

〔一二〕「儀」，底本原校疑爲「議」。

〔一三〕「當」，據《肇論》（《大正藏》本，下同），疑爲「常」。

〔一四〕「實」，底本原校云一本作「言」。

〔一五〕「屋」，疑爲「居」。

〔一六〕「肥」，疑爲「肌」。

〔一七〕「狂」，疑爲「狂」。

〔一八〕「語」，據《肇論》，疑爲「詔」。

〔一九〕「遇」，據《肇論》，疑爲「遭」。

〔二〇〕「風」，底本原校疑爲「夙」。

〔二一〕「疾扶」，據《肇論》，疑爲「寂彼」。

〔二二〕「粗」，疑爲「種」。

〔二三〕「視」，底本原校疑爲「現」。

〔二四〕「名」，據《肇論》，疑爲「號」。

〔二五〕「弁」，疑爲「辨」或「辯」，下同。

〔二六〕「即」，據《肇論》，疑爲「則」。《肇論》「則」字，本篇引文多作「即」，以下不一一出校。

〔二七〕「漠」，據《肇論》，疑爲「潢」，下一「漠」字同。

〔二八〕「色」，據《摩訶般若波羅蜜經》（《大正藏》本），疑爲「亦」。

〔二九〕「末」，據《肇論》，疑爲「之」。

〔三〇〕「損」，據《肇論》，疑爲「捐」，下一「損」字同。

〔三一〕「存」，底本原校云一本作「世」。

〔三二〕「伯」，底本原校云一本作「怕」。

〔三三〕「之」，據《肇論》，疑爲「其」。

〔三四〕「一」，底本原校云一本作「二」。

〔三五〕「滲」，據《肇論》，疑爲「澡」。

〔三六〕「溺」，據《肇論》，疑爲「弱」，下二「溺」字同。

〔三七〕「極」，據《肇論》，疑爲「提」。

〔三八〕「極溺俗相説相」，據《弘明集》（《大正藏》本），疑爲「拯溺俗於沈流」。

〔三九〕「閉」，疑爲「閔」。

〔四〇〕「于」，疑爲「宇」。

〔四一〕「住」，疑爲「兮」。

〔四二〕「魄」，疑爲「魂」。

〔四三〕「特」，底本作「持」，據文意改。

〔四四〕「魂」，底本原校疑爲「魄」。

〔四五〕「軨」，疑爲「輪」。

〔四六〕「二」，據《肇論》，疑爲「三」。

〔四七〕「家」，疑爲「處」。

〔四八〕「彼」，疑爲「同波」。

〔四九〕「得」，疑爲「已」。

〔五〇〕「知」，疑爲「故」。

〔五一〕「竅」，疑爲「窮」。

〔五二〕「從」，底本原校疑爲「徒」。

〔五三〕「異」，據《肇論》，疑爲「係」。

〔五四〕「懃」，據《肇論》，疑爲「動」，下一「懃」字同。

〔五五〕「有」，據《肇論》，疑爲「爲」。

〔五六〕「死」，據《肇論》，疑爲「充」。

〔五七〕「可」，據《肇論》，疑爲「復」。

〔五八〕「二」，底本原校疑爲「三」。

〔五九〕「覿」，據《肇論》，疑爲「惑」。

〔六〇〕「覿」，據《肇論》，疑衍。

〔六一〕「壞」，據《肇論》，疑爲「壤」。

〔六二〕「二」，底本原校云一本作「四」。

〔六三〕「判創」，據《肇論》，疑爲「剖判」。

〔六四〕「原」，底本原校云通「源」。

〔六五〕「創」，疑爲「剖」。

〔六六〕「窮」，據《肇論》，疑爲「覈」。

〔六七〕「二」，底本原校云一本作「五」。

〔六八〕「堦」，疑爲「皆」。

〔六九〕「幾」，底本原校云一本作「搜」。

〔七〇〕「三」，底本原校疑爲「六」。

〔七一〕「後」，據《肇論》，疑爲「復」。

〔七二〕「四」，底本原校云一本作「七」。

〔七三〕「無」，底本原校疑爲「即」。

〔七四〕「豈」，據《肇論》，疑爲「常」。

〔七五〕「能」，疑後脱「至」字。

〔七六〕「四」，底本原校云一本作「八」。

〔七七〕「答」，底本原校疑爲「若」。

〔七八〕「五」，底本原校云一本作「九」。

〔七九〕「三」，據《肇論》，疑後脱「於」字。

〔八〇〕「聞」，據《鳩摩羅什法師大義》（《大正藏》本，下同），疑爲「得」，下一「聞」字同。

〔八一〕「三」，據《鳩摩羅什法師大義》，疑前脱「滅」字。

〔八二〕「法」，據《鳩摩羅什法師大義》，疑後脱「中」字。

〔八三〕「借」，底本原校疑通「惜」。

〔八四〕「五」，底本原校云一本作「十」。

〔八五〕「六」，底本原校云一本作「十一」。

〔八六〕「釋」，底本原校疑爲「解」。

〔八七〕「成」，據《肇論》，疑爲「盡」。

〔八八〕「六」，底本原校云一本作「十二」。

〔八九〕「七」，底本原校云一本作「十三」。

〔九〇〕「七」，底本原校云一本作「十四」。

〔九一〕「請」，底本原校疑爲「靜」。

〔九二〕「後」，據《肇論》，疑爲「復」，下一「後」字同。

〔九三〕「殊致」，據《肇論》，疑爲「致殊」，下一「殊致」二字同。

〔九四〕「八」，底本原校云一本作「十五」。

〔九五〕「相」，據《肇論》，疑爲「想」。

〔九六〕「空」，底本原校疑爲「玄」。

〔九七〕「八」，底本原校云一本作「十六」。

〔九八〕「終」，據《肇論》，疑爲「經」。

〔九九〕「九」，底本原校云一本作「十七」。

〔一〇〇〕「即」，據《肇論》《肇論略註》，疑爲「則」，下一「即」字同。

〔一〇一〕「失」，據《肇論》《肇論略註》，疑爲「夫」。

〔一〇二〕「人」後，疑脱「至」字。

〔一〇三〕「與之」，據《肇論》《肇論略註》，疑爲「之與」二字。

〔一〇四〕「九」，底本原校云一本作「十八」。

〔一〇五〕「城」，疑爲「誠」。

〔一〇六〕「十」，底本原校云一本作「十九」。

〔一〇七〕「喪」，底本原校疑爲「褒」。

〔一〇八〕「名」，疑衍。

〔一〇九〕「勞塵」，疑爲「塵勞」。

〔一一〇〕「玄」，據《肇論》，疑爲「賢」。

〔一一一〕「真」，據《肇論》，疑爲「其」。

〔一一二〕「項」，據《肇論》，疑爲「頃」，下一「項」字同。

〔一一三〕「履」，據《肇論》，疑爲「理」，下一「履」字同。

〔一一四〕「除」，底本原校疑爲「證」，下一「除」字同。

〔一一五〕「成」，疑爲「有」，下一「成」字同。

〔一一六〕「成」，據《肇論》，疑衍。

〔一一七〕「得」，據《肇論》，疑爲「真」。

〔一一八〕「得」，據《肇論》，疑爲「有」。

〔一一九〕「俗」，疑衍。

〔一二〇〕「明」，據《肇論》，疑衍。

〔一二一〕「反」，據《中論》（《大正藏》本，下同），疑爲「變」，下三「反」字同。

〔一二二〕「人」，據《中論》，疑前脱「化」字。

〔一二三〕「即」，據《中論》，疑爲「則」。

〔一二四〕「觀」，底本原校疑爲「勸」。

〔一二五〕「物」，疑爲「功」。

〔一二六〕「性」，據《肇論》，疑爲「中」。

〔一二七〕「談」，底本原校疑爲「讀」。

般若無知論義私記卷中

○辨體相第一

《釋論》云：問曰，波若是何等法。答，有人言，無漏惠相是波若，一切惠中第一故也。復有人言，有漏惠是波若。何以故。菩薩至道樹下乃斷結，只雖有大智惠，諸煩惱未斷故。復有人言，從初發意乃至道樹下，於其中間所有智惠是名波若，成佛時轉名薩婆若。有人言，有漏、無漏智惠總名波若，觀菩薩行佛道是無漏，未斷結使邊是有漏。有人言，波若無漏無爲，不可見無對。有人言，波若不可得相，若有若無，若常若無常，乃至非法非非法，無取無捨，不生不滅等四句，適過所著，譬如火炎四邊不可觸。有人言，上說皆是實。復有人言，最後者爲實無過失。非常非無常乃至非生滅非不生滅，如是甚深般若云不取波若相，若取波若相是爲住法位。今顯然當略說波若，有四解。第一，毗曇義。無漏惠釋爲正體，兼取相從則爲五別：一、自性波若，則無漏惠也。二、共有波若，惠不孤立，如假戒、定、念等此因而生，故云共有也。三、方便波若，見道之前有七方便，故云方便。四、境界波若，四諦真法能生聖惠，故以四諦爲境界波若。五、文字波若，理不自顯，必假文言，故指言說爲文字波若也。第二解，波若有二：一、真修波若，顯真成用。二、緣修波若，假藉修行，除妄想也。第三解，波若二種：一、實相波若，二、觀照波若。言實相者，無相真境當體，非智而能生智惠，故云實相也。第四，江南諸師解有二種：一、真波若，即是定、惠。二、有中諸智，相從波若也。凡說波若莫過此也。今依此論，波若有二種：一、真波若，亦名實相波若，亦名體波若，則無二正觀、實相中道、能所俱寂，亦名中道觀，亦名平等觀，亦名可觀，亦名體觀，亦名第一義觀。始體冥義也。二、用波若，境智對，如境而智，名用波若。故《釋論》四十二卷云：波若二種，一者，體波若，不愚不智。二者，智惠，爲破愚癡故名智惠也。今意說彼皆是皆非，故求那法師偈云：諸論各異端，修行理無二，偏執有是非，達者無違諍。修行於衆妙，今我不宣說，爲起妄相故，欺誑諸世間。又《大品〔三〕》偈云：波若是一法，佛說種種名，隨諸衆生力，爲之立異名。又安法師《波若略》云：夫波若之爲經也，文句累疊，義理重複。或難同而答異，或殊問而報同。難同而答異者，所由之途同，會通之致別。殊問而報同者，發源之別，終合乎一歸也。今一往對諸前解，則波若以不住、無得爲宗。言不住者，非住漏無漏、非空非實，只此不住則是無得。故叡法師《序》云：啓重玄門以不住爲始，歸三惠以無得爲終。又《摩訶衍論》云：有二種法印，一、不住，二、不可得。又有二種，一者，但空，二者，不可得空。行但空者墮二乘。行不可得空，空亦不可得，即無所墮。此不可得空，即波若空也。

○**波若翻不翻第二**

今依《大論》略辨。其論七十卷品云：波若空實相，甚深極重，智惠輕薄不秤。論以三義：一、智惠少，波若多。二、波若利益多，智惠利益少，故不秤。三、波若不可知，智惠可知，故不秤也。今意，此文以二義解：一、用，二、體。用者，境能生智，智從境發，是以境智名爲波若。故經曰：説智及智處，皆名爲波若。此境智今秤波若，則智惠偏名不可得翻也。言體者，實相之理，體絶能所。智泯成中，能所俱絶。理智相泯，無二實相。以波若名，名實相波若。既云甚深，則能名之不可謂極重；是以極重波若之名，以智惠名不可得翻也。境智合秤波若，即境智名不攝，故不可翻。若言別波若，則以智惠名翻。是以論題翻爲智度也。非但般若有翻不翻，一切萬德例皆如此也。言涅槃亦有體用，如波若義合明用，涅槃亦從境得，能所合秤，名爲涅槃。此境智合秤，涅槃即不可翻。若別涅槃則以滅度之名翻之爲矣。體涅槃，例此也。菩提、法身、佛性、解脱，體、用兩釋義皆例爾。但龍樹菩薩舉一隅而知餘者，故舉般若所表義端耳。若説波若義有多種，而《大品玄記》依論釋義，尋之可得，今不重煩也。

○**波若無知第三**

夫智隨境照，境有階級不同，故舉境明得智，有四種波若無知：一、有、無二諦則理外境。二、因、緣二諦則理内境。就此二境得波若無知。三、據實相波若得智無知。四、約體用得智無知也。有、無二諦得智無知者，世人俗諦皆是倒情，不稱聖智，所照始妄而知，故云知也。然倒情所作即體自空，無境可知，聖智何知，故云無知。此義凡夫理外境界，則聖人知否此二中也。二以因緣有無得知無知者，因緣有無即是倒情，不作顛倒也。世諦對於聖心則因緣無當，名因、緣二諦。是以雖有不有，雖無不無。雖有不有，故知而無知。雖無不無，故無知而知。各就有、無二邊得智無知，故云智也。三、就實相波若明波若無知者，如《無知論》云：真波若者清淨如空。此則研修成真，緣智俱寂，境智兩泯，泯然一中。故《大論》云：若實證真智於泯理，與智令融同無三。於無相何有境智兩殊，此得無知也。又《大論》云：無戲論之垢濁，故名畢竟清淨。以清淨故能適照一切五種法藏，所謂過去、未來、現在，無爲及不可説。又論云：體波若者，不愚不智。此是就體辨波若無知也。四、約體用得波若無知者，用則上二種二諦，照是用波若也，體則第三義也。今以體用合波若無知者，用不自用，由體故用，知不自知，因體成智，故名知而無知也。體不自體，因修成體，故名無知而知也。今就境明四種波若無知，而就聖智爲論，一無不當，則無所得義也。故論偈云，波若是一法，佛説種種名，隨諸衆生力，爲之立異名也。

○釋文第四

文義有三：一、作論之由。二、《放光》云下，辨波若無知。三、問答辨宗。初有三段：初，標宗。次，歎師。後，余以下，明作論之由也。標宗者，夫波若虚玄，蓋是三乘之宗極，誠真一無差也。上云涅槃是翻[三]，波若爲智。今辨智用，直舉因果，故舉三乘以標宗，即會因緣。而果中波若二無差別，則會果義。故以誠真一異宗極一因以爲標宗也。

次，然異下，歎師。上論序歎至令傳於世，今則歎師將明承有本，必非專輕也。而歎師兼王，故文爲二也。

異端之論紛然久矣，什師譯《十八部》云：《文殊師利問經》曰，佛滅度後，佛法若爲得住，佛同有二百廿年，令法久住。初二部者：一、摩訶僧祇，此云大衆，老少同會，共出律藏；二、體毗履，此云老宿，淳老宿人同會，共出律部。文云：我入涅槃後一百歲，此二部當起。從摩訶僧祇出七部，并本成八。從體毗履出十一，并本十二。故偈云：摩訶僧祇部，分別出有七。體毗履十一，是從廿[三]部。十八及本二，皆從大乘出。無是亦無非，我説未來起。此《分別異部僧論》，什法師於長安大寺逍遥樓中撰集。又什師未至漢地，數論同異未能辨正。唯什師譯大乘經論及《成實論》并三百餘卷，爲世軌則者也。有天竺沙門鳩摩羅什者，《傳》云：世爲國相。苻喜云：什是天竺婆羅鳩摩羅炎之子，其母須陀洹。什初誕生，圓光一尋，獨出閻浮。幼而儁□，辨惠如神。其父鳩摩羅炎棄位出家，母龜茲王女亦出家。什又隨母，生七歲入道，即誦《毗曇》，無幽不暢。至年九歲，隨母至罽賓國，遇名德盤頭達多，則賓王之從弟也，受《雜》《中》《長》二[四]阿含。送[五]徹於王，集諸外道共論政，歎[六]道折伏。舉國以崇師爲禮，日給鵞腊一雙，麵各三斗，蘇六斗，年[七]是外國之上供，什並不顧。母將什至月氏山，此有一羅漢，見而異之，謂其母曰：若至卅五不破戒者，當與佛法，度人無數，與優婆掘無異。若成[八]不合[九]，正可才明法師而已。至勒沙國住二年訖，有三藏沙門謂其王曰：此沙彌不可輕，宜開法門，有二種益，一、國爲[一〇]沙門恥其不逮，必見勉與[一一]。二、龜茲國王必謂什[一二]我國，而彼尊之是尊我也。即設大會，請什升堂座，説《轉法輪經》。龜茲國王果遣重使，酬其親好也。什昔與受小乘，而於此國得《中》《百》二論及《十二門》，自云：如人不識金，以鍮石爲金也。又隨母進到温宿國，則是龜茲之北界。龜茲王躬往温宿，迎什還國。至年廿[一三]受戒。後於故宫得《放光》，始披讀，魔來蔽文，尋志俞堅，魔退字現。其智力所感，皆此類也。時苻堅潛蹄[一四]關中，有外國前部王及龜茲王弟並來朝堅。至建元十二年，太史奏云：有星見外國分野，當有大德智人。堅曰：朕聞西域有鳩摩羅什，襄陽有沙門道安，將非此耶。即遣使求。善善王等説堅請兵，則苻堅遣吕光將兵七萬伐龜茲，獲什。光既獲什，未測其量，乃凡人戲之。强妻以龜茲王女，什距而不受。光曰：道士之操不踰先父，何所固辭。乃餘[一五]以淳酒，遂戲異節。會堅伐晉，兵敗關中，又叛爲姚萇所害，不見什而亡。則吕光遂竊號凉州，秤年大平，留什不遣。及姚萇潛[一六]有關中，亦關[一七]其高名，要清[一八]。而姚萇卒，其子姚而[一九]襲位。三年，逍遥薗中葱反爲美薤，謂智人入應國也。于時，西凉州吕隆爲主。興遣兵伐吕隆，方得迎什入關。以弘始三年至長安，興推誠崇以爲國師，請什於西明閣、逍遥薗及長安大寺譯出衆經，凡三百餘卷。又爲姚興著《實相》二卷，並注《維摩》。出言成章，無所拇[二〇]改。以晉義熙末，卒於長安。依外國焚身，唯舌不燒。後外國沙門來者云：羅什所譯，十出不[二一]一分。

少踐大方下，歎内神。此句事理兩釋，事則遊歷諸方，理即早悟諸論也。研機斯趣者，《易》曰：易者，聖人之所極深而研機也。諸理之始也。遠法師《毗曇序》云：有出家開士，字曰法勝，淵識遠鑒，極深研幾，龍潛赤澤，獨有其人也。獨拔於言像之表，妙得[二二]於希微[二三]之境者，内拖深智，如上所云。《傳》云：杯廢[二四]山丘在皷誠[二五]，聞什在長安，歎曰，吾與此子戲別三百年，沓[二六]而未期，遲有遇於來生者之也。齊異學於迦夷，揚淳風於東扇者，此下，歎幾。《法苑》云：龍樹迦夷之作，宣敵於有道之時；童壽逍遥之典，遂興[二七]濟濟之國。《龍樹傳》云：龍樹入於龍宫，七寶發函，九十日中讀方等，得無生忍。龍還送於南天竺，大知[二八]佛法，摧伏外道。度[二九]明摩訶衍，作《優婆提舍》十萬偈，又《莊嚴佛道論》五千偈，《大慈方便論》五千偈，造《無畏論》十萬偈，《中論》五百偈出其中，令摩訶衍論[三〇]大行天竺也。又叡法師《大品序》云：什師慈心風[三一]悟，超抵[三二]特詣，龍樹遺風，領興於此世。又肇師爲論序云：出家大士厥名提婆，擅出迦夷爲法城塹。于時異端競起，邪辨逼真，遠拯沉淪，故作此論。防正閑邪，大明於宗極者矣。斯則龍樹、提婆，齊異學之妙典，隨幾揚東風至長安也。將風[三三]燭殊方，匿曜凉土者，自西凉州來至長安也。道不虚應，應必有由者，明幾教相秤也。

歲次壽星者，辰謂壽星也。天之度數三百六十五度，四分度之一，以廿八宿當此。軫星十七度，角星十二度，秋星九度，七星十五度。自軫十二度至氐四度曰壽星，於辰在辰卅度。秦乘八國之謀者，若若[三四]王等請兵七萬往伐龜茲也，亦乘八國舉兵諍佛舍利也。北天之運者，本是天竺而運數至此，物幾然矣。大秦下，兼歎王。契百王者，將兵率徒皆秤諸王之會心也。德洽千載之下者，正法五百歲，像法千歲，末法萬歲，今王與什師共會像季，德洽末代，故云千載下也。故叡師《大品序》云：末法中興，將始於此乎。又安師《大品序》，欲以千歲之上微言，使傳令[三五]百王之末俗也。時乃下，出于時時事，生叡、肇等，五百衆之上首也。躬執秦文者，秦王躬攬舊經驗其得失，什手執胡本口宣秦言，與義業沙門五百人詳其義，一日審其文中，然後書之。累劫者，末法中少劫也。

後段，余以下，正明造論所由。短識乏才，而預嘉會。義承有本，必非虚搆也。然聖下，歎波若深，則所由理也。狂言者，談理之言也。逍遥之與連升，猶言同其義之也。爲試罔像下，引類。罔像者，黄帝於赤水而登崐崘之亦[三六]，所遺之珠罔像得之，帝曰：然則罔像者，可得真聞者之耶也。試論者，廓象云：至理無言，言與則類。故云試寄而言也。

第二義，正辨波若無知，有三科：一、標章門。二、何者下，釋。三、是以波若下，結勸也。章門中，有三段：初，舉《放光》標波若無相。凡有佛佛生滅無相，何有生滅也。次，舉《道行》標波若無知。欲辨波若無知，而方無所知。不見者，明境非所知，故無能知也。後，此辨下，題疑略釋。初，疑上兩經。果有下，略釋上二經言。然則般若無相無知，是波若相，是波若知也。

第二科，釋章門。此中，先釋無知章門。然則物下，釋無相章門也。釋無知中，有二：初，舉凡聖相對釋知無知。二、是以聖人下，釋體、用兩照二種波若也。此言何者，乃總題上兩章門。夫有所知則有所不知者，此舉凡境對於凡知。辨知無知，此是橫論知無知。何者。夫生相，相生於封。有相有封，知生其中。若存於所知，則有不知。故有知處、有不知處，則是橫論也。亦如青相非黄相，黄相非青相。青名生於相，青知於名相。境智相當，一豪不差。曠劫故傳未曾相離，豈復有知不知名相。豈復名相而不生知，故云有所知則有所不知也。

次，舉聖智辨境。聖心無知，故無不知者，此是竪論知無知。何者。聖知對境，境無言相。如一木柱，餓鬼見火，諸天爲金，人中見木，他土爲空。故注云：無當之柱乃曰真柱。豈貴諸相，爾乃爲真。既云無當，知何由生。知若無生，知不名知，名曰無知。故《莊子》云：聖人不由而照之于天。又青不自青，假緣而成。既緣而成，必須衆緣。故《毗曇》云：一法生時，萬法不障爲所作因。是以一青一切因緣，一青知一切智。故《中論·因緣品》廣略因緣中，求果不可得。故云：聖人無知，無所不知。不知之知乃曰一切智，引經證也。

是以下，就體、用兩照釋般若無知。此中，先就實相體波若，明虛心實照。後然則下，就修成用釋虛心實照也。虛其心實其照者，雙牒兩種般若無知。《老子》云：虛其心實其腹。注釋：心懷智而腹懷食也。今意亦然，虛有無心而實無智。今無智名照者，申云照云，神凝智滅，心冥如寂，無智不者〔三七〕，强謂之照。何者。心法研修，於今成悟。而此悟智，衆相皆絶。如上冥義中説，故終日知而未曾智也。

故能下，就體照明波若無知也。嘿曜韜光，音叩弓裳。四字明體，絶能知相也。嘿曜者，曜謂内明，嘿其内明也。韜光者，光謂外光，韜其外光也。虛心玄鑒四字，明其自體照也。虛心者，除有無之心也。玄鑒者，舉體成真與玄一體，即自照。鑒，石衝反，取明水也。萬物取於其明謂之鑒也，則不愚義。閉智塞聽四字，體絶所知相，故閉塞也。獨覺冥冥四字，異於境空也。物無以〔三八〕謂之，獨異於境空，謂之覺也。冥冥者，不者義也。《釋論》云：體波若者，不愚不智，信可然矣。斯則嘿曜韜光、閉智塞聽八字，遣自體境智也。虛心玄鑒、獨覺冥冥八字，辨體相不愚不智也。此就體波若明波若無知也。

後，然則下，就修成用，明波若無知，則釋虛心實照義也。將辨波若無遇〔三九〕應會照幾，故就照幾應會辨波若用也。此中先以三雙六句，明知照應會即用。次所以下，結忘懷用也。初兩句，明從躰起用。智有窮鑒，而無知相，如鏡無心也。會通萬物，無心而應，如鐘鈴應也。

次，神無慮故下兩句，會機照境，不與世間同，則不在義也。雖事外兩句，還同世事則不出義也。未始無事者，與物冥者，群物所不能離，故未嘗無事也。神雖世表者，心雖絶冥而現子於三千之域也。次，所以下，結應、智兩用而忘其功。仰求佛道，俯拯弱喪，順物應接而無窮盡也，亦隱幾無不察。理至即迹滅，故無照功也。斯則下，明境智相會之義，結無知也。

然其爲物下，釋無相章門。此中，先總標非有非無。次，何者下，體、用相即，釋非有非無。此言爲物者，非是爲物之物，直言聖體爲物也。照實而不有，心虚而不無，聖智常存而不可以有無論之明矣。次，何者下，三雙六句。體、用相即，釋虚心實照也。初雙兩句，就體明於有無。次第二雙，聖以之[四〇]故下兩句，釋體、用相即。初句，異於木石而性是虚知，故虚而不失照也。下句，無相無名故照而不無虚也。後，第三雙，照不失虚故下兩句，就物明同異。渾而不渝者，《略例》云：亂而不能惑，及而不能渝，非天下之至賾也。今謂聖智與物渾同不俱反，故云混而不渝。渝，反易也。云動而接麤者，言其和光異於物也。

第三科，是以聖智下，結勸。此中，先結後勸也。結者，明智用無度之義，結無相也。次，引兩經明從體起用。如銅山崩、鍾鈴應，故云無心意而現行也。《放光》曰不動者，如《花嚴》云從佛智惠海出生於十地等，故云不動而立諸法也。此所以下，結體、用無二，亦名本、迹無二也。

是以波若下，勸，初勸境智忘。故萬動下，勸動靜一，相無相一。斯則下，復宗，結無知無相義也。

第三義，問答辨宗，有九難、九答。第一難，就照境應會用作兩關問。有三科：一、立章門。二、物物斯照故下，釋。三、既知下，結難。夫聖人真心獨朗，物物斯照，立境智章門。應接無方，動與事會，立應會章門。第二科，物物斯照下，釋有三雙六句。初，兩句明能知能會。次[四一]，會不失幾故下兩句，明所會所知。後，有知於可知故下兩句，舉境難無知。知非無知，擧境難忘會，會非虚也。第三科，既知，結難。初直反具言，若云[四二]下，正結難，隨偏。斯可下，重結難也。

答有三科，擧用略答。二、子意下，就體釋答。三、是以下，約用結釋。夫聖人功高而不仁者，仁是造立設化，有思有爲也。天地任自然之道，無爲無放，而萬物自相治理，故曰不仁也。

聖人仁過於天地，故功高二儀，對上應會用也。明踰日月而彌昏者，對上知用。如日月能照而無辨功，聖人辨之以示物，故云踰其明也。而不初其照如彌昏，所謂明道若昧也。後，豈曰下，簡異二乘。小乘入滅盡定，心若死灰，形如枯木，今不同此也。後，誠以下，明異於凡也。

第二科，子意下，就體釋。有二段：初，聆難，如文。後段，何者下，正釋，有三階：一、就真波若絶知無知相。二、若有下，簡異舊義。三、經曰下，簡異惑智也。真波若清淨如空者，若論真體波若，心自成真，緣者俱寂，境空心寂無二無差，故清淨如空。如空者，如物無之空，不異本空。心泯成中，其義亦爾也。故《大論》云：無戲論之垢濁，故名畢竟清淨。以清淨故能遍照一切五種法藏，所謂過去、未來、現在、無爲，及不可説也。第四十《照明品》釋之云：以四句釋之，一句，智生於境，體自成真，有何前境而有躰知，故曰無知。第二句，見亦例此。無境故無能見，云無見也。此二句就體真波若絶境智有以釋難。第三句，作是作起，屋應無應，故無作。第四句，若有幾緣則有應會之用，以無緣故無會幾之用也。此兩句，就體真波若泯應會以答難。故《波若論》云：真如法界中，佛度衆生也。斯知下，結答非難也。二、若有下，簡異舊。此若有知性空而秤淨者，簡異平等空也。若以所知下，簡異境空也。三、然經云下，簡異惑智。法無知，將無者，將，非也。今云知者，惑取之謂也。真波若中本無惑取，云何名知耶。豈唯無智下，彈他義。支道林云：智即空之無知，惑即空之無知。俱無知相，而云聖心冥有而知諸法，故名爲知。若爾，知與無知兩用各陳也。此大文應云：豈唯無知名無知，知自無知也。亦可釋伏難云：若無惑取，取名無知者。科無惑知，故名無知，知非波若無知也。釋云：非但體波若中無惑取，故名無知也。真波若體性知無知性，故云知自無知也。

第三科，是以下，約用結釋。初，舉用波若釋境知秤之義。所以下，釋幾會無差。寂泊下，結知無知也。

第二，約名難，有二科：一、申立名言名實相當。二、論云下，正難。難中，先領上宗，謂下正難知無知各當其實也。則名教之所通者，理上之教也。立名[四三]之本意者，教下之實也。然致[四四]下，結今。論者云以知無知一於聖心，將失立名之旨也。若知得於聖心下三句，並答也。

答有二科：一、正答。二、今誠[四五]下，辨於上難意。於無知名無知，於知名知，不可知上無知共一種聖心也。今就真波若述言教之道。若論真波若並絶六句，故名下之實非言所言也。言雖不言下，明實上之教無相也。是以聖人終日言而無言，不言非都不言，言而無當也。故聖人居無爲之事，行不言之教也。第二科，今試下，辨知無知相，答難家一於聖心句也。此中煩粹，言趣難解。今分文句，義趣可見，有五雙十句并結也。初雙，微妙無相不可爲有，用之彌懃不可爲無。此二句直就本地之體、本地之用明不有不無，無物不照故如懃也。第二雙，不可爲無故聖智存焉，不可爲有故名教絶焉。此二句就本體、用不有不無以明有、無故也。第三雙，是以言知非爲知欲以通其鑒，不知非不知欲以辨其相。辨其相故不爲無，通鑒不爲有。此二句以上句知無知即如有如無也。第五雙，非有故知而無知，非無故無知而知。此二句以上句如有非知非[四六]無即非無知，歸於無二也。後，是以下，知與無知相即，結於聖心無異也。

第三據境難知無知，亦名以緣求知難。境是非知，知是能知。以所責能，知唯是知，非無知矣。答：難家求執，正是舊義。真俗二理，本性常然。今即不同，義有四途：一、境先知後，如難家執。二、知先境後，如《大經》云：如鹽性醎，然[四七]醎異物。修空三昧亦復如是，不空之法悉令空寂。三、境、智俱有俱無，如文言，知與所知相與而有、相與而無義。四、境智非先非後，無知誰爲境，無境誰爲智，則境智因緣無當之義。今破難家舊義，有二科：一、就緣非緣立二章門。二、夫知下，破釋也。以緣求知知[四八]非知者，汝謂以緣求智智則知矣，今則不然。《大品經・問相品》云不緣色生識，是名不見色者，略破緣立非緣章門。《釋論》解此文云，波若不見色等諸法故示世間，色等法虚誑故不見，不[四九]謂不生緣色識，乃至不生緣一切種智識，是名不見色等法也。又云五陰清淨故，至所知則緣，立緣智章門。第三[五〇]科，破釋。先，破釋第二章門，有二段：初，就相待破以緣求智，明知[五一]自非知。後，以相緣并知無知正釋其問。初，有四雙八句，正破智。初雙，知與所知，相與而有，相與而無。此二句，就相待門，立境、智有無。何者。凡論因緣，有四種：一、和合因緣，二、相續因緣，三、相待明緣非緣。何者。取相名知，所取名緣。聖無取相，所取非緣，故云真智。何由知所以然下，正釋。有四階，正破緣：一、從初至故真，明境、智相生，破上難家真諦爲緣義。二、真諦曰下，直就真諦得明非緣義。三、是以下，就能、所明非緣非知。四、而子下，題難結答也。夫所知非所知，所知生於知，此二句，由智故境也。次，所知生於知，知亦生於所知。此二句由境故知也。後，知所知既相生下，兩雙四句，正破難家真諦爲緣義也。末，引中觀證緣非真也。二、真諦曰下，直就真諦乃非緣義，非緣故無物。從緣而生者，真既非緣，故無有知。物以真爲緣而生智也，而云難言真境生知，名真爲緣。故經曰下，證有法從緣，明真非緣也。三、是以下，就能、所非緣非知，從初至知智何不舉智忘相，得明所非非緣。次，然非下，舉真諦無相明能知非知。四、非知而子下，題難結答也。

第四取不取難。此中因前語先定，若無知下，作兩關問，可見也。

答先發兩關，次就理釋。知則不取故能不

取而知者，心隨緣轉故，故取從相生。法無定相故，從取生心因緣。四境智因緣，此中不明境智因緣，知不自知由境故知，境不自境由智故境。有則俱有，無則俱無。第二雙，相與而無，故物莫之有；相與而有，故物莫之無。此二句，就上境智，明境非先有、智非先無。何者。相與而無故無智，智非先無故智[五三]物莫之無也。莫是莫先義也。第三雙，物莫之無，故爲緣之所起；物莫之有，故緣所不能生。此二句，就上非先有非先無，明俱有俱無。何者。智非先無，故有境則有智。因境以云智，故爲緣之所起。境非先有，故無智則無境。無知不云境，故緣所不能生也。第四雙，緣所不能生，故照緣而非智；爲緣之所起，智緣相因以生。此二句，就緣弁知無知。何者。所生法無，故照緣而非智。能生緣非無，故因境以生智。一解境無相故無，智從緣起故知生也。故《中論·燃品》云：若法因待成，是法還成待，今則無因待，亦無所成法。後段，是以下，結上生下，正答問。何者。難家以緣求智，智則知矣。今答知與無知俱就緣弁，故知與無知生於所知耳。何者下，釋第一非緣章門，明境非因緣以答問也。此中先就凡聖二智取名，此得相名智。聖心玄通窮理盡相，故無取相而無不知也。

第五，更難不取義。聖心不物於物故無惑取者，聖心不取相相，故無惑取，理宗然矣。雖無惑取，若不取可是，於是無當，於理無當，誰得聖心而云不無知耶。

答，然，無是無當者，此是順答。實爲所力，故云然也。四人對柱，是非反覆，相尋無窮。聖人無是非而能應是非，故物無不當，物無不是也。次，物無不是故下，乃忘懷用。是非無窮，得其中兩，蕩然無懷也。故經曰下，證忘懷用，見無見相也。

第六，境、智難，以境空故無是可是，而不無是於無是也。捨有相故名波若無知，若以無相爲境有何妨乎。

答，有二科：一、非難。二、是以下，釋不捨有無義。聖人無以[五三]者，《易》云：聖人有以見天下之質。質，空也。今則反取聖人無以見天下之空。何者下，釋其非，義如譬文也。《中論·破六種品》云：是無相之法，一切處無有，於無相法中，相則無所住[五四]。第二科，是以下，釋不在有無而不捨有無也。和光者，聖不獨顯，合物不競也。同塵者，聖不獨卑，全所賤也。寂然而無泊，爾有，則有無一體也。

第七，智隨境生滅難。先，就滅應爲難，應生智生，應滅智滅。然則下，正乃智有興廢。若先出異解，《地論》云：一時，頓得十力，次第現在前。解者云：一時頓得種智，而境生智現，境滅智廢，隨境生滅，智有興廢也。《攝論》云：應、化二身無常故，云何諸佛以常住爲法。何者。應佛爲地上菩薩説法，而菩薩根性不同，故應身亦種種説法。若應法常住，則不得有種種相皃也。化身化二乘凡夫，若化身常住，則不得現六道差別。以差別不同，故知無常。彭城惠嵩師言佛無常，有舌爛之咎。是以後人作九世境、三達智，照通無常難。二、作懸鏡高堂譬也。今此論以虚空爲譬，以體用兩釋，用中先乃凡、聖相對生滅不者。生滅者，生滅心也，聖人無心，生滅焉住起矣。云心者何那[五五]。或於所生，有形必有影，有相必有心。無形則無影，無相故無心。但凡夫見法有生滅，故心有生滅。聖人悟法無生，則知無生滅。此舉境無生，明心無生滅也。然非無心但是無心之心者，乃忘懷用，與物俱化也。在有不有，在無不無，亦在有爲有，在空爲空，在生爲生，在滅爲滅，與物俱化。故物不能及其體，死生不渝其身。故有無不當其心，故云無心之心耳。又非不應但是不應之應者，住境令變，無法不可，無物不然，常以不爲爲之。是以應會、信若四時者，聖人無物不順，無形不載，而馳萬物，驗若四時也。次，就體釋質直。以虚無爲體者，體喻虚空，意有三義：一、質直，謂聖人不矜其身也。二、虛是物之極也。凡物起於虛，復歸於虛，喻滅應言體也。三、虛言爲物温適，弗能悅舍，石無能害，喻體無生滅也。

第八，問凡、聖同異。若聖知無知故無生滅者，或知即空，亦無生滅。兩有既無同，兩空亦應不失。答，有於二科：一、兩空同異。二、是以下，兩有一異。初，有三段：就空明同異。次，就體用明同異。後，就人明同異也。就空明同異者，波若空異異真諦空，有三義：一、事、理兩釋。理者，聖知之無名無知者，無是無相之者，云無相之知也。惑知之知名知無者，是有相之知，云知即空也。事者，無知是無處之知，聖人無知而無所不知故也。知無是有處之智，惑知有所不知，故有知處有不知處也。二、有折無，明異夫聖心。虛靜者，虛，極也，靜，真也。既至極真，無知可空，故非謂智空也。或智有知至非曰無知者，惑智有相，有相可空，故曰智空，非謂空知也。三、就但以明異，無知即般若之無者，是無所有空也。知無即真諦之無者，是有所無空也。次，是以下，就體用明同異。言用則同而異者，忘懷用同而有功無功異，此句但就用明同異也。言寂則異而同者，境、智體異而無相義同，此句但就體明同異也。同故無心於彼此，異故不異於照功者，雙體用同異也。

後段是以下，約人同異。辨同者同於異者，欲辨衆聖之所同，則同境、智之所異也。一云則同，凡、境之所異焉。辨異者異於同者，欲辨衆聖之所異，則異境、智之所同也。一云即異，凡、境之所同也。斯不可得下，明不一異也。何者下，舉境、智釋人同異。從内有至不能同用，就用明異也。從内雖至不能異寂，但就體明同也。

第二科，兩有一異。上以般若與真諦異，三義即明同異。今萬有一異，誠以不異於異，故異而不異。此文亦三義釋：一、以無當爲一。二、相待爲一。三、性分齊，亦名是非齊也，如凫鶴等事也。經曰，以教證同異。又曰，以行證無二。

第九，用言問上就體用明同異，今問般若中有體用之異也。答初，明用寂一異。次，明明昧一。後，明動靜一也。《成具》曰，證用寂、動靜不異也。《密迹[五六]》曰，證明昧一也。斯即下，結成此論文義。今尋此文可知，非但論因般若也。

無知論義竟

○隱士劉遺民書問無知論

遠法師與弟子數陽，見虛峯清淨，靜足以息心，乃住龍泉精舍。此處無水，遠師乃十八遊歷名山，乃至尋以杖扣地曰：若此中可得栖止，當使朽壤抽泉。言畢，清淨成流。尋[五七]陽苦旱，遠詣池側，讀《海龍王經》。大虵忽出騰空，大雨有潤其年年，就號爲龍泉寺。率衆行道，昏曉不絶。遠聞天竺有佛影，是佛昔化毒龍所留之影，志願瞻覩。會有西域道士敘其光相，乃背岳臨水營筞[五八]龕室。妙筭畫工，淡彩圖像。色疑積空，懸似烟霧，光暉相暎暖。若隱而顯，寂而有動。又乃於精舍無量壽[五九]前建齋立誓，共期西方。今劉逸士著文暢旨，加復外國衆僧感秤漢地有大乘道人。每至燒香禮拜，輙向東稽首獻心虛岳。遠聞羅什入關，遣書通好。云云。其後封書問道，送表搆請，所謂隔面目懷者也。依此，遺民復與肇師時有往還之問也。

牒，有二義：一、因直相問陳彼此之旨。二、去年下，正問所疑。

頃飡徽問[六〇]者，徽，善也，法也。五音不當，妙回也，示之也。佇，徒吕反，恩[六一]望也。餘緒并正住，心企想之也。澤，水草二交會，又水鍾處也。楚澤云雲夢，并云里外。瘵，側感反，身弊也。苓[六二]懷，支道林云：起苓悟旨。又表也，正是捕魚之荃也。《易・繫》云：乾坤唯是演靈之蹄荃之者也。鏡心者，支道林云：子淡五心，似若未鏡之類之也。行李者，有言因李行使故云行李，或云行李當爲史因。行史，使聲之誤也，而李義多之種也。過半之思者，《易・繫》云：知者觀其彖辭則有過半之悟也。追德多品而被過半者，上智下愚九品相對，不移其字。中人處品數之半，可上可下，故今立教，本爲中人。中人以上，可以悟上過半之義也。恂恂穆穆者，恂，私句反，訓信也，一訓恂恂，書云：恂恂業業，相互而用。然則勗進無惓，唯此爲業之皃也。銘至者，勒其功迹述義。鄭道子與遠師書云：夙興之誠，日月而至也。乾乾宵夕，《易》云：九三，君子終日乾乾，夕惕若厲者之也。

第二義，有二科：一、歎無知論。二、然夫下，正問。才運清儁者，先歎肇師内才也。儁，姉媛反，秀等也。允，諑印反，誠誠也。推涉下，歎文聖通也，正也。婉，回也，美也，亦順從也。婉而成章者，回備無强而成而竟也。真可謂下，歎論利用也。

第二，然夫下，正問，有二段：一、明問之由。二、正問也。所由，有三階：一、約理教明起難之端。二、意謂下，歎論請釋，評論謂之埕也。三、論序下，領宗。《無知論》有十釋、九難，從初至建立諸法，領第一章也。異於人者，題第二章也。又云用即寂、寂即用，標第十章也。夫聖心冥寂下，領旨，故述道理必然。初二句，領體也。不疾而疾，不徐而徐者，《易》云：不疾而速，不行而至也。義釋絶應而恒應、不爲而有爲。遠師云：法身獨還，不疾而速也。不疾不徐爲體，而疾、徐是用也。故其運物下，述其應用也。體用及應，爲前難之本也。

第二段但今談下，正問有三雙六關：第一雙，就體、用問冥義。第二雙，就應、用照境問有無。第三雙，就當、是問忘用也。於高論之旨，欲求聖心之異者，先騰衆疑以爲問端，即是三章中道也。第一問中，先，定；次，難；後，結也。爲謂窮虚極數、妙盡冥苻者，此一關言有冥義；窮虚知之性，窮有無之數，妙智盡累以冥理階耶。爲將心體自然虚伯〔六三〕獨感者，此一關言無冥義；無物理可冥，心神自寂，虚伯獨感。感微美也。耶。

若窮虛下，正難。若窮虛智性、盡有無數，而以妙智與物理冥苻者。雖云寂照，故有能、所。若有能、所，即有定、惠之體。即此就用冥，令墮於舊義也。下，就體冥，以答此關也。若心體自然虛伯獨感，則群數之應固已幾于息者，此則就體冥以墮盧山義也。下，就波若無知，以答此關也。盧山中諸人問曰：衆經明空，其辭雖多方，不固各異，統歸宜同，而獨秤法性何耶。答：明極之謂也。明極則神功周盡，聖智幾乎息。問：然則躰法性者將爲哉。答：唯冥其極而已。遠師《法性論》成後二章，始得什師所譯《大品經》，以爲明驗，證成前義。云法性者名涅槃，不可壞，不可戲論。性名本分種，如黃石中有金性，白石中有銀性。譬如金剛在山頂，漸漸穿下至金剛地際乃止。諸法亦如是，種種別異，到自性乃止。亦如衆流會歸於海，合爲一味，是名法性也。夫心數下，結兩關。心數既玄而孤運其照，結後關也。神停[六四]化表而惠明獨存，結前關也。當有深證，請釋也。

第二雙，疑者下，就應、用照境，作兩關問有無。先騰衆疑，以爲問端。撫，安也，披也，持也。衆生幾應，披而會之，故云撫會也。遠師云：撫之有會，功弗由晨也。應幾覩變之智者，變現之智爲物所覩，謂之覩變之智。物情，謂變現之智不可爲無也。謂宜下，正問。此中，先定後正問也。爲當唯照無相者，此是定句。則因上虛伯獨感云唯照無相，無照幾之智耶。爲當感[六五]覩其變者，亦因上以幾感聖物覩其返化身耶。《易》云：聖人作而萬物覩。若覩其返，則異乎無相者，正問也。若唯[六六]無相，則無會可撫下，請釋也。

第三雙，論云下，就當、是兩關問忘懷。此中，舉論欲顯疑處則是定句也。次，夫無當下，正難。從初至真是，明理必如此也。次，有[六七]下，正難上語。後，若謂下，結難請釋也。下，以遣情答此關也。悟、惑異者，或謂當悟即非常是，悟、或雖殊，當是即同矣。固亦下，請釋也。此三難，從深至淺。論至日下，結難論及人如一。

○又肇法師答劉隱士書

文有二義：一、受任或陳彼此之宜，二、生上人下，正答所問。今惠明道人至者，上云因惠明道人北遊表通其情，故云至也。疹，勑陳反，熱病也。服像雖殊妙期不二者，道俗乖，所求無二也。嘉遁者，遁，謂隱遁也。《易》曰：嘉遁，高軌者，上云，論至日，共在遠法師亦好相領得，又遁世而無也。又位不當聖者，服聖遁肥。服膺既勝人經目必當勝軌也，亦受任或及問爲勝軌也。領公遠學乃是千載之津者，經流江東，多有未修禪法、未聞律藏；遠師悅其道缺，乃令法淨、法領等遠尋衆經，踰越沙雪，廣歲方反，皆獲胡本也。什師翻經，如《無知論》初所云也。禪師於官[六八]寺教習禪道者，《傳》云：佛馱跋陀羅，此云覺賢，本姓釋氏，加維羅衛人，甘露飯王之苗也。小以學禪馳名，當以與僧伽達多共遊罽賓。達多雖服其才明，而未測其人。後於客室閉空禪，忽賢來，敬[六九]問：何來。答云：漸[七〇]至兜率，致敬彌勒。言訖即隱。後敬心科問，方知得不還果。秦國沙門知嚴惠殺西至賓，要請苦至，賢遠愍而許。於是步驟三載，路逕六國。頃之，至青州東萊郡，聞什有[七一]長安，即往從之。什大欣，共論法。於什每有疑，必共諮。次又支法領於于頓[七二]得《花嚴》前分三萬八千偈，未得宣譯，請賢爲譯。沙門法業、惠嚴等爲餘人，詮定文旨。故道場寺猶花嚴堂焉。又《僧祇律》請賢爲譯，凡十五部，爲七十卷，究其幽旨。又賢在長安大知[七三]禪業，四方樂集者并聞風而至集者也。夙夕匪懈者，安法師《毗曇序》云：頗雜辭義，龍蚍同淵。遂今更夙夕匪懈，卅六日而得盡定也。邕邕肅肅者，恭敬也。邕邕，和樂也。出律藏本末精悉者，秦弘始六年弗若多羅誦胡本，什師譯爲晉文，三分得二。而多羅忘年，緣曇摩流支至，又誦胡本文，什讀譯都竟。本五十八卷，最後一後誦遂其要改名善誦。中及羅什葉[七四]世早，摩羅又住石澗寺，開爲六十一卷，後一誦改爲比尼誦，故二名存焉。上云三藏即其人者，毗婆沙法師者，名毗摩耶舍，此云法明，欲遊方授道，踰歷名封。耶舍善誦《比婆沙律》，人感[七五]號爲大比婆娑。有天竺沙門乃曇摩捗，來入關中，同氣相求，宛然若舊，因共出《舍利弗比曇》。以僞秦弘始九年至十六年[七六]，翻譯方竟，凡廿二卷。僞太子姚照乃道標爲之作序也。佛陀耶舍，此云覺明，爲人赤髮，善誦《比婆沙》。既爲什師之師，亦秤大比婆娑。先誦曇無德，僞司隸校尉姚爽令出之。即以弘始十二年，譯出《四分律》卌卷并《長阿含》等。上云比婆娑二人，即是者也。而恨[七七]不得同斯法者，上云而不得與斯人同時，即人法相答對也。

　第二義，正答。對上爲二科：一、歎劉遺及[七八]文集。二、來問婉切下，正答也。興寄者，興謂引類，寄謂寄事也。扣，苦舌反，擊也，牽馬也，特也，誠也，舉也。以午年下，因領公南逮《維摩詰》也。

　第二科，正答，有三段：一、述。二、疏云下，正答三問。三、夫言迹之興下，少許文答難竟，遣言迹觀忘懷也。第一段述來問婉切，難以[七九]郢人。余西反。南郡江隣懸[八〇]人是也。莊子遂[八一]莖，過惠子之墓，顧謂從者曰：郢人泥瀀其鼻端，若蠅翼，使匠石斲之。匠石斧成風，聽獨斲之，泥盡而鼻不傷，郢人不失容儀。宋元君聞，召匠石嘗試之。匠石言之：臣即嘗能爲之，然臣質死之久矣，臣復不敢爲功。斯譬之也。疏[八二]秤聖下，正牒問家領意可以忘懷也。

　第二段疏云談者下，別答三雙，即爲三。第一，答初難兩關。此中，有三階：初、牒問家兩關。二、意謂下，反反[八三]關定體。兩關雖殊，歸于無二也。三、何者下，別釋兩關也。先答初關難云：寂照之名故是定惠之體者也，存名即存體也。今就體冥並遣名體，有三雙六句：初，二句遺體。次，二句遺名。後，二句反責。此三雙並據問爲言者，難前領宗云理極同無，雖處有名之中，而遠與無名同，今就同義以答其問也。夫至人玄心嘿照，理極同無者，二句遺體，此即初句。玄是冥嘿無有也。嘿，寂也。極，中也，窮也，至也，致盡也。心玄照寂，與物理同極，故云玄心嘿照，理極同無也。既云爲同同無不極者，第二句。同有二義：相似爲同，二泯成一爲同。若言定、惠體者，惠是能得，境即所得，名有所得，故名定、惠。如物似爲同，今即所、能泯同，境、智融同爲一。境非所得，智非所知，泯成一如，同無所得。既同無所得，理極莫過，故同無不極，何有定、惠是能同而名體耶。何有下二句，遺名。初句，可緣。次句，定、惠之名非同外之緣[八四]者，假説境智，智名定、惠，即有能、所，豈非同外也。若秤生下，二句，反責秤生同内。有秤非同者，若定惠之名，生於同内者，既云定、惠，即非與無名同也。若定、惠名生同外者，定、惠之名即非至人之因也。此就體冥以義問也。

夫[八五]聖心虚下，答第二關，難家所執是廬山義，今處題彼。此言法性者，明極之謂。明極，即神功同盡。唯冥其極，聖智幾于息矣，故難云，虚伯獨感，群數幾于息也。廬山遠師既爲世不推，故答此問，分文有三重：一、就迷悟辨故[八六]無知。二、而今談下，隨境辨故無知。三、請詰[八七]下，遣言表理。第一重，有二階：一、總答，如文可衹。二、且心之有下，就迷悟辨知、無知。此中，初，明有無爲迷悟本。何者下，明迷悟爲有無本也。有無爲迷悟本，有兩雙四句，一隻辨爲五也。夫心之有也，以其有有，此一句，明理外有也。凡情以有爲有，即心生於有，故云心有生於有，名理外有也。有既理外，外有生心，名理外心也。有自不[八八]有，故聖心不有有，此一句，名理内有也。理外性有，有自不有。聖能虚心，達有非有，名理内有。有既理内，内有生心，名理内心。此明聖心不在有也。

有有故有無，第二雙，此一句，明理外無也。無心之無也，以一生無，無應有，此句而闕也。無有既無，無無無故，聖心不有、無，此一句，明理内無也。内無生心，名理内心，此明聖心不在無也。不有不無，其神乃虚，此一雙，俱結理内也。非有非無，結理内境，其神乃虚，結理内心也，亦可三雙六句并結也。初，夫心下，至聖心不有有，一雙也。有有至無無，第二雙也。無無至有無，第三雙也。或謂理外、理内，境自恒别，今謂不然。理外偏以成理，内心境界亦爾，外反成内也。何者下，迷悟爲有無本。此中，先明迷爲有無，後明悟爲盡有無本也。有也無也，心之影響者，即大夢義，此須别記。今但明迷悟爲有無本。何者。初心迷理昏或無故，即舊義界外無明。而心是緣悟，不同木石。心雖迷不能不緣，執有執無，即是舊義界内四住也。五住既俱，三界斯起，此師迷理之影響也。故什師注云：以無明隔實相智惠，三業顛倒，所以有身也。以無知鄣明成影，即三有身也。如熟眠時都不覺知，而心是知性，不同撫法，無明雖重不能及。今非心是意識潛行，言虎言鬼能即不言，夢虎豈非熟眠之影響乎，但應爾迷理名爲無明。眠中異知即是夢法，故注云：衆生長寢非言莫曉，故至十地如覺大夢。什師注云：生死大夢中，但覺群生，未知生死是爲大夢，故以重夢曉知法相故夢耳。言也像也，影響之所攀者，此是大夢中法，還明於生義也。何者。所言影響，即三有果報。既有果報，有言有像。既有言像，還不影響之所不攀緣。既有攀緣，即顛倒並起。故注云：攀緣，謂妄想微動，攀緣言、像等諸法也。什師注：幾神微動，即心有所屬。所屬即是言、像等法也。遠師亦云：微涉動境，成此頽勢。又《寶性論》云：依邪念風輪起業煩惱水聚，依煩惱水聚生陰界入世間也。

次，有無既廢下，明夢覺義，即悟爲盡有無本，正答第二關，即是用冥。此中，既就冥義答虚伯獨感，次，就本、迹明波若無知，答群數息義也。有無既廢，即〔八九〕無影響者，明夢覺之義。廢，棄也。忘有無，既忘即無攀緣之心。若判其位，七地以上，絶有無心，不織生死也。影響既淪，言像莫測者，妄想既亡，三界永絶，如影没於鏡，響既止於谷，言像之路莫測也。言像莫測，道絶群方，此句明化道絶也。道絶群方，故能窮靈極數，此句明金剛心智周或絶也，體未是佛而能如佛，故云能也。窮靈極數，乃曰妙盡，至本于無奇，此句明金剛報謝，歸乎無二中道佛果也。次，夫無奇〔九〇〕下，就本、迹答群數息義。從初至數以應之，兩句，直明真應。次，數以應之至道超名外，兩句，就真應明動靜。次，道超外〔九一〕至因謂之有，兩句，就真應明有無。次，謂之有者至彼何然哉，偏既應迹，明有非有也。後，故經曰下，引經證波若無知，結答上問，豈可謂虚伯獨感數應兒乎。

第二重，而今談下，隨境辨知、無知。有二師：一、以言空異墮於偏見，對上有云談者疑於高論之旨也。二、何者下，釋也。尋大方而徵隅者，以有無爲隅，出疑者之過也。《老子》云：大方無隅。而今以隅召之也。懷前識以表玄，東宗云：前識謂聖人以功被物，乃云道之花，非道之實。道之實者，離於言數也。如今見應，以表法身也。二、何者下，釋。此中，先明境，次隨境明智無也。物性常一者，以畢竟空立一切法，故以無住爲萬物性，即不二中也。不可而物然非不物者，立章門，可物即名。於異陳者假俗非無，即是即無，釋俗諦也。不物，即物即真者，似有非有，即釋真諦義爾。常一爲體，二諦爲用也。次，是以下，隨境明無，故有五雙十句。聖人不物於物，非不〔九二〕物於物者，此句，直辨照境之相。至人任物而照，不逆於境，以中心爲體。《莊子》云：聖人由〔九三〕而照之于天之也。不物於物，物非有也；不非物於物，物非無也，此兩句舉聖智，就凡聖境，即辨釋非有非無也。非有所以不取，非無所以不捨，此兩句，就境非有非無，釋知不取不捨也。不捨故妙存即真，不取故名相靡因，此兩句，結冥真無相也。名相靡因非有知也，妙存即真非無知，此兩句，擧冥無相遣智無知，歸於無二也。故曰[九四]下，引經證隨境辨智無知。此攀緣下，況答上明也。

第三重，請詰下，遣言表理。有三師：一、反釋，亦是非相對也。智之生也，極於相內者，智生於相，相生於封，有相智生其中也。法本無相，聖智何知者，異於世知，秤無知也。世秤無知者，異於木石秤爲知也。二、且無知下，就智體遣知、無知，無知生於知，知無故無知亦無也。無有知也，謂之非有；無無知也，謂之非無。此句所遣知、無知，即非有、非無也。所以虚不失照，照不失虚，此句明忘懷也。泊爾[九五]永寂下，體非閡礙，故不能使生有無也。此中明義，上十釋九難義無異途，故安法師《波若略》云：夫《波若》之爲經也，文句累疊，義理重複。或難同而答異，或殊問而報同。難同而答異者，所由之途同，會通之致別。殊問而報同者，發源之逕別，終合乎一歸也。三、故經曰下，遣言表理。從初至不可説示人，表理絶相。何則下，明取言教方法不當有無，亦名遣言也。今非有之言即不當有無，如注云：無常者，言其非是常，非謂是無常；言其常者，言其非是無常，非謂是常。凡是聖人言教，莫不如此。然即下，釋一[九六]上義，亦名表理也。釋上者，言非有非是無，非無非是有也。表理者，言非有表非非有，言非無表非非無。斯即言有表非有，言非有表非非有。言無表非無，言非無表非非無。并六句也。六句中闕初句者，但表波若絶相。終日説波若而無説無當，故略示表理之相。故《中論·涅槃品》云：若有無成者，非有非無亦[九七]成。是故涅槃非非有、非非無。是以下，人證理絶有。諓下，勸之。南伯子蔡問女偶曰：子惡乎聞之。曰：聞諸副墨子，副墨子聞洛誦孫，洛誦孫聞瞻明，瞻明聞之聶許，聶許聞之需役，需役聞之於謳，謳聞之玄冥，玄冥聞之參寥，參寥聞之疑始也。夫階名以至無者，畢得無相名表，故雖玄冥猶未極，又推寄於參寥，玄之又玄也。故自然之理積習而成者，蓋階近以至遠，研粗以至精，故乃七重而後乃無之，名相重而後疑無是始之也。答第一難兩關竟。

最是義要，明四種波若無知，還結上宗。一、就真波若明波若無知，故論云：體波若者，不愚不智。就體波若答第一關即是其義。二、就用波若明波若無知。冥真之知，冥俗之知，各就二知明波若無知。答第二關有三意，即第一意也。彼文就迷悟及真應，明知、無知。今明因緣、真俗二智俱有真應故也。三、隨境明波若無知。彼就物不物明二諦，對性有無明知無知。照真秤無知，照俗爲知。四、遣用就體明波若無知，即遣言表理中意也。後三種波若無知，答第二關大意也。《大品》偈云：波若是一法，佛説種種名，隨諸衆生力，爲之立異名。答第二難，有三階：一、貶難。二、經曰下，別答兩關。三、是以下，雙結兩關。貶難中，先領難意。談者下，出情。然則下，即即真之義猶未領也。

第三師，別答兩關：初，明色空不異答初關。次，故知下，答後關。今空色不異答初關者，上雖因虚伯[九八]獨感，云聖人唯照，無相不見生死有耶。就此先引經文，明色空不異。若如來旨下，先取彼意令隨舊義。是以經云下，釋色非色義。色非自色，故以非字令非其色。若都非色即如大虚，何故非字令非之耶。若色即空故非色者，即是色空不異之義。次，故知下，明真、應無二，以答後關。變即無相，無相即變者，所現丈六即體無相，即是本法身，豈捨丈六而求法身無相乎。俱幾情不同，執迹成異，故爲物所覩。反現之知，不可爲無耳。尋之經籍，推之聖意，無真僞殊心，空有異照也。何者。即或境以中心，故無真僞異。即因緣以照虚，故無空有異。亦並答初關也。第三師，是以下，雙結兩關：初，明有無相即結兩關。後，恐談者下，勸取捨也。從初至無相之旨，正結答兩關。次，造有下，向有無心不異。次，未嘗下，明心非有無也。故曰下，引證。不動等覺建立諸法者，不動冥真之智，而能照幾現迹，令諸衆生立諸善法。何謂返現之智，異無相之照乎，如《花嚴》云：從佛智惠海，出生於十地。此文，舊解不同：一、解因佛得解，二、解有果故行因，三、解漸會佛境，四、總因果知。又《勝鬘》云：如阿[九九]耨達池出四大河，因於八地攝受正法，出生四乘因果之也。今於此解經，亦同亦不同，但言無耳。又不動等覺，現諸應迹，生諸善法也。後，恐談下，更舉難情勸取捨也。若能捨己心於封內，尋玄幾於事外者，就心勸取捨也。齊萬有於一虛，曉至虛之非無者，舉境勸忘懷。當言下，舉人以結答也。與物推移者，推前變動之理而行天下。乘運撫化者，乘萬幾之運披應化之道也。

又云無是下，答第三難。有二師：一、先與後奪。二、遣情謂也。所以與奪者，上二難皆墮或情，故先與後奪也，先領難意。若能無心下，述與。但恐下，還奪也。今解三論者，以正法爲是當，故奪此執也。若如難家，真是可是至當者，即捨一取一，未忘是非。生生奔，孰與止之。《莊子》云：丘也與汝皆夢也，帚[一〇〇]謂汝夢亦夢也。方其夢，不知其夢，夢中又與其夢，即無以異於悟。又若彼我俱有是非者，無以止之。若同乎汝止之，既與汝同，何以止之。若我同者止之，既與我同，何能止之。使異乎我與汝者止之，異即何能止之。使同我與汝者止之，同即何能止之。能即生生奔競，無能是止者之也。第二階，是以至人下，遣情謂。初，明動靜無二，名體無二。寂寥虛曠者，謂言語斷，心行滅也。後，恐是當之生下，遣是非情，述理無言也。然者，是也。不然者，非是也。理自不然，何足爲然，而言真是可是耶。

夫言迹下，正答，中有三段，之第三段，遣

言、迹述理無言、迹。何者。上雖答難，若執言擬理已差，故動忘荃取旨也。擬心已差乃有言者，輪扁語桓公曰：徐即甘而不固，疾即苦而不入；不徐不疾，得於手應於心，口不能言也，有敏[一〇一]存乎其間。臣不能以喻臣子，臣子亦不能受之於臣，是以行年七十而猶死斵[一〇二]輪。古之人亦與不可傳，故死而已也。然則事無麤細，當理無言者一也。

物不遷論

上，明佛果。此下，二論，明生死、因果相對。上則辨果，此則論因。又境、智相對，上已明智，此復辨境。今此二論，先觀俗入真，故《不遷》明俗，《不真》明真也。今不言遷而云不遷者，立教本意只爲中根執無常教者說，故云中人未分於存亡，下士撫掌而不領。何者。如來說法，去常故說無常，非謂是無常。去住故說不住，非謂是不住。然即理反常心之境，教有非常之說也。而少心者造極不同聽心異，聞無常分取流動，聞不住即取生滅。因緣著偏，乖之彌遠，故立《不遷》破除內執。斯蓋反其常情乃合於道，故以《不遷》立言也。

文有二義：一、明造論。二、《道行》云下，正辨論體。

夫生死交謝，寒暑迭遷者，生死之變，猶冬夏而時行也。有物流動，人之常情者，唯有法流動不及無爲者，中人以下皆共知之。此是標宗也。

今[一〇三]即下，正明造論所由，有二科：一、立宗。二、或者下，正明所由。立宗中，有三段：初，依經立宗。次，破。後，結也。今即謂之不然者，總反惑情。何者下，依經立宗也。次，尋夫下，破舊義也。尋夫不動之作，豈釋動以求靜，必求靜於諸動者，正破舊義。彼云不遷者，賴於續假，轉前作後，名爲動法。若許實法，即無動轉。故法與時俱，時與法俱，轉變後法還舒於前，名爲不動。此即釋動以求靜也。過去法來、不來，有三説：第一云，過去雖滅而曾爲因，故相續行者成就此因；因非轉來，在於現附也。第二云，因體有爲，當時即滅，而善惡功用湛然常在也。第三云，善、惡功用隨心轉來，來至現在者也。今於三宗亦同不同，但言而無當。取汝言賴續故動者，爲當前法續後，爲當後法接前。若前法續後，前時未有，後云未有，何續。若後法接前，後起前已謝，何處接。動亦例然。今即不然，求是推求。以三時求動，動相不可得，故云求靜於諸動。下句，可解。後段，然即動靜未始異者，結宗也。

第二科，而惑者下，明所由。有三段：初，明辨理者不同。而或者不同句，亦可屬上，亦牽於下。次，明道相反。後，明所爲人也。真言滯於競辨者，佛言無當而滯於偏執也。宗途屈於好異者，理無二途而屈於是非，即是於諦義也。所以求那法師偈云，諸論各異端，修行理無二，偏執有是非，達者無違諍也。次，何者下，明道俗相反，教亦相違。談真即逆俗，順俗即違真者，俗，習也。言真之教違於俗，順俗之教反於道也。違真故下，明行亦反也。後段，緣使中人下，明所爲中人未分於存忘[一〇四]者，疑於有道若存，疑於無道若亡也。下士撫掌而弗顧者，異已所見，其乖常情，對牛鼓簧，非彼能覺，故大咲而弗顧也。動靜之際之莊生云：鴈木之間，猶未免有累，故竟不處。今肇師亦爾，處遷不遷之間，設投處，猶未免偏，竟不處也。此釋造論意之也。

第二《道行》下，正辨論體。有五科：一、依經論立宗。二、傷夫下，破去、來明不遷。三、噫聖人下，徵教。四、是以覩[一〇五]下，約愚智二人，明取教得失。五、是以如來下，明因果無失以觀覺。初科，有三段：初，依經論標宗。次，就二人釋經論意。後，明趣無二也。非常之説，常情難悟，故以引標不遷教。此經語可作兩釋：一、諸法本來不生，故無去、來。二、以假異明無去、來，然推假異即離無當，即是本來不生之義，復[一〇六]引《中觀》標動靜無二也。次段，就二人釋。先，釋《中觀》意。以昔物不至今，故動而非靜者，人情所謂本時無法，今有名現，而現法流入過去，更不還今，故動而非靜也。我之所謂靜者，亦昔物不至今，靜而非動者，同事異悟。已過之法，更不來今。昔物自在昔，即靜而非動也。靜而非動，以其不來[一〇七]者，即釋經語。已[一〇八]之法更不來今，以知昔物不來於今也。動而非靜，以其不住者，流入過去無去，刹那並於現，以知不住也。一義是眠生時無所從來，亦無所去也。後段，然即下，明旨趣無二。動靜所趣，未曾異執，見未嘗同也。逆之所謂塞，順之所謂通者，偏執即逆塞，忘懷即順通。然即理無動靜而取動靜者，論於或若即動靜而無動靜者，契會無二矣。

第二科，傷夫下，破去、來明不遷。有三段：初，傷凡情表不遷。次，破去、來明不遷。後，引外聖證不遷也。傷夫人情之或久矣，目對真而莫覺者，若聖智對，五目莫見其形，斯乃道遠乎哉。迷情即是因緣，道遠乎哉。因緣即是中，故云：因緣所生法，我説即是空。亦爲是假名，亦是中道義。而凡夫宍眼，冥然不知，如對牛皷簧，彼非所悟也。既知往往[一〇九]物既不來，今物何往者，已過之法更不來今，今不住法亦不移時也。次，何則下，破去、來，即釋《道行》意。此中先就向物，以四句明無去來也。初兩句，立有無義，於今嘗[一一〇]有下兩句，正明向物無去來也。覆而求今今亦不往者，應有四句。求今物於今，於今未嘗無。責今物於向，於向未嘗有。於向未嘗有，以知物不去。於今未嘗無，以知物不來也。是爲下，舉今昔兩物結明不遷也。後段，仲尼下，引外聖證不遷教。所謂外、内雖殊，所明理同是也。有何物而可動者，經中觀意也。然即下，齊萬物而結不遷也。《釋論》云，光風動塵，野馬[一一一]之中如野馬者也。

第三科，噫下，徵教。有三段：初，舉無常

教，以徵今說。次，人情不同，教非一軌。後，引外聖，證無常教同也。人命速於川流者，舉仲尼教也。是以下，二乘證果，執無常教也。齊萬物〔二二〕而非化，豈尋化以階道者，證教非謬也。覆尋聖言，微隱難測者，正徵今記〔二三〕。覆者，覆無常教。尋不遷意，結理難解也。若動而靜，似去而留，可以神會者，推於大士，非中下所知也。次段，是以下，明人執不同，教非一軌。有三階：一、明去、住兩教之意。二、正出兩教。三、兩教一會也。言去不必去，閑人之常想者，言無常不必無常，但防計常之想也。稱住不必住，釋人之不住者，言不遷不必是不遷，但解計往之想。後住字，當爲往也；若用住字釋者，常字亦不可以計常之常，應以常情而釋之耳。二、《成具》下，正出經。《成具》明無常教，《摩訶衍》明不遷教也。三、斯皆下，兩教一會。是以下，釋意，三雙六句。言常而不住，稱去而不遷者，此二句勸取教莫偏也。不遷故雖往而靜，不住故雖靜而往者，此二句明教意相通也。雖靜而往故往而弗遷，雖往而靜故靜而弗留者，此二句，明物無動靜也。後段，然則下，引外聖證無常教，同莊生如上所云也。仲尼臨川，云人命逝速如斯也。

第四科，是以觀下，約愚、智二人取教得失。有三段：初，明愚二人起教不同。次，明取教得失。後，反常合道。初段，有二階：一、明二人。二、明起教也。不用〔二四〕人所見得明〔二五〕者，下不及上也。何者下，出二人。隣人是或，梵爲智者。從初至形隨，是出惑情。以梵志下，正出其事也。吾猶昔人非昔人者，可作兩釋：一云，吾豈昔人乎，非昔人也。一云，猶，若也；吾若昔人，非昔人也。一息一得，向息非今息。昨日之人於今化矣，而愚者竊〔二六〕然，以爲昔人常存，此不朽物化也。二明起教不同。是以如來因群生以辨惑者，教起無端，病除是貴，故此句出病，明起教所由也。乘莫二之眞心下，正明起教不一也。不遷爲俗而云不遷爲眞者，謂情爲俗，即反常爲眞故也。

後段，而徵下，正明得失。有二階：一、因教著偏。聞不遷即昔物可〔二七〕至今者，凡人所謂時年雖移，人之質體古今不異。如以指進薪，火傳不滅，而不知指火與薪俱謝也。聽流動即謂流入過去，而不知支〔二八〕火非今火也。今即正破。既云古今，古即在於古，今即在於今，而云遷者何也。二、是以下，勸著不遷教。言住不必住，古今常存，以其不動者，言所謂住不必是住，言其非動非謂是住，即不住之住，古今不動也。一云：從彼至此，乃是住義。古不至今，何處有住。古不至今，故無住者，今亦不往於古，言其不動。又住是對動之言，無動故無住也。秤去不必去，不從今至古，以其不來者，言去不必是去，言其非來非謂是去，即不去之去，古今不住也。一云：從今至古，乃是去義。今不至古，何處有去。今不至古，故無去者，古亦不來於今，言其不來。又去是對來之言，無來故無去也。不來故下，結不遷。然即下，會教也。後段，是以人下，反常合道。有三階：一、反其常情及合於道，故云：人所謂住，我即言去也。求那偈云：諸論各異端，修行理無二。偏執有是非，達者無違諍。故去來雖殊，其旨無二也。正言似反，誰當信者，通理無言，言因病起，相治之力，無非相反。故河上云：正直之言，世人不知，以爲反言也。二、何者下，就二人釋反常義。人即求古於今，謂其不住者，凡情求古於今，今而無古，以古物不住也。吾即求今於古，知其不去者，吾即求今於古，古而無今，以知今物不去也。下釋就文可見也。然下，齊萬物。四象者，《老子》云：大象者，四象之母也。不炎不寒，不温不涼，言若執之即天下往。今即四像，謂炎、温、寒、涼。加風馳之速也。旋機電卷者，《尚書》云：旋機玉衡，以齊七政。窂，天文之器也，如今運天圖也。《例略》云：故處旋璣以觀大運，見天地之運未足恠之者也。

第五科，是以如來下，舉因果以勸學。有三段：初，舉果勸因不滅。次，舉因勸果必生。後，勸齊萬物。功流萬世至彌固，此是舉果也。從成山至初步，譬因不滅也。功不可朽〔二九〕，故在昔而不化者，以功業不滅證不遷之致也。故下，引經證果不滅也。次段，何者，舉因勸果必生也。果不俱因，因因而果者，立兩章門。因因而果，因不昔滅者，釋因不滅也。果不俱因，因不來今者，釋因不來。斯即不滅不來，果義得生，正不遷之致也。復何或下，勸無或也。後段，然即，結宗勸學也。

不遷論

肇論疏卷下　　晉書

康永三年二月五日寫之，同十七日點之畢。

此疏惠達法師撰云云，未詳之。

寫本云：文永三年七月廿日，於光明山東谷往生院敬奉書寫了。願以此寫功，自他開惠眼。三論宗智舜。春秋六十八。

東南院，寫本奥記云：神龜三年，歲次乙丑十一月。

寶龜二年年次辛亥四月卅日，沙彌慈晉。云云。

文永三年八月廿七日校合之，次加謬點了。寫本之文字不法之間，極難見解，後來之士尋正本可正之耳。

貞和四年五月，談《肇論》了，而《述義》中引惠達釋，皆符此書□□□□□。

校勘記

〔一〕「品」，據下文，疑爲「論」。

〔二〕「翻」，底本原校疑後有脱文。

〔三〕「從廿」，《十八部論》（《大正藏》本）作「謂二十」。

〔四〕「二」，底本原校疑爲「三」。

〔五〕「送」，據《高僧傳》（《大正藏》本，下同），疑爲「遂聲」。

〔六〕「歎」，據《高僧傳》，疑爲「外」。

〔七〕「年」，底本原校疑爲「并」。

〔八〕「成」，據《高僧傳》，疑爲「戒」。

〔九〕「合」，據《高僧傳》，疑爲「全」。

〔一〇〕「爲」，據《高僧傳》，疑爲「内」。

〔一一〕「與」，據《高僧傳》，疑爲「强」。

〔一二〕「什」，據《高僧傳》，疑後脱「出」字。

〔一三〕「廿」，底本原校云一本無。

〔一四〕「潛蹄」，據《高僧傳》，疑爲「僭號」。

〔一五〕「餘」，據《高僧傳》，疑爲「飲」。

〔一六〕「潛」，據《高僧傳》，疑爲「僭」。

〔一七〕「闕」，底本原校疑爲「聞」。

〔一八〕「清」，底本原校疑爲「請」。

〔一九〕「而」，底本原校疑爲「與」。

〔二〇〕「拇」，底本原校疑爲「删」。

〔二一〕「出不」，據《高僧傳》，疑爲「不出」。

〔二二〕「得」，據《肇論》，疑爲「契」。

〔二三〕「微」，據《肇論》，疑爲「夷」。

〔二四〕「廢」，底本原校疑爲「度」。

〔二五〕「山丘在皷誠」，據《高僧傳》，疑爲「比丘在彭城」。

〔二六〕「沓」，底本原校疑爲「杳」。

〔二七〕「與」，底本原校疑後脱「於」字。

〔二八〕「知」，據《龍樹菩薩傳》（《大正藏》本，下同），疑爲「弘」。

〔二九〕「度」，據《龍樹菩薩傳》，疑爲「廣」。

〔三〇〕「論」，據《龍樹菩薩傳》，疑爲「教」。

〔三一〕「風」，底本原校疑爲「夙」。

〔三二〕「抵」，據《出三藏記集》（《大正藏》本，下同），疑爲「拔」。

〔三三〕「風」，據《肇論》，疑爲「爰」。

〔三四〕「若若」，底本原校疑爲「善善」。

〔三五〕「令」，據《出三藏記集》，疑爲「合」。

〔三六〕「亦」，疑爲「丘」。

〔三七〕「者」，底本原校疑爲「智」，下一「者」字同。

〔三八〕「以」，底本原校疑爲「比」。

〔三九〕「遇」，疑爲「知」。

〔四〇〕「之」，據《肇論》，疑後脱「靈」字。

〔四一〕「次」，底本作「没」，據文意改。
〔四二〕「云」，據《肇論》，疑爲「夫」。
〔四三〕「名」，據《肇論》，疑爲「言」。
〔四四〕「致」，據《肇論》，疑爲「論」。
〔四五〕「誠」，據《肇論》，疑爲「試」。
〔四六〕「非」，底本原校疑爲「如」。
〔四七〕「然」，據《大般涅槃經》（《大正藏》本），疑爲「能」。
〔四八〕「知知」，據《肇論》，疑爲「智智」。
〔四九〕「不」，據《大智度論》（《大正藏》本，下同），疑爲「所」。
〔五〇〕「三」，底本原校疑爲「二」。
〔五一〕「知」，據《肇論》，疑爲「智」。
〔五二〕「智」，疑衍。
〔五三〕「以」，據《肇論》，疑爲「無相」。
〔五四〕「住」，據《中論》，疑爲「相」。
〔五五〕「那」，底本原校疑爲「耶」。
〔五六〕「密迹」，據《肇論》，疑爲「寶積」。
〔五七〕「尋」，底本原校云同「潯」。
〔五八〕「篻」，底本原校疑爲「築」。
〔五九〕「壽」，據《高僧傳》，疑後脱「像」字。
〔六〇〕「問」，底本原校云一本作「聞」。
〔六一〕「恩」，底本原校疑爲「思」。
〔六二〕「苓」，底本原校云一本作「企」。
〔六三〕「伯」，據《肇論》，疑爲「怕」，下六「伯」字同。
〔六四〕「停」，據《肇論》，疑爲「渟」。
〔六五〕「感」，據《肇論》，疑爲「咸」。
〔六六〕「唯」，據《肇論》，疑後脱「照」字。
〔六七〕「有」，據《肇論》，疑前脱「豈」字。
〔六八〕「官」，據《肇論》，疑前脱「瓦」字。
〔六九〕「敬」，據《高僧傳》，疑爲「驚」。
〔七〇〕「漸」，據《高僧傳》，疑爲「暫」。
〔七一〕「有」，據《高僧傳》，疑爲「在」。
〔七二〕「頓」，據《高僧傳》，疑爲「闃」。
〔七三〕「知」，據《高僧傳》，疑爲「弘」。

〔七四〕「葉」，底本原校疑爲「業」。

〔七五〕「感」，底本原校疑爲「咸」。

〔七六〕「六年」，底本作「年六」，據文意改。

〔七七〕「恨」，據《肇論》，疑爲「慨」。

〔七八〕「及」，底本原校疑爲「民」。

〔七九〕「以」，據《肇論》，疑爲「爲」。

〔八〇〕「懸」，疑爲「縣」。

〔八一〕「遂」，疑爲「送」。

〔八二〕「疏」，據《肇論》，疑後脱「云」字。

〔八三〕「反」，底本原校疑衍。

〔八四〕「緣」，據《肇論》，疑爲「稱」。

〔八五〕「夫」，據《肇論》，疑爲「又」。

〔八六〕「故」，疑爲「知」，下一「故」字同。

〔八七〕「誥」，據《肇論》，疑爲「詰」。

〔八八〕「自不」，據《肇論》，疑爲「不自」，下一「自不」二字同。

〔八九〕「即」，據《肇論》，疑爲「則心」。

〔九〇〕「奇」，底本原校云一本作「寄」。

〔九一〕「外」，據《肇論》，疑前脱「名」字。

〔九二〕「非不」，據《肇論》，疑爲「不非」。

〔九三〕「由」，疑前脱「不」字。

〔九四〕「曰」，據《肇論》，疑前脱「經」字。

〔九五〕「爾」，據《肇論》，疑爲「然」。

〔九六〕「一」，底本原校疑衍。

〔九七〕「亦」，據《中論》，疑衍。

〔九八〕「伯」，據《肇論》，疑爲「怕」。

〔九九〕「阿」，底本作「何」，據文意改。

〔一〇〇〕「帚」，疑爲「予」。

〔一〇一〕「敏」，底本原校云一本作「數」。

〔一〇二〕「劉」，疑爲「斫」。

〔一〇三〕「今」，底本原校云一本作「余」，下一「今」字同。

〔一〇四〕「忘」，底本原校疑爲「亡」。

〔一〇五〕「覩」，據《肇論》，疑爲「觀」，下一「覩」字同。

〔一〇六〕「復」，底本原校疑爲「後」。

〔一〇七〕「來」，據《肇論》，疑爲「去」。
〔一〇八〕「已」，疑後脱「過」字。
〔一〇九〕「往」，據《肇論》，疑衍。
〔一一〇〕「嘗」，據《肇論》，疑前脱「未」字。
〔一一一〕「野馬」，據《大智度論》，疑爲「曠野」。
〔一一二〕「齊萬物」，據《肇論》，疑爲「苟萬動」。
〔一一三〕「記」，底本原校疑爲「説」。
〔一一四〕「用」，據《肇論》，疑爲「同」。
〔一一五〕「明」，據《肇論》，疑衍。
〔一一六〕「竊」，據《肇論》，疑爲「愕」。
〔一一七〕「可」，據《肇論》，疑爲「不」。
〔一一八〕「支」，疑爲「古」。
〔一一九〕「柕」，據《肇論》，疑爲「朽」。

（孫少飛、張革豊整理）

○九二六

肇論疏[一]

肇論疏卷上

釋元康撰

序

《肇論序》，小招提達法師作者。

就此一論，文有二章。前序文，後論本。今言《肇論序》者，後秦姚興時，長安釋僧肇法師作《宗本》《不遷》等論。從人立名，故云《肇論》。叙述肇法師所作論意，故名爲《序》。《爾雅》云：東西牆謂之序。郭象註云：所以序别内外也。今達法師叙述論意，以爲論之由漸，如東西牆爲舍宅之序，故名爲序。而言小招提達法師作者，閏州江寧縣，舊是丹陽郡。始自吴朝，爰及宋、齊、梁、陳六代以來，佛教興盛。伽藍精舍，接棟連甍。名字相參，往往而有。即如莊嚴寺，則有大莊嚴、妙莊嚴。招提寺，則有大招提、小招提也。大招提是梁時造，小招提是晋時造。慧達法師是陳時人，小招提寺僧也。當陳時，名達之者，非止一人。故標其寺，以爲别也。有本直云小招提撰，撰者撰集，非是製作。應言作，不應言撰也。直言小招提，不言名者，江左敬法師，不呼其名，故但標其寺耳。然此法師，未善文體，所作論序，多有庸音。直以叙述論宗，不無倫次。貴其雅意，如後釋之。所望通人，幸無譏誚也。慧達率愚下。

就此序中，開爲兩段：前且明作之元由，後正序《肇論》之宗旨。就前文中開爲六段：第一，標舉論名。第二，稱美人、法。第三，慶幸逢遇。第四，非斥譏嫌。第五，申述元情。第六，宣明序意。今言率者，《爾雅》云：率，勸也。慧達者，名也。長安者，秦家本都咸陽，漢家移都長安。長安是秦時鄉名，即以本爲名，名長安縣也。釋僧肇法師者，梁朝會稽嘉祥寺皎法師撰《高僧傳》云：釋僧肇，京兆人。家貧以傭書爲業，遂因繕寫，歷觀經史，備盡墳籍，深好玄微。每以老、莊爲心要。嘗讀老子《道德章》歎曰：美則美矣，然期神冥累之方，猶未盡也。後見古《維摩經》，歡喜頂戴受持，披習翫味，乃言始知所歸矣。因此出家學道。善解方等，兼通三藏，及在冠年，而名振關輔。時競舉之徒，莫不猜其早達，咸千里負糧，入關抗辨。肇既才思幽玄，又善談説，承機挫鋭，曾不留滯。時京中宿儒及關外英彦，莫不挹其鋒辨，負氣摧衄。後羅什至姑臧，肇自遠從之，什嗟賞無極。及什適長安，肇亦隨還。姚興命肇、僧叡等，入逍遥園，詳定經論。肇以去聖人久遠，文義舛雜，先舊所解，時有乖謬。乃見什諮禀，所悟更多。因著《宗本義》《物不遷論》《不真空論》《般若無知論》，竟以呈什。什讀之稱善，乃謂肇曰：吾解不謝子，辭當相挹。時廬山劉遺民，見肇此論，歎曰：不意方袍復有平仲。因以呈遠公。遠乃撫机歎曰：未嘗有也。因共披尋翫味，更存往復。及什亡後，追悼永往，翹思彌勵。乃著《涅槃無名論》，以上秦主姚興。興答旨殷懃，備加贊述。即勅令繕寫，班諸子姪。其爲時所重如此。晋義熙十年，卒於長安，春秋三十有一矣。

但末世弘經，允屬四依菩薩下。

第二，稱美人、法也。人則肇法師，法則所作論。允者，信也。屬者，屬也。此字音有二音、二義。二音者，一之欲反，二是時欲反。今取前音也。二義者，一是對屬義，二是眷屬義。今是前義也。《爾雅》云：屬，著也。亦可通後義也。《涅槃經・四依品》明四依菩薩出世護持正法，具煩惱性，能持禁戒，是名第一人。須陀洹人、斯陀含人，是名第二。阿那含人，是名第三。阿羅漢人，是名第四。言西國弘經，屬在四依，則馬鳴、龍樹之流是也。爰傳茲土，抑亦其例者，爰，於也。《爾雅》云：爰，易也。抑，按也。謂此土弘經之人，亦按四依之例，則安、遠、生、肇是也。至如彌天大德、童壽桑門者，《高僧傳》云：釋道安至，習鑿齒造謁。既坐，自云：四海習鑿齒。安應聲答云：彌天釋道安。時人以爲名答。今言彌天大德，即安法師也。《高僧傳》云：羅什法師，本名鳩摩羅耆婆，此云童壽。以其善解文什，故云羅什。今言童壽，即什法師也。桑門者，古人譯經，名爲桑門。近云沙門，皆是梵音輕重之異。此云寂志也。並創始命宗，圖辨格致者，創，初也。命，告也。宗，尊也。圖，度也。格，量也。致，理致也。如安法師立義，以性空爲宗，作《性空論》。什法師立義，以實相爲宗，作《實相論》。是謂命宗也。圖度辨才，格量理致也。播揚宣述，所事玄虚者，播，布也。宣布佛教，唯以虚玄爲事耳。唯斯擬聖，默之所祖者，《思益經》云：汝等比丘，集會當行二事。若聖說法，若聖默然。今言唯安、什二法師，所作軌儀，聖默之宗祖也。自降乎以還下，應云降斯已還，而言降乎，非文體也。凡著若僧傳者，謂顯著在傳也。至能正辨方言，節文階級者，謂能分別方俗之言，節量經文階級次第也。善覈名教，精搜義理者，覈，訓實。搜，訓索。謂能研覈名教之異同，搜求義理之差當也。揖此群賢，語之所統者，揖，訓敬也。推敬前人爲聖，説法之所統者也。有美若人，超語兼默者，《毛詩》云：有美一人，清揚婉兮。邂逅相遇，適我願兮。《論語》云：君子哉若人。今合此語，共成一句。而言超語兼默者，超語兼超默。此言超者，謂前安、什二師，唯得理而文有所闕，叡師、謝公，唯得文而理有所闕。今肇法師文理兼備，故名爲超。非謂肇法師文勝叡師及謝公，理勝什師及安公也。何者。論文自云：性空者，諸法實相也。見法實相，故爲正觀。若其異者，便爲耶觀。安法師作《性空論》，什法師作《實相論》，皆究盡玄宗，何由可勝。叡法師作《大智度論序》云：夫萬有本於生生，而生生者無生。變化肇於物始，而始始者無始。然則無生無始者，物之性也。生始不動於性，而萬有陳於外，悔悋生於内者，其唯邪思乎。正覺有以見邪思之自起，故《阿含》爲之作，知滯有之由惑，故《般若》爲之鑒。然鑒本希夷，津涯浩汗，理超文表，趣絶思境。以言求之則乖其深，以智測之則失其旨。二乘所以顛沛於三藏，新學所以曝鰓於龍門者，豈不然乎。謝靈運文章秀發，超邁古今。如《涅槃》元來質樸本言，手把脚蹈得到彼岸。謝公改云：運手動足，截流而度。又如作詩云：白雲抱幽石，碧篠媚清漣。又雲日相暉映，空水共澄鮮。此復何由可及。直以肇師兼文兼理，故名勝耳。有人云：肇法師語超叡公、謝公，故云超語。默同安公、什公，亦可然也。標本則句句深達佛心，明末則言言備通衆教者，本，謂《宗本義》。末，謂《涅槃論》也。諒是大乘懿典，方等博書者，諒，信也。《小雅》，懿，深也。謂此論是深典博大之書耳。自古自今，著文著筆者，此應言自古及今，不應言自今。而今云爾者，欲對下著文著筆故也。文家以有韻爲文，無韻爲筆。劉氏《文心調〔三〕龍》非此語云：孔子曰：文王既没，文不在茲乎。可有韻乎。固不然也。詳汰名賢所作諸論者，此言支法詳作《實相論〔三〕》。有二家：一者是什法師作，今無此本。二者是支法詳問，釋慧儀答。此乃是慧儀法師作，非支法詳作也。或六家七宗爰延十二者，江南本皆云六宗七宗，今尋記傳，是六家七宗也。梁朝釋寶唱作《續法論》一百六十卷云：宋莊嚴寺釋曇濟，作《六家七宗論》。論有六家，分成七宗：第一，本無宗。第二，本無異宗。第三，即色宗。第四，識含宗。第五，幻化宗。第六，心無宗。第七，緣會宗。本有六家，第一家分爲二宗，故成七宗也。言十二者，《續法論》文云：下定林寺釋僧鏡作《實相六家論》，先設客問二諦一體，然後引六家義答之。第一家，以理實無有爲空，凡夫謂有爲有，空則真諦，有則俗諦。第二家，以色性是空爲空，色體是有爲有。第三家，以離緣無心爲空，合緣有心爲有。第四家，以心從緣生爲空，離緣別有心體爲有。第五家，以邪見所計心空爲空，不空因緣所生之心爲有。第六家，以色色所依之物實空爲空，世流布中假名爲有。前有六家，後有六家，合爲十二家也，故曰爰延十二也。並判其臧否，辨其差當[四]，臧否差當，即是非也。前六家論中，判第四家爲臧，餘五家爲否。後六家論中，辨前五家爲差，後一家爲當也。唯此憲章，無弊斯咎者，憲，法也。十[五]二家皆有是非之弊，今肇法師所作無有此弊，但是而無非也。良猶襟情泛若，不知何係者，良，信也。襟是胸襟，情是性。泛然無所係滯也。若是不計義，《周易》云：出涕沱若。溝者不計若寄。以其無有別義故，不計之耳。匹彼淵海，數越九流者。淵海廣博，越九流之數，肇法師襟懷廣博，越詳、汰諸人也。淵海者，《小雅》：深也。九流者，江有九江，河有九河，皆是九流也。九江者，《尋陽記》云：一者，烏江。二者，蜂江。三者，烏土江。四者，嘉靡江。五者，畎江。六者，污江。七者，稟江。八者，提江。九者，菌江。九河，《爾雅》云：一者，徒駭河。二者，大史河。三者，馬頰河。四者，覆輔河。五者，胡蘇河。六者，簡河。七者，潔河。八者，鉤盤河。九者，鬲津河也。挺拔清虚，蕭然物外者，挺，出也。蕭然，謂蕭條然也。肇法師才思挺出，清雅虚通，蕭然在物之外也。知公者希歸公採什者，知肇公之者希，歸向肇公者，則收採其文什也。如曰不知則公貴矣者，曰者，語端。《老子》云：知我者希，則我貴矣。今用此語也。有人云如日月日用而不知者，殊非理也。

達猥生天幸下。

第三，慶幸逢遇也。猥，衆也，謂多生有幸。幸者，寵者也。而言天幸者，天寵也。亦可凡言天者自然。今言天幸，自然有幸也。《世説》注云：張敏，字子羽。與張華同時，而不得官。乃作《頭[六]責子羽文》云：公受性拘係，不閑禮儀，誤以天幸爲子所寄。言天幸，用此語也。有人將幸字屬下句，殊爲可哂也。忻躍不已，嚮讌忘疲者，忻喜踊躍，不知止也。歆嚮飲讌，無疲倦也。然此嚮字，合鄉下作食。今多作向，亦可，然有本作音，非也。每至披尋不勝手舞者，子夏《詩序》云：不知手之舞之，足之蹈之。今用此語，意云歡喜也。況《中》《百》《門觀》，爰洎方等深經者，《小雅》云：暨，及也。《左傳》云：暨，至。或作洎字，義亦同也。《十二門論》，名爲《門觀》。叡師《中論序》云：《百論》治外以閑邪，斯文祛内以流滯。《大智釋論》之淵博，《十二門觀》之精詣也。

世哆咸云下。

第四，非斥譏嫌也。《傳》云謂彦，彦字言邊作彦，今口邊作彦，俗中字也。肇之所作，故是成實真諦，地論通宗者，成實論宗有真諦義，十地論宗有通宗義。謂肇師所明之理，猶是彼二論中之義也。莊、老所資孟浪之説者，謂肇法師用莊、老言資此論爲孟浪之説。孟者，大也。浪者，流浪也。此實巨蠱之言，欺誣已[七]没者[八]。蠱，是蠱毒。書云：以物病人爲蠱，即如漢家巫蠱事也。没，終也。《小雅》作殁，今作没也。見肇師亡没，作此欺凌誣罔。肇法師假莊、老之言，以宣正道，豈即用莊、老爲法乎。必不然也。街巷陋音，未之足拾者，此是街巷鄙陋之言，不可收採也。

夫神道不形，心敏難繪者。

第五，述元情也。述肇法師之元意，明不同莊老也。神道，謂神妙之道，即佛道也。敏，疾也。繪，《論語》云：繪，畫也。既文約義遠，衆端所説者，今謂作論，文有限局，理致弘遠，不假莊、老衆端之言，無由宣暢玄理也。有本云説，有本云詭。詭，變也。肇之卜意，豈圖然哉[九]，肇法師卜措懷抱，

豈自無理，以莊、老之理，爲佛理乎。信有所以也。如復殉狎其言，願生生不面者，殉字，合立人邊作徇。以身從物，謂之徇。今作殉者，則是送死，謂之殉也。狎，習也，合也。意若復有人殉狎此言者，我即願生生不與此人面對也。至獲忍心還度斯下者，得無生忍，方還度此下品人耳。

達留連講肆二十餘年下。

第六，宣明序意也。留連，謂不離也。講肆，謂講席也。《説文》云：講，習也。《左傳》云：講，謀也。《周禮》云：司市常以陳肆辨物。此謂陳設物産爲肆耳。令，謂講説之處，陳設几席，事如肆也。自講已來二十年也，亦可聽講以來二十年也。頗逢重席，末觀斯論者，頗亦曾逢重席，末後方見此論耳。重席者，漢帝令諸儒講論，勝者奪劣者席。戴憑獨坐五十重席。時人曰：説經不窮戴侍中也。聊寄一序，託悟在中者，寄託悟

懷在序内也。同我賢余，請俟來哲者，俟，待也。同於我者，賢於余者，待後明哲也。

夫大分深義，厥號本無下。

第二，正序論之宗旨也。文中，有四：第一，序次第。第二，遣相。第三，稱歎。第四，簡别。今初言大分深義者，此語出《十二門論》也。彼論云：大分深義所謂空也。若通達是義，則達大乘，具足六波羅蜜，無所障礙。今以本無是空義故，發首言之，此謂宗本義也。而言大分者，大分爲言也。厥者，其也。故建言宗旨，標乎實相者，實相即本無之别名，以本無是深義故。建初言本無實相等也。開空法道，莫逾真、俗者，逾，越也。《涅槃經》云：雪山菩薩，聞説半偈。上樹捨身，以報偈價。樹神問言：如是偈者，何所利益。菩薩答言：如是偈者，諸佛所説，開空法道。我爲此法，棄捨身命。今《不遷》《不真》兩論，能開空法之道也。《不真》明真諦也，《不遷》明俗諦也。所以次釋二諦，顯佛教門者，真、俗二諦，佛教要門，以此故次《宗本》而釋二諦耳。但圓正之因無上般若者，此謂《般若無知論》也。涅槃正因，無有尚於般若者也。至極之果，唯有涅槃耳[一〇]，般若極果，唯有涅槃之法也。故末啓重玄者，以此因果，更無加上，故末後明此兩重玄法。般若爲一玄，涅槃爲一玄也。前言真俗，指前兩論。後言重玄，指後兩論。此是必然，不勞别釋。重玄者，《老子》云：玄之又玄，衆妙之門。今借此語，以目涅槃般若。謂一切聖人，皆住於此，故名爲宅也。

雖以性空擬本，無本可稱下。

第二，遣相也。語本絶言，非心行處者，言本則是絶言之處，故非心所能行也。然[一一]不遷當俗，俗則不生者，道不遷則是不生也。不真爲真，真但名説者，道不真爲真，但是假名説耳。若能放曠蕩然，崇茲一道者，指前《宗本論》也。蕩，大也。謂寬曠無所拘礙也。一道，語出《涅槃經》。彼第十二卷云：實諦者，一道清淨，無有二也。清耳虚襟，無言二諦者，指前《不遷》《不真》二論也。清耳，謂靜聽也。虚襟，忘懷也。無言，謂得意也。二諦，謂真、俗也。斯則靜照之巧著，故般若無知者，著，顯也。能如此靜照，即是般若無知義也。無名之德興，而涅槃不稱者，興，起也。若能靜照，知法不可名，即是涅槃無名之義也。

余謂此説周圓，罄佛淵海下。

第三，稱歎也。罄，盡也，如覆罄更無有物也。淵，深。浩博無涯，窮法體相者，浩汗廣博無涯岸，窮盡諸法實相體也。雖復言約而義豐，文華而理詣者，約少豐多也。《易》云：豐，大也。《毛詩傳》云：豐，茂也。詣，進也。出《小雅》，彼文云：造、奏、詣，進也。語勢連環，意實孤誕者，連環，不絶也。孤誕，生也。《毛詩》云：誕，闊也。《爾雅》云：誕，大也。敢是絶妙好辭，莫不竭茲洪論者，漢時會稽人曾肝〔三〕，能撫節安歌，度浙江溺死。肝〔三〕女曹娥，年十二。求肝屍不得，自投浙江而死，經宿抱父屍而出。度尚爲作碑，置於會稽上虞山。漢末議郎蔡邕，夜至碑所，求火不得。以手摸之而讀，歎其能文。乃鐫碑背，作八字云：黄絹幼婦，外孫齏臼。後曹操共揚脩讀此語，問修解不，答云解。操令修勿語，待吾思之。行三十里方解，乃嗟曰：有智、無智，校三十里。後乃殺修，操諸子皆救。操曰：此人中之龍，恐非汝力之所駕馭。遂殺之。黄絹者，絲邊著色，此是絶字。幼婦，少女也。女邊著少，妙字也。外孫，女子也。女邊著子，此是好字也。齏臼者，受辛也。受邊著辛，此是辭字也。今謂絶妙好辭，竭盡此論之中也。洪者，大也。所以童壽歎言下，此語出《名僧傳・慧觀傳》中也。明什法師作此語，非無所以也。彰在翰牘者，肇法師文理彰顯，在翰牘也。古人以雞翰毛書簡牘之上，今名紙爲牘也。

但《宗本》蕭然下。

第四，簡別是論非論也。《宗本》蕭然，不可致難，故但稱義。《不遷》等四，欲接引學人，假致問答，故稱爲論。有本云開通，有本云闚涉，《小雅》云：開，達也。問答折徵，所以稱論者，論本折理，四科折理，故名爲論耳。

宗本義

宗者宗祖，本名根本。肇法師以本無實相等是諸經論之宗本，今明此義，故云《宗本義》也。亦可以此少文，爲下四論之宗本，故云《宗本義》也。今依後釋，此文爲二別：宗本一義，是謂標宗，《不遷》已下四論，是謂明教也。

本無、實相、法性、性空、緣會，一義耳者。

論文有四：第一，明本無實相宗。第二，明非有非無宗。第三，明漚和般若宗。第四，明泥洹盡諦宗。第一，明本無實相宗，爲《物不遷論》之宗本。第二，明非有非無宗，爲《不真空論》之宗本。第三，明漚和般若宗，爲《般若無知論》之宗本。第四，明泥洹盡諦宗，爲《涅槃無名論》之宗本。今云本無等者，有人云：會釋五家義也。竺法汰作《本無論》，什法師作《實相論》，遠法師作《法性論》，安法師作《性空論》，于道邃作《緣會二諦論》。今會此五家，故云一義耳。此非釋也。何者。若今會竺法汰《本無論》者，何故《不真空論》初彈本無義耶。又且遠法師作《法性論》，自問云：性空是法性乎。答曰：非。性空者，即所空而爲名。法性是法真性，非空名也。今何得會爲一耶。復有人言：支法詳作《實相論》，今會此論。此釋彌復不然。支法詳不見什法師，承來至關中乃作書，問什法師門人釋慧儀實相義。慧儀報答，名此爲《實相論》。此並是肇法師同時人，才學又在肇法師下。寧肯會釋此人所作論耶。必不然也。今直云此五家[一四]是經、論中大義。有人謂同，有人謂異。肇法師今會之爲一，不言異也。又《本無》等四爲真，緣會爲俗。今會此真俗二諦不異也。言本無者，如《維摩經》云：無我無造無受者，善惡之業亦不忘。此本無義也。《仁王經》云：有本自無因緣成法。此亦本無義也。《中論》云：若使無有有，云何當有無。有無既已無，知有無者誰。又云：諸法不可得，滅一切戲論。無人亦無處，佛亦無所説。此亦本無義也。言實相者，如《維摩經》云：如自觀身實相，觀佛亦然。我觀如來，前際不來，後際不去，今則不住。不觀色，不觀色如，不觀色性。此實相義也。《中論》云：諸法實相者，心行言語斷。無生又無滅，寂滅如涅槃。此亦實相義也。言法性者，如《大品經》云：法性法住法位實際，有佛無佛法性相常住。此法性義也。《勝天王般若》第三卷有《法性品》，廣明法性不可思議。此性即諸佛法本，功德智慧因之而生也。《中論》云：如來所有性，即是世間性。如來無有性，世間亦無性。此亦法性義也。言性空者，如《涅槃經》云：一切諸法，性本自空，亦因菩薩修空故空。此性空義也。《中論》云：如是性空中，思惟亦不可。如來滅度後，分别於有無。此亦性空義也。言緣會者，《維摩經》云：説法不有亦不無，以因緣故諸法生。此緣會義也。《中論》云：未曾有一法，不從因緣生。是故一切法，無不是空者。此亦緣會義也。如此五義，經論大宗，以理會之，一而無異，故云一義耳。又《涅槃》及《仁王經》，皆明二諦一體。今明此五義唯是二諦，然此二諦一體無別，故云一義。雖有兩釋，前爲正釋也。何則下，此論凡云何，則是假問之辭也。一切諸法緣會而生者，前標列其義，先標本無。今會釋五義，先論緣會。逐便故也。性常自空，故謂之性空者，此有三讀：一者，性常自空故，謂之性空爲句也。二者，性常自空故，謂之性空法性爲句也。三者，性常自空故，謂之性空法性實相爲句也。三讀之中，前爲勝。今依前讀，即以性常自空名爲性空也。法性如是故曰實相者，性空即是法性，此性即是實相也。實相自無，非推之使無者，諸法自無，名爲實相，非是推遣令無也。

言不有不無者下。

第二，明非有非無宗，爲《不真空論》之宗本也。言者，謂經論所言也。《大品經》云：色非空非不空，受、想、行、識，非空非不空。《涅槃經》云：佛性非真如虛空，非無如兔角。《中論》云：定有則著常，定無則著斷。是故有智者，不應著有無。今通釋經論此語。所言不有者，不如有見常見之有。而言不無者，不如邪見斷見無，故云爾耳。有見者，謂有所得見也。邪見者，謂無所得見也。常見者，猶是有見。斷見者，猶是邪見也。又有見者，謂有我見也。常見者，謂身是常也。邪見者，謂無我見也。斷見者，謂身是無常也。《中論》云：我於過去世，爲有爲是無。世間常等見，皆依過去世。我於未來世，爲作爲不作。有邊等諸見，皆依未來世也。亦可此中通以計萬法，定有爲有，定無爲無。有則是常，無則爲斷也。若以有爲有，則以無爲無者，有若定是有，無則定是無也。有既不有，則無無也。有本有重無字，有本但有一無字。若有兩無字，則此句已足。言有既非有，言無亦非無也。若唯有一無字，則此句遣有，後方始遣無。今以重無字爲正也。夫不存無[一五]以觀法者下，前既雙遣有無，今更覆疏兩義。今此句覆疏無無句也。是爲[一六]雖觀有而無所取相者，此句覆疏無有句也。不存無以觀法，則無非無也。觀有而不取相，則有非有也。非有非無，是爲中道矣。然則法相爲無相之相者，此謂實相法也。無有法相，名爲無相。以此無相爲相故，名實相也。聖人之心爲住無所住者，此謂般若也。安住無爲，名之爲住。住無所住故，名無住也。三乘等觀性空而得道者，前云有既不有，無亦不無，皆是性空之妙理。三乘聖人，同觀此理，而後成道也。《涅槃經》云：觀十二因緣智慧，凡有四種：一者，下。二者，中。三者，上。四者，上上。下智聲聞，中智緣覺，上智菩薩，上上智是佛。開佛及菩薩，故有四種。合佛及菩薩，則有三種。然此三人同觀因緣性空，故得成三乘道果也。《金剛般若經》云：一切賢聖，皆以無爲法，而有差別。此之謂矣。性空者，諸法實相者，諸法性空。此是真實之理，故名實相也。見法實相故爲正觀下，見空爲正，見有爲邪也。設二乘不見此理，則顛倒者，有本作故字，非也。設，謂假設。假令二乘不見性空，則是顛倒。而今見空故，非顛倒也。是以三乘觀法無異下，既云非倒，而有三乘之異者，爲心有大小，智有淺深故也。

漚和般若下。

第三，明漚和般若宗，爲《般若無知論》之宗本也。具足梵音，應言漚和俱舍羅般若波羅蜜。漚和俱舍羅，此云方便。般若波羅蜜，此云智慧。方便者，權智也。智慧者，實智也。《大品經》九十品，龍樹菩薩以《方便》已前，明般若道。《方便品》已後，明漚和道。《維摩經》云：有慧方便解，無慧方便縛。有方便慧解，無方便慧縛。今合明此二，只是大智之名也。諸法實相，謂之般若者，觀實相智，是謂般若也。能不取證，漚和功也者，形現也。聲聞觀空即現取證，菩薩觀空能不現證。所以然者，此理深妙，衆生不解。菩薩起大悲之心，願在生死教化衆生。爲説此法，令一切有心，皆得悟解。此即是菩薩善權方便之力也，故云漚和功也。適化衆生謂之漚和者，適，往也。菩薩往入生死，教化衆生令悟性空，此是善權方便之智也。不染塵累，般若力也者，凡夫涉有，多生染著。菩薩涉有，知有法皆空。所以於色於聲而無染著，此是實智見空之力，故云般若力也。然則般若之門觀空，漚和之門涉有者，觀空是實智也，涉有是權智也。涉有未始迷空，故常處有而不染下，覆疏前兩義也。未始者，初未曾也。菩薩涉有未曾迷空，以常知法是空，故能處在生死，不生染著，釋前不染塵累般若力也。不厭有而觀空，故觀空而不證者，菩薩涉有不生疲厭，而能觀空也。以對前言涉有不迷空，此言觀空不厭有也。是爲一觀空不厭有，所以觀空不即取證也。是爲一念之力，權慧具矣者，涉有不迷空，權中有實。觀空不厭有，則實中有權。初言一念之力權慧具者，則是權中有實也。後言一念之力權慧具者，則是實中有權也。好思下，審思則見也。

泥洹盡諦者，直結盡而已下。

第四，明泥洹盡諦宗，爲《涅槃無名論》之宗本也。盡諦即滅諦，四諦之中涅槃即第三諦也。《涅槃經》第二十三卷云：善男子，涅槃之體，無有住處。真是諸佛斷煩惱處，故名涅槃。今取此語，明涅槃之宗本也。無復别有一盡處者，盡本盡於結，結盡無别盡。如此無别盡，是謂常樂我淨大涅槃也。

物不遷論

此下四論第二章明教也。四論四章，即明四教。第一，《物不遷論》明有申俗諦教。第二，《不真空論》明空申真諦教。第三，《般若論》明因申般若教。第四，《涅槃論》明果申涅槃教。明此四法，申彼四教。釋迦一化，理斯盡矣。今言《物不遷論》者，《莊子·外篇·達生章》云：凡有貌像聲色者，皆物也。公孫龍子《名實論》云：天與地，其所産焉，物也。毛長《詩傳》云：遷，徙也。人謂物皆遷徙，變易無常。今明物本不遷，當世各有，言雖反常，義仍合道，故云《物不遷論》也。

夫生死交謝，寒暑遞遷，有物流動，人之常情也下。

論文，有二：前，序。後，正。今初，序文，目爲四段：第一，叙常情。第二，明真解。第三，述異同。第四，申論意。今初。有本云生死，有本云生滅，俱得，今用生死也。有本云迭遷，有本遞遷，俱得，今用迭遷也。《小雅》云：迭、遞、交，更也。今明迭遷，更相遷易也。生死者，非直謂人身死此生彼，通謂一切萬物生死變化也。如《涅槃經》云：一切諸世間，生者皆歸死。壽命雖無量，要必有終盡。既從生至死，亦從死至生。生死迴還，終始無際，是謂交謝。謝，往也。《易》云：暑往而寒來，寒往而暑來。又云：鼓之以雷霆，潤之以風雨。日月運行，一寒一暑，是謂迭遷也。即以生死寒暑，名之爲有，名之爲物，皆有遷謝移易，故云流動。流如水流，動如風動。此是常情所解也。常者，尋常也。《小雅》云：四尺謂之仞，倍仞謂之尋，尋者，舒兩臂也，倍尋謂之常也。

余則謂之不然下。

第二，明真解也。余，我也。謂，言也。

不如前解，故曰不然也。何者。《放光》云：法無去來，無動轉者。竺法護前翻《大品》，名曰《放光》。以此經初廣明如來放光等事，即以爲名也。彼經既云法無去來，何有生死交謝。復云無動轉者，何有寒暑迭遷耶。亦可通說，未必須配也。亦可何〔一七〕者字，是肇法師語，非經文也。尋夫不動之作，豈釋動以求靜。釋者，捨離。尋《放光經》作不動之語者，非謂捨動而別論靜，即求靜於動法之中，即動而爲靜耳。言豈釋者，不釋也。必求靜於諸動下，覆上意可見也。

然則動靜未始異，而惑者不同下。

第三，述異同也。動靜理雖不殊，而迷惑之人謂異也。緣使真言滯於競辨，宗途屈於好異者，真言，謂佛教也。競辨，謂異說也。宗途，謂法理也。好異，謂異解也。所以靜躁之極未易言也者，謂靜躁兩間難辨也。又釋靜躁不二，是靜躁之極。欲說此理，未易可論也。何者。夫談真則逆俗，順俗則違真者，俗人謂異，言不異者，則逆俗人也。真理是一，言不一者，則違真理也。此言真者，謂理實如此，故名爲真，未必即爲真諦也。如云真書真寶，可即是真諦乎。固不然也。有人執此語，非前序中不遷當俗諦。此非得意之言也。違真故迷性而莫返，逆俗故言談而無味者，違真理則迷法性，不能自返也，亦可情迷不能自返悟也。逆俗人則語薄淡，無滋味也。《老子》云：樂與餌，過容止。道之出口，淡乎其無味。今借此語，以飾論文也。如來說法，皆依二諦。言則順俗，理則明真。且秦人好文，譯經者言參經史。晉朝尚理，作論者辭涉老莊。言參經史，不可謂佛與丘且同風。辭涉老莊，不可謂法與聃周齊致。肇法師一時挺秀，千載孤標。上智貴其高明，下愚譏其混雜。是謂資宋章而適越，露形之俗見嗤。抱荆玉而歸楚，無目之徒致哂。信可悲也，深可歎哉。近有無識之徒，自相朋附。或身參法侶，翻謗大乘。或形厠俗流，反宗小教。上誹高德，苟布負俗之名。下賛庸流，將謂契真之實。自忘顔厚，豈識羞慚。經云：譬如癡賊，棄捨金寶，擔負瓦礫。此之謂矣。然信毁禍福，素有誠言。及至臨終，果招其咎。舌出長餘一尺，氣奔經乎數晨。既出牛聲，不知豹變。無間極苦，夫復何疑。後之學者，幸知前事也。緣使中人未分於存亡，下士撫掌而不顧者，《老子》云：上士聞道勤而行之，中士聞道若存若亡，下士聞道大笑之，不笑不足以爲道。今借此語也。中人聞此動静不二，未能決定，或信或疑，故云未分於存亡。下人聞此決定不信，故云撫掌而弗顧。撫掌，拍手也。弗顧，不視也。近而不可知者，其唯物性乎者，動静不二，物之性也。近對目前而人不覺，今傷歎之，故云爾也。

然不能自已下。

第四，申論意也。已，止也。豈曰必然者，未必然也。

《道行》云：諸法本無所從來，去亦無所至下。

第二，正是論文也。文有六章：第一，引經明不遷。第二，指物明不遷。第三，遣惑明不遷。第四，會教明不遷。第五，反常明不遷。第六，結會明不遷。今初。引一經一論，以標於指歸，明不遷之宗本也。《道行》者，《小品般若》也。叡法師《小品序》云：章雖三十，貫之者道。言雖十萬，佩之者行。行凝，然後無生。道足，然後補處也。《中觀》者，《中論》，一名《中觀論》，以此論中明觀因緣等法故也。然彼論中無有此語，應是取《去來品》意耳。《去來品》云：已去無有去，未去亦無去。離已去未去，去時亦無去。今取此意，故云去者不至方也。斯皆即動而求靜，以知物不遷明矣者，經云：無來無去。論云：無去。此之二文，皆是即去明無去，非謂離去有無去。即去無去，是謂不遷之義，一論之旨歸也。

去人之所謂動者下。

第二，指物明不遷也。人以昔物去今，故名爲動。我以昔物在昔，故名爲靜。動而非靜，以其不來，靜而非動，以其不去者，餘本皆云：靜而非動，以其不來。動而非靜，以其不去。句上可釋，下句難解。今勘古本，如前説也。動而非靜，以其不來者，此覆人之所謂動句也。靜而非動，以其不去者，此覆我之所謂靜句也。人以昔物去今而往昔，故曰動而非靜。我以昔物在昔而不去，故曰靜而非動也。然則所造未嘗異下，《廣雅》云：造，詣也。《爾[六]雅》云：造，適也。嘗有兩義：一者，曾義。二者，常義。《莊子》云：夫言非吹也，言者有言，其所言者，特未定也。果有言耶。其未嘗有言耶。此是曾義。又云：仲尼語顔回曰：若必有以也，嘗以語我來。此是常義也。目所造詣，未嘗有異，而心眼所見，未曾有同也。逆之所謂塞，順之所謂通者，逆理則塞，順理則通。逆理謂人也，順理謂己也。苟得其道，復何滯哉者，苟，且也。且得其道理，則動靜不二，更無疑滯也。

傷夫人情之惑久矣下。

第三，遣惑明不遷也。傷，是傷歎也。目對真而莫覺者，此亦謂不遷之事。理審如此，故名爲真，未必即是真諦也。莫覺者，不覺也。既知往物之不來，而謂今物之可往者，敘或情也。往物既不來，今物何可往者，難惑計也。何則。求向物於向，於向未嘗無者，求昨日物於昨日，則昨不無也。責向物於今，於今未嘗有者，責昨日物於今日，則今日不有也。於今未嘗有，以明物不來者，此是前動而非靜，以其不來句意也。於向未嘗無，故知物不去者，此是前靜而非動，以其不去句意也。覆而求今，今亦不往者，前之兩對，直明往而不來，今以今類往，亦復如是也。是爲昔物自在昔，不從今以至昔者，此是不去也。今物自在今，不從昔以至今者，此是不來也。故仲尼曰：回也見新，交臂非故者，《莊子·外篇·田子方章》云：孔子謂顔回曰：吾終身與汝交一臂而失之，可不哀與。郭象注云：夫變化不可執而留也，故雖交臂相守，而不能令停。今用此語也。見新者，謂故人已謝，新人自來也。交臂非故者，交臂相守，亦已謝往，非後故人也。此依郭注釋也。今謂郭注不然，今言交一臂而失之者，謂交一臂之頃，已失前人，非謂交臂執手不能令停也。明知交臂之頃，前已非後，言誰遷耶。然前已非後，則是遷義。而言不遷者，此明無有一物定住，而從此遷向彼，故曰不遷也。如此則物不相往來明矣者，若前人至後，後人至前，可謂往來。既不如此，故無往來也。既無往返之微朕，又何物而可動乎者。朕字，有二音：一者，陳錦反，出《爾雅》。二者，陳忍反，出許慎注。《淮南子》：按事之萌兆謂之朕。今是後音也。李奇云：朕，兆也。《莊子》云：體盡無爲而遊無朕。郭注云：任物故自然無迹。朕，跡也。既無往返之跡，故知不動也。然則旋藍偃岳而常靜下，旋藍，劫初時大風名也，亦曰隨嵐。梵音輕重之異耳。有本云旋嵐。嵐者，此方之風名也。旋嵐，即旋風也。又釋《修行道地經》云：興雲之風，名旋嵐也。向前爲俯，向後爲偃。偃，臥倒也。岳者，山也。江河者，有本云江海。言海不及河也。《莊子》云：野馬，塵埃也。郭注云：野馬者，遊氣也。遊氣奔競，喻如野馬。飄，揚也。鼓，動也。日月歷天者，有本云麗天。

言歷，易見也。日月周旋，故言歷也。麗者，《易》云：日月麗乎天，百穀草木麗乎土。《小雅》云：麗，著也。前風非後風，故偃岳而常靜。前水非後水，故競注而不流。前氣非後氣，故飄鼓而不動。前日非後日，故歷天而不周。《華嚴經》云：譬如長風起，鼓拂生動勢。二俱不相知，諸法亦如是。譬如駛水流，水流無定止。二俱不相知，諸法亦如是。肇法師不見《華嚴》，而作論冥合，自非妙悟玄理，何至於斯乎。

噫，聖人有言下。

第四，會教明不遷也。文有兩段，通是會教。前，廣。後，略。今初也。噫者，《論語》云：噫，斗筲之人何足算也。註云：噫，不平之聲也。《切韻》云：噫者，恨聲也。聖人者，《大載[一九]禮》云：哀公問孔子：何謂聖人。孔子曰：聖人者，智通乎大道，應變而不窮也。《莊子》云：以德分人謂之聖，以財分人謂之賢也。速於川流者，《涅槃經》云：人命不停，過於山水。非《論語》中歎逝，下文方引《論語》耳。此意云：聖教自云人命逝速，即是遷義，何謂不遷耶。人有此疑，故今遣釋也。是以聲聞悟非常以成道，緣覺覺緣離以即真者，以法是遷流故，聲聞聞無常教，悟無常理而成道也。亦以法是遷流故，緣覺覺無常理，而得證真也。苟[二〇]即萬動而非化，豈尋化以階道者，且使萬物非是遷流變化，何由尋此無常遷化之理而得道耶。固應是遷也。覆尋聖言，微隱難測者，前如問，此如答也。微者，小也。《老子》云：視之不見名曰夷，聽之不聞名曰希，搏之不得名曰微也。測者，測量也。有本云喻謂曉喻也。若動而靜，似去而留者，據言教則如動如去也，據理實則如靜如留也。可以神會，難以事求者，可以般若神心契會，不可以言迹事相而求也。是以言去不必去，閑人之常想者，服虔注《漢書》云：閑，闌也。王弼注《易》云：閑，閡也。若蘭若閡，皆是防義。釋者，《小雅》云：釋，解也。若釋皆是遣義也。經中言：諸法生滅無常，是謂去也。謂無常者，未必即無常。爲防人之常執，故説無常耳。經中又言：業果不失，是謂住也。言有住者，不必即住。爲防人執斷之心，故言住耳。豈曰去而可遣，住而可留者，有本云去而可追，非也。法性不去，經中言去，不能遣得法性令其去也。法性不住，經中言住，不能留得法性令其住也。當知爲緣故説去，其實則非去。爲緣故説住，實亦非住也。故《成具》云：菩薩處計常之中，而演非常之教者，《光明定意經》也。彼文云：如來者，不用衣食，處計常之中，而知無常之諦。今取彼經意，故云菩薩耳。《摩訶衍論》云者，《大智度論》釋《摩訶衍經》，故名彼論無〔二〕《摩訶衍論》。摩訶衍，梵音，此云大乘也，即《大品經》也。斯皆導達群方，兩言一會者，導，謂引〔三〕。達，謂通達。群方，謂衆生。言聖人引導衆生多方便也。雖有多方，會歸一致耳。亦可群自是群，方自是方。《易》云：方以類聚，物以群分。聖人道此，故有兩説耳。豈曰文殊而乖其致哉者，不可以言去言住兩文有殊，則令法性幽致乖阻也。是以言常而不住，稱去而不遷者，言常未常，故不住也。稱去未必去，故不遷也。已後覆疏，此語可見。然則莊生之所以藏山，仲尼之所以臨川者，《莊子·内篇·大宗師章》云：夫藏舟於壑，藏山於澤，謂之固矣。然而夜半有力者負之而走，昧者不知也。《論語》云：子在川上曰：逝者如斯夫，不捨晝夜。莊子意明前山非後山，孔子意〔三〕前水非後水也。斯皆感往者之難留，豈曰排今而可往者，此二人皆感歎往者不停，前後各别。非謂定有一物，從此推排至彼也。所以引此二書證成不遷者，夫教之爲體，意在悟物。若於物有悟，教則爲益。若於物無益，教反成損。依向經論廣説不遷，恐儒道二家疑而不信。故引二文，令其悟解耳。事如佛教説戒，以不殺爲先。俗人好殺，豈能領會。若即俗書以明不殺，則無不從順也。《孟子》云：五畝之宅，樹之以桑，則七十者可以衣帛矣。鷄豘犬彘，養不失時，則八十者可以食肉矣。若據此文，則七十已下，不合衣帛。八十已下，不合食肉。慈悲不殺，豈獨佛經。以此相證，誰能不信。今引二書，意同此也。是以覩聖[二四]心者，不同人之所見得者，有本云用，有本云同。俱得也。經中言常言無常，聖人之心難見得，人之常心則不見聖心也。何者。人則謂少壯同體，百齡一質者，常人謂昔日少年，後遷至壯，故云同體。百年同是一身，更非別人也。徒知年往，不覺形隨者，徒，虚也。年往形亦往，此是遷義，即此遷中有不遷也。往年在往時，往形在往日，是謂不遷。而人乃謂往日之人遷至今日，是謂惑矣。是以梵志出家下，此事未詳所出經也。昔人尚存乎者，謂昔人猶存至今日也。吾猶昔人者，猶，如也。如似昔人，實非昔人也。亦可云：吾身雖復猶是昔人，其實非昔人也。亦可云：汝謂吾猶是昔人，其實非昔人也。亦可云：吾可猶是昔人乎。吾非復昔人也。隣人皆愕然非其言者，愕，謂驚愕。不解其言，故驚愕也。所謂有力者負之而趨者，有力，謂無常力也。負，謂擔負也。趨，疾行也。昧，謂暗昧也。歟者，此字單作自得，不勞著欠，此謂助語，如焉乎之類也。

是以如來因群情所滯，即方言以辨惑者。

第二，略會教明不遷也。因物情滯有，即爲説動教。因物情滯無，即爲説靜教。而言方言者，隨方之言説教，以遣其惑也。乘莫二之真心，吐不一之殊教者，知動靜不二是莫二，即真心也。説動、靜兩教，是不一之殊教也。乖而不可異者，其唯聖言乎者，言乖乖而理不可異也。故談真有不遷之稱，導俗有流動之説，真則言不遷，導俗流則言遷也。雖復千塗異唱，會歸同致者，説動説靜有異，理唯是一，所謂動即靜也。而徵文者聞不遷，則謂昔物不至今者，執靜教也。徵，謂徵責也。聆流動者而謂今物可至昔者，《蒼頡篇》云：聆，聽也。聞説動，則謂今物流動謝往去也。既曰古今而欲遷之者何耶者，昔自在昔，何須遷至今。今自在今，何須遷至昔耶。是以言往不必往下，經中言遷，未必即遷。以古在古，以今在今故也。稱去不必去下，此句意同上，而語别也。不來故不馳騁於古今者，馳騁，走也。古不來今，今不去古也。不動故各性住於一世者，此句意同上，而語别也。古今各定，故云各性於一世也。然則群籍殊文下，群籍，謂經書也。百家，謂子書。九經雖殊，同明一教。百家雖異，同明一道。以喻佛經雖衆，言迹不同，莫不同明一致。得其道理，文言不能惑亂也。是以人之所謂住，我則言其去下。

第五，反常明不遷也。人謂從少至老仍是一人，故名爲住。我言前人非後，故名爲去。人謂昔人已往，故名爲去。我言昔人在昔，故名爲住也。然則去住雖殊，其致一也者，我言去之與住，不相違反。取其念念變異故言去，取其各住一世故言住。此則住猶是去，去猶是住也。故經云：正言似反，誰當信者。《中本起經》云爾。斯言有由者，謂經此言有所以也。何者。人則求古於今，謂其不住者，以昔物去至昔，不在今也，今將爲不住也。吾則求今於古，知其不去，以今物自在今，不去至昔，將爲不去也。已下覆疏此二句也。事各性住，何物而可去來者，事，物也。物各住其本性，各住一世，故無去來也。然則四像風馳下，舉事釋成也。四像謂四時之像，馳謝如風，故云風馳也。旋機電卷者，此旋字多遂[二五]手邊作定。人家不解，乃引《尚書》文釋，謂言此字爲非。《尚書》云：在璿璣玉衡以齊七政。孔注云：在，察也。璿，美玉也。機，衡也。玉者，正天文之器，可以運轉。舜察天文，考七政，以審己當天位與不。若作此釋，則旋字合玉邊作睿也。今謂不然，此是北斗樞星名也。北斗七星：一、天樞。二、旋。三、機。四、權。五、衡。六、開陽。七、摇光。今不能具道七星，故但言旋、機二星耳。七星運轉，猶如電卷也。雖四象七星運轉流速，得其理也，亦常不動也。王弼《略例》云：處旋機而觀大運，則天地之動未足怪也。此意亦指七星也。

是以如來功流萬世而常存下。

第六，結會明不遷也。萬世百劫，蓋語多也。積功萬世，前功在於前，積道百劫，蓋昔道在於昔，不朽不失，彌復堅固也。成山假就於始簣者，《論語》云：譬如爲山，雖覆一簣，進者，吾往也。注云：簣，土籠也。積簣土以成山，前功在於前而不失，故積多而成山也。修途託至於初步者，《老子》云：九層之臺，起於累土。千里之行，始於足下。積一步以至多故。至千里者，無由一步，故云託至也，託是假託也。果以功業不可朽故者，此之四事，皆前功不朽，後功相續，方成其事耳。雖在昔而不化者，昔功在於昔，於昔不失，故云不化。不化故云不遷，以不遷故，事如常在，故曰湛然也。故經云：三災彌淪[二六]，而行業湛然者，彌淪，遍滿義。《周易・係辭》云：易與天地准，故能彌淪天下之道耳。此經未詳也。何者。夫果不俱因，因因而果者，因果不同處，故曰不俱。由因而得果，故云因因而果也。因不昔滅者，在昔不滅。因不來今者，昔因不來至今果也。不滅不來，則不遷之致明矣者，既不滅失，又復不來，故言不遷也。復何惑於去留，踟躕於動靜之間哉者，知去留無二，故不惑也。知動靜不二，故不踟躕也。踟躕者，不進貌也。然則乾坤倒覆，無謂不靜，乾，天也。坤，地也。雖倒天而覆地，莫言不靜也。洪流滔天，無謂其動者，堯遭九年之潦〔三七〕，洪水滔天，猶是靜也。苟能契神於即物，斯不遠而可知者，以神情與物理相契，即物知不遷不復遠也。

不真空論

此論第二，明空中真諦教也。諸法虛假，故曰不真。虛假不真，所以是空耳。有人云：真者是有，空者是無。言不真空，即明不有不無中道義也。此是爲蛇畫足，非得意也。若如所云，則空非中乎，大分深義爲何所在。既不然矣，今不用焉。所明空者，諸大乘經論皆以空爲宗本。今之學者多生誹謗，謂説空者爲不了義。無有慧明，可不悲哉。《佛藏經》云：舍利弗，於未來世，當有比丘，不修身戒心慧。是人輕笑如來所説、如來所行。如來常於第一義空，恭敬供養，常樂是行。是諸比丘輕笑如來所説所行真際畢竟空法。爾時有苦行比丘共輕笑。爾時有行空者，我讚其善。當爾之時，咸共不能護持重戒，而言諸法自相空，何所能作。如那羅戲人種種變現，無所知者，見之大笑。何以故。不解戲法其術隱故，生希有心，驚怪大笑。如是舍利弗，爾時真實比丘，説空寂法，求活命者，咸共嗤笑。何以故。是人不知佛法義故，聞説空法，驚疑怖畏。舍利弗，汝觀此人，於安隱處生衰惱心，於衰惱處生安隱心。金口所言，信非謬矣。夫至虛無生者下。

此論文有二章：先，序。後，正。今初序也。序文有三：第一，標正宗。第二，破異見。第三，序論意。今初。文中，又三：第一，標真境。第二，明真智。第三，合明境、智。今初。言至虚無生者，即無生畢竟空真境也。蓋是般若玄鑒之妙趣，有物之宗極者，蓋是不定之辭，將以爲是，未敢爲定故，所以云蓋。趣是趣向義。宗是宗本。謂此無生畢竟空，是般若所鑒之境，萬物之宗本也。

自非聖明特達下。

第二，明真智也。聖明即般若也，非是般若奇特明達，何能以神情契合中道非有非無之理哉。即此非有非無，是中道畢竟空，故云有無之間耳。

是以至人通神心於無窮下。

第三，合明境、智相契會也。以神心觀無窮之理，故云通神心於無窮。不爲有物之所滯礙，故云窮所不能滯也。極耳目於視聽，聲色所不能制者，縱耳聽聲，不爲聲所惑，縱目覩色，不爲色所迷也。豈不以其即萬物之自虚下，良以萬物是虚，故縱視聽，不爲聲色所惑耳。累者，勞累也。是以[二八]乘真心以[二九]理順，則無滯而不通者，順，謂諸法是空，不違正道也。乘御般若之心，憗理順空之道，則無有滯礙而不通暢也。有本作履字，亦可然也。謂履踐順空之道耳。審一氣以觀化，故所遇而順適者，化，謂萬化也。適，謂往適也。《莊子·内篇·大宗師章》云：彼方且與[三〇]造物者爲人，而遊乎天地之一氣。郭注云：皆冥之，故無二也。《莊子·外篇·北遊章》云：人之生也，氣之聚也。是其美者爲神奇，其不美者爲臭腐。臭腐復化爲神奇，神奇復化爲臭腐。故曰：通天下一氣也。《離騷》第六卷《遠遊章》云：順凱風以從遊，至南巢而一息。見王子而宿之，審一氣之和德。王逸注云：究問元[三一]釋[三二]精之祕要也。今借此等諸言，以目一道也。無滯而不通，故能混雜致淳者，《莊子》云：衆人役役，聖人愚芒[三三]，參萬歲而一成紀[三四]。今借此語，以喻不二法門。若能無滯不通，即是不二法門也。所遇[三五]順適[三六]則觸物而一者，所逢遇皆以般若觀之，知其皆空，無有滯礙，是則萬法一相無相也。如此則萬像雖殊而不能自異者，既同一相，所以不異也。不能自異故知像非真像者，一相無相，所以像即非像。下覆上意也。然則物我同根是非一氣者，物是外物，我者己身。同一無相，故曰同根，同一正道，故曰一氣也。潛微幽隱殆非群情之所盡者，潛是潛藏，微是微細，幽是幽深，隱是隱映。以難見故，非諸人所能窮盡也。殆者，《爾雅》云：危也。《廣雅》云：敗也。鄭玄注《禮》云：幾也。毛長注《傳》云：始也。今取其音幾。幾者，近也。

故頃爾談論下。

第二，破異見也。頃者，俄頃，謂少許時也。此頃諸家作論，多有不同，良以虛宗玄妙故，談者不得其實，致成異見耳。夫以不同而適同，有何物而可同[三七]者，以，用也。適，往也。以不同之情，往取同理，何由可得同耶。有本作釋字，皆謂解也。故衆論競作而性莫同焉者，總明諸家作論理性不同也。何則心無者下，正出諸家不同之論也。然不同之論，非止一家。今略破三家，餘可知矣。心無者，破晉朝支愍度心無義也。《世説注》云：愍度欲過江，與一傖道人爲侣。謀曰：若用舊義往江東，恐不辨得食，便立心無義。既此道人不成度江，愍果講此義。後有傖人來，先道人語云：爲我致意愍度，心無義那可立。此法權救飢耳，無爲遂負如來也。從是以後，此義大行。《高僧傳》云：沙門道恒頗有才力，常執心無義，大行荆土。

竺法汰曰：此是邪説，應須破之。乃大集名僧，令弟子曇一難之。據經引理，折駁紛紜。恒杖其口辨，不肯受屈。日色既暮，明旦更集。慧遠就席，攻數番，問責鋒起。恒自覺義途差異，神色漸動，麈尾扣案，未即有答。遠曰：不疾而速，杼軸何爲。坐者皆笑，心無之義，於是而息。今肇法師亦破此義，先叙其宗，然後破也。無心萬物，萬物未嘗無。謂經中言空者，但於物上不起執心，故言其空。然物是有，不曾無也。此得在於神靜，失在於物虚者，正破也。能於法上無執，故名爲得。不知物性是空，故名爲失也。

即色者，明色不自色下。

第二，破晋朝支道林即色遊玄義也。今尋林法師《即色論》，無有此語。然林法師集，別有《妙觀章》云：夫色之性也，不自有色，色不自色，雖色而空。今之所引，正此引文也。夫言色者，當色[三八]色即色，豈待色色而後爲色哉者，此猶是林法師語意也。若當色自是色，可名有色。若待緣色成果色者[三九]，是則色非定色也。亦可云若待細色成麄色，是則色非定色也。此直悟色不自色，未領色之非色者，正破也。有本作悟，有本作語。皆得也。此林法師但知言色非自色，因緣而成，而不知色本是空，猶存假有也。

本無者下。

第三，破晋朝竺法汰本無義也。情尚於無多觸言而[四〇]賓無者，情多貴尚此無也，觸言皆向無也。賓者，客也。客皆向主。今本無宗言皆向無也。《爾雅》云：賓，服也。言服無故云賓無耳也。故非有，有即無；非無，無即[四一]無者，謂經中言非有者，無有此有也。言非無者，無有彼無也。尋夫立文之本旨者，有本作文，有本作無。今用文也。謂尋經文本意也。直以非有非真有，非無非真無者，真，實也。非實定是有，故言非有。

非實定是無，故言非無耳。何必非有無此有，非無無彼無者，不言非有無却此有，非無無却彼無也。此直好無之談者，直是好尚於無，故觸言向無耳。豈所謂順通事實即物之情哉者，不順萬事之實性，不得即物之實性也。

夫以物物於物下。

第三，明作論意也。以物名名有物，故云以物物於物。以物名名非物，故言以物物非物。以物名名有物，則有物體之可名，故云則所物而可物。以物名名非物，則無物體之可名，故云雖物而非物也。是以物不即名而就實者，物體自別，不即以名字爲物實也。名不即物而履真者，名字又別，不即以物體爲名之真也。然則真諦獨靜於名教之外下，俗諦之物，尚名不即實，實不即名。真諦之理，名教之所不及，故云獨靜於名教之外也。既非名教所及，文言豈能辨得真諦乎。不能杜默，聊復唇言以擬之者，杜，塞也。唇者，《小雅》云：措，置也。今作唇字，義亦同也。理雖不可言，試以言理也。

《摩訶衍論》云：諸法亦不有相，亦不無相下。

第二，正是論文也。文中，有六：第一，引教以明空。第二，據理以明空。第三，重引教以明空。第四，重據理以明空。第五，就名實以明空。第六，結會以明空。引教據理所以爲異者，引教則先引經，然後釋成。據理則先明所以，然後引經論帖釋也。今初引教，文有三段：第一，正引兩論以明空。第二，解釋論意。第三，引經證成。今初。言《摩訶衍論》者，《大智度論》也。通指一部論意，亦可但指論中一文。文云：譬如鏡中像，非鏡亦非面，非有亦非無也。《中論》者，通指一部論意，亦可但指論中一文。文云：若使無有有，云何當有無。有無既已無，知有無者誰也。而言第一真諦者，自從者字已上，是二論之文。今言第一，肇法師之語。明此兩論所説，是第一義諦，亦名真諦，故合説也。

尋夫不有不無者下。

第二，解釋二論之意也。豈謂滌除萬物杜塞視聽下，滌除是洗蕩也。《老子》云：滌除玄覽能無疵乎。今借此語用也。杜，猶是塞也。寂寥者，《老子》云：寂兮寥兮，獨立而不改。釋者云：無聲曰寂，無色曰寥。此意言非謂斷空始爲真諦也。誠以即物順通，故物莫之逆者，誠，信也。即萬物之有爲空，故云順通。順通故無阻逆也。即僞即真，故性莫之易者，即俗諦之僞，真諦之真，非謂改變俗諦，别明真諦也。性莫之易故雖無而有者，即有是空，雖空猶是有也。物莫之逆故雖有而無者，即萬物順通性空，當知雖有而是空也。雖有而無所謂非有下，雖有而是無，當知非定有。下句反此也。如此則非無物也，物非真也者，非無物也，明非無也。物非真也，明非有也。亦可直云非是無物，但物非真有之物耳。物非真物於何而可物者，既云非真，何處有此物乎。

故經云下。

第三，引五經證成也。今引《維摩經》也。經云：色即是空，非色滅空。謂色性即是空，非謂滅色然後始空也。而云敗者，古經也。壞敗是毁敗，亦是滅義。以明夫聖人之於物也，即萬物之自虚者，以明兩字，或可屬上，或可屬下。唯《莊子》應屬上。今此文意則將屬下也，後亦然。明聖人見萬物之性自空耳。豈待宰割以求通哉者，《小雅》云：宰，治也。割，謂裁也。即色是空，不須宰割破壞，然後方乃通於空也。是以寢疾有非真之談，超日有即空之稱者，前引一經，此引兩經，後更有兩經也。寢疾，謂《維摩經》也。彼經云：菩薩病者非真非有，衆生病亦非真非有也。超日者，《超日明經》也。彼經云：不有受，不保命，四大虛也。然則三藏殊文，統之者一者也。三藏，謂修多羅、毘曇、毘尼。雖言迹異端，以理統之，莫終不歸畢竟空也。故《放光》云第一真諦無成無得下，據第一義諦，無有成佛，無有得涅槃。世諦則有耳。夫有得則是無得之僞號下，諸本皆云：成得則是無得之僞號。今依古本，有得爲正也。准下無得句，義亦應然。實是無得，而云有得，是假僞之名。無得反此也。真名故雖真而非有者，諸本皆云：雖得而非得。今依古本，雖真而非有也。准下僞號句，義亦應然也。雖曰真名，仍非是有。僞號反此也。是以言真未嘗有者，覆前兩句也。二言未始一下，真僞兩言不一，而有無二理不殊也。故經云真諦俗諦謂有異耶下，此是《大品經》第二十二卷《道樹品》中問答也。此經直辨下，釋前經中問答意也。真諦明非有下，據真則非有，據俗則非無也。豈以二下，不以諦名有二，則謂法體有二也。

然則萬物果有其所以不有下。

第二，據理以明空也。文中，有二：先，正據理以明空。後，引二經證成也。今言然則者，若然則皆空也。果者，果敢，決定義。所以者，是義也。萬物有不有義，有不無義，故云爾也。有其所以不有，故雖有而非有者下，諸本多云：有其所以不無。今勘古本，正應言不有。文義亦應然也。人謂萬物是有，今明萬物有不有義。故雖有非是有。下句反此也。雖無而非無，無者不絶虛者，雖是無而非定無，則此無，不同大虛永絶。下句反此也。若有不即真，無不夷迹者，有非定有，故云不即真。無不泯滅，故云不夷迹。夷，平也。《老子》云：視之不見名曰夷也。迹者，事相之迹。即事是無，不待夷平，然後始無耳。然則有無稱異，其致一也者，名殊而理一也。

故童子歎曰下。

第二，引二經證成也。童子者，《維摩經》中長者子寶積也。言佛説法，非定是有，亦非是無，皆從因緣而有也。《瓔珞經》云者，此是《大瓔絡經》也。彼經第十三卷初，文殊師利問云：一切諸佛轉法輪，爲有轉耶，爲無轉耶。佛言：諸佛正法，亦不有轉，亦不無轉。文殊復問：云何亦不有轉，亦不無轉。佛言：諸法空故，亦無有轉，亦無無轉也。此乃衆經之微言者，諸經中微妙之言也。

何者。謂物無耶，則邪見非惑下。

第二，解釋經意也。邪見見無，若謂物定是無，則邪見應非是惑乎。謂物有耶，則[四二]常見爲得者，常見見有，若謂物定是有，則常見應非是惑乎。以物非無故下，覆上句可見也。然則非有非無，信真諦之談者，非有非無是真諦教也。

故《道行》云：心亦不有亦不無下。

第三章，重引教以明空也。初安故字，似如引證。看後語勢，乃是開章也。文中，有二：前，引一經一論以明空。後，單引一論以明空。今初文，二：前，正引一經一論以明空。後，釋經論意。今初也。《中論》云者，此通引《中論》意也，亦可是《四諦品》偈。偈云：衆因緣生法，我説即是空，亦爲是假名，亦是中道義也。尋理即其然矣，此經論所説理如然也。

所以然者下。

第二，解釋經論意也。文中，二：先，釋非有。後，釋非無。今初也。豈待緣而後有哉者，有若定有，不須待緣生方有也。譬彼真無下，此舉大虚之無，以喻有也。若有不能自有，待緣而後有下，有要待緣，明知非有也。有非真有下，結明有空也。不無者下，釋非無也。夫無則湛然不動下，若湛然不動，始可名爲無也。萬物若無則不應起者，無若定無，則不應緣會而起也。起則非無者，以緣起而生，故知非無也。以明夫緣起故不無也者，明知緣起故非無也。而言以者，以，用也。

故《摩訶衍論》云下。

第二，單引一論以明空也。文中，有二：前，正引論。後，釋論意也。一切諸法，一切因緣故應有者，諸法皆從因緣故有也。一切諸法，一切因緣故不應有者，諸法皆從緣故，非定有也。一切無法，一切因緣故應有者，諸法本無，從緣故有也。一切有[四三]法，一切因緣故不應有者，諸法從緣有者，以從緣故，非定有也。

尋此有無之言下。

第二，釋論意也。上來兩對，各各相反。如此相反，非徒然也。尋此語意，是明非有非無中道耳。此是理一稱二，其文有似不同者，只是一物，而言非有非無，故云稱二。言非有似異非無，言非無似異非有，故云不同也。苟領其所同，則無異而不同者，苟，且也。所同者，謂中道也。言非有非無皆明中道，中道既同，故無不同也。

然則萬法果有其所以不有下。

第四，重據理以明空也。文中，有三：先，正明空。次，覆疏解釋。後，引經證成。今初，據理意同前章也。

何則。欲言其有下。

第二，覆疏解釋也。有非真生者，假緣而生，故非真生。非真生故，不得言有也。事像既形者，萬事萬像皆已形現。皆已形現，不得言無也。像形不即無，非真無非實有者，事像形現，不即是無。有非真生，非是定有也。然則不真空義顯於茲矣者，正以非真實有，故言不真。既非實有，所以言空。論之得名，從此義也。

故《放光》云下。

第三，引經證成也。譬如幻化人者，此有三讀：一者，連三句通成一段。二者，譬如幻化人爲句，後兩句相著也。三者，譬如幻化人非無幻化人爲句，已後爲一段。今且從初也。幻化異者，從無起有爲化，從有起有爲幻也。非無幻化人，幻化人非真人者，非無即非無也，非真即非有也。

夫以名求物，物無當名之實下。

第五，就名實以明空也。文中，有二：前，正明空。後，引經論證成。今初也。將名取物，物非是名，故云物無當名之實也。將以物求名，名無得物之功者，將物取名，名非是物，故云名無得物之功也。物無當名之實下，覆疏前句也。是爲名不當實下，又覆疏上句。直明名非實，實非名耳。名實無當，萬物安在者，名不當實，則名非名矣。實不當名，則實非實矣。名實不當，萬物皆空，故云安在。安在者，何在也。

故《中觀》云下。

第二，引經論證成也。先引《中觀論》，後引《成具》等經。今云物無彼此者，通是《中論》意也，亦可别指《觀苦品》一偈。偈云：自作若不成，云何彼作苦。若彼人作苦，是亦名爲作。今取此意反證也。此彼莫定乎一名下，此不定此，彼不定彼，而惑者謂爲定有此彼也。必然者，決定也。志者，志意。意有記録，故名爲志耳。然則彼此初非有，惑者初非無者，彼此無定性，故云非有。於惑者，則元不無也。既悟此彼之非有，又何物而可有哉者，彼此在物既無，彼此又無物也。故知萬物非真，假號久矣者，號，名也。以非真是假，故名爲空。是以《成具》立釋[四]名之文下，引《成具》及《大品經》證成也。先引《成具經》及《莊子》，後引《大品》。今引《成具經》，兼引《莊子》，助成此義也。

《成具光明定意經》云：是法無所有，强爲其名也。《莊子》云：以指喻指之非指，不若非指喻指之非指。以馬喻馬之非馬，不若非馬喻馬之非馬。此意云：此以此指爲指，將彼指爲非指。彼亦以彼指爲指，將此指爲非指。於馬亦然，各有一彼此，則彼此無定。各有一是非，則是非無定也。而言園林者，莊子爲膝[四五]園吏，故云爾也。如此則深遠之言於何而不在者，無彼無此，此是深言。《成具》固已有之，《莊子》亦作此説也。是以聖人乘千化而不變下，以萬法是空，故聖人變之而不染也。千化萬變者，意言多也。變化非一，故云千化。惑倒非一，故云萬惑。雖乘千化，出生入死，而不爲生死所染，故云不變。雖履萬惑，無所不爲，而不爲倒惑所壅，故云常通也。必以其即萬物之自虚下，以法自空，不假將空觀，本[四六]空法也。經云甚奇世尊下，引《大品經》證成也。彼經云：如來建立衆生於實際。古本云立處。今引古《大品》文也，明一切諸法是實際，能令衆生知諸法皆是真際，故云爲諸法立處也。非離真而立處下，非是離真際，别建立衆生於真際，即明衆生是真際，故云立處即真也。

然則道遠乎哉下。

第六，會結以明空也。道，謂無生真理也。聖，謂般若真智也。道遠乎哉者，言不遠也。觸事皆是道，更無别道耳。聖遠乎哉，言不遠也。體悟即是聖，更無别有聖人。

肇論疏卷上

大唐開元二十三年歲在乙亥閏十一月三十日，楊州大都督府江都縣白塔寺僧玄湜，勘校流傳日本國大乘大德法師[四七]。

使人發促無暇寫，聊附草本，多不如法，幸恕之。後叡師、源師還更附好本耳。

天平勝寶六年七月十九日寫竟。

信定篁〔四八〕

文永二年七月十三日，於光明山東谷往生院敬奉書寫了。願以書寫力，自他開慧眼矣。同移點了。

三論宗　智舜春秋六十七

永仁二年甲午十月十五日，於東大寺新禪院以古本校合之次，任愚推加點畢。魯魚之至，越度有多歟。頗雖有其恐，粗鑿荒途，後哲必加修治而已。

抑今古本文字多不定也。就中日本國大乘大德法師者，指道慈律師耳〔四九〕。

三論圓宗沙門　聖然

正安二年庚子二月一日，於八幡宫法園寺，以先師上人第二傳點本重加校點了。

沙門　然悟習刃

校勘記

〔一〕底本據《大正藏》。

〔二〕「調」，疑爲「雕」。

〔三〕「論」，底本原校云一本後有「竺法汝作本無論也然實相論」十二字。

〔四〕「當」，底本原校疑後脱「者」字。

〔五〕「十」，底本原校云一本前有「前」字。

〔六〕「頭」，底本原校云一本作「頌」。

〔七〕「已」，底本原校云一本作「亡」。

〔八〕「者」，底本原校云一本後有「巨大也」三字。

〔九〕「哉」，底本原校疑後脱「者」字。

〔一〇〕「耳」，底本原校疑爲「者」。

〔一一〕「然」，底本原校云一本後有「則」字。

〔一二〕「曾肝」，《後漢書》（中華書局點校本，下同）作「曹肝」。

〔一三〕「肝」，《後漢書》作「盱」，下一「肝」字同。

〔一四〕「家」，底本原校云一本作「義」。

〔一五〕「無」，底本原校云一本前有「有」字。

〔一六〕「是爲」，底本原校云一本無。

〔一七〕「何」，底本原校疑衍。

〔一八〕「爾」，底本原校云一本作「小」。

〔一九〕「載」，疑爲「戴」。

〔二〇〕「苟」，底本原校云一本後有「齊」字。

〔二一〕「無」，疑爲「爲」。

〔二二〕「引」，底本原校疑後脱「導」字。

〔二三〕「意」，底本原校云一本後有「歎」字。

〔二四〕「聖」，底本原校云一本後有「人」字。

〔二五〕「遂」，底本原校云一本作「反」。

〔二六〕「淪」，《肇論》（《大正藏》本）作「綸」，下二「淪」字同。

〔二七〕「潦」，底本原校云一本作「渿」。

〔二八〕「以」，底本原校云一本後有「聖人」二字。

〔二九〕「以」，底本原校云一本作「而」。

〔三〇〕「方且與」，底本原校云一本作「且方與」。

〔三一〕「元」，底本原校云一本作「無」。

〔三二〕「釋」，底本原校云一本無。

〔三三〕「芒」，疑爲「茫」。

〔三四〕「紀」，疑爲「純」。

〔三五〕「遇」，底本原校云一本後有「而」字。

〔三六〕「適」，底本原校云一本後有「故」字。

〔三七〕「同」，底本原校云一本後有「哉」字。

〔三八〕「當色」，底本原校云一本作「但當」。

〔三九〕「者」，底本原校云一本無。

〔四〇〕「而」，底本原校云一本作「以」。

〔四一〕「即」，底本原校云一本作「亦」。

〔四二〕「耶則」，底本作「則耶」，據《肇論》改。

〔四三〕「有」，底本作「無」，據《肇論》改。

〔四四〕「釋」，底本原校疑爲「强」。

〔四五〕「膝」，疑爲「漆」。

〔四六〕「本」，底本原校云一本作「末」。

〔四七〕「師」，底本原校云一本後有「元康」二字。

〔四八〕「天平」至「信定篁」十六字，底本原校云原本朱書。

〔四九〕「耳」，底本原校云一本後有「而載元康其意如何」八字。

肇論疏卷中

釋元康撰

般若無知論

此論第三，明因申般若教也。而言般若者，梵音，此云智慧也。無智者，無有取相之知耳。常人皆謂般若是智，則有知也。若有知則有取著，若有取著即不契無生。今明般若真智，無取無緣。雖證真諦，而不取相，故云無知。

夫般若虛玄下。

此論文有三章：第一，正是本論。第二，劉公致問。第三，肇師釋答。今初。本論之中，文有三章：第一，先序般若之因由。第二，正標無知之宗旨。第三，問答料簡。今初序中，文有四段：第一，標宗旨。第二，序什師。第三，歎秦王。第四，明論意。今初也。般若之法，無相故虛，幽隱故玄。玄，黑也。幽深難測，義如玄黑。河上注《老子》云：玄，天也。此亦以天遠難明，義同幽黑也。蓋是三乘之宗極，誠真一無差者，蓋者，不定之辭也，謂是而未敢爲是，故云蓋是也。三乘皆有般若，皆因般若而得成道，皆以般若爲宗本，皆以般若爲至極。然有深淺不同，故有大小之異。以此義故，信般若是真是一無差之法也。然異端之論，紛然久矣者，般若之法，理性無差。比者學人釋有差異，以其不能明般若之性，故異説不同。即如遠法師集云：聞壹公以等智爲般若，情實不甘。即其事也。何者。等智者，是共有之智，上下是同。如《涅槃經》云：一切衆生，皆有三種，所謂婬欲、恐怖、飲食。小乘依此，故立等智。此是麁近，未爲深妙。豈以此智而爲般若乎。道一師不解，故云以此爲般若耳。今肇法師亦彈此義，故云爾也。亦可常人或謂般若有知，或謂無知不能分別。今詺此爲異端耳。

有天竺沙門下。

第二，序什法師也。《高僧傳》云：什法師父是天竺國宰相子，名鳩摩羅焰。祖父當紹位，乃避位不受，東遊龜茲。龜茲王帛佹妹，體有赤靨。法生智子，諸國娉之，皆不肯應。乃見焰，心欲當之。王遂逼妻焰，焰遂納之，生什法師。法師出家已後，又往天竺，故云天竺法師也。而言鳩摩羅什者，本名鳩摩羅耆婆，此云童壽。其父名鳩摩羅焰，母名耆婆。今合取父母之名爲字，故云爾也。至此已後，善解文什，故名爲什。此梗概，略取《傳》意，非全文也。此是皎法師作《傳》云爾，餘處不見。然此語或可然，或不然也。何者。若什法師至此善解文什，故云羅什者，《高僧傳》中更有梵僧，名佛馱什，亦解文什，然後名什乎。彼既不然，此何獨然哉。以此言之，未必然也。少踐大方者，《老子》云：大方無隅。今借此語，以喻大乘之法也。什法師七歲出家，先學小乘諸論。至年十三，從參軍王子須利耶蘇摩受學。蘇摩兄弟二人，兄名須利耶跋陀，弟名須利耶蘇摩。蘇摩才辨絶倫，兄及諸人皆從受業。蘇摩爲什説《阿耨達經》，什聞陰界諸法皆空無相，怪而問曰：此經更有何義，而皆[二]破壞諸法。答曰：眼等諸法，非真實有。什既執有[三]根，彼據因成無實。於是研覈大小，往復移時。什方知理有所歸，遂專務方等。因廣求義要，受誦《中》《百》《十二門》等，故云少踐大方也。又大方者，謂天竺國。什雖生龜茲，早向天竺耳。研機斯趣者，機是機根也。《易》云：知幾(平聲)。其神乎。

又云：幾者，動之漸。字與今别，義或可同也，或不同也。而言同者，動之漸亦是心也。言不同者，機但論心，動之微則泛論諸事耳。

什法師年二十，於龜茲王宫中受戒，住於新寺。又於寺側古宫中，初得《放光經》。始就披讀，魔來蔽文，唯見空紙。什知魔所爲，誓心逾固。魔去字顯，仍習誦之。復聞空中聲曰：汝是智人，何用讀此。什曰：汝是小魔，宜時速去。我心如地，不可轉動。今指此事，故云爾也。獨拔於言像之表者，《周易》有《文言》《象辭》，假文言象辭，方顯易道。王弼《周易略例》明象文云：夫象者，出意者也。言者，明象者也。盡意莫若象，盡象莫若言。言生於象，故可尋言以觀象。象生於意，故可尋象以觀意。意以象盡，象以言著。故言者所以明象，得象而忘言。象者所以存意，得意而忘象。是故存言者，非得象者也。存象者，非得意者也。象生於意而存象焉，則所存者，乃非其象也。言生於象而存言焉，則所存者，乃非其言也。然則忘象者乃得意者也，忘言者乃得象者也。今借此語用也。《易》之言象，本明易道。什法師玄悟般若，不假言象也。妙契於希微之境者，有本有得字也。契，謂契會也。《説文》云：契，要也。案契，刻木爲要也。然契有雌雄，像於男女。雄爲左契，雌爲右契。《老子》云：執左契。此之謂矣。希微者，《老子》云：視之不見名曰夷，聽之不聞名曰希，搏之不得名曰微。此三者不可致詰〔三〕，故混而爲一。今借此語，以喻般若無聲無形，什法師能妙契會也。齊異學於迦夷者，齊，謂齊整也。異學是外道也。迦夷是中天竺國名，此云赤澤國也。言迦夷者，意言在西國破外道，未必克在中天竺也。其事者，龜茲北界温宿國，有一外道，神辨英秀，名振諸國。手擊王鼓而自誓曰：論勝我者，斬首謝之。

什法師既至，以二義相撿。則迷悶自失，稽首歸依。今指此事也。楊淳風以東扇者，風，謂般若慧風，如淳和之風也。東扇，謂扇般若之風於此東國也。其事者，什母先將什至北天竺，遇一阿羅漢，名達摩瞿沙。見而異之，謂其母曰：常當守護此沙彌，若年至三十五不破戒者，度人無數，如憂婆毱多。若破戒者，無所能爲，正可才明絶世法師而已。遂將什歸其母，後復往天竺。臨去謂什曰：方等深教，應大闡真丹。傳之東土，唯爾之力。但於自身無益，其可如何。什曰：大士之道，利彼忘軀。若必使大化流傳，能洗悟矇俗，雖後身當爐鑊苦而無恨。後遂傳法來此，故云東扇也。將爰燭殊方而匿曜涼土者，將，欲也。爰，於也。《小爾雅》云：爰，易也。燭，照也。涼土即涼州也。涼有五涼：前涼張軌，後涼吕光，南涼吐蕃烏孤，西涼李暠。今言涼者，沮渠蒙遜。五涼並都姑臧，前、後二涼並都姑臧可知，而南涼、西涼、北涼亦都姑臧者，南涼初都武威西平，後徙東都，又從姑臧，又反東都也。西涼初都姑臧，後遷須泉。蒙遜初都張掖，後遷姑臧也。今言涼者，是蒙遜涼也。言什法師將欲照燭此國，所以在涼土隱匿才智者，有所以也。其事者，前秦主符堅，建元十三年正月，太史奏：有星現於外國分野，當有大德智人，入輔中國。堅曰：吾聞西國有鳩摩羅什，襄陽有釋道安，將非此耶。即遣使求之。至十八年九月，堅遣驍騎將軍吕光、凌江將軍姜飛，率兵七萬，西伐龜茲。臨發，堅餞光於建章宮，謂光曰：夫帝王應天而治，以子愛蒼生爲本。豈貪其地而伐之。正以懷道之人故也。朕聞西域有鳩摩羅什，深解法相。朕甚思之。賢哲者，國之大寶。若剋龜茲，可馳驛送什。光果剋龜茲，將什東返。行至涼州，聞符堅爲姚萇所害。光乃竊號關外。光死，子紹襲位。光庶子纂，殺紹自立。光姪超，殺纂立其兄隆。總經十八年。呂光父子不弘正道故，蘊具深解無所宣化。今言此事也。所以道不虛應，應必有由矣者，符堅死此則無由也，姚興出是謂有由也。弘始三年下，後秦姚興年號也。歲次星紀者，丑月爲星紀，丑年爲赤奮若。今以月名諮年，故云星紀。何者。《爾雅·釋名[四]》云：寅年攝提格，卯年單閼，辰年執除，巳年大荒落，午年敦牂，未年協洽，申年涒灘，酉年作咢，戍年閹茂，亥年大淵獻，子年困頓，丑年赤奮若。月也，正月析木，二月大火，三月壽星，四月鶉尾，五月鶉火，六月鶉首，七月實沈，八月大梁，九月降婁，十月娵觜，十一月玄枵，十二月星紀。今弘始三年，正當丑年，年屬赤奮若。今以丑月之名，以代丑年之名，故云弘始三年，歲次星紀也。有人云十二年名、十二月名，皆是次第互用無苦在，故以月名諮年也。秦乘入國之謀，舉師以來之意者，諸本皆云八國者，非也。今依古本，入國是也。《三十國春秋》云：呂隆懼南涼、北涼之逼，表奏請迎。隆遷于秦，呂光之嗣於是乎絶。此乃是呂隆入秦國，非是八國也。《高僧傳》云：弘始三年三月，有樹連理生于廟庭。逍遥園，葱變爲薤，以爲美瑞。謂至人應入國。至五月，興遣隴西公碩德，西伐呂隆。隆軍大敗。至九月，隆上表歸降，方得迎什入關。故云入國之謀也。師者，兵衆也。舉兵以取什法師來耳。意者北天竺之運數其然矣者，《文選·魯靈光殿賦序》云：自西京未央皆見墮壞，而靈光巋然獨存，意者豈非神明扶持，以保漢室。今効此語也。明符堅舉兵法[五]，往取什法師，未至而卒。今姚興舉兵往取，乃得歸來者，此是北天之運，運數應爾也。而言北天者，《大品經》云：般若於佛滅後，至南方，次至西方，後至北方，北方大興盛。《大智論》釋云：北方謂北天竺也。今謂北天竺運數展轉，方至東國，故云爾耳。

大秦天王者。

第三，歎秦王姚興也。興初承父之後，僭稱皇帝。後之[六]皇帝號，自稱秦王。百官皆隆[七]號。改年弘始。今不稱天子，此云天王耳。道契百王之端下，道居前王之表，故云百王之端。德潤洽於未來之世，故云千載之下。遊刃萬機者，智刃也。《莊子·內篇·養生章》云：庖丁爲文惠君解牛，手之所觸，肩之所倚，足之所履，膝之所踦。砉呼歷反。然響然。奏刀騞然，莫不中音。合於桑林之舞，乃中經首之會。文惠君曰：嘻，善哉。伎蓋至於是乎。庖丁釋刀，對曰：臣之所好者，道也，進乎伎矣乎[八]。始臣解牛之時，所見無非牛者。三年之後，未嘗見全牛也。方今之時，臣以神遇而不以目視。良庖歲更刀而割也，族庖月更刀而折也。今臣之刀，十九年矣。所解數千牛矣，而刀刃若新發於硎。彼節者有閒，而刀刃者無厚。以無厚入有間，恢恢乎，其於游刃必有餘地矣。萬機者，《尚書·咎繇謨》曰：兢兢業業，一日二日萬機。孔注云：幾，微也。言當戒懼萬事之微。今作機字，仍是單機字也。言秦王者，外能遊智刃斷割國務，內能終日弘通佛道也。信季俗蒼生之所天下，信，言信是也。季者，孟、仲、季。季，末也。信秦王是季俗蒼生所仰如天，釋迦遺法之所憑如杖，亦杖託之杖也，遺法杖之而得興盛也。而言蒼生者，蒼是天色。《莊子·逍遥篇》云：天之蒼蒼，其正色耶。今云天生，故云蒼生，所謂衆生也。時乃集義學沙門下，于時集諸僧也。義學，謂學義者也。秦時有逍遥園，園中有觀，故云逍遥觀也。叡師云逍遥園西明閣，閣亦觀也。逍遥園在西京故城之北，臨渭水也。躬執秦文，與什參定方等者，什法師弘始三年十二月二十日至長安，弘始五年四月二十三日，於逍遥園中，出《大品經》。秦王躬覽舊經，驗其得失。今言其事也。其所開託者下，明秦王所請譯經，開託法門者，非但取益當時，乃爲末代津梁也。累劫者，意云當來久遠利益也。

余以短乏下。

第四，序論意也。短，謂短學。乏，謂乏之才。曾，謂曾經也。厠，謂間厠也。嘉，善也。謂經預間在五百人數會耳。以爲上聞異要始于時也者，我以此時初聞異法要法耳。然聖智幽微下，前且明曾聞般若，今明般若難解，不可言説也。爲試罔像其懷下，懷抱罔像，然似如有解，寄狂言以説之也。而言罔像者，《莊子·外篇·北遊章》云：黄帝遊赤水之北，登乎崑崙之丘，南望而遺其玄珠，使智索之而不得，使離誰朱索之而不得，使契詬索之而不得，乃使罔象。罔象得之。黄帝曰：異哉。罔象乃可以得之乎。郭注云：明得真者，非用心也，罔象焉即真。今用此語也。字雖少異，本出《莊子》文。

《放光》云般若無所有相下。

第二，正標無知論之宗旨，以爲論體也。文有五段：第一，標宗。第二，辨相。第三，融會。第四，明體。第五，總結。今初。文中有三：初正標宗，次解釋，後引證。今初，引兩經標立無知宗旨也。此辨智照之用而曰無相無知者，此亦是釋，但未正釋也。此句如問：既云般若，正明智用，應是有知，乃云無相無知，何故然耶。果有無相之知，不知之照明矣者，此句如答也。果者，決定也。定有無相之知，則無取相之知，以無取相之知。以無取相之知，明是無知也。

何者。夫有所知即有所不知下。

第二，解釋也。有所知者，取相知也。

若有取相知，則無無相知也。又取相此即忘彼，知事即迷理。故知有所知者，則有所不知也。以聖心無知，無所不知者，無此取相知，則有無相知也。又取相既有所不知，即不取相則無所不知。理數然矣。不知之知，乃曰一切知者，無心取相而能知萬物者，乃是聖人一切智之所知也。

經云聖心無知下。

第三，引證也。

是以聖人虚其心而實其照下。

第二，辨相也。所言相者，非有相之相，乃是無相之相耳。《老子》云：虚其心，實其腹，弱其志，强其骨。今借此語也。虚其心，謂不取相也。實其照，遍知萬法也。故能默曜[九]韜光者，以不取相，故能潛照萬法也。韜光者，謂藏匿智光，而不取相也。虚心者，謂心無執著也。玄覽[一〇]者，謂幽鑒也。閉智者，謂不分別也。塞聽者，不聽納也。又不曜而曜，名爲默曜。無光而光，名爲韜光。無心而心，謂之虚心。不覽而覽，名爲玄覽。不知而知，謂之閉智。無聽而聽，謂之塞聽。雖復閉智塞聽，而獨悟空空之理，故云獨覺冥冥也。然冥冥語出《莊子》，《莊子》云：照照生於冥冥，有倫生於無形。今借此語，以喻空空也。

然則智有窮幽之鑒而無知焉下。

第二，融會也。聖智窮盡幽微而不取相，故曰無知。聖神應會機緣而不動念，故曰無慮也。神無慮故下，此故字，或屬上，或屬下，皆得也。以聖神無慮，故能自在於世間之表，即是自在義也。以聖智無知，故能玄悟於事像之外也。智雖事外下，雖云聖智玄照事外，即色知空也，非謂離色有空也。雖云聖神自在於世間之表，非謂不化衆生，終日在域中應化也。所以俯仰順化下，俯，謂低。仰，謂舉。應見大者，爲現無邊之身，是謂仰也。應見小者，爲現三尺之體，是謂俯也。應化接誘衆生，無有窮已也。無幽不察而無照功者，無幽微而不察，謂皆察也。自亡其照功也，謂無知也。斯則無知之所知下，此是無知之知，聖人神智之所應會也。

然其爲物下。

第四，明體也。文中，有三：初，正明體。次，解釋。後，引兩經證成。今初。言其者，聖智也。物者，謂此聖智之爲物性也，此乃非物名爲物耳。實而不有虚而不無者，知法皆空，謂之實也。雖言是實，而體性非物，故言不有。體性非物，即名爲虚。無所不知，故云不無。亦可言以無知，故言不有。無所不知，故言不無耳。存而不可論者，其唯聖智乎者，不無此智，故言存也。不可論其相貌定有定無，故言不可論也。唯獨聖智如此，故云唯也。

何者。欲言其有無狀無名下。

第二，解釋也。無狀者，無狀貌也。無名者，無名字也。聖以之靈者，以，用也。聖人用此靈通，無所不知也。聖以之虚故，虚不失照者，雖虚而不失照鑒之用也。無狀無名故，照不失虚者，雖照知而不取相也。混而不渝者，混，雜也。渝，變也。出杜預注《春秋》。雖混同萬法，而各各差别，不渝變也。動以接麁者，有所動作，應接機緣，故云接麁也。是以聖智之用下，常有用未嘗暫廢，只自求其形相，不可暫得也。

故《寶積》曰下。

第三，引兩經證成也，是《維摩經》中長者子寶積説偈文也。舊經云爾，今經云：以無心意無受行也。不動等覺而建立諸法，等覺即般若也，謂聖智不動而無所不爲，故云建立衆生於實際也。所以聖迹萬端，其致一而已矣者，種種變現，故云萬端。同是般若一致之所爲作，故云一耳。

是以般若可虛而照下。

第五，總結也。般若之智雖無知，而能鑒照真諦之理。雖忘[一一]相而可見知，然此忘字義，應是亡失[一二]之亡，諸本皆作忘遺字。良以真諦不可取相，故云忘[一三]耳。萬動可即而靜下，萬物起動，即動無動。聖應無爲，無所不爲也。斯即不知而自知下，不作有相知，自是無相知。不同有心爲，自是無心爲也。復何知哉下，不知而知，即無定知，故云復何知。不爲而爲，即無定爲，故云復何爲也。

問曰夫聖人真心獨朗下。

第三，問答料簡也。文有九番，然有四難：第一，有一番能所難。第二，有一番名體難。第三，有四番境智難。第四，有三番生滅難。前三難皆難無知，後一難直難生滅。今初。問即難也。前論文云：智有窮幽之鑒而無知焉，神有應會之用而無慮焉。無知即無智也，無慮即無會也。今難此語耳。意云：有能知能會，有可知可會，即是有知有會，何得言無知耶。文中，有二：前，躡前難。後，玄搆難。雖有兩意，通難一義，合爲一難也。而言真心獨朗者，朗，明也。謂般若之心，獨自朗悟。無物無[一四]知，故云物物斯照也。應接無方下，有緣皆應皆接。無有齊限，故曰無方。有所云爲，皆與機緣應會，故云動與事會也。物物斯照故，知無所遺者，皆知故無遺漏也。有本作智字，義意雖同，望下不然也。動與事會故，會不失機者，有機則會，故不失也。會不失機故，有[一五]會於可會者，可會即衆生也。知無所遺故，有知於可知者，有本云必亦有知於可知，煩長也。義雖無失，不如省要也。可知，即所知之理也。有[一六]知於可知下，覆疏上句也。既知既會下，聖不虛知，即是有知，聖不虛會，即是有會，故曰既知既會。既有知會，何故言智有窮幽之鑒而無知焉，神有應會之用而無慮焉耶。若夫忘知遺會下，第二玄搆難也。有本言若云，亦得也。若以聖人雖有知會，而不言我能有知我能有會也。即是聖人無私於知會，以成其私者，此是聖人之心。不私作知會解，息忘[一七]其知會，非謂無知無會也。而言以成其私者，《莊子・外篇・天道章》云：孔子舉仁義以説老聃。聃曰：何謂仁義。孔子曰：忠心勿愷悌，兼愛無私，是謂仁之情也。老聃曰：無私焉乃私。郭注云：世所謂無私者，釋己而愛人。夫愛人者，亦欲人之愛己。此乃其私，非亡公而公[一八]者也。今借此語，明聖人雖無心取知會，乃是知會，如無私乃成私耳。斯可謂不自有其知，安得無知哉者，若云自忘知會者，此乃自不謂有知會。然知會之體非無，何得言無知會乎。答曰夫聖人功高二義而不仁下，答也。前難中雖有兩意，同難知會。今更不分別，合作一答也。文中，有三：第一，序本宗。第二，述難意。第三，結答。今初。功高二儀而不仁者，二儀，謂天地也。不仁者，《老子》云：天地不仁，以萬物爲芻狗。聖人不仁，以百姓爲芻狗。今借此語也。聖人功高天地，是即仁矣。而不自矜其能，是謂不仁也。般若智明過於日月，是即明矣。而忘其知，故曰彌昏。《小爾雅》云：彌，益也。彌，久也。今取益義耳。豈曰木石鼓[一九]其懷其於無知者，意云聖人無知者，懷抱豈同木石，名此爲無知乎。固不然也。誠以異於人者神明下，人者神明，法有取相，是即知矣。聖人神明不取法相，故曰無知。以無知故，不可作事相取也。子意欲令下，第二，述難意也。文中，有二：前，躡前難意。後，玄搆難意。今初也。前難末云：聖人無私於知會，故名無知者非也。不自有其知者，自不以知會爲有也。而未嘗不有知者，有知在也。無乃乖於聖心下，無乃乃也。如《爾雅》云：無定定也，無寧寧也，不顯顯也，不承承也。言乃乖聖心，失文旨也。何者經云下，釋經意，明所以乖聖心失文旨也。無知無見者，一往爲知，明了爲見。亦可一往爲見，明了爲知也。無作無緣者，作謂起作，緣謂攀緣也。斯知自無知矣，豈待反照然後無知哉者，聖心無所取相，故名無知。非是實有知自忘其知，名爲無知也。若有知性空而稱淨下，第二，玄搆難意也。若以聖人實有般若之知，但以其體性是空故曰無知者，非今無知之本意也。即[一〇]不辨於惑智者，般若亦空，惑智亦空。二俱是空，同是無知，是則無別也。三毒四倒下，不但惑智，乃至三毒等皆爾，亦以性空爲淨，與般若何異，何故獨稱般若無知乎。若以所知美般若下，若以真諦所知之境無相故，歎美能知之智爲無知者，亦非也。所知自常淨，般若未嘗淨者，真諦自空，般若非空也。亦無緣致淨下，真諦自空，不關般若，何緣令般若同真諦之空，而言無知乎。然經云下，釋經中明般若無知本意也。將無以般若體性真淨本無惑取之知者，將無以者，意言以也。如《世説》云將無同，意言同也。以般若體性不取著於真諦，無惑取之知，故曰無知耳。無惑取之知不可以知名哉者，從然經云至此，文勢乃盡耳。以無有惑取之知，故言無知耳。豈唯無知名無知者，又答前忘知遺會也。非是自忘其知會，然後言無知。只此知[一一]性自無知矣，不待忘也。是以聖人下，第三結答也。真諦無兔馬之遺下，經説象、馬、兔三獸度河，淺深有異。象盡河底而無遺，兔、馬未盡故有遺。今明般若觀真諦，真諦無遺。不如兔、馬，故云無兔、馬之遺。般若之智鑒照窮盡，故云無窮之鑒也。所以會而不差下，會機緣不差失，當道理無取著，寂然泊然無知，而遍知諸法也。

難曰夫物無以自通下。

第二，有一番名體難也。難中，有二：先且泛序名體相召然，後正致難。今初。言物無以自通者，物不能自呼召得物體，故須立名以詺物。名能召物體，故名爲通也。物雖非名下，物雖非是名，而有物當名，名詺得物體也。是以即名求物下，即以物名取物體，則物體可取，不能隱避也。而論云聖心無知下，第二，正致難也。意謂無知未嘗知下，明兩名別也。斯即名教之所通下，立知無知兩名，本詺知無知兩體也。然論者欲一於聖心下，論主云：知無知只是一聖心，而知無知兩名別也。尋文求實下，以知無知兩名，求其兩實，不相當也。何者下，釋所以不當之意也。若聖心是知，即非是無知，故云無所知無所辨。下句反此。若二俱無得無所得〔二二〕復論者，若知無知俱不得聖心，即兩名皆不當實，故不須復論也。答曰經云下，答文中，有二：先，且序般若絶言之意。後，正答其所難。今初也。斯〔二三〕無名之法下，般若如此，乃是無名之法，故不可以名言言之也。言雖不能言下，雖不可言，假言方通，非言不傳也。是以聖人終日〔二四〕。智無知者，非實無知也，欲明聖智無所取著，故言無知耳。辨相不爲無，通鑒不爲有者，若依前釋，以辨聖智，能通知諸法，故非無知也。以通聖智無有執著，故非有知也。若依後釋以辨相，故言聖智無知，其實非無知也。以通鑒故言聖智有知，其實非有知也。非有故知而無知下，覆上也。以非有故，有知即無知。以非無故，無知即有知也。是以知即無知下，結也。無以言異而異於聖心者，莫以知無知兩言有異，謂聖心有無之別也。

難曰：夫真諦境智〔二五〕深玄下。

第三，有四番境、智難也。四番連環，

更不分別。今初番也。真諦，謂無生真境，非般若妙智，不能測知也。聖智之能在茲而顯者，般若有知，真諦之功能也。真諦即般若之緣也者，般若所緣緣於真諦也。以緣求智智即知矣者，既有所知之緣，即有能知之智。所知之緣既有法，能知之智應有知也。答曰：以緣求智智非知也下，答文，有三：第一，直釋答。第二，相形答。第三，總結答。今初：先，標。後，釋。今言不得以緣求智，令智有知也。何者下，釋所以也。《放光》云不緣色生識者，凡人皆緣色生識，所以有見，有見即有知。聖人不緣色而生識，即是無見，無見即無知也。又云五陰清淨下，五陰無相，故云清淨。般若無知，故云清淨也。般若即能知也，五陰即所知也。般若是能知之智，五陰是所知之境也。所知即緣也，即是所緣之法也。夫知與所知相與而有下，第二，相形答也。雙辨真俗二諦，惑解兩智。與者，共也。相與而有，謂惑智惑境也。相與而無，謂真智真境也。以俗諦有相，故惑智有知，故云相與而有，以真諦無相，故真智無知，故云相與而無也。相與而無故物莫之有者，以真諦無相故真智無知，人莫能令其有知也。相與而有故物莫之無者，以俗諦有相故惑智有知，人莫能令其無知也。物莫之無故爲緣之所起者，以人莫能令其無知故，即相因而起也。物莫之有故緣所不能生者，以人莫能令其有知故，即不相因而起也。緣所不能生故照緣而非知者，謂真智也。雖照真諦，不爲真諦所生也。爲緣之所起故知緣相因以生者，謂惑智也，境智相因而得生也。是以知與無知生於所知矣者，雙結惑解兩知兩境也。何者夫智以知所知取相故名知者，此謂惑智惑境也。真諦自無相，真智何由知者，此謂真智真境也。所以然者下，覆前兩義。今從此下至不從因緣有故，即直明惑境惑智也。而言所知非所知，所知生於知者，所知不自得所知名，以因能知，故得所知名也。所知既生知，知亦生所知者，所知既因能知而得名，能知亦因所知而得名也。知[二六]所知既相生，相生即緣法者，彼此迴互，相因而生，即是因緣所生法也。緣法故非真者，以從緣生則非真也。非真故非真諦者，既從緣生即是俗諦也。故《中觀》曰下，引《中論》意，非全文。此意明俗諦，言勢隨及真耳。今言真諦曰真下，從叱至不見有法無緣而生，明真智真諦也。真諦既名真，真故即不從因緣而生也。故經曰不見有法無緣而生者，有法皆從緣生，無有有法而非緣生。則明非緣生者，是真諦也。《涅槃經》云：是諸外道，無有一法不從緣生。諸經之中，通有此意，今泛引也。是以真智觀真諦下，第三，總結答也。智[二七]不取所知，此智何所知者，以不取所知，故名無知也。智然[二八]非無知，但真諦非故知，所真智亦非知者，不同木石之無知，故云然非無知也，但以真諦非是有相之所知故。真智不取相，名爲無知耳。而子欲以緣求智下，子者，男子之通稱也。子以真諦所緣之法是有，而令般若有知也。緣緣[二九]自非緣於何求知者，真諦之緣，自無其相。真智之法，何得有知耶。難曰論云不取者下，第二番也。執前不取之言，以爲難耳。爲無知故不取下，爲無所知故言不取，爲先知然後忘取故言不取耶。冥若夜遊者，無所知則同夜行，不辨黑白。知則異於不取者，知與不取異，則當知之時有取，然後忘知，始是不取耳。答曰非無知故不取者，雙排兩難也。當知之時，即不取相，故言無知耳。難曰論云不取者下，第三番也。不物於物者，不以物爲有物也。若以物爲有物，則是惑取。不以物爲有物，則無惑取也。無取則無是下，既無所取，何物是物，何物當聖人之心耶。既不當聖心，云何聖人無所不知乎。答曰然無是無當者，按成此語，實無可是，實無可當也。夫無當則物無不當者，無當乃當真理，無是乃是真理也。物無不是則是而無是者，是真理雖是無所是，當真理雖當無所當也。盡見諸法而無見者，盡見諸法，則有當有是，而無見者，則無當無是也。難曰聖心非不能是下，第四番也。非不能以萬物爲是物，然以無物可是物故，聖人不以物爲有物耳。雖是不是是，故當是於無是矣者，物非是有故當是無，不以物爲有物，應以物爲無物也。誠以般若無有有相之知者，不同惑智有相知也。若以無相爲無相，又何異累於真諦者，不作有相知，但作無相知也。又不有有相知，但有無相知，如此有何患累耶。答曰聖人無相者，聖人以無相爲心也。既以無相爲心，不但無於有相，亦乃無於無相也。若以無相爲無相下，若謂聖人以無相爲相，有此無相之知，此則無相乃成相，無知乃是知也。捨有而之無，譬猶逃峯而赴壑者，之，適也。峯，謂山。壑，謂水。避山而赴水，俱有害身之患也。處有不有下，處有不取有相，居無不取無相也。然亦不捨於有無者，即有爲不有，非謂離有爲不有，即無爲不無，非謂離無爲不無也。和光塵勞者，《老子》云：和者，和其光，同其塵。今借此語，以明聖人和光同塵。在有同有，在無同無。同有不取有，同無不取無也。周旋者，往來也。寂然而往下，寂泊俱是靜也，往即寂往，往無往矣，來即泊來，來無來矣。恬淡無爲者，恬然淡然，無所施爲。雖無所爲，而無所不爲也。淡音去聲也。《莊子·外篇·天道章》云：夫虛靜恬淡，寂漠無爲者，天地之本，道德之至也。

難曰聖心雖無知下。

第四，有三番生滅難也。三番即爲三。

今初番也。應接機緣不失機會，故云應會不差耳。存之者，存而不應也。可乎者，有本云何乎，有本云可乎，皆得言聖心可得生滅乎。答曰生滅者生滅心也者，謂凡言生者生於心，滅者滅於心也。聖人無心生滅焉起者，既無有心，無可生滅也。然非無心下，非是木石之無心，但是無知之無心，故曰無心心。應亦如是也。是以應會則信若四時之質者，《小雅》云：質，信也。《家語》云：明王之治百姓，其化可守，其言可復，伏音。其迹可履，故其信如四時也。《呂氏春秋》云：天地之大，四時化常，其信至也。《春秋感精符》云：人主與日月同明，四時合信也。今以聖人應物，事如四時春秋冬夏，至時必應也。直以虛無爲體者，有本上句無之字，則應云信若四時質直。此句則云以虛無爲體，今依前釋直字向下也。直者，但也，獨也。但以聖心虛無，故不可取。既不可取，是則無相，無相故無生無滅也。

難曰聖智之無下，第二番也。般若無知，此是聖智之無。惑智性空，此是惑智之無也。般若無知，亦無生滅。惑智性空，亦無生滅。兩無何異耶。答曰聖智之無者無知下，聖智無有知，惑智知體，皆無別也，所以無者是義也。雖同言無，其義各異也。何者夫聖心虛靜下，謂聖心無執著也。無有執著之知，而言其空也。可曰無知下，可名此爲無知，不得名爲知空也。惑智有知下，謂惑智有執著也。有此執著之知，而言其空也。可曰知無下，可名此爲知空，不得名爲無知也。無知即般若之無下，般若無取相，故曰無知。惑智體性空，故曰知無，知無即是真諦之實相耳。言用即同而異下，論用則本同成異，論寂則本異成同也。同故無心於彼此下，言同邊則彼此無差別，言異邊則彼此各有殊。謂般若有照境之力，真諦有發智之功也。亦可言異，則般若有鑒照之功，真諦無也。是以辨同者下，言同者，謂異法爲同也。言異者，謂同法爲異也。斯則不可得而異下，究竟言之，不可得定異，不可得定同也。何者內有獨鑒之明下，釋前寂同而用異也。內有獨鑒之明，即般若用也。外有萬法之異，即真諦用也。萬法雖異下，雖有實理，要以般若照之，方得顯也。內外相與以成其照功者，由內見外，由外發內，故曰相與也。此聖所不能同用也者，此即用異，聖人不能令同也。內雖照而無智下，照而無知，即是智寂。實而無相，即是境寂。兩法體性同，皆是無也。內外寂然，相與俱無者，兩法皆寂，俱是空也。此聖所不能異寂者，此即寂同，聖人不能令異耳。豈曰續鳧截鶴下，此語出《莊子》。《莊子·外篇·駢拇章》云：長者不爲有餘，短者不爲不足。故鳧脛雖短，續之則憂。鶴脛雖長，斷之即悲。故性長，長非所斷。性短，短非所續。今借此語，以明境智雖異而同，不待同而後同也。夷，平也。盈，滿也。岳，山也。壑，溪也。誠以不異於異者，即以不異者爲異也。故雖異而不異者，既以不異爲異，異不可爲異也。於無異法中而說諸法異者，諸不異爲異也。亦不一相下，不一不異，即非同非異也。難曰論云言用則異下，第三番，即就用寂爲難也。未詳般若之內即有用寂之異者，有本云：即有用寂之異不也。有本無不字。今不用不字也，直問般若之內何得復有用寂之異乎。若有不字，則是兩端爲有爲無也。答曰用即寂下，更泯用寂也。寂用體一下，寂用既是體一，同從理出，而有異名也。更無無用之寂主於用者，非謂離用之外別有一寂，爲用之主也。是以智彌昧下。彌，益也。逾，越也。聖智彌昧，其用越明。聖神益靜，其應越動也。豈曰明昧動靜之異者，雖云明昧動靜，又復泯之爲一也。故《成具》云不爲而過爲者，不爲過於爲也。無心無識下，無心無識，深復知覺也。是則窮神盡智下，謂此二經，窮盡神妙智慧，極言象外之談論也。即之明文下，通謂此《般若無知論》也。以此論之明文，則聖心無知可於見也，亦可即指此上二經，爲即之明文也。

隱士劉遺民書問

《般若無知論》有三章：第一，正是論文。第二，劉公致問。第三，肇師釋答。今是第二，劉公致問也。廬山遠法師作《劉公傳》云：劉程之，字仲思，彭城人，漢楚元王裔也。承積慶之重粹，體方外之虛心。百家淵談，靡不遊目。精研佛理，以期盡妙。陳郡殷仲文、譙國桓玄，諸有心之士莫不崇抃。禄尋陽柴桑，以爲入山之資。未旋幾時，桓玄東下，格稱永始。逆謀始，劉便命孥考室林藪。義熙公侯咸辟命，皆遜辭以免。九年，大尉劉公知其野志沖邈，乃以高尚人望相禮。遂其放心，居山十有二年卒。有説云：入山已後，自謂是國家遺棄之民，故改名遺民也。初，生法師入關，從什法師稟學。後還廬山，得《無知論》以示劉公。劉公以呈遠法師，因共研盡。遂致此書，問其幽隱處。雖言迹在於劉公，亦是遠法師之意也。

遺民和南下。

書有三章：第一，序暄涼。第二，正致問。第三，總結。今初暄涼中，文有數節，通是一段也。而言和南者，外國致敬之辭也。頃飡徽聞，有懷遥佇者，頃者，俄頃，謂比來也。飡者，耳中承聞，如飡食也。徽，美也。聞者，名聞。雖是聞字，而作問音也。承聞美名，懷中遥思相見，故云遥佇。佇，待也。音寄壅隔，增用抱藴者，當爾之時，南是晋，北是秦。兩國既其不通，書信難得。

傳寄懷抱，以此增加蘊積也。弟子沈痾下，有本云枕，亦可然也。今以沈滯痾疾，在草澤之中。瘵，猶是疾也。因慧明道人北遊下，謂此已前，曾有慧明道人向北，通書信也。古人不以形疎致淡下，形雖乖疎，而情不淡薄。悟解相關，即爲近矣。而言古人者，《世説》云：嵇康、吕安暫一相思，則千里命駕。安時尋康，康不在，見嵇熹。熹要安過，安不應。直書門上作鳳字。古鳳字，凡中著鳥，謂熹爲凡鳥，故不過也。是以雖復江山悠邈，不面當年下，悠邈皆是遠也。不面當年，謂當今之年，不對面也。企懷風味，謂懷抱企慕肇法師體風理味也。鏡心像迹，謂鏡照其心於肇法師《無知論》，論如肇法師之像及迹也。佇，待也。悦，忻也。懃，勞也。良，信也。緬然無因，瞻霞永歎者。緬，遠也。南北隔絶，無因相見。瞻望雲霞，長歎息也。有本作遐遠字，不及雲霞字也。順時愛敬者，順四時自愛自敬也。冀行李承問者，冀望也。《左傳注》云：行李，使人也。有人云：古時字少，即以李字當履，相仍不改，以至于今。李猶是履，履謂人信行履來往也。望得書問，故云承問耳。伏願彼大衆康和者。康，樂也。外國法師常休納者，什法師也。休，謂休泰。納，謂内也。出鄭玄註《詩》耳。上人以悟發之一〔三〇〕器，而遘茲淵對者。遘，遇也。有本作構，謂架構也。上人，謂肇法師也。器，謂才器。悟解發明，故云悟發。問答深玄，故云淵對也。想開究之功，足以盡過半之思者，《爾雅》云：究，窮也。《周易·繫辭》云：知者觀其彖辭，則思過半矣。所以然者，彖謂斷也，斷一卦之吉凶，故名爲彖。尋《易·彖辭》，則於易道思慮通悟，過於一半。今謂此論開究般若義過於半，如《彖辭》之開易道也。故每惟乖濶，憤愧何深者，爲肇法師能如此開究般若之理，故每欲相見，思惟南北乖闊。懷抱憤結，愧歎何深也。彌厲者，厲嚴也。恂恂穆穆者，《爾雅》云：恂恂，慓[三一]也。《廣雅》云：恂恂，敬也。王肅注《論語》云：恂恂，温恭貌也。穆穆，和順也。宿心者，本心求隱。今從本志，故云遂也。上軌者，軌是車軌，軌訓法也，通謂佛法爲上軌也，亦可別説廬山德衆軌則也。感寄之誠，日月銘至者，感遠法師之思，寄在佛法之中，至誠明顯，如日月也。而言銘者，銘記也。有人云：銘，訓明也。明已云誠，如日月也。遠法師頃恒履宜者。履，休宜也。思業精詣者，心思精業行詣。詣，進也。乾乾宵夕者，《周易・乾卦》九三之爻辭云：君子終日乾乾，夕惕若厲。今用此語也，言宿夜精懃也。自非道用潛流，理爲神御者，《説文》云：御者，使馬也。《尚書》云：御，治也。按乘馬曰御，御馬字，經史皆作馭也。以遠法師用道潛流於心內，用理御心[三二]神，故能然也。孰以過順之年下。孰，誰也。誰，何也。過順，謂六十已上也。《論語》云：吾十有五而志于學，三十而立，四十而不惑，五十而知天命，六十而耳順，七十而從心所欲不逾矩也。六十已上老人，神氣湛然，如此懃厲也。所以憑慰既深下，仰憑法師[三三]，俯慰思[三四]深。不能仰謝，故云逾絶也。此才運清俊，旨中沈允者，運才思清雅俊逸，意旨中當沈深允愜也。《易》云：允，當也。《尚書》：允執其中，四海困窮，天祿永終[三五]。孔安國注云：允，信也。推涉聖文，婉而有歸者。《左傳》云：婉，曲也。《説文》云：婉，順也。聖文，謂佛經。推驗佛經，肇法師所作，有旨歸也。披味殷懃下，披閲翫味，手不釋也。真可謂浴心方等之淵下，謂肇法師將心於大乘水中得浴，將懷於幽玄之津取悟。亦可劉公自云。今尋此論，有如此也。而言津者，《爾雅》云：津，極也。若令此辨[三六]遂通下，此辨，謂《無知論》也。宣流天下爲通也。般若衆流，謂諸部《般若》也。殆不言而會者，殆字有多義。《易》云：殆，差也。《廣雅》云：殆，敗也。鄭玄《註[三七]》云：殆，幾也。毛長《詩傳》云：殆，始也。今依鄭玄也。殆者，是幾也[三八]。幾者，是近也。此論若流通天下，則般若之理，不待言近可契會也。可不欣乎者，意言欣也。再言者，謂大欣也。《廣雅》云：欣，喜也。然其理微者辭嶮者，道理既幽微，言辭則嶮絶。如前云：知非爲知，欲以通其鑒。不知非不知，欲以弁[三九]其相。弁相不爲無，通鑒不爲有。又云：言用則同而異，言寂則異而同。同故無心於彼此，異故不失於照功等。並是言語嶮絶處也。唱獨者應希者，謂肇法師唱此般若無知之義，文理獨絶，難應和也。其事者，《文選》宋玉《對楚王問》云：客有歌於郢中者，其始曰《下里》《巴人》，國中屬而和者數千人。其爲《陽阿》《薤露》，國中屬而和者數百人。其爲《陽春》《白雪》，國中屬而和者數十人。引商引羽，雜以流徵，屬而和不過數人。是其曲彌高，和彌寡也。苟非絶言像之表下，若絶言像之人，則無所復疑。且非其人，則執文多滯。謂言般若是智，不得無知也。言，謂文言。像，謂象辭也。意謂若[四〇]以緣求智[四一]之章下，歎前答中善巧也。婉轉，謂迴曲皆盡也。無所間然，謂無有間阻不通處也。但暗者難可頓曉下，叙問意也。《方言》云：曉，明也。餘疑如後問也。想縱容之暇，復能粗爲釋之者，《廣雅》云：縱容，擧動也。《國語》云：暇閑也，粗略也。然書中縱容字皆單作，今此論諸本皆作縱容也。釋者，《小[四二]雅》云：釋，解也。《字林》云：漬米。今謂解釋問義，如漬米之釋也。

論序般若之體下。

第二，正致問也。文中，有二：前，通

問。後，別問。今初，通之中，先牒前文，然後作問也。夫聖心冥寂下，正作問也。謂冥然寂然，理之至極，與空無同也。不疾而疾不徐而徐者，謂至人神變寬急也。不疾而疾，則無定疾。不徐而徐，則無定徐也。此語出《莊子》。《莊子·外篇·天道章》云：桓公讀書於堂上，輪扁斲輪於堂下。釋椎鑿而上，問桓公曰：敢問公之所讀者何言。公曰：聖人之言也。曰：聖人在乎。公曰：已死矣。曰：然則公之所讀者，古人之糟粕而已矣。桓公曰：寡人讀書，輪人安得議。有說則可，無說則死。輪扁曰：臣也以臣之事觀之。斲輪徐則甘而不固，疾則苦而不入。不徐不疾，得於手，應於心，口不能言也，而有數存乎其間。臣不能以喻臣之子，臣之子[四三]亦不能受之於臣，是以行年七十而老斲輪。古人與其不可傳者死矣。然則公之所讀者，古人之糟粕已矣。是以知不廢寂下，明動靜不二也。運物成功者，運轉衆生，令向善道，功業成也。雖處有名之中而遠與無名同者，《老子》云：無名天地之始，有名萬物之母。意云有名是有也，無名是無也，聖人雖在有而同無也。斯理之玄固常所彌昧者，《爾雅》云：固，久也。彌，益也。昧，冥也。此理玄妙，常來久所昧處，非但於今論方始生疑也。但今談者下，第二，別問也。總有三問：第一，問智體是有知[四四]是無知。第二，問照境有相無相。第三，問境、智相對有是無是，有當無當。今初。言談者，自謂也。所疑於高論，謂疑於肇法師之論耳。欲求聖心之異者，爲有知邪爲無知耶。爲謂窮靈極數，妙盡冥符耶者，此是有知也。爲當窮般若之靈照，極聖智之心數，妙能盡知冥符法性耶。爲將心體自然，靈怕[四五]獨感耶者，爲當般若之體自然無知，精靈恬泊，不與衆生相感應耶。然則寂照之名故是定慧之體者，雖無所不知，以慧爲體，故是知也。而言定者，定心知法，名爲定慧耳。此言定慧爲體，猶是十大地中心數定也，慧以爲般若體耳。十心數者，所謂想、欲、觸、慧、念、思、解脫、境、定、受也。則群數之應固以幾乎息矣者，若自然寂泊無所感應，此則無知。固者，《易》注[四六]云：固，牢也。幾者，此字凡有三音：一者，機音。二者，紀音。三者，祈音。《易》云：知幾其神乎。又云：幾者，動之微。此是機音也。如人幾歲，此是紀音。今云幾者，是祈音也。《論語》云：不幾乎一言而可以興邦。此是紀[四七]音也。《左傳》注云：幾，近也。郭象注《莊子》云：幾，盡也。夫心數既玄下，覆前句也。聖人心數既玄，何謂更有其照。照，謂慧也。略不言定。具足應言心數既玄，何得孤運定、慧，以定、慧[四八]爲體乎。神淳[四九]化表下，覆後句也。聖人既心神恬泊淳和，在世間之表，何得復有慧明獨存，不與衆生相應會乎。當有深證者，應當有別深證悟，更爲我辨之。《廣雅》云：辨，別也。疑者當以下，第二問，照境有相無相也。文中，有二：前，明覩變之知應是有。後，明覩變之知異無相。覩變之知若是有，何得言無知。覩變之知異無相，當知必是有也。撫會者，撫化衆生，與緣契會也。應機者，應接機緣也。覩變者，覩見變動也。而論旨云本無惑取者，汝論但云無有惑取之知，不可以知名之，而未言所以不惑取之意者也。謂宜先定聖人下，第二明覩變之知異無相也。爲當見空，爲當見有耶。見無相即是見空，見變動即是見有。而言惑[五〇]者，兼見有也。若覩其變下，若見變動，即是有相非無相也。若唯照[五一]無相下，若俱見空，則不見有衆生可撫接教化也。無會可撫而有撫會之功下，既無會可撫，何言聖人有撫會之功耶。幸復誨之者，幸復示誨。誨，教也。論云無當則物無不當下，第三，明境、智相對，有是無是，有當無當也。先牒，後難。今初，牒也。夫無當下，正難也。無當而物無不當，乃是當無，故云至當。無是而物無不是，乃是是無，故云真是。斯則有是有當，何謂無是無當乎。若謂至當非常當下，若言當無爲至當，非謂當有是常當。是[五二]無爲真是，非謂是有之常是者。理固應然。常是常當是惑，至當真是是悟。此兩義本别，不須論也。汝論本意亦不謂至當非常當爲非當，真是非常是爲非是也。以祛其惑者，祛，遣也。

論至下。

第三，總結也。詳省者，詳審省察也。亦好相領得者，得汝意也。但標位似各有本者，遠法師以法性爲宗本，謂性空非法性。肇法師以性空爲真諦，與遠法師不同也。頃兼以班諸有懷者。班者[五三]，班賦也。出《爾雅》。案：賦，分布也。有懷，謂有懷抱悟解人也。屢有擊其節者，謂多有擊難要節之人也。而恨不得與斯人同時者，歎訝[五四]肇法師云[五五]能，恨不得同時也。彼時諸人，知是肇法師所作，而云爾者，借古事以美之，故云然也。《史記》云：蜀人揚得意爲狗[五六]監侍上，上讀《子虚賦》而美之曰：獨不與此人同時哉。得意曰：臣邑中司馬相如，言爲此賦。上驚，乃召問相如。相如曰：有是。然此乃諸侯之事，未足觀，請爲天子《遊獵賦》。賦成奏之，天子大悦。今言諸人之美《肇論》，如漢武帝之《子[五七]虚賦》，故歎不同時也。

答劉隱士書

論有三章，此下第三，肇法師釋答也。

不面在昔，佇想用勞下。

答書，亦有三章：第一，叙暄涼。第二，

正答。第三，總結。今初，叙暄涼中，乃有兩書，前略後廣。所以然者，古人作書皆有重複，前略後廣，時使然也。今言不面在昔者，此是古《維摩經》中語。彼經云：維摩詰語文殊師利言：不面在昔，辱來相見。意言昔來未曾對面也。既未曾對面，故佇想用勞。佇，待也。用，以也。披尋反覆，欣若暫對。尋來書及問，欣喜如暫對面也。涼風届節下，《爾雅》云：涼風，北風也。今謂以方言之，是謂北風。以時言之，是謂秋風也。届，至也。佳者，好也。

服像雖殊妙期不二下。

廣書也。一道一俗，故云服像殊也。身雖有殊，心期不別也。有本單作其字也。江山雖緬，理契則隣者，一南一北，故云江山緬。緬[五八]，遠也。處雖緬遠，契理相近也。契，謂木契，喻理合也。所以望途致想，虚襟有寄者，爲心期不二，理契相隣，故望途路，常寄懷抱，在於劉公也。君既遂嘉遯之志，標越俗之美者，《易》有遯卦。遯有嘉遯、肥遯，今言嘉遯。嘉者，善也。遯者，隱也。《字林》云：遯者，遷逃也。劉公本有隱心，今得遂志，超越俗人，故稱爲美。獨恬事外，歡足方寸者，恬，静也。謂真[五九]居山在人事之外，心中歡悦。方寸，是心也。每一言集，何嘗不遠者，每有聚集言論，皆深遠也。古賢《誡子書》云：昔侍座於先帝時，有三長史，俱來會座。帝謂之曰：爲官長者，當清、當慎、當勤。此三者，何患不治乎。及去，帝謂余曰：必不得已而去，於斯三者何先唱爲本。對曰：慎乃爲本，夫清不必有慎，慎無不清。猶仁者必有勇，勇者不必有仁也。帝曰：卿舉比來慎者爲誰。乃舉數人。帝曰：卿所舉人，亦各其慎，然天下至慎其唯阮嗣宗。每與之言，言及懸遠，未嘗臧否人物。今用此事也。喻林下[六〇]雅詠，高致悠然者，晉朝嵇康、阮藉、阮咸、山濤、王戎、向秀、劉靈等七人，在於山陽竹林俱隱，不事王侯，高尚其志。今謂劉公如此也。清散未期，厚自保愛者，清閑散適，無有期限，願自保養愛護也。願彼山僧無恙，道俗通佳者，于時遠法師在山，徒衆七百。今言此衆也。《爾雅》云：恙，憂也。《風俗通》：恙，病也。《易傳》云：上古患恙蟲食其心，凡相問曰：無恙乎。道即僧衆，俗謂俗人。于時有雁門周續之、豫章雷次宗、南陽宗炳及劉公等，同在山隱，今謂此諸俗人也。承遠法師勝常以爲欣慰者，肇法師年少，遠法師老宿。南北乖隔，二國不同。未曾相見，而遥相欽敬，故承勝常而欣喜[六一]爲慰也。雖未清承，然服膺高軌者，遠法師是安法師弟子，名高一代。《高僧傳》云：廬山釋慧遠，承習有宗。天下學士，皆取折中。今肇法師，亦遥挹也。雖未曾清耳稟承，然亦服膺遠法師高軌。服膺，謂以胸臆服地稟受也。高軌，謂高行也。企佇之勤，爲日久矣者，企望佇待已久也。公以過順之年下，歎遠法師德也。以六十已上老年，神氣湛然益嚴也。養徒幽巖，抱一沖谷者，養徒衆在幽山中也。抱一者，懷道也。《老子》云：載營魄抱一，能無離乎。又云：少則得，多則惑[六二]，是以聖[六三]人抱一爲天下式。今借此語爲用也。遐邇仰詠者，遐，遠，邇，近也。何美如之者，無美可比也。每亦翹想一隅，懸庇霄岸者，云我每向東南隅，翹心想望遠法師也。遠法師道德高遠，欲似雲霄之岸也，亦如雲霄，如涯岸也，亦可直指東南雲霄之涯岸也。而云庇者，《爾雅》云：庇，蔭也。無由寫敬，致慨良深者，無因由至彼申寫敬仰，良深慨歎。良，信也。君清對終日下，謂劉公常對遠法師，多歡賞也。此大衆者，京師什法師徒衆也。于時翻譯徒衆，凡有三千耳。如宜者，如常休宜也。秦主道性自然者，此是後秦主姚興也，今歎姚興之道德耳。然道德兩字，《道經》云：要人多式之，不時[六四]精辨。《釋名》云：道，導也，所以通導萬物。《説文》：德，得也。外得於人，内得[六五]於己。今[六六]謂理之自然爲道，人能行即[六七]爲德。何以明之，《老子》云：有物混成，先天地生。寂兮寥兮，獨立而不改，周行而不殆。可以爲天下母。吾不知其名，字之曰道。又云：道可道，非常道。名可名，非常名，是謂道也。又云：生而不有，爲而不恃，長而不宰，是謂玄德。又云：上德不德，是以有德。下德不失德[六八]，是以無德，是謂德也。今先歎秦王道性，然後歎其有德耳。司馬彪云：性者，人之本。蔡邕《勸學》云：性者，心之本也。天機者，機心也。《莊子》云：其嗜欲深者天機淺。今言秦王天機深，故超邁凡俗也。城塹三寶下，歎其德也。與三寶作城塹，以弘道爲事務也。由使異國勝僧遠方而至者，由秦王有德故，異國勝僧等，方從遠國來也。靈鷲之風萃乎茲土者，佛在靈鷲山説法，今謂此風萃集於此也。領公遠舉下，當時有僧，姓支，名法領，往西域歸[六九]《華嚴》等諸大乘經。今言其遠向異國得方等經，與千載下爲津梁。梁，謂橋梁也。請大乘禪師一人者，佛馱跋陀羅也。此人博學，善解《華嚴》，而以禪觀爲行。于時慧觀、慧嚴等向西域，於彼請一大德東歸。彼土大德平章，非佛馱跋陀羅不可。遂共來此。正當什法師來，時至長安。然其意氣高邁，禪觀深遠，謂什法師曰：觀君所譯，未出人意，因何乃得高名。什法師曰：由吾老朽爲衆所推，何必德稱美談也。復緣向門徒説云：吾見本國五舶發來。人或漏泄此語。僧碧等以爲顯異惑衆，集僧擯之。禪師曰：吾身若浮萍，去留甚易。但懷抱未申，以爲恨耳。於是出藍田關，南至荆州。廬山遠法師遣人迎之，屈入山翻譯《禪經》，從其禀受禪法。乃作解擯書送長安，解其擯事。以爲説在同意，非爲異人，不是顯異惑衆。其復遂下宋都，譯《華嚴經》。今之《華嚴》是也。今言其未擯時事耳。三藏法師一人者，弗若多羅也。《高僧傳》云：弗若多羅，出《十誦律》。三分獲二，而多羅卒，曇摩流支續譯。言三藏者，是多羅未卒時事也。又此是曇摩流支。何以明之。以文言本末精悉，則是譯律已了，故知然也。又此是佛陀耶舍譯《四分律》。何以明之。佛陀耶舍至長安，秦王請其譯《四分律》。然耶舍曰：無本，但誦文而已。始欲遣人書出，秦王疑其遺忘，乃遣耶舍誦户籍藥方數萬言。明日覆之，不遺一字。遂請誦出律本，令人書之，然後翻譯也。毘婆沙[七〇]師一[七一]人者，曇摩掘多也。道標師《舍利弗阿毘曇論序》云：弘始九年，曇摩掘多、曇摩耶舍等，命書梵文，至十年尋應合出，但以彼此不相領悟，恐未盡善。至十六年，漸閑秦語，令自宣譯，然後筆受。什法師是弘始十一年卒，今作答書，是什法師在世[七二]之事。正言出[七三]未言翻譯，明知是弘始九年事也。什法師於大石寺下，言上諸人共什法師出新經也。法藏淵曠下，淵深曠大。謂經論日多，故云異聞也。夙夜匪懈者，《毛詩》云：夙夜匪懈，以事一人。一人，謂天子也。匪，不也。懈，怠也。邕邕肅肅者。邕邕，和也。然邕字與雍[七四]字，義同是和。書云：致之雍熙。亦是和義。《爾雅》作邕字也。肅，謂齊整也。本末精悉，若覩初制者，律本具足，欲似佛初制。時問中事，發言奇新[七五]者，時時問其事，言語奇異也。猥參嘉運者。猥，衆也。衆，多也。謂數參預善事耳。自不覩釋迦祇桓之集下。自，謂獨自也。獨不見祇桓盛集爲恨，餘無所恨也。《字林》云：自，從也。而慨不得與清勝君子同其法集者，謂不得與劉公同此集爲恨耳。生上人頃在此下，竺道生也。數年，謂過三年已上也。言話者，禹邁反。《毛詩》云：其維哲人，告之話言。古訓云：話言，古之善言也。《説文》云：會合善言也。謂生法師語話之間，常稱歎劉公也。中途[七六]還南，君得與相見者，中途歸南，故君得相見也。未更近問悵悒[七七]者，近更不得書問，悵悵悒悒也。威道人至，得君《念佛三昧詠》下，似是劉公寄附也。遠法師作《念佛三昧詠》及《序》，劉公等皆和。今言其事也。撿遠法師集，此但有《三昧詠序》，無《三昧詠》及和，收集不謹也。《序》云：夫稱三昧者何。思專想寂之謂。思專則志一不撓，想寂則氣虛神朗。氣虛則智恬其照，神朗則幽無不徹。斯二乃是自然之玄符，會一而致用也。此作興寄既高者，興，謂與[七八]喻。寄，謂寄意。子夏《詩序》云：詩有六義：一曰風，二曰賦，三曰比，四曰興，五曰雅，六曰頌。今言興即興也，寄即比也。有本作奥奇，非也。辭致清婉者，辭章情[七九]雅，理致婉媚也。能文之士率稱其美者，解文人皆稱善也。可謂遊涉聖門扣玄之唱者，此《念佛三昧詠》可謂遊涉聖人門户，扣擊玄旨[八〇]之妙唱也。因來何少者，怪因行[八一]附來者少耳。什法師以午年出《維摩經》者，弘始八年屬午也。條記誠言者，記誠信之言也。義承有本者，謂承什法師也。來問婉切，難爲郢人者，婉曲切要，難酬答也。郢人者，《莊子·雜篇·徐無鬼章》云：莊子送葬，至惠子之墓，顧謂從者曰：郢人以堊墁[八二]其鼻端，若蠅翼。使匠石斲之，匠石運斧成風而斲之，盡堊而鼻不傷，郢人立不失容。宋無[八三]君聞之，召匠石曰：嘗試爲寡人爲之。匠石云：臣嘗能斲之，然臣質已死久矣。自夫子之死也，吾無以爲質矣，吾無與言矣。郭象注云：非夫不動之質忘言之對，則雖有至言妙斵，而無所取之。今謂劉公之問，事同匠石。肇公之答，事同郢人。問能而答難也。貧道思不關微，兼拙於筆語者，思慮不關涉於幽微，筆語復非巧妙。《小雅》云：關，達也。微，無也。且至趣無言下，至理不可説，即不二法門也。如什法師共佛陀耶舍，在秦王座。秦王問實相義，二人相視竟無所答也。云云不已者。云，言也。已，止也。雖復多言，無所論辨也。聊以狂言者，妄言也。

疏云，稱聖心者[八四]冥寂理極同無下。

　第二章，正答問也。文亦有二：前，通答。後，別答。今初也。以此爲懷，自可忘言内得下，理既深玄，忘言心内，自得所不論耳。復何足以人情之所異下。何足，何得也。據《孝經》，何足，猶何能也。人情淺近，至理深遠，何得以近情而求遠理耶。

疏云，談者謂窮靈極數，妙盡冥符下。

　第二，別答前三問，即爲三章。今答第一，智體有知無知問也。文中，有四：第一，正答問。第二，辨聖心。第三，斥謂情。第四，詰謬計。雖有四章，通是答問。今初，牒其前言也。意謂妙盡冥符，不可以定慧爲名者。妙盡冥符，此是般若之心。一相不二，何得言其中有定慧二名耶。靈泊獨感不可稱群數以息者，此是般若之心。無不鑒照，何得言不應群數耶。兩言雖殊[八五]，妙用常一者，妙盡冥符爲一言，靈泊獨感爲一言。一是動也，一是靜也。於我見迹則動靜有異，於聖本心則動靜不二也。

何者。夫至人玄心默照下。

　第二，辨聖心也，辨聖心即以釋前答也。文中，有二：前，離辨聖心離釋兩意。後，合辨聖心合釋兩意。今先辨聖心，然後釋妙盡冥符不可以定慧爲名也。玄心，謂心合玄理也。默照，謂潛照幽微也。理極同無，謂見空無之理。即與無同，無〔八六〕同故爲極也。既曰爲同，同無不極者，既與無同，即是極智，無有不極之義也。何有同無之極，而有定慧之名者，既與虛無理同，名之爲極。何得於此極智，更有定、慧兩名耶。定慧之名非同外之稱耶者，言此兩名是同，無極智外名，不關極智體也。若稱生同内有稱非同者，若定、慧二名生於同無極智之内者，有此二名，則非同無之智矣。若稱生同外稱非我也，若定、慧兩名生於同無智外，此之二名不關於智。我，謂智也。又聖心虛微，妙絶常境下，釋前虛〔八七〕泊獨感，不可稱群數已息也。虛微，謂虛無微妙也。常境，謂常人境界。聖心不同，故云妙絶也。感無不應，會無不通者，有感皆應，故無不應，有會必通，故無不通也。冥機潛運，其用不勤者。冥機，謂神心。神心潛用，不勤勞也。毛長《詩傳》云：勤，勞也。《爾雅》云：勤，病也。何爲而息者，應化不息也。

且夫心之有也下。

第二，合辨聖心合釋兩意也。而其心之有者，凡論心之所以爲有者，以其謂法而有，故名心有耳。有自不〔八八〕有，故聖心不有有者，有法當體自非是有，故聖心不以有爲有耳。不有有，故有無有者，不以有法爲有，故知有非是有也。無〔八九〕有故則無無者，法既非有，亦非是無也。無無故聖心不有〔九〇〕不無者，前言無有，此言無無。法體既其無有無無，所以聖心不有不無耳。不有不無，其神乃虛者，聖心不有不無，乃爲虛妙。何者夫有也無也，心之影響也下，覆疏釋前聖心不有不無也。聖心非有，妄謂爲有。聖心非無，妄謂爲無。有無之於聖心，如影響之於形聲，非真本也。言也、像也，影響之所攀緣者，攀緣影響之有無，故有言象。非謂影響之有無於言象，文語到説，故云爾也。何者。緣心謂有故言有，謂無故言無。緣此有有無之心，故有有無之言象[九一]耳。言象，謂《易》云[九二]文言象詞，以喻説有説無之言，象有象無也。喻如説有，是塊然之有。説無，是豁爾之無，塊然是物塊，豁爾是虛空。此皆象也，即此象上有有無之言耳。有無既廢下，聖心非有非無，故云既廢，不得妄謂爲有爲無，故云心無影響也。影響既淪，則言像莫測者，聖心既非有非無，則不可言有言無，象有象無，言象所不能測得聖心也。言像莫測，則道絶群方者，《易》言方以類聚，物以群分。今謂聖心不可言有言無，則與群方諸類永絶也。道絶群方故能窮盡[九三]極數者，以與群方永絶，故窮盡靈智，究極心數也。窮靈極數，乃曰妙盡者，以窮極故，能無所不知，無所不鑒，故云妙盡也。妙盡之道本乎無寄者，既云妙盡，即是般若。既云般若，何有寄著耶。無寄在乎冥寂者，既云無寄，所以冥然寂然也。冥寂故虛以謂之者，既云冥寂，則無有名字。而云般若者，虛假爲名也。妙盡在乎極數者，既云妙盡，必窮心數也。極數故數以應之者，雖云極數，能以數應，如經中説變化云爲無所不作也。數以應之，故動與事會者，以心數應物，有感必臨，無不契會也。虛以謂之故道超名外者，假立名字，所以超名字之外也。道超名外，因謂之無者，以聖心超名字之外，莫知何名，故名無心耳。動與事會，因謂之有者，以聖心應物，故名有心耳。謂之有者應夫謂有[九四]下，謂聖心謂[九五]爲有者，應彼謂有之人，强謂爲有，聖心不然也。故經曰聖智無知下，引經爲證。此是《大品經》之大意，無的文也。又是《思益經》意，彼經云：我得涅槃[九六]時，唯得諸法畢竟空性。以無所得故得，以無所知故知也。此言無相寂滅之道者，此經云無相之道也。又釋此無知無爲之言，言無相之道也。有本云：此無言無相寂滅之道，謂此無知無爲，是無言無相之道耳。豈曰有而爲有[九七]下，豈曰者，言不如此也。言有未必爲有，言無未爲無。動靜亦然耳。

而今之談者，多即言以定旨下。

第三，斥謂情也。今之談者，謂多時講論之人，亦可指劉公也。多即言以定旨，謂執文取定也。尋大方而徵隅，懷前識以標玄者，《老子》云：大方無隅。又云：前識者，道之華。以標玄也。而言前識[九八]，今言至理大方無隅，何以徵責其隅。前識非玄，何以懷前識以標玄也。而言前識者，河上注云：不知而言知，爲前識也。存所存以必當者，存彼所存之法，以爲必當理也。所存者，謂聖人有心也。是以聞聖有知謂之有心下，聞知定謂知，故謂知爲有。聞無定謂無，故謂無爲空也。有無之境邊見所存下，有無二邊，名爲邊見。邊見之人，存此有無。此有無二見，不是中正不二之道也。何者。萬物雖殊，然性本常一者，一謂無相空也。不可而物然非不物者，不可爲有物，然後非無物也。可物於物則名相異陳下，有本直云可物，則名相異陳，理亦無爽。望不[九九]句例，則可物於物本是也。以物爲物，故云可物於物。不以物爲物，故云不物於物。名相爲[一〇〇]陳，謂有也。物而即真，謂空也。是以聖人不物於物下，不以物爲有物，不以物爲無物也。非有所以不取非無所以不捨者，杜預注《春秋》云：捨，置也。非有故不可取，非無故不應捨也。不捨故妙存即真下，《爾雅》云：靡，無也。以不可捨故，即是真空。以不可取故，無因有名相也。故經曰般若於諸法無取無捨下，《大品經》也。此攀緣之外下，此是思慮之外至理，故不可以有無詰責也。

請詰夫陳有無者下。

第四，詰謬計也，詰責謬計聖心爲有之人也。夫智之生也極於相内者，此言凡智也。世諦有相，故凡智有知。凡智之生起，於有相之内，不過此也。法本無相，聖智何知者，此言聖智也。聖智見真諦，真諦無相，故聖智無知也。世稱無知者下，世間凡言無知者，是木石等法也。靈鑒幽燭，形于未兆者，此是聖智也。聖智靈鑒，照見幽微，未形之事已見也。形者，現也。于者，於也。兆，謂卦兆也。道無隱機，寧曰無知者，無有隱機之道，而不知也。機者，微小也。以靈鑒幽燭及[一〇一]道無隱機而義，寧可言無知乎。亦可靈鑒幽燭爲一義，形于未兆爲一義，道無隱機爲一義也。且無知生於無知，無無知也者。無知者，謂無所知也。以無所知，故云無知。此無知之名，生於無識也。知者，聖智也。聖智無彼無知，故云無[一〇二]知無無知也。無有智[一〇三]也謂之非有下，無有故言非有，無無故言非無也。所也[一〇四]虛不失照下。虛，是無也。照，謂有也。虛而照，無即有也。照而虛，有則[一〇五]無也。泊然永寂，靡執靡拘者。泊然，謂恬泊也。拘，謂拘執也。言寂滅故不可執也。孰能動之令有下，誰能起動令其有，安靜令其無耶。故經曰：真般若者非有非無下，《大品經》意也。何則言其非有者下，其謂聖心也。言聖心非有者，非是有相之有耳。但言非有，不得遂是無，故云非謂是非有，非有是定無也。言聖心非無者，非是無物之無耳。但言非無，不得遂是有，故云非謂是非無，非無是定有也。如東西中三處相望，言中非東，不言即是西也。言中非西，不言即是東也。准前作語，應云言其非東者，言其非是東，非謂是非非東[一〇六]，東是定西也。言其非西者，言其非是西，非謂是非西，非西是定東也。問曰：言其非有者，可言非是有，何得非非有。言其非無者，言其非是無，何得非非無，以非有非無是中故也。東西中亦准於此。言其非東者，言其非是東，何得非非東。言其非西者，言其非是西，何得非非西。以非東非西是中故也。答：若非有非無是中，何勞别用中名乎。東西中亦爾也。又非東未必即是非東，南北亦非東也。非西直非西〔一〇七〕未必即是非西，南北亦非西也。以非東非西，形非有非無，則可知矣。非有非非有下，覆疏前語耳。是以須菩提終日説般若下，《大品經》文也。彼經云：諸天子聞須菩提説般若，天子云：諸夜叉語言尚可解，須菩提所説不可解。須菩提言：諸天子不解不知耶，我無所説也。此絶言之道下，此謂般若絶言語道，不知何以傳之也。而言知何以傳者，不知所傳也。如古詩云：枯桑知天風，海水知天寒。言不知也。枯桑無葉，所以不知天風。海水不凍，所以不知天寒。知乃是不知耳。庶參玄君子下。庶，望也。《爾雅》云：庶幾，尚也。尚，謂冀尚，冀尚亦望之别名也。謂劉公既參契玄理之耳。

又云宜先定聖心所以應會之道下。

第二，答前第二境、智有相無相問也。

前第二問中，文有兩段：前，明覩變之知應是有。後，明覩變之知異無相。今先答後問，然後答前問也。談者似謂無相與變下，談者即劉公也。言不一者，謂異也。覩變則異乎無相下，明不一之所以也，謂見變動即是有相非無相也，見無相則無所見，不能撫接應會也。然則即真之義或有滯也者，若然則滯經中色即〔一〇八〕是空之義。色即是空故，名爲真耳。經云：色不異空空不異色下，《大品經·習應品》文也。若如來旨下，若如所難來意，則色空别也。前心見色，後心見空也。若一心見色下，出其過也。一心見色，則唯是色而不見空，何謂即空。下句反此也。然則空色兩陳，莫定其本者，空色各別，故曰兩陳。既其各別，莫知經中相即之本意也。又云空色兩陳，不知色爲空本，空爲色本也。是以經云非色者，釋經本意，如下説也。誠以非色於色，不非色於非色者。誠，信也。信將非色之言非於色耳，不是非於非色也。若非色於非色下，却難也。若經云非色於非色者，則是説太虚非色爲非色[一〇九]耳。此欲明何理耶。太虚非色，凡人共知，此非真理，豈經中所明非色之本意也。若以非色於色下，辨[一一〇]經之本意也。若經言非色非於色者，明知色不異於非色耳。故知變即無相下，變即有也，無相無也。色既即空，有即無也。群情不同，故教迹有異者，人心各别，故聖教不同。説有説空，言有異也。考之玄籍，本之聖意者，《楚詞注[一一一]》云：考，校也。《爾雅》云：考，成也。玄籍，謂經也。本，謂本盡也[一一二]。聖意，謂至人無心也。豈復真僞殊心，空有異照耶者，尋經意則真僞不殊心，空有不異照。真，謂真諦，僞，謂俗諦。空有亦真俗也。是以照無相下，既空有不異，故照無仍照有，所以不失撫會之功，見有仍見無，所以不乖無相之旨也。造有不異無下，覆疏上意也。《廣雅》云：造，詣也。《小雅》云：造，適也。未嘗不有下，未嘗，未曾也。未曾不見有，此有猶是無。未曾不見無，此無猶是有耳。故曰不動等覺而建立諸法者，此是舊《大品放光經》語耳。今經云實際也。實際是平等正覺所知之法也[一一三]，故名實際爲等覺耳，亦可言覺謂般若實際[一一四]般若等，故詔[一一五]實際爲等覺。如《涅槃》云：十二因緣名爲智慧。經云：如胡瓜[一一六]名爲熱病，何者，胡瓜雖非熱病，能生執病，故名熱病。因緣雖非智慧，能證[一一七]智慧，故名智慧。今亦如是。實際非是覺，與覺相似，故名等覺耳。以此而推，寂用何妨者，何得謂異耶。如之何謂覩變之知異無相之照乎者，傷劉公言異也。之是語助，不計義也。直言如何將覩變之知異無相也，亦可云如之何者，言無如之何也，無如之何猶是無奈何也。汝言覩變之知異無相，則奈汝何也。

恐談者脱謂空有兩心下。

第二，答第二問中。前問覩變之知應是有也，即接前變之餘勢，因以答之。恐汝謂兩心有異，故言覩變之知是有非無耳。若能捨己心於封内下，己心於封執之内無著，故云捨也。玄機，謂至理也，求至理於事相之外也。齊萬有於一虚者，《莊子》有《齊物篇》，今借此意也，知萬有同一虚無耳。曉至虚之非無者，《莊子》云：至虚極，守静篤。今借此語，名至理也。至理虚無，是即色之無，非斷無也。當言至人終日應會下，知有即無，雖有何妨，故云應會無所不爲也。與物移推，謂進退同世間也。乘運撫化，謂乘機運撫萬[二一八]化也。未始爲，謂未曾有爲也。聖心若此何有可取者，答前未釋所以不取之理也。此何所有所[二一九]取而復須釋耶。有本云：何有何取，言不可取也。

又云：無是乃所以爲真是下。

第三，答前第三境智相對，有是無是，有當無當也。亦可如來言耳者，亦可如汝來問之言，但未必然也。若能無心於爲是而是於無是者，無心以是爲是，而以無是爲真是。此則言有真是，亦無爽也，當亦然也。則終日是不乖於無是者，無必爲是，雖是而無是，當亦然也。據此言之，故前云亦可如來言耳。但恐有是於無是下，恐以有是爲定是，有當爲定當，則不可矣。所以爲患者，以此爲病耳。何者若真是可是下，釋所以爲患也。則名相以形，美惡是生者，有真不真，有可不可，則有美惡二名起，故有美惡兩心生，大爲過患矣。生生奔競，孰與止之者，生而復生，奔起交競不息，誰能與其止遏也。是以聖人空洞其懷者，《字林》云：洞字，動音，疾流貌也。今謂洞徹空虚，懷抱不分别也。居動用之域而止無爲之境下，身在動用之地，心在無爲之界，迹在可名之内[二〇]，本在絶言之所也。寂寥[二一]虚曠，莫可以[二二]形名下，《老子》云：寂兮寥兮，獨立而不改，周行而不殆。《釋名》云：無聲曰寂，無色曰寥。曠[二三]也。莫，無也。今謂至人如此耳。而曰真是可是下，非劉公也。既其如此，何有真是可爲是，至當可爲當乎。喻，曉也。雅，正也。旨，意也。恐是當之生下，恐真是至當之名生，人謂如此耳。物者，人也。彼自不然何足以然耶者。彼，謂聖心也。聖心不如此，何得言如此耶。

夫言迹之興，異塗之所由生也下。

第三，總結也。其前書末云：遠法師亦好相領得，標位似各有本，或當不必理盡同也。又云：諸人屬[二四]有擊節者。今結意明不同擊節所以也。言迹者，《莊子・外篇・天運章》云：老聃謂孔丘曰：夫六經先王之陳跡，豈其所以跡哉。今子之所言猶跡也。夫跡，履之出，而[二五]跡豈履哉。此謂言之於心，猶迹之於履也。言者，所喻也。迹者，能喻也。又即以言爲迹，故云言迹耳。凡有言有迹，異見從此而生也。而言有所不言下，言但言所可言，所不可言者，言不能説也。迹但迹所可迹，所不可迹者，迹不能迹也。是以善言言者下，善以言言於心者，言所不言之[二六]處耳。善以迹迹[二七]於履者，迹所不迹之處耳。至理虚玄，擬心已差，況乃有言者，理本絶心，心擬已失，何況以言言得理耶。明我所解者，不可以言尋也。恐所示轉遠者，所指示更遠也。即如問[二八]書已遠於論，若更有問答更遠矣。庶通心君子下，謂劉公心悟玄理，故曰通心耳。於文外相求，不可執文致難也。而言君子者，《白虎通》云：可爲人君，能子萬人，故云君子。今謂大人可爲君長，故名君子。子者，男子之通稱也。如刺史爲使君，帝王使人與百姓爲君子，即君長之義也。若以子萬人爲君子，則是一人之號，非餘人所當耳。

肇論疏卷中

東南院本記云：

保安元年十一月十一日，於太宰府點了。疏本草書，仍有不定。後者正之云云。

令同法寫點之，□移點敷々。重以正本，可校合而已。如《本記》云：覺樹僧都御點也，尤可沈思。云云。

沙門聖然

校勘記

〔一〕「皆」，底本原校云一本無。

〔二〕「有」，底本原校云一本後有「眼」字。

〔三〕「詰」，底本原校云一本作「語」。

〔四〕「名」，疑爲「天」。

〔五〕「法」，底本原校疑衍。

〔六〕「之」，疑爲「去」。

〔七〕「隆」，疑爲「降」。

〔八〕「乎」，底本原校云一本無。

〔九〕「曜」，底本原校疑爲「耀」，下三「曜」字同。

〔一〇〕「覽」，底本原校疑爲「鑒」，下三「覽」字同。

〔一一〕「忘」，底本原校云一本作「亡」。

〔一二〕「失」，底本原校云一本作「無」。

〔一三〕「忘」，底本原校云一本作「亡」。

〔一四〕「無」，底本原校云一本作「不」。

〔一五〕「有」，底本原校云一本前有「必」字，下一「有」字同。

〔一六〕「有」，底本原校云一本前有「必」字。

〔一七〕「忘」，底本原校云一本作「亡」，下一「忘」字同。

〔一八〕「公」，底本原校云一本後有「當」字。

〔一九〕「鼓」，底本原校云一本作「瞽」。

〔二〇〕「即」，底本原校疑爲「則」。

〔二一〕「知」，底本原校云一本無。

〔二二〕「得」，底本原校云一本無。

〔二三〕「斯」，底本原校云一本後有「則」字。

〔二四〕「日」，底本原校云一本後有「言下以理不可言，雖言猶是不言也。《莊子·雜篇·寓言章》云：不言言即齊，齊與言不齊，言與齊不齊，故曰言無言。言無言，終身言未嘗言，終身不言未嘗不言。今借此語，以明如來雖言而不言。如《涅槃經》云：苦知如來當不説法，是名菩薩具足多聞。《中論》云：諸法不可得，滅一切戲論。無人亦無處，佛亦無所説也。今試爲于狂言辨之下，第二，正答難也。夫聖心者下，辨聖心有無之相也。無相者，無相貌也。彌懃者，精進也。不可爲無故下，覆疏上不無也。名教諸所不能詺，故云絶也。是以言知非爲知，欲以通其鑒下，經云聖智即無知者，欲明聖智靈鑒，虛通無有執著故也。經云聖智無智者，欲明聖智能通知諸法故也。又釋經言聖智有知者，非實有知也。欲明聖智無所不鑒，故言有知耳。經言聖」二百六十四字。

〔二五〕「境智」，底本原校云一本無。

〔二六〕「知」，底本原校疑衍。

〔二七〕「智」，底本原校云一本前有「真」字。

〔二八〕「智然」，底本原校云一本作「然智」。

〔二九〕「緣」，底本原校疑衍。

〔三〇〕「一」，底本原校云一本無。

〔三一〕「慓」，底本原校云聖本作「悚」。

〔三二〕「御心」，底本原校云聖本作「心御」。

〔三三〕「師」，底本原校云聖本後有「法師」二字。

〔三四〕「思」，底本原校云聖本作「恩」。

〔三五〕「終」，底本原校云聖本作「隆」。

〔三六〕「辨」，底本原校云聖本作「辯」，下十一「辨」字同。

〔三七〕「註」，底本原校云聖本後有「禮」字。

〔三八〕「也」，底本原校云聖本作「其音幾」。

〔三九〕「弁」，底本原校云聖本作「辯」，下一「弁」

字同。

〔四〇〕「若」，底本原校云聖本無。

〔四一〕「智」，底本原校云聖本作「知」。

〔四二〕「小」，底本原校云聖本作「尒」。

〔四三〕「臣之子」，底本原校云聖本無。

〔四四〕「知」，底本原校云聖本無，下一「知」字同。

〔四五〕「怕」，底本原校云聖本作「泊」。

〔四六〕「注」，底本原校云聖本無，下一「注」字同。

〔四七〕「紀」，底本原校云聖本作「祈」。

〔四八〕「以定慧」，底本原校云一本無。

〔四九〕「淳」，底本原校云聖本作「停」。

〔五〇〕「惑」，底本原校云聖本作「感」。

〔五一〕「照」，底本原校云聖本無。

〔五二〕「是」，底本原校云聖本後有「是」字。

〔五三〕「班者」，底本原校云聖本無。

〔五四〕「訝」，底本原校云聖本作「詠」。

〔五五〕「云」，底本原校云聖本作「之」。

〔五六〕「狗」，底本原校云聖本作「獵」。

〔五七〕「子」，底本原校云聖本前有「美」字。

〔五八〕「緬」，底本原校云聖本無。

〔五九〕「真」，底本原校云聖本作「其」。

〔六〇〕「下」，底本原校云聖本後有「之」字。

〔六一〕「憙」，底本原校云聖本作「嘉」。

〔六二〕「惑」，底本原校云聖本作「或」。

〔六三〕「聖」，底本原校云聖本作「至」。

〔六四〕「時」，底本原校云聖本作「能」。

〔六五〕「得」，底本原校云聖本作「同」。

〔六六〕「今」，底本原校云聖本無。

〔六七〕「即」，底本原校云一本後有「道」字。

〔六八〕「德」，底本原校云聖本作「得」，下一「德」字同。

〔六九〕「歸」，底本原校云聖本後有「得」字。

〔七〇〕「沙」，底本原校疑後脱「法」字。

〔七一〕「一」，底本原校云一本作「二」。

〔七二〕「世」，底本原校云聖本作「時」。

〔七三〕「出」，底本原校云聖本後有「梵本」二字。

〔七四〕「壅」，底本原校云聖本作「雍」，下一「壅」字同。

〔七五〕「奇新」，底本原校疑爲「新奇」。

〔七六〕「途」，底本原校云聖本無。

〔七七〕「悒」，底本原校云聖本作「邑」。

〔七八〕「與」，底本原校云聖本作「興」。

〔七九〕「情」，底本原校云聖本作「清」。

〔八〇〕「旨」，底本原校云聖本作「音」。

〔八一〕「行」，底本原校云聖本作「信」。

〔八二〕「墁」，底本原校云聖本作「慢」。

〔八三〕「無」，底本原校云聖本作「元」。

〔八四〕「者」，底本原校云聖本無。

〔八五〕「殊」，底本原校云聖本作「異」。

〔八六〕「無」，底本原校云聖本無。

〔八七〕「虚」，底本原校云聖本作「靈」。

〔八八〕「自不」，底本原校云一本作「不自」。

〔八九〕「無」，底本原校疑前脱「有」字。

〔九〇〕「有」，底本原校云聖本後有「無不有」三字。

〔九一〕「象」，底本原校云聖本作「象」。

〔九二〕「云」，底本原校云聖本作「之」。

〔九三〕「盡」，底本原校云聖本作「靈」。

〔九四〕「謂有」，底本原校云一本作「真」，聖本作「有謂」。

〔九五〕「謂」，底本原校云聖本無。

〔九六〕「涅槃」，底本原校云聖本作「菩提」。

〔九七〕「有」，底本原校云聖本無。

〔九八〕「以標玄也而言前識」，底本原校云聖本無。

〔九九〕「不」，底本原校云聖本作「下」。

〔一〇〇〕「爲」，底本原校云聖本作「異」。

〔一〇一〕「及」，底本原校云一本無。

〔一〇二〕「無」，底本原校云聖本無。

〔一〇三〕「智」，底本原校云聖本作「知」。

〔一〇四〕「也」，底本原校云聖本作「以」。

〔一〇五〕「則」，底本原校云聖本作「即」。

〔一〇六〕「非東」，底本原校疑爲「東非」。

〔一〇七〕「直非西」，底本原校云一本無。

〔一〇八〕「色即」，底本原校云聖本作「即色」。
〔一〇九〕「色」，底本原校云聖本無。
〔一一〇〕「辨」，底本原校云聖本作「辯」。
〔一一一〕「注」，底本原校云聖本無。
〔一一二〕「也」，底本原校云一本無。
〔一一三〕「也」，底本原校云聖本無。
〔一一四〕「際」，底本原校云聖本後有「與」字。
〔一一五〕「詔」，底本原校云聖本作「諂」。
〔一一六〕「瓜」，底本原校云聖本作「苽」，下一「瓜」字同。
〔一一七〕「證」，底本原校云聖本作「發」。
〔一一八〕「萬」，底本原校云聖本無。
〔一一九〕「所」，底本原校云一本無。
〔一二〇〕「内」，底本原校云聖本作「裏」。
〔一二一〕「寥」，底本原校云聖本作「寮」。
〔一二二〕「以」，底本原校云聖本無。
〔一二三〕「曠」，底本原校云聖本後有「空」字。
〔一二四〕「屬」，底本原校云聖本作「屢」。
〔一二五〕「出而」，底本原校云聖本作「而出」。
〔一二六〕「之」，底本原校云聖本無。
〔一二七〕「迹」，底本原校云聖本作「之」。
〔一二八〕「問」，底本原校云聖本作「答」。

肇論疏卷下

釋元康作

涅槃無名論并表上秦主姚興

此論第四，明果申涅槃教也。論文，有二：前，表。後，論。今初表。云涅槃之道，妙絶言象。言象苟絶，豈有名哉。而有名者，假涅槃名也。既云假名，則實無名矣。今明實故，云涅槃無名。肇法師本因秦王而作此論，論成以上秦王，故有此表。表者，表彰。表己心故，名爲表也。古來凡有四秦：秦始皇一也，名曰亡秦。符堅二秦也，名曰前秦。姚萇時三秦也，名曰後秦。沮渠蒙遜時四秦，名曰僞秦。今言秦王者，是後秦姚萇子姚興。興，字略。有本作秦主，主亦王也。《白虎通》云：王者，往也。天下之所歸往，故名爲王耳。

僧肇言者。

表文有二：前且稱歎秦王，後明作論因起。初文，有四：一、歎秦王。二、叙涅槃。三、明國恩。四、自謙退。今初也。肇聞天得一以清，《老子》云：天得一以清，地得一以寧，谷得一以盈，萬物得一以生，侯王得一以天下正。音征，爲始皇名征。時人爲諱正，呼以爲征。肇法師略取彼意，文小改變也。伏惟陛下叡喆欽明。叡，聖也。喆，智也。欽，敬也。明，曉也。《字林》云：陛下，階陛也。言不敢直指聖人，指其階陛之下耳。此倒釋句，知之。道與神會，語倒，乃是神與道會也。妙契環中，語出《莊子》，此以喻中道無生理也。《莊子·内篇》云：彼是善得其偶，謂之道樞。樞始得其環中，以應乎無窮。郭象注云：是非反覆，相尋無窮，謂之環中。環中，空也。今言秦王妙契會於此也。理無不統，既契環中，諸理皆統，云無不統也。故能遊刃萬機，遊刃及萬機事如前解。弘道終日，終日弘道耳，語倒也。威被蒼生，垂文作則，言秦王威，被及蒼生。蒼生者，天生也。《莊子》云天之蒼蒼，其正色也，書云彼蒼、上蒼，蒼皆天也。言垂示文章，作世間之軌則也。有本云衣被蒼生，亦可然也。《周易繫辭注》云：衣被萬物。或然不如前也。所以域中有四大，王一居焉。《莊子》云：道大，天大，地大，王大，故云四大。以王能威被蒼生，垂文作則，類比餘大也。

涅槃之道下。

第二，叙涅槃也。蓋是三乘之所歸，言

三乘學人，皆歸此道也。方等之淵府，諸大乘經，皆名方等。十二部中，有方廣部。方廣即方等也。以其方弘正等，故云方等。然方等所明，言迹非一，莫不皆以涅槃爲窮理盡性究竟無餘，故云淵府。淵者，淵池。府者，府庫。淵池水深，府庫財多。《毛詩》云：淵，深也。眇漭希夷，絶視聽之域。眇然漭然，無聲無色，故云絶視聽也。幽致虚玄，殆非群情所測。測，量也。言涅槃理致幽深，非諸人之所測量也。殆，幾也。幾，近也。其音讀。近非群情能測量也。

肇以人微〔二〕。

第三，申國恩也。微，微少也，謙辭耳。猥，衆也。學肆，謂學問之處也。《周禮》云：司市常以陳肆辦物。而學中陳引書史，如市肆列萬物也。肆，陳也。今謂習學之處，名爲學肆耳。在什公門下十有餘載，十九事什公，三十一亡，十餘年也。雖衆經殊致，勝趣非一。《大品》《法華》等，各有意趣也。然涅槃一義，常以聽習爲先。但言聽涅槃義，不言經也。尋下論文，往往有引《涅槃》文處。或可什公亡後，見《涅槃經》也。

但肇才識闇短。

第四，謙退也。識闇才短耳。《漢書》云：蒙，荷也。漠漠，不分明也。爲竭愚不已，如似有解。竭盡愚心，自謂不止，遂如有解也。然未經高勝先唱，不敢自決。似是見新《涅槃經》本，未有高勝之人先講，故云不自決耳。不幸什公去世，諮參無所。不幸，無幸也。先師既亡，何所諮問也。而陛下聖德不孤，《論語》：德不孤另〔三〕，必有隣也。神契，謂契於神理，亦可心神契會，不待言也。目擊道存，《莊子·外篇·田子方章》云：仲尼見温伯雪子不言，子路曰：夫子欲見温伯雪子久矣，見之而不言，何也。仲尼曰：若夫人者，目擊而道存，亦不可以容聲也。快盡，《説文》云：快，喜也。以啓末俗，故能振彼玄風，啓茲末俗。至姚興時，大弘佛法。今稱此事也。

一日遇蒙答安城侯嵩書，問無爲宗極下。

第二，正明作論因緣也。文亦有四：一、序作論之元由。二、明作論之本意。三、重序元由。四、重明論意。今初。言遇蒙答者，姚興於什法師亡後，通四科義：一、通不住法住般若中義。二、通聖人放大光明義。三、通三世義。四、通一切法空義。通第四義云：夫道者，以無爲爲宗。若其無爲，復何所有耶。安城侯姚嵩作書，難第一、第二、第四，不難第三三世義也。難第四義云：不審明道之者，以何爲體。若以妙爲體，若以妙爲宗者，雖在諦先而非極。若以無有爲妙者，必當有不無之因。因稱俱未冥，詎是不二之道。故《論》云：無於無者，必當有於有。有無相生，猶脩短之形。然則有無之津，乃是邊見所存。姚興次第答其所難，通第四難云：吾意以爲道止無爲，未悟所以宗也。

何者。夫衆生所以久流轉者，皆由著欲故也。具如此論文所明。肇公因此語，遂作《涅槃論》。今言遇蒙答書，即此書也。斯乃下，已前是姚興語，此下肇公稱歎也。自非道參文殊，參，雜也。侔，並也。玄湜意：參，交參也，玄道交。文殊，大聖也。侔並未詳。此二菩薩，一是法王子地菩薩，一是一生補處菩薩也。孰能正之，以參並菩薩，故能如此耳。使夫聖教卷而復舒，幽旨淪而更顯也。以宣揚玄道爲法城塹，故佛教雖卷，今時更舒，幽旨雖淪，今時更顯也。淪，没也。尋玩慇懃，尋讀玩味，不能捨離。且忻且悟，交在懷抱。動手舞蹈，無閑暇也。豈直當時之勝範，豈直言不但也。範，法也。方者，將來也。《莊注》云：凡言方，且未來也。

然聖旨淵玄下。

第二，作《論》之本意也。以姚興意旨深玄，故作《論》申明之也。可以匠彼先進，拯拔高士。先進，大德僧也。高士，高才俗士也。言姚興之言，可以爲先進大德之匠耳，可拔高才執迷之俗士耳。懼言題之流，或未盡上意。言題是執著名言題目之類，以其見理微言約，故未盡姚興[三]之意，故作《論》以明之也。庶擬孔《易》十冀[四]之作。庶，望也。孔子作十翼贊成易道，我今作十演，贊成姚主之意也。十翼者，古有兩釋，一云：《八卦》一，《説卦》二，《序卦》三，《雜卦》四，《卦詞》五，《爻詞》六，《彖詞》七，《象家詞》八，《係詞》九，《文言》十。二云：《易》有上、下二經，各有彖詞、象詞、繇詞，是爲六。《文言》七，《係詞》八，《説卦》九，《雜離卦》十。豈貪豐文，言不求多文也。毛長《詩傳》云：豐，茂也。圖以弘顯幽旨，圖度弘顯姚主之幽旨也。論有九折十演。折，難也。演，答也。《説文》云：演，水流也。義亦如之。博採衆經，託證成喻。廣採衆文旨，爲證爲喻也，亦可舉喻證成也。迎述陛下無名之致，贊述涅槃無名之理致也。豈曰關詣神心，自言不能關涉造詣姚主之心也。關詣不能窮盡道理，契當佛意也。有本云：關詣語俗也。聊以擬儀玄門。擬，謂准擬。儀，儀像也。准像玄理之門，分布班告學徒者耳。《論》末章云下。

第三，重序元由也。姚興通初義末章，有此語耳。云比來諸家釋第一義諦，謂如此耳，大甚逕廷。逕，遠也。廷，直也。言如一物逕廷，然直去不可迴轉。有此一類人也，傷之甚耳。今姚主謂：諸家云第一義大空，甚空逕廷非常過[五]人情也，若無聖人知無者誰。此姚主難諸家也。實如明詔，實如明詔，肇公述成也。夫道恍惚窈冥，《老子》云：恍兮惚兮，其中有物。惚兮恍兮，其中有像。

恍惚，不定也。窈冥，深邃也。《説文》釋之耳。若無聖人，誰與道遊。言有聖人，證聖道與道遊行耳。頃諸學士下，言此〔六〕學者，聞大虚，心中躊躇怏怏。《廣雅》：躊躇，猶豫也。《蒼頡篇》云：怏怏，反懟也。今言反懟，有所恨也。幸遭高判，宗途懂然。言諸人有幸，遭遇姚主高判，心中決了也。呼量反。《蒼頡》云：彼帛之聲也。扣關之儔，蔚登玄室。扣，謂擊打也。關，謂玄門之關也。儔，類也。蔚者，慰音。《蒼頡》云：草木盛貌也。言學競造玄門，若草木繁盛耳。真可謂下，稱歎姚主此言，如法輪再轉。

今演《論》之作。

第四，重明《論》意也。演《論》，謂答家也。曲辨，謂委曲盡辨也。寂彼廓然，寂，滅也。滅彼言迹，廓然空寂也。排方外之説，《莊》云：六合之外，聖人存而不論。六合之内，聖人論而不議。《春秋經》云：先生之志，聖人議而不辨。今明六合之外委曲，故排《莊子》方外不言之説也。條録如左，條録種牒如後，後爲左也。若少參聖旨下，或參姚主意，亦或參佛意，故云若少參也。如其有差，願承指授。若有差失，伏承指示教授也。

《涅槃無名論》九折。一、覈〔七〕體。二、徵出。三、搜玄。四、難差。五、責異。六、詰漸。七、譏動。八、窮原。九、考得。十演。一、開宗。二、位體。三、超境。四、妙存。五、辨差。六、會異。七、明漸。八、動寂。九、通古。十、玄得。

泥曰泥洹涅槃下，此少許語，諸本不定。或在九折之前，或在十演之後，或在開宗之後。今謂在前爲便，取此爲定也。又有本於此語之前、表文之後，題《涅槃論》名，然後始言泥洹泥曰等語。亦可然也。古人翻經，多稱泥曰，次泥洹，後涅槃。故云之前後異出耳。言楚、夏不同者，夏是中國，楚是邊國。書云：夷狄之有君，不如諸夏之亡。注云：諸夏，中國也。所以夏稱中國者，皇甫士安《帝王世紀》云：禹受封爲夏伯，在《禹貢》豫州方外之南。於秦漢前，屬潁川，本韓地，今河南陽翟是也。避舜子於陽城潁川，今河陽城也。夏受禪於平陽，或在安邑。玄混謂：疏主雖引爾許古迹以釋中夏，此但是外書，周孔典籍，論此九州之大唐中夏，殊未消論意也。何者。論主肇公言泥曰等三名之别何也，只道西方五天竺國，呼喚不同。雖名目有殊，而其義一也。所以楚、夏者，謂五天語，亦比〔八〕此大唐楚夏之别也。如大唐吴兒，喚火爲燬，諾水爲錘，呼來爲離。呼喚雖殊，義皆一也。豈可以葱嶺之東爲中國乎，中國獨五天是也。就四天下論之，亦五天爲中。三千大千論之，亦五天爲中。故三世諸佛，中天竺中國出世也。幸智者詳之。次，疏主曰：言夏者，《白虎通》云：夏，大也。此意以居中處大，故云夏也。九折、十演者，九難九答，合有十八。開宗一義，是答家之本。亦屬於答，故有十演，合成十九章也。折，謂摧折難家之意。演，謂演暢答家之意。《小雅》云：演，廣也。表中雖已言之，至此聊復更釋耳。

開宗第一

論有十九章。今第一章，開涅槃之宗。如《孝經》之初有開宗明義章。今將談大道，非言不啓，故亦建言開宗也。無名曰者，大涅槃宗，以無名爲主，故云無名也。經稱有餘涅槃、無餘涅槃者，諸大、小乘經，通有此説也。涅槃者，秦言無爲，亦名滅度。涅槃梵語，此國所無。何者。自書契已來，但言人事。至於涅槃、般若，曾所未談。《莊》云：六合之外，聖人存而不論。即其義也。此土既無其言，不知將何所譯。今言無爲、滅度，但是義翻之也。肇公是後秦時，故曰秦言也。妙絶於有爲，不壞假名，名無爲等。迥然不同，爲妙絶也。大患永滅。大患者，身也。又是身云患，未必即身也。《老子》云：有大患者，爲吾有身。及吾無身，吾何患也。超度四流，欲流、有流、無明流、見流也。斯蓋鏡像之所歸，絶稱之幽宅。經説諸法，如鏡中像。令人修學，歸於此處也。亦可直謂諸法體性畢竟本空，如鏡中像。人皆悟此，即涅槃也。涅槃，性空也。言此涅槃，畢竟性空。諸佛齊證，即是安隱幽玄之宅也。而曰有餘、無餘者，經也。良是出處之異號，應物之假名。處字，上聲讀，非去聲之出處耳。出者，出也。處者，入也，住也。所以大般涅槃或名有餘或曰無餘者，無有有無之别體也。如喚眼爲目，亦如左目、右目，義一也。故知出與入，殊而一也。故出處之異號，但是應物假設之名耳。良，信也。聖人出則爲有餘，處則爲無餘。應見出者爲之出，應見處者爲之處，故云應物耳。

余嘗試言之者，《小雅》云：嘗，當也，當試言也。語出《莊子》。夫涅槃之爲道也者，言涅槃之道，如下所説也。寂寥虚曠，不可以形名得，此道絶言像也。夫盡像在乎亡言，言亡在乎無像。像所不能像，非像也。言所不能言，非言也。若非像非言，則不當像於言。不當像於言，則寂泊幽寥，虚通曠遠，故云不可以形名得也。微妙無相，不可以有心知，言其思慮所不及也。超群有以幽昇，量太虚而永久。超越三界二十五有，幽遠高昇群物之外。量同法界，廣大虚空。非塵沙曆數之所能知，故云量太虚而永久也。隨之弗得其蹤，迎之罔眺其首。弗，不。罔，無。眺，傍視。隨後尋，尋求不得涅槃之蹤跡，眺視不見涅槃之頭首。《老子》云：迎之不見其首，隨之不見其後。執古之道，以御今之有。以知古始，是謂道紀。借此意以言道耳。六趣不能攝其生，凡品物之生，不出六趣，言六趣不能攝其生也。力負無以化其體，無常大力能負萬物，而不能變化涅槃之體，明涅槃無體也。漠漭忽怳，若存若亡。言漠漠漭漭不知邊際，忽忽怳怳無定處所。不當有無，故云若存若亡耳。五目莫覩其容，二聽不聞其響。五目，謂肉眼、天眼、慧眼、法眼、佛眼也。二聽，兩耳也。又天耳、人耳也。五目不覩其形，明無形也。二聽不聞其響，明無聲也。言涅槃之道，非色聲也。冥冥窈窈，誰見誰曉。《莊・內篇》云：至道之精，窈窈冥冥。至道之極，昏昏默默。今明涅槃之體更過於此，幽深窈冥，難可窺曉也。彌綸靡所不在，而獨曳於有無之表。彌，遍。綸，通。言涅槃之道，非直被通有情、無情，亦出有情、無情之外，故云靡所不在，亦猶牽曳出有無之表。表，外也。然則言之者失其真下，涅槃無言，言則失真。涅槃無知，知則反愚。涅槃非有，有則乖性。涅槃非無，無則傷體。而言愚者，無知無見，似如愚昧。《大品》色鈍故般若鈍，即其義也。所以釋迦掩室於摩竭，以理不可言，故掩室杜口。掩室事者，有云佛初成道，欲度迦葉。假設方便，投彼寄宿。遂以毒龍之室，安置如來。毒龍欲害，降伏入鉢。示施法化義，如掩室耳。混謂此解不當，下釋是也。直是如來初成道時，於三七日，思惟未說，似如掩室不開門也。此甚當耳。《大智論》云：佛初成道，五十七日，不說法門。是掩室義也。淨名杜口於毘耶。杜，閉塞義。淨名在毘耶離城，問諸菩薩不二法門。各各說已，次問文殊。言如我意，一切諸法無言無說，是爲入不二法門。於是文殊師利問淨名言：何等是入於不二法門。時，維摩詰默然無言。文殊讚云：是真入不二法門也。乃至無言無說，故云杜口也。亦以理中無言，言不得理，理不可言，故不語耳。須菩提及釋梵前已出訖。斯皆理由神御故口以之默。以理御神，神無有言，口爲之然耳。豈曰無辨，辨所不能言也。心將緣而慮息，口欲辨而辭喪。故云豈無，但不能言耳。經曰：真解脱者，離於言數。此等諸文，是《涅槃經》中解脱大意，非全文也。論曰：涅槃非有亦復非無。此等是《中論》所明涅槃大意也，亦非全文耳。尋夫經論之作也，豈虚搆哉。《小雅》云：尋，用也。言用經、論而興製作，亦非搆虚也。搆，造也。果有其所以不有。果，果敢，決定義也。言涅槃果有其不有之所以，故不可説爲有，無亦然也。亦合云：涅槃果有其不無之所以，故不可説之爲無。擧有既然，無亦如此，故云無亦然耳。何者。本之有境，則五陰永滅。於有境中，窮本涅槃。以五陰永滅，不可言有也。推之無鄉，幽靈不竭。《毛詩》云：鄉，所也。推究涅槃，入於無中，則幽微精靈，不可窮盡，故云不竭也。抱一湛然，懷抱一相，湛然無變也。湜謂：涅槃懷含蘊抱，無所不包義也。無生性空統之，萬法一義也。此義已無有遷遷然、湛湛然也。萬累都捐，《説文》：捐，棄也。言煩累皆棄耳。與道通洞，神而無功。此道神妙，誰欲稱之，故無己。己尚無之，誰復論功耳。至功常在，雖無己無功，而功大矣。大則爲常則不滅，故曰常在。冲而不改，《字書》云：冲，虚也。涅槃之道，體性虚無，何所遷變，故云不改也。有無絶於内，涅槃之中，不當有無。本來寂滅，故云絶於内也。稱謂淪於外，涅槃之外，無稱謂也。稱謂，謂名字耳。既云涅槃無名，名何所有哉。視聽之所不暨，《左傳》：暨，至。《小雅》：暨，及也。言涅槃如此耳。四空之所昏昧，外道得四無色定，名曰空定。生四空處，將爲涅槃，而不識真實涅槃，故昏昧也。恬乎而夷，怕焉而泰。夷，平也。《老子》云：視之不見曰夷。泰，通泰也。恬虚寂泊，甚自空淨耳。九流於是乎交歸，九流者，謂道流、儒流、墨流、名流、法流、陰陽流、農流、縱橫流、雜雜[九]流，亦云小説流也。言此文字語言，皆是佛説。並會涅槃，故云交歸。此即《金剛經》云：是故如來説一切法皆是佛法。此之謂也。衆聖於是乎冥會，上句會法，則無法不會於涅槃，此句會人，亦無人不會於茲道。是故如來説一切人何是聖人，故《大品》云：佛即衆生，衆生即佛。故云衆聖於此乎冥會耳。斯乃希夷之境、太玄之鄉。希，微。夷，坦。境，界。太，大。玄，幽。鄉，域也。涅槃微而坦，大而幽，何界域之不遍，故云夷境玄鄉也。而欲以有無題牓下，涅槃言語道斷，而欲以有以無題牓名目，標指方域，其可得乎。不亦邈哉。而云爾者，不亦遠矣，故云邈哉。邈，遠也。

覈體第二

覈，實也。責覈涅槃之體，故云如此也。

有名曰：夫名號不虛生，稱謂不自起。有名是難，難家謂：涅槃應有名字，不得言無也。此兩句一意，皆明有因緣，故有名耳。蓋是返本之真名，神道之妙稱者，《中本起經》云：一切諸法本，因緣空無主，息心達本源，故號爲沙門。今言反本，是達本源也。神道，謂神妙之道也。謂如來大覺始興，佛初成道也。法身初建，始得五分法身，戒、定、智慧、解脱、解脱知見也。澡八解之清流，以八解爲之請[一〇]流而澡浴也。內有色相外觀色，一解脱也。內無色相外觀色，二解脱也。淨解脱身證，三解脱也。空處定，四解脱也。識處定，五解脱也。無所有處定，六解脱也。非有想非無想定，七解脱也。滅盡想定，八解脱也。出《大品》等經。憩七覺之茂林，以七覺爲茂林而憩息也。擇法覺分、精進覺分、念覺分、定覺分、喜覺分、捨覺分、除覺分爲七。亦出《大品》《涅槃》等經。蕩無始之遺塵，無始已來遺餘塵垢，所謂習氣也。三明鏡於內。內，心也。天眼、宿命、漏盡明也。神光朗於外，外謂法界也。結僧那於始心。僧那，僧涅，此梵語也。翻爲四弘誓願，初發心時，先弘此願耳。終大悲以赴難，終以大悲之心，赴救衆生之苦難也。仰攀玄根，仰求玄理之根源也。俯提弱喪，俯，下也。提，接也。言大聖下接微弱將喪之衆生，故云俯提弱喪也。超邁三域，獨蹈大方。邁，越也。超，過也。蹈，踐也。三域，三界也。大方，大乘也。啓八正之平路，坦衆庶之夷塗。啓，開，開八正耳。正見、正思惟、正語、正業、正命、正精進、正念、正定，爲八也。出《大品》《涅槃》等經耳。衆庶，衆生也。夷塗，猶上平路也。騁六通之神驥。《廣雅》云：騁，奔也。《字林》云：驥，千里馬也。以六神通之俊驥而馳騁也。天眼、耳、他心、宿命、如意、漏盡，爲六通也。乘五衍之安車。衍，梵語云摩訶衍。摩訶，大也。衍，乘也。言五者，五乘：人乘、天乘、聲聞乘、緣覺乘、佛乘也。此之五乘，入如來乘，皆名爲大，故乘五衍也。言安車者，《曲禮》云：大夫七十而致仕，則安車賜之以几杖。適四方時即乘安車，自稱曰老夫。玄注云：安車者，坐乘也，若今之小車耳。玄湜問曰：佛既乘彼大乘，只可喻以大車，今云坐乘如似小也，何耶。代疏主答曰：既稱老夫，老必大也。以人攝乘，人大乘大。既大且安耳，言餘乘未安，故詺佛乘爲安車也。亦如前五衍義，小乘入如來乘，皆名大乘也。經曰：是大乘安隱快樂。即其義也。此是中道，非如《曲禮》耳。至能出生入死，與物推移。應物之生爲出。出，生也。應物之滅爲入。入，死也。進退隨同世間，故云與物，言推移即進退也。洽，霑洽也。施，施設也。化母，正道能育萬物，如子從母而生。

千變萬化，不出道體。佛盡其源，故云化母也。玄樞者，玄，謂幽玄。樞，樞要也。謂至理幽玄，教門樞要，佛窮盡之耳。廓虛宇於無疆，開廓法宇，無有疆界也，如《華嚴》蓮華藏莊嚴世界海是也。曜薩雲以幽燭。薩雲，梵語也，此云一切智。照燭幽暗，故云燭幽。亦法光潛照，故云燭幽也。將絶朕於九止。將，欲也。絶，滅也。朕，迹也。九止，謂九居也。欲界中除三惡趣，取人、天爲一。四禪中除第四禪，取前三禪爲三。無想天爲一，四空爲四，合九居也。九類衆生居止之處，爲九止耳。玄湜謂曰：既云除第四禪，復云無想爲一，此豈非彼四禪天乎。幸詳之。永淪大虛，長没虛中也。而有餘緣不盡，餘迹不泯。餘緣，謂所應化度衆生也。餘迹，謂有餘身迹，未亡泯也。玄湜謂：此諸語皆是前九折家之難詞耳。難意云：既能廓虛宇，曜薩雲，將絶朕，如此即令淪同大虛，逈無一物。何得復有衆生未度，餘緣不盡也，佛身尚存，餘迹不泯也。若直讀疏，都不見折難之意。今指出其文，似如可解。幸鑒者詳之，如錯勿哂也。次疏業報猶魄[二]，聖智尚存。魂者，身之主。既有其身，必有餘業。業必須受，受之曰報。如木槍償對食馬麥等，是謂業報之事。尚如魂魄，魂魄必存身中。有身有魂，即令招業，故云業報猶魂耳。猶，如也。故下句云聖智尚存。存，在也。佛既有智慮猶在，即知業不可忘也。亦折難之詞耳。玄湜意。經曰：陶練滓穢，如練真金。練金之法，水中陶汰，鑪中冶鑄，言聖人陶練塵滓如此也。無餘者下，翻上有餘，即無餘也。大患莫若於有身，身患最大。若，如也，故云莫若也。智動最先，故云莫先也。滅智以淪虛，謂淪没同於虛空也。脩塗，脩塗長路也。弗已，無止也。經曰：智爲雜毒，形爲桎梏。智慧離好，終勞神識。如食雜毒，終能害身。

《説文》云：桎，足械也。梏，手械也。《文》云：桎械、梏枷，害身之具。淵默以之而遼，患難以之而起。淵，深也。默，寂也。言有身有智，則分別患難由之而生。至於幽微之道，則遼遠也。故云淵默以之而遼，患難以之而起耳。灰身滅智，捐形絶慮。捐，棄也。言身既如此患難，須磨滅令同灰塵，棄絶智慮，使無患累耳。內無機照之勤，外息大患之本。內若無智，則無機動之心，亦無照察之慮。外若無身，則無寒暑之患，亦無資費之勞也。超然與群有永分下，謂鑒知諸法性本自空義，如超超然與群有長別，其實不別。不別者何。蓋色即空，空即色也。對凡未解，似若永分。聖鑒體之，豈唯無色，空亦無也。寂焉無聞，無音聲故不可聞，無萠兆故不可見。莫知所之，不知所適也。其猶燈盡火滅，膏明俱竭。《涅槃》第九卷云：一闡提人，見於如來畢竟涅槃，猶如燈滅，膏油俱盡也。

然則有餘可以有稱下，結難也。謂有餘涅槃可名爲有，無餘涅槃可名爲無也。忻尚於冲默，愛重空者，聞無餘則欣喜貴尚而求之也。彌仰於聖功，愛重有，聞有餘則信仰功德而求之也。斯乃典誥之所以垂文下。典籍誥訓，垂布文理也。謂諸大乘經，群聖行路，故云軌轍。軌者，作車之法。轍，謂車之轍迹也。使夫懷德者自絶下。懷德者聞涅槃非有，則不求也。宗虚者聞涅槃非無，則不學也。自絶者，謂無心求。靡託，謂無託，無託心處也。無異杜耳目於胎殻下，杜塞耳目於胎殻之中，而責有辨宫、商不可得也。掩玄象於雲霄之外，而令辨玄素不可得也。玄象，謂天象也。玄，黑。幽，幽然也。素，白也。自藴而未顯，道理藴積，故未顯明也。幽途故而論旨竟莫知所歸，不知何所明也。静思幽尋，寄懷無所，無安懷抱處也。豈謂，不謂也。朗大明於幽室，衆生暗昧如冥室，今作此説，非謂朗冥室令其見也。衆生無知無聞，今作此説，非是奏玄響令聞也。《小雅》云：奏、詣，皆進也。

位體第三

《尚書》云：位，次也。如階品次高下不同，今明涅槃體相次第，故云爾也。無名曰，無名是答。答家明涅槃本無名字，故曰無名也。蓋是涅槃之外稱下，涅槃正體非有非無。言有言無，乃是應物云〔三〕假名，故云外稱也。而存稱謂者封名，志器像者耽形。存稱謂者，謂著名字人也。志器像者，謂著形相人也。封，封執。耽，耽著也。名也極於題目下，言名字者，但能遊在於題目之内，已外不能名也。形但盡在於方圓之内，降此之外本〔三〕能形也。方圓有所不寫下，言方之與圓不能圖寫得非方圓之法，題目亦不能傳得非題目之法也。焉可以名於無名下。焉可者，不可也。無名者，非題目法。無形者，非方圓法，所謂涅槃也。難序云有餘、無餘者下，前難中所序有餘、無餘也。信是權寂致教之本意下，謂序有餘，是權教意，所序無餘，是實教意。權，謂顯也。實，謂隱也。但未是玄寂絶言之幽致下。玄寂，謂寂滅真理也。環，中空也。術者，道路也。《韓子》云：棄灰於術者斬指。此古法也。子獨不聞正觀之説下，二經是正觀文也。然則聖人在天下，寂漠虛無下，言聖人應物如此也。無執，謂無所執著也。無競，謂不與物競也。《涅槃》云：世智説有，我亦説有。世智説無，我亦説無也。即其事耳。譬猶幽谷之響、明鏡之像。此二喻喻後，不喻前也。不知所以來而來，不知所以往而往也。恍焉而有下，此亦是來往義也。動而逾寂。逾，越也。越動越寂，越隱越彰也。變化無常，言不恒也。其爲稱也因應而作，謂因應化，故有稱謂動作耳。然則有無之稱本乎無名，本是無名，從應化故，方有有無之名耳。無名之道于何不名。于，於也。雖曰無名，無所不名，種種名也。是以至人下，明種種應現也。原夫能天能人者。原，本也。若實是人，則不能爲天。若實是天，則不能爲人耳。果以非天非人，而能應化人、天耳。其爲治也，謂聖人治化世間也。應而不爲下，雖應化而終無心有所爲作固事，而爲無所施設也。施莫之廣，廣施設也。爲莫之大，言大聖凡所施爲，人、天六道，小聖小賢，更莫能加、莫能過。故云施莫之廣，爲莫之大也。返於小成，返在小也。歸于無名，返歸無也。經曰菩提之道不可圖度下，此是《修行道地經》文也。然則涅槃大道下，結歸非有非無耳。而惑者下，非惑計也。豈足以牓玄道而語聖心者乎，不得以有無邊見，題牓涅槃之道，語般若之心也。題，謂名題。牓者，牓示。言涅槃無名，不可如此而得耳。意謂至人寂泊無兆下，通示至人之相也。隱顯同源者，謂隱顯無别，即如下説也。何則佛言吾無生不生下，無有生處，而不受生。此《大品經》文也。彼具文云：菩薩終不受胞胎，終不受五欲。無生不生，終不爲生法所污。今加以無形不形，准生言之耳。以知存不爲有者，此結不有也。以此文證，故知存不爲有也。有本云：以知存不爲有，更加亡不爲無者，非也。亡不爲無，自在後文，不闕此段也。經言菩薩入無盡三昧，此下方明亡不爲無耳。此經未詳。又云入於般涅槃而不入於涅槃，此《涅槃經》文也。彼云般涅槃時，不般涅槃耳。以知亡不爲無者，此句始結不無也。以此經文，故知亡不爲無耳。亡不爲無，雖無而有下，此兩句但覆疏非有非無耳。然則涅槃之道，果出有無之域，絶言像之徑爲句也。果，決定。定出有無之域，定絶言像之經也。斷矣者，判斷分明，可得知矣也。子乃云下，非前説也。無乃乖夫神極。無乃，乃也。無乃乖者，意言乖也。經曰：法身無像應物以形下。形，現也。緣，境也。萬機頓赴而不撓其神，言聖應感之道，一時適赴萬緣，心神不撓亂。《説文》云：撓字，擾音。《文字集略》云：撓者，曲行也。一時各對千難，而思慮無所撓濁也。動若行雲，止若谷神。行雲雖動而無心，谷神雖止亦無心也。謂山谷之神，《老子》：谷神不死，是謂玄牝。謂能養神，如山谷之神，則不必死也。注云谷養神者，非也。無器而不形，有緣皆現也。無感而不應，有扣皆應也。然則心生於有心，衆生有心感之，則現形像耳。故金流而不燋者，《莊子》云：至人也，物莫之傷也。大浸稽天而不溺，大旱金石流，土山焦而不熱。今言不焦，即不熱也。日用而不動[一四]。《老》云：用之不勤。勤，勞也。紛紜自彼於我何爲，紛紜緣自紛紜也。聖人常靜，我者聖人也。所以智周萬物而不勞，聖智通鑒萬物，何所苦勞者，爲無心也。身形應八方而無患害者，爲無身無我也。益不可盈，損不可虧。欲益之而不可益，欲損之而不可損也。寧復痾癘中逵，壽極雙樹。痾癘，病也。逵，道路也。《爾雅》：九達謂之逵。雙卷《泥洹經》云：佛將涅槃，向拘尸國，中路患痢。後至雙樹，遂即涅槃。今言何有斯理也。《涅槃經》云：佛正説法，至第十卷，中途現病。此亦痾癘中逵也。靈竭天棺，體無焚燎。佛涅槃後，疊纏綿裹，入金銀槨，次銅次鏡，盛滿香油，以火焚之。此是轉輪聖王之法，故云天棺也。焚燎，皆燒也。而惑者居見聞之境，尋常耳目見者，見滅燒盡，大謂聖亦然耳。尋殊應之迹，尋遂事迹。有謂言定有，無謂言定無也。秉執規矩，以擬大方。賈逵注《國語》云：秉，執也。規圓，矩方也。大方，謂大乘也。《老子》云：大方無隅。何得執規矩以擬議耶。欲以智勞至人下，謂有智爲勞，有形爲患也。捨有入無，因以名之。捨有爲入無爲，名涅槃也，故云因以名之耳。豈所謂採微言於聽表，言微言深妙，可以意得，玄根沖邃，可以理宣。執言取相者，此非採微言於視聽之表，拔玄根於虛無之境也。

徵出第四

徵責涅槃出有無外，故云徵出也。有名曰：夫渾元剖判，萬有參差。剖，開也。判，分判也。《老子》云：有物渾成，先天地生，謂之爲道。今言渾元，即斯道也。《易》云：天地未分，謂之大易。元氣始萌，謂之大初。氣形之端，謂之太始。形變有質，謂之大素。質形已具，謂之太極。形氣既分，曰兩儀。以人參之，曰三才。今言參差者，即三才之間，萬有諸法如此也。有既有矣，不得不無下，言有法終歸於無也，必無因有耳[一五]。所以高下相傾，舉體例皆相待有也。此自然之數者，言理極數自然矣。數極於是，理數極此也。化母所育，理無幽顯。化母，道也。育，養也。若幽若顯，皆道生也。恢詭譎怪，無非有也。恢，大也。詭，戾也。譎，乖也。怪，異也。今云：此等諸法皆是有也。詭譎字，或有從心者，《字林》爾也。有化而無無非無也，有變化即成無也。然則有、無之境，理無不統，理皆統攝諸法也。經曰有無二法攝一切法，此是諸經大義也。虛空，謂太虛也。數緣盡，以智數斷煩惱惑盡也。非數緣盡，謂不由智數，自然而斷者。如須陀洹人，初得果已，三惡道業自然而盡，不由智數斷之令無。智所斷者，謂五見及疑也。數緣盡即涅槃也，此言涅槃是無爲法，不得非無也。覈，責覈也。爲定是有，爲當是無。果若無也，無則無差。若定是無，無則無別，同無爲之無也。總而括之，即而究之，雙論有無兩法也。無有異有而非無下，異有即是無，異無即是有也。而曰有無之外可有妙道下，非前説也。吾聞其語矣，雖聞此語，心未信矣。

超境第五

超，謂超越。境，謂境界。明涅槃之法，超越有無之境界也。無名曰有無之數，誠[一六]法無不該。誠，信也。該，括也。統，攝也。然其所統，俗諦而已。而有無之法，但攝俗法也。經曰真諦何也下，此是引經文，或是釋經語。引經文者，通真、俗兩句，皆是經文也。釋經語者，經言真諦者，涅槃是也。經言俗諦者，有、無是也。何則有者有於無下，對明有無皆俗法也。然則有生於無下，有從無生，無從有生也。有、無相生，其猶高下相傾。此直世間之事耳。然則有無雖殊，俱未免于有。言有言無，皆俗諦有法也。此乃言像之所以形下，言必言於有無，像必像於有無。是之與非，皆因有無而起。或有以有爲是，以無爲非。或有以無爲是，以有爲非也。豈是統夫幽極，此之有無，既是是非之境，不得統攝涅槃幽極法也。良以有無之教[一七]，止于六境耳。有無之數，但在六塵境界也。六境之内，非涅槃之宅，故借出以祛之耳。六境既非涅槃，故云涅槃出有無耳。云，言也。庶希道之流。庶，冀望也。希，冀慕也。髣髴，謂近真而非真也。幽途，謂玄道也。託情，謂安心也。絶域，謂至理也。得意亡言，取意棄言也。言者所以在意，得意亡言。吾安得亡言之人，與之言哉。體者，解也。解其非有非無，明是中道也。豈曰有無之外別有一有而可稱哉，不離有無，條然別有一妙有，謂之涅槃也。經言三無爲下，解前無爲難也。紛撓，謂邪亂也。篤，甚也。尤，過也。絶有之稱，莫先於無。破有要假於無，故説三無爲明涅槃，是數緣滅以破衆生有病耳。故借無以明其非有，借無爲名，明涅槃不是有爲也。明其非有，非謂無也，但言非有，非即無也。

搜玄第六

搜，謂搜括。玄，謂玄妙。搜括玄妙之所在，故云搜玄也。有名曰：論云涅槃既不出有無下，牒前語也。不在有無，則不可於有無而得之下，定宗也。求之無所，使[二六]應都無，然復不無其道。既無定求之處，則應都無涅槃，而復不得云無涅槃也。其道不無則幽途可尋，言幽玄途略可尋求耳。所以千聖同轍，千聖言多佛，多佛謂諸佛，諸佛皆同此轍。轍，車轍，喻正道也。諸佛皆遵此轍，無有虚返。虚返者，謂前無涅槃，然後却返也。其道既有下，既有涅槃之道，而復言其不出不在，必應有意，願欲聞也。

妙存第七

非有非無，是謂妙有，故云妙存也。無名曰夫言由名起下，言因名字，名字因體相也。相因可相，無相無名也。若以義分之，則因可相屬前科，謂相貌因可相而立也。無相無名下，覆遣前語。諸法無相，是故無名。以無名故無言説，以無言説故不可聞也。若以文勢讀之，則相因可相，無相無名爲句也。

經曰涅槃非法非非法下，《涅槃》十九云：如來涅槃非有非無，非有爲非無爲等。今述彼大意也。子欲聞之耶，而汝欲聞，當爲説也。《小雅》云：而如汝乃爾若，皆汝也。雖然，善吉有云，此《大品經》文也。庶述其言亦可以言，汝既望述其言，今亦可以言説也。《淨名》曰：不離煩惱而得涅槃。此是彼《舍利弗章》中語耳。天女曰不出魔界下，即《淨名》天女語也。彼云：佛説婬、怒、癡性，即是解脱。解脱，佛界也。婬、怒、癡，魔界也。然則玄道存於妙悟，若然者，妙悟即見道也。妙悟存於即真，知即俗是真，是謂妙悟也。即真則有無齊觀，既知即俗即真，即有無齊一，同實相也。齊觀即彼已莫二。既能齊觀，則此彼何別。已是此也。所以天地與我同根，同一道根也。萬物與我一體，同一道體也。同我則非復有無，既知同矣，更無有無之別也。異我則乖於會通，若言萬物與我異者，則不能會通也。所以不出不在下，正以萬物無別故，道在其中，體之則不出，惑之則不在也。何則，夫至人虛心默照下，釋所以不出不在也。虛心者無執，默照者潛通也。妙理皆盡，故無不統耳。懷六合於胸中下，四方、上、下，六合也。明見六合於心中，而心智有餘力也。明見萬有於心中，而心神無滯執也。至能拔玄根於未始，無始已來，玄理根源，而能拔出，又如群動即靜也。恬淡淵默，妙契自然。恬淡，靜也。淵默，如淵之澄靜也。妙契，謂妙悟也。自然，謂天然之理也。所以處有不有，居無不無，處有不同有也，居無不同無也。居無不無，故不無於無下。居無不同無，亦不無於無也。處有不同有，亦不有於有也。故能不出有無，而不在有無。正以處有不有，故不在有中。不有於有，故不出有中。居無不無，故不在無中。不無於無，故不出無中耳。然則法無有無之相下，若然者，則知諸法無有無之相等也。無有定有定無相，無有定有定無知也。聖無有無之知，故則無心於內下，心是內法，數是外法也。此彼寂滅，物我冥一。此，謂內心也。彼，謂外法也。物我亦是內外彼此也。泊爾無朕，乃曰涅槃。寂泊無迹也。圖度絶矣，言不可測度也。容可責之於有無之內下，何容可責於有無之內求涅槃也。又可徵之於有無之外，容字貫下句，何容復可問有無之外徵涅槃乎。

難差第八

《史記》云：言論相拒，謂之難。今難三乘三位，兩種差別，故云難差也。有名曰涅槃既絶圖度下，領前言也。斯則窮理盡性下，窮盡至理，究竟物性也。理其然矣，謂其理實然，無有差别也。而《放光》云：三乘諸道。《大品經》文也。《金剛般若》亦云爾也。佛言：昔我[一九]爲菩薩，名曰儒僮，於燃燈佛所已入涅槃。儒僮之名，諸經散説。已入涅槃，是《法華》文。彼云：於此時間，我説燃燈佛等。又復言其入於涅槃。今所引者，義意與《法華》有别。《法華》燃燈佛涅槃，今引言儒僮涅槃。恐是舊經，翻譯有異也。於七住，初獲無生忍。闞河大德，凡言住者，皆是地也。儒僮菩薩見燃燈時，位當七地，得無生忍也。進修三位者，謂八、九、十，三地也。若涅槃一也，則不應有三下，雙難前三乘之三，及三位之三也。如其有三則非究竟者，若有三乘，若有三位，明知未究竟之道。下既云究竟，何有昇降之殊。昇，謂高昇。降，謂降下也。衆經異説下，諸經各説不同，何爲耶中正耶。

辨差第九

辨，别也。分别三乘差别，故云辨差也。至於三位差别，下第十四章中重難，第十五章中方答耳。無名曰：然究竟之道，理無差也。言究竟之道，實無差别也。《法華》云下，引《正法華》文也。以俱出生死，故同稱無爲。皆同無爲，而有差别也。所乘不一，故有三名。隨其所乘之因不同，故有三乘之果耳。結其會歸，一而已矣。結論終歸，同一無爲也。此以人三三無爲，非無爲有三者，以三人分無爲成三耳，無爲無三也。故《放光》下，説聲聞結盡、習不盡已來，通是經文也。請以近喻，將事顯理也。如人斬木，斬去一尺。一尺在木，不關虚空。斷除煩惱亦復如是，但在於人，不關無爲也。夫群生萬端下，明根性不同，大小有異。深者大，淺者小。厚薄亦然。所以俱之彼岸下。之，適也。《小雅》云：造、之、如、往，適也。彼岸豈異，異自我耳者，彼岸不異，異自三人也。衆經殊辯，其致不乖也。經説同一無爲，復云三乘差别。以解脱是同，故云同一無爲。以斷結有異，故云三乘差别。言雖有異，理致不乖也。

責異第十

責三乘之異，故云責異也。有名曰俱出火宅，則無患一也下，法、喻雙明也。三子俱出火宅，三乘同出生死也。而彼岸無異，異自我耳者，牒前言也。若我即無爲下，若一，則人、法無别，不得言法同而人别也。若我異無爲下，若異，即人、法全别，不得言人會無爲也。無爲自無爲下，明所以異不同是一，故曰不通也。然則我與無爲下，雙結一異兩關也。一則不合有三乘，異則不得有一乘也。三乘之名何由而生者，一異兩關。既無有三，何得有三乘名字耶。

會異第十一

會釋三乘之異，故云爾也。無名曰夫止此而此下，此謂有爲，彼謂無爲。在有則同有，在無則同無也。所以同於得者，得亦得之。同於失者，失亦失之。《老子》云：得者同於得，失者同於失。同於得者，得亦得之。同於失者，失亦失之也。而在有同有，在無同無。事如在得同得，在失同失。所言得失者，則善惡是非等也。我適無爲，我即無爲者，定宗也。無爲雖一，何乖不一耶。法雖是一，不妨人自不一也。譬猶三鳥出網下，此喻分明，歷然可見也。如是三乘衆生下，合喻分明也。樊者，籠也。《莊》云：雉十步一啄，百步一飲，不蘄畜乎樊中。郭注云：蘄，求也。樊所以籠雉也。今以惑妄樊籠繫衆生，如雉在于籠也。然則我即無爲下，我謂三乘人也，無爲謂三乘法也。所以無患雖同下，覆明前法喻兩種同異也。昇虚有遠近，明三鳥異也。幽鑑有深淺者，明三乘異也。無爲即我〔三〇〕，我即無爲也。既雙明法喻，此類可知也。今結答意，偏明法耳。無爲涅槃即三乘人，三乘人亦即無爲涅槃，更無別也。此非我異無爲，明所以有三也。

詰漸第十二

詰，責也。漸，消也。出《廣雅》。今詰三乘漸斷煩惱，不能頓盡也。有名曰：萬累滋彰，本於妄想。滋彰，多也。《老子》云：法令滋彰，盜賊多有。而本由妄想，所以萬累多也。妄想既祛，則萬累都息者，祛，遣也，有本作去，亦是除遣也。二乘煩惱盡，故云得盡智。菩薩得無生法忍，故云得無生智也。二乘得盡智，結縛永除。菩薩得無生智，妄想都盡。結縛既除，心則無爲者，悟無爲也。心既無爲，理無障翳。若悟無爲，則於理明見無障翳也。經曰：是諸聖智不相違背，不出不在，其實俱空。此《大品經·習應品》文也。二乘但出，即不在也。菩薩之人，不出世間，知諸法皆空故也。又曰：無爲大道，平等無二。此《正法華》文也。既曰無二，則不容異心。法既無二，體法之者，不應心有異也。不體則已，體應窮微。已，止也。若不體止而不論，既論體悟，則應窮盡微妙也。而曰體而不盡，是所未悟也。難前以未盡無爲，故有三也。所未能解，故云未悟也。

明漸第十三

明三乘漸悟，故云爾也。無名曰：無爲無二，則已然矣。無爲之中，無有二法。已如前説也。結是重惑下。結，謂煩惱。煩惱重惑，而言頓盡，不解此也。經曰：三箭中的，三獸渡河。此《鞞婆沙論》文也。名論爲經，故云經曰。如迦旃延造《發智論》，名《發智經》也。三箭，謂三人射箭也。的，即渡齊也。三獸，謂象、馬、兔也。中度無異下，三箭皆中，中無異也，三獸皆渡，渡無異也。獸力有不同，故入的有淺深，入水亦有淺深耳。三乘衆生下，合喻也。十二因緣如河津也，四真諦法如射的也。絶僞即真，同昇無爲。斷煩惱結，故云絶僞。證悟涅槃，故云即真也。昇，高昇也。然其乘不一下，三機不同，故所行之法各别也。夫群有雖衆，然其量有崖。萬有非一，故云群有。雖云不一，終有涯畔也。正使智猶身子下，正猶身子之智，滿願之辯，不能知群之畔齊，況虚無而能頓盡乎。書不云乎下，言爲學日益，謂漸益知見也，爲道日損，謂漸損學華也。損，謂損折耳。爲道者爲於無爲者也，修無爲道，故名爲道也。爲於無爲而日日損，修無爲道，而言漸損也。此豈頓得之謂，此不謂頓損，故云漸損也。要損之又損之，以至於無損者，損之更損，然後都盡，無可頓損也。經喻螢日智用可知者，《維摩》云：無以日光等彼螢火。今言佛智如日，聲聞如螢，何能頓除煩惱令盡，即同佛耶。所以優劣不同，故有三乘之别耳。

譏動第十四

譏判菩薩進修涉動，故云如此也。此章乃是前第八難差章中之義。今更發起，然後答也。有名曰：經稱法身已上，入無爲境下。七地已上菩薩，悟無生忍，得法性身。心形如此，何得云儒僮菩薩進修三位，廣積衆德耶。夫進修本於好尚下，進修爲有好尚之心，積德謂有涉求之意也。好尚則取捨情現下，取勝捨劣，有損有益也。既以取捨爲心下，若有此心，則非寂滅也。此文乖致殊下，謂取捨寂滅，兩文乖異，理致殊别。而今會在一人之上，事如指南爲北，曉悟迷人，不可得也。

動寂第十五

動即是寂，故云動寂也。無名曰：經稱

聖人無爲下。聖人自在，無爲即爲，爲即無爲也。無爲故雖動而常寂下，雖動常寂，故曰無爲，雖寂常動，故無不爲也。物莫能一者，人不能令其常寂也。物莫能二者，人不能令其常動也。逾動逾寂者，雖動常寂，故越動越靜也。逾寂逾動者，雖寂常動，故越動越靜也。所以爲即無爲下，以動而常寂，故爲即無爲也。動寂雖殊，而莫之可異，雖異不可言異也。《道行》曰：心亦不有亦不無。此謂聖人心也。不有者下，擇上不有不無也。何者有心則衆庶是也下。衆庶，謂衆生。庶品，衆也。衆庶止於妄想下，衆生止有妄想心，大虛無鑒照也。豈可以止妄想下，不得以衆生之有大虛之無，爲無生之道般若之心也。是以聖心不有，不可謂之無下，明聖心也。不有不於有，不可即言無。下句反此也。不有故心想都滅下，既云不有，明知無心想也，既云不無，明知契妙理也。理無不契，故萬德斯弘。既契妙理，所以修德齊物。既滅心想，所以忘己無我也。所以應化無方下，復明動寂不二義也。經曰：心無所行無所不行，信矣。聖心如此，何不信也。儒僮曰昔我於無數劫下，此是當得記時之言。言今施華知空，故名施耳。又空行菩薩入空解脱門，此《智度論》文也。言今行空，不應取證也。然則心彌虛，行彌廣下，第二，正答也。七地已上，心益空行益大，何得不進修耶。是以賢劫稱無捨之檀者，《賢劫經》第四云：一切諸法無有與者，是曰布施也。《成具》美不爲之爲者，彼經云：不爲而過爲也。《禪典》唱無緣之慈者，彼經廣明無緣大慈義也。《思益》演不知之知，彼經云：以無所得故得，以無所知故知也。聖旨虛玄，殊文同辯。旨，意也。諸經殊文，同辨聖意。動，即寂也。豈可以有爲便有爲下，言不可也。菩薩住盡不盡平等法門下，《維摩經》也。而以南北爲喻下，非前難耳。

窮源第十六

窮涅槃之根源，故云如此也。有名曰非衆生無以御三乘下，謂人能御法，因能成果也。然必有衆生下，既云人能御法，則先有人。既云因能成果，則後有果也。是則涅槃有始下，學而始成，故有始也。而經云涅槃無始無終，湛若虛空者，無始終則不生滅，如虛空則常住也。若如虛空下，虛空不可學成，涅槃何得然耶。

通古第十七

涅槃之法，古今同一，故云通古也。無名曰：夫至人空洞無像，而物[三]無非我者。《字林》云：洞，音動，疾流也。比來學者，皆作同音。空故無象，故以萬物爲己體也。會萬物以成己下，聖人無體，以萬物之體，爲己體耳。何則非理不聖下，非悟理不成聖，非聖人不悟理也。理而成聖者，既悟理成聖，則聖與理不異也。肇公此言，妙盡幽極也。故天帝曰，《大品》文也。又曰：見緣起爲見法性。《大品》《大集》皆有此文。斯則物我不異之効者，十二因緣即是。明知萬物不異己體，以此文爲効驗也。所以至人戢玄機於未兆者，戢，謂斂斂也。戢，阻立反。《文選》詩云：戢翼希驤首，乘流畏暴鰓。言斂翼也。玄機，謂聖人心也。未萌之事，未現無兆，至人斂心預見之也。藏冥運於既化者，冥運亦是聖心也。過去之事，已往無形。至人運心，却見之也。總六合以鏡心，觀現在也。四方上下曰六合。至人之心，皎明如鏡，照萬事耳。一去來以成體，知三世同體也。言聖人以此三世萬物爲體，無別體也。故《物不遷》云：道遠乎哉，觸物而真也。即三世萬物耳。真者物性即無生，無生即真，真即空也。聖人體此空理以成聖，故云成體也。古今通下，謂聖人知古今，終始不別，本末不二，浩汗然大均平。得此心者，名曰涅槃耳。亦可以古今終始本末等法體平等，是大涅槃也。經曰不離諸法而得涅槃者，即《維摩》云不斷煩惱而入涅槃也。又《中論》云：不離於生死，而別有涅槃。又云諸法無邊故下，此謂諸法與菩提同也。以知涅槃之道存於妙契，契會妙理，即是涅槃也。本乎冥一者，知萬法冥然一體，是謂妙契也。然則物不異我下，覆明不二也。物我玄會，歸于無極者，物我同歸無極之理也。進之不先下，推進涅槃於先而不先，抑退涅槃於後而不後。既而不先不後，有何始終乎。天女曰下，《維摩》文也。耆年，謂舍利弗也。言汝得解脱有久近乎。解脱既無久近，我止此室亦無久近。今引此文，直明解脱無久近也。解脱，涅槃也。久近，始終也。

考得第十八

考校得涅槃之人，故云者〔三〕得也。有名曰經云衆生之性極於五陰之内下，此通説諸經大意也。然則衆生之性，頓盡於五陰之内者，五陰盡則衆生盡也。又云衆生局在五陰内，故名爲盡耳。涅槃之道，獨建於三有之外者，涅槃出世間，故建立涅槃三界外也。邈然殊域下，一内一外，故曰殊域。既言殊域，故不得言衆生得涅槃也。果若有得下，若定言衆生得涅槃，則有衆生五陰外，而言其得也。若必止五陰下，若衆生局在五陰内，而復言得涅槃，則五陰不定無也。五陰若都盡下，五陰若盡，則無人得涅槃也。此結難之大意耳。

玄得涅槃第十九

雖得涅槃，乃是無得之得，無有定得，故云爾也。無名曰夫真由離起下，離著則成真，有著則成僞也。著故有得下，心中有著，則有所得。若離著反此也，而云無名者，無有得名也。是以則真者，同真則謂准則也。

依真無著，則成於真。依僞有著，則成於僞也。子以有得爲得，故求得於有得者，此乃法僞同僞也。吾以無得爲得，故得在於無得者，此是則真同真也。且談論之作，必先定其本者，本宗也。既論涅槃下，依涅槃宗，而説涅槃也。若就涅槃以興言下，若就涅槃本宗爲言，則一切諸法體性皆空，皆是涅槃真體，復何得耶。何者下，釋涅槃之真性也。妙盡常數者，不同諸法之數，亦可是五陰、十二入、十八界，亦得但是心數也。融冶二儀者，融通天地，如鑪冶之鎔金，無不同也。滌蕩萬有者，洗滌除蕩無不空也。均天人下，明不二也。内視不見已者，内視涅槃，不見其已體也。返聽不聞我者，却聽涅槃，不聞其聲也。我者，涅槃也。未嘗有得下，非二邊也。經曰涅槃非衆生者，此論凡所引經，乃有二體：一者，標名。二者，不標名。標者是經全文，不標者是諸經大況。未必全然，多如此也。今此所引，是諸經之大況耳。維摩詰云至不復更滅，《淨名》全文也。此明下，釋經意也。雖滅不滅，故言無滅耳。然則衆生非衆生下，已前皆是鑪冶總答，此下正答所難，明玄德也。衆生自空，故無能得之者。涅槃亦空，故無可得之者也。《放光》云：菩提從有得耶下。此引《大品》文，以明涅槃耳。從此至然則都無得耶，答曰不也，皆是經文也。有，謂有心。無，謂無心。餘句亦爾，皆論心也。又以有所得爲得，無所得爲無得。餘句亦爾。又以有相爲有得，無相爲無得。餘句亦爾。又以有人法爲有得，無人法爲無得。餘句亦爾。都無得者，謂總無有法得如虚空也。是義云何者，既五句皆非，云何得耶。答曰無所得故名得者，即以無所得名爲得耳，亦以得無所得名爲得耳，亦可直以無得即名爲得耳，是故得無所得也。以是義故，雖得涅槃，亦無得也。亦可言得涅槃，得於無得也。無所得謂之得者，誰獨不然乎者，此句諸本不同，人多不解，遂加咸字，迷誤於人。今此本皎然可見也。若以無得謂爲得，不以有得名爲得者，諸法皆無得，何人獨不得耶。然則玄道在乎絶域，故不得以得之者，此謂真諦也。真諦性空，與有乖絶，乃是無真之真，故有無得之得耳。妙智存乎物外，故不知以知之者，此謂般若也。般若玄妙，物像之外，乃是無物之物，故有不知之知也。大像隱於無形，故不見以見之者，此謂法身也。法身無邊，故云大像。雖云大像，不見其體，故云隱於無形。既是無形之形，故云不可見而見也。大音匿於希聲，故不聞以聞之者，此謂一音也。一音説法，無有定聲，故云希聲。雖云大音，不聞其聲，故云匿於希聲。既是無聲之聲，故云不聞而聞也。大像、大音，語出《老子》，借文明意耳。至能括囊終古者，《易・坤卦》云：括囊無咎無譽。子夏云：括，結也。謂涅槃之道，苞括終古，如括囊之盛物耳。終古者，終極上古也。道達群方者，道引通達也。群方，萬方也。亭毒蒼生者，亭毒，養育也。蒼生，天生也。衆生是天之所生，故曰蒼生。疎而不漏下者，通謂上三句，皆不漏也。囊括終古，終古無遺。導達群方皆盡。亭毒蒼生，蒼生不失，故總言不漏耳。《老子》云：天網恢恢，疎而不漏。借語以明涅槃也。汪哉洋哉者，《毛詩注》云：汪洋，水盛大也。《尚書注》云：洋洋，美貌也。何莫由之哉者，何物不由涅槃也。故梵志曰下，此八師經文也。此經一卷云：有外道，名耶旬，作此語也。無崖者，謂無邊際也。靡不成就者，謂能成就衆生也。靡不度生者，謂能度衆生也。然則三乘之路開者下，此結《涅槃論》之大意也。涅槃是三乘之路，是真而非僞，是賢聖之道，無名之致，顯於此矣。又釋，此通結上來諸論也。三乘之論路開，謂宗本也。真僞之途辨，謂《不遷》《不真空》也。賢善之道存，謂《般若無知》也。無名之致顯，謂《涅槃無名》也。

肇論疏卷下終

建長三年十月二十五日丑刻，於戒壇院僧房一交了。

三論末資汙道沙門聖守

校勘記

〔一〕「微」，底本原校疑後脱「下」字。

〔二〕「另」，底本原校疑爲「兮」。

〔三〕「與」，疑爲「興」。

〔四〕「冀」，疑爲「翼」。

〔五〕「過」，底本原校疑爲「近」。

〔六〕「此」，底本原校云一本作「比」。

〔七〕「覇」，疑爲「覈」。

〔八〕「比」，底本原校云一本無。

〔九〕「雜」，底本原校疑衍。

〔一〇〕「請」，疑爲「清」。

〔一一〕「魄」，底本原校云一本作「魂」。

〔一二〕「云」，底本原校疑爲「之」。

〔一三〕「本」，疑爲「不」。

〔一四〕「動」，底本原校云一本作「勤」。

〔一五〕「無因有耳」，底本原校云一本作「因於有」。

〔一六〕「誠」，底本原校云一本作「以」。

〔一七〕「教」，疑爲「數」。

〔一八〕「使」，疑爲「便」。

〔一九〕「昔我」，底本原校云一本作「我昔」。

〔二〇〕「我」，底本原校云一本作「乘」，下二「我」字同。

〔二一〕「物」，底本原校云一本前有「萬」字。

〔二二〕「者」，疑爲「考」。

（孫少飛整理）

○九二七

肇論疏科（二）

肇論疏序科文

汾潭禪師曉月治定

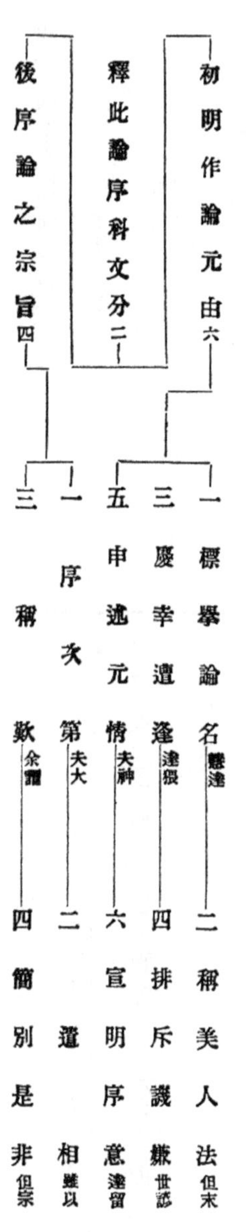

肇論疏科文

姑蘇堯峯蘭若沙門遵式排定

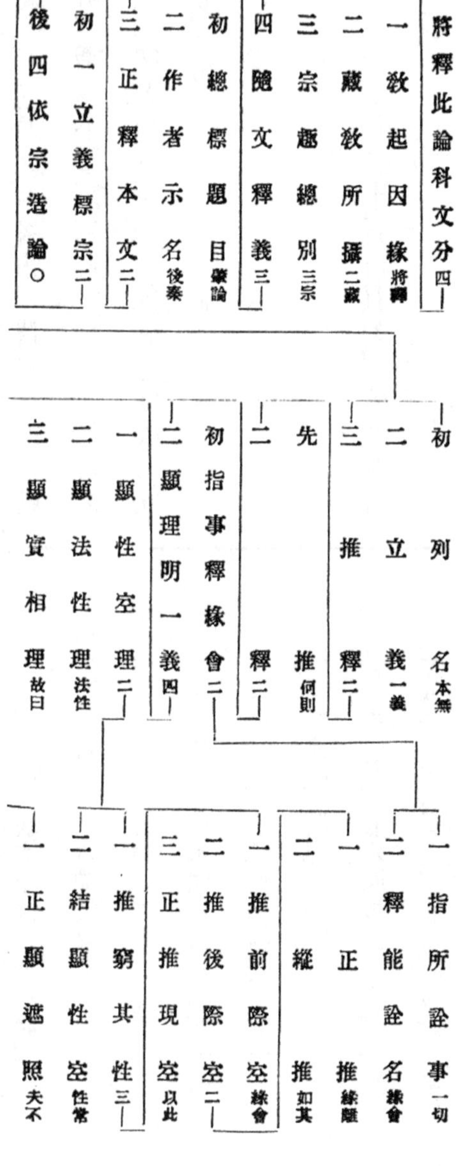

初標義題 宗本
次正立義二
初總立義本三
二別開義門三
初約境雙破有無顯一義二
一假牒問 言不
二辨諦理二
初明二諦二
二會一義二
二約智雙融權實顯一義三
三約證雙泯理事顯一義三
○後四依宗造論三分
初前論二明眞俗不二顯境一二
次第三論明體用不二顯智一○
後第四論明理智不二顯證一○
初物不遷論立俗諦二
二不眞空論顯卽眞○
初題目 物不
二論文二
初序意四

四顯本無理 實相
一出教意以釋問 不如
二立縱奪以會前 若以
初會二諦顯一義二
二會三乘顯一乘三
初總標人法 三乘
二釋成所觀二
三重通妨難二
一牒問略釋 渢和
二返覆廣釋三
三結成心觀 是謂
初標物示人情 夫生
二據理申已解三
三明情解相違四
四顯立論之意 然不
初總標解惑 然則
二示理難言 所以
三推釋其意 何者
四躡前起後 緣使
初引經論 道行

二述成遮照 然則
初正釋 性空
二辨邪正 見法
一牒難縱破 設二
二權實對辨 是以
一明五具釋大慧 諸法
二約二門釋二名 然則
三返覆釋成一義 涉有
一標華梵以牒問 泥洹
二就盡諦以釋成 直結
三顯一實異三乘 無復
一據理推意 余則
二引經標牒 放光
三推釋正理 尋夫
初嗟迷執 傷夫
二陳迷情 旣知
三顯正理四
一標 往物
二推 何則
三釋二

二正論三
初正顯不遷三
初引教定宗二
二破惑顯理二
三舉事結顯 然則
次會釋教意二
初引教詰難二
二就理釋通二
初歎無常教理幽深 覆尋
二明常無常幽深教理三
初明教異意同二
二顯教權意實五
初雙標教意 是以
二雙明攝實 故譚
三責執教情 而徵
四遣無常見 是以
五結成不二 然則
三宗教顯不遷四
三因果結益二
〇二不眞空論顯卽眞二 分

次定宗旨 斯者
初解惑對辨二
初境同見異 夫人
二逆順結責 然則
二遣惑顯理五
初人法雙標二
一約教理立難 噫聖
二約行果定難 是以
二牒前正難 苟萬
一就本教顯異同三
二寄外教顯異同二
初舉此方儒道說動以顯靜 然則
二舉西土隣人說常顯無常四
初宗教顯意 是以
二引證幽深 故經
三推釋動靜 何者
四結示不遷 然則
初就果推因六
二舉事結顯 然則
初標宗顯妙 夫至

四結 是謂
初釋上句 求向
次釋下句 覆而
四引儒典二
初正引 故仲
二結成 如此
五責惑情 旣無
初明執殊教異二
初明異 是以
二責異 豈曰
二證教異意同 故成
三述成不二 是以
一標正意 是以
二推常執 何者
三引彼文 是以
四顯無常 所謂
初正明 是以
二引喻 成山
三結成 果以
四引證 故經

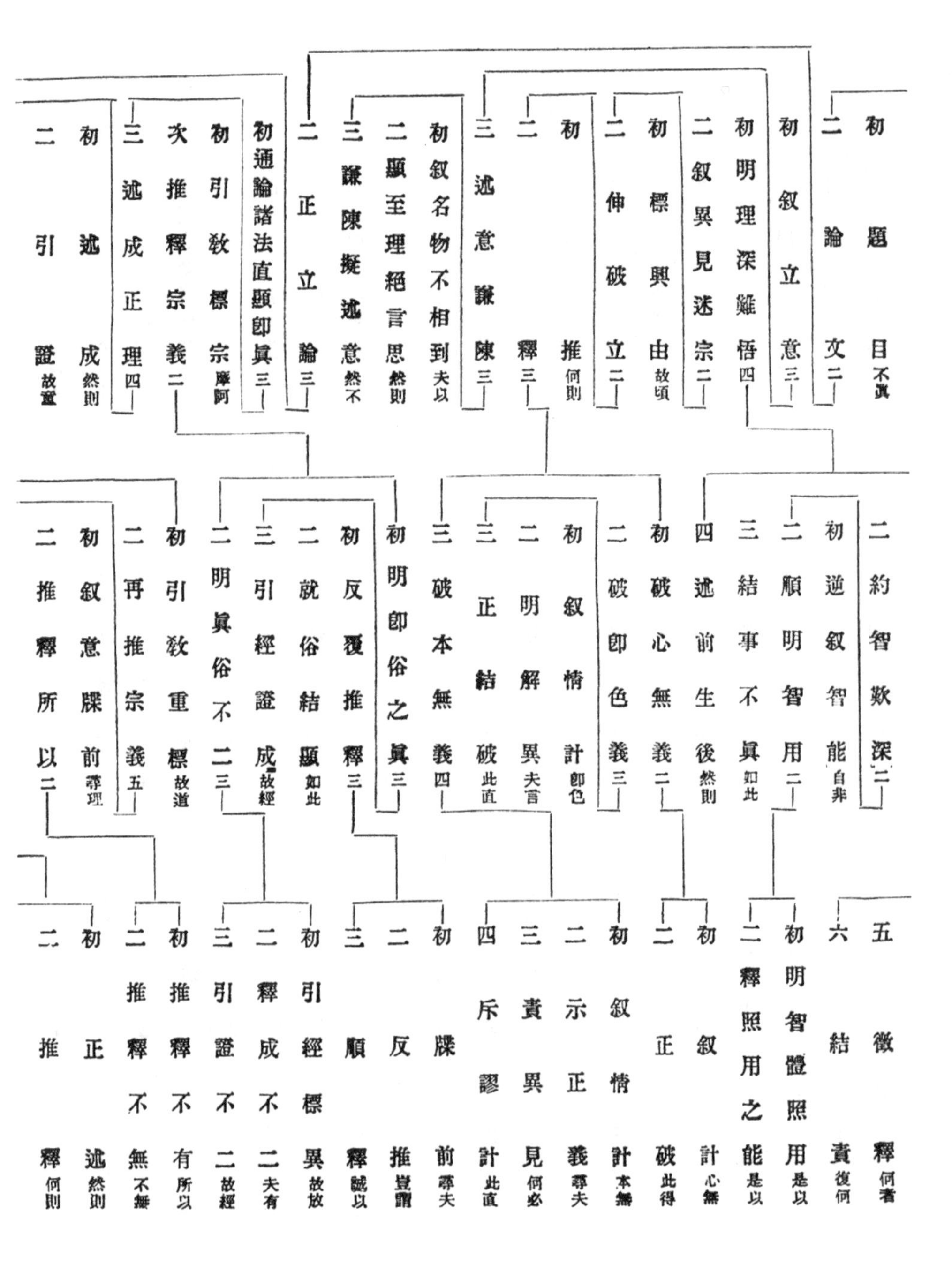
初題目不眞
二論文二
初叙立意三
初明理深難悟四
二叙異見述宗二
初標興由故頃
二伸破立二
初推何則
二釋三
三述意謙陳三
初叙名物不相到夫以
二顯至理絕言思然則
三謙陳擬述意然不
二正立論三
初通論諸法直顯卽眞三
初引教標宗摩訶
次推釋宗義二
三述成正理四
初述成然則
二引證故置
二約智歎深二
初逆叙智能自非
二順明智用二
三結事不眞如此
四述前生後然則
初破心無義二
二破卽色義三
初叙情計卽色
二明解異夫言
三正結破此直
三破本無義四
初明卽俗之眞三
初反覆推釋三
二就俗結顯如此
三引經證成故經
二明眞俗不二三
初引教重標故道
二再推宗義五
初叙意牒前尋理
二推釋所以二
五徵釋何者
六結責復何
初明智體照用是以
二釋照用之能是以
初叙計心無
二正破此得
初叙情計本無
二示正義尋夫
三責異見何必
四斥謬計此直
初牒前尋夫
二反推豈謂
三順釋誠以
初引經標異故放
二釋成不二夫有
三引證不二故經
初推釋不有所以
二推釋不無不無
初正述然則
二推釋何則

三推釋何者
四結成然則
二別開色心因緣推釋三
三推窮名實結責述情三
初引經標義故放
二正推名體四
三約證結顯三
○第二明體用不二顯智一文二
初論文二
二答外問○
初題目般若
二本文二
初序意三
二正論二
初標宗正顯四
初標具用之體三
二明即體之用五
三體用合明四
四境智結會二
初結境智權實是以

三引大論證故摩
四反覆釋成尋此
五總結玄旨此二
三復述正理三
初舉人顯證是以
二引證即眞故經
三雙結玄旨然則
初標宗陳戒夫般
二序聞悟由三
初師教東來三
二秦王垂護二
三預座聞悟余以
三讚深識述然則
初引經標體故光
二約體辨用二
三會用歸體是以
初牒經問用此辨
二即體顯用三
初標指然其
二推釋何者

三結成然則
初名體互求夫以
二雙結同空是以
三推立名因三
初引文陳戒故中
二結指戒情然則
三舉名結例既悟
四引文證成是以
初標名歎德有天
二美其來由將爰
三流通年數弘始
初標號歎德大秦
二翻譯闡揚時乃
初正答果有
二推釋何者
三引證故經
初明權實同體然則
二顯一體同虛神無
三述成二用智雖
四顯即體所以所以

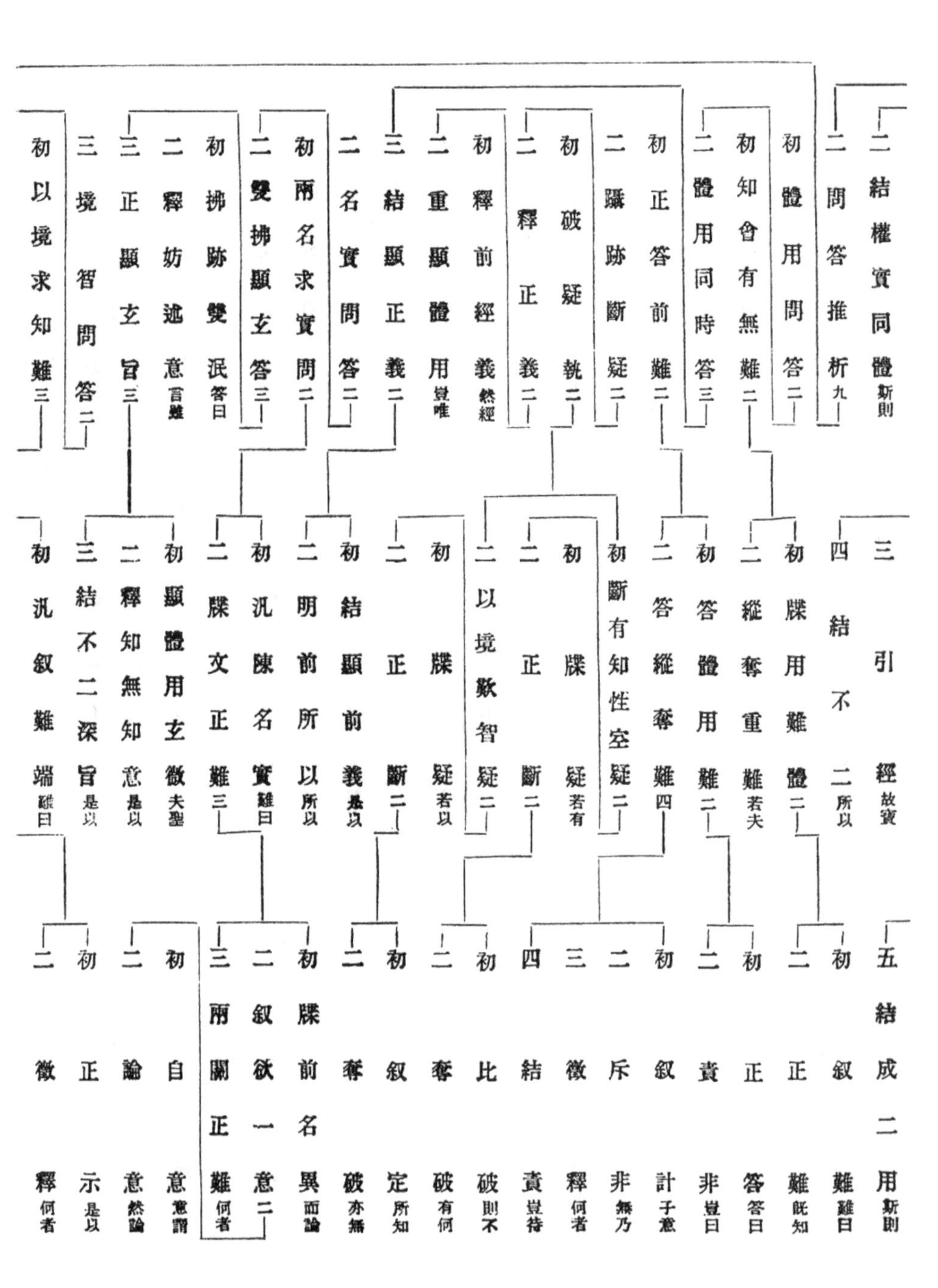
二結權實同體 斯則
二問答推析 九
初體用問答 二
初知會有無難 二
二體用同時答 三
初正答前難 二
二躡跡斷疑 二
初破疑執 二
二釋正義 二
初釋前經義 然經
二重顯體用 豈唯
三結顯正義 二
二名實問答 二
初兩名求實問 二
二雙拂顯玄答 三
初拂跡雙泯 答曰
二釋妨述意 言雖
三正顯玄旨 三
三境智問答 二
初以境求知難 三
三引經 故寶
四結不二 所以
初牒用難體 二
二縱奪重難 若夫
初答體用難 二
二答縱奪難 四
初斷有知性空疑 二
初牒疑 若有
二正斷 二
二以境歎智疑 二
初牒疑 若以
二正斷 二
初結顯前義 是以
二明前所以 所以
初汎陳名實 難曰
二牒文正難 三
初顯體用玄微 夫聖
二釋知無知意 是以
三結不二深旨 是以
初汎叙難端 難曰
五結成二用 斯則
初叙難 難曰
二正難 既知
初正答 答曰
二責非 豈曰
初叙計 子意
二斥非 無乃
三徵釋 何者
四結責 豈待
初比破 則不
二奪破 有何
初叙定 所知
二奪破 亦無
初牒前名異 而論
二叙欲一意 二
三兩關正難 何者
初自意 意謂
二論意 然論
初正示 是以
二徵釋 何者

二心境同無答三
初以理正答三
初正答 答曰
二推釋 何者
三結顯 般若
二簡辨眞妄四
三結答前問三
四兩關問答二
初不取違知難二
初牒論叙難 難曰
二兩關正難 若無
二知卽不取答二
五是當問答二
六取捨問答二
初捨有滯無難三
二取捨俱離答二
七應會問答二
初無知生滅問二
初牒前叙難 難曰
二正難問 然則

二引經成立 故經
三結難有知 以緣
初總標境智 夫知
二眞妄對辨 相與
三結示起由二
四釋成所以二
初述成無知 是以
二釋妨除疑 然智
三結難非眞 而子
初雙非有無 答曰
二正答不二 知則
初無當違有難二
二有無雙融答三
初呈解立難 難曰
二引經成立 是以
三正難滯無 若以
初眞妄對明 答曰
二釋妨正答 然非
三舉喩結答 是以
四結非所問 斯不

初牒所以 所以
二釋成二
初釋妄二
初正釋 夫所
二引證 故中
二釋眞三
初標 不從
二釋 今眞
三引經 故經
初牒論叙難 難曰
二以無難有 誰當
初領問 答曰
二正答 夫無
三引證 故經
初直非所難二
初正破 答曰
二推釋 何者
二顯示正義二
初示正義 是以
二出所以 所以

二用無生滅答四
八眞妄問答二
初或智同眞問二
二眞妄同異答三
初總標答曰
二釋眞妄二
三釋同異三
九寂用問答二
初寂用何異難二
二用寂同時答二
初論文竟
○二答外問二分
初問二
二釋答○
初上書致意劉公
二正致疑問三
初牒疑文論序
二陳疑問二
初通致問二
二別致問二

初呈解難曰
二疑問俱無
初推釋何者
二結會無知
初正明二
二推釋二
三引證三
初牒論難曰
二正問未詳
初正答同時答曰
二結會權實三
初總夫聖
二別是以
初叙所疑二
二陳能疑斯理
初體用必有何無問三
二照用空有不同問四
初呈疑疑者
二引論而論
三正難二

初顯體同用異是以
二述成不二是以
初雙徵何者
二各釋二
初釋不可同內有
二釋不可異內雖
初證辨同於異是以
二證辨異於同故經
三證同異不二又云
初結義歸前是以
二引文爲證故成
三總結文意斯則
初叙體爲謂
二叙用爲將
初叙述疑意二
二牒問體用二
三牒上請答夫心
初難體屬定慧若窮
二難用當息應若心
初牒前論論云

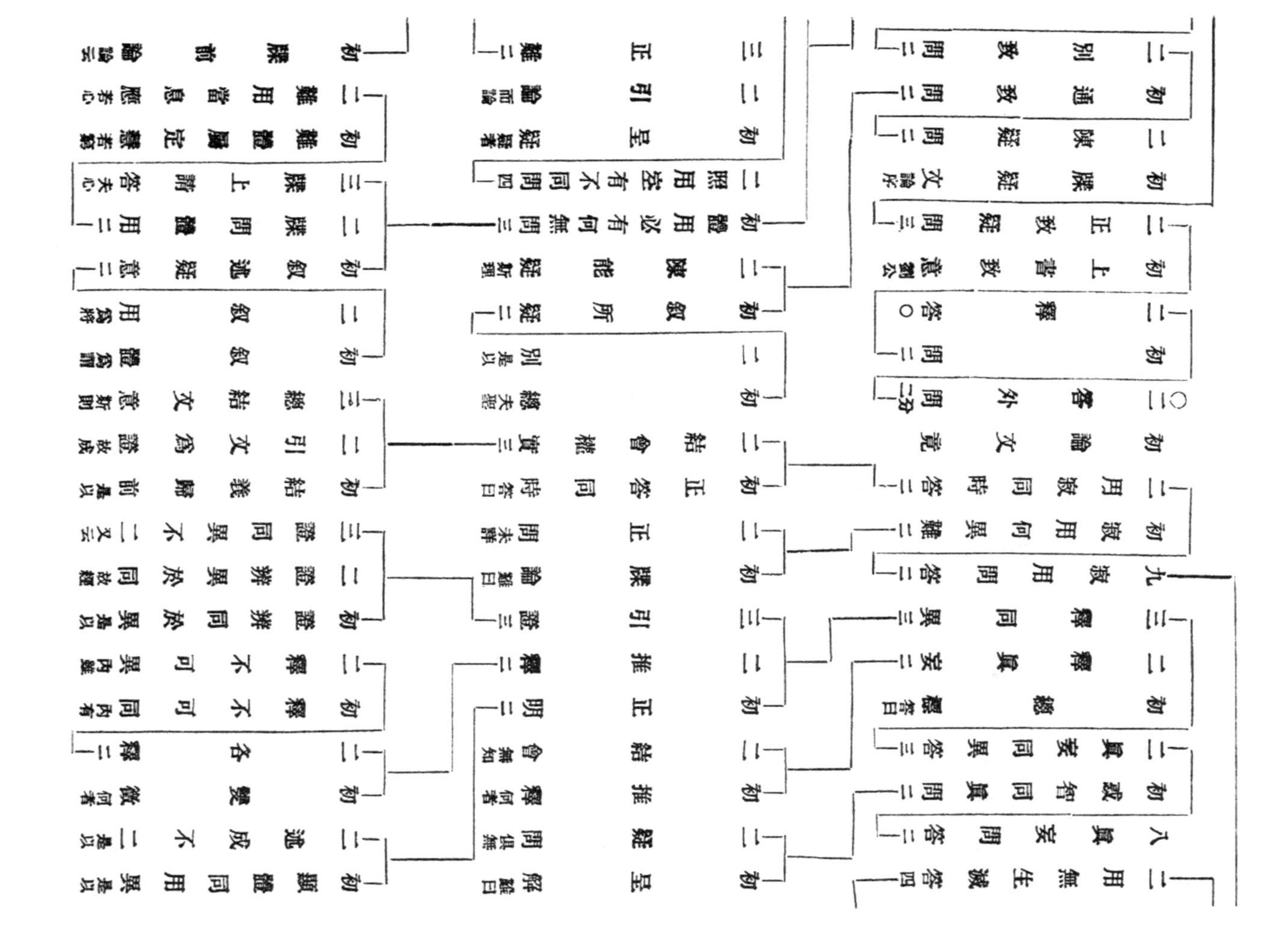

初　呈疑　但今
二　致問三
三　總結問二
初　叙宗乘結問　論至
二　叙同友結問　頃餘
○二　釋答二　文
初　總答疑意二
二　別答三問三
三　結勸探玄○
初　體用不二眞常答四
初　正明體用答二
二　揀異斷常答四
初　對妄顯眞　且夫
二　推釋眞妄二
三　引經證成　故經
四　結顯不二　此無
初　況叙迷眞二
二　推釋玄旨二
三　引經證成　故經
四　結責情執　此學

四　請答　意有
初　開兩關　謂宜
二　明互違　若觀
三　是當是非悟惑問四
初　回書叙答　法師
二　答所問三
初　略牒所問　疏云
二　勸令證悟　以此
初　牒問　疏曰
二　正答二
初　總推　何者
二　別釋二
初　釋妄心　夫有
二　釋眞心二
初　叙迷情　而今
二　明執教　是以
初　推　何者
二　釋三
初　標意　請詰
二　推詰三

二　叙所解　夫無
三　致疑問二
初　是非問　豈有
二　悟惑問　若謂
四　求示誨　因論
初　雙非顯不二　意謂
二　推釋明體用二
初　推　何者
二　釋二
初　釋體　夫聖
二　釋用　又聖
初　明即妄之眞　有無
二　顯即體二用二
初　正明體用　夫無
二　結用歸體　因謂
初　標眞境　萬物
二　示迷悟　不可
三　明智照　是以
初　求有不成　夫智
二　推無不是　世稱

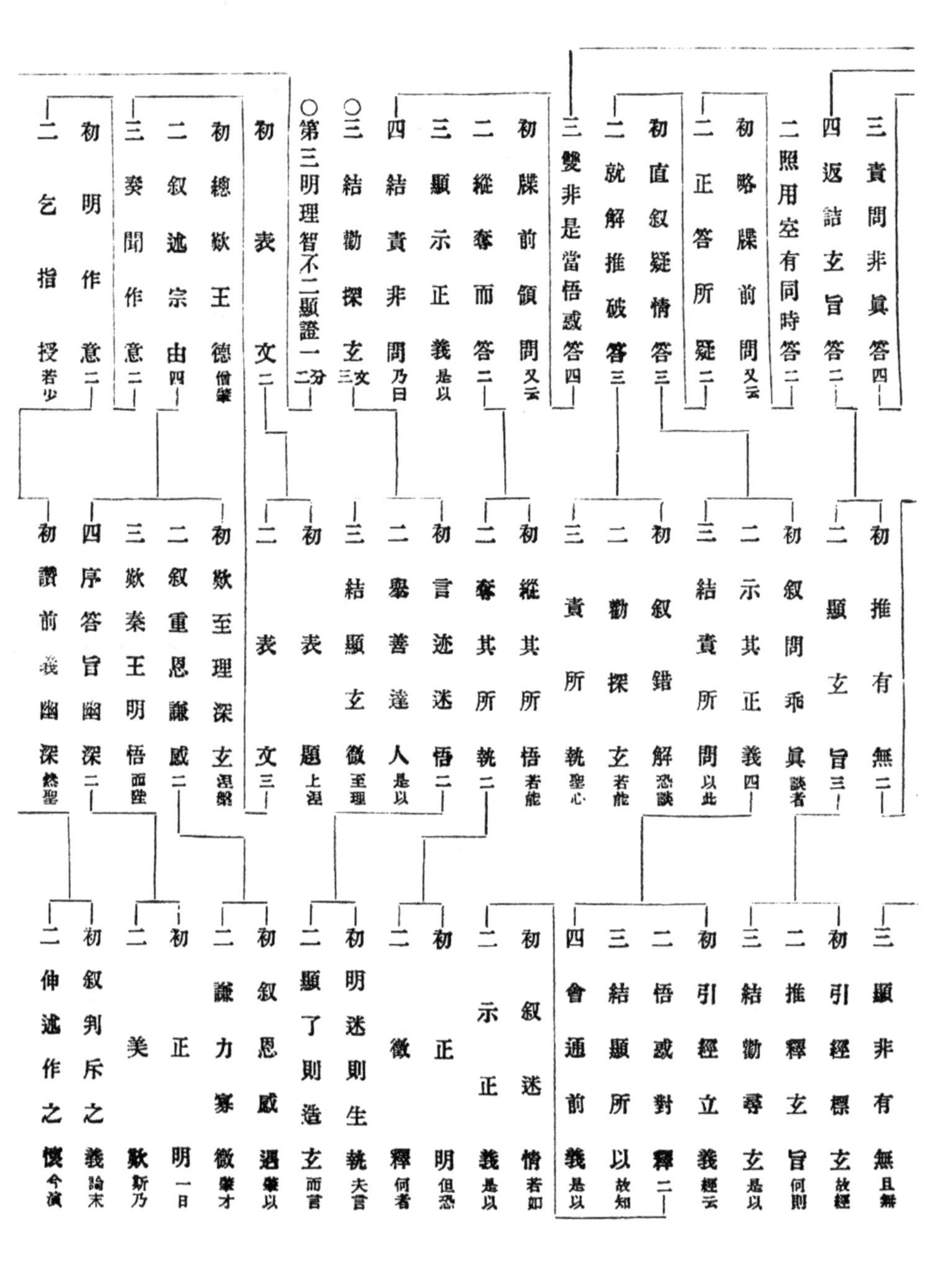
三責問非眞答四
四返詰玄旨答二
二照用空有同時答二
初略牒前問 又云
二正答所疑二
初直叙疑情答三
二就解推破答三
三雙非是當悟惑答四
初牒前領問 又云
二縱奪而答二
三顯示正義 是以
四結責非問 乃曰
〇三結勸探玄三 文
〇第三明理智不二顯證一 二分
初表文二
初總歎王德 僧肇
二叙述宗由四
三奏聞作意二
初明作意二
二乞指授 若少

初推有無二
二顯玄旨三
初叙問乖眞 談者
二示其正義四
三結責所問 以此
初叙錯解 恐談
二勸探玄 若能
三責所執 聖心
初縱其所悟 若能
二奪其所執二
初言迹迷悟二
二舉善達人 是以
三結顯玄微 至理
初表題 上涅
二表文三
初歎至理深玄 涅槃
二叙重恩謙感二
三歎秦王明悟 而陛
四序答旨幽深二
初讚前義幽深 然聖

三顯非有無 且無
初引經標玄 故經
二推釋玄旨 何則
三結勸尋玄 是以
初引經立義 經云
二悟惑對釋二
三結顯所以 故知
四會通前義 是以
初叙迷情 若如
二示正義 是以
初正明 但恐
二徵釋 何者
初明迷則生執 夫言
二顯了則造玄 而言
初叙恩感遇 肇以
二謙力寡微 肇才
初正明 一日
二美歎 斯乃
初叙判斥之義 論末
二伸述作之懷 今演

二論文二
初題目涅槃
二本文二
初一章開宗定義二
次十八章問答推窮○
後一節總結大意○
初章名開宗
二本文二
初陳宗序意二
二立義推宗三
○次十八章問答推窮大分爲三
初三就眞應明等解三
次四對三乘顯等行○
後二就人法示等證○
初眞應異同辨二
二有無即離辨○
三兩亦雙非辨○
初叙應疑眞問二
初章名嚴體
二正問二

二助末章高判二
初標章九折
二正論三
初陳宗二
二序意余嘗
初標宗叙義三
二引教推窮二
初引教明深經云
二推窮顯妙二
初總釋靜夫
二推釋何者
三結示深玄三
初陳有餘相二
初牒名述相三
二引經證成經云
二陳無餘相二
初牒名述相三
二引經證成經云
初牒名無餘
二述相二

初引經總標無名
二依經釋義三
初翻名釋涅槃秦言
二就理釋無名斯蓋
三約應顯假名而曰
初明體超數表夫涅
二明比量難求然則
三示現量所以所以
初結難測然則
二結平等恬焉
三結超情斯乃
初牒名有餘
二述相五
三結名此有
初果德已圓相謂如
二因行已滿相積萬
三利他益物相啓八
四二智常行相窮化
五將欲示寂相將絶
初徵釋所因何則

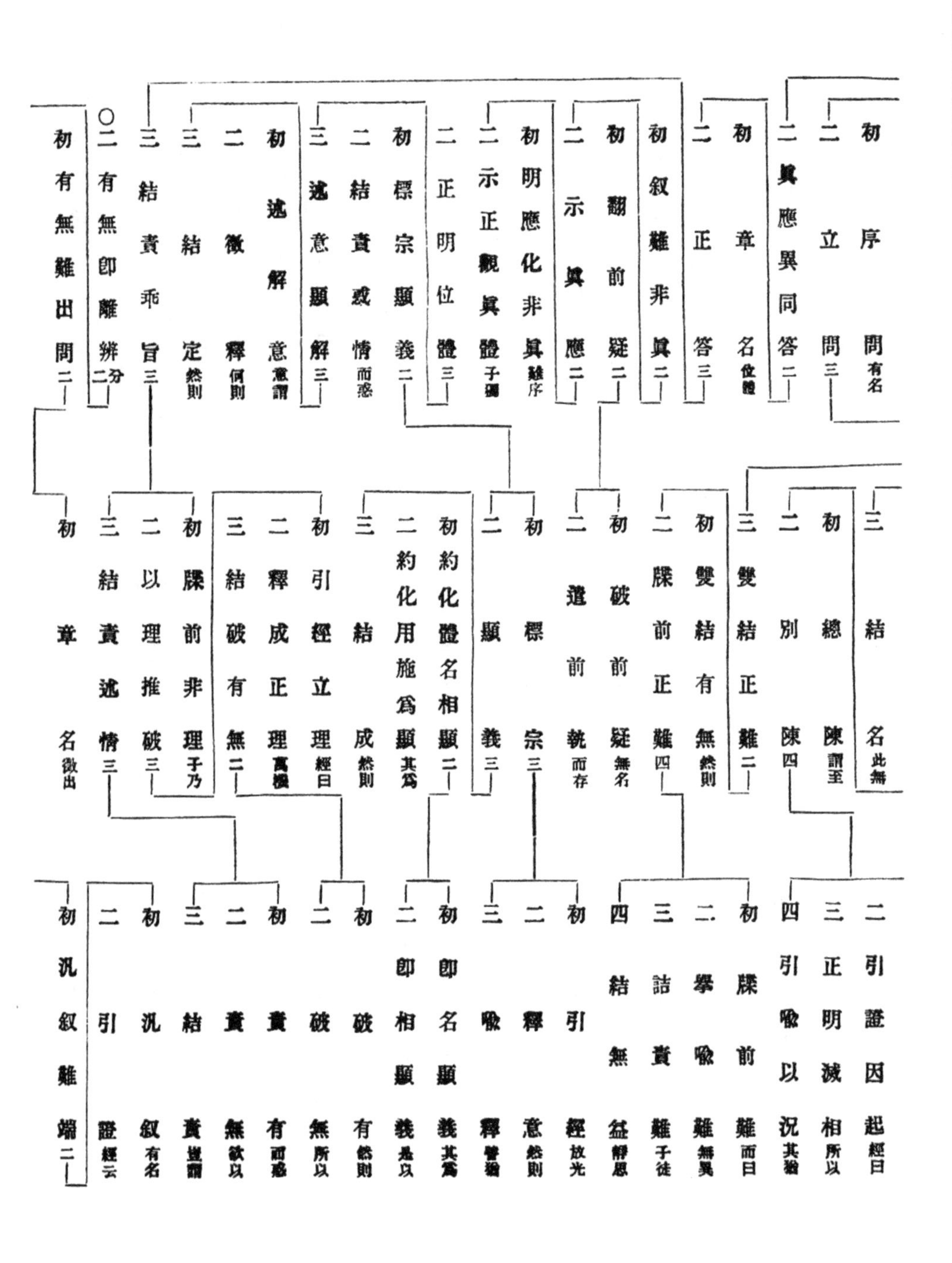
初 序 問 有名
二 立 問 三
二 眞應異同答 二
初 章 名 位體
二 正 答 三
初 叙難非眞 二
初 翻前疑 二
二 示眞應 二
初 明應化非眞 雖序
二 示正觀眞體 子獨
二 正明位體 三
初 標宗顯義 二
二 結責惑情 而惑
三 述意顯解 三
初 述解 意 意謂
二 徵 釋 何則
三 結 定 然則
三 結責乖旨 三
〇二 有無即離辨 二分
初 有無離出問 二
三 結 名 此無
初 總 陳 謂至
二 別 陳 四
三 雙結正難 二
初 雙結有無 然則
二 牒前正難 四
初 破前疑 無名
二 遣前執 而存
初 標 宗 三
二 顯 義 三
初 約化體名相顯 二
二 約化用施爲顯 其爲
三 結 成 然則
初 引經立理 經曰
二 釋成正理 萬機
三 結破有無 二
初 牒前非理 子乃
二 以理推破 三
三 結責述情 三
初 章 名 徵出
二 引證因起 經曰
三 正明滅相 所以
四 引喻以況 其猶
初 牒前難 而曰
二 舉喻難 無異
三 詰責難 子徒
四 結無益 靜思
初 引 經 放光
二 釋 意 然則
三 喻 釋 譬猶
初 即名顯義 其爲
二 即相顯義 是以
初 破有 然則
二 破無 所以
初 責有 而惑
二 責無 欲以
三 結責 豈謂
初 汎叙 有名
二 引證 經云
初 汎叙難端 二

二雙超不離答二
初章名超境
二正答二
初破泛難三
二答正難三
○三兩亦雙非辨二
初雙非即離問二
二即離同時答二
初章名妙存
二正答四
初顯超言念三
二正示妙存三
三述成眞旨然則
四結責前非豈容
○次四對三乘明等行二文
初通對三乘行三
初對三會一二
初解一疑三問二
二開一成三答二
初章名辨差

二正問二
初縱奪破無名
二引經破三
三結責此乃
初明前章意是以
二正顯超境庶悕
三示前經意經曰
初章名搜玄
二正問三
初叙名相有無無名
二陳涅槃超絕二
三明傍言顯旨雖然
初引經標宗淨名
二釋經玄旨然則
三重徵再釋何則
初章名難差
二本文三
初開一爲三二
二開三爲一以俱
初牒前正答而難

二正伸難意三
初引經標指又稱
二推求出意而論
三結責非理而曰
初引經經曰
二推釋何則
三結非然則
初牒前叙疑有名
二重述疑意然復
三搜求玄旨其道
初引經經曰
二陳意吾何
初牒前法一有名
二別叙人三二
初通疑三乘而放
二別疑菩薩佛言
三以一難三若涅
初引經顯法華
二引喻指三車
初引經故放

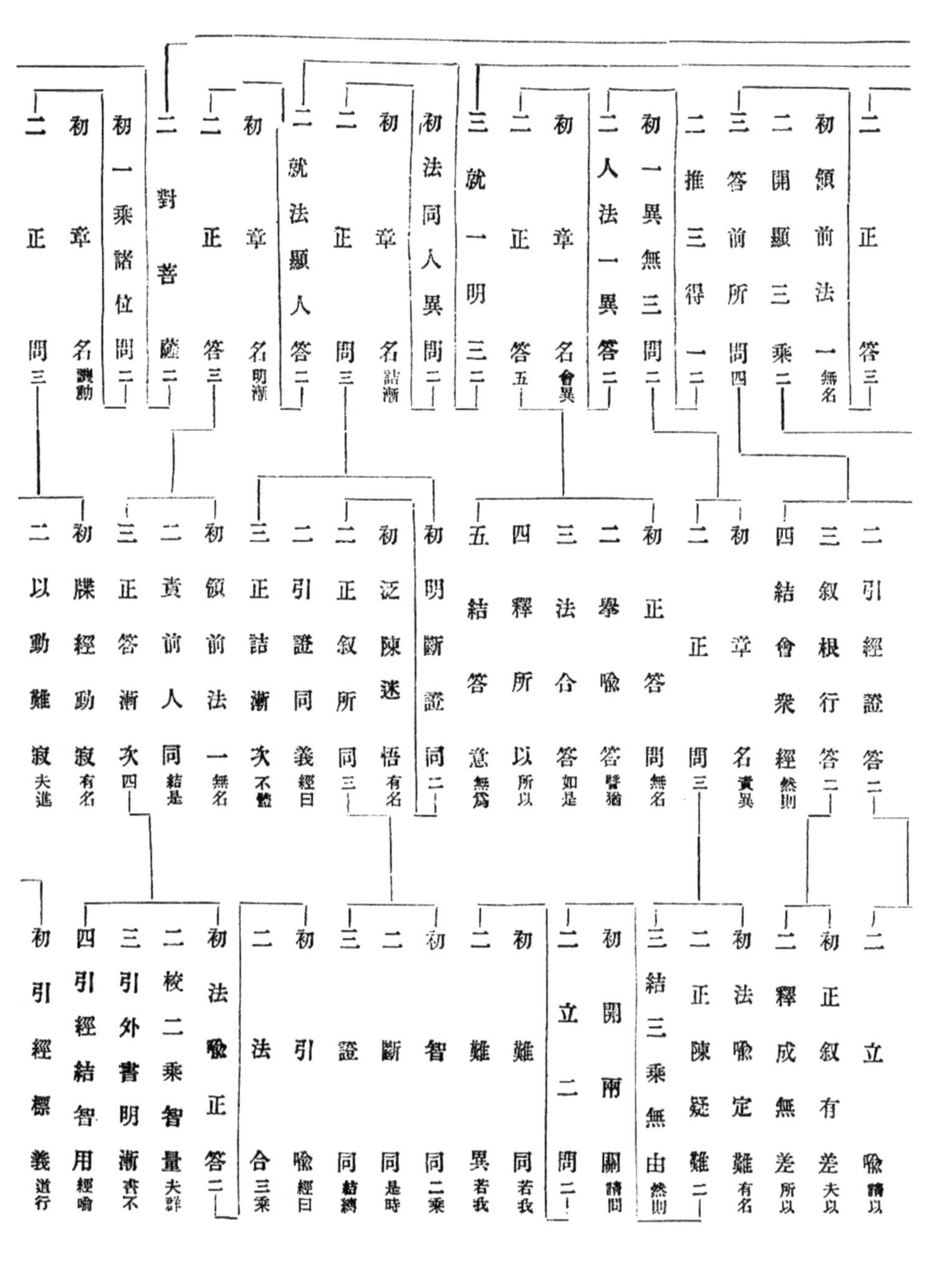

二正答三
初領前法一 無名
二開顯三乘二
三答前所問四
二推三得一二
初一異無三問二
二人法一異答二
初章名 會異
二正答五
三就一明三二
初法同人異問二
初章名 詰漸
二正問三
二就法顯人答二
初章名 明漸
二正答三
二對菩薩二
初一乘諸位問二
初章名 譏動
二正問三
二引經證答二
三叙根行答二
四結會衆經 然則
初章名 責異
二正問三
初正答問 無名
二舉喻答 譬猶
三法合答 如是
四釋所以 所以
五結答意 無爲
初明斷證同二
初泛陳迷悟 有名
二正叙所同三
二引證同義 經曰
三正詰漸次 不瞥
初領前法一 無名
二責前人同 結是
三正答漸次四
初牒經勳寂 有名
二以勳難寂 夫進
二立喻 請以
初正叙有差 夫以
二釋成無差 所以
初法喻定難 有名
二正陳疑難二
三結三乘無由 然則
初開兩關 請問
二立二問二
初難同 若我
二難異 若我
初智同 二乘
二斷同 是時
三證同 結縛
初引喻 經曰
二法合 三乘
初法喻正答二
二校二乘智量 夫群
三引外書明漸 書不
四引經結智用 經喻
初引經標義 道行

二位位寂滅答二
初章名勳
二正答四
初顯所修之行三
二明能修之心五
三引前結示三
四責非玄悟二
初責其所執聖旨
二斥其非喻而以
○後就人法示等證二
初明人法同異二
初先後窮源問二
二平等同時答二
初章名通古
二正答三
二明得法有無二
初有無乖得問二
初章名考得
二正問二
二即事玄證答二

三結成相違此文
初引經總標無名
二釋成大意無爲
三結示所以所以
初正引二
初引前經儻童
二引別經又空
二結成然則
三廣示是以
初章名窮源
二正問二
初正明無名
二推釋何則
三引釋三
初明人法不異三
二顯妙契卽眞三
三結非先後二
初引經雙立問有名
二得失俱非問二
初明不二二

二釋經大意不有
三逆順推釋二
初問何者
二釋二
初反釋責非有心
二順釋正理是以
四結成所以所以
五引經證義經曰
初先人後法過有名
二先法後人過而經
初釋智由理起故天
二釋理由智顯又曰
三釋理智不二斯則
初正顯所以
二引證經曰
三結成以知
初正結進之
二引證天女
初住有不能證然則
二離有無能證果若

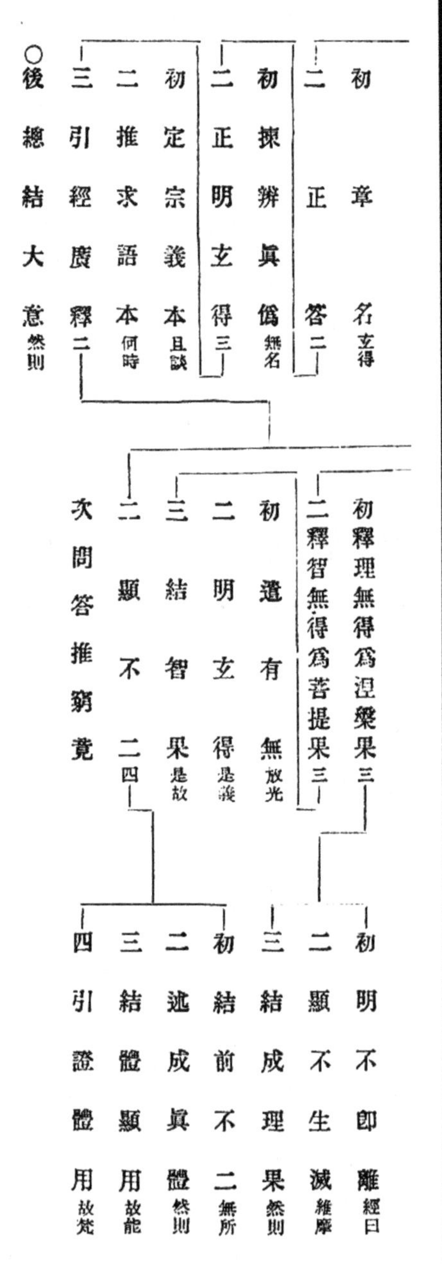

注肇論疏科文終

校勘記

〔一〕底本據《卍續藏》。

○九二八

夾科肇論序[一]

小招提寺沙門慧達述

汾潭禪師曉月注

△科此序文，分爲二章，前明作論元由，是通序，後正明論之宗旨，是別序。前明作論元由有六節，第一標論名，二稱美人法，三慶幸遭逢，四排斥譏嫌，五申述元情，六宣明序意。今第一，標舉論名。

慧達率愚，通序長安釋僧肇法師所作《宗本》《物不遷》等四論。

序主云率愚者，謙抑之辭也。序者，《爾唯[二]》云，東西墻謂之序。郭璞注云，所以序別内外也。今達師序述作論元由，如東西墻爲宅之序也。又序者，如繭之得序，序盡一繭之絲，經書得序，序盡一經書之義理。

言小招提寺者，在潤州江寧縣，舊是丹陽郡。始自吴朝，爰及晉、宋、齊、梁、陳，六代已來，佛法興盛，伽藍精舍，接揀[三]連甍，名字相參。如莊嚴寺，則有大莊嚴、小莊嚴，招提寺亦有大小之名。大招提是梁時造，小招提是晉時造。達師是陳時人，居小招提寺爲沙門也。當陳時，名達者非一人，故標其寺以爲別也。然此達公佛義未善文體，所作論序多有庸音，今只直取序論之大意，後之覽者無至譏誚。《肇論》從人得名也，是後秦姚興長安人也。俗姓張氏，家貧以傭書爲業，遂因善寫，曆觀經史，備盡墳籍，乃爲儒生，深味玄微，每以莊老爲心要。常讀老子《道德章》，歎曰，美則美矣，然其棲神冥累之方，猶未盡也。後見古《維摩經》，披尋翫味，乃言始知所歸矣。因此出家，大通實相。年方弱冠，英辯遠聞。後羅什東來化誘，暫憩姑臧。肇奔往參承，從什稟授。先有著述，竝將呈什。什撫机歎曰，吾所造幽深不慙於子，文辭麗美，實則相遵，可同善吉者也。遂參隨羅什入長安，姚興命肇與僧叡等居逍遥園，詳定經論。因著述《宗本義》《物不遷》《不真空》《般若無知》三論，《涅槃無名論》是什遷化後方造也。盧山劉遺民因見此論，乃歎曰，不意方袍，復有平叔。呈之遠公，遠公乃撫机歎曰，未嘗有也。因披尋翫味，遂有書問往復。什公亡後，遂以《涅槃無名論》，復造《寶藏論》三章，進上秦王。秦王姚興答旨慇懃，敕令繕寫，班諸子姪，以爲大訓。其爲時所重也如此。晉義熙十年，終於長安逍遥園，春秋三十有一耳。△第二，稱美人法。

但末代弘經，允屬四依菩薩，爰傳茲土，抑亦其例。

末代者，佛滅後正法陵遲，西竺遂有馬鳴諸祖，造論解經，弘護佛法。允屬者，信憑也。四依有二，一依人，二依法。依人者，十住十行十回向地前菩薩，名須陀洹，爲第一依。初地見道菩薩，名斯陁含，爲第二依。修道位入二地至八地菩薩，名阿那含，爲第三依。八地至十地滿心等覺菩薩，名阿羅漢，爲第四依。二依法者，一依義不依文，二依智不依識，三依法不依人，四依了義不依不了義。爰傳茲土者，及至教流此土也。抑亦者，如西竺諸祖之類也。

至如彌天大德，童壽桑門，竝創始命宗，圖辯格致，播揚宣述，所事玄虚，唯斯擬聖默之所祖。

彌天大德即襄陽道安法師，因刺史習鑿齒戲論之談也。習公一日訪安云，四海習鑿齒，固來相謁爾。正遇齊次，安應聲答云，彌天釋道安，飯後始相看。自此時人稱彌天大德也。童壽者，亦名羅什，本龜茲國人，父名鳩摩羅琰，母名耆婆，是彼國王白純妹，合父母二名，故稱鳩摩羅耆婆，飜就華言童壽。什者，爲此達法師喜此方文字章句之什，故華梵合云羅什。安師造《性空論》，什師造《實相論》，此土造論之始也。桑門者，不正梵音也，應云沙門，飜就華言勤息，謂出家人見善勤修，見惡止息。此二師竝創始於妙性圓明，命爲宗本，造此二論，圖度辯別，格量致理，播布揚顯，宣説序述，同歸般若體義，故云玄虛。達公序美此二人造論創始，冥契佛理。故云唯斯擬聖默之所祖。一者鼓論法義是擬聖，二者當聖默然是所祖，俱照而常寂、寂而常照也。此序主共美安、什二師也。

自降乎已還，歷代古今，凡著名僧傳，及傳所不載者，釋僧叡等三千餘僧，清信檀越謝靈運等八百許人，至能辯正方言，節文階級，善覈名教，精搜義理，揖此羣賢語之所統。

自降乎已還，降乎非文體，應云降斯已還也。歷代古今，此達序主序述自安、什之後，曆古者，指長安後秦在西北，歷今者，指西晉東晉至梁在江南。凡古今共翻譯佛經，依經造論，僧中叡師首唱，俗中謝公爲首，故云揖此羣賢。於文字章句能緣飾佛意，俱不得中道，只於言語中統貫理事也。

有美若人，超語兼默。標本則句句深達佛心，明末則言言備通衆教。諒是大乘懿典，方等博書。

此序主贊美肇師造四論，深契真俗理事，性相寂照，體用俱絶，待不偏□□。有美若人者，指肇師也。借《毛詩》云，有美一人，青陽婉兮。邂逅相遇，適我願兮。《論語》云，君子哉若人。今借此二語，共成一句也。言超語兼默者，謂前安、什二師，唯得理而文有所闕，叡師、謝公造論，唯得文而理有所闕，今肇四論文理兼備，故云爲超，非謂文理勝前四人者。言標本者，指《宗本義》。言明末者，指《涅槃論》。諒是者，諒訓信也，信此四義論，與《華嚴》《楞嚴》諸大乘教無異，深達佛心也。

自古自今著文著筆，詳、汰名賢所作諸論，或六家七宗，爰延十二，竝判其臧否，辯其差當。

此明諸家造論得失也。詳者支法詳，支遁弟子，從師姓氏。汰者竺法汰，竺道猷弟子。支法詳造《實相論》，竺法汰造《本無論》，俱有得失。《高僧傳》中，此二人相繼爲名賢。六家七宗，其七義。爰者緩也，短義，延者長義。此十二論中，多有辯爭，是非長短。臧者善也，否者惡也，差殊的當，俱不契佛心中道也。梁釋寶唱造《俗法論》一百六十卷，内引述宋莊嚴寺高僧曇濟作《六家七宗論》，論有六家，分成七宗。第一本無宗。第二本無玄妙宗，出第一本無宗。第三即色宗。第四義合宗，亦云識合宗。第五幻化宗，亦云如幻宗。第六心無宗。第七緣會宗，亦云體會宗。本有六家，第一家分爲二宗，故成七宗。言十二者，《續法論》云，下定林寺釋慧鏡作《實相六宗論》，先設客問二諦一體義，然後引六宗義答之。第一家以理實爲空，凡夫謂有爲有，空即真諦，有即俗諦。第二家以色性是空爲空，色體是有爲有。第三家以離緣無山爲空，因緣成山爲有。第四家以心從緣生爲空，離緣別有心體爲有。第五家以邪見所計心空爲空，不空因緣所生之心爲有。第六家以名色所依之物實空爲空，世流布中假名爲有。前有六家，後有六家，合成十二，故云爰延十二也。臧否者，前六家判第四爲臧，餘五家爲否，後六家論中辯前五家爲差，後五家爲當。

唯此憲章，無弊斯咎。

憲者法也，前十二家皆有是非之弊，今肇法師四論無有此弊，但是而無非也。

良由襟情泛若，不知何係。譬彼淵海，數越九流，挺拔清虚，蕭然物外。

良由者，多以也。序主美肇師襟靈情田，故云泛泛然如淵深之海，竝無畔岸係屬也。故云譬彼淵海，譬訓譬也。數越九流者，美肇師文筆如海，不落數量。九流者有二，一依人，二依境。依人者俗諦，仲尼之學如海，諸子百家如分九流，一儒家流，二道家流，三墨家流，四名家流，五雜家流，六農家流，七縱横家流，八法家流，九小説家流。二依境名九流者，亦謂之九江也。此是夏禹疏決天下洪水，分爲九江，流入大海。一曰烏白江，二曰箘江，三曰蚌江，四曰烏江，五曰嘉美江，六曰畎江，七曰源江，八曰廩江，九曰提江。序主美肇師四論，不落數量如海也。負生知之性，靈心正直，如豫章之木，標表拔萃於衆木也。識情清淨，虚明曠大，於萬物之外，冥契法身之理，更無一法一人過越於肇師也。

知公者希，歸公採什，如曰不知，則公貴矣。

知公者希，此一句借老子《道德經》中吾言甚易知章第七十。彼章云，吾言甚易知，甚易行。唐玄宗注云，吾言説契理故易知，事簡故易行。老君又云，天下莫能知，莫能行。玄宗注云，天下滯言而不悟，事順而不約，故莫能知，莫能行。老君又云，言有宗，事有君。玄宗注云，言者在理，理得而言忘，故言以無言爲宗，事者在功，功成而不宰，故事以無事爲君。老君又云，夫唯無知，是以不我知。玄宗注云，夫唯世俗之人，無了之知，是以不知我無言無事之教。老君又云，知我者希，則我者貴。玄宗注云，了知我忘言之教意者希少，法則我不言之教意至貴。老君又云，是以聖人被褐懷玉。玄宗注云，被褐者晦其外，懷玉者明其内，故知者希少。序主變老君我字作公字，時人只歸伏四論之文字耳。△第三，慶幸遭逢。

達猥生天幸，逢此正音，忻躍弗已，饗讌無

疲，每至披尋，不勝手舞，誓願生生盡命弘述。達於肇之遺文，其猶若是。

猥生者，多生也。天幸者，不期而自然逢遇也。正音者，指此四論也，是真正之文契佛心也，饗者，食時也。譙者，眠臥時也。序主自謂，披閱四論，日久無倦。手舞者，借子夏《詩》序云，不知手之舞之，足之蹈之。表忻躍之極也。肇之遺文者，指四論也。誓願，不輕捨耳。

況《中》《百門》觀爰洎方等深經，而不至增乎。

況者，比況相類也。序主指肇之四論，比類《中觀論》《百法明門論》，及《方廣》《華嚴》等經，更無一字增加也。△第四，排斥譏嫌。

世諺咸云，肇之所作，故是《誠實》真諦，《地論》通宗，莊老所資，猛浪之說。

世諺者，世俗無稽之譚也。肇師亡後，滯執名相教者，譏毀肇之四論，其文是《誠實論》中真諦義，《十地論》中通宗義，更以莊老書中言辭緣飾相資。猛浪之說者，莊子《齊物篇》中借一句，是無根本不精要之辭，此外人譏毀也。古之既有譏謗，今之鬪爭嫉妬更多。只如嘉祐中，滕州東山明教禪師契嵩進上仁宗皇帝《正宗記》十二卷，尋敕令頒入譯經院，隨與藏經印布天下，恩賜獎譽，古來未有如此者也。當時醫僧子昉富有衣鉢，遂於蘇臺招集淺學禪律者，造作文字，毀謗禪宗，復命相識官人冠序刊之，古今有此外道也。

此實巨蟲之言，欺誣亡没，街巷陋音，未之足拾。

巨蟲者，大毒之言。肇師亡後，以此毒害陋音，欺聖罔賢，固不足採聽也。佛在之日，尚有五千增上慢者，而況今之乎。△第五，申述元情。

夫神道不形，心敏難繪。既文拘而義遠，故

衆端之所詭。肇之卞意，豈徒然哉，良有以也。

神道不形者，謂法身無形像，如太虛空。心敏難繪者，謂般若無知，亦難相狀求也。繪者，寫邈書畫也。謂法身與觀照般若，寂而常照，照而常寂，離諸名相。文拘義遠者，四論中文字拘束，義理深奥。故肇師須假此方經書文言，强飾緣之，令後之學般若人易爲曉會，故云衆端之所詭。衆端者，四論端由也。所詭者，謂肇師假此方文言經書變通，有異西竺梵音，豈空然也。

如復徇狎其言，願生生不面，至獲忍心，還度斯下。

序主以析設二法，弘護四論也。恐後世人隨逐無稽之譚謗毁，故云如復徇狎其言，願生生不與其人相見也。徇者順也，狎者親也，除是序主成等正覺得無生法忍，方可度脱此下根等人也。△第六，宣明序意。

達留連講肆二十餘年，頗逢重席。末覩斯論，聊寄一序，託悟在中。同我賢余，請俟來哲。

梁普通年前，達麽未到此土，只有名相講席，故云留連講肆也。頗逢重席者，頗訓多也，序主多遇奪席明師。重席者，後漢帝每朝正日，令戴憑侍中與諸儒論經，勝者奪席而坐，憑勝其日奪五十餘重，時人語曰，論經不窮戴侍中。末覩斯論者，序主謂前二十餘年，雖多逢明師，末後披此四論，句句深達佛理，與前名師不同，故聊寄述此通序，庶表序主悟解肇意深達也。同我者，與序主悟解一般，賢余者，悟解勝於序主，俱俟來哲臧否也。

△後序論之宗旨，文中有四科，第一序次，第二遣相，三稱歎，四簡別是論非論。

今第一，序次第。

夫大分深義，厥號本無。

《十二門論》云，大分者即空也，非斷滅空，是法身真空之理，故云深義也。

故建言宗旨，標乎實相。

實相者，無相也，謂真空之體本無名相，於無相中建立不壞假名，而譚實相耳。

開空法道，莫逾真俗，所以次釋二諦，顯佛教門。

真空不礙於幻有故，從體起用，所以有萬法。教云，森羅及萬像，一法之所印，無過越於真俗二諦也。雪山童子爲求半偈捨身，樹神問曰，此偈何益。童子答曰，如是偈者，諸佛所説開空法道。此出《涅槃經》也。已上序主《宗本義》《物不遷論》并《不真空論》，故云所以次釋二諦顯佛教門，以佛教門出三界苦。一代時教，不越真俗二諦爲門也。

但圓正之因，無上般若，至極之果，唯有涅槃。故末啓重玄，明衆聖之所宅。

圓正之因者，涅槃正因也，無有上於般若，此序《無名論》也。般若無知爲涅槃正因，涅槃無名爲般若極果。所以前序《物不遷》《無名》二論，後序《無知》《無名》二論，故云末啓重玄。涅槃是一玄，般若是一玄。末者，於《物不遷》《不真空》二論，後造此《無知》二論。重玄者，借老子《道經》中二句，玄之又玄，衆妙之門。故云明衆聖之所宅。前言真俗，指前二論。不遷即俗明真，不真即真明俗。後言重玄，指後二論，俱是三賢十聖所居之處也。△第二，遣相。

雖以性空擬本，無本可稱。語本絶言，非心行處。

口欲譚而辭喪，心欲緣而慮忘。不可以智知，不可以識識。非是無辯無心，辭辯俱不及也，心所分別亦忘耳。

然則不遷當俗，俗則不生。

此遣即真明俗。

不真爲真，真但名説。

此遣即俗明真，但對機言説都無實，遣

執也。

若能放曠蕩然，崇茲一道。

指前《宗本義》。曠蕩謂自己法身如太虚空，無罣無礙，而不拒彼諸相發揮，不執真俗因果。一道者，故《涅槃》第十二卷云，實際理地一道清淨，無有異路耳。

清耳虚襟，無言二諦。

清耳謂聞性清淨，不執言教音聲也。虚襟者，忘懷絶慮，不滯空寂，不見有真俗，此遣前二論之名相也。

斯則淨照之功著，故般若無知。無名之德興，而涅槃不稱。

若不執真俗因果，當人觀照般若絶對時，無知之知方便，無功之功顯也。著者，顯也，即般若無知無所不知也，即涅槃無名應興起於妙用耳。△第三，稱歎。

余謂此説周圓，罄佛淵海，浩博無涯，窮法體相。

余者，序主自謂也。此説周圓者，指四論也。罄，盡也。更無有一法，過此四論中覺性相，浩博無邊，不落數量耳。

雖復言約而義豐，文華而理詣，語勢連環，意實孤誕。

言約者少也，豐者備也，指四論中文字雖簡少，其義理豐備，該括一代時教。文華者，謂四論中文句華麗，引此土經書緣飾，令人覽之易曉。然句句俱到詣諸佛理處，言語血脈不斷，如貫連環中。其明理事之意，絶待孤標，拔萃於思議之表也。連環者，出《莊子·天下篇》第三十二，此惠子之辯。惠子言連環可解，取不窮之義。郭象注云，環之相貫，貫於空處，不貫於環也。是以兩環貫空，不相涉入，各自通轉。取無窮之義，尚可解也。序主指四論中語論雖無窮，其冥契佛意，其實標出乎言外也。

敢是絶妙好辯，莫不竭茲洪論。

序主美肇師四論文理俱詣，借曹娥碑後蔡邕之言也。漢時曹盱渡浙江溺死，其女曹娥年十四，求父屍不得，投浙江死，經宿抱父屍而出。杜尚爲作碑，安於會稽上虞山。漢末蔡邕讀之，於碑陰鐫八字云，黄絹幼婦外孫齏臼。後曹操同楊脩行兵，因覽此八字，操問脩解否，答曰已解，操令脩，且勿言，待吾思之，行三十里，操方解，乃自爲歎曰，有智無智，較三十里。尋因征戰殺之，操一諸子皆請救之，操曰，楊脩是人中之龍，非汝力之所駕馭，遂殺之。釋之曰，黄絹是色絲，色絲是絶字，幼婦是少女，少女是妙字，外孫是女子，女子是好字，齏臼是受辛，受辛是辤字。序主贊美四論，同是絶妙好辤。竭者，窮盡也，洪者，大也，佛理奥妙，盡在此四大論中耳。

所以童壽歎言，解空第一，肇公其人。斯言有由矣，彰在翰牘。

《名僧傳》慧觀門中，什見肇潤文製作，撫机歎略曰，實同善吉。已在前注中具述也。此歎美時人謂什公得肇，如佛有須菩提也。翰者，筆，牘，簡也。之言彰顯在《高傳》。

△第四，簡别是論非論。

但宗本蕭然，莫能致詰，《不遷》等四論，事開接引，問答析微，所以稱論。

宗本蕭然者，取蕭然曠大如虚空，不可窮詰畔岸，非是論之正文，都序四論宗旨。《物不遷》等四，其中以事明理，開示接引，後學初機，有問有答，析理精微，研覈真僞，所以目之爲論也。

校勘記

〔一〕底本據《卍續藏》。

〔二〕「唯」，疑爲「雅」。

〔三〕「揀」，疑爲「棟」。

（潘桂明、李永晟整理）

○九二九

注肇論疏（二）

姑蘇堯峯蘭若沙門遵式述

注肇論疏目録

注肇論疏目録終

校勘記

〔一〕底本據《嘉興藏》，校本據《卍續藏》。底本前科文及曉月《序注》，已收入本册〇九二七《肇論疏序科文》、〇九二八《夾科肇論序注》，此處不録。

注肇論疏卷第一 并序

姑蘇堯峯蘭若沙門遵式述

夫森羅萬象，一法印之，所謂心也。心也者，寂然幽邃，廓爾沖融。無滅無生，三際莫之能易，非大非小，十方不測其形。圓明獨曜而無方，清淨真常而有在。雖靈靈絶待，隨緣之色相千差，湛湛亡言，普應之音聲萬籟。故色心萬物，各得其宜，蓋得此也。聖賢萬行，各有所至，蓋至此也。衆生迷此而輪轉不息，聖人證此而圓寂妙常。是知非一心而萬法不存，法非心也，非萬法而一心不顯，心非法也。故如來出現，惘物垂形。身雲順感以無邊，體離增減，圓音隨願而周普，理絶名言。無形而形，若澄潭之落月，無説而説，譬幽谷之傳聲。鹿苑、鶴林，一大之因緣事畢，五天、震旦，三時之像教流通。聖賢迭興，古今傳習。東晉之世，有大法師諱僧肇，生當秦國，名振異方，少習外經，後悟釋教。決疑於龜茲羅什，久居於逍遥譯場，立義論之五章，佐如來之一化。觀夫宏才落落，妙解徹於教宗，玄旨昭昭，深智窮於理域。然因緣生滅，事有千差，實相本無，理同一味。但以根後各照，二諦不融，寧知波水無差，金鐶不別。所以列多名而標異，立一義以會通，建不共之深宗，顯大乘之極致。然則俗無異真之俗，即真之俗諦不遷，真無異俗之真，即俗之真空露現。真俗不二，事理雙融，非般若無以契真，非漚和無以涉俗。入俗而真源常顯，權心必具於實心，契真而俗事匪移，實智必資於權智。權實之心雙運，中觀圓融，真俗之境同時，一諦凝寂。情亡解泯，諦觀渾融，復本還源，强名證道。論之深旨，綸緒如斯。然古今解釋，注疏頗多，取意求文，各隨所見，推宗定教，曾無一家，遂令學者迷文，宗途失旨。遵式幼從師授，虛己求宗，後因習學《華嚴大經》，常覩清涼判釋，盡開五教，取法古師，權實之旨有歸，行解之門可向。常恨此論，人亡則難，致使深宗，固多亂轍。今則精研覃思，三復竭愚，但愧流通之心，輒伸鄙作耳。

熙寧甲寅仲春十有三日，南峯西庵序云。

稽首真應等正覺　法性無邊智慧門
如實修行諸聖賢　願賜冥資釋玄義

將釋此論，略啓四門：一、教起因緣。二、藏教所攝。三、宗趣總別。四、隨文釋義。

△今初。夫聖賢立論，必有所由。今明起教因緣，略以二門分別，一通明諸論，二別顯斯文。通明諸論者，論有二種，一曰宗論，二曰釋論。釋論則隨文釋義，無別因緣，但由本義深玄，則爲發起。宗論者，佛法大海，深廣難量，權實多門，理非一致，圓音頓説，異類各聞，則不須論。但以世尊滅後，衆生宜樂不等，宜經宜論，樂實樂權。受解緣殊，與

佛有緣則宜經，與菩薩有緣則宜論。雖有羣經，而弗能領悟。是以諸宗立論，各被機宜，爲令隨論知宗，隨宗得趣，故有小乘論、三乘論、一乘論興。總明者，若原佛出現，本爲一事因緣，但由根器差殊，見聞有異，雖以三乘教化，究竟唯爲一乘，不了斯旨，多滯化門，爲令尋派討源，得佛本意，故此論興。二別顯，復有二，一破，二立，破謂破權，立謂立實。破立之意，四論即爲四門：一、俗諦，破常無常二倒，立動靜相即故。二、真諦，破有無二見，立真俗理一故。三、般若，破照用有無，立權實同體故。四、涅槃，破迷真執應，立真應不二故。由斯破立，即顯真俗互融，權實交暎，理智冥合，心境泯亡，故立一義爲宗，以盡究竟深旨，中間雖有多緣，不過大意。

△二、藏教所攝者，三藏之中阿毗達磨藏攝，二藏之中菩薩藏攝，權實教中實教所攝。然權實之義，理亦多途，且依賢首大師以義判教。教類有五：一、小乘教。二、大乘始教，亦名分教。三、大乘終教，亦名實教。四、大乘頓教。五、一乘圓教。此五相望，前前皆權，後後竝實。若據本教自宗，各許自實他權。今言權實，就始終分之。前二竝權，詮未究竟故。後三俱實，通詮一心故。就此權實之中，始教有法相、破相二宗，今以終實對之，略敘十義，即知此論文義終教所攝。

一、法相立三乘定異，實教立一乘無三。下論云，誠真一之無差。又云，第一大道無有兩正。

二、法相説五性差別，三乘并無性及不定性。實教談一性齊平。下云，九流於是乎交歸，衆聖於是乎冥會。

三、法相立二諦條然，俗有真無。實教乃真俗互即。下云，言真未嘗有，言僞未嘗無，二言未始一，二理未始殊。

四、法相說根後各照，根本智證真，後得智達俗。實教談二照相須。下云，觀空而不證，處有而不染。

五、法相說四相前後，生屬過去，住、異屬現在，滅屬未來。實教顯生滅同時。下云一切衆生即寂滅相。

六、法相說理智有異，以有爲智，證無爲理。實教明能所混融。下云，此彼寂滅，物我冥一，怕爾無朕，乃曰涅槃。

七、法相說真如凝然，實教顯隨緣妙用。下云，不動真際，爲諸法立處。又云，法身無象，應物而形。

八、破相說真智了空，實教明靈知本寂。下云，終日知而未嘗知。又云，智有窮幽之鑒，而無知焉等。

九、破相說諸法無性，無性爲真如。實教說本性真常。下云，涅槃之爲道也，量太虚而永久。又云，寂滅永安，無始無終，湛若虚空。

十、破相說佛德亦空，一切智智亦清淨。實教明如來具德。下云，理無不契，故萬德斯弘。又云，佛如虚空，無去無來，應緣而現，無有方所。

以斯對辨，權實昭然。廣有義門，恐煩不敘。今此論義，終實所收，於理無惑。其間或說權義，意在會歸。下云，般若虚玄者，蓋是三乘之宗極也，誠真一之無差。不接權門，豈名終實。又亦頓明法性，下云，言之者失其真等。又云，釋迦掩室於摩竭，淨名杜口於毗耶。直顯真常，即兼頓攝。但不明法界性海，緣起無礙，主伴無盡之義，非圓教收。若以深該淺，以本攝末，圓亦收此，故曰實教所攝。

△三、宗趣總別者，能詮所尚曰宗，宗之所歸曰趣。亦有總別。總以唯心一義爲宗，真俗不二、理智混融爲趣。別有四門：一、真俗相即爲宗，第一義諦爲趣。二、權實互具爲宗，二用無知爲趣。三、以不二理智爲宗，理智不二爲趣。四、教義詮顯爲宗，絶解修證爲趣。由斯宗趣，即知四論，前淺後深，別不過總。

△第四，隨文釋義，文三。初，總標題目。

肇論

肇即人名，論乃是法，以人統法，將法從人，肇之論故。論通諸論，肇揀當文，以別揀通故。凡立題有多種，謂單人、單法、單喻，此三複之謂人法、法喻、人喻，或具足者。今即單人也。論者，賢首云，建立決了可軌文言，判説甚深法相道理，依決判義，名之爲論。又云，論者，集法議論也，謂假立賔主，往復徵析，論量正理故。造論者有二不同，一宗論，二釋論。今即宗論。宗論復有二：一、宗經論文義，如《大乘百法明門論》。二、以經論成立自宗，如《大乘起信論》。今論具斯二焉，《宗本》一章即自所成立，次下四論各以經論爲宗。故斯文有所據，義有所宗，宗論攝也。然此總題，細詳所立，非論主也。且此方西域，儒釋二宗，未聞作者以名自立爲目。又今觀下五章文勢，非如次而作。作之既備，綸緒不無，域内流通，人皆實得。雖一一以法標目，總推論主之文，故以人名題之爲總。

△二、作者示名。**後秦長安釋僧肇作。**後秦，國號也，當姚帝第二主諱興，弘始年中行化，正屬東晉安帝義熙同時。論主生於秦。長安，城名，即古之雍州。《僧傳》曰：釋僧肇，京兆人。行業如本傳。據此，示名合在義題之次。古者既立總題，題下示名，此亦無違。

△三、正釋。本文五章，大分爲二，初一立義標宗，後四依宗造論。初文分二。初，標義題。

宗本義

教之所尚曰宗，言之所依曰本，其猶根爲樹本，源爲水本。今以義爲所依之本，即爲所尚之宗，宗即是本。義者宜也。以能依能宗之教，必與所依所宗義意符合，故義即宗本也。或問曰：未知以何爲宗本耶。答曰：謂此章所顯一義，乃是所宗所依之本。下五名及四論，是能宗能依之教，故知名教宗本於義，義爲名教之宗本矣。

△次正立義，文二，一總立義本，二別開義門。然宗本一篇，文有總別。開總成別，則四論不同。攝別歸總，同顯一義。今初，分三，一列名，二立義，三推釋。今初，列名中五名，疏分五段釋之。今欲釋名，須論詮表。且五中前四詮理，緣會詮事，謂事有千差，總於緣會，理有深淺，四名統之。今欲明理事不二一義之宗，先釋理事不一五種名字。或曰：論主依何法體，立此宗義。答：據斯宗義，必依一心法立，謂五名中上三詮心體，下二詮心用。由一心體用同時故，得五名義一。若然者，論文何以不示一心耶。不示之意，有二：一、謂心法唯證智可到，非言教所及故。今但以義顯，不以言示，此如釋迦掩室，淨名默

然，教外別傳，亡詮得旨，皆斯意也。二、謂理事體用，三乘教部不說相融，大乘極談，方明不二。今此論意，欲會權入實故，特散列五名，融成一義，故不先標一心法也，此如毗耶室中，五千大士，各各先說二法，然後入不二門。由斯二意，即知此論大同《起信》，不無小異，良由會權歸實，從始入終，與直造心性者，優劣機異，故立教不同也。

本無、此名有二釋：一、本謂本來，無即是寂，謂一真心體，三際湛然。下云，非推之使無，故曰本無。二、本謂本源，無即泯絶，謂萬派歸源，名相斯泯。然上二釋，先則本自是無，次乃由無顯本，唯第四論詮至於此，彼明無爲，滅度二涅槃義，生佛平等，理智相泯，方契本無。

實相、實謂真實，相即相狀，真實即相，乃無相也。此亦二釋：一、真心本絶諸相，絶相之真，故稱實相，下云實相自無。二、萬法相寂，即真實相。然此二釋，前直就法體論相，後委就諸法推實。實由體相本真，故得諸法皆實。又由即法見實，方知法法全真。下《物不遷》《不真空》《般若無知》三論，通約所詮，皆齊此名。約境，則雙融真俗顯實相。約智，雙融權實顯實相。行人於此似有能所之迹未亡，故至涅槃方本無矣。若約四論，爲門不同，則唯般若可至於此。以權實二智同出於實相，法性之體，體性常寂，故曰般若無知。

法性、法謂軌則任持，性乃融通不改。真常法體，寂寥沖深，三際不易，令物可解，故受法名。雖融通於萬物，而不失於無分，故受性名。《華嚴》偈云，法性徧在一切處，亦無形相而可得。下云，法性如是。若賢首《起信疏》云，法性者，明真體普徧之義，通與一切法爲性。即顯真如徧於染淨，通情非情。此則法是隨緣萬法，性約真如不變。斯亦順今所釋，但不以法之一字直就真軌持義釋。若用隨緣以釋法性者，迷之太甚。

性空、性是諸法從緣生滅之性，空謂假而無實。此亦二釋：一、以四性推檢萬法，不自不他，不共不無因，都無一實，下論云性常自空故。二、諸法性相，於情似有，於理實無，如夜見繩，懼是蛇，蛇性蛇相元不有，衆生若離徧計情，了法依他無實性。《不真空論》真諦爲門，正齊此名。若約所顯第一義諦，即詮至實相。

緣會，疎助者爲緣，親起者爲因，會謂合也聚也。統論佛教多宗因緣，窮盡諸法生起之由，直破外道無因邪因故。實教則指的一心爲源，相宗皆明從種而有。今但就俗諦詮顯，故說衆緣合會，色心諸法宛然。下《物不遷論》，俗諦爲門，唯齊此名。既俗諦門中不窮諸法生起之源，故但以緣會之名總該萬法。下云，一切諸法，緣會而生。《大論》云，諸法從緣生等。或曰：此既不明諸法興由，寧爲盡理之論。答曰：若約五名非一，緣會詮義實非盡理之名。今由一義故，緣會諸法以本無實相爲因，妄攬真成，全真立妄，故下反推緣會，直顯本無，故知一心真理是萬法親起之因。故經云，如來藏是善不善因，能變興造一切趣生，乃至若生若滅。《華嚴》云，心如攻[一]畫師，造[二]種種五陰。或説染法以無明爲因，及法相説業種親生，竝是今之緣義。清凉《疏》云，以不知三界由乎我心，從癡有愛，流轉無極。故今正順大乘，不違教理。

或曰：論中何以唯立此之五名，而無增減。答：若約名教，實乃繁多。窮理盡性，不過此五。今略以二諦性相束之，即所立無過減之失。緣會、性空，明俗諦性相。法性、實相，明真諦性相。本無一名，真俗性相俱泯。此有三重四句。先明俗諦四句：一、俗相，謂緣會。二、俗性，謂性空。三、俗性俗相俱存，謂合上二名。四、俗性俗相俱泯，謂本無。次明真諦四句：一、真性，謂法性。二、真相，謂實相。三、真性真相俱存，謂合上二名。四、真性真相俱泯，謂本無。後真俗對明四句：一、俗性相，謂緣會性空。二、真性相，謂法性實相。三、真俗性相俱存，謂通下四名。四、真俗性相俱泯，謂本無。具此三重四句，教理圓滿。又信解行證，一一皆當具四，闕一則竝非真實，是故立名盡理，不過於五矣。上釋列名竟。

△二、立義。**一義耳。**正立義也。上所列雖有五名，詮義是一。所言一義，亦有多釋。

且就五名中釋者，上三詮心體，下二詮心用，已是一心體用，故義一也。又上四名詮理，第五名詮事，理外無事，全不變以隨緣，事外無理，雖隨緣而不變。理事不二，故義一也。

若據下四論，釋一義者，即有三門：一、約境，即《物不遷論》是緣會俗諦境，《不真空論》是性空真諦境，真俗不二以顯本無、實相、法性第一義諦境，故曰一義。二、約智，即《般若無知論》，權智涉有緣會智，實智觀空性空智，權實不二則本無、實相、法性中道智，故曰一義。三、約證，即《涅槃無名論》，應化之身不泯理事境智相故，緣會、性空也，真實之體不存能所理智故，法性、實相、本無矣，存泯無礙，真應不二，故曰一義。

以斯教義被機，則令三乘同歸一佛乘，五性同會一佛性，行則悲智相導，因則空有雙修，心則寂照同時，觀則理事齊照，故曰十方世界中唯有一乘法，故立一義之宗，以究如來出世大事。所以《淨名》宗於不二，《法華》本於一乘，《楞嚴》究常住一心，《涅槃》明羣生一性，故知一義之旨，足以統大乘終極之宗矣。然此亦由對五名，故號一義。名既混融，義亦無一，能一能五，非一非五，方盡玄微。故經亦云，一亦不爲一，爲破諸數故。此上總義，通爲四論宗本矣。

△三、推釋，二。

先推。何則。推也。既有五名，何成一義。

△二、釋成一義，二。初，指事釋緣會，二。

一、指所詮事。一切諸法，俗諦事法也。謂該世間出世間，故云一切。各有色心依正，故云諸法。即緣會名下所詮事法也。然前列名，約從本以起末，則從無住本，立一切法，法本如是。今此釋成，約推末以顯本，教理如斯。故下四論詮理，但依教道，前前則淺，後後則深。不過今推釋之意，欲使行人自淺之深，即末契本，是故釋成特反前列中之次也。

△二、釋能詮名。緣會而生。釋緣會名詮事之意。染緣會則六凡依正興，淨緣會則四聖依正現，故十界依正必由染淨緣會而生。故欲詮俗諦事法，不過上緣會之名矣。

△二、顯理明一義，四。一、顯性空理，分二。一、推窮其性，又分三。

一、推前際空。緣會而生，則未生無有，上句牒前，下句正推。生者，起也。謂觀諸法前際，緣未起時，無有法之性相，故曰未生無有，足知現有定屬緣生也。

△二、推後際空，文二。一，正推也。緣離則滅。滅謂滅盡。又觀諸法後際，緣若離散，性相皆滅，故將緣散之盡，以了緣會非真。△二、縱推。如其真有，有則無滅。先縱後推。如其者，若彼也。若彼緣會之事真實有者，則後際無滅，今既有滅，定了非真也。

△三、正推現空。以此而推，故知雖今現有，有而性常自空。以，用也。用二際不有以推之，方了現今萬有自性依他故空。故《中論》云，因緣所生法，我説即是空。上句屬《物不遷論》，下句屬《不真空論》。言依他，有二，一依真理之他，二依衆緣之他，如波依水，又復依風。今取後義，顯緣會故，諸法自性空也。

△二、結顯性空。性常自空，故謂之性空。結成也，即事顯性空理故。然此性空，愚法教謂之生空，始教謂之二空，猶未能即事而顯。今即緣會而性空理現，故異權小也。

△二、顯法性理。法性如是，此即就緣會性空，顯真法性也。如是者，指上緣會諸法由性空故本性常寂，法性是如是矣。又，如謂真常不改，是爲離過絶非，法性有如是之義，意令達事本真，故云法性如是。然此觸事契理，約機有二。若由達事法性空，方了法性，即是權機入實，屬漸來也。若於事直見法性，唯終教機，屬頓入也。《起信》云，以一切法悉皆真故，皆同如故。

△三、顯實相理。故曰實相。前則即事顯真性，此則即事顯

真相。非唯緣會性空，本即真性，亦了緣會無相，本即實相，此乃即事見實相理也。下云，諸法實相，謂之般若。《法華》云，治生產業，皆與實相不相違背。故今直於緣會性空，立實相名，乃云故曰實相。然法性、實相，二名同出，以真性無相故，實相性寂故。

△四、顯本無理。**實相自無，非推之使無，故名本無。**此即事顯本無理也。實相本無，說有前後，義亦同時。前但會事歸理，以顯實相，今明實相之理，非由推事見無，本來自無，故曰本無也。前則有理可歸，事必會理，義當終教，今顯理本自寂，事理雙亡，是頓教義。既從淺之深，至此之深深，故此本無特躡實相而釋。又法性顯真性，實相顯真相，本無顯真體本絶性相，此三顯理不無深淺。又上五名，達緣會則離徧計，推性空則了依他，顯法性、實相、本無則證圓成。圭山云，從緣有故，依他無性即圓成故，故一義也。上辨推釋之文，已見論主但會事顯理以釋一義。餘一之義，皆可意求，竝如前說。釋總義竟。

△二、別開義門，三：一、約境雙破有無顯一義。二、約智雙融權實顯一義。三、約證雙泯理事顯一義。此三節，皆總中開出，乃全總以成別，即爲下四論之所宗。謂《物不遷》《不真空》二論，宗境一義。《般若無知論》，宗智一義。《涅槃無名論》宗證一義。今初，文二。

一、假牒問。**言不有不無者，**牒彼所言也。或曰：若言緣會諸法性常自空，以成一義，何以佛教皆說不有不無二義耶。故今牒之。此但躡前釋成中云，一切諸法緣會而生，乃至性常自空，故謂之性空之文，假躡爲問，以開真諦不有，俗諦不無。爲下前二論所宗之門，顯真俗不二中道理爲二論所詮，故今不有即上性空，不無即上緣會。下顯中道，即上一義。問者但據前名異，向下論主約上一義而立，故雖開別而不失總。此義既不離前，故曰假問。

△二、辨諦理，文二。初明二諦，文二。

一、出教意以釋問。**不如有見常見之有，邪見斷見之無耳。**不如二字兩句連用，即能破之詞是上二不字也。見謂妄解，即所破之執上有無也。所執雖多，不出於二，一常見滯有，二斷見滯無。且凡夫人未達緣生本空，見有諸法，計常住相，故佛教以真諦不有治之，故曰不如有見常見之有也。又小乘及外道未能即事契真，多尚虛無寂默，猒患身智，故佛教以俗諦不無治之，故曰不如邪見斷見之無耳。是知佛教真諦說不有，俗諦談不無，爲破斷常二執。以佛正見不似斷常二執，故曰不如等。故今先爲出其教意，但爲直非二見耳。

△二、立縱奪以會前。**若以有爲有，則以無爲無。**此縱前也。爲，是也。前釋中，若以緣會是有，亦以性空是無，成有無二見，乃違佛教也。**有既不有，則無無也。**此奪上縱意，會釋前

義也。既，已也。前釋中，已明緣會之有即性空故不有，則知性空之無即緣會故不無，則二名一義，方符佛教二諦不有不無之門。重言無者，不無也。此約能示二諦有無相即故不有不無是一義也，下文方會歸所示一實之義爲一義。《仁王》云，於諦常自二，於解常自一。

△二、會一義，二。初，會二諦顯一義，中二。

一、正顯遮照。夫不存無以觀法者，可謂識法實相矣。上約二諦以不有不無爲門，猶未顯門中實示何義。今此會前真俗同歸，顯中道第一義諦，即前緣會性空不二，則法性實相理顯。夫諦境不過以四句論之：一、真故不有，離增益謗。二、俗故不無，離損減謗。三、雙照故亦有亦無，離戲論謗。四、雙遮故非有非無，離相違謗。一二兩句，已如前文。今但會前，明後二句雙遮雙照同時之義，以顯中道耳。言不存者，無所住著也。文中無字與下段有字，影略互取。由前不有不無故，不住著於有無，故云不存有無，即雙遮也，以觀法者雙照有無法也。可謂下，釋成也。既用即遮之照，故當正遮之時而能了別中道實相法也。是謂雖觀有而無所取相。此文下，亦合云者可謂契法實相矣，今影略也。是謂者，承上之詞。雖觀有無，雙照也，而無所取相，雙遮也。但反上文，令遮照互具，中道實相顯於此矣。故知緣會、性空義一，顯法性實相也。

△二、述成遮照。然則法相爲無相之相，前則境觀合辨，今則各別述成。先約境述成。言法相者，通牒三諦境。爲，是也。無相者，雙遮真俗相也。之相者，雙照真俗相也。此則於境乃遮照同時，成第一義諦。聖人之心爲住無所住矣。次約觀述成也。言聖人之心，通標一心三觀，得此觀者即聖人矣。爲，亦是也。住者，雙照也。無所住者，雙遮也，無真俗可住故。此乃心觀照遮同時，成中道觀。此中道境觀，即上强名之爲實相法性也。是知，諦非觀而不顯融通，觀非諦而不能迭耀。雖正辨融通之境，須約融通之心，次漚和般若由此而生。

△二、會三乘顯一乘，三。

初，總標人法。三乘等觀性空而得道也。三乘者，菩薩、緣覺、聲聞也。此三機不等，分教定有，實教定無。等謂齊也。觀者，鑒照也。性空者，指前即俗之真理也。得道者，證中道理也。然權教三人在本乘，但見真俗迢然，理事抗立。教理既權，人亦有異。既爲大乘之始，始必有終，故三乘入實則必觀真俗互融，一理無差。故説究竟涅槃，常寂滅相，唯一乘法，無二無三。今言等觀性空者，此明三乘人同觀即俗之真，故曰等觀性空。證真俗不二中道第一義諦理，故曰而得道也。清涼《疏》云，始教乃真俗二諦迢然不同，終教則第一義諦該通真俗等。良以權教三乘之人，若信解一義之教，則同用一心三觀，照一境三諦。入實則無異，故曰等觀。約本是禀權而來，猶帶三乘之稱。故賢首云或攝界外機令得出[三]出世益者，先以三乘令得益，後乃方便得一乘者，屬同教攝，亦名迴三入一，此如《法華》説。由此證知，正顯會權入實之義，故説三乘等觀也。若約直進之機，便觀三諦融通，不必須禀前教。今爲特顯權須入實，實外無權，故舉三乘而説等觀也。下《涅槃論》多引《法華》破三歸一，定知其旨如此。無性闡提尚許同歸一性，況三乘聖賢耶。

△二、釋成所觀，二。

初，正釋。性空者，謂諸法實相也。先牒上也。真不異俗，故云諸法也。即俗之真，是第一義諦，故云實相。《法華》亦云，諸法寂滅相，不可以言宣。

△二、辨邪正。見法實相，故云正觀。若其異者，便爲邪觀。此約當教辨邪正。若見真俗有異，便爲邪觀。《淨名》云，如自觀身實相，觀佛亦然。乃至云，同真際，等法性，乃名正觀，以他觀者非見佛也。今小改其文，正用彼義。

△三、重通妨難，二。

一、牒難縱破。設二乘不見此理，則顛倒也。妨云，若據三乘在權，大小殊隔，何謂於今等觀第一義諦之理耶。此將在權望入實爲難也。故今先且縱破。設若二乘到實，不見三諦融通之理，則與在權滯寂無異，故云顛倒也。

△二、權實對辨。是以三乘觀法無異，但心有大小爲差耳。三乘入實，同觀三諦融通之法無異，但約在權心慕大小，故分差别也。《法華》云，若我等有樂大之心，佛則爲我説大乘法等。下論曰：般若虚玄者，蓋三乘之宗極也，誠真一之無差。既曰真一無差，豈詮大小之心。今言但心有大小者，此乃實教引進三乘，呵彼昔日自抑己靈、强分大小耳，正如《法華》《淨名》所破也。昔人所解，皆云三乘等觀性空，各得道果，又以悲智具不具説等觀之人大小心殊，遣文鹵通，於宗甚失，遂令教理多合權宗，則五名一義之宗何在。古者云，以深爲淺，有謗法之愆，得不慎乎。

△二、約智雙融權實顯一義，三。

一、牒問略釋。漚和般若者，大慧之稱也。先假外問云，若云一義爲宗本者，則境智皆一，何以智有漚和般若權實之二耶。故今牒釋之也。言漚和，是梵音。准康師云，此翻方便，即權慧也。般若亦梵音，正翻曰智。或約因翻慧，以揀擇爲義，約果翻智，以決斷爲義。今取因果合之，即因果人通具之實智也。或般若通翻智慧，以智實慧權分之，今亦不取，已有漚和目權慧故，下云權慧具矣。又此二智，亦名根本後得，如理如量，或真或俗，皆權實之異名。餘至本論釋題中辨。次釋云，大慧之稱者，權實互具，悲智兩全，雙觀理事，方曰大慧。大慧一義具漚和般若，即中道觀。良以權實不二故稱大慧，實則窮理，權則達事，所照既事理渾融，能照亦權實相即，故亦不過顯前之一義耳。又本無、實相、法性理上起權實照用，實則還照於理，權則達緣會事，權實不二乃契中道一義。故知不離前五名一義，今約智開爲別義，立下第三《般若無知論》之宗本也。

△二、返覆廣釋，有三。

一、明互具釋大慧。諸法實相，謂之般若。能不形證，漚和功也。此下，約所辨能。先明般若中具漚和，即俗照真，般若實智也，故云謂之般若。形者，現也。此智慧中，具方便之功，不棄接化之心，故不現證於理。《淨名》云，無方便慧縛，有方便慧解。適化衆生，謂之漚和。不染塵累，般若力也。次明漚和中具般若也。適者出也。塵以坌污爲義。聖人出假導物，即方便權用，故云謂之漚和。此漚和中，具般若之力，常契真實，故不染能所感應之相。《淨名》云，無慧方便縛，有慧方便解。此上權實互資，悲智雙運，方曰大慧，即不二之稱。得之者，三觀常融耳。

△二、約二門，別釋二名。然則般若之門觀空，漚和之門涉有。承上文勢故云，然則若約二智，爲門不同，實智唯照理故觀性空，權智但入俗故曰涉有。而皆云門者，以開通爲義，開則二門定異，通則二用相關，實由不二而二故。上辨其通，今明其開，故各曰門也。

△三、返覆釋成一義。涉有未始迷虛，故常處有而不染，先約權門釋一義。此句據義從便合云不迷虛而涉有，今取文便也，又連上權門涉有也。今望下段，且順義釋之。謂即實之權，而權不異實，聖人得之，故能居處於有而未嘗有相可染。古所謂涉有而一道清淨也。不厭有而觀空，故觀空而不證。次約實門釋一義。謂即權之實，而實不異權，聖人得之，故雖深觀空理，未始棄有而證空。古所謂觀空而萬行沸騰。此上明觀智權實，二而不二，不二而二，成中道觀。還契本無、實相、法性之理，即光還自照也。故《起信》中，今依真如門修止，生滅門修觀，二門不二，止觀雙融，即此義也。

△三、結成心觀。是謂一念之力，權慧具矣。一念之力，權慧具矣。一念者，實教行人一念觀心，權實互具，如車二輪，如鳥二翼，同一用而不可互闕。故今上下兩句結之。一念即般若，權慧即漚和也。好思，歷然可解。勸成心觀一義之旨，思之可解。由解發行，則般若現前矣。

△三、約證雙泯理事顯一義。前雖顯真俗理一，權實智融，但境智

之迹未亡，能所之相尚在。今顯聖凡體一，境智皆如，一如無二如，方爲至契也。是知前是解悟，今明證悟。於前五名中，即事契本無之理，至本無則事理雙絶，名義兩亡，乃曰證心源之究竟矣。

一、標華梵以牒問。**泥洹盡諦者，**假牒外問也。妨云，若三諦融通則理事無二，權實智一則真俗渾融，何以教中皆令行人斷妄證真，棄事歸理，滅盡業果，方得泥洹耶。故今牒之。言泥洹是梵語，涅槃之音小轉，至本論會釋。盡諦是秦音，即下論主翻爲滅度之義，謂滅大患，度四流故，則妄因妄果盡也。亦即第三滅諦，故《法華》云，滅盡諸苦，名第三諦。若會前一義者，於一切緣會法，直顯本性虚無，因果相盡，境智雙亡，方契究竟一義。此爲下第四《涅槃無名論》所宗矣。

△二、就盡諦以釋成。**直結盡而已，則生死永滅故謂盡耳，**此先通明權實二教滅盡之義。直者，但也，意云豈但也。結者，繫縛義，即惑業也。生死，即是苦也。三界輪轉，不過此三。謂一切衆生本具真常妙性，由不如實知真如法一，不覺心動，妄念紛然，强分能所，我法執生，名曰無明。既迷一實，故稱爲惑。迷惑既甚，三業熾然，造善、惡、不動三因，名之爲業。由此業故，不能出於三界生死。縱脱分段，未免變易。皆因惑業招此繫縛，故指惑業名之爲結。下論云結是重惑，是知通以惑業爲結也。四諦之中，即集諦因，生死是苦諦果。今言結盡永滅者，若三乘人，始因師教，聞熏心所中慧數，於見修道中發根，後無漏智力斷三界煩惱，直至無學位中，惑業都盡，生死永滅，證無餘涅槃，方爲究竟，故結盡永滅，乃曰泥洹盡諦。若實教行人，始因衆生本覺内熏，師教外熏，惑業心中乃有始覺智興，具前一心三觀大慧之力，能鑒一境三諦，乃悟惑業生死皆緣會假有，惑業無性，名大菩提，生死性寂，號大涅槃。此則於結乃斷而無斷，故云結盡，生死則滅而無滅，故云永滅。是知，兩教通以盡惑、業、苦三，方名盡諦。故今文云，豈但結盡名盡，更須生死亦盡故，謂之泥洹盡諦耳。

△三、顯一實異三乘。**無復别有一盡處耳。**前雖明權實行人皆以妄因苦果滅盡以爲泥洹，猶未辨權實斷證何以爲異耶。故今云，無復别有妄苦可盡之處以爲泥洹也。謂實教行人但悟心性常寂，元無妄因苦果之相可得，以何爲滅盡之處。斯則了妄名滅，實無可滅之相。既無妄可滅，亦無真可證，方爲真滅，豈同三乘行人實斷實證，别有真如界以爲妄盡之處。故《圓覺》云，知妄即離，不作方便。又云，知是空華，即無輪轉。《楞嚴》亦云，殊不能知生滅去來本如來藏妙真如性，而於其中求其去來、迷悟、生死，了不可得。是則大乘教部究竟所説，竝不過此。故今明之，立下第四論之宗本義。上釋《宗本義》竟。

注肇論疏卷第一

音切

泐。力得切。璞。普角切。繭。古典切。甍。眉耕切。憩。去例切。机。飢雉切。叡。以芮切。繕。善音。龜茲。上丘音，下慈音。琰。弋冉切。覈。胡革切。搜。所鳩切。汰。他蓋切。臧。則郎切。否。否音。菌。奇隕切。蚌。步項切。畎。犬音。廩。力荏切。猥。於隗切。讌。烏見切。昉。甫往切。蠱。公户切。繪。胡檜切。邕。於龍切。盱。以俱切。鐫。子全切。齏。祖稽切。馭。魚據切。牘。徒木切。詰。溪吉切。畔。蒲半切。攷。考音。森。所今切。邃。雖遂切。複。方復切。迢。徒聊切。抗。可浪切。愆。去乾切。坌。蒲頓切。沸。方味切。泥洹。上奴雞切，下胡端切。

校勘記

〔一〕「攻」，晋譯《華嚴經》（《大正藏》本，下同）作「工」。

〔二〕「造」，晋譯《華嚴經》作「畫」。

〔三〕「出」，校本校勘記疑爲「世」。

注肇論疏卷第二

姑蘇堯峯蘭若沙門遵式述

△大文第二，依宗造論。論有四章，古釋多分爲四科，謂俗諦、真諦、明因、顯果，四論不同，順文可爾，於理則未然，遂令前二則真俗不即，後二則因果不融。又，真俗二諦非因人所知，權實二智非果人所用，故知四論同時，説有前後。此宗不修則已，修則二智齊運，二境同觀。雖境智義殊，定無二體，從凡至聖，一道如此，方曰一義。古者或謂，前二論明二諦教真俗不二顯理，第三約行，第四明果。此釋甚當，更須知此四義通因及果。今且順宗本分爲三節：初前二論，明真俗不二，顯境一。次第三論，明體用不二，顯智一。後第四論，明理智不二，顯證一。今初，分二：初，《物不遷論》立俗諦。二、《不真空論》顯即真。今初。所以先有此論者，明俗諦事法也。謂佛教顯理必須即事，若事外求理，俗外明真，縱離邊邪，亦歸權小，故今先明事法，後《不真空論》顯理故。又凡人不達俗諦性相，見生滅有無，乃謂變易不停，今竝非之，故先立此論，即正推前緣會名義也。大同《華嚴》開四

法界，先明所依體事。此中，文二。初，題目。

物不遷論第一

物者，事法也。世間不離三科，出世不過二果，但有名相，竝稱爲物。縱説古今時分，時無別體，仗相立名，但了名相，無所不收。言不遷者，遷者動也，即變易義。今俗諦門中，略有三義故萬物不能遷易，一明物性，二明物相，三明物時。火熱、風動、水濕、地堅等，即緣性不可易。天尊地卑，山高水澄，聖淨凡染等，即緣相不可易。古今朝暮，刹那前後，蓋時不可易。又此性、相、時，有相由義、相成義，即《中論》云因緣所生法也，此則正屬始教。法相宗所陳百法名數，各有體性，乃至真如、涅槃亦理果淨物，故知俗諦一門攝法亦無不盡，故曰物不遷。正明動中有靜，靜不妨動，宜善得旨，勿濫真常。或曰：凡夫一念轉成聖時，何以曰不遷耶。答曰：秖由不遷故能轉也。何也。染淨二相各存故，真妄二性各立故，妄染時非真淨時故，由性相時分各住本位故，能從凡入聖矣。論謂言議推詰。次在最先，故曰第一。物即不遷，持業釋。物不遷之論，依主釋。

△二、論文，二：初序意，二正論。初文，四。

初，標物示人情。夫生死交謝，生者起也，死者止也。此二亦云生滅。或於生後滅前，開之曰生、住、異、滅。蓋言物之性相，緣會則起，緣離則止，故知俗諦生死能總萬物。交，互也。謝，往也。生必交互，於死曰生，死必交互，於生曰死。故當生時死在，當死時生存，方曰交互也。人情不曉此理，見生時曰死往，見死時曰生往也。寒暑迭遷，此以寒暑言物之時，以陰極曰寒，陽極曰暑。今寒暑者，蓋言陰陽之生極也。或分四時，則春生、夏長、秋衰、冬落。今不言四時而云寒暑者，蓋四時不出陰陽，陰陽之極曰寒暑，故以寒暑對上生死爲句。故《易》云，一寒一暑，是謂迭遷。又上生死既含四相，令寒暑亦含四時。故言萬物之時，不過寒暑爲總。或約三世十世，或約心念刹那，延促不定耳。迭者遞互，遷謂動去也。以寒遞互於暑曰寒，以暑遞互於寒曰暑，既能遞互，即知各存。人不曉之，當暑時曰寒遷，當寒時謂暑去。有物即上生死寒暑所總萬有之物。流動，水動曰流，即上交謝迭遷。人之常情。人情執動，常自如此。此上明所治之執，此下亦破斷見，外道撥無因果故。

△二、據理申己解，三。

一、據理推意。余則謂之不然。謂者，評論之詞。論主自所謂萬物性相道理，交而不謝，迭而不遷。何者。自徵，上不然之意者何也。

△二、引經標牒。《放光》云，八部般若之一數。法軌持爲義。真妄、染淨、色心、依正，各具軌則住持，通得此名，即上物也。無去來，無動轉即不遷也。謂生住生故無來，死住死故無去，中間寒暑少壯各住，故無流動轉變矣。或去來約時，轉動約性相，緣生性相三世各住，故曰不遷。若般若宗，多蕩相顯空，色心至乎種智，皆曰清淨。今借文標爲證信，不取彼意。下自推釋，可見。者。牒經也。

△三、推釋正理。尋夫不動之作，推窮曰尋。夫即語詞。不動者，經云無去來動轉。作者，推求也。尋究經中，於諸法推求不動者也。豈釋動以求靜，先破錯解。釋，捨也。必求靜於諸動。此顯正意。經中定當推靜向於羣動，故令動中達性相各住。必求靜於諸動，故雖動而常靜。上句牒前，下句釋成自意。經中既求靜於動，故我於生死交謝、寒暑迭遷而見常靜，所以謂之不然也。不釋動以求靜，故雖靜而不離動。亦先牒前，下句釋成經旨。雖靜者，法無去來動轉。不離遷謝而顯，故曰不離動。則所見即動而靜，與經即靜而動相符。

△三、明情解相違，文四。

初，總標解惑。然則承上連續之詞，因推經旨故。動靜未始異，以經證於自意，則同辨緣法生滅性相常靜，故動靜不異。而惑者不同。惑者，生時不見死，乃執生靜而死動等，故動靜不同。緣使真言滯於競辨，真言者，稱實之言也。競辨者，諍言也。惑者執異與不異，稱實之言相違，故有諍言，使真言成滯礙也。宗途途者，道也。動靜不異之道，爲學者之所宗故。屈於好異。屈，抑也。惑者好異而强説，故使宗途爲邪解之屈抑。

△二、示理難言。所以靜躁之極，未易言也。躁，動也。物之動靜，理極於不二，惑者執二而强諍，故不可率易而言。

△三、推釋其意。何者。推難言之意。夫談真則逆俗，順俗則違真。稱實言則逆世俗，順俗見則違實理，故未易言也。違真故迷性而莫返，出違真過也。人情長迷於物理，順之則不能返悟也。逆俗故言淡而無味。出逆俗過也。淡即無味。談真逆俗，俗見不曉，無義味可采，故云言淡。《道經》云，樂與餌，過客止，道之出口，淡乎無味。

△四、躡前起後。緣使解人説動靜理同，惑者執動靜有異，乃爲中人之惑緣也。中人未分於存亡，中根可語上，亦可以語下，故未能分辨解惑邪正，爲當存同亡異，爲復存異亡同。下論正被此機，上士已知動靜不異故。下士撫掌而弗顧。即前惑者也，堅執不回，弗顧正理。撫掌者，大笑之貌也。《道經》曰：不笑，不足以爲道矣。此上三

句語，出《道德經》，文小改耳。近而不可知者，物理近於人，而不可以執動靜者所知者，下云，其唯物性乎。唯，獨也。獨有萬物緣生之性，動中常靜，靜不妨動，此理最近而人不知。此即前三義中，是約性一門。《華嚴大疏》談不遷有三義：一、能依不遷，即今約性相義。二、依所依不遷。三、唯所依不遷，即《涅槃論》明真性隨緣常住不變義。

△四、顯立論之意。然躡上生起之詞。理極難言，故當杜默。然爲中人不知物性如此，故下云，不能自已，已，止也。聊復寄心於動靜之際，聊，略也。際，邊畔也。動以靜爲際，故即動以見靜。靜以動爲際，故即靜以見動。略寄解心如此，故乃言之也。豈曰必然。試論之曰：必者，決定也。試，且也。豈謂決定如然，且以此解心評論之耳。

△二、正論，文三：初，正顯不遷。次，會釋教意。三、因果結益。然萬物常與無常，理本不二，雖緣生緣滅，刹那代謝，而生滅各位，聚散異時。世之人情，弗能諦審，覩暫有則執住，見忽滅則執遷，此二皆自縛於斷常耳。然而執住則易覺，滯遷則難回。由執遷故，不知俗諦門中生滅性相各得自位，善惡因果始終不差，故先顯不遷正理，次會釋常無常二教同致，後以因果結令知益。此論之意，不過此三。故今易古之六科，但分三段耳。今初，文三。初，引教定宗，文二。

初，引經論。《道行》云，《小品》一數也。諸法物也。即色受想行識，曰五蘊。六根六境，曰十二處。更加六識，即十八界。世間法，不過此之三科。又略而言，不出色心爲總。又菩提、涅槃是出世法。今竝該之，故云諸法。本無所從來，去亦無所至。不遷也。本者，來之所起處。至者，去之所到處。由諸法性相時分各住本位，未嘗有從本而來，去至彼所，所謂本不見從凡中而來，去至聖所，又亦不見本從生死煩惱中來，至菩提涅槃處故。何也。聖凡染淨各不相到故，世出世法各住本位故，餘可例知。《華嚴》亦云，各各不相知，諸法亦如是。若據般若本部，多明無相真宗，直顯萬法本空，無來去相。今借文標宗，用意則別，下定宗中可見。《中觀》即《中觀論》。今引之釋成經意。云，觀方知彼去，觀則見也。方通十方，且舉東方例之。彼者汎指彼人也。我觀東方，知彼一人從此而去。去者不至方。者，即人也。去東之人，前步在前，後步在後，故不見從此至彼方之相，故曰去亦無所至。反知從東方來此方，亦步步各住，故曰本無所從來。東方既爾，餘九亦然。人既即動而靜，以例諸法遷而不遷。故引《中觀》釋成《道行》，以立不遷宗旨也。

△次，定宗旨。斯皆即動而求靜，以知物不遷明矣。斯，此也。皆，同也。此上經論同即動而推靜，用此證知緣生物理

性相不遷，義已明矣。三量之中(二)，此約聖教量。

△二、破惑顯理，文二。初，解惑對辨，又二。

初，境同見異。夫人之所謂動者，牒上有物流動，人之常情。以昔物不至今，如以死交互於生，則生爲昔物，死爲今物，故生不至今也。故曰動而非靜。惑者見死時無生，謂生已謝，故執動而非靜。我之所謂靜者，牒上余則謂不然也。亦以昔物不至今，同上也。故曰靜而非動。論主所解，生爲昔物在昔，死爲今物在今，故昔不至今，曰靜而非動也。以生交死及寒暑等，例上可知。動而非靜，以其不來。惑者執動，爲見昔不來今故。靜而非動，以其不去。論主見靜，已知昔物住昔而不去，此即前序中解惑耳。

△二、逆順結責。然則所造未嘗異，造，詣也。同見昔物不至今，則所詣之境不異。所見未嘗同。解惑所見，靜動不同。逆之所謂塞，順之所謂通。逆理執動，所謂塞滯之人。順理見靜，所謂通解之者。古人多約論主說逆順通塞，量無此理。苟得其道，復何滯哉。苟，若也。道，物理也。若得物理，無動而非靜，豈有動之可惑滯也。

△二、遣惑顯理，五。

初，嗟迷執。傷夫，人情之惑久矣，人被情執所惑，從來不覺，故可傷之。目對真而莫覺。真者，即昔物不至今也。雖見而執動，故目對而莫覺也。

△二、陳迷情。既知往物而不來，牒前昔物不至今，往昔也。而謂今物而可往，即前執動而非靜也。往，去也。既執昔物不至今爲動，必當謂今物亦可遷往矣。此乃情惑也。

△三、顯正理，文四。一、標。往昔也。物既不來，今物何所往。去也。惑者雖知昔物不來，而不知今物不去。若知今物在今而不去，亦了昔物在昔而不去，即不遷顯矣。則古住古而今住今，今古各不相往來。△二、推。何則。徵上二句。△三、釋，文二：初，釋上句。求向物於向，於向未嘗無。向，昔也。求昔物於昔時，昔時定有，故知昔住昔位。責向物於今，於今未嘗有。推責昔物於今時，今時不見昔。於今未嘗有，以明物不來。明知昔物不至今也。於向未嘗無，故知物不去。昔時見昔，故知不遷去，何以惑之而謂動而非靜耶。此上釋成古無來去義。△次，釋下句。覆而求今，今亦不往。去也。反覆更推今物，即知今物在今而不去，非唯不去，於古昔亦知不向於未來，故非動矣。此上釋成今無來去義。但變上文，以向曰今，今曰向，來曰去，去曰來，讀之可見。如

人有老少，少住昔而老住今，人多惑之，當老年衰朽，不見臑盛，乃謂少事已遷去，殊不思當少之年膚腠潤澤，故知在昔矣，何於今而求之。已自迷倒，況求之不得，乃謂遷去，故知甚惑。達物理者，了今古各住，無毫髮可易。△四、結成。是謂昔物自在昔，不從今以至昔，今物自在今，不從昔以至今。可見。

△四、引儒文，二。初，正引。故仲尼曰：回也見新，交臂非故。文出《莊子·外篇·田子方章》，云孔子謂顔回曰：吾終身與汝交一臂而失之，可不哀歟。郭注云，夫變化不可執而留也，故雖執臂相守，而不能令停。康師疏曰，郭注不當，謂交臂之頃已失前人，非謂交臂執手不能令停。今取康師釋。交臂，此如兩臂相交，秖此少頃之時，已見新失於故。若以論中次文指此，以明新故各住之義，而未知仲尼本意若何。孔子若語不遷，何必哀傷其事。若謂吾汝終身同交臂之頃爾，則郭注所謂變化不能令停，亦甚得旨也。今論中文有小改，但取儒釋相符之義，非謂彼彼也。言見新者，即前今物自在今。非故者，即前昔物自在昔。秖少頃時，今昔尚各住一世，況日月年劫耶。△二、結成。如此則物不相往來，明矣。牒上仲尼所説，則新故各住，物無來往，義已明矣。

△五、責情。既無往返之微朕，有何物而可動乎。往返者，去來也。微朕者，小迹也。推諸法性相時分，求去來之迹，無毫末可得，未知惑者有何物而可曰動而非靜乎。自破題入序至此，破執動之見已訖。

△三、舉事結顯。然則旋嵐偃嶽而常靜，自開章已下，盡顯萬物不遷，故今牒而結之。旋嵐者，亦云毗藍。《華嚴音義》云，正梵語云吠藍婆，此云散所至，即風名。此風所至，無不散壞。又翻云不遲，義翻爲迅猛風。偃，息也。嶽，山也。偃息山嶽，即風之散壞也。康云，偃者仆倒，亦取壞義。舉迅猛之風，偃息羣嶽，無所不壞，而風畢竟非山，山畢竟非風。既不相是，亦不相到，故曰常靜。故知風、山性相各有所住，雖飄鼓迅猛，而常靜矣。下三句，例知。江河競注而不流，水雖奔競，前波後波各不相到，故不流。又畢竟不能易於濕性，故不流動也。野馬飄鼓而不動，《莊子》云野馬也，郭注云遊氣。以三陽之月，日氣鬱盛，則見遊氣飄鼓，歘歘然而前後各位，故無所動。日月歷天而不周，歷，涉也。天輪左轉，日月右旋，時分各住，故歷涉天輪，不見有周帀之相。復何怪哉。怪者，異也。即動而靜，四皆不遷，何有動相可怪異也。

△次會釋教意者，佛教俗諦有二門，一常門，安立義，二無常門，推破義。常門破斷，無常門破常，此二教同出而異陳。雖教不竝立，而

執須竝除，理須同會。前論主即動以説靜，使靜不異動，則令二教相即，顯不二理。恐行者不曉斯旨，乃假外賓，引佛無常教義質之，意令動靜不二之旨，與佛教常無常不二之理無殊矣。文二。初，引教詰難，二。初，人法雙標，二。

一、約教理立難。噫，傷不平之聲，教理相違故。聖人聖，通也。孔子對哀公曰：聖人者，智通乎大道，應變而不窮也。今此方釋宗，皆指佛爲聖人，蓋就應迹人倫，窮達理事，無所不通，故曰聖人。佛德難思，且就正徧知義釋之耳。有言曰：人命逝速，速於川流。文引《涅槃經》云人命不停，過於山水，今小易其語。言命者，不相應行中一法曰命根，即第八賴耶識體，是受生總報主，來爲最先，去爲最後。此識體上有連持計屬一報色心之功曰命根，乍生乍滅，不停如川水疾流。此則説無常教，詮無常理也。

△二、約行果定難。是以聲聞悟非常以成道，難者恐雖有教理，未必可信，故以行果成立教理決定也。聲聞者，聞聲教證道之人也。成道者，證偏真性也。聖人説無常教，聲聞聞之，悟苦集滅道，現在無常，破煩惱障，滅我執心，證我空真理，故八輩聖人通號聲聞。緣覺覺緣離平。以即真。梵語辟支迦羅，此云獨覺，亦云緣覺。獨覺人自悟，緣覺者稟教。今取緣覺也。緣是所覺境，即三世十二因緣。覺是能了智，即生空觀。由聞無常教故，覺三世萬法緣聚暫有，緣離本空，故云即真。雖根利勝於聲聞，破執障證我空偏真理不別。

△二、牒前正難。苟萬動而非化，牒前也。豈尋化以階道。非化者，不遷也。階道者，次第證道故。且萬物不遷，無常教理則虛設，豈有二乘尋此變化教理，次第得聖道耶。二乘既得道，方知無常教理非虛，將恐論主所説不遷教理未可取信。

△二、就理釋通，二。

初，歎無常教理幽深。覆尋聖言，三思曰覆尋。聖言，即前無常教也。微隱難測。歎俗諦不二理難測也。微謂微妙，事法不可以常無常定相思議。隱謂隱密，不二之義潛密在於教下故，難可以言教測度。若動而靜，似去而留，據上説教，詮事則似云動去，在物理則動而常靜，去而常留，乃聖人不二之本旨。上句明立教，下句明詮事，故有重句也。可以神會，難以事求。神解必可契會，事相固難推求。

△二、明常無常幽深教理，文三。初，明教異意同，二。一、就本教顯異同，三。初，明執殊教異，二。

初，明異。是以言去不必去，閑人之常想，閑，防也。人心起常見，聖教説諸法無常以防禦之，非謂定無常。稱住不必住，釋人之所謂往耳。釋，解也。人執無常遷往，聖教説萬物常住、因果決定以解之，令捨所執，非謂定常。

△二、責異。豈曰去而可遣，住而可留耶。可，定也。去住二教，爲破斷常二執。二執若除，教不定立，故知教雖異而意同歸也。

△二、證成教異意同。故《成具》云，《成具光明定意經》也。菩薩梵語，具云菩提薩埵，此云覺有情。三義釋之，如《金剛疏》。處計常之中，而演非常之教。證上言去不必去，閑人之常想。《摩訶衍論》云，諸法不動，無去來處。證上稱住不必住，釋人之所謂往。此上證教異，下顯意同。斯皆導達羣方，羣者，不一也。方，法也。經論法門不一，皆爲導達執情故。兩言常門説住，無常門説去。一會，常無常理，一以會之。何也。且萬法雖生滅不停而生滅各位，雖不失本位而起滅何常。既動靜不殊，則理本自一。蓋俗諦不二之旨，縱隨機各陳，理無殊致，即聖人之深旨微隱難測也。豈曰文殊而乖其致哉。不可以常無常教異而謂不二之理有殊。故知物不遷之談，足以盡聖人俗諦教意也。

△三、述成不二。是以言常而不住，稱去而不遷。言常稱去是兩言，爲對二執，常即不住，去即不遷，是動靜理一也。不遷故，牒上下句。雖往而常靜，即動以見靜也。如於生死中，見生不到死，生死各住，例諸法亦然。不住故，牒上上句。雖靜而常往。即靜以見動，雖死生各住，而生死不停。此下，二句，但翻覆文異，語意是同。雖靜而常往故，牒上即靜而動。往而弗遷，以顯動而常靜。雖往而常靜故，靜而弗留矣。但反上准之。前是以靜爲首，靜即動，動即靜，今是以動爲首，動即靜，靜即動，以顯兩言一會矣。

△二、寄外教顯異同，文二。

初，舉此方儒道説動以顯靜。然則牒上動靜不二宗也。莊生之所以藏山，《莊子·内篇·太宗師》章云，夫藏舟於壑，藏山於澤，謂之固矣，然而夜半有力者，負之而走，昧者不知也。郭注云，無力之力，莫大於變化。今取彼意。山有鬱茂，欲其不凋，若藏之於陂澤者，變化暗易，豈能令停固，昧者不知耳。仲尼之所以臨川，《論語》云，子在川上曰，逝者如斯夫，不捨晝夜。今亦借意。仲尼以人事速變，勸進學立德。此二聖人，大同佛教説無常破常，而其教意必使捨一取一，豈令即常而達無常耶。斯皆感往者之難留，豈曰排今而可往。排，推也。可，定也。莊孔二教，皆感歎遷往之事難以停留，乃一向見動。論主所見者，豈謂推排今物，定有遷往耶。即動中見靜，已顯上往而弗還之意也。

△二、舉西土隣人説常以顯無常，文四。

一、標正意。是以觀聖人心者，不同人之所見得也。以前動靜不二之理，而觀察佛聖人設教之心，必當如是者，則不可以人情所見而得其意。

△二、推常執。何者。推上人情所見，下釋。人則謂少壯同體，少則幼年。三十曰壯年。同體者，凡人謂少壯同是一身。百齡一質，齡，年也。百年處世，亦一軀質。徒知年往，不覺形隨。徒，虚也。虚知有少有壯，年年遷往，而不覺形隨年變，衰盛體殊，由不覺故，而執同體一質。此是滯常之情。

△三、引彼文。是以梵志出家，梵者，具云梵摩，此云清潔寂靜，即淨也。西土事天婆羅門，此稱爲淨志，亦云淨行。出家者，即彼事天修僊之法。十五入山，以艸果爲衣食。至三十，歸家納妻生子，令種族繼世。至五十，再入山，永不歸，故曰出家。白首而歸，有一梵志，三十不歸，人皆曰死，白首之年而歸。隣人見之曰，昔人尚存乎。隣，近也。五家曰隣。隣居識者，曰昔人。梵志三十不歸，謂死矣，今尚存。此乃隣人執常也。梵志曰，吾猶昔人，非昔人也。猶，尚也。上句牒隣人指吾尚爲昔人。下句語之曰，少年昔人已謝，我今年老，故非昔人。此乃梵志滯無常也。隣人皆愕然，非其言也。愕，驚也。隣人堅執，聞説非昔人也，故驚愕不信其言，故曰非其言也。此上所引，雖梵志執無常，隣人執常，唯寄隣人常見以顯無常。故下結云，

△四、顯無常。所謂有力者負之而趨，昧者不覺，此借《莊子》文結斥也。隣人雖執昔人尚存，而不知《莊子》所謂無常有力者負之而走，新新不住，念念不停。蓋隣人昧者不覺此無常之理。然則隣人執常，唯見昔，梵志執無常，唯見今。若以今昔各住，常即無常。合此二見，方爲正理。今但寄隣人執常，結顯無常，即前云靜而弗留矣。其斯之謂歟。其，是也。斯，此也。謂，則言也。《莊子》云昧者不知，今隣人不知常中有無常，正是此言也。歟，語助耳。

△二、顯教權意實。前雖明教異意同，恐未知其同異之旨，故今示之，令達權實也。文五。

初，雙標教意。是以如來是應身如來，説俗諦常無常教故。因羣情羣者不一，即斷常二執故。之所滯，滯有無二境。此上所治之病，以爲起教之因。則方言以辨惑。聖人立常無常方便之言，辨析其惑情，即能治之藥。乘莫二之真心，照常無常理不二者曰真心，乘運此心而設教故。吐不一之殊教，吐，説也。對二執，

說二教也。乖教異。而不可異理一。者，牒上同異。其唯聖言乎。唯獨佛教有此，言異而意同。

△二、雙明權實。故譚真，動中說靜曰談真。有不遷之稱。破執無常者，撥喪因果之流也。導俗，俗見多保守生事，故靜中說動以導接之。有流動之說。無常刹那不停，古今代謝。上顯教權，下明意實。雖復千途異唱，會歸同致矣。千者，言其多數。途，道也。雖因執設教，說有多途，若契會所歸之理，必須動中見靜，靜處見動，故曰同致，則知教權而意實也。

△三、責執教之情。而徵文者，徵，執也。前執文詰難之者。聞不遷，則謂昔物不至今。前境同見異中，以昔不至今，論主曰靜而非動，難者聞之，乃謂是靜也。聆流動者，而謂今物可至昔。聆，聞也。聞上人命逝速之動，乃謂今物可去曰動，此亦不離前文動而非靜之情耳。難者既未達不二之旨，故於昔物不至今見靜，乃以今物可至昔爲動，竝爲情計。故前責曰往物既不來，今物何所往。情既未破，尚執動靜二教生難。下責執動之見云，既曰古今，而欲遷之者，何也。既曰古則住古，今則住今，而執惑之者欲遷今爲古者，意之何也。

△四、遣無常之見。謂前難者執無常教理行果詰難，上既顯二教理同，故今遣彼偏執也。是以言往牒無常教。不必往，遣執也。古今常存，以其不動。古今各存一世而不動故，豈聞無常便謂定往。或作往昔釋之，意欲遣執常教之者。但今正破執動設難之者，故不從也。稱去亦牒無常教也。不必去，遣執也。謂不從今至古，以其不來。前之遣執，令知古今各存，此之遣執，令達今不去古，古不來今，竝就無常教中說此常理，與前即動求靜教理相照故。不來故，不馳騁於古今。馳騁者，去來不息也。不動故，各性住於一世。古住古，今住今，故各一世也。

△五、結成不二。然則牒上教權有異，意實爲同。羣籍殊文，諸經說常無常。百家異說，諸論說去說住。苟得其會，豈殊文之能惑哉。若契會常無常不二之旨，則殊文豈能爲惑也。

△三、重宗教意，復顯不遷，文四。

初，宗教顯意。是以牒上佛教對機有異，理意是同。人之所謂住，我則言其去。今人執常，論主語之以無常。此宗無常立教。人之所謂去，我則言其住。人執無常，論主語之以常。此宗常立教。然則去住雖殊，對機教殊。其致一也。前句，即常中說無常。後句，無常中說常。故知全動見靜，全靜見動，故同致也。非但後宗如此，前動中求靜本意如斯。

△二、引證幽深。故經云正言似反，誰當信者，正理之言，説常無常，似有相反，未達不二之理者疑而不信。者字是牒經，古疏云此文出《普曜經》。斯言有由矣。斯言者，不信之言也。因由理不二而言二，故不達者多不信矣。

△三、推釋動靜。何者，微上致一之義。人則求古於今，謂其不住，凡人今時不見古物，執古物遷而不住。吾則求今於古，知其不去。論主古時不見今物，知今物在今而不去。今若至古，古應有今。古若至今，今應有古。反釋。今而無古，以知不來。古住古而不來。古而無今，以知不去。今住今而不去。此上順釋也。若古不至今，今亦不至古，事各性住於一世，有何物而可去來。事者，今時事在今，古時事在古。

△四、結示不遷。然則牒上動靜不二。四象風馳，春夏秋冬曰四象。四時遷變，馳疾如風。璿璣電卷，《尚書》云，在璿璣玉衡，以齊七政。璿即玉名。璣衡皆王者正天文之器。衡則横於上，璣則動於下，竝以玉爲飾，故曰璿璣玉衡。七政，謂日月五星。璿璣下轉，王者端視於玉衡寸穴，則知其天文變動，以審政事。今借彼意，唯取璿璣轉動。若閃電之疾速，故曰電卷。古多謂璿璣是北斗之二名者，恐非其説。得意毫微，雖速而不轉。毫微者，毛端至小也。若於一毛端，達性相時分各住本位，則萬物皆曰不遷。雖見四象璿璣，速若風電之不停，而位位各住，即動而靜矣。上因外人不知論主動中説靜，故執無常教理行果致難。已明權實同異，會不二之旨，不殊於佛教，今即動顯靜，結成，令行人再照前不遷之旨，定爲俗諦所宗。或曰：若然者，二乘道果，執是非耶。答：權則爲是，實則爲非。今此論廢權立實之教，二乘道果正當所破，謂彼偏滯無常教故。若達動靜不二之理，自然空有雙照，捨權歸實，竝契中道。故知前引二乘行果爲難，理不極成。上明會釋教意竟。

△大文第三，因果結益者，聖人立教，必有所益，既即動以顯靜，已知俗諦理實如是，今舉因果者，令悟由因住古，果亦住今。故佛教説，因成果定，萬劫難逃，豈謂萬法無常，能逃因果。不〔三〕遷之益，其在茲焉。文二。初〔三〕，就果推因，文六。

初，正明。是以如來就佛舉果也。然如來有二身，全智歸理曰真身，全理起智曰應身。法相宗説佛有三身，謂法、報、化。報中有自報、他報，今他報合化爲應身，自報合法爲真身。真身寂滅，本非因致，縱假了因所顯，定非生因所生。俗諦門中，未明此義。今正就應身如來以果推因也。應果身相，地前地上所見多種，廣如諸教所辨。又此特就如來果上推因不遷者，以顯此論宗在一乘，無二無三故。功業也。明應果往因，曰功。始自十信初心，中間四十一位，所修十波羅蜜萬行之因，俱名功業也。流萬世，水動曰流。言萬世者，萬舉多數，世者時分也。梵云劫波，此云時分。《起信論》明信心尚經十千劫，況入住已來，歷三阿僧祇，其中所修功業。今言萬世者，蓋指遠因遷流至果，已經多劫故也。而常存，果上知昔因在昔，故曰常存。道《説文》曰，所行之謂道，又道路也，皆取可履踐義。行人以智詣理，所作皆真，曰修道。此則以修正行曰道，道即因也。通百劫而彌固。彌，久也。昔日行道，流通至果，雖經多劫，定知在昔，故曰彌固。

△二、引喻。成山假就於始簣，《論語》云，譬如爲山，雖覆一簣，進，吾往也。假者籍也。簣者土籠，即取土之具。既籍始簣之土，壘之成山，即簣土住初而不滅，以喻昔日功業常存也。修途託至於初步，《道經》曰，千里之行，始於初步。今云修途者，長路也。託，依也。欲行千里之途，始託於初步，至千里已，則知初步在初而不滅，以喻昔日道行彌固矣。此以成山修途喻果顯，簣土初步明因存。既果籍因招，則果成因在定矣。

△三、結成。果以功業不可朽故也。果，決定也。以喻況之，果然決知如來昔日功業在昔不朽，則因不遷矣。功業不可朽，故雖在昔而不化，不化者，不朽滅也。不化故不遷，不遷者，不來今之果時也。不遷故則湛然明矣。水澄曰湛。今顯因位不動，故曰湛然。明矣者，義已現也。

△四、引證。故經云，三災彌綸，而行業湛然。三災者，水、火、風也。彌綸者，充徧也。劫壞時，火至初禪，水至二禪，風至三禪，三禪已下無不壞散，唯行人道行功業湛然不動。信其言也。佛語可信故。

△五、徵釋。何者。徵也。果上不見因，何以知其不化不遷耶。下釋。果不俱因，俱，同也。果在今而因在昔，故不同時。因因而果。上因即因由，下因是因行。雖昔因今果，而果籍因成故。因因而果，因不昔滅。既籍因成果，果時定知因不可滅故，故上曰雖在昔而不化也。果不俱因，因不來今。因果既不同時，定知因住昔而不來今之果時。故上曰不化故不遷也。不滅不來，則不遷之致明矣。以果求因，已知因中功業道行不滅去、不遷來，則在昔之理明矣。

△六、結責。復何惑於去留，踟躕於動靜之間者哉。去留者，即動靜也。踟躕者，進退不前之言。物理在乎動靜不二之間，何以疑惑而不進趣耶。故今責之。

△二、舉事結顯。此結通二，一結當文，二結一論。然則承上所

推因果今昔之事動靜不二故。乾坤倒覆，無謂不靜，《易》云，天尊地卑，乾坤定矣。天上覆而地下載，今言倒覆者，設若天載而地覆，則乾坤尊卑不失陰陽本位，故無不靜。洪流滔天，無謂其動。洪流者，大水也。滔天者，彌漫也。《尚書》云，滔滔洪水方割。以諸波各住自位，故無所動。苟能契神於即物，斯不遠而可知矣。若能心契神解，即物會理，則不二之理不遠，中根之人可於此而知存亡矣。

△第二《不真空論》顯即真者，前明俗諦，今辨即真顯真諦，故有此論來。然終實之教，談真必先立俗，言俗必藉於真，說則空有兩陳，理則真俗一貫。二諦三諦，或合或開，教有多門，理無殊致。前是即真之俗，今明即俗之真，真俗不二，顯第一義諦，爲般若所照所證之境。故此一論，望前則真俗互融爲對，望後則境智能所爲對，故次來也。又凡人秖知萬物緣生，生而復滅，而不了生非真生，滅非定滅，生滅由緣，緣從真起。良由從緣，萬物無一法而非真空。不知此者，强執有無。爲破此執，故立此論。於前五名中，此真諦門以性空推緣會故，即事顯法性真理，已至於本無，故知二論同時，真俗不二即第一義諦，故曰一義也。但境智猶存，未及涅槃圓寂之一義。釋此，分二。初，題目。

不真空論第二

不真者，非實也。緣生故物性非實有，緣起故物性非實無，以此而推，性非有無，故曰不真也。言空者，寂也。由事相不真，以顯性本虛寂故。此則不字是能破智，真字是所破執，乃即俗雙破有無也，空字是所顯中道第一義諦也。故《中論》云因緣所生法，我說即是空，不實有也。亦名爲假名，不定無也。亦名中道義，空寂也。又不了緣生者執有執無，或起異見，迷於至理，今以不真雙破二執，令即事契理，理本自寂，故曰不真空。又前《物不遷》立俗即緣法不定無，今明即真顯諸法不實有，二論同時顯中道理，理本寂滅，真俗雙亡，故曰空。又《物不遷論》雙照有無，位各住故，不真二字雙遮有無，緣不定故，空之一字兩亦雙非，契中道故。不真之空，能顯所顯故，不真空之論，能詮所詮故，皆依主釋。

△二、論文。中二。初，敘立意，有三。初，明理深難悟分，四。

初，標宗顯妙。夫至虛至，極也。虛，寂也。理本虛寂，乃真極之虛，故曰至虛，即中道第一義諦理也。且虛之一言，汎通太虛及待實之虛。今真理絕待，離斷滅，故曰至虛。又至者到也，推窮物理，極到於寂滅，故曰至虛。故諸教指此爲真際、曰實際、曰本源等，皆以到於極故也。無生不從前際生，不向後際滅，中間亦無住。故《淨名》云，本自不生，今亦無滅，是寂滅義。又不從有生，不從無生，不即有無生，不離有無生，離四句，絶百非，理本如此，故曰無生。者，牒上所宗之理也。蓋是般若玄鑒之妙趣，蓋是者，指拄之辭也。般若，此翻智慧也。鑒，照也。趣，向也。至虚無生，是般若照鑒趣向之處。般若爲能鑒能趣，至虚無生爲所鑒所趣。般若能鑒，鑒而無鑒，故曰玄鑒。理爲所趣，趣而無趣，故曰妙趣。此標《不真空論》與後論，理智爲對也。有物之宗極者也。萬有爲能宗，至虚無生爲所宗。宗之至極故，由真理隨緣有萬物故。此標即俗之真，真不離俗，顯此論與前論，理事爲對也。此上理、智、事三智爲能照，即事契理爲所照。一論大意，不過於此。

△二、約智歎深，二。

初，逆敘智能。自非聖明特達，何能契神於有無之間哉。自非、何能者，皆倒語也。聖明特達者，即般若是聖人之靈明，有挺特通達之照用故。神者，不測也。契不測之妙理，即於萬物有無之間，自非般若，何有此能。此顯至虚唯智所證，非情所及，即事契理，須假於智。

△二、順明智用，文二。

初，明智體照用。是以承上理由智悟故。至人證極曰至，果滿位極，示迹人倫，唯佛稱之，今寄果人説智，故標至人。但能即事契真，皆得至人之智用，不可高推在聖，自負己靈。通神心於無窮，窮所不能滯，通者，無擁也。神心者，三解中即靈照心也。窮者，推照也。照而無照，故曰無窮。下論云，智有窮幽之鑒，而無知焉。且至人不測靈照之心，通達在於無照，當照而不滯於照，故曰窮所不能滯。此上明智體，下顯照用。極耳目於視聽，聲色所不能制者，極耳在於聽聲，極目在於視色，而聲色無一可以制礙於耳目者，何也。下釋云，豈不以其即萬物之自虚，故物不能累其神明者也。累者，繫縛也。萬物本虚，故靈智照了，無一物可以累縛於智用，故聲色不能制礙也。此乃即體之用，照即事之理，故曰不真空也。

△二、釋照用之能。是以聖人牒上聖智即事契理也。乘真心而理順，則無滯而不通。乘真心者，運無照之真智，契無生之真理。理智相符，故曰理順。理外無事，故智無惑滯不通之處。此釋上通神心於無窮義。審一氣以觀化，故所遇而順適。審者，諦察也。一氣者，語出道書，以虚無之道曰一氣。今借語，指至虚中道爲一氣也。觀化者，照萬物從緣而忽有也。適者，造詣也。聖智了至虚而觀事，則所遇之事皆順於理也。釋上極耳目於視聽，即萬物之自虚也。

無滯而不通，故能混雜致淳。覆釋理智義。混、雜、淳者，皆和同義。致，立也。理智相順，故智虚無照。理虚無生，故能混雜同虚，立不二淳和之理。此釋成上理智對顯體同故也。所遇而順適，故則觸物而一。覆釋上理事義觸對也。事皆順理，則凡觸對物，皆同一理。此釋成理事對顯不二故。

△三、結事不真。如此則牒上理事不二之義。萬象雖殊，而不能自異。即事顯理也。事雖萬殊，皆由理異。離理之外，事不能自異也，如水外無波，波不能自異。不能自異，故知象非真象。萬象無真，實由全理隨緣而有故。象非真象，故則雖象而非象。事不真而理全現，故雖象而非象。觀云，如波相虚，令水體露現。故題云不真空。理事不二，是當論之本義。

△四、述前生後。然則物我同根，物，理也。我，智也。理智體同，故曰同根。結上理智對。是非一氣。是非者，有無事法也。事皆歸理，故曰一氣。此上二句，述前也，顯至虚無生爲般若之玄鑒，又爲有物之宗極。下明生後。潛微幽隱，殆非羣情之所盡。理在事内曰潛，不可思議曰微，無形無相曰幽，情解不及曰隱。殆者，且也，即語詞。此明真理潛微，且非羣生情見可盡。

△二、敘異見迷宗，文二。

初，標興由。故頃爾談論，由理非情盡故也。頃爾者，向來也。談論者，指諸宗立論之者也。至於虚宗，每有不同。於此虚宗，各有不同之論。夫以不同而適同，有何物而可同哉。此則總斥諸宗也。以不同之見，而皆欲造適於同理，理本無異，將何可同。故但除異見，不必求同。下責云，故衆論競作，而性莫同焉。由衆論競作，遂令性義多途，莫能同焉。所謂多歧則亡羊矣。

△二、伸破立，文二。

初，推。何則。推上，何謂衆論競作，性莫同耶。

△二、釋，文三。

初，破心無義，文二。初，敘計。心無者，康疏云，破晉朝支慜度心無義。欲敘而破，故先標也。無心於萬物，萬物未嘗無。彼謂但無心執於萬物，故名即事契理，非謂萬物是無。△二、正破。此得在於神靜，失在於物虚。且得心神澄靜，未達萬物本虚，存境有心，心豈澄靜。此是一家異見。注云，破支慜度心無義也。

△二、破即色義，三。初，敘計。即色者，下注云，破支道林即色義。康疏云，晉朝支道林立即色遊玄義。此先標也。明色不自

色，故雖色而非色也。此語出林法師集《妙觀章》云也。明者，指彼所明也。色不自色者，彼明色法須待緣成，不是自有之色。雖有緣成之色，色非實有故空，故云雖色而非色。彼欲明佛教說色即空，即事顯理也。△二、明解異。夫言色者，牒彼言色也。但當色即色，緣色果色皆是色也。豈待色色而後爲色哉。豈待緣色合會成果色然後方爲色耶。△三、正結破。此直語色不自色，未領色之非色也。直，但也。此師但說果色不自色，達果色空，未領解緣色亦空也。注云，破道林即色義也。

△三、破本無義，四。初，敘情計。本無者，下注云，破竺法汰本無義，亦晉朝人。先標也。情尚於無多，觸言以賓無。尚，好也。賓，伏也。此師情見偏尚空無多。觸，對。佛教談玄，唯賓伏歸無，以無爲當。此是論主敘彼情見也。下出所見云。故非有，有即無；非無，無即無。由彼見解偏錯，故聞教云非有，乃謂無於有，故所以云非有。聞教云非無，乃謂無於無故。所以云非無，此則一向歸無也。△二、示正義。尋夫立文之本旨者，論主究諸教，立非有非無之文，本旨所解，不如此者，字牒本旨也。下出意示之云，直以非有非真有，但以言非有者，萬物緣生，非實有故。非無非真無耳。言非無者，不壞緣相，非實無故。△三、責異見。何必非有無此有，非無無彼無。何必者，責詞也。此彼者，但指拄之言，非謂分定彼此。何必聞非有，謂無於有，聞非無，謂無於無。△四、斥謬計。此直好無之譚，豈謂順通事實，此師但是好尚歸無之譚論，豈是順通非有非無之言教，即事契於中道實理。下斥云，即物之情哉。捨有著無，皆羣物之情執耳。注云，破竺法汰本無義也。此上略明三家異見，各執一端，故使至宗無同異中熾然成異。今爲正理惑異，故有論興，亦因異立同耳。理無同異，何在言也，故上云有何物而可同哉。

△三、述意謙陳，三。

初，敘名物不相到。夫以物物於物，則所物而可物。以，用也。物物者，物之名也。於物者，對物之相也。用名對相，所有之物必可名之也。以物物非物，故雖物而非物。以物之名，向於無物，雖有物名，定無物體，如云兔角，有名無體。下明不相到。是以物不即名而就實，釋上所物而可物，顯體不到名。即者，是也。就實者，得實名也。物不是名，故物上不得名之實。詩云，見人空解笑，弄物不知名。蓋物上無名，如嬰兒得物而不能知名。此顯物不到名。名不即物而履真。履真者，到物實體也。名不是物，故名不能到物之真體，如人言火，不熱於口，蓋名上無體也。此顯名不到物。

△二、顯至理絶言思。然則真諦獨靜於名教之外，世之名物可言可見，尚不相到，況乎真諦，非言思所及，獨出於名教之外，豈容言議。故下云，豈曰文言之能辨哉。此二段文爲論主既排諸宗異説，未知正義理合如何，故今汎敘世間名相尚不相到，況出世深理，無相無名，非言可及。下寄之於言詮者，但欲令人解正知邪，非謂虚宗言解可到。

△三、謙陳擬述意。然不能杜默，然者，牒上。理雖不可言，而世多惑異，故不能杜默，絶言論也。聊復厝言以擬之，試論之曰：復者，重前立論故。厝，致也。擬者，未決之詞。蓋謙云，聊致其言擬議，試且論之。

△二、正立論，古科爲六，今爲三段：一、通論諸法，直顯即真。二、別指色心因緣推釋。三、推窮名實，結責迷情。然夫真理隨緣成諸事法，凡夫不了，執事迷真，或生異見，故今先顯即真，統論諸法。未知因何即理，故次約因緣，別指色心推釋。色心既總萬法，萬法不過因緣，因緣故空，空故即實。若謂因緣本空，何以名能召體，體上立名，故後推窮名體，由執故生，情執本無，名體何有。故此三科，後則離徧計，中則了依他，初則證圓成。文雖從深之淺，義則以後釋前。良由不達名體因緣，焉了諸法真實。今初，三。

初，引教標宗。《摩訶衍論》摩訶云大，衍者云乘。云，諸法俗諦事法不一，故云諸。亦非有相，亦非無相。亦者，重又之語。非唯至虚之理非有非無，俗諦諸法亦非有無故。又，上云諸法即有無法也，有而非有，故云亦非有，無而非無，故云亦非無也。然真非有無者有二義：一、無狀無名故非有，體用真常故非無。二、不可以常見而取故非有，亦不可以斷見而求故非無。今俗諦諸法亦不有無者，仗緣而生故非實有，不壞緣相故非實無。若了緣生非實有，即知真本無名狀，故不可以常見求。若達緣相非實無，即見真體具妙用，故不可以斷見取。今此正明俗諦有無不實，次引《中論》以顯即真。《中論》《中觀論》也。云，諸法不有不無者，牒上俗諦諸法雙非有無故即真諦者。第一真諦也。此明真俗不二，顯中道妙理。絶諸對待，不墮數量，故云第一。《法鼓經》云，一亦不爲一，爲破諸數故。然相宗多明俗諦是有爲，則不過有無生滅，真諦屬無爲，則非有無，不生滅，未了即俗是真，絶待第一。今此論所宗，正爲會權入實，所以先推俗諦，後顯真俗不二。又，真故不有，俗故不無，第一義諦雙非有無。又，俗諦諸法具三句，一有，二無，三亦有無，真諦當第四句非有無，真俗相即則四句同時。良以對俗之真，豈越數量，若達不二，永絶對待，故云第一。此論所詮，不過於此，故標爲義宗。

△次，推釋宗義，二。初，明即俗之真，文三。初，反覆推釋，文三。

初，牒前。尋夫以上《衍論》言教爲量，研窮諸法因緣道理，故云尋夫。不有不無者，正牒《衍論》也。

△二、反推。豈謂滌除萬物，豈謂者，反責之辭。滌除萬物者，泯染淨名相之境也。杜塞視聽，杜塞視聽者，絶耳目鑒照之心也。寂寥虚豁，然後爲真諦者乎。寂兮無聲，寥兮無色，牒上泯境也。太虚豁爾，無知無用，牒上泯心也。豈謂泯絶染淨心境諸法後爲不有不無，真諦之義非如此也。

△三、順釋。誠以即物順通，故物莫之逆，誠，實也。論之實意，即萬物順通不有不無因緣之理，物不能逆於理也。此推俗諦不有不無。即僞即真，故性莫之易。僞，假也。真，實也。俗諦因緣故假，真諦本性自實。了因緣不有不無，即真性不有無，故不待易俗爲真。此推即俗之真，真諦不有不無也。性莫之易，故雖無而有，雖真空常寂，而幻有宛然。物莫之逆，故雖有而無。雖幻有森然，而真空不隱。雖有而無，所謂非有，幻有即真空，真性湛寂，故同一非有。雖無而有，所謂非無。真空不礙有，真性常住，故同一非無。此上明即俗之真，不有不無之義已顯。

△二、就俗結顯。如此，則隨上所推。非無物也，不壞緣相故，上云亦非無也。物非真物。緣生非真故，上云亦非有也。物非真物故，於何而可物。但由俗諦非真，以觀萬物，物何可有。故前《衍論》，即諸法不有不無，以顯真諦之理也。

△三、引經證成。故經云色之性空，非色敗空。秦譯《淨名》云，喜見菩薩曰，色、色空爲二，色之性空，非色滅空，色性自空。今引以證成也。敗者滅也。色性緣生故空，非有也。非待色滅見空故，非無也。下自釋經意云，以明夫聖人之於物也，以，用也。明，證信也。之，向也。用上經義，證知聖人向對萬物之智也。向之如何，下云，即萬物之自虚，了緣生本自虚，故亦非有也。釋上色之性空。豈待宰割以求通哉。宰者，治也，制也，皆取折伏爲義。割，截也，斷也，皆去除義。他宗所説，多用比觀伏惑，現觀斷惑，故宰伏斷割惑妄方曰證真。今實教，即物顯理，豈待如此也。既非除物見真，故亦非無也。釋上非色敗空。是以寢疾有不真之譚，寢疾者，淨名示疾，於毗耶離城，獨寢一牀。《問疾品》云，衆生病，非真非實有，菩薩病，示非真非實有。良以衆生緣空，病豈真實，大悲示現，豈真實哉。《超日》有即虚之稱。《超日明三昧經》云，不保命四大虚。稱者，言也。亦有即四大而見虚之言。已上三經同證俗諦，非實

有無。然則三藏殊文，統之者一也。結上引意也。經律論，曰三藏。上雖略引二經三文，以明緣性非實有無，實則盡三藏之文，凡言緣性，皆同此理，蓋以不有不無之理，統三藏之文爲一故也。

△二、明真俗不二，文三。

初，引經標異。故《放光》云，第一真諦，無成無得。此引《放光》，釋上《中論》所明第一義諦真俗絶待以爲第一。今引《放光經》，以第一真諦對俗而論者，良由說則不過二諦爲門，第一真諦非言所及，故前《中論》雖云第一真諦，但就即俗明真，以顯第一真諦。故今重引經標，欲推不二之深旨。無成者成菩提也，無得者得涅槃也，理智二果，真諦不立故。此即真諦不有也。世俗諦故，便有成有得。成正覺，證真常，俗諦之中二果顯然，俗諦不無也。

△二、釋成不二。夫有得即是無得之僞號，有得，意兼有成。俗諦言有得，真諦談無得。俗無自體，全真立俗，故有得是真中之假號。如即水之波，波假也。無得即是有得之真名。真諦言無得，是即俗之真，真理自實故。無得是即俗之真名，如即波之水，水真。真名故，雖真而非有。僞號故，雖僞而非無。真定不有，俗定不無。是以言真未嘗有，言僞未嘗無。述上對俗之真，故前論云諸法不有不無也。二言未始一，在言說，爲門不同，故本不一。二理未始殊。真俗不二，證之則本自不殊也。不二之理，即强名第一真諦也。所以即俗之真絶諸對待，故名第一也。

△三、引證不二。故經云，《大品般若經》。真諦俗諦謂有異耶，答曰無異也。據門問異，約理答不異。此證上二理未始殊。此經直辨真諦以明非有，俗諦以明非無，此經之言，意可通二，一則指前《放光》，又可指上《大品》問異也。豈以諦二而二於物哉。物則理也。諦門雖二，理不可二也。故經答曰無異也。

△三、述成正理，四。

初，述成。然則承上之辭。萬物俗諦事法。果有其所以不有，果，決也。推萬法緣性，果決有不有之義。有其所以不無。緣性又亦果決有不無之理。有其所以不有，故雖有而非有。幻有非實有。有其所以不無，故雖無而非無。性空非實無。雖無而非無，無者不絶虛。性空之無，非斷絶太虛無也。雖有而非有，有者非真有。緣會之有，非謂真常有也。若有不即真，無不夷跡。夷者，平除也。跡謂蹤迹。有不常有，故不有。無不除迹，故不無。然則有無稱異，其致一也。說緣性有無則似異。有即不有故無，無即不無故有，有無不二之理不殊，不殊之理即第一義諦，故曰不真空。

△二、引證。故童子歎曰，説法不有亦不無，以因緣故諸法生。《淨名經》寶積童子歎佛善説諸法，由因緣生故，性非有無也。此則推緣會顯性空也。《瓔珞經》云，轉法輪者，亦非有轉，亦非無轉，彼經云，諸法如空故，亦無有轉，亦無無轉。車輪有用，轉之則運動摧輾。聖人法門有用，説之則破惑出塵。故曰轉法輪者，牒也。説者受者及中間名句文義，皆從如來大悲心及衆生善根緣上而起，緣性皆空，故非實有無也。是謂轉無所轉。結也。俗諦云轉，即俗之真則無所轉。此乃衆經之微言也。此即真之義，乃爲衆經言之微妙也。微妙故，不可以有無得矣。

△三、推釋。何者。推也。謂物無耶，則邪見非惑。此先逆説無也。邪見者，正理之外起見，偏滯斷滅。物若定無，邪見執無則非爲迷惑。謂物有耶，則常見爲得。逆説有也。常見者，執諸法常住，起見，偏滯實有。物若定有，常見執有乃得正理。下順顯非有無。以物非無，故邪見爲惑。以物非有，故常見不得。由萬物緣性定非有無，非二見所了，故執有無者迷惑正道也。

△四、結成。然則非有非無者，信真諦之談也。既談真實諦理，故不可以有無所議，乃曰非有非無，是謂言之微妙也。

△二、別開色心因緣推釋。然古之科文多謂前約境，此約心，則令文義成局，豈前諸法之言而不該於心，此中物從因緣而不通於境。今以總別分之者，但開前諸法不過色心，故引《道行》標心，《中觀》標物，復以因緣所以釋成其理。前則文總義高，此則文別義細。然其大旨不殊前段耳。亦分三。

初，引教重標。故《道行》云，心亦不有亦不無。心俗諦緣生之心，通凡聖，皆靈照故。重又曰亦。非但第一義諦非有無，俗諦緣生之心亦不有無故。又，有而不有，無而不無，故云亦也。然夫真心本非有無，不可以因緣推釋，非今所明，今正明俗諦聖凡緣生之心耳。聖心者，隨緣而有故不有，感而常應故不無。凡心者，因境而有故不有，對境則起故不無。是知俗諦聖凡二心，皆由緣故非實有無，即顯真諦門中聖凡有無之心俱絶。又，即俗而真則聖凡不有，即真而俗故聖凡不無，真俗不二即顯第一義諦雙絶有無也。《中觀》云，物從因緣故不有，緣起故不無。引論，推因緣，以標不有無之所以然。因緣之義，佛教咸宗，但隨事推求，離因緣而成，未之有也。但親起者曰因，助生者爲緣。如穀子爲因，水土人時爲緣，故得禾苗成穗。聖人以大悲大願爲因，衆生善根爲緣，故有應化心生。衆生以無明爲因，境界爲緣，故有取著心生。若本覺爲因，師教爲緣，則有了悟心生。故俗諦中，凡聖迷悟，若心若境，皆由緣有故不真有，緣起故不定無。達此緣性，了然即真。真俗既融，一理斯顯。故今言物，通心及境也。

△二、再推宗義，五。

初，敘意牒前。尋理即其然矣。究尋諸法由因緣故不有不無道理，即當如此。

△二、推釋所以，二。

一、推釋不有。文中，各先逆後順。今初也。所以然者，牒上尋理之所以也。夫有若真有，有自常有，豈待緣而後有哉。心境若實，決定常有，何待緣會而有。譬彼真無，無自常無，豈待緣而後無。真無有二：一、太虛斷滅，實定常無。二、真心虛寂，究竟凝然。此二無雖藉緣顯，不假緣成。今引此實無，以喻緣有之不實有也。此上，法喻逆説。下順明不有。若有不能自有，待緣而後有者，故知有非真有。假待於緣，定非實有。義甚可見。有非真有，雖有不可謂之有矣。結心境有而不有之義。故上曰物從因緣故不有。

△二、推釋不無。不無者，牒上緣起故不無。夫無則湛然不動，可謂之無。湛然者，水澄停貌也。動者，改轉義。心境若定無，則澄湛凝然，更不改轉，其猶太虛永無移易，可以謂之無也。

萬物若無，則不應起。萬物者，心境也。應，當也。若決定無者，不當從緣而起也。此上逆推，向下順顯。起則非無。心則違緣起瞋，順緣起貪，迷緣起癡，乃至善友緣，則起善。惡友緣，則起惡。非無心也。境則各各從緣和合而有，故非無境。又心境互爲緣起，故非無。以明緣起故不無也。結，無而不無義故，上云緣起故不無也。

△三、引《大論》證。故《摩訶衍論》云，此下有四句。前二句，明緣生故有，緣假故無。後二句，即無顯不無，即有明不有。引證前文，大意如此。一切諸法，一切因緣故應有。從緣而生，緣會應有，即假有也。一切諸法，一切因緣故不應有。既由緣有，故不實有，即空無也。此上二句，推求因緣法幻有空無也。一切無法，一切因緣故應有。緣假之無，不壞性相常有。故前云以明緣起故不無等。此即就次句言無以明不無也。一切有法，一切因緣故不應有。緣生之有，本非實有。故前云雖有不可謂之有等。此即就初句言有以明不有。

△四、反覆釋成。尋此有無之言，豈直反論而已哉。恐謂《大論》但將有遣無，將無遣有，秖破二邊，非別有理，故特釋之。言尋此有無之言者，前初句説有，末句説無，第二句説無，第三説有，今推尋之，非謂但欲反其議論，有無互破而已。若應有法若定有，

即是有，《大論》秪說第一句應有，不應言無。不當說第四句不應有也。若應無法若定無，即是無，《大論》秪說第二句不應有，不應言有。不當說第三句應有。此上逆說，下順明。言有是爲平呼，作也。假有以明非無，第三句言有，是假作此說，欲以明第二句中無非斷無故。借無以辨非有。第四句借無之言以辨初句中有非實有。故知因緣心境，有非實有，無非斷無，《大論》故立四句也。

△五、總結玄旨。此事一一切事法，以四句不二，一義貫之，皆中道也。稱二，有不有，無不無。其文有似不同，四句異而意不異，故云似不同。苟領其所同，則無異而不同。若知萬法皆同緣性，則無有殊異而不同歸一理也。《中論》云，因緣所生法，我說即是空，亦謂是假名，亦名中道義。則空、假、中三不離因緣爲門，故無異而不同也。

△三、復述正理，三。

初，正述。然則承上所推宗義道理。萬法心境不一。果有其所以不有，不可得而有，果然由因緣有而不實有，欲謂之有，必無此理，定不可得。有其所以不無，不可得而無。但翻上也。緣起性相，欲謂之無，理亦不可得。此中但明因緣故不有無，即真之義已在前段。比校前文，意多如此，故知前則意高，此則意細耳。

△二、推釋。何則。推上不可得而有無。欲言其有，有非真生，仗因緣故非真也。欲言其無，事象既形。既形者，已現也。緣起，則心境事象已現也。象形不即無，無而不無。非真非實有。有而不有。

△三、結成。然則不真空義，顯於茲矣。由上推之，則因緣性相不實有無，有無雙寂之義，顯於此也，故題曰不真空。然緣法不有無，即顯性空義。若有無雙寂，即顯第一義諦，乃法性實相之義。但境智未亡，故未及本無之義。

△三、推窮名實，結責迷情者，此文望前，則後後釋於前前。爲不了前因緣即真義故，執名著相，徧計情濃。故今推窮結責，欲使即名體以達緣空，方契真空。文雖從深至淺，欲令自淺之深，以後釋成前文也。文三。

初，引經標義。故《放光》云，諸法假號不真，俗諦諸法，由住情見故，有名有體。情本虛妄故，名號假立，體不真實。名之與體，情有理無。下舉喻。譬如幻化人，幻者，不實而有。結巾艸以爲兔馬，仗物假術，於實起虛，蓋惑愚目耳。化者，無而忽有也。人者，所幻人也。幻術化成男女，則名相宛然。妄情執法，見有名體。則以幻術喻妄情，化人名相喻諸法名體也。非無幻化人，在幻術中，無而忽有，名相宛然。衆生在迷，諸法名體宛爾差殊。幻化人非真人也。若知人由幻術而有，則名相全空。若悟法因迷執而興，則知名體虛假。達因緣者，即假以會真。迷因緣者，執名而著相。引經立義，正責迷情。然此段經，古科連上以爲引證，義亦可通。今謂正顯名體不實，理順後段，故今科歸下文，爲下之標義，於理甚便。

△二、正推名體，四。

初，名體互求。夫以名求物，物無當名之實。以，用也。當，是也。用名推求於物，而體上定無是名之真實。若以物體是名者，則一切物體皆同音聲文字。此則用名求，見體不實矣。以物求名，名無得物之功。又用物推求於名，名上定無得物之功用。名中若得體，一切火名皆須炎熱。故知火名定不得火體。此用體求，見名號假也。物無當名之實，非物也。因求物不是名，則知物是妄執，非實物也。名無得物之功，非名也。又由名不是物，則知名亦虛妄，非實名也。故圭山云，色是虛名虛相，無纖毫之體。故即真空也。

△二、雙結同空。是以名不當實，實不當名。名實無當，萬物安在。安，何也。俗諦萬物，不過名體。既不相是，即知同空。空故何在。以是義故，前明俗諦因緣即真，良由諸法名體但離妄緣即如如矣。

△三、推立名因，三。

初，引文陳惑。故《中觀》云，物無彼此，恐疑者云一切物皆可名召，何謂名無得物之功耶，故今引文釋之。萬物體上本無虛名也。名有千差，且舉彼此一端爲例釋之。而人以此爲此，以彼爲彼。如東方有惑人，以東爲此，以西爲彼。彼亦以此爲彼，以彼爲此。彼者，西方人也。却以東爲彼，西爲此。適此今曰彼，適彼今曰此也。此彼莫定乎一名，而惑者懷必然之志。由二人各執故，此彼之名不定也。在惑者所見而起必定之心，則知名由執有也。

△二、結指惑情。然則彼此初非有，惑者初非無。初者，本來義。彼此之名，物上本來不有。若以惑者所執，則本來不無。故知物上無名，名不是物，但由情惑，假立虛名。惑本自空，名豈真實。故上曰名無得物之功也。

△三、舉名結例。既悟彼此之非有，由上已達名空，以爲能例。有何物而可有哉。例知彼此之物體離執亦何有也。故上云物無當名之實，非物也。以彼此名體，轉例萬物云，故知萬物非真，體假。假號名假。久矣。從來迷惑，故執假名虛體久矣。此

結歸上《放光》宗義也。

△四、引文證成。是以《成具》立强名之文，彼云是法無所有，强謂其名。證上名假。園林託指馬之況。此借《莊子》意。康蹺云，莊子曾爲漆園吏，故曰園林。指馬之況者，《齊物篇》云，以指喻指之非指，不若以非指喻指之非指。以馬喻馬之非馬，不若以非馬喻馬之非馬。《音義》云，指，百體之一體。馬，萬物之一物。則且各舉一以言之。且夫是非彼此，百體萬物，一一有之。《莊子》唯明齊物，是則皆是，非則皆非，此蓋自然之理，故天地一指，萬物一馬。今借之，以況彼此是非之體皆由人執，以證上體不真。如此，則深遠之言，於何而不在。結上。所引經書皆顯名體不實，此深遠言論，何所不在。

△三、約證結顯，三。

初，舉人顯證。是以聖人乘千化而不變，履萬惑而常通。通達名體，即事證真，故曰聖人也。乘，運也。悲願身土，雖運化千端，即事之真而真常不變。履，踐也。惑者癡昧之心，心事不一，故言萬惑。聖人雖居處履踐於塵事，而常通達於玄微。《淨名》云，若菩薩行於非道，是謂通達佛道。者，牒上二句。下釋所以。以其即萬物之自虛，即事而真，物本自虛。聖人證此故，不假虛而虛物也。破權小也。不能即事而真者，須假觀慧推析，滅事證真。二乘則灰滅身智，方曰無餘。權宗則斷盡實惑，乃曰涅槃。今正簡異，故曰不假也。

△二、引證即真。故經云，甚奇，世尊，《大品經》空生歎佛也。不動真際，真理是萬法之源，窮事見理，乃爲際畔，故立强名曰真際。不動者，不離也。爲諸法立處。真理爲諸法建立之處。非離真而立處，立處即真也。建立萬法之處，即是真理，故處千化而不變，履萬惑而常通也。上則即真而俗，此則即俗而真。聖人證此，豈爲名體所惑耶。

△三、雙結玄旨。然則，承上立處即真。道遠乎哉，觸事而真。道者，可履可向，即所照之理。曰道遠乎哉，蓋言不遠也。凡觸物皆真，此結上理事不二。聖遠乎哉，體之即神。聖者，能證之人。體者，證也。神者，不測之智用也。聖智亦不遠。既即俗證真，即不測之聖智也。此結上人法不異。又，此結文通結歸前，由至虛無生爲有物之宗故，觸事而真，至虛無生爲般若玄鑒之妙趣故，體之即神。又，觸事而真故，結前二論真俗不二故，體之即神，生後《般若無知》。

已上釋《不真空論》竟。

注肇論疏卷第二

音切

餌。如至切。膚。府隅切。腠。倉奏切。嵐。力含切。偃。於蹇切。鬱。於屈切。歙。呼及切。噫。於其切。愕。五各切。聆。郎丁切。騁。丑領切。璿。似緣切。璣。居沂切。閃。式斂切。簣。其貴切。壘。力水切。踟躇。上直知切，下直於切。瀰。莫爾切。漫。莫半切。厝。千故切。摧。在回切。輾。豬輦切。穗。采音。

校勘記

〔一〕「申」，校本校勘記疑爲「中」。

〔二〕「不」，底本脱，據校本補。

〔三〕「初」，底本脱，據校本補。

注肇論疏卷第三

姑蘇堯峯蘭若沙門遵式述

△大科第二，明體用不二，顯智一。此論來意者，前顯不二之境，今明雙融之智，故次來也。然境非智無以顯融通，智非境無以發互照，良由智用和融，方顯真俗理一。但文不頓書，理不頓顯，故先明境，此明智。然智一之義，意有兩途，一則權實互具，二乃二用同體。實由二用同體故，權實互通故，對境則真俗互通，在智則根後同體，以一心三觀，照一境三諦，斯爲般若無知焉。文二。初，論文，又二。

初，題目。

般若無知論第三

般若是梵語，此翻曰智，即用也。通權及實，或曰根本後得，如理如量，真智俗智，名異義同。或曰在因名慧，在果名智。或曰實則名智，權則名慧。今因果權實通得智名，謂下論中立不名慧，故知但以一用分二，故今通翻曰智。又前《宗本》篇中有漚和之名，文云權慧具矣，今無漚和，則知智通權實，實智照理，權智照事，義分二照，用乃相融。此中，實智照前《不真空》，權智照前《物不遷》，前既真俗相即，此亦權實互具。言無知者，即體也。體是本覺真心，心性寂滅，本無知覺。故《起信》云，所言覺義者，謂心體離念，即是如來平等法身，説名本覺。離念本覺，即今無知，爲權實體故。六祖以無念爲宗，神秀以離念爲宗，雖分頓漸，皆明智體無知。所謂如珠發光，光還自照，本覺起照，還契本覺，即理智不二之義。《華嚴》云，無有智外如爲智所證，亦無如外智能證於如。《般若無知》之旨，良在斯矣。若對上五名一義者，本無、實相、法性，體上起智用。權則達緣會，實則照性空。權實不二，還照本無等理，爲一義也。般若即無知，持業釋。般若無知之論，依主釋。

△二、本文，二。初，序意，三。

初，標宗陳惑。**夫般若**雙標權實。**虚玄**一心真理，虚寂玄微，爲權實體，不可以識識智知，故曰無知。**者，**牒上所標。**蓋是三乘之宗極也，**《法華》云，於一佛乘，分別説三。故一乘法是彼三乘所宗之至極也。彼一佛乘者，乃今即理之智，爲此論所宗，故權實不異理。乃曰般若虚玄，所謂佛之知見故也。故《涅槃》云，佛性名第一義空，第一義空名爲智慧。**誠真一之無差。**誠，實也。智體真一，故無差別。經云，唯有一乘法，無二亦無三也。此上標宗，下陳惑。**然異端之論，紛然久矣。**異端者，語出《論語》，今謂人隨情見，解別言差。正明權宗迷實故，異論各興，紛然不一。自佛滅度，權多亂實，故曰久矣。蓋彼境智，不談一心爲源，故使異論紛紜，迷之久矣。

△二、序聞悟之由，三。初，明師教東來，文三。

初，標名歎德。**有天竺沙門鳩摩羅什者，**法理無舛，解惑在人，既有異端，何以正之，故今先標其人。人能弘道，道在於人，故對彼惑者，有此正師，故標牒之也。天竺是梵音，正云印特迦，此云月邦。天竺有五，《僧傳》云此師祖是南天竺之國相，什生於龜兹，出家後往天竺傳道，故稱天竺沙門。言鳩摩羅什，是梵名，具云鳩摩羅耆婆，義翻云童壽，高行勝業，備載本傳。此即論主受法之師也。**少踐大方，研幾斯趣，**踐，履也。大方，語出《道經》，云大方無隅，今借語以目真理，無際故。少年乃心詣至理也。研，覈也。幾，心也。研覈自心，以般若爲趣故。此上歎其所得，下釋其深契。**獨拔於言象之表，**拔，出也。言象之表者，《易》所謂言生於象，象生於意，得象而忘言，得意而忘象。今美什師得智之深意，故出言象之表也。**妙契於希夷之境，**契，合也。雖以智合理，理外無智，故契而無契，曰妙契。希夷者，《老子》云，視之不見曰夷，聽之不聞曰希。真理無聲色也。羅什師契理於聲色之外，故上曰少踐大方也。此上序得理智，下明利用。**齊異學於迦夷，**齊者，平也，伏也。異學者，外道也。迦夷者，是梵音，具曰迦維羅衛，是天竺一國之名。康疏云，此云赤澤。什師在彼，曾以智慧屈伏外道，又温宿國中亦曾摧伏外道，備在本傳。今且舉迦夷之一國，以歎其能耳。**揚淳風以東扇。**淳風者，春風也，以其和而發物，而況聖法能隨根起智。言東扇者，彼望此爲東，傳風曰扇。此歎什師傳法東流，智用之能事。

△二、美其來由。將爰燭殊方，而匿耀涼土。爰，欲也。燭，照也。殊方者，彼土來此，是異方故。匿耀者，掩智用也。涼土者，五涼當後涼，都姑臧。什法師本因此土前秦苻主，諱堅，建元十三年有德星現，至十八年，遣驍騎將軍呂光，率兵七萬，西伐龜茲。呂光果克龜茲，與什同回至涼州，聞本主爲姚萇所害，光乃竊號關外，遂稱後涼，父子承襲，三主一十八年，什師亦在後涼一十八載，匿耀韜光。餘如傳述。所以道不虛應，必有由矣。聖道垂應，必待時至根熟，方可傳通。今十八年匿耀之所以，蓋欲待時候機故也。

△三、流通年數。弘始三年，歲次星紀，姚萇崩，子諱興立位，歲號弘始。言星紀者，《爾雅》曰：五月曰星紀，五年曰赤奮。今避文拙，故以月名號年，歲星次在丑位故也。秦乘入國之謀，舉師以來之，康引《三十國春秋》云，後涼呂隆懼南涼、北涼所逼，表奏秦，請迎羅什。至五月，秦遣隴西公石德，伐呂隆。隆至九月歸降，方得迎羅什師入關。謀，計也。舉，用也。師者衆，即兵也。秦王乘呂有入國之計，故用兵伐涼，迎什來之也。意也北天之運數，其然矣。意也者，牒上索意也。前秦取什，後秦次主方來，而上云道不虛應，其意何也，今牒而釋之。《大品》云，般若於佛滅後，先至南方，次西至北，北方大盛。《智論》釋云，北方謂北天竺也。今謂北天。般若運數，轉興東國，待時而至，使其然矣。此上序弘始三年爲發教之時，下明秦王爲待熟之機也。

△二、秦王垂護，二。

初，標號歎德。大秦天王者，天王者，法天而治，使民歸往故。道契百王之端，德洽千載之下，無爲而治，不言而自信，不化而自行，蓋王者之道德。今歎秦王道德充實，故契合百王之端，洽潤千載之下。遊刃萬機，弘道終日。信季俗蒼生之所天，釋迦遺法之所仗也。王者遊智刃，日應萬機。萬機之暇，弘佛道於終日。季，末也。蒼生者，指萬民也。既日應萬機，下民仰之如天。由弘道終日，故使如來遺法倚仗流通也。

△二、明翻譯闡揚。時乃集義學沙門五百餘人，於逍遥觀，躬執秦文，與什公參定方等。集，聚也。義學者，學習譯場義理之人。逍遥觀者，逍遥園中有觀也。躬，親也。秦文者，新舊譯出之經。方等者，大乘般若教也。羅什入關，既重譯諸經，故秦王親執新舊二文，與什公參竝詳定方等至教之深旨也。其所開拓者，豈唯當時之益，乃累劫之津梁矣。秦王與什師，如是開拓於聖道，不獨一時之益，乃累劫爲迷津之梁道也。故知般若真旨，自羅什東來，秦王參定，義方明正矣。

△三、明預座聞悟。余以短乏，曾廁嘉會，以爲上聞句。異要始於時也。短乏者，謙也。廁，預也。嘉會者，譯場也。上聞者，聞般若上義也。昔因異端殊執，正理無憑，今預譯場，聞此上義一乘，異要甚深之旨始於時而領悟。

△三、讚深謙述。然則牒上，雖因羅什，秦王獲此聞悟。下云，聖智幽微，深隱難測。般若體用幽微，量超數表，故曰深隱。由此故難測度也。無相無名，乃非言象之所得。釋上體量難測，無相故不可以象思，無名故不可以言議。爲試罔[二]象其懷，寄之狂言耳，今論者，欲剖聞悟，以示未來，而口不能言，心不能測也。爲試者，且用也。罔象者，語出《莊子》，但取無心之義。狂言者，蓋無定語也。且用無心之心，無言之言，而議論之，以息異端耳。豈曰聖心而可辨哉。試論之曰：非謂般若言可詮辨，且論之耳。

△二、正論，文二。初，標宗正顯，文四。初，標具用之體，文三。

初，引經標體。《放光》云，般若標能觀智。無所有相，無生滅相。出體也。言所有相者，即現在所有差別相，始自色心，終乎種智，世出世間相。生滅相者，過未相。然般若體性，過去非新生，未來不滅壞，現在無住異，三際常平等，等同虛寂，故曰無相。又，中間不住異故非有，前後無生滅故非無，體超四相，量絶百非，故曰無相。譬如虛空，雖畢竟湛寂，而前際無生，後際無滅，般若實體當知亦然。故《心經》云，不生不滅，不垢不淨，不增不減。《道行》云，般若無所知，無所見。成立上義。然相則就體而論，知見帶用而辨，辨用歸體，體本自寂，故無知無見也。言所知所見者，所有之知見耳。靈知正見，言用則有，言體則無。今既明體，故曰無知無見也。然由體無知見故能知見，如鏡無像故能照物。又，有知曰無明，有見曰妄想，智體無無明，亦無於妄想，由離迷妄故無知見也。又，體無相故非色，無知見故非受想行識，出世智體非蘊聚法故也。

△二、約體辨用，二。

初，牒經問用。此辨智照之用，而曰無相無知者，何耶。辨，明也。何耶，是疑辭。此論正明能照之智，必有知用，而《放光》曰無相，《道行》曰無知見者，何所辨耶。

△二、即體顯用，三。

初，正答。果有無相之知，不知之照，明矣。言果有，決定有此義也。無相之知者，據《放光》答用也，般若真體雖三際無相，即體之用了了常知。不知之照者，據《道行》答用也。不知者，牒上無知也。雖體無知見，湛然寂滅，而全體之用，靈靈常照。圭山云，正念者無念而知，若總無知，何名正念。明矣者，體必具用，義可見故也。此則據理而答，以實教言體則必具用，談用必全體，如水與波，不相捨離，極成之理明矣。

△二、推釋。何者。推也。何以無相不知果有知照之義。夫有所知，則有所不知。反釋也。夫若有知之體而起於知用者，必有所不知矣。此則妄心逐事，不能契真，二乘證真，不能達事，皆有知故。有所不知，下順釋。以聖心無知，故無所不知。全無知而起用，故用無不知也。然此義猶暗，若謂以無知爲體而起於知用者，則尚惑矣，當了即無知而知，全體爲用，方真達般若體用之旨。但言不頓説，理實同時，如全金成像，思之。不知之知，乃曰一切知。一切知者，理事雙照，真俗竝觀也。但全體之用鑒照，照用自然融通，即佛正徧知義也。所以知照之義，在乎無相無知也。

△三、引證。故經云，聖心無所知，無所不知，信矣。信體用不二也。

△三、會用歸體。是以聖人般若體用不二，得之者曰聖人。虚其心而實其照，虚寂心體，必具權實照用。終日知而未嘗知也。終日照理達事，未嘗有知也。此述上體用同時，下會歸于體。故能默耀韜光，虚心玄鑒，無照而照，曰默耀。韜，韞也，藏也。照而無照，曰韜光。心而無心，曰虚心。無鑒而鑒，曰玄鑒。此則默韜虚玄皆體也，耀光心鑒皆用也。此四，二而不二者，其唯聖人乎。閉智塞聰，而獨覺冥冥者矣。閉塞者，泯絶也。聰者，聽之明也。冥冥者，寂之又寂。故雖體用常俱，而體外無用。若全用歸體，則閉泯智照，杜塞聰明，唯本來覺性冥冥寂寂者矣。故《起信》云，遠離微細念，故得見心性，心即常住，名究竟覺。即般若無知之義。

△二、明即體之用，五。

初，明權實同體。然則承上之辭。智有窮幽之鑒，而無知焉。上明全體智用，今開用爲二，一能窮理曰實，二能應物曰權，權用名神，實用名智。但由所照理事不二而二故，能照智用權實有殊，而其兩用未始抗行，故下論中多影略言一，學者必須互知。今此先明實智也。窮者，照之極也。幽者，理之深也。實智雖有窮理之鑒，能照之體寂而無知。神有應會之用，而無慮焉。次明權用也。神者，不測之義也，應化之心不可知之故。應會者，感屬機，應屬聖，應與感合曰會。慮則思念也。無知無慮，文別理同。神有感應合機之用，能應智體本無念慮。是知照理應機二用雖殊，無知無慮體一，故曰般若無知也。

△二、顯一體同虚。神無慮，故能獨王於世表。智

無知，故能玄照於事外。獨王者，唯一故自在也。世表者，處世不滯於世也。無慮而應，應無所滯，故自在不染也。玄照者，照而無照也。事外者，不滯事也。無知而照故，即事而真故，不滯事也。

△三、述成二用。智雖事外，未始無事。實智窮理，理不異事。神雖世表，終日域中。權雖無慮，終日化生。

△四、顯即體之所以。所以俯仰順化，應接無窮，俯，下也。仰，望也。俯就仰望，隨順應化，接之無窮，蓋權智之用也。無幽不察，實理幽深，智無不察，蓋實智之用也。而無照功。實體無照，權體無功，二用即體，體無照功也。

△五、結成二用。斯則無知之所知，實也。聖神之所會也。權也。

△三、體用合明，四。

初，標指。然其爲物也，此標牒之辭。上所論般若體用有無無定，未知照理照事是何物也，故今牒而指之。實而不有，虛而不無，用即體故，實而不有，體即用故，虛而不無。存而不可論者，其唯聖智乎。存，在也。般若體用常在乎不二，而不可以有無議者，其唯聖智如是也。

△二、推釋。何者。推之，何故不可以有無論耶。欲言其有，無狀無名。體無形狀，離心緣相，體絶言説，離名字相，故不可言其定有。此釋上實而不有。欲言其無，聖以之靈。聖人用此照理達事，未嘗間息，故不可言其定無。此釋上虛而不無。聖以之靈，故虛不失照。全體具用。無狀無名，故照不失虛。全用是體。照不失虛，故混而不渝。混，融也。渝，變也。用即體，則混融常虛，虛而不改。此明不變之體，終古不忒也。虛不失照，故動以接麤。麤者，對細之假相也。對上理體細妙，故指今事用麤著也。體即用，則運動接照而無窮。此明隨緣之用不失也。是以聖智之用，未始暫廢，求之形相，未暫可得。言體則無知無慮，言用則照理照事。此二者言異而義同，故體用存而不可以有無論者，聖智之謂也。

△三、引經。故《寶積》曰，以無心意而現行。《淨名經》長者偈讚：集起曰心，分別名意。唯第八賴耶，集諸種子，起現行故，獨得心名。第七緣内，前六緣外，皆分別故，俱受意名。八識竝妄。真智離妄，故無心意也。又，無心即無知也，無意即無慮也。而現行者，常行照鑒故。《放光》云，不動等覺而建立諸法。平等本覺之體，動曰無明，不動曰究竟覺。覺體雖寂，而能建立境智諸法。此上二經，竝證體用不二也。

△四、結不二。所以聖迹萬端，其致一而已矣。聖智之迹，雖有知無知，有應無應，言量萬端，不二之理本一。如言水則靜，言波則動，波水動靜，本乎一致。此則《起信》真如、生滅，二門不二，本乎一心也。又依真如門修止，即今實智，依生滅門修觀，即今權智，止觀依一心而起，即今無知無慮，爲權實所依也。今會用歸體，故曰致一也。

△四、境智結會，二。

初，結境智權實。是以般若可虛而照，實智無知而知也。真諦可亡而知，真境無相，故實智亡相而知也。此結實智，對《不真空論》也。萬動可即而靜，事用不一，故曰萬動。各不失緣生此相故，即動而靜。聖應可無而爲。權智無應而應也。此結權智，對上《物不遷論》。所以能照之體雖一，由對二境，發所有二。既真俗二境相即，故權實二智亦融。

△二、結權實同體。斯則不知而自知，不爲而自爲矣，先指上所結，曰斯則。權實相本無知無爲，全體具用法爾，曰靈知妙應，故分權實耳。復何知哉，復何爲哉。知照爲作，但由體具，非謂體有，故曰般若無知也。

△二、問答推析者，文有一十八段，皆展轉躡跡，假致疑難，以導深旨。古者分爲十八科，今合問答，以爲九重，一體用，二名實，三心境，四兩關，五是當，六取捨，七應會，八真妄，九寂用，各具問答。然此九中，據文則初一雙明，次五唯實，第七唯權，後二雙顯。據義則一一兼通，蓋由體用互融，故權實相即。今初，體用問答，文二：初，知會有無難。二、體用同時答。今初。此因上云智有窮幽之鑒而無知焉，神有應會之用而無慮焉，有無相違，故此興問也。文二。初，牒用難體，文二。

初，敘難。難曰：夫聖人約人辨智。真心獨朗，物物斯照，實智靈照真心，用常獨朗，不因境有，故觸事而真，故曰物物斯照。應接無方，動與事會。權智應感，無定動用，皆與俗諦事相合宜也。物物斯照，故知無所遺。動與事會，故會不失機。無遺者，順理也。實智能知，知必順理，權智能會，會必合機。會不失機，故必有會於可會。必有能會之智，可以應會。知無所遺，故必有知於可知。定有能知之智，可以鑒知。必有知於可知，故聖不虛知。必有會於可會，故聖不虛會。不虛者，定有也。

△二、正難。既知既會，而曰無知無會者，何耶。無會者，即前無慮。據上所釋，定有知會，而前所謂無知無會，其義

何耶。

△二、縱奪重難。此難意與上同，但别有疑情，故重問也。若夫忘知遺會者，牒所解也。忘，捨也。遺，棄也。意謂實智有知，權智有會，但捨棄知會之心，故曰無知無會者。則是聖人無私於知會，私，己也。自取知會之巧，曰私。聖人無此，故知而曰無知，會而曰無會。此上縱，下奪云，以成其私耳，若以無知無會爲聖智者，雖不取知會之功歸己，返欲取無知會之功歸己也。下難。斯可謂不自有其知，安得無知哉。聖智若此權實定有知會，但可謂之不自取知會耳，何得無知會耶。

△二、體用同時答，三。初，正答前難，文二。初，答體用難，文二。

初，正答。答曰：夫聖人功高二儀前曰神有應會之用。而不仁，前曰而無慮焉。功者，業用也。高者，勝過也。不仁者，《老子》云，天地不仁，以萬物爲芻狗。王弼云，仁者必造立施化，有恩有爲，天地任自然，無爲無造，故不仁也。今聖人權智化生，令獲出世之益，故其功勝過二儀。而能應之體，本無思慮，故同天地之不仁。此答上權智即應而無慮也。明逾日月前云智有窮幽之鑒。而彌昏。前云而無知焉。逾，過也。彌，極也。日月唯明於世事，而聖人實智能契出世真理，故有過日月之明，而能照之體，本自無知，極同於昏昧。此答上實智即知而無知也。此上立答以全用之體。

△二、責非。豈曰木石瞽其懷，其於無知而已哉。此責執無之見。木石者，無靈覺之物。瞽者，盲也。前云無知無慮，豈同此之無知也。誠以異於人者神明，故不可以事相求之耳。此責執者之見。誠，實也。人者，心多妄計。前云有知有應，異於人之妄想也。者字，再牒上也。未詳般若有知之義如何，下云神明故，則不測靈明之智，不可實以知會事相而推求之也。此責前難者，以有難無，乃謂般若有同，人心無同，木石豈知體用同時不二之旨也。

△二、答縱奪難，四。

初，敘計。子意欲令聖人不自有其知，而聖人未嘗不有知。子意者，彼難者之意解也。欲令者，解心使之故。未嘗不有知者，語反，順合云定有知也。般若本無此理，蓋難者意解，謂令聖人雖不自取知會之功，而謂聖心定有知應也。此即牒上問者邪解也。據此文倒，順合云，子意謂聖人定有知而不自有其知也。

△二、斥非。無乃乖於聖心，失於文旨者乎。無乃者，斥辭。乖，迷也。一迷聖心量，二失聖教量，故責也。

△三、徵釋。何者。徵也。求上二量也。經云，真般若

者，清淨如虛空，無知無見，無作無緣。此引《大品經》，出聖教爲量也。真般若者，牒二智實體也。清淨者，體性寂滅也。如虛空者，舉喻也。智體猶如太虛，無生滅染淨故。無知等者，釋上清淨義。靈知真見，實用則有，體性則無，作爲緣慮，權用則有，體性亦無。既明真體清淨，故知本無此四也。斯則知自無知矣。此顯理量也。據斯經義，則知權實知會之體，本自無知，此理極成。論中多單明實智，會而無會，文影略耳。下皆類此。

△四、結責。豈待返照然後無知哉。結非前解也。豈謂聖智實有知會返照，不欲取之而説無知無慮耶。

△二、躡跡斷疑。此下論文，非答前難，但前語意有迹故，論者躡而斷之。文四，前二破疑執，後二釋正理。前二中，但有牒辭，即是疑意。雖破當時現行，即遮未來種子，故取金剛遮斷之意，以爲此科。文二。

初，斷有知性空疑，文二。初，牒疑。若有知性空而稱淨者，疑者因見上經云真般若者清淨如虛空等文，乃疑云，般若必有知，但爲智性本空故稱清淨無知等也。故今牒之。△二、正斷，二。初，比破。則不辨於惑智，無明心能知名義，曰惑智。此智定是有知，因境而有，離境則無，性本自空，聖智同此，何以辨別。三毒貪、瞋、癡。四倒無常樂我淨而計有者也。皆亦清淨，皆者，總也。三毒四倒，七種顛倒，皆從妄想心生。既屬有知性空，亦可同般若清淨之義。△二、奪破。有何獨尊淨於般若。尊，崇也。若惑倒同聖智者，何故經中唯推崇清淨無知在於真般若也，故知聖教獨崇之智非同惑妄有知性空也。

△二、以境歎智疑，文亦二。初，牒疑。若以所知美般若，疑者又云，聖智雖非性空，而定屬有知。但由照真境時所知無相，故美歎智曰無知矣。故今先牒之。△二、正斷，二。初，敘定。所知非般若，此句定宗。所知曰境，般若曰智，境智定不同，故曰非也。所知自常淨故，般若未嘗淨，此據疑者定義也。疑者曰：智定有知，境屬無相。故今定云，據汝所説，則所知之境常清淨無相，般若之智常自有知，未可曰清淨無知也。△二、奪破。亦無緣致淨歎於般若。緣，由也。致，立也。若如疑者所見，則經中秪合歎真境清淨，亦無緣由立清淨之言歎真般若也。今以經中唯歎般若之文爲正量，驗知非因境無相而曰智無知也。

△二、釋正義，二。

初，釋前經義。然領前之辭。所疑既非清淨無知之義，何也，故今領之。經云般若清淨者，此再牒前經也。將無以般若體性真淨，本無惑取之知。將無以者，擬議經旨之語。本覺爲智，所依曰體，體不可改曰性，體即性也。真淨者，非離染之淨，乃真實清淨也。本無惑取之知者，釋無知見等爲真淨義，非離惑取曰無知，乃本自無惑取故曰無知。本無惑取之知，不可以知名哉。結成清淨無知之義，破前二疑也。

△二、重顯體用。豈唯無知名無知，知自無知矣。豈唯體無知故名清淨無知，有知之用常自清淨無知也。故體用不二，旨清淨故，故曰真般若者清淨無知等也。

△三、結顯正義。因答難斷疑已故，結顯前權實體用不二之正義，文二。

初，結顯前義。是以聖人以無知之般若，照彼無相之真諦。即體之實智，照真諦理也。然此但契自智之無知，即照無相之真諦，非謂外有真諦以爲所照決定之相。真諦無兔馬之遺，般若無不窮之鑒。兔馬之遺者，《婆沙論》以三獸渡河，入水深淺，即象、馬、兔，喻三乘造理有異。二乘滅妄求真，如兔馬之涉水，泛身而過。菩薩證唯心故，如大象之渡河，截流而過，故無兔馬遺餘，一乘智鑒無不窮極，故前曰智有窮幽之鑒而無知焉。此中更合云，聖人以無慮之般若，照彼不遷之俗諦。俗諦無兔馬之遺，般若無不應之用。既一體二用，約境義分，境既真俗相融，用亦權實不二。故論中或秖就一用顯體，已知二用不殊。故今影略出之，以顯前神有應會之用而無慮焉之正義也。

△二、明前所以。所以會而不差，當而無是，此明前權智所以，能會之智，不差機宜。言當是者，以取應對之義。至下文辨，應而無慮，故曰當而無是。寂怕無知，而無不知者矣。此明前實智所以，虛寂淡怕故無知，無知之知，無不鑒知。

△二、名實問答，二。初，兩名求實問，文二。

初，汎陳名實。難曰：此躡上答中名異，故今立難。下自指前。夫物無以自通，故立名以通物。通者，運用不滯也。凡世立物名，蓋爲物不能運用，故以名召，令得通用。物雖非名，果有可名之物，當於此名矣。雖體與名殊，定有對名之體而對於名。是以即名求物，物不能隱。

△二、牒文正難，文三。

初，牒前名異。而論云聖心無知，又云無所不知，此即牒上寂怕無知而無不知之文，以有無名異，爲難也。

△二、敘欲一之意，文二。

初，自意。意謂難者之意所謂也。無知未嘗知，知未嘗無知。嘗，曾也。聖心若定無則未曾是有，定有則未曾是無，乃可歸一也。斯則名教之所通，立言之本意也。若有所定，方是能詮名教，通運所詮智體，亦是立言召物之本意，理當如是。

△二、論意。然論者者即指作論之人也。欲一於聖心，異於文旨，尋文求實，未見其當。論主欲明聖心體一而立文有異。尋此異文，而求一體者，未見有當名之定體。

△三、兩關正難。何者。徵也。何謂尋文求實，未見其當。若知得於聖心，無知無所辨。辨，明也。有知得聖心，無知明何事。若無知得於聖心，知亦無所辨。無知得聖心，知名明何物。若二都無得，無所復論平呼。哉。若二名都不得聖心，未審前云無知無所不知，復論何事耶。又解，二名既不得聖心，未審將何名論召聖心之體耶。

△二、雙拂顯玄答，三。

初，拂迹雙泯。答曰：經云般若義者，標也。般若體上合宜道理曰義。無名無説，名詮自性。説謂言説。言由名起，既不可名召，故非言説所及也。非有非無，非實非虛，非有無者，轉釋上無名説義。智性不同，妄心有知，又不同木石無知，故不可以有無名言詮召也。非虛實者，轉釋非有無義，非實故非有，非虛故非無也。虛不失照，故非虛無，體即用也，不變即隨緣義。照不失虛，故非實有，用即體也，隨緣即不變義也。斯則無名之法，故非言所能言也。斯則者，牒歸上也。由體用不二故非實非虛，由非虛實故非有無性。非有無，不可以名召，故曰無名之法。名既不立，如何言也。前難者以名求體，殊未達名所不能召也。經義如此，故當信之。

△二、釋妨述意。言雖不能言，然非言無以傳，妨云，既言般若義者無名無説等，何以云言所不能言也。故今上句領前也。然者，躊躇經旨也。理非詮表無以傳達於後人，故當藉言也，故曰般若義者等文也。故知爲物有説，理實無言。是以聖人終日言而未嘗言也。聖人言教，終日説般若非有非無等，但爲破惑，畢竟於般若未嘗有言説可及。《涅槃》云，始從鹿野苑，終至跋提河，如是二中間，未曾説一字。何謂經有可言也。此上釋妨，下述意。今試爲子狂言辨之。狂言者，不定之語也。且爲難者以不定之語詮辨之，非謂般若可説也。

△三、正顯玄旨，三。

初，顯體用玄微。夫聖心者，標聖人所證一心，具權實體用故。微妙無相，不可爲有。妙者不可思議也，妙之至妙，故曰微妙。妙體無相爲是也，不是有故。此明心體也。用之彌勤，不可爲無。彌勤之用，照理達事，不是無也。此明全心之用。不可爲無，故聖智存焉。智用雙存，故非無。不可爲有，故名教絶焉。不可思議，絶名教詮表，故非有也。前經所謂無名無説，非有非無，蓋體用同時，不在二邊也。

△二、釋知無知之意。是以牒上體用二言，釋言下之意。言知不爲知，欲以通其鑒。前言無所不知，非謂智是有知，蓋欲通般若有鑒照，異於木石，所以言知也。不知非不知，欲以辨其相。前云寂怕無知，非謂智屬無知，蓋欲辨般若之體相異於妄心，所以言無知也。辨相不爲無，通鑒不爲有。正破難者執前知無知之言也。辨體相故説無，不是定無，通鑒照故説有，不是定有。前何以將知無知定名，取定聖心耶。非有故，知而無知。此下正示非有非無之義。非有故，牒上通鑒不爲有也，謂靈知即無知，故所以有非有也。非無故，無知而知。非無故，牒上辨相不爲無也，謂無知之體，本自靈明，所以無非無也。良由體用知無知，雖有二言，定無二相。

△三、結不二深旨。是以知即無知，無知即知，全用是體，全體是用，如波即水，全水即波也。無以言異而異於聖心也。無以者，勸不可也。不可見前知無知言異，而謂聖心體用有異也。

△三、境智問答，二。

初，以境求知難，文三。初，汎敘難端。難曰：夫真諦深玄，非智不測。前云，以無知之般若，照彼無相之真諦。躡前，先敘境智，反難無知也。真諦無相，唯般若實智能照，自餘不可測度，故曰深玄。聖智之能，在茲而顯。茲，此也。由見真諦，故名聖智。般若功能，在此真諦而表顯之也。故前曰真諦無兔馬之遺，般若無不窮之鑒也。△二、引經成立。故經云，不得般若，不見真諦。真諦則般若之緣也。經文語反，由般若故見真諦也。下成立經意，云真諦爲發智之緣，故聖智之能，在茲而顯也。△三、結難有知。以緣求智，智則知矣。若以所知發智之緣，推求於智。既有照理之能，智必有知，何謂無知般若耶。

△二、心境同無答，三。

初，以理正答，文三。初，正答。答曰：以緣求智，智非知也。此明境智體同用異。且夫真境無相，真智無知。今上句約用縱之，以真境求真智，義分能所。下句就體奪之，真智無知，即真境無相，理實無二。故清涼曰，智體無自，即是證如。△二、推釋。何者。推也。以緣求智，何以智無知耶。下釋。《放光》云，不緣色生識，是名不見色。緣，慮也。識以了別爲義。經是簡妄反顯也。般若不緣慮色境而生分別妄識，是名般若不見色。若妄心則緣境生分別，故有知見。則知難者以智爲知，乃是認妄爲真也。又云，五陰清淨故，般若清淨。此明真心真境。五陰者，色、受、想、行、識也。清淨者，本來寂滅也。色心既本自清淨，故般若體性清淨無知，故曰以緣求智，智非知也。△三、結顯。般若即能知也，五陰即所知也，所知即緣也。此三也字，前二即結上經旨，後一生起後文。以前段就體推釋同虚，此中約用結顯，義分能所境智。經云般若清淨，即靈智無知，以爲能覺也。五陰清淨，即真境無相，以爲所覺也。此乃以無知心覺心無知，義分能所耳。下句生後，此所知無相境即發般若之緣，由了無相，方曰般若故。

△二、簡辨真妄。此下論文，由前難者以緣求智，以智爲知，執妄爲真，故今簡辨，令了真妄。文四。

初，總標境智。夫知與所知，總標也。真妄二智，俱曰能知。真妄二境，同名所知。

△二、真妄對辨。相與而有，相者，當對也。與者，共同也。難者以妄智對境，有知有相故。相與而無。主家義分能所，以真智對境，無相無知故。相與而無，故物莫之有。物者，指心境也。莫之者，不能也。真心境則同虚寂，不能令有。相與而有，故物莫之無。妄境智則同幻有故，不能令無。物莫之無，故爲緣之所起。妄境爲緣，起妄智之分別。物莫之有，故則緣所不能生。生，起也。所緣之境本寂，不能起能緣之分別。緣所不能生，故照緣而非知。境寂心空，故智照所緣而無分別。故上答曰，以緣求智，智非知也。此釋真境智義也。爲緣之所起，故知緣相因而生。境爲緣而起智，是以能知所緣相因而生分別。故古者曰，未有無心境，曾無無境心。此即上難者云，以緣求智，智則知矣。

△三、結示起由，文二。初，正示。是以知妄智。與無知，真智。生於所知矣。迷自心則執境智起，起之則境生，故妄智曰有知。了自心則境寂智虚，虚而不二，故真智曰無知。故前問者荅者俱曰以緣求智，而有知無知之異者，蓋迷悟之不同耳。△二、徵釋。何者。真妄二智，何故同生於所知。夫智以知所知，取相故名知。妄智迷真，心外取相，故知妄境也。真諦自無相，真智何由知。真境本無相，真智以無知而契之，故曰何由知。

△四、釋成所以，二。

初，牒所以。所以然者，有何所以，故妄境智則知緣相因而生，真境智則緣所不能生耶。故今牒之。

△二、釋成，文二。初，釋妄，文二。

初，正釋。夫所知非所知，所知生於知。事本空無，妄智不達，執之爲有，見有境起。所知既生知，知亦生所知。因有境故智有分別，故有知心起。所知既相生，相生即緣法。既境智相生，即智爲境緣，境爲智緣，緣會故境智同有也。緣法故非真，非真故非真諦也。從緣境智，緣會則生，緣離則滅。既有生滅，故非真諦門中，乃稱爲妄也。

△二、引證。故《中觀》云，物從因緣有故不真。證上，可知。然《中觀》文有二句，上句證前，後句標下故。今取義便，隔彼後句，以就次科也。

△二、釋真，三。初，標。不從因緣故即真。不藉因緣生者方名真實，標也。△二、釋。今真諦曰真，真則非緣。今真諦門中，無相真境與無知真智是一心，理智假分能所，實無二相。既非緣有，故名曰真。真非緣故，無物從緣而生也。無物者，境智既不從緣，故無緣生境智之物，所以曰真境真智無相無知也。△三、引經。故經云，不見有法無緣而生。真諦門中，不見有境智之法，故無緣相生。上明所以竟，故知難者以妄問真也。簡辨已畢。

△三、結答前問，三。初，述成無知。是以真智觀真諦，未嘗取所知。智不取所知，此智何由知。述成真境智，顯無知義，以真智不取，是觀真諦義也。△二、釋妨除疑。然領前也。智實無知，如何契理。下釋云，智非無知，但真諦非所知，故真智亦非知。智非木石之無知，但以照而常寂，故真境無外相，即真智無知爾。△三、結難非真。而子欲以緣求智，以智爲知。此牒彼執妄也。緣自非緣，於何而求知哉。責迷真也。緣自非緣者，真境非外緣，如何發智有所知耶。

△四、兩關問答，二。初，不取違知難，文二。

初，牒論敘難。難曰：論云不取者，牒上云智不取所知者。下敘難。爲無知故不取，爲知然後不取耶。開兩關也。

△二、兩關正難。若無知故不取，聖人則冥若夜遊，不辨緇素之異。夜遊者，暗中遊方也。緇素者，黑白也。智若無知故不取，則聖心冥昧，如人夜行，豈辨境之黑白，何以云真智觀真諦也。若知然後不取，知則異於不取矣。若先有知，後不取者，知即是取，與不取有異也。

△二、知即不取答，二。

初，雙非有無。答曰：非無知故不取，又非知然後不取。不同木石無知，不同妄想有知。木石絶靈照，妄想居攀緣，般若離二邊，故非此二而説不取也。

△二、正答不二。知則不取，故能不取而知。當靈鑒時，本無取著，故能無取著而長鑒知。如摩尼珠，現色而本無色，無色而常現色，此乃全用即體，全體即用。知與不取，説雖前後，義實同時。

△五、是當問答，二。初，無當違有難，文二。

初，牒論敘難。難曰：論云不取者，牒上，知即不取，故能不取而知。正難下句也。誠以聖心不物於物，故無惑取也。誠，實也。不物於物者，不執著於物也。既無惑取之心，故曰不取。無取則無是，無是則無當。是當之言，諸教少有，此論多説。凡兩物不別曰相是，敵對曰相當，亦猶彼此是非，蓋諸法相望之通名也。今明境智相當相是，故曰是當。今且以智曰是，境曰當，釋之。真心真境同虚，故無惑取，則無心是於境，亦無境當於心。此即難者解不取之義如是也。

△二、以無難有。誰當聖心，而云聖心無所不知耶。誰，何也。心無是，境無當，但可云無知，以何當對於聖心而云有知耶。無所不知者，有知也。此則難者但解其體，未達具用，故爲此難也。

△二、有無雙融答，三。初，領問。答曰：然無是無當者，前難者雖解境智同真，未了即真心境，故以無難有。今先領彼所解，後示體用雙融之正義也。△二、正答。夫無當則物無不當，境則全理之事，無相即相。無是則物無不是。智亦全體之用，無知即知。物無不是，故是而無是。知即無知，照而常寂也。物無不當，故當而無當。相即無相，觸事而真也。若達此知無知不二，相無相無殊，則何疑前云知即不取，故能不取而知也。△三、引證。故經云，盡見諸法境智歷然。而無所見者也。智無知，境無相故也。

△六、取捨問答，二。初，捨有滯無難，文三。

初，呈解立難。難曰：聖心非不能是，誠以無是可是。此因上是而無是，故立此問，遣後人之餘疑。非不能是者，即上云是也，顯有照鑒故。誠以無是可是者，意謂由境無所是之相可是，故曰無是。此以有知之智，對無相之境，故曰是而無是也。雖無是可是，境雖無相可是。故當是於無是矣。聖心必須對於無相境也。

△二、引經成立。是以經云真諦無相故般若無知者，經是正義。真諦無有無相，般若無有無知也。今難者解意不同，意謂般若是有知，由真諦無相可得故，般若無知也。者之一字牒經，不自領

經意云。誠以般若無有有相之知。信經所說，則知般若定無照有之知，以顯唯照無也。

△三、正難滯無。若以無相爲無相，有何累於真諦也。爲，是也。累，滯也。聖心若以無相真境是無相者，有何所以滯累此真諦，而取於無相耶。雖不取有，少異於妄心，若取於無，何殊於斷見，故此疑問也。

△二、取捨俱離答，二。初，直非所難，文二。

初，正破。答曰：聖人無無相也。般若無此取無相之心也。

△二、推釋。何者，推上也。若以無相爲無相，牒問。無相即爲相，捨有而之無，若以無相是無相，無相即是相，雖捨有相而著無相，豈爲智照也。譬猶逃峯而赴壑，俱不免於患矣。逃，避也。峯者，山之高處也。壑者，溪也。逃避峯之危峻，而赴于溪壑，俱不免害身之患，捨有取無，俱不免乎取相。般若聖智故非如是也。

△二、顯示正義，文二。

初，示正義。是以至人約人顯智也。處有不有，居無不無。居處者，智之所詣故。即事造理，故處有不有。理不異事，故居無不無。又處有居無，照理事故，即前是當也。不有不無，泯理事故，則無是無當也。雖不取於有無，明不取也，非唯不取有，亦不取無也。又即前無當無是義也。然亦不捨於有無。明不捨也。正不取時即不捨故，故云然亦。又非但不雙取，然亦不雙捨，即前物無不是，物無不當也。又初句不有，離增益謗。次句不無，離損減謗。次句雙非有無，離相違謗。末句雙照有無，離戲論謗。四謗既無，百非斯絶，是當之義，髣髴聖心也。

△二、出所以。所以和光塵勞，周旋五趣，此顯已證之所以也。和者，謂渾雜也。光者，智用也。聖人光有二，一身光，二教智光，今明教智光。塵勞者，三界中五塵坌污，勞擾之處，是羣生之所居，聖人渾和其間，以教智光而開導之也。周旋者，周徧返覆也。五趣者，天、人、獄、鬼、畜。鬼開修羅，即六趣也。四生不過五趣。聖人垂形於五趣，周徧返覆也。前明說教，此顯現身，蓋聖人從根後智，起大悲之化用也。寂然而往，怕爾而來，雖往來於三界，往無往相，故曰寂然而往，來無來相，故曰怕爾而來。前明處有，此顯不有。恬淡上呼。無爲，而無不爲。心靜曰恬，智純曰淡。雖無作爲之心，而常照理達事，故無不爲。此明上居無不無也。

△七、應會問答，文二。初，無知生滅問，又二。

初，牒前敘難。難曰：聖心雖無知，然其應會之道不差，即前云會而不差也。由無爲而爲，故應會衆生不差失於機宜也。是以可應者應之，不可應者存之。釋不差之義。根熟則應之令入道，未熟則存之令熟，則《金剛》所謂護念付囑之義。

△二、正難。然則聖心有時而生，有時而滅，可得然乎。根熟則能應心生，未熟則能應心滅。既曰當而無是，則無知無爲，何得有此生滅。

△二、用無生滅答，四。

初，真妄對明。答曰：生滅者牒所問也。生滅心也，妄心取相故隨境生滅。聖人無心，生滅焉起。聖心無取，故曰無心。既不取境，何有生滅。

△二、釋妨正答。然牒上領問也。問云，既無心生滅，何有應而不差之義耶。故今領之。非無心，非同木石之無心。但是無心無取著心。心耳。靈明之心長在，此爲應。本經云，菩薩清涼月，遊於畢竟空。又非不應，非同二乘之不應。但是不應不起分別之應。應耳。機感應生，則悲應之心常存。所謂衆生心水淨，菩提影現中。

△三、舉喻結答。是以聖人應會之道，則信若四時之質，直以虛無爲體。質，實也。應之不虛故。直，但也。權智無心之心，不應而應。其由春夏秋冬，雖應不失時，虛而無體，權智無心而應，類此可知。

△四、結非所問。斯不可得而生，不可得而滅也。

△八、真妄問答，二。

初，惑智同真問，文二。初，呈解。難曰：解中疑問。聖智之無，聖人無心生滅焉起。惑智之無，境有生滅，智乃隨之。離境智無，生滅何有。難者因前而解，故此呈之。△二、疑問。俱無生滅，同也。何以異之。如何分真妄之異耶。

△二、真妄同異答，三。

初，總標。答曰：聖智之無者無知，體本無知故。惑智之無者知無。了知無體故。此上標真妄。其無雖同，同無生滅。所以無者異也。無之所以，真妄有異。此標同異也。

△二、釋真妄，中二。

初，推釋。何者。推上異之所以。夫聖心虛靜，無知可無，智體本無知見，故曰虛靜。三際常然，可無生滅也。可曰無知，非謂知無。此明真異於妄，不假知了。惑智有知故有知可無，惑智取境，隨境生滅。智性空無，生滅不有也。可謂知無，非曰無知也。此顯妄異真也。前則本無故無，此則了空故無，所以異也。

△二、結會。無知，即般若之無也。智體本無生滅，故曰般若之無。知無，則真諦之無也。結會妄智爲真境也。難者既了惑智性空，則惑智爲所了境。由了始無，即事而真，故曰真諦之無也。故知無生滅則雖同，本無今無有異也。

△三、釋同異，三。初，正明，文二。

初，顯體同用異。是以般若之與真諦，牒上同無之境智也。言用即同而異，即同無而理智不泯，是用也。言寂即異而同。雖理智宛然，而同一虛無，是寂也。同故無心於彼此，異故不失於照功。體同故心境彼此無殊，用異故不失能所之功。

△二、述成不二。是以辨同者同於異，辨異者異於同。辨者，解了也。欲解同無，但觀理智。欲明理智，須了同無。此明互即，下顯雙亡。斯則不可得而異，不可得而同也。辨異於同故不可得異，辨同於異故不可得同，同異兩亡。此答前云俱無生滅，何以異之也。

△二、推釋，文二。初，雙徵。何者。何故不可異而又不可同。

△二、各釋中，二。初，釋不可同。內有獨鑒之明，外有萬法之實。約心爲內，以境爲外。蓋指拄如此，非有內外之相。獨鑒之明者，智也。即心之照，心外無法，故曰獨鑒，又以對下萬法故。萬法之實者理也，理爲萬法之體故也。萬法雖實，然非照不得。事本即真，非智不顯。內外相與，以成其照功。與，共也。由智顯理，理顯曰智，故共成鑒照之功也。此則聖所不能同用也。結異也。聖智與理，所以不可得而同者，此明照用也。△二、釋不可異。內雖照而無知，照體本寂。外雖實而無相。真理本空。內外寂然，相與俱無。境智同寂。此則聖所不能異寂也。結同也。聖智與理，所以不可得而異者，此明寂也。

△三、引證，三。

初，證辨同於異。是以經云諸法不異者，諸法者，心境也。不異者，同虛寂也。者字，是牒經。下釋之云，豈曰續鳧截鶴，夷嶽盈壑，然後無異哉。續鳧截鶴，語出《真經》，云鳧脛雖短，續之則憂，鶴脛雖長，斷之則悲等。夷，平也。嶽，山也。盈，滿也。壑，谿也。此則反釋經意，豈謂令鳧鶴長短，谿山高低，等無差別，而謂諸法不異，非此說也。下順釋云，誠以不異於異，不異之義，於殊異中也。則高低長短，性不可異，故曰不異也。故雖異而不異也。此證上辨同者同於異也。

△二、證辨異於同。故經云，甚奇，世尊，於無異

法中而説諸法異。《大品經》空生歎佛讚法，雖諸法同真無異，而境智宛爾差殊。此證上辨異者異於同也。

△三、證同異不二。又云，般若智與諸法境，亦不一相，能所各存，證上不可得而同也。亦不異相，同一真體，證上不可得而異也。信矣。佛語實不虛，故自信他也。

△九、寂用問答，二。

初，寂用何異難，文二。初，牒論。難曰：論云，言用則異，言寂則同。牒上云聖所不能同用也，聖所不能異寂也。△二、正問。未詳般若之内，則有用寂之異乎。此是請益問，般若真一無差，何以有一用一寂之異，未詳審也。

△二、用寂同時答，二。

初，正答同時。答曰：用即寂，不離境智之二，而同一寂滅也。故《勝鬘》云，二而不二，難可了知，如全波是水故。寂即用，同一虛寂，而能所歷然。《勝鬘》又云，不二而二，難可了知，如全水是波故。此中言寂即權實同體，言用即二用雙明，竝體用同時故也。用寂體一，同出而異名，言體者，非所依真體，此明相依之體。用依於寂，以寂爲體，寂依於用，以用爲體，相依故體一也。同出而異名者，寂出用，用出寂，故有寂用之異名，非謂別有一體爲用寂之出處也。更無無用之寂而主於用也。又合云更無無寂之用而主於寂也，今文影略。更者定義也。意云，定無無用之單寂而爲用之依主，又定無無寂之單用而爲寂之依主。不有則已，有則用寂同時。既無二體，如何一有一無。

△二、結會權實。九重問答，本因權實體用而起，今迹亡疑盡，理顯義圓，故今結會歸前，顯體用不二也。文三。

初，結義歸前。是以承上用寂不二故。智彌昧，照逾明，結實也。彌，極也。逾，過也。體本無知故，昧之彌極，即體之照，照徹理源，其明過逾於常照也。即前云，智有窮幽之鑒，而無知焉。神彌靜，應逾動，結權也。體本無慮故，靜之彌極，即體之應常，應有緣故，動之逾越也。即前云，神有應會之用，而無慮焉。下總責疑者。豈曰明昧動靜之異哉。明與昧，動與靜，豈當執異也。

△二、引文爲證。故《成具》云，不爲而過爲。證上權智靜而常用。《寶積》曰，無心無識，無不覺知。證上實智即昧而明也。《淨名》上卷實積偈讚云，以無心意而現行。今則小變其文也。

△三、總結文意。斯則總指標宗已上問答等文也。窮神權也。盡智，實也。極象外有無曰象。之談也。般若體用不二，故極

有無之象外也。談者，指上所説也。即之明文，聖心可知矣。結也。明文者，如證而説故曰明了之文，思之可解。又或近指上二經曰明文。問答終此。第三《般若論》畢。

注肇論疏卷第三

音切

驍。古么切。萇。除良切。襲。似力切。韜。他刀切。洽。胡夾切。拓。他各切。韞。於昆切。渝。弋朱切。忒。他得切。瞽。公五切。髣髴。上芳往切，下芳勿切。凫。扶音。脛。經郢切。惘。文兩切。抗。可浪切。

校勘記

〔一〕「惘」，疑爲「罔」，下一「惘」字同。

注肇論疏卷第四

姑蘇堯峯蘭若沙門遵式述

△二、答外問，中二。初，問，中二。初，上書致意。

劉公致問

致，立也。遠法師傳云，劉程之，字仲思，彭城人，漢楚元王之裔。承積慶之沖粹，體方外之虚心。百家淵談，靡不遊目，精研佛理，以盡斯妙。晉文帝義熙中，曾宰江州柴桑縣。後棄宦林藪，高尚隱趣，即居廬阜，朋親遠師，十有二年，卒。因生上人〔二〕入關從學回，乃以《般若無知論》示之。劉公歎曰：不意方袍，復有平叔。因呈之遠師，乃撫机歎曰：未嘗有也。今致問者，下云但暗者難以頓曉，猶有餘疑一兩。此亦叩擊玄微，欲自他無昧，於真旨耳。因先有書敘通問意。今此四字爲題，乃後人節段於後，亦猶譯者品分於經段焉。

遺民未見傳文，疑其隱山自稱之名，必然矣。和南，致敬之辭。頃餐徽聞，去呼。徽，美也。采于盛德，故曰徽聞。有懷遥竚。遥有佇望之懷。歲末寒嚴，十二月書。體中如何。音寄雍隔，秦晉不通故。增用抱藴。用者，攀仰也。懷抱藴積於思詠。弟子沈痾艸澤，常有弊瘵耳。痾瘵皆病，病時故也。因慧明道人北遊，廬阜望長安曰北。裁通其情。竹書通意也。古人不以形跡致淡，悟涉則親。古人如此，今何不然。下云，是以雖復江山悠邈，不面當年，形跡。至於企懷風味，企，望也。君子之德如風，教有義故曰味。鏡心象迹，心向師之教迹，如鏡對於物象。佇悦之勤，良以深矣。緬遠也。然無因，秦晋遠隔，無因相見。瞻霞永歎。瞻嚮如在雲霞，永歎不息。順時愛敬，冀因行李，履同古時字少。數有承問。人來望音，欲承其問。

伏願此下伸意譯場高德。彼大衆逍遥園衆。康和，外國法師常休納。丘慈羅什，北竺跋陀等，尋常納休美。上人指論主。以悟發之器，而遘遇也。茲淵對，對羅什深談。想開究之功，開解研究於般若義也。足以盡過半之思。《繫詞》云，智者觀其象詞，思過半矣。解已過半也。故以每惟乖闊，隔遠也。憤愧恨也。何深。深歎恨也。此山僧敘廬嶽勝事。清常，道戒彌厲，彌，多也。厲，策也。戒行多策勤。禪隱之餘，則惟研究至理。惟講，論教義。恂恂穆穆，王肅注《論語》云，恂恂，恭貌也。穆穆，和也。行謹而同六和，故曰恂恂穆穆。故可樂落音。矣。悦服其事故。弟子既以遂宿心，昔有林泉之心，今已遂遁。而覩茲上軌，又見蓮社清節。感寄之誠，寄託有感。日月銘至。銘，記也。至，極也。心誠不昧，以日月爲銘故。遠法師頃恒履宜，思業精詣，乾乾宵夕，《易》云，九三君子，終日乾乾，夕惕若厲，無咎。乾，健也。進趣不息。自非道用潛流，理爲神御，心神詣至理。孰以過順之年，孰，何也。孔子云，六十而耳順。湛氣若茲之勤。神氣不疲，蓋資道德。所以憑慰愛也。既深，仰謝逾絶。謝之不已。

去年夏末，始見生上人，示《無知論》。才運清儁，旨中沈允，深契至理。推涉聖文，婉而有歸，援引諸經，各有所詣。披味殷勤，不能釋捨也。手，真可謂浴心方等之淵，歎此教義是大乘方等真乘，如淵流可以浴滌心塵，使除染著。而悟懷絶冥之肆者矣。又如市肆，可以觀鑒虚實，破三乘冥昧，決乎權疑。若令此辯遂通，則般若衆流，般若有八部，大品、小品、放光、光讚、道行、文殊問、金剛、實相，故曰衆流。殆且也。不言而會，可不欣乎，可不欣乎。且不待言議而可解會。重言者，欣之至也。

然夫理微者辭險，高峻曰險，詮旨深故辭高。唱獨者應希，少也。事出《文選》，陽春白雪之詞，唱高而和寡。苟非絶言象之表者，者，人也。自非得意之人，焉契言象之外。將以存象而致乖乎。存言象，則乖意趣也。意謂，答以緣求智之章，婉轉美而連環。窮盡，極爲精巧，義盡精詣，文竝巧美。無所問然矣。但暗者敘問意也，自謙曰暗昧之者。難以頓曉，猶有餘疑一兩，一兩條疑，向下伸述。今輒題之如別。別紙。想從容之暇，閑也。復能麤略也。爲釋之。

Δ二、正致疑問，三。

初，牒疑文。《論序》云，劉公指前，標宗已下，問答之前，爲《論序》云也。般若之體非有非無，虚不失照，照不失虚，故曰不動等覺而建立諸法。前云其爲物也實而不有等文。下章云，前十八章問答中云。異乎人者神明，故不可以事相求之耳。答體用中文也。又云，第十八章中文。用即寂，寂即用，實也。神彌靜，應逾動。權也。此上文義，如前已釋。劉公見文理相違，故牒此爲問端也。

Δ二、陳疑問，二。初通致問，二別致問者，然通別二問，即康法師科。或有云，前是從來疑，後是當論疑。文中云常所彌昧，故曰從來。書無明文，又似疑者之過越。劉公乃遠法師之座賓，豈不能開決所疑，不遠於千里而求悟也。蓋抑揚論旨，窮詰幽微，以曉於未來，此如先佛會中本高迹下諸大士也。今既先牒本論疑文，次開通別二問，文義連續，理必如此。常所彌昧，亦疑者自謙之通語。就通致問中，二。

初，敘所疑，文二。

初，總。夫聖心冥寂，理極同無，此下總問前般若體用。今敘述之文，皆順正理，但後有所疑之辭。今先明體。言聖心者，標權實也。冥寂者，顯體也。冥，暗也。六合冥然，千差都泯，權實歸體，寂而虚焉，故曰冥寂。理者，道理也。同無者，似太虚也。虚空略有二義，一平等而住，二體無生滅，故智體道理，窮極亦爾。此即敘前般若之體非有非無等也。不疾而疾，不徐而徐。此疑用也。疾，速也。徐，緩也。《南華》云，不徐不疾，得之於手，應之於心，口不能言也。今敘全體智用，言其體則不徐不疾，語其用乃而徐而疾，有感則應故疾，未感未應故徐，不可測故。

Δ二、別。是以知不廢寂，寂不廢知，未始不寂，未始不知。此敘實智體用廢險也。知即用也。寂即體也。上二句明體用不相失，下二句明相即。知時即寂，故未始不寂，寂時即知，故未始不知。此疑前用即寂、寂即用文也。故其運物成功，化世之道，雖處有名之中，而遠與無名同。此敘權智體用也。運物成功者，先明其用。聖人運悲願，以拯物爲功業。爲成此業，故化世令進，獲出世之益，此行利他之因，故名曰道。雖處有名之中者，牒上用也。佛具十號，百億垂形，現同類之名相，演同類之言音，種種差別，一一不同，即處有名。而能應之體本寂，故與無名無相同也。此疑前應適動。

△二、陳能疑。斯理之玄，固常所彌昧者矣。斯理者，指上所敘體用道理也。玄者深也，理深難曉。固，與故同，即所以也。彌，甚也。由寂用難同，有無不竝，此理難曉，所以常有昧心。若觀前敘疑之文，豈不知體用深旨，此乃假設疑詞，以開未悟也。

△二、別致問中，二。

初，呈疑。但今談者所疑，於高論之旨，欲求聖心之異。但，語詞也。談者，即劉公指談論之人也。疑論中所説聖心權實體用有無有異，故致下三問。

△二、致問，三。初，體用必有何無問，三。初，敘述疑意，二。

初，敘體。爲謂窮靈極數，玅盡冥符耶。此初問因，前所説體非有無，用寂相即，動靜同時，理既幽玄，故今先敘定而問也。此先定體。言爲謂者，審定之辭。窮即極也。靈知，即智數也。玅盡者，智體無知也。冥符者，智體無知，即與無相理冥合也。耶，疑詞也。疑意云，爲當窮極智數玅盡知照之相，冥符虛無之理，故曰體無知耶。

△二、敘用。爲將心體自然，靈怕獨感耶。次定用也。爲將，亦審定之辭。心體靈怕，竝智也。自然者，無所作爲也。獨感者，常途説感屬生，應屬聖，今明聖心唯自感悟，無所應化，曰獨感。意謂，爲當心體無所作爲，智用獨自感悟，乃曰用無應耶。據此所敘，般若無知爲體，無作爲用，甚得玄旨。但向下別有疑情耳。

△二、牒問體用，文二。

初，難體屬定慧。若窮靈極數玅盡冥符，牒上智體同無。則寂照之名，故是定慧之體耳。劉公意謂，冥符體上必有靈照不昧，故欲立寂照定慧之名，而詮召之，由此故情解未亡，即乖法體，故論主向下不許也。

△二、難用當息應。若心體自然，靈怕獨感，牒上無爲之用。則羣數之應，固以幾乎息矣。羣數者，隨機不一之智爲能應。幾者，將近也。息，止也。劉公雖知靈照無心，未達無心普應，故疑寂怕自然則應化之心近於止息矣。此乃錯謂無心爲不應，故論主向下不許。

△三、牒上請答。夫心數既玄，而孤運其照，此牒上敘體。雖心體虛玄，而靈照孤運，故欲召之爲寂照。神淳智用自然。化表，獨感不化曰化表。而慧明獨存。既無心應用，慧明自悟，故曰獨存。此牒上敘用也。然據劉公已達般若寂照爲體，無作爲用，深得玄旨，但不合立寂照之名爲體，用中以無心爲不應。此乃故問，以爲將來

下請答。當有深證，可試爲辨之。請意云：論主一向以無知爲體，無應爲用，必當深有證見，且爲辨析之。

△二、照用空有不同問，四。

初，呈疑。疑者，當以撫會應機覩變之知，不可謂之不有矣。此因前云俯仰順化，應接無窮而無照功。疑云，既撫會應機，必有知照，何謂而無照功，故曰不可謂之不有，不有即無知也。

△二、引論。而論旨云本無惑取之知，而未釋所以不取之理。前第一問答中所説本無惑取之知之義，今劉公牒文爲疑。若爲本無惑取故曰無知者，而論主未釋不取之理，有何所以。

△三、正難，二。初，開兩關。謂宜先定聖心所以應會之道。欲定聖心知有知無，方可明應會之所以。爲當唯照無相耶，一向照理即知無也。爲當咸覩其變耶。變，即萬變事法。一向達事，故即照有也。△二、明互違。若覩其變，則異乎無相。照事則事有相，與無相之理有異。若唯照無相，則無會可撫。照理則理空寂，故無應會撫接衆生。故下論主答云，豈復真僞殊心，空有異照耶。既無會可撫，而有撫會之功。既無心接物，何以前明聖心有撫接應會之功。前所謂俯仰順化等，則必須有知，不可云無知。

△四、請答。意有未悟，幸復誨之。悟，曉也。未曉應而無知之旨，幸乞訓誨開示也。

△三、是當是非悟惑問，四。

初，牒前論。論云，無當則物無不當，無是則物無不是，物無不是故是而無是，物無不當故當而無當。此文已釋。今先牒之。

△二、敘所解。夫無當而物無不當，乃所以爲至當。劉公已知真境無相之相爲至極當對也。無是而物無不是，乃所以爲真是。又知真智無知之知，此爲真實是當之智。此上皆領悟也。但不曉拂迹云是而無是，當而無當，故有疑也。今先敘所解，然後致疑。

△三、致疑問，文二。初，是非問。豈有真是而非是，至當而非當，而云當而無當，是而無是耶。疑云，論主對至當説非當，故云當而無當。又對真是立非是，故云是而無是。耶之一字，即疑辭也。△二、悟惑問。若謂至當非常當，真是非常是，此蓋悟惑之言本異耳。常是常當者，汎常境智也。本者，從來義。劉公又疑論中，約悟達者説前至當真是，約迷惑者説今常是常當，既悟惑有異，乃云是而無是，當而無當。若然者，則一悟一

惑，從來自異，何必言之。

△四、求示誨。固論旨所以不明也。固者，承上之詞。雖以是非悟惑，疑其所説如此，尚未明決定之義。故曰不明。願復重喻，以祛其惑矣。喻，明也。祛，遣也。願論主再爲明之，遣迷惑之心也。

△三、總結問，二。

初，敘宗乘結問。論至日，至廬山日也。即與遠法師詳省之。劉公在白蓮社，故與遠法師同見此論，詳而尋省。法師亦好，句，去呼。相領得意。遠師亦好尚此文，兼領得意趣。此上明解同，下明疑異。但標位似各有本，標位者，標指師承之位也。各有本者，宗各有本。然《般若論》最爲先作，劉公未見前五名一義之宗，故自云論主師羅什，以一音爲宗，劉公師遠法師，以法性爲宗，宗本各别，故有所疑也。或當平。不必理盡同矣。連爲一句讀。或當者，恐也，即疑辭。意謂師承各别，或恐見理不必盡同。故有所不曉，乃致前問也。

△二、敘同友結問。頃兼以班諸有懷，句。屢有擊其節者，而恨不得與斯人同時也。頃者，向也。非唯遠法師同問，兼諸友人疑意亦然也。班，分布也。有懷者，懷道同人也。擊節者，扣擊節要也。者，即人也。斯人者，彼指論主也。謂得此論日，又分布示諸同人，屢有扣擊節要之者，皆有所恨，不得與論主同處一時而決所疑也。

△二、釋答文，二。初，回書敘答。

法師釋答

論主釋答前問，亦先有書敘答意。此亦後人題之耳。

不面在昔，佇想用勞。慧明道人至，得去年十二月疏疎也，疎通情意，即前書也。并問。披尋返覆，欣若暫對。如暫面對。涼風屆節，頃常如何。《爾雅》云，北風曰涼，秋風多北。貧道自謙也。乏道德曰貧道。勞疾，勤勞未息，患不知道故。多不佳耳。佳，勝也。信書也。南返，不悉。不備悉也，返復南方故。八月十五日，釋僧肇疏答。古者書有廣略，此上略陳，下廣云。

服像雖殊，雖僧俗像異，服飾亦殊。玅期不二，微玅爲期，彼此不二。江山雖緬，遠也。理契即鄰。近也。所以望途致想，虚襟心也。虚自心致想。有寄。如有所託。君既遂嘉遁之志，遁，隱也。標越俗之美，獨恬心靜曰恬。

事外，歡足方寸。塵外之歡，足悦於心。心曰方寸。每一言集，聚也。何嘗不遠指彼聚集言論，何有不遠。喻林下之雅詠，高致悠然。喻，比也。悠然，遠也。晋有七賢，即劉靈、向秀等，俱隱山陽竹林，高遠雅詠。劉君比之亦然。清散未期，未期相見。厚自保愛。每因行李，數有承問。願彼山僧祝頌廬山清衆。無恙，《爾雅》云，恙，憂也。安曰無恙。道俗通佳。遠師領徒七百，於時周續之、靁次宗等入蓮社，故曰道俗。佳者，勝也。承遠法師之勝常，以爲欣慰。道行異常。雖未清承，清心承稟。然服膺高軌，企佇之勤，爲日久矣。佇望日久。公遠公。以過順之年，湛氣彌厲，彌，多也。厲，勤也。養徒幽巖，抱一沖谷，抱一者，心契一乘。玄門沖深也。遐邇遠近也。仰詠，何美如之。每亦翹想一隅，方也。想遠師所居。懸庇霄岸。如在雲霄之下，承彼庇廕故。無由寫敬，致慨歎也。良深。君清對終日，快有悟心之歡也。劉君清對遠師，故有悟心之歡悦。即此大衆尋常，答前問逍遥園事。什法師如宜。常也。秦王後秦第二主，諱興。道性自然，道法自然，秦王得之。天機邁俗，邁，超也。城塹三寶，城下河曰塹，此護其城，故可比秦王護三寶也。弘道是務。以弘道爲務。由使異典下云新經二百餘部。勝僧，下文可見。方始也。遠而至，靈鷲之風，萃於茲土。昔日世尊説上乘於靈鷲山，真風玄範，今並聚於秦國。領公遠舉，往也。支法領往西土取經。乃千載之津梁橋梁可以渡流溺，比至教可以越塵勞，故曰津梁。也，於西域還，得方等新經二百餘部，古《華嚴》等經。請大乘禪師一人，即佛度跋陀羅，此云覺賢，善得大乘禪觀故。於時，惠觀、惠嚴等，於西域請一大德東歸，彼諸德曰，非佛陀，餘人不可，遂共來之長安。後廬山遠法師迎接入山，翻譯禪經，從其禀受。後於揚州謝司空寺，譯古《華嚴經》。三藏法師一人，雖解通三藏而傳譯律乘，即弗若多羅。毗婆沙法師二人。論師，譯《毗婆沙論》，即曇摩掘多與曇摩耶舍。什法師於大石寺，出新至諸經，法藏淵曠，日有異聞。即《法華》《金剛》等經。禪師於瓦官寺教習禪道，門徒數百，三四已上皆數。徒者，屬也。教習禪心道業。夙夜匪懈，《毛詩》次句云以事一人。即策勤不捨朝夕也。邕邕和也。肅肅，整齊也。致可欣樂。愛樂也。三藏法師於中寺出律藏，本末精悉，弗若多羅也，同羅今譯《十誦律》六十一卷。婬盜殺妄四戒，爲根本。僧伽已下，枝末。譯之無失，曰精悉。若覩初制。如見佛之初制。毗婆沙法師於石羊寺，出《舍利弗阿毗曇》秦言無比法。胡本。胡是梵也。論有二十二卷，或三十卷，道標法師序。雖未及譯，時問中事，發言奇新。弘始十年譯，十一年羅什亡，即知此書是九年中事。預問論中事理，言論奇新也。貧道一生，猥參嘉運，遇茲盛化，猥，弊也，謙云弊迹。嘉運者，善時，見聞異典勝僧故。盛化，即遇秦王明化故。自恨不覩釋迦祇桓之集，但恨不在祇園親預佛會。餘復何恨。餘無所恨。而慨歎。不得與清勝君子同斯法集耳。不得與劉公同會逍遥法集，又有此恨也。生上人頃向也。在此同止數年，生公在秦三年。至於言話之際，常相稱詠。歎也。中途還南，中途，指前路也。已歸廬阜，故曰還南。君得與相見。未更近問，惘悒何言。惘悒者，心之懸想無已，何以言也。威道人至，曇威亦廬山人，至長安也。得君《念佛三昧詠》，并得遠法師《三昧詠》及序。三昧，此云正受，此通事理。正念於佛，故云念佛三昧。遠法師《序》詠此事，劉君繼和。威道人示論主，故今美之。此作興寄既高，《毛詩序》云，詩有六義，曰風，曰賦，曰比，曰興，曰雅，曰頌。念佛之詠乃寄興之義，美其高作也。辭致清婉，美也。立文清美。能文之士，率稱其美，率，伏也。作者皆率伏稱美。可謂遊涉聖門，叩玄關之唱也。詠念佛之旨故，遊涉聖門，叩擊玄關也。君與法師當數有文集，因來何少。求見廣集。什法師以午年弘始八年屬丙午。出《維摩經》，譯出也。貧道時預聽次，參承之暇，輒復條記誠言，以爲註解。什師隨譯而講，肇師隨聽而註，即今現行四註之一也。條記者，逐文記録也。誠言者，講者諦實之辭也。辭雖不文，然義承有本。承講者所説爲本據。今因信持一本往南，南附呈劉公。君閑詳，試可取看。得閑詳審，且試取看。

來問婉切，正敘前問婉美切當也。難爲郢人。《莊子》云，郢人以污漫其鼻端，若蠅翼，使匠石斲之。匠石運斤成風，聽而斲之，盡污而鼻不傷，郢人立不失容。今比劉公切問如彼匠石，論主自謂難爲對受，故如郢人。貧道思不關微，兼拙於筆語，並謙語也。心不涉玄，語多短拙。且至趣無言，言必乖趣，理本絶言，問答皆失。云云不已，竟何所辨。今問答不已，則乖旨失趣，何所辨耶。下云，相期於文外耳。聊以狂言，示訓來旨耳。無言彊言曰狂言，所爲訓來旨也。

△二、正答所問，三。初，總答疑意，二。

初，略牒所問。疏云，古多以書曰疏。疏，疎也，疎通情意，今指彼書云。稱聖心冥寂，理極同無，雖處有名之中，而遠與無名同，斯理之玄，故常所彌昧者，稱者，指彼所說也。者字是牒。

△二、勸令證悟。以此爲懷，自可忘言内得，取定方寸。爲前劉公述所疑，皆合正理，但能疑之心，自稱彌昧，故今更不别答，但勸令捨執除疑，苟不滯言，理當自顯。既以至論在懷，理圓言偏，言生理喪，故當内照而亡言得旨，取定在心，不在言也。下責之云，復何足以人情之所異，而求聖心之異乎。前云欲求聖心之異，世人斷常情執則有異，聖心豈有異也。

△二、别答三問，三。初，體用不二真常答，文四。初，正明體用答，二。

先，牒問。疏曰談者謂牒彼疏曰，指彼談論之者所謂也。窮靈極數，妙盡冥符，則寂照之名，故是定慧之體耳。若心體自然，靈怕獨感，則羣數之應，故以幾乎息矣。

△二、正答，文二。

初，雙非顯不二。意謂論主自意所謂也。妙盡冥符，不可以定慧爲名，窮極智體，以至於無知，妙盡冥符之義甚顯。寂照定慧，但此體具，非即是體。以體絶思議，故云不可也。此則許劉公已知體性靈寂，但不合立定慧寂照之彊名，故知解不亡，豈能證入。靈怕獨感，不可稱羣數以息。已知智用靈怕自感，此爲應本，有緣則應，何嘗止息，故云不可。此如明鏡無心隨照現像之義。今許劉公已達無心之心，但不合以無心爲不應，故今雙非之也。兩言雖殊，妙用常一。一體一用，曰兩言。體不礙用，故無知而知。用不礙體，故應而無應。既全體全用，故曰妙用常一也。或體有知無知兩言，用有應無應兩言，總之則有無兩言，在般若常一也。迹我而乖，在聖不殊也。迹，言也，言是心之迹。執我之言，則體用有無見異。在聖人得之，體未嘗殊用，用未嘗異體，所以虚不失照，照不失虚也。

△二、推釋明體用，二。

初，推。何者。何故。體不可名定慧，用不可稱息應。

△二、釋，中二。

初，釋體。夫聖人舉人顯智。玄心默照，理極同無，玄心者，心智虚玄，照無照相，故曰默照。此則玄心猶屬智，默照即理也。智即理故，極同虚無。此即前所謂窮靈極數妙盡冥符也。清涼云，照體無自，即是證如。理智雖有二名而無二體。此正明一心理智也。既曰爲同，同無不極，無不極者，蓋言於至極也。許劉公既推智即於理，此乃達之於至極，不奪云。何有同無之極而有定慧之名。定慧者，《華嚴》云，禪定持心常一緣，智慧了境同三昧。定者，心一境性也。即心冥境之一性曰定，了境之性一曰慧，此皆心境照用也。今既始覺合本内證自心，豈容更立心境可定可慧之解心耶。故責云何有也。若有解心，即同分別。定慧之名，非同句。外之稱也。定慧名義即所解之境，必有能解之心，故非同無之玅契，乃知是玅盡冥符外之名稱耳。下先釋非同云。若稱生同内，有稱非同。若有定慧之稱，須具心境能所，故非理智同無也。故觀云以生心動念，即乖法體，失正念故。次釋外之稱云，若稱生同外，稱非我也。若知定慧之稱是内證外之名字，即知非我智體所有也。故上云不可以定慧爲名。

△二、釋用。又釋上所推何故用不可言息應。聖心虚微，妙絶常境，能應之心，本無思慮，故虚寂玄微也，即前所謂心體自然。常境者，常情有無境也。妄心因境而起，隨境有無。聖智靈明永悟，故玅絶常境，即靈怕獨感。此明虚無爲體，長存以爲應本也。感無不應，會無不通，感屬生，應屬聖，會即合也。《易》云，感而遂通天下之故。聖人無心而長應，應之于有感，衆生根感則聖應，無不會合，故能應之心無所不通也。冥機潛運，其用不勤。樞機乃運動之處，以喻於智。今由冥寂潛密，即無用之用，故用無勤勞也。前所謂神彌静，應逾動。下責所問云。羣數之應，亦何爲而息耶。亦何爲者，本自不爲也，今何説息耶，故云不可稱羣數以息。然劉公所問，已達心體虚無，用常無作，但欲體上立定慧之名，用中疑其不應，今但除其疑，不除其解。疑情果遣，體用不二之理自明，則寂而常用，用而常寂，何所惑也。

△二、揀異斷常答，四。

初，對妄顯真。且夫心之有也，前問意，所謂體必有知，用必有應，蓋以斷常之心，欲求聖智之異故，今揀破。且夫者，汎敘之辭。心之有者，心有知用也。以其有有，有不自有，有有者，有境故心有知用也。則知用之有，不自常有。既由境有則心有，境無則心亦無。此體此用，不離斷常也。故聖心不有有，聖人之心，體用真常，不因有境而暫有也。不有有故，有無有。有無有者，有體有用，全同虚無之有也。有無有故，則無無。既真心體用虚無長有，故無斷見之永無。無無故，牒上也。聖心不有不無。不同常見之有，亦不同斷見之無。不有不無，其神乃虚。神者，不測也。智之體用，不可以有無測者，乃同虚寂故也。此明般若一心體用，不同斷常之情惑也。

△二、推釋真妄，二。

初，總推。何者。何故妄心不離有無，真心不有不無也。

△二、別釋，中二。

初，釋妄心。夫有也，無也，心真也。之影響也。有無者，妄心也。影響者，喻不實也。影有光影及照物成影，今取後義。響有聲響及谷中答響，今亦取後義。因物有影，因呵有響，以喻全真心起妄心，由境有故心有，境無故心無，有無妄心乃即真之影響也。言也，象也，影響之所攀緣也。言象有無，乃妄心攀緣之所。此明劉公以妄心取言象有無爲般若也。《略例》云，言生於象，故可尋言以觀象，象生於意，故可尋象以觀意。又云，得象而忘言，得意而忘象。所以達心境有無者，當即妄以會真也。

△二、釋真心，二。

初，明即妄之真。有無既廢，則心真也。無影響。有無妄心，由即真故廢而自盡，即真心本無影響之虛妄，如即波了水，波相自盡。影響既淪，則言象莫測。淪，没也，泯絕之義。影響妄情既泯，則言教義象亦絕，故云莫測。言象莫測，則道絕羣方。道謂教道也。羣方者，不一之法門。所謂寂照、定慧、體用、有無等，本爲遣情故立義解，今情亡解泯，教道法門竝絕，故曰道絕羣方，即觀云不可亦不可也。道絕羣方，故能窮靈極數。教道絕故唯證相應，故能窮極智數，以至於虛玄也。窮靈極數，乃曰玅盡。玅盡者，智即無知也。玅盡之道，本乎無寄。智無知故，同真理之寂滅。理智不二，迥絕無可寄也。此則無分別智，合無差別理。故清涼云，照體無自，即是證如。前所謂妙盡冥符，理當如此，豈於此存寂照定慧之虛名也。

△二、顯即體二用。謂問者體用各陳，故有無疑異，今由即妄顯真，真能境智，故次明即體之用。文二。

初，正明體用。夫無寄在乎冥寂，冥寂故虛以謂之。述體也。冥寂者，智即理故，冥同寂滅。謂之虛玄，是言體也。玅盡存乎極數，極數故數以應之。明用也。玅盡之義，由窮極智數，至於無知，故曰存乎極數。雖極數體寂，而靈知不昧，常照於理事，故曰數以應之。有本，上句末多玅盡，此句中少極數。近人以古本校之，加削。今詳上下相躡，於理頗當，故今從之也。數以應之，故動與事會。動，用也。即體照用，常與事理會合。虛以謂之，故道超名外。言體則常談於虛寂，理超名相故。道超名外，因謂之無。知即無知，應即無應，既顯智體，故曰般若無知無慮。動與事會，因謂之有。無知即知，無應即應，言用故曰智有知，神有應。

△二、結用歸體。因謂之有者，應夫真有，語用則真有知應。彊謂之然耳，彼何然哉。體本具用，故立知應之彊名。用本自寂，何有知應可得之相。

△三、引經證成。故經云，聖智無知而無所不知，無爲而無所不爲。上句實智，即體而用。下句權智，即體而用。故聖人照理達事之用，未嘗離體。

△四、結顯不二。此無言無相寂滅之道，此指智體也。離言說相，離心緣相，究竟寂滅之道，唯證可到。豈曰有而爲有，無而爲無，動而乖靜，靜而廢用也。爲，是也。豈聞説有無動靜而以斷常之情測度也。又，有無約實，動靜約權，權實皆即體之用，故無有無動靜之異也。

△三、責問非真答，四。初，汎敘迷真，二。

初，敘迷情。而今談者，者，即是人。雖汎敘今時談論，意在責於問者，多即言以定旨，多謂多分，未必全如此也。即言定旨，如以所標指爲明月也。尋大方而徵隅，懷前識以標玄，大方，語出《道經》，云大方無隅。徵者，推也。隅，即角也。欲尋大方，必曉無隅，而推覓隅角者，豈曉大方也。懷，心也。前識者，亦《道經》，云前識者道之華。則前識非玄道。標者，指也。認前識爲玄道，豈謂達道也。此則借外書以斥學者執言教而迷至理，滯於有無，劉公所云欲求聖心之異是也。存所存之必當。去呼。是也。存，執也。心爲能存，道理爲所存。心存異解，乃謂必是正理，故執有無，疑於聖智也。

△二、明執教。是以聞聖有知，謂之有心。聞聖無知，謂等太虛。有無之境，邊見所存，豈是處中莫二之道乎。邊見者，有無二邊執見也。見爲能存，二邊爲所存。聞説聖心，有則執有，如於妄想。聞説聖心，無則執無，同於太虛。即以邊見而滯有無，豈於有無不二之間得般若之玄道。

△二、推釋玄旨，二。

初，推。何者。何以謂之處中莫二之道。

△二、釋，三。

初，標真境。萬物雖殊，相也。然性本常一。性也。此則不壞假名而談實相，故曰處中玅道。

△二、示迷悟。不可而物，然非不物。上句，不可執相爲真。下句，不可壞相見理。言非不物者，非無物也。可物於物，則名相異陳。執有則迷一性平等，故名相異陳。不物於物，則物而即真。不滯相而見性，故即物而契真，此曰處中莫二也。

△三、明智照。是以聖人不物於物，不非物於物。不非物者，不壞物相也。不滯物相爲實，不壞物相求真。不物於物，物非有也。不非物於物，物非無也。緣相非實有，緣起非實無。非有所以不取，非無所以不捨。不取物相，相虛幻故。不捨物相，相顯然故。不捨故，妙存即真。不捨物相，即相而觀無相，曰妙存，故即事即真也。此顯即隨緣而觀不變，所以不捨。不取故，名相靡因。萬物雖衆，非名即相。靡，無也。因，由也。萬物皆真性攬緣而起，外無別因，故曰靡因，以離真理外無片事可得故。此明即不變而達隨緣，所以不取。名相靡因，非有知也。了真無俗，智無取相之有。妙存即真，非無知也。即事契真，智非木石之無。

△三、引經證成。故經云，般若於諸法，標境智。無取非有，所以不取。無捨，非無，所以不捨。無知非有知也。無不知。非無知也。此證成上義。

△四、結責情執。此攀緣之外，絶心之域，攀緣即妄想。絶心者，絶妄心。妄心即攀緣，攀緣即著有無。聖智出於外，故絶之也。此結上下責。而欲以有無詰者，不亦遠乎。詰，問也。欲求聖心有無而致問者，甚違遠也。然情不可及智，故遠之彌甚。

△四、返詰玄旨答文，二。初，推有無，二。

初，標意。請詰夫陳有無者。請，求也。詰，問也。夫，語助也。陳，説也。劉公前説般若體用有無之異，今推求詰問，必無此理也。者，是牒辭也。

△二、推詰，三。

初，求有不成。夫智之生也，極於相內。生，起也。妄智因境而起，故極於相内，乃曰有知。法本無相，聖智何知。聖智照真法，真法本無相，真智何有知。此求有不成。

△二、推無不是。世稱無知者，謂等木石太虛，無情之流。無情者，無靈覺也。流者，類也。世人説木石太虛及諸無靈覺之類爲無知。靈鑒幽燭，形於未兆，道無隱機，寧曰無知。靈鑒者，智用也。幽，深也。燭，照也。初句，明智徹理源也。形，現也。未兆者，朕跡未生。次句，明照窮物始也。道者，不二理也。機，即機關運動，喻智用也。不二之道在智，則不能潛隱。後句，明雙照理事也。反顯智用豈同木石之無知。末句，結顯也。此推無不無也。

△三、顯非有無。且無知生於無知，無無知也，且者，牒上辭也。世有無知之名，起於木石無知之體。般若寂而常照，故無無知之名體可陳。無有知也。此文影上，合先云有知生於有知，世

有有知之名，起於妄想有知之體。般若照而本寂，故無有知之名體可陳。無有知也，謂之非有。無無知也，謂之非無。謂者，評論也。般若既無有無之名可詰，必當以非有非無推詰評議之也，故前云般若之體非有非無等也。所以虚不失照，非無也。照不失虚，非有也。怕然永寂，心靜曰怕，怕即寂也。智體本寂，故云永寂。靡執靡拘，靡，無也。執拘，皆心有所著。智用無爲，豈有拘執。敦能動之令有，靜之使無耶。不可執用爲有，執體爲無，而以有無陳之也。

△二、顯玄旨，三。

初，引經標玄。故經云，真般若者，真簡虚妄標也。非有體用虚寂。非無，體用。無起體用非新生。無滅，體用非後滅。般若中有六不，今非有無即不增減，無起滅即不生滅，垢淨豈存，故兼之。又，有無起滅各具四句，謂一非有，二非無，三非有無同時，四非有無俱泯，起滅亦然，所謂四面不可取也。不可説示於人。離上四句，將何言説以示於人，唯内證可得，非見聞所知也。

△二、推釋玄旨。何則。既云非有無等爲真般若，何以又云不可説示耶。言其非有者，牒經。言其非是有，出經意也。爲明般若非是實有知照故説非有。非謂是非有。遣執，不可聞説非有便謂般若屬無。言其非無者，牒經。言其非是無，出經意也。爲般若非是頑嚚之無，故説非無。非謂是非無。亦遣執，不可聞説非無便謂屬有。是知經説非有非無等，但遣執著，畢竟不能言於般若，故知般若不可説也。非有非非有，非無非非無。此又雙拂上言迹。恐有云，由般若離二邊故，經説非有非無，雖不可以有無説，則非有非無之言豈非説般若，故今拂之。竝上二字牒經，中間非字爲能拂，下二字爲所拂。良由二執情亡，般若本無非有非無之名字，此如病盡藥除之義，離四句，絶百非，曰真般若也。

△三、結勸尋玄。是以須菩提終日説般若，而云無所説。此絶言之道，知何以傳。《大品》意云，諸天子聞須菩提説般若。諸天子云，夜叉語尚可解，須菩提語不可解。須菩提云，諸天子不解不知我無所説也。良由真智絶言，言不可及，不知以何爲傳授。古詩云，枯桑知天風，海水知天寒。今亦云知何以傳，蓋言不知也。庶參玄君子，有以會之耳。庶，望也。參玄君子者，指劉公也。望契會言外之玄旨耳。

△二、照用空有同時答，二。

初，略牒前問。又云，宜先定聖心所以應會之道，爲當唯照無相耶，爲當咸覩其變也。牒上，可見。

△二、正答所疑，二。初，直敘疑情答，三。

初，敘問乖真。談者似謂無相與變，其旨不一，覩變則異乎無相，照無相則失於撫會，謂前所問照用空有不許雙行，甚違大乘實理，今不欲直破，故云似謂。其旨者，般若義趣也。不一者，空有不許同照故。然則即真之義，惑有滯也。有無竝照，理事雙融，故曰即真乃實教之義趣。問者未曉玄旨，惑而有滯也。

△二、示其正義，四。

初，引經立義。經云，《大品·習應品》文。色不異空，空不異色，色即是空，空即是色。此約境明智用雙行，立上即真之義。然色空有無，多就情揀，理事性相，多約智論。今據劉公所問，不許互照，滯於斷常，故初句簡實色，次簡斷空，後二句一念雙簡，得智用者，則事不異理，理不異事，理事互融，空有竝照。雖《心經》亦有此四句，秦世未有，故引《大品》爲定也。

△二、悟惑對釋，二：初，敘迷情。二、示正義。

今初。若如來旨，如汝來問之旨，下同。觀色空時，照色空時。應一心見色，一心見空。空色殊照，故各一心。若一心見色，則唯色非空。若一心見空，則唯空非色。即上云，覩變則異乎無相，照無相則失於撫會。然則空色兩陳，莫定其本也。此責也。陳，說也。真空幻色，本自不二，今既各說，故失不二之本也。

△二、示正義。是以經云非色者，牒上經中，即色明空義。誠以非色於色，經說真空即幻色故。不非色於非色，上非色是真空，下非色是斷空，不說真空是離色滅色故。若非色空也。於非色，離色滅色。太虛則非色，釋上非理也。空若離色，唯太虛離色耳。非色何所明。出過也。斷滅之空，無知無用，非修非證，何必辨明。若以非色真也。於色，幻也。即非色不異色，非色不異色，色即爲非色。色空不二爲經正義，顯矣。

△三、結顯所以。故知變即無相，無相即變，羣情不同，故教迹有異耳。羣情者，執心不一也。爲執色爲實者，說不異空，執空爲斷者，說不異色，故立教設迹有異也。攷之玄籍，本之聖意，豈復真僞殊心，空有異照耶。攷本者，推校也。玄籍者，《大品》也。僞者，虛也。俗諦幻有，曰僞。謂推攷《大品》文意，豈謂心有真俗之殊，境有空有之異。此亦破前所執也。

△四、會通前義。是以照無相，不失撫會之功。覩

變動，不乖無相之旨。造有不異無，照色不異觀空。造無不異有，觀空不異照色。未嘗不有，未嘗不無。嘗，曾也。理事雙照，空有同觀，故不照則已，照則未嘗有異。故曰不動等覺而建立諸法。此是《放光經》，前牒爲問端，故今重引證，兼示之也。

△三、結責所問。以此而推，寂用何妨。以，用也。用經正義推尋，故知般若寂用同時，何妨礙也。如之何謂覩變之知，異無相之照乎。責也。

△二、就解推破答，三。

初，敘錯解。恐談者脱謂空有兩心，靜躁殊用，恐者，不定之辭。脱，錯也。躁，動也。劉公所見未必如然，或恐有此錯脱而謂聖心空有各照，動靜用殊。由此錯解，故下牒彼所云。故言覩變之知，不可謂之不有耳。

△二、勸探玄。若能捨己心於封內，尋玄機於事外，然般若等智，豈獨在於聖心。凡心既全真而起惑，但當即惑以求真。故今勸捨内封，般若故非外得。封，執也。内執有無，勸之令捨，玄機妙智出有無之事外，勸之令尋。尋言而得意者，可以忘言。忘言得意，意無所得，則誰曰不證耶。齊萬有於一虚，曉至虚之非無者，此勸得已而用也。齊，平也。一虚者，至理也。玄機發照，則觸事皆理。理不離事，故至虚之理非無也。者，即牒指在人能如是者。下云，當言至人終日應會，與物推移，乘運撫化，未始爲有也。此又勸其説化傳通。當此之時，可作此言也。上三句，即前俯仰順化等。末句，即而無照功。

△三、責所執。聖心若此，何有可取，而曰未釋不取之理。劉君前曰本無惑取之知，而未釋所以不取之理。故今責之。聖心本自無取，故言不取。不取之理，何更待釋。

△三、雙非是當悟惑答，四。

初，牒前領問。又云，無是乃所以爲真是，無當乃所以爲至當，亦可如來言耳。初牒前，次領問。如其來問，亦可如此。然劉公已知真智無知而知，真境無相即相，但未曉知即無知，相即無相，故前立至當非當、真是非是而問，故今先領其所悟，次破其所執，故云亦可耳。

△二、縱奪而答，文二。

初，縱其所悟。若能無心若內無執異之心，方爲能善也。於爲是，立真是。而是於無是，以真是對立於非是也。雖知真智無知而知，立此以爲真是，待之故有非是矣。真非之見，惑在執心，若無執心，方乃善了。下當義同此。無心於爲當，立至當。而當於無當以至當對立於非當，雖達真境無相而相，若至當非當執心不亡，則不可也。者，牒上也。能絶是非之執者。則終日是，不乖於無是，終日當，不乖於無當。既達無知而知，則了終日知而無知，又達無相而相，則知終日相而無相也，此則但除其執，前義自顯矣。

△二、奪其所執，文二。

初，正明。但恐有是於無是，有當於無當，所以爲患耳。有是者，有真是也。無是者，無知也。當義准此。但恐劉公於無知立有真是，於無相立有至當，則執心不除，惑患生也。

△二、徵釋。何者。徵也。有何患耶。若真是可是，至當可當，可是當者，實有真智真境也。下出過云，則名相以形，美惡污音。是生，生生奔競，孰與止之。形，現也。美，好也。至當真是名相現，則美好心生。非是非當名相現，則猒惡心生。欣猒不亡，則輪迴奔競，孰能止絶。此則正在無明深坑，般若智照豈在是非可得耶。又美惡心念，紛紜奔競，何能止息，故非般若寂照如是。

△三、顯示正義。是以聖人空洞其懷，無識無知。内心曰懷。洞者，亦空也。心體寂滅，空之又空，故曰空洞也。分别名識，緣慮名知，心體本絶故皆曰無。此顯智體寂滅，境智同如。然居動用之域，而止無爲之境，處可名之内，而宅絶言之鄉。此二句各明即用之體。居動用處，可名皆見，心境歷然。即心無心，即境無境，故止無爲宅絶言也。此顯前是而無是，當而無當之義。又，上句明心境相即無相，下句顯名即無名。無名無相則湛寂，有相有名則繁興。故上云，言用即同而異，言寂即異而同。寂寥虚曠，莫可以形名得，若斯而已矣。若了全用之體，體絶心境形名，所解如此者，則可如其來問也。

△四、結責非問。乃曰真是可是，至當可當，未喻雅旨也。喻，曉也。此上結責。恐是當之生，物謂之然，彼自不然，何足以然耳。此非其所問也。恐者，不定之辭。生，起也。物者，俗諦萬物也。然者，如此也。彼者，真心絶相也。心境是當，起是非形對，恐於俗諦萬物可説如此，彼真心本絶能所異相，何足彊以是非之情而求也。

△第三，結勸探玄。然前結問，蓋因執言滯迹，師承有殊，雖擬聖心，必成局執。故今結前所答，泯迹拂言，而令直造玄微，即心即智者矣。文三。初，言迹迷悟，文二。

初，明迷則生執。夫言迹之興，異途之所由生也。

言迹者教義也，即前所陳標位有本、宗旨不同，立教爲言，設義爲迹。且聖人立教詮義，爲所不達者，以指標月也。情見既多，興言亦異。若各興教義者，則見解多途，故曰異途之所由生也。

△二、顯了則造玄。**而言有所不言，迹有所不迹。**言迹不能詮辨於至理，蓋心言罔及，故曰不思議也。

△二、舉善達之人。**是以善言言者，求言所不能言。善迹迹者，尋迹所不能迹。**善達言而聽言者，方能求言在於無言。善達義而觀義者，始能尋義，在於無迹。言迹既亡，豈分宗異也。

△三、結顯玄微。**至理虛玄，擬心已差，**非解所到。**況乃有言，恐所示轉遠。**非言所及。**庶通心君子有以相期於文外耳。**庶，望也。通心君子者，望劉公内照，同契言迹之外，爲所期也。

△三、《涅槃無名論》明理智不二顯證一。前論，境則真俗互融，智則根後體一。今由境智不二，一如無二如，唯此一法，本自無爲，真常寂滅，離一切相而即一切法，斯爲證之至極，爲顯示此義，故次來也。約教理則前淺後深，一道豎窮，至此，在行果則同時修證，起必全真，但心境不二而二爲修，二而不二爲證。故前論則能所未亡，此論則泯絶無寄。大凡實教，從因至果，一道用心，始終如此。故初住發心，許有分真成佛之義。故知即因即果，即行即證矣。《華嚴》云，初心畢竟二無別，如是二心先心難。彼約事頓，此約理頓，故知不俟三祇方爲果滿。又此論來，雖則理由前論，發起亦在秦王。秦王既先唱此宗，論主乃迎述幽旨。由此論來乃有二意，一成立主宗故，二圓滿教理故。由斯二意，故先有表文，次方立論。依此分文：初，表文。二，論文。初中又二。初，表題。

上涅槃論表

古題云并表，今依近本。此題亦後人立。下奉於上，曰上。表，外也。伸明本意，已在表文。既因秦王作論，論成故表進之也。

△二、表文，三。

初，總歎王德。**僧肇言：肇聞，天得一以清，地得一以寧，君王得一以治天下。**聞外書所説也，即《道德經》文，今文略。彼云，矦王得一，以爲天下政。始皇諱正，故云治天下。**伏惟陛下，**指階陛之下。**睿哲欽明，**此四者，語出《尚書》堯舜二典。今以至德，歎秦王也。**道與神會，**無爲曰道，不測曰神。神解契於道性曰會，此明具王德。**妙契環中，理無不統，**環之中，蓋言於空也。中不空，則非環矣。達空理故，能統該羣物。此歎知佛理也。遊刃萬機，弘道終日，上句美王業，下句讚外護。威被蒼生，垂文作則。蒼生者，言天之生靈，威德覆被，又垂訓以禮樂之文，作則故。所以域中有四大，而王居一焉。《老子》云，道大，天大，地大，王亦大。

△二、敘述宗由，四。

初，歎至理深玄。涅槃之道，標一乘果法。蓋是三乘之所歸，方等之淵府，大乘了義曰方等。水深曰淵。府者，聚也。言一乘爲三乘究竟所歸，又爲了義教所聚之處。渺漭希夷，絶視聽之域，水無邊曰渺漭。《老子》曰：聽之不聞曰希，視之不見曰夷。皆語妙道深玄。幽致虚玄，句。殆非羣情之所測。殆，且也。

△二、敘重恩謙感，文二。

初，敘恩感遇。肇以人微，猥蒙國恩，得閑居學肆，微，劣也。猥，鄙也。皆謙詞。蒙國恩故出俗，閑居學肆也。在什公門下十有餘載。此即在學肆也。載，即年也。論主十九師羅什，三十一亡，則知論成不久示寂也。雖衆經殊致，勝趣非一，然涅槃一義，常以聽習爲先。聽習涅槃義，是了義中最勝，故曰爲先。

△二、謙力寡微。肇才識暗昧，雖屢蒙誨諭，猶懷疑漠漠，爲竭愚不已，亦如似有解。然未經高勝先唱，不敢自決。不幸什公去世，諮參無所，以爲永慨。屢蒙羅什誨諭，疑心尚暗，故曰漠漠。且竭愚不已，似如有解，但未歷明師印受，故不敢自決。此乃奉主之言。又因羅什去世，師問無所，故慨歎長永。

△三、歎秦王明悟。而陛下聖德不孤，獨與什公神契，目擊道存，快盡其中方寸，《論語》云，德不孤，必有鄰也。神契者，神解相契也。目擊道存者，出《莊子》：仲尼曰，若夫仁者，目擊而道存，亦不可以容聲。快盡其中方寸者，目之擊視，頓領涅槃妙心。故能振彼玄風，以啓末俗。振，舉也。玄風者，涅槃真軌也。玄風將墜，故奮迅舉振，以開下流，故云末俗。康疏云，什法師亡後，秦王通四科義，一通聖人不住法住般若義，二通聖人放大光明義，三通三世義，四通一切法空義。第四即涅槃義。秦王通云，夫道者以無爲爲宗，若其無爲，復何所有耶。今歎此事，故云也。

△四、序答旨幽深，文二。

初，正明。一日，遇蒙答安城矦姚嵩書問無爲宗極。安城矦者，封受之爵也。姚嵩即秦王庶叔。書問者，姚嵩有書問秦王三義，不問三世義。問一切法空義，云不審明道之無爲，爲當以何爲體等文。秦王答云吾意以無爲爲道，道止無爲，未詳所以宗也等文。論主遇蒙答旨，即決疑心，故遂作此論也。下引秦王答文。何者。何謂無爲之義。夫衆生所以久流轉生死者，皆由著欲故也。欲者，悕望心也。未達萬法全真，外求理事，皆欲也，故見實有生死，流轉無窮。若欲止於心，即無復生死。即事而真，故理外無事可取，事外無理可求，即欲止也。生死即真，故無復生死。既無生死，潛神玄默，與虛空合其德，是名涅槃矣。心即真，故曰潛神。境即真，故曰玄默。不二之道，竪貫三際，横通十方，故德合太虛，即涅槃無爲之義。既曰涅槃，復何容有名於其間哉。百川入海，各失本名，萬法歸真，竝無異稱，故曰涅槃無名。此責安城侯所問以何爲體之異見，上竝秦王語。

△二、美歎。斯乃窮微言之美，極象外之談者也。下論主美歎也。《易》云得意而忘象，得象而忘言。今美秦王窮極無爲微玅之意，故出言象之外也。自非道參文殊，德侔慈氏，孰能宣揚玄道，爲法城塹，參，廁也。侔，竝也。二皆同義。文殊是不足梵音，具云曼殊室哩，此云玅吉祥，亦云玅首，亦玅德，即法王之子。慈氏者，姓也。梵云彌勒，名阿逸多，此云無勝，勝德過人故，即一生補處菩薩。今反美秦主道德，非與此二大士參竝，何能宣揚玄道深旨，爲佛法之城塹焉。使夫大教卷而復舒，幽旨淪而更顯。大教，即佛教也。幽旨乃無爲深旨。此二者去聖已遠，今之重興，故曰復舒更顯。尋翫殷勤，不能暫捨，欣悟交懷，手舞弗暇，豈直當時之勝軌，方乃累劫之津梁矣。尋文翫義，不捨於心目，一欣一悟，交集於懷臆，故手之舞之不暇也。直，但也。當時者，當今之時也。津梁者，津濟可以通舟運，梁橋可以接道行，今秦王立無爲之勝軌，使而今而後有出塵之正道故。

△三、秦聞作意，二。初，明作意，文二。

初，讚前義幽深。然聖旨淵玄，理微言約，可以匠彼先進，拯拔高士，懼言題之流，或未盡上意。先領前文義精當，故曰然也。聖旨淵玄者，秦王義意高深，無爲理微，王言簡約。匠，師也。拯，助也。先進利根，或有所疑，可以此爲師訓，拯助進趣也。懼言題之流者，言題既簡，不曉者懼之，即中下之流恐未能盡於上意，故今作論以備之。庶擬孔《易·十翼》之作，豈貪豐文，圖以弘顯幽旨，庶，望也。擬，比也。孔《易·十翼》者，孔子作十翼以贊易道。十翼者，上經彖一，下經彖二，上繫三，下繫四，大象五，小象六，文言七，敘卦八，説卦九，雜卦十。今比擬仲尼所作，豈貪於文，圖欲顯易旨之幽深。今亦不求多文，但顯秦王之深旨耳。輒作《無名涅槃論》。論有九折十演，即標下所作之綱領，竝如下釋。博採衆經，託證成喻，以仰述陛下無名之致。廣博採摭佛經，依託聖言爲證量，成立曉喻，以此讚述秦王無爲之義也。豈曰關詣神心，窮究遠當，非謂關涉造詣秦王神解之心。又非窮究秦王遠當之旨，下云。聊以擬議玄門，班喻學徒耳。但欲擬度無爲玄門，且〔三〕班布開喻後學之徒耳。

△二、助末章高判，文二。

初，敘判斥之義。論末章云，秦王通第四義，末章有此云。諸家通第一義諦，皆云廓然空寂，無有聖人。逍遥園諸家談一切法空之義，泯絶歸空，全同斷見。吾常以爲太甚逕庭，不近人情。吾者，秦王自稱也。太甚逕庭，出《莊子》。李頤音云，逕庭，激過也。著空過甚，不近人之情解也。下難云，若無聖人，知無者誰。知者證也。既無聖人，誰證無理。此斥不達之流，不能即有以契無。實如明詔，實如明詔。論主歎也。王言曰詔，詔旨明白故。夫道，恍惚窈冥，其中有精，若無聖人，誰與道遊。《老子》云，恍兮惚兮，其中有物等。今借彼文。恍惚者，似有若無，不可見故。窈冥者，深邃不可測故。無爲之道者，在乎杜絶思議之間，有而精微。游者，履也。雖平等味，同其道，合其微，其唯聖人乎。若無聖人，誰證道也。頃諸學徒，莫不躊躇道門，怏怏此旨，懷疑終日，莫之能正。幸遭高判，宗徒憒然，扣關之儔，蔚登玄室。頃，向也。躊躇者，猶豫不進也。怏怏者，疑恨也。此旨者，空廓之旨。高判者，秦王判斥也。憒者，快也。心之決了，曰憒然。儔，侶也。蔚者，艸木盛貌，今取盛義。疑心既決，進道者盛也。真可謂法輪再轉於閻浮，道光重暎於千載者矣。此亦歎，前佛滅後，聖賢已隱，法輪久不轉，道光長掩耀，今由秦王宣揚，故使再轉重照也。

△二、伸述作之懷。今演論之作旨，曲辨涅槃無名之體，秦王判釋已明，今乃委曲更辨。曲辨之意者，下云。寂彼廓然，排方外之談。寂，滅也。助秦王滅諸家廓然斷見。又《莊子》云，六合之外，聖人存而不論。則涅槃等義，皆方外之教。今明即事即真，故非方外之談，乃推排之也。作論雅意，其在此矣。條牒如左，謹以仰呈。條，録也。左，後也。仰，上也。録牒在後，謹而進上也。

△二、乞指授。若少參聖旨，願敕存記。如其有差，伏承指授。少參者，謙也。似合上意，願敕記而存之，差則

乞從指授耳。僧肇言。表畢。

注肇論疏卷第四

音切

竚。除吕切。痾。於何切。瘵。側界切。遘。古候切。彖。羊吏切。儁。子竣切。婉。於遠切。邕。於龍切。猥。於隗切。惘。文兩切。悒。於急切。齗。牛引切。漭。莫朗切。摭。之石切。頤。以之切。窈。於鳥切。怏。於兩切。憒。呼麥切。蔚。於胃切。

校勘記

〔一〕「上人」，底本不清，據校本補。

〔二〕「玄門且」，底本脱，據校本補。

注肇論疏卷第五

姑蘇堯峯蘭若沙門遵式述

△第二，論文，二。初，題目。

涅槃無名論第四

泥曰、泥洹、涅槃，此三名，前後異出，蓋是楚夏不同耳。云涅槃，音正也。疏曰：涅槃者，是中國梵音。西有五天竺，唯中國音正，如此方夏音正，楚音訛。故泥曰、泥洹皆梵音之訛也。秦曰無爲，亦云滅度。然萬法雖衆，不過心境，心境乃生住異滅有爲之事也。事本無體，起必全真，真體湛然，平等一相，是故即有爲而無生無住、無異無滅，心如境如，故曰無爲。生死本無起滅，煩惱本無縛脱，故曰滅度。此則前三論但境智未亡，今境智不二，故知四論，説則前淺後深，理則同時一致。良由境則虚而無相，智則寂而無知，境智一如，即今無爲滅度之義。然涅槃有四種：一、自性清淨涅槃，謂理性本淨，不待修也。二、有餘依涅槃，謂煩惱永寂，微苦所依未滅故。三、無餘依涅槃，謂煩惱既盡，餘依亦滅故。四、無住處涅槃，謂真如出所知障，大悲般若常所輔翼，約修顯故。《唯識》云，一切有情皆有初一，二乘無學容有前三，此約定性。唯我世尊，可言具四。然今一乘之教，論此四者，中二約應化，前後約真實。但由應必全真，真不離應，事皆攬理，理外無事，故真應不二，通具四也。但真外執應，即爲今之所破。若即應即真，竝今無爲滅度之義。又於四中，後三約修，初不待修。若修即無修，證即無證，則三乘因果竝得一乘無爲之果。下之破立，准此可知。言無名者，萬法歸本，各失自相，平等一味，不容異名，非唯即相無相，亦乃即名無名，故云以無所得故得阿耨菩提，況涅槃也。又前則真俗同一，次則寂照同一，今則心境同一，不見二相，豈容異名也。論如前釋。第四者，次前三也。涅槃無名之論，依主釋。於前五名中，緣會諸法本無理智之異，緣會即本無，故曰一義。

△二、本文中，二。初，標章。

九折十演者

折者，屈也，即下九章有名之難辭。演者，水長流也，取連續不斷之義，即下十章無名之主義，雖以有名屈折，而無名之旨常通，故曰九折十演。者之一字，牒前標後故。

△二、正論一十九章，分三。初一章開宗定義，文二。初，章名。

開宗第一

開啓涅槃無名真常之義，爲下十八篇所宗。亦猶仲尼談孝，先有開宗明義之章。

△二、本文中，二。初，陳宗序意，文二。初，陳宗，二。

初，引經總標。**無名曰：**主者之宗尚，故標其所稱也。**經稱有餘涅槃、無餘涅槃者，**此二涅槃，諸經皆說。餘，殘也。煩惱雖盡，而身智未亡，曰有餘。至於灰身滅智，曰無餘。若定性二乘，從有入無，具此二種。迴心二乘，及一切菩薩，不入無餘，異二乘故。佛應化身，示現具二。者，即牒經也。

△二、依經釋義，三。

初，翻名釋涅槃。**秦言無爲，亦名滅度。**秦朝翻上涅槃，有此二譯。下自釋云，**無爲者，取乎虚無寂寞，妙絶於有爲。**虚無寂寞者，真理無聲色也。玅絶者，即有而無也。有爲者，三世四相，心境諸法也。夫全真之事，雖事相宛然，而即事之真，真常虚寂故。過現未來，生住異滅，一切有爲，本自不生，今亦無滅，無生無滅，無去無來，無色無聲，顯示此義，故翻曰無爲也。故《楞伽》云，初生即有滅，不爲愚者說。又《楞嚴》云，生滅去來，本如來藏。**滅度者，言其大患永滅，超度四流。**大患者，生死也。《老子》云，吾有大患，爲吾有身。四流者，欲、有、見、無明也。《華嚴》亦說此四，既常漂溺有情，故曰流。生死是妄果，四流是妄因。若知生死本真，四流常寂，故能滅大患，度四流，不歷僧祇，而登玅覺者矣。前是通翻，謂一切有爲皆即無爲。此約別翻生死煩惱即滅度也。至於凡聖染淨依正等，一一皆可以即平等也，則涅槃義無處不顯，故大唐奘師翻爲圓寂，謂德無不備，障無不盡也。

△二、就理釋無名。斯蓋是鏡像之所歸，絶稱之幽宅也。斯者，指涅槃也。鏡像者，鏡中現像，似有實無。幽宅者，聖賢所住深理也。一切有爲生死及四流，皆同鏡像之不實，推之不實，則同歸一性，性本平等，故絶差別之稱，乃曰涅槃無名，如百川歸海，各失本名。

△三、約應顯假名。而曰有餘、無餘者，良是出處上呼。之異號，應物之假名耳。良，信也。處，居也。從真起化，居處人天，故出現曰有餘，息化曰無餘。信此不虛，皆即真之事也。

△二、序意。余嘗試言之。嘗，當也。試，且也。未敢決言其理，當且議之。

△二、立義推宗，三。初，標宗敘義，三。

初，明體超數表。夫涅槃之爲道也，此句標所宗，則知所議是無爲之至道。又，道者所行處也，衆生雖不失，而常背此，聖人雖不取，而常履此。今議聖者所行所證之處，故此句爲總，下多句爲別，以別釋總，則句句上皆有此句。寂寥虛曠，不可以形名得，深廣不可測也。寂兮無聲，寥兮無色，沖虛故深，曠大故廣，故不可以形名求也。微玅無相，不可以有心知。微玅，不可知也。有心知者，解心妄智不能及。超羣有以幽昇，非有也。羣有者，三界二十五有，謂四洲四惡趣，六欲并梵天，無想五淨居，四禪四空處，此二十五處，皆屬有情所居。涅槃非有，故曰幽昇。量太虛而永久，非無也。量，比也。太虛常住，體無生滅，道亦如之，故曰永久。隨之弗得其蹤，迎之罔眺其首。弗，不也。罔，無也。眺，見也。隨順者，無蹤迹可得。瞻迎者，無端首可見。上句則得在於無得，下句見在於無見。無得者方能隨順，無見者乃曰瞻迎，玅在斯矣。六趣不能攝其生，即無生也。天、人、獄、鬼、脩羅、畜，此六是迷塗生趣，不能攝之，故無生曰道。力負無以化其體。無滅也。力負者，變化之力，趨新捨故。故力莫大於無常，不能化真常之玅體故。潢漭惚恍，若存若往，積水曰潢，水大曰漭，今但語其深廣。惚恍者，不定也。深廣之體，欲言其有，心色兩亡，欲言其無，幽靈常在，故若存若往。此顯不可思議也。五目不〔二〕覩其容，二聽不聞其響。肉、天、慧、法、佛眼曰五目，左、右二耳曰二聽。理絶見聞，故不可覩聽也。冥冥，深也。窅窅，遠也。誰見誰曉。誰，何也。以何爲見，以何曉了。彌綸靡所不在，而獨曳於有無之表。彌綸者，周徧義。靡，無也。曳，出也。徧無不在，而獨出有無之外。上句則即一切法，下句離一切相也。然上諸句，皆談涅槃玅道，體本如是，文雖似重，義各有理。且別中，初句離名相故，第二句絶知解故，三離常情故，四超斷見故，五佛非新得故，六菩薩莫窺故，七八生滅難求故，九十存亡叵測故，十一十二見聞不及故，十三十四深遠難窮故，十五隨緣普周故，十六體常不變故。如是之義，皆語涅槃。諸佛既以八萬四千塵勞，一一爲門，即知有塵沙妙義，今且略談十六句也。

△二、明比量難求。然法相宗説有三量，一心真見道曰現量，相見道曰比量，比度不真故曰非量。今比之既難，用比則失，失乃成非。是故一切深義，竝曰言語道斷，心行處滅，唯現量者可證也。然則承上也。言之者失其真，語言非是道，用言則失真。知之者反其愚，愚者，昧也。道體常寂，如愚知解，非是道存，知失寂滅。有之者乖其性，無之者傷其軀。有無非正道，存之滯二邊，故傷其軀而乖其性。蓋涅槃體離此四故，四皆乖失，豈知見之比度也。非謂別有玄道，不可四求。

△三、示現量之所以。所以由比之不得故也。釋迦掩室於摩竭，釋迦始成道，在摩竭提國阿蘭若法菩提場中，七日不説法，同掩室也，自受法樂故，或云思惟行、因緣行故。今取前義，行滿證圓，現量親證，故無所説。七日之數，或云一七二七，乃至七七，半年一年，但爲見聞隨機，故諸經各異。《智論》云，佛初成道五七日不説法。《法華》亦云三七日中思惟如是事等。淨名杜口於毗耶。梵云維摩詰，此曰淨名。杜，默也。梵云毗耶離，此曰廣嚴，即城名。昔維摩詰與五千菩薩，在毗耶城室内，共談不二法門，維摩默然無言，文殊讃曰是真入不二法門。須菩提唱無説以顯道，釋梵絶聽而雨華。《大品經》，須菩提於巖中晏坐，釋梵雨華爲供。善吉曰：空中何以雨華。天曰：我見尊者善説般若波羅蜜。曰：我於般若未曾説一字。天曰：尊者無説，我乃無聞。無説無聞，是真説般若波羅蜜。又復雨華。上所顯者，初則果佛無説，次則菩薩無説，三則二乘無説，四則天人無説，是知證之則聖凡皆爾，背之則比度皆非。故引四事以證，廣在諸經。斯皆理爲神御，故口以之而默，豈曰無辯，辯所不能言也。神者不測之智也。御者[三]控也。理當以智御，故口默也。豈爲無辯，辯才不能及此矣。此結成唯現量可到，非比度可解。

△二、引教推窮，二。

初，引教明深。經云，真解脱者，解脱是涅槃之一德，權教三乘皆具解脱離縛之義，今一乘三德簡異於彼，故云真。舉一即三，故但云解脱。離於言數，寂滅永安。言詮數量不及，故曰離言數。生滅滅已，故曰寂滅。真常不動，故曰永安。上總，下別釋。無始無終，釋上寂滅義，即樂德，寂滅爲樂故。不晦不明，不寒不暑，體非晦明寒暑故，數量不能及故。釋上離數義，即我德，自在故。湛若虚空，水澄曰湛，故不動如虚空。溥徧常住，釋上永安義，即常德也。無名無説。體本無名故無説。釋上離言義，即淨德，離言偏過非故。未見《涅槃經》文，理必如此。論曰：《衍論》。涅槃非有，有即乖性。亦復非無，無即傷軀。言語道斷，言即失真。心行處滅。知即反愚。文竝可見。

△二、推窮顯玅，二。

初，總釋。尋夫經論之作，豈虚構哉。作，立也。構，成也。推究經論，皆以義立文，豈虚成立而無詮表耶。果有其所以不有，不可得而有，有其所以不無，不可得而無。果者，決定義。尋其涅槃玅體，定非有無，故不可以有無名數而得也。非有無之所以，下自推釋。

△二、推釋。何者。有何所以。下釋。本之有境，則五陰永滅。本者，推求義。五陰者，色受想行識也。此五覆法身真理，故曰五陰，即有爲色心二事。既五陰即寂滅方曰涅槃，則不可以涅槃爲有也。推之無鄉，則幽靈不竭。幽靈不竭者，寂寂惺惺之體無窮，故不可曰無。幽靈不竭，則抱一湛然。五陰永滅，則萬累都捐。抱一湛然者，兩手相合曰抱，合抱則同一，湛然者不變也。此幽靈不竭之體，理智不二，始終不改故。萬累都捐者，一切塵勞門總曰萬累，捐者棄也。即事而真故，萬累當體都息矣。萬累都捐故，與道通洞。洞者，達也。事與理同，故曰與道通洞。抱一湛然故，神而無功。不測之體絶二相故，故無能所修證之功。以能修能證即所修所證故，修而無修，證而無證等也。神而無功故，至功常存。以無修無證，無因無果，同真際等法性，故曰至功常存。與道通洞故，冲而不改。冲者，虚也。由冲虚常不改故，即塵勞而道體通達。故《淨名》曰，菩薩行於非道，是爲通達佛道。冲而不改，不可爲有。道體不改冲虚，焉可曰有也。至功常存，不可爲無。平等至功，豎貫三際，横及十方，豈曰無也。由上義故，經論皆謂涅槃玅體非心言有無可得者，故非虚構也。

△三、結示深玄，文三。

初，結難測。然則總承前義。有無絶於内，離性相也。稱去。謂淪於外，離名言也。視聽之所不暨，暨，及也。體超名相，非聲非色，故視聽不及。四空之所昬昧。外道所修四空定，謂空無邊、識無邊、無所有、非非想，妄計爲究竟。於此玅道，迷而不知，故曰昬昧。

△二、結平等。恬焉而夷，怕焉而泰，恬怕者，心之

寂靜。夷，平也。泰，通也。涅槃玅心，平等通達，無所不在故。九流於是乎交歸，九流者，欲界一地爲一流，上二界八地爲八流。九類雖殊，理唯一致，故曰交歸。故會色歸空，歸是即義。衆聖於是乎冥會。衆聖者，三乘人也。冥會者，契合也。三乘同歸一佛乘，一佛乘者無爲滅度，故曰於是冥會也。以九流對衆聖，聖凡同體，故曰平等也。

△三、結超情。斯乃希夷之境，太玄之鄉。《老子》有希夷義，即無聲色也。楊子有太玄義。玄者黑也，黑故無異見，即不可測也，況玄之又玄，曰太玄耶。今借語涅槃玅道，既非思議所得，故曰太玄之鄉也。而欲以有無題牓，標其方域，而語其神道者，不亦邈哉。題牓，謂書題牓示，皆詮名也。邈，遠也。此破三乘異見，既不能即事契真，乃謂實有有餘無餘，名之與相，以爲涅槃者，皆以書題牓示，標指生滅方域，語論玅道，迷[三]之甚遠也。論主既欲返權順實，理當如此也。

△後一十八章，問答推窮，合爲九重，開解行證之次第，大分爲三，初三就真應明等解，次四對三乘顯等行，後二就人法示等證。初中三重。一、真應異同辯，文二。初，敘應疑真問，文二。初，章名。

覈體第二

覈，責也。前云有無絶於內，稱謂淪於外，故今執示現生滅之相，責覈推究，涅槃真體何以絶有無名相也。此據人天二乘所見應化爲實，故疑真身何以離名絶相。

△二、正問中，二。

初，序問。有名曰：難者所謂涅槃必有名相可得，故標有名爲難者之辭。夫名號不虚生，名因相有。稱平聲。謂不自起。稱説言，謂必由名起，故不自然，此上是汎敘。經稱有餘涅槃、無餘涅槃者，即前經。蓋是返本之真名，神道之玅稱者也。返者，歸也。由聖人歸本，證神玅不測之道是此有無二涅槃，故經文立此名稱也。然今有名者陳相致問，蓋以二乘所見應化爲真，未達真身畢竟寂滅，報體相續長時，故執示現生滅之身已爲返本真實，則知向下所説但認化身示成正覺，以爲大覺法身圓滿，故説因果行相，正符小教。雖以法報標名釋義，多論化相。此意爲欲破二乘及諸凡夫執化爲真，令達真化不一不二之旨耳。請試陳之。此句是無名者問，曰試且陳之，行相如何耶。

△二、立問，中三。初，陳有餘相，文二。初，牒名述相，中二。

初，牒名。有餘者，

△二、述相，有五：

初，果德已圓相。謂如來應身如來也。謂從如實道，來應衆生。

大覺自、他覺滿故。始興，三十四心，斷三界九地惑盡，於金剛座上木菩提樹下，初成正覺時。法身初建，即戒、定、慧、解脱、解脱知見五分法身初圓也。即八相成道，丈六之身，具三十二相、八十種好。二乘既認此以爲真佛，故今標指之。澡八解之清流，憩七覺之茂林。八解者，八解脱。《大品》云，一、内有相，外觀色。二、内無色相，外觀色。三、淨解脱。四、空處定。五、識處定。六、無所有處定。七、非非想處定。八、滅受想定。此八有斷惑之能故，如清流有浣濯之用，佛已澡之，故得上法身初建也。憩，息也。七覺者，即七覺分，一擇法，二精進，三念，四定，五喜，六捨，七除，一一有覺分之言，或曰覺支，即菩提分法，共成覺道故。如園林秀茂，佛已憩其中也，故得上大覺始興也。此二義，多用《淨名》。彼云八解之浴池，定水湛然滿，布以七淨華，浴此無垢人。

△二、因行已滿相。積萬善於曠劫，小乘亦説菩薩成佛定滿三僧祇，修有漏四波羅蜜，及百劫修相好等，皆曠劫積善也。蕩無始之遺塵。直至菩提樹下，三千(四)四心，一時斷惑。遺，棄也。塵以坌污爲義。即明見修煩惱是無始可棄之塵垢，盡故今曰蕩也。即知小乘所説，前三僧祇但是伏惑，直至菩提樹下方有斷義。若約始教菩薩，則金剛心斷種義耳。三明鏡於内，神光照於外。天眼知現在，宿命知過去，漏盡知未來，曰三明。由内證根本，外發後得，故有三明神光外照也。此則智行滿。結僧那於始心，終大悲以赴難。僧那是梵語，此云四弘誓願，即煩惱願斷，法門願學，佛道願成，衆生願度。前三是智，後一是悲。悲智願三，即菩提體。始結四心，雙行二行，自行已滿，利他無窮，故大悲終心，長時赴難，填度生願故也。此則願行也。仰攀玄根，俯提弱喪。上句，智窮深理，故曰玄根。下句，悲濟羣生，故提弱喪。弱謂劣機，即樂小法者。喪謂喪失，即三界衆生。此釋上四心不過此二故也。超邁三域，獨蹈大方。超邁三域者，出三界也。獨蹈大方者，已成佛道，不共二乘，故云獨蹈。上句，則報超三界。下句，則果異二乘。

△三、利他益物相。啓八正之平路，坦衆庶之夷途。啓，開也。八正則八正道。《大品》云，正見、正思惟、正語、正業、正命、正精進、正念、正定。此是三乘出離正道，故曰平路。坦，平也。衆庶者，不一之稱。夷途者，斷常二邊邪見也。今以八正道爲平等之正路，平衆生之異見，同歸正道故。騁六通之神驥，騁，奔也，即馳驟義。六通者，三明外更加二天耳、三他心、五如意。後得自有，曰三明。赴他有六通。天耳察聲故，他心知他心行故，如意速疾而往故。神驥者，健行千里馬也。聖人六通赴機疾速，如神驥之奔騁。此明大悲願力利他無

處不周也。乘五衍之安車。乘，運也。衍者，梵音，此云乘。即五乘爲五衍也，三乘外加人天乘。安車者，安處車乘也。以六通神驥，運五乘安車，即皆令出離三塗及三界故。至於出生入死，與物推移，道無不洽，德無不施。洽，霑也。出入生死界中，隨順五道，示現受身，無爲道德，悉施衆生，如春澤普滋。此結利他事也。

△四、二智常行相。窮化母之始物，極玄樞之玅用，此明後得智達俗。化母者，因緣也。一切事法，皆由因緣，從無而有，故因與緣爲物之始。玄樞者，俗智也。《爾雅》曰：制扇以附門傍者曰樞，有動運義，以喻智有照用。簡異邪智，故曰玄樞。玅用，極智用以窮事也。廓虛宇於無疆，耀薩雲於幽燭。此明根本智達理。廓，徹也。虛宇者，真理虛寂，絶邊疆故。薩雲是梵語，具云薩雲若，此云一切智，即真智也。耀、燭皆照義，以根本智，燭幽深理也。

△五、將欲示寂相。將絶朕於九止，永淪太虛，欲絶未絶，故云將絶。朕者，化迹。九止，即前九類，是生靈止處。聖人示現欲息，息同太虛。而有餘緣不盡，餘迹不泯，業報猶魂，聖智尚存，緣不盡，即殘機未了。迹不泯，即化身未息。此是無漏業報所招，尚有神魂聖智存，此赴應故也。

△三、結名。此有餘涅槃也。結相就名也。

△二、引經證成。經云，陶冶塵滓，如鍊真金，萬累都盡，而靈覺獨存。先喻後法。鍊金之法，陶汰溶冶，滓鑛盡則真金現。修行證性，理亦如之，定慧雙修，二障盡則靈覺顯。靈覺身智，即有餘也。

△二、陳無餘相，中二。初，牒名述相，三。

初，牒名。無餘者，

△二、述相，中二。

初，總陳。謂至人教緣都訖，靈照永滅，廓爾無朕，故曰無餘。教，化也。訖，畢也。靈照，智也。廓，空也。化相隨緣已畢，智照亦滅。身智既泯，故空廓無朕，曰無餘，即八相中入涅槃相也。

△二、别陳，中，四。

初，徵釋所因。何則。何以至人滅身智耶。夫大患莫若於有身，故滅身以歸無。《老子》云，吾有大患，爲吾有身。今借彼語。大患者分段、變易二種生死，有身故有，故今滅身則大患永離。勞勤莫先於有智，故絶智以淪虛。勞勤者，斷惑證理，棄妄求真，行一切淨行，皆策勤勞苦，由智故有，故今絶智則勞勤永息。二乘猒於人天起行，實有如此，故滅身智以求寂滅。然則智以形倦，形以智勞，輪轉脩途，疲而弗已。智因形故，有生死之倦。形因智故，有損益之勞。脩途者，長途。三界六道，宛轉無始，皆由身智互牽，轉而不息。

△二、引證因起。經曰，智爲雜毒，形爲桎梏。毒藥能損身，喻之如智，則形以智勞。桎梏者，《山海經》云，桎其足，梏其手，即械縛也。喻之如形，則智以形倦。淵默以之而遼，患難以之而起。淵默，即無餘涅槃。由有身智故，遠於無餘，患難從生也。

△三、正明滅相。所以至人灰身滅智，捐形絶慮，二乘不了化相示現，執爲真實，故説佛身實有生滅。爲破此執，特有斯問。灰身者化火焚灰，故捐形。滅智者真俗智滅，故絶慮。內無機照之勤，機，智也。滅智故無勤勞。外息大患之本。捐形故大患無本。超然與羣有永分，渾爾與太虛同體，羣有，三界二十五有，身心滅故。超越羣有，同太虛空，此明色、心滅。寂焉無聞，怕爾無兆，冥冥長往，莫知所之。無聲曰寂。《涅槃經》云，寂然無聲，便般涅槃也。怕爾無兆者，滅聲色故。但見冥寂，不可測其所往。

△四、引喻以況。其猶燈盡火滅，膏明俱竭，燈盡則火性滅。膏油竭喻身滅，光明竭喻智滅。

△三、結名。此無餘涅槃也。

△二、引經證成。經云，五陰永盡，譬如燈滅。由此故立無餘之名也。

△三、雙結正難，文二。

初，雙結有無。然則有餘可以有稱，去。無餘可以無名，皆謂相上各可以立名也。無名立則宗虛者欣尚於沖默，有稱生則懷德者彌仰於聖功。顯立名之益。宗虛者即趣寂之人，故欣尚沖默。懷德者則大悲之人，故仰慕有餘功行。各從所尚，而有進修也。斯乃典誥之所垂文，先聖之所軌轍。名出《勝鬘》及諸經，故曰典誥。軌轍者，軌則途轍，皆證此二涅槃故也。

△二、牒前正難，中四。

初，牒前難。而曰有無絶於內，稱謂淪於外，視聽之所不暨，四空之所昏昧。牒前也。下難云，使夫懷德者自絶，宗虛者靡託。靡，無也。因聞涅槃絶有無故，懷有餘者絶趣向，宗虛寂者無歸託。

△二、舉喻難。無異杜耳目於胎殼，掩玄象於霄外，而責宮商之異，辨玄素之殊者也。杜耳目於胎殼，

即前視聽不暨也。掩玄象於霄外，即前四空之所昏昧。玄象即四空天。掩閉霄外，四空天即昏昧不顯也。責者，問也。宫商則五音之二。玄，黑也，素，白也，則五色之二。責宫商者要知五音清濁之異，辨玄素者要别五色黑白有殊，此則必有見聞之處，即前所謂九流交歸，衆聖冥會，必有歸會之處。此喻意謂涅槃既絶視聽，又非四空，如何令九流衆聖歸趣耶。似杜絶耳目，而欲問五音清濁，辨五色殊異，豈有此理也。

△三、詰責難。子徒知遠句。推至人於有無之表，高韻絶唱於形名之外，而論旨竟莫知所歸，幽途故自蘊而未顯。子者，男子之通稱，召無名者也。徒，虚也。知理不諦，故爲虚知。但以高絶才韻，推涅槃，出有無，唱玅道，超形名，而不知旨無所歸矣。涅槃幽途，自此蘊藏而不顯。

△四、結無益。靜思幽尋，寄懷無所，難者靜心幽尋前章也。寄懷者，解心無所寄託。豈所謂朗大明於冥室，奏玄響於無聞者哉。大明即二相，玄響即二名，冥室是不見二相，無聞是不聞二名。衆生既無見聞之益，故宜表示之，令其熏善種。既泯絶名相，豈能示之以真相，奏之以真名耶。

△二、真應異同答，文中二。初，章名。

位體第三

位，次也。則應化之相，示生示滅，從有而無，位次如是。體，依也。涅槃玅性，本無名相，爲萬法所依，曰體。然即體之位，全真而起，故有出現入滅位次，即位之體全應，而顯本絶去來之形名。前難者執化相以爲真佛，故以名相有無難。前章絶名相之體，今先令達真應假實不同，然後示化位即體，故曰位體。

△二、正答，三。初，敘難非真，二。初，翻前疑，二。

初，破前疑。無名曰：有餘無餘者，蓋是涅槃之外稱，應物之假名耳。前云返本真名神道玅稱，蓋不達示現耳。今直破之也。

△二、遣前執。而存稱去。謂者封名，志器象者耽形，存，執也。志，慕也。封，亦執也。耽，著也。此四雖言别意同，蓋不了聖人示現名相，而執名稱言，謂以爲真，慕形器色，象以爲實。此則不了依他故起徧計，而不知情有理無耳。名也極於題目，形也盡於方圓。方圓有所不寫[五]，題目有所不傳，題目者，書題名目也。涅槃真體，本絶名相，故方圓不能圖寫，題目不能傳說。下責云。焉可以名於無名，而形於無形者哉。

△二、示真應，文二。

初，明應化非真。難序云有餘無餘者，信是權寂致教之本意，亦是如來隱顯之誠迹也，難者所陳二涅槃相者，是如來爲執無者顯現有餘權相，爲執有者隱現無餘寂相，致立教化之意，誠實之事迹耳。此明應化，下顯非真。但未是玄寂絶言之幽致，玄寂幽致者，是即事而真，有無雙寂，顯上權寂非此玄寂也。又非至人環中之眇術耳。環中者，空處也。術，法也。至人所證微眇至寂之道，雖離一切相，而即一切法，隱顯二相非此眇術也。

△二、示正觀真體。子獨不聞正觀之説歟。召有名者，曰子。經有正觀之説，何獨不聞。維摩詰言，我觀如來，見《阿閦佛品》。世尊問曰，汝以何等觀如來耶。此即答文。彼有多句，今此略引。維摩以中道觀，觀第一義諦真身如來也。如謂真如，來而無來，故曰如來。無始無終，彼云，前際不來，後際不去，今亦不住。前際寂滅故無始，後際寂滅故無終，則中間寂滅故無住。即三際而無三相，故無始終也。六入已過，三界已出。彼云，六入無積，眼耳鼻舌身心已過。謂真身寥廓，不可以根識塵六積聚處所攝也。又非欲、色、無色界地所收。不在方，不離方，非有爲，非無爲，方，所也。法性無住，故不在也。無處不全，故不離也。爲者，造作義。體非新生，不由修得，故非有爲。不似太虚，色外别有空豁之體，故非無爲。不可以識識，不可以智知。緣慮不到其體，故不可以識識。五眼不見其形，故不可以智知。無言無説，心行處滅。彼云，不可以一切言説分别顯示，蓋爲言説詮表、心識分别皆不及故。以此觀者，乃名正觀。以他觀者，非見佛也。彼云名爲邪觀。此者，前諸義也。他者，即始終、六入、三界、有無等相。本覺真體，當以中道正觀而契，不可以有無邪觀。即知有名者邪觀未正，但認應化虚相，豈見真常佛體。

△二、正明位體，三。初，標宗顯義，文二。初，標宗，中三。

初，引經。《放光》云，佛此云覺。法相教説佛有三身，謂法、報、化，約理爲法身，約智用爲報身，約事用爲化身。又報身有二，自受用、他受用。終教合之爲二，以自受用報合法爲真身，他受用合化爲應身。雖説二身，而不一不二。以實教理智體用雖有二義，而無二體。以始覺合本爲真，全真起用爲應。前難者但執丈六化身以爲真佛，尚未知自報相續無窮，況法性真身湛然常住也。今但引經立實，以明不二之真佛，則權義自破，疑執自除矣。如虚空，喻也。虚空有三義，横徧故，豎窮故，含容故。真身徧一切處，窮三際時，具河沙淨功德故。無去無來，離有餘無餘去來相故。此上明真體也。下辨位。應緣而現，無有方所。全真之應，隨緣而現。應以佛身得度者，而現佛身，乃至三乘天人八部等品類，無有方所。良由大悲願力稱法性故，隨一一根緣，現無方大用也。

△二、釋意。然則承上經意。聖人之在天下也，此句總牒也。既曰全真而應，觸事皆真，則聖人無處不周。此語亦用《繫辭》，彼云寂然不動，感而遂通天下之故。寂寞虛無，無執無競，此釋真身也。上句約理。寂寞者，無聲色也，本自虛無故。若以色見聲求，不能見如來。下句約智。執競者，無明妄動，我法潛興，則有執著諍競。今言無執競者，始覺合本，無明麤細俱離，此則金剛位後一切種智圓滿之時。故《起信》云，遠離微細念故，得見心性，心即常住，名究竟覺，以爲真身也。此智與理，不一不二，故説自受用身土，量周法界。故上經曰，佛如虛空，無去無來。導而弗先，感而後應。此釋應身也。導者，接引也。機緣未熟故無先導之事，機熟爲能感之緣，聖人定有應現。此明應身定從緣起。既隨緣各感，故有十重身土，及千丈、丈六等別。故上經曰，應緣而現，無有方所。據前有名者但以丈六之身爲問，猶未知勝應，況真身耶。

△二、喻釋。譬猶幽谷之響，明鏡之象[六]，以喻上真應身不一不二之旨。山谷深遠曰幽，隨召則有響。明鏡當臺，隨照則有象。谷唯幽，鏡唯明，本無聲象，以喻真身唯具性淨功德。本無名相，召之則有響，照之則有象，以喻隨緣應身示現名相也。良由谷幽故能應響，鏡明故能現象，則以喻由智合理爲真，方能起應。又由應響方知谷幽，現象始知鏡明，則以喻由應化無方，始達理智究竟。以喻求法，反覆可思。對之弗知其所以來，隨之罔識其所以往，怳焉而有，惚焉而亡，釋鏡像喻也。此明非唯真身本無來去，應身來去之相亦非實有。如鏡中像，對之則現，來無所從，隨順也，順而推求，求之既無，以何爲往。但由外相對之則怳有，有非定有，不對則惚無，無非實無。應身示現之相，理亦如是。來無所從，去無所往，但由機緣感不感故見生滅耳。動而逾寂，隱而彌彰，出幽入冥，變化無常。釋谷響喻也。亦顯應身去來之名非實有也。在召者見響曰動，谷本常寂。谷本無聲曰隱，隨召之應彌彰。但由召者呵之則出幽，不呵則入冥，故曰谷響。有無變化無常示現之名，理亦如是，但由根有感不感故，説佛有去來名也。

△二、顯義，三。初，約化體名相顯，又二。

初，即名顯義。其爲稱也，牒二涅槃名。因應而作，作者，立也。顯迹爲生，息迹爲滅，生名有餘，滅名無餘。然則有無之稱，本乎無名。應本自真故。無名之道，於何不名。由無名故，能順一切名，故曰於何不名。

△二、即相顯義。是以至人牒上真應佛也。居方而方，止圓而圓，在天而天，處人而人。前云方圓不寫，今云隨方圓得方圓之相，在人天得人天之形，以方圓汎舉，天人正論故。又，方圓約土，人天約身，非唯全真起於應身，亦乃全真起於應土。故祖教明以緣就性，身土體同，以性就緣，能所差別。今明以性就緣，故在方圓爲依，人天爲正故也。原夫能天能人者，豈天人之所能哉。反明也。豈有天人之所能，能於天人之事耶。果以非天非人故，能天能人耳。順明不二也。由理絶天人，故能隨天人之緣也。

△二、約化用施爲顯。其爲治也，治上呼。即前有無二用。故應而不爲，因而不施。前云，因應而作，而體絶施爲之相。施謂施設，爲謂作爲。示現身土，出生入滅，住世説法，皆施爲也。因而不施故，施莫之廣。應而不爲故，爲莫之大。雖絶施爲之迹，而施爲應化廣大莫加。其能廣大者，蓋由真起故。爲莫之大故，乃返於小成。施莫之廣故，乃歸乎無名。返小成者，以大用無方，迴返丈六之身，一佛小成之劣用，以稱真廣大，會三乘有作之用，歸無名之化源。此約法性宗即真之應，收前二教也。經曰，菩提之道，菩提約智，涅槃約理，理智無二體故。今引經説菩提義，意證涅槃義也。不可圖度。此句爲總，離下諸句圖度之相。高而無上，廣不可極，淵而無下，深不可測，大包天地，細入無間，無上相故，高不能圖度等。極謂邊際相。水深曰淵，謂下盡相。此二句是一相。謂無高下是離豎窮相，無廣極是離横徧相。此上遮相也，後二表相。言大則包藏天地，言細則入無中間，如隣虚塵，更無中間之位，亦全具道體，故入無間。故謂之道。結上所明，不可圖度，是謂菩提也。

△三、結成。然則涅槃之道，不可以有無得之，明矣。以菩提絶圖度，例涅槃亦絶圖度，故不可以有無名相得之之義明矣。

△二、結責惑情。而惑者不了真應之人。覩神變，因謂之有，見滅度，便謂之無。此責前云有餘可以有稱，無餘可以無名。神變者，示現出世不測之用也。有無之境，妄想之域，豈足以標牓玄道，而語聖心者哉。妄想者，倒心也。牓者，示也。有名者，執有無名相。爲返本真實神道妙稱，故今責之，有無唯妄心所居，豈以此標示爲涅槃，而語論聖人心智耶。又有無不可標玄道，妄想豈足語聖心。心爲能證，玄道是所證，此責以妄爲真也。

△三、述意顯解，三。

初，述解意。意解心。謂至人，證極曰至人。寄人以顯法體。

寂怕無兆，真體常寂，本無聲色。隱無餘。顯有餘。同源，應全真起。存不爲有，示現有餘故非有。亡不爲無。示現無餘故非無。

△二、徵釋。何則。雙徵上不有無義也。佛言，吾無生不生，雖生不生，無形不形，雖形不形。先單釋不有義。佛出現事，生必兼形，形不兼生。八相成道，則有受生。若千丈及十重身土，現形非生。凡可示現處，無不受生現形。既曰示現於生形，則體常寂滅，故曰存不爲有。以知存不爲有。結不有也。經云，菩薩入無盡三昧，盡見過去滅度諸佛。此下單釋不無義。智爲能入，理爲所入。三昧，此云正受，亦云等持。從理之智，還契於理，理智不二，三際平等，故不可盡。即諸佛之正體，示現之相雖滅，此不可滅，故盡見也。又云，入於涅槃，而不般涅槃。般，入也。示相入滅，體本不生，何有入滅，故曰亡不爲無。以知亡不爲無，結不無也。下雙述成。亡不爲無，雖無而有，示無而真體常住故。存不爲有，雖有而無。示有而真體虛寂故。雖有而無，故所謂非有。雖無而有，故所謂非無。即應而真，以顯佛體本絶有無矣。

△三、結定。然則涅槃之道，果出有無之域，絶言象之逕，斷矣。逕，路也。故有無是言象之路。既出有無，則言象路絶，斷定如是矣。

△三、結責乖旨，文二。

初，牒前非理。子乃云，聖人患於有身，故滅身以歸無，勞勤莫先於有智，故絶智以淪虛。此牒前文。無乃乖乎神極，傷於玄旨者也。神極玄旨，皆語深理也。聖人證此，尚無能所之迹，況外有身智爲患難，而欲棄滅之事耶。然此下論文，古人多謂重破無餘涅槃，以執有易遣，滯無難除故。乍觀可爾，細尋則局。以下有頓赴殊對，象出心生等義，非一向破無。既迷上位體玄旨，執生執滅，竝爲所破，故科曰結責乖旨。

△二、以理推破，三。

初，引經立理。經曰，法身無象，應物而形，般若無知，對緣而照。前説聖人以身智爲患，故今引經，立真應身智正義以爲能破。各有二句，皆上句明真，下句明應。又，上約理，下約事。法者，軌持義。身者，體義。法性有真軌持義，爲萬法所依之體，聖人證此，故曰法身。所謂湛然虛寂，本無色象故。《金光明》曰，佛真法身，猶若虛空，而能隨緣應現示種種形。經又曰，應物現形，如水中月。般若智體，本自無知，而能對緣不失鑒照。既身智即真而應，應本自真，故即身無身，即智無智，何有患難而欲滅耶。

△二、釋成正理。萬機頓赴，而不撓其神，釋上應物而形也。羣機不一，故言萬一時，普應故頓赴。既無形而形，故無撓動。千難殊對，而不干其慮。釋上對緣而照也。雖異問殊對，而無心普應，不干動其思慮故。動若行雲，止猶谷神，雲無心而出岫，以喻頓赴而不撓其神，谷無念而答聲，以喻殊對而不干其慮。豈有心於彼此，情係於動靜者乎。雙結上也。既無心於動靜，亦無象於去來。即應而真故，智本無心，形本無象，何有去來動靜，而有有無決定之名相耶。去來不以象故，無器而不形，動靜不以心故，無感而不應。即真而應故。智無方，形無礙。器者，皿也，可承受義。機熟受化，則無不示形故。

△三、結破有無，二。

初，破有。然則心生於有心，象出於有象。此先破前有餘之執。悲智心生，相好象出在根感，故見有心象也。象非我出，故金石流而不焦。心非我生，故日用而不勤。紜紜自彼，於我何爲。我者，即法身真我也。金石流而不焦者，劫火壞時，金石流散，此不可焦，蓋由真體無相故。又用無勤勞者，由真心無念故。紜紜自彼者，身智之事，自屬受化之機，非法身如是。此破有畢。

△二、破無。所以智周萬物而不勞，形充八極而無患，次破前無餘之執。前説身智爲患，今直非之。八極者，四方四維。身智尚無，況有患難耶。益不可盈，損不可虧。損必有所益，真體有必有所無，前既無有，此必無無。有非有故，益不可盈。無非無故，損不可虧。下責云，寧復痾癘中逵，壽極雙樹，靈竭天棺，體盡焚燎者哉。寧復者責詞，何有此事也。《泥洹經》云，佛將般涅槃，於中路患痢。《爾雅》曰，路有九達曰逵。雙樹者，即娑羅樹，此云堅固，有四雙八隻，四榮四枯，表四德，破四倒。如來於中，頭西面南，右脇而卧，示現入滅。靈竭者，智滅也。體盡者，身滅也。天棺者，以千疊纏身，内金棺中，次銀次銅，次以鐵棺，灌滿香油，依輪王棺法，化火焚之也。經中廣有異事，皆是隨機見聞，非謂如來體有生滅也。

△三、結責迷情，文三。

初，責有。而惑者居見聞之境，尋殊應之迹，即前所陳有餘行相，皆是殊異應迹耳。秉執規矩，而擬大方。秉，亦執也。規矩者，方圓也。《老子》曰大方無隅，方圓豈能擬議，以顯真身湛寂，有相豈能指陳耶。

△二、責無。欲以智勞至人，形患大聖，謂捨有入無，因以名之。此責前所陳無餘行相。因以名之者，因捨有入無，名爲返本真實，迷之甚也。

△三、結責。豈謂採微言於聽表，拔玄根於虛壤者哉。採、拔，皆取也。微言者，諸經之妙言也，即《維摩》《放光》等經。玄根者，法性真源也。虛壤者，不實之土，以喻應相。爲前難者執權名、滯化相，故今責之，豈能採實教微言於聽表，又豈能取法性玄根於應化之間。上釋真應異同辨竟。

△二、有無即離辨，二。初，有無難出問，中二。初，章名。

徵出第四

徵者，推問也。因前章明涅槃，出有無，故今雙牒有無，而推問涅槃出有無之理也。

△正問，二。初，汎敘難端，中二。

初，汎敘。有名曰：夫渾上呼。元剖判，萬有參分，儒道窮五運之前，天地未分，三才渾爲一氣，故曰混元，亦曰混沌。至於剖判清濁，則清昇曰天，濁墜曰地，和氣於中曰人，則三才啓運，萬物不過三而分之也。有既有矣，不得不無，無不自無，必因於有。所以高下相傾，有無相生，此乃自然之數，數極於是。三才是有，對有立無。於有無中，復暫有無，或高或下，相向相生。此則物理之數，自然如是，非彊使之。以此而觀，化母所育，理無幽顯。《道經》云，無名天地之始，有名萬物之母。母者母人，有生育義故。未有三才名字之前，此爲變化之本。今觀此理，幽顯萬物，無不統攝也。恢恑憰怪，無非有也，《莊子》云，恢恑憰怪，道通爲一。此則言其變怪殊形，好醜差別，無不屬有，亦不過有無所攝。有化而無，無非無也。有而後化，化復歸無，無不屬無。然則有無之境，理無不統。三才屬顯，變怪屬幽，竝不過有無，故理無不統，意謂真實涅槃亦不過無之所統。

△二、引證。經云，有無二法，攝一切法。此證前爲量。

△二、正伸難意，文三。

初，引經標指。又稱三無爲者，小乘説無爲有三，相宗説六，今約小乘人致問也。虛空、一也。太虛非生住異滅故，性離作爲。數緣盡、二也。數即智也。以智爲緣，揀擇諸惑，顯滅盡理，即擇滅無爲也。非數緣盡。三也。即非擇滅無爲，不假智數擇斷而得滅盡。如阿羅漢，永離三界苦果，果非擇斷，故云非擇滅，但斷集因，即擇滅也。數緣盡者，即涅槃也。標指擇滅所顯以爲真實無爲之義。然前即雙執有無二相爲真，今則已知有相非真，故疑無相必實。雖則捨有取無，意謂亦不過二相，故責無爲何離有無也。

△二、推求出意。而論云，有無之表，別有玅道，前云果出有無之域，玅於有無，謂之涅槃。玅者，不可思議故。不可以有無思議，謂之玅道。請覈玅道之本，請無名者研覈其本，必不過於有無。果若有也，雖玅非無，雖妙非無，即入有境。此牒前云雖無而有，所謂非無，乃徵之也，道若是有，玅局非無，非無之玅，即當入有，故知非無即是有也。果若無也，無即無差，無而無差，即入無境。又前云雖有而無，所謂非有，復徵之也，道若是無，玅在無差，無差之玅，即當入無。總而括之，即而究之，無有異有而非無，無有異無而非有者，明矣。有名者，總以非有非無之文，搜括推究，玅道之本如是也。無有者，不可也。異者，非也。不可非有又非無，又不可非無又非有，玅在非無則定有，妙在非有則定無，則非有非無徵玅之道，不過有無，義已明矣。

△三、結責非理。而曰有無之外，別有玅道，非有非無，謂之涅槃。牒前所言出有無也。吾聞其語，未即於心也。未解此語故。即者，契也。

△二、雙超不離答，文二。初，章名。

超境第五

超，出也。境，謂色等六塵界。上難者先以有無名相求真，次徵出有無之所以，今顯真體超出色聲妄境，故不可以應化爲真，故前云果出有無之域，乃曰超境。若了色性本寂，有無元真，故下云豈曰有無之外別有一有而可稱哉。故科曰雙超不離也。

△二、正答，文二。初，破汎難，三。

初，縱奪破。無名曰：有無之數，誠以法無不該，理無不統，此縱也。誠，實也。法即萬法，理謂物理。前有名者所陳有無，實能該統諸法道理，生則有攝，滅則歸無故。然其所統，俗諦而已。奪破也。俗諦從緣故，有無可統。則知前章所明但以俗難真耳。

△二、引經破，文三。

初，引經。經曰：真諦何耶，涅槃道是。俗諦何耶，有無法是。皆上句問，下句答。雖真俗二諦不即不離，然而難者以俗混真爲問，故今引經，且就不即門以示之。涅槃，此曰無爲，既無生住異滅爲作之相，真諦豈有無可攝也。故知前說有無能統者，即俗諦耳。

△二、推釋。何則。何謂有無是俗諦耶。有者有於無，無者無於有。無而忽有，故曰有於無。有而忽無，故曰無於有。有無所以稱有，無有所以稱無。有其無故稱有，無其有故曰無。然則有生於無，因無生有。無生於有，離有無無，離無無有，有無相生，其猶高下相傾，傾，奪也。似高下，相形奪也。有高必有下，有下必有高矣。

△三、結非。然則有無雖殊，俱未免於有也。有有故有無，乃不過有爲對待所攝，故曰俗諦耳。

△三、結責。此乃言象之所以形，是非之所以生，此出過也。形，現也。因有無故，言象可現，是非可生。下責云，豈足以統夫幽極，而擬夫神道者乎。幽極者，無爲之理幽深以至於極。神道者，道不可思議故曰神。豈以言象是非之理而統之耶。

△二、答正難，三。

初，明前章意。是以論稱出有無者，前位體論云果出有無也。良以有無之數止乎六境之內，覈體中所陳有無二相，不過色等六境。六境之内非涅槃之宅，應化非真實故。故借出以祛之。祛，遣也。位體中言出，乃假借之以遣覈體中執應之惑。

△二、正顯超境。庶悕道之流，髣髴幽途，託情絶域，得意忘言，總勸離執也。庶，望也。悕，求也。髣髴者，近也。幽途者，正道也。託情者，寄心也。望求道之人，不可任情執而遠真旨，當以非有非無正解，髣髴近於正道，寄解心於絶六塵之域，得意趣而亡出有無之言，固可求道矣。體其非有非無，此示正解也。體，解也。真常法體，即應化而不可以有無聲色推求，方爲體解。豈曰有無之外別有一有而可稱哉。此明不離義。若即應而真，真不離應，故非有無相外別有真佛之體。

△三、示前經意。經曰三無爲者，前引之經也。蓋是羣生紛繞，生乎篤患，篤患之尤，莫先於有，此明經意。紛繞者，妄心紛飛，衆惑纏遶。篤，重也。患，害也。即善惡等業也。由妄動故，造業受報，故曰篤患。推其過尤，本因執有而興。絶有之稱，平。莫先於無，經説無爲爲真，欲絶有爲惑業故。權教三乘，皆説擇斷惑業，永離苦果，而證無爲，方爲真實。故借無以明其非有。假借無爲真實，以破有爲顛倒。明其非有，非謂無也。經中明其虛妄非有，非謂無是真實。又三乘之人，若明有爲非有，更當了法性真常，非謂斷滅之無，故不可執權經疑實旨也。

△三、兩亦雙非辨，二：初，雙非即離問。二、即離同時答。初

中，二：初，章名。二、正問。今初。

搜玄第六

搜，求也。搜求前章玄旨，何以非即又非離耶。

△二、正問，三。

初，牒前敘疑。有名曰：論旨云，涅槃既不出有無，前云豈曰有無之外，别有一有而可稱哉。又不在有無。得意忘言，體其非有非無。不在有無，則不可於有無得之矣。不出有無，則不可離有無求之矣。求之無所，便應都無。即之不得，離之不可，恐應無道可求。

△二、重述疑意。然復不無其道。有名者又復疑之云，道不可曰無。其道不無，則幽途可尋。既疑有道，必可搜尋。所以千聖同轍，未嘗虚返者也。此釋不無所以。千者，大數也。轍，車轍，有運載義。衆聖同以涅槃出離，未有不得而卻返三界者，乃知其道不無矣。

△三、搜求玄旨。其道既存，而曰不出不在，必有異旨，可得聞乎。雖知道存乎不出不在之間，未達不出不在之旨，故求於聞誨。此則解心已庶幾矣。

注肇論疏卷第五

音切

潢。後光切。漭。莫朗切。窅。杳音。溥。怖古切。撓。女交切。焦。子姚切。痾。於何切。癘。力誓切。逵。奇歸切。燎。力弔切。恑。居毁切。憰。古穴切。

校勘記

〔一〕「不」，校本校勘記云一本作「莫」。

〔二〕「著」，校本校勘記疑爲「者」。

〔三〕「道迷」，底本殘，據校本補。

〔四〕「千」，校本校勘記疑爲「十」。

〔五〕「寫」，校本校勘記云一本作「象」。

〔六〕「象」，校本校勘記云一本作「像」，下五「象」字同。

注肇論疏卷第六

姑蘇堯峯蘭若沙門遵式述

△二、即離同時答，文二。初，章名。

妙存第七

妙，謂微妙，不可思議也。存，謂在也。涅槃之道，在乎不出不在之間，而不可以出有無、在有無思議，故曰微妙矣。何也。涅槃妙道，非有無而不離有無，非有無故不變真常，即有無故隨緣起滅。雖隨緣而常不變，故不在有無，雖不變而常隨緣，故不出有無。不出有無故，應化即真。不在有無，生滅非實。故曰微妙之道，存乎不即不離之間矣。

△二、正答，文四。初，顯超言念，三。

初，敘名相有無。**無名曰：夫言由名起，名以相生，相因可相。**此敘有也。可相者，執相也。偏計執之故有，有無相生。由相立名，因名致言，故可以言而求名相也。**無相無名，無名無說，無說無聞。**此敘無也。若離偏計，則相滅名亡。無名可說，以何爲聞。則有名者求聞於道殊，不知道無可說，以何爲聞也。

△二、陳涅槃超絕，文二。

初，引經。**經曰，涅槃非法，**非即有無法，故不在也。**非非法，**非離有無法，故不出。**無聞無說，非心所知。**合云無說無聞，取文□〔二〕故。不可以是有無、非有無而說之，故無聲名句□〔三〕可聞，亦非解心所知，所謂言語道斷，心行處滅也。

△二、陳意。**吾何敢言之，而子欲聞之耶。**理圓言偏，言生理喪。論主既不敢致言，難者欲何可聞。

△三、明假言顯旨。**雖然，**擬議之辭，雖然理絕言詮。**善吉有言，衆人若能以無心而受，無聽而聽者，吾當以無言言之。**此明假言詮示也。梵云須菩提，常途三譯，一云善吉。無心而受等者，受言無執心，聽言無聞惑。此二句似同而別，聞聽屬耳識，執受屬意識。此則耳識及同時意識，聞教受義，無執滯於斷常，故曰無心而受，無聽而聽也。受法之機無惑，說法之者可以寄言。既以無言之言而說，無受之受而聽，則說者聽者同符玄默。《淨名》亦云，夫說法者無說無示，其聽法者無聞無得，斯之謂歟。**庶述其言，亦可以言。**庶，望也。汝既欲聞，吾於無言之中亦且寄言。

△二、正示妙存，文三。

初，引經標宗。**《淨名》曰，不離煩惱而得涅槃。天女曰，不出魔界而入佛界。**此標妙存之義宗，竝引《維摩詰經》。前即阿舍利弗章全文。次則《觀衆生品》意。彼云，天女曰，佛說婬怒癡性即是解脫。煩惱者，根本有六，隨有二十。魔者，具云魔羅，此云殺者，即婬怒癡等殺慧命故。界者，性義。佛，此云覺。然三乘教，皆須伏斷根隨煩惱，種習俱離，方證無爲真理，永斷婬怒癡性，方入佛性，斯則離妄爲真，未得一切解脱故。今欲令其人究竟滅度，則了煩惱實性本無生滅，故曰無爲。又邪魔正覺，體性無異，故不出婬怒癡邪性，證入真覺正性，性無邪正故也。然《淨名》據事理不二，天女約真妄體同，故此二文語異而意同。觀其大旨，正在妙存。謂煩惱魔界是有無所攝，今既得涅槃，入佛界，故不在有無也。又涅槃不離煩惱，佛界不出魔界，即不出有無也。是則涅槃佛界猶是對妄之真，不出不在，真妄兩亡，方曰妙存玄道矣。

△二、釋經玄旨。然則玄道在於妙悟，玄道當以微妙而了悟，不可以情計而測度。妙悟在於即真。悟微妙，則在於即事而真。即真則有無齊觀，齊觀者，有無即真故，不出與不在齊觀也。齊觀則彼已莫二。出有無，曰彼聖也。在有無，曰已凡也。即出而在，即在而出，故彼已不二。所以天地與我同根，萬物與我一體。天地萬物，皆有無所攝。我者，涅槃妙理，非有無也。玄道在於不出不在之間，故天地萬物與我涅槃同不二之根體。同我則非復有無，異我則乖於會通，萬物同真，則有無自盡。有無與非有非無，有異故，乖於會通之道。所以不出不在，而道存乎其間矣。釋成妙存，此則理事存泯，同時方爲正解也。

△三、重徵再釋。何則。何謂不出不在道存乎其間。夫至人寄人顯法。虛心冥照，理無不統，雖有能證之人，無別所證之體，故能照之心，虛而冥寂，即所證理，不二之理，無不統攝。懷六合於胷中，而靈鑒有餘，鏡萬有於方寸，而其神常虛。懷，藏也。胷中，内也。六合者，四方及上下也。靈鑒，心也。有餘者，莊生云，恢恢焉猶有餘地者哉，蓋美道之無際也。且六合已無邊，表藏於靈鑒妙心，而靈鑒之心猶有遺餘，此則絶待之體，無處不周，非謂大有一物，都包六合而更有餘。鏡，喻也。方寸與神，皆心也。鏡現萬象而常淨，心現萬有而常虛。上句釋天地同根，此句釋萬物一體。至能拔玄根於未始，即羣動以靜心，恬淡上。淵默，妙契自然。上標至人，此顯能德，能如是證也。拔，取也。涅槃玄根，無始無終，唯聖人得之。羣動者，二死兩障，是羣數擾動之物。即此契於寂靜妙心故，淡默之理，本自如然，方曰妙契，故曰妙存。所以處有不有，居無不無。此則即不出而不在有無也。居無不無故，不無於無。處有不有故，不有於有。此則即不在而不出有無也。故能不出有無，有無即真故。而不在有無，真非有無故。者也。結成也。

△三、述成真旨。然則法無有無之相，聖無有無之知。理事平等，爲所了境。真俗不二，爲能了智。故智無有無知，境

無有無相。境即前第一義諦，智即前般若無知耳。聖無有無之知，則無心於內。智體本無妄想。法無有無之相，則無數於外。第一義諦本無名相。於外無數，名相即如如。於內無心，妄想即正智。此彼寂滅，物我冥一，正智如如不二，理智冥無二體，故無如外智能證於如，亦無智外如爲智所證，故曰物我冥一。怕爾無朕，乃曰涅槃。怕，謂寂怕，無理智之朕迹，平等無二，故曰無爲涅槃。無名正解，圓於此矣。涅槃若此，圖度絶矣。圖量測度也。在有無，出有無，俱不可量度。此則言語道斷，心行處滅。

△四、結責前非。豈容可責之於有無之內，前覈體中以有無名相推責涅槃真體，故今責之。又可徵之於有無之外耶。又前徵出中出有無求涅槃真體，今亦責之。又搜玄中雙問不出不在之旨，故今雙遣之。是知妙道存不出不在之間，而不可以不出不在而求，故曰妙存。此上就真應明等解竟。

△次，四對三乘明等行，文二：初，通對三乘行。二、別對菩薩行。初中三。初，對三會一，文二。初，解一疑三問，又二。初，章名。

難差第八

難謂難問也，差謂差異，即三乘及菩薩有諸位差別。此因上説物我冥一乃曰涅槃，則平等一味，更無高下，何故修證此法，人有三乘，位有高下。此則以解中法一，難行中人差也。

△二、本文，三。

初，牒前法一。有名曰：涅槃既絶圖度之域，則超六境之外，不出不在，而玄道獨存，牒前也。斯則窮理盡性，究竟之道，妙一無差，理其然矣。結成法一。《易》云，窮理盡性，已至於命。今於心境諸法，窮緣生理，極於真性，真性平等，人法不二，方爲究竟妙一之道，境智無差之理，定當如是，故前曰物我冥一乃曰涅槃。

△二、別敘人三，中二。

初，通疑三乘。而《放光》云，三乘之道皆因無爲而有差別。此經亦同《金剛》云，一切賢聖皆以無爲法而有差別。聲聞、緣覺、菩薩，因證無爲而有淺深，故有三乘差別。

△二、別疑菩薩。佛言，我昔爲菩薩時名曰儒童，於然燈佛所已入涅槃，儒童菩薩時於七住初獲無

生忍，進修三位。梵云摩衲婆，此曰儒童。經説釋迦因中實經三阿僧祇劫，初劫滿遇寶髻佛時位在初地，次劫滿遇然燈佛時位在七地，後劫滿遇勝觀佛時位在十地。今據次劫滿時，故曰七住初，在然燈佛所也。七住即七地，古多此譯。若以七住約下賢位第七，即合云進修三十三位。又初劫尚未滿，非值然燈時，故知即七地也。又《仁王》以五忍配位，無生忍在七地位中得故。言已入涅槃者，證無爲理也。若約始教，初地已來分證無爲。若約終教，初住證真。今約七地説證者，據獲無生忍深證悟説，非謂前地未證無爲。以七地已前未得純無相觀，七地已後有相有爲永不現前，故説七地已後入純無相觀，於無相觀，進修八九十之三位，如順流舟，自然流入薩婆若海。據斯深證，故曰已入涅槃。言獲無生忍者，《華嚴》七地云，菩薩住此地，善淨無量身語意業無相行故，得無生法忍光明。今引佛意，但欲明證法之人證一味法，何有諸位差别。

△三、以一難三。若涅槃一也，則不應有三。人得平等法，不應有三乘及三位高下故。如其有三，則非究竟。人既得法有三，則知法非究竟一味。究竟之道而有昇降之殊，昇降，即高下。若皆得究竟一味，何以有昇降殊異。衆經異説何以取中耶。中，正也。若以衆經之説，與論旨有異，取何爲正義也。此下，先答三乘。至第十四章，再問三位。

△二、開一成三答，文二。初，章名。

辨差第九

以涅槃法一，辨别三乘人差别，皆即一而三，三皆即一，故曰辨差。然即一而三之義，正爲開顯三乘即一佛乘，不礙存三乘斷證行相。故《教義章》云，一切三乘本末[三]悉是彼一乘法，何以故，以三乘望一乘，有二門，謂不異不一也。初不異，有二，一以三即一故不異，二以一即二[四]故不異。二不一者，此即一之三，與上即三之一，非一也。今論正用彼不異門中二義。此章是一即三故辨差，□[五]是三即一故會異。既一乘不待泯三乘，故後章《明漸》廣有句義，如該攝門明之。

△二、正答，三。

初，領前法一。無名曰：然究竟之道，理無差也。以三乘歸一佛乘，方爲究竟之道。十方佛土中，唯有一乘法，無二亦無三，故理無差。然此一乘體，即一心法，本具智慧德相，爲佛正因。故《起信》云，摩訶衍者，總説有二種，一者法，二者義。所言法者謂衆生心，是心則攝一切世間出世間法。依於此心，顯示摩訶衍義。賢首《疏》云，法者出大乘法體，義者辨大乘名義。又云，出其法體，謂如來藏心，具三大義故名爲大也，有二運轉故名乘也。是知究竟大乘法體名義，全依具德一心，故理無差也。

△二、開顯三乘，文二。初，開一爲三，文二。

初，引經顯。《法華經》云，第一大道，無有兩正。古譯經文。最上無過，故云第一。無涯融通，故云大道。絶待無二，故無兩正。非獨超越諸乘故云第一，實由一乘體外無別諸乘，方稱第一也。吾以方便，爲怠慢者，於一乘道，分別説三。正辨差也。爲對三乘之機，故説一乘以爲三乘，即無差而差也。吾，我也，即佛自指。方便者，權方宜便故。怠慢者，慢有多種。心不能速進曰慢，怠謂懈怠。但機劣根鈍，不能直進一佛乘，皆曰怠慢之者。分別説三，三轉四諦爲聲聞乘，十二因緣爲緣覺乘，四心六度爲菩薩乘，故《法華》云爲求聲聞者説應四諦法等。然此三乘，能乘是智，智有單雙，所乘是理，理有偏圓。謂二乘但得生空智，見生空理，但除我執，斷煩惱障，自求滅度耳。於中，根稍利者，能觀三世因果十二因緣，名爲緣覺。根鈍者，唯觀現在因果，名曰聲聞。若菩薩者，得二空智，見二空理，雙除二執，雙斷二障，雙行二利，名曰大乘。故《法華》云，内有智性，自求涅槃，是名聲聞乘。求自然慧，樂獨善寂，深知諸法因緣，是名辟支佛乘。求一切智，利益人天，是名大乘。此則全一成三，皆方便教也。

△二、引喻指。三車出火宅，即其事也。秦譯《法華》有三車喻。長者於火宅中告諸子言，羊車、鹿車、牛車，今在門外，而三車無實。故賢首云，界内示三車爲教，出爲義，而教義無體。故今指云，即分別説三之事也。

△二、開三爲一。以俱出生死，同稱無爲。三乘人俱出三界生死，各得無爲自果。《法華》云，但盡生死，其實未得一切解脱，如諸子得出火宅，到無畏處，而未得車。故清涼《大疏》，以始教名三乘同教，謂同出生死，同坐解脱牀，即此中文意。所乘不一，故有三名。乘六波羅蜜、十二因緣、四諦理不一，故有三乘。如諸子雖同出火宅，而求車有異。統其會歸，一而已矣。統攝會歸也。三乘皆一乘之方便，究竟皆得一切種智故。此顯差即無差也。如宅内三車，皆爲賜白牛大車之方便，到露地已，等與大車。故賢首云，若先以三乘令其得益，後乃方便得一乘者，屬同教攝，亦名回三入一教，如《法華》説。又清涼《疏》，終頓教名一乘同教，謂同歸一乘，即今文意。

△三、答前所問，四。

初，牒前正答。而難云，三乘之道皆因無爲而有差別。牒前也。此以人三三於無爲，方便教中由人三故，説三乘各證無爲有三也。非無爲有三也。遣疑，非謂所證無爲本性有三差別。是知宗本法體不失，常恒一相也。

△二、引經證答，文二。

初，引經。故《放光》云，涅槃有差別耶，答曰無差別。一乘大道，理無二故。但如來結習都盡，聲聞結習不盡耳。結，謂結使，有五利五鈍，依無明起，即二障現行。習，謂習氣，即二障種子。或種子之後開習氣俱是微細，但開合有異。聲聞但斷煩惱結習，未斷所知，故結習不盡。唯佛如來金剛道中，二障種子方畢竟盡。或云，聲聞斷結不斷習，故云不盡人。以聲聞斷惑最淺，望佛斷惑最深，以例中間三乘賢聖皆由斷惑差別故，涉理有淺深，非謂無爲理性有三。此則開三會一，皆大乘同教義矣。

△二、立喻。請以近喻，以況遠旨。近取其事，以況深理。如人喻三乘人。斬喻斷也。刀喻三乘智木，喻二障惑。去尺無尺，去一尺木，得一尺無，喻如來以二空智，伏斷二障，雙得二空。去寸無寸，去一寸木，得一寸無，喻聲聞伏斷煩惱，單得我空。此上喻人有差別。脩短在於尺寸，不在無也。脩，長也。約斷木有尺寸，故說得無有尺寸差別。且所得尺寸之無，即太虚空，不可言其短長也。故知三乘人斷惑不同，故說證有高下。若以三乘所證之理，即真心之空，則無爲本無差別。

△三、敘根行答，文二。

初，正敘有差。夫以羣生萬端，萬是大數，端者緒也。此句總言，下別明。識根不一，識心明則根利，暗則根鈍，於利鈍中熏習有邪正，於正熏中復有多種，故云不一也。智鑒有淺深，由熏習不一故，從聞思而發，智鑒各有深淺，照理亦異，所謂生空及二空故。德行有厚薄，德，得也，行之所招曰德。鑒生空者多行自利，鑒二空者兼四心六度，雙行二利。自利者行劣德薄，二利者行大德厚。此皆由利鈍熏習所致，故有三乘不同也。

△二、釋成無差。所以俱之彼岸，梵云波羅蜜，此云到彼岸，生死爲此，無爲爲彼。三乘所證，理實無二，故曰俱之。而昇降不同。觀現在苦集空者下乘也，了三世因緣空者中乘也，達我法二空者上乘也，故於空理有昇降也。彼岸豈異，異自我耳。真空理性則無異，但由三乘人見有差別。若會淺深之見，俱到無差理性，即三而一，故曰同歸，此則不待泯三而一乘現矣。故《演義》云，若約三乘理行即是一理佛因，則會取昔三，爲今之一，若約教果即廢三立一，則會於昔三，歸今之一。今明會取，廢立自顯故也。

△四、結會衆經。然則衆經殊辨，其致不乖。前云何以取中，今中諸經所說三乘，必歸一致，此理不乖，斯爲正義。

△二、推三得一，文二。初，一異無三問，文二。初，章名。

責異第十

責，問也。異者，三乘人異。謂疑能證所證，一亦無三，異亦無三，責問三乘因何有異。然前難差，但約人法一體，法一不合人三。今問一異俱無三乘，此欲令知，會權歸實之教，不壞三而常一，特爲此問。

△二、正問，三。

初，法喻定難。有名曰：俱出火宅，則無患一也，喻也。無患者，到門外也。同出生死，則無爲一也，法也。三乘同出界内生死，證真理一也。而云彼岸無異，異自我耳。牒前文。彼岸則無爲岸也，我則體無爲者也。定前名義。前説彼岸，是所證無爲理。前云我，是體究能證之人也。

△二、正陳疑難，文二。

初，開兩關。請問，有名者請問無名家。我與無爲，爲一爲異。前説法一人三，未審人法爲同一體，爲各有體。

△二、立二問中，二。

初，難同。若我即無爲，無爲亦即我，人即法，法即人，更無二體。不得言無爲無異，異自我也。人法既一，如何説法一人三耶。此以妙存中物我冥一，難辨差中法一人三也。

△二、難異。若我異無爲，人法有異體者，我則非無爲，則三乘人不以無爲爲體。無爲自無爲，法自是一無爲理。我自常有爲，三乘人異無爲法，自屬有爲也。冥會之致又滯而不通。冥，契也。會，合也。則一切聖賢皆證真之義，滯而不通，何名物我冥一曰涅槃耶。此但翻前難也。

△三、結三乘無由。然則我與無爲，一亦無三，此中，正責異也。人法體一，法定一則人無三矣。異亦無三，人與法異，則非聖賢，何有三乘也。三乘之名何由而生也。由，因也。未知三乘名字因何而有。

△二、人法一異答，文二。初，章名。

會異第十一

會謂會融，異則三乘殊異。前問人法一異俱無立三乘之由，今明一中有三，非異中有三也。此則一乘是立三乘之由，謂一無爲法，巧順三機，故今融會三乘，即一而異，故曰會異，如即水之波波異，今會波歸水曰會異。前教章以三即一故不異，即此章明之。

△二、正答，五。

初，正答問。無名曰：夫止此而此，適彼而彼。此立迷悟二門。止，住也。適，造也。此即生死，彼謂無爲。迷真理則住生死，而曰此岸。悟真理則造無爲，而曰彼岸。是知，理無高下，人有悟迷。今明真理隨迷悟二緣，故有聖凡二相。下明隨緣之義云，所以同於得者，得亦得之，同於失者，失亦失之。真理隨悟緣，則同三乘之得者，則三乘得者皆得於無爲。真理隨迷緣，則同凡夫之失者，則凡夫失者迷失於無爲。此則迷悟得失在人，人有多端。凡夫失者尚不離真，況三乘聖賢，豈離真而有異也。我適無爲，我即無爲。我者，三乘人也。三乘皆造無爲法，則三乘皆即一乘，故曰物我冥一。無爲雖一，何乖不一耶。法雖是一，證有淺深，故不妨三。故曰一切賢聖皆以無爲法而有差別也。此同《法華》中開顯三乘即一乘，而不待泯三之意，故云何乖不一。彼云汝等所行是菩薩道，漸漸具足，悉當成佛等文。

△二、舉喻答。譬猶三鳥出網，同適無患之域，三鳥在網喻凡，出網喻聖。既出網鳥空，空無患礙。無患雖同，而鳥鳥各異。三鳥在空，必有遠近之異，喻三乘證一理有淺深不同。不可以鳥鳥各異謂無患亦異，不可以鳥三而説空有三，喻所證一理無差。又不可以無患既一而一於衆鳥。又不可以空一而一於三鳥，喻能證三乘自異。然則鳥即無患，無患即鳥，無患豈異，異自鳥耳。此結喻也。由三鳥冥虚故説同。空有遠近，以喻三乘契理，一理有淺深也。

△三、法合答。如是三乘衆生，合上三鳥。俱越妄想之樊，樊謂樊籠，合上出網。同適無爲之境。同得無爲之法，合上同到太虚。無爲雖同，而乘乘各異。法本自一，人根有三。不可以乘乘各異謂無爲亦異，不可執權教三乘而廢一實，以理無二故。又不可以無爲既一而一於三乘也。又開顯一實，不待泯三乘，以根有優劣故。然則我即無爲，無爲即我。三人同證一理，一理隨根有三。此則答前物我冥一也。無爲豈異，異自我耳。法自一，人自三。此答前彼岸豈異，異自我耳。前則異中辨同，此則同中辨異。

△四、釋所以。所以無患雖同，而昇虚有遠近。釋喻也。無爲雖一，而幽鑒有淺深。釋法也。理雖一味，二乘但以生空智鑒，曰證生空真如，菩薩以二空智鑒，曰證二空真如。則人有利鈍，鑒有淺深，而所證理等無高下。

△五、結成答意。無爲即乘也，乘即無爲也。結人、法不異也。此非我異無爲，以未盡無爲故有三耳。結

一乘不待泯三，非謂人三異於法一，但於一法未能究盡故有三乘。

△三就一明三，文二。初，法同人異問，中二。初，章名。

詰漸第十二

詰，難也。漸，階次也。因聞上法同而人異，故今詰難，既同證一法，何以人有三種之漸次耶。

△二、正問，三。初，明斷證同，文二。

初，汎陳迷悟。有名曰：萬累滋彰，本於妄想。迷也。惑障不一，故云萬。皆能纏縛有情，曰累。滋，多也。彰，顯也。妄想者，無明也。由迷至理，妄念忽動，萬惑俱興也。妄想既袪，則萬累都息。悟也。三乘同證無爲，破妄出纏，只合等無高下。此以三乘俱破惑出離，同證一理，疑三乘人未盡無爲之漸也。

△二、正敘所同，三。

初，智同。二乘得盡智，即生空智，我生已盡故。菩薩得無生智，即二空智，推檢我法，四俱無生，謂不自不他，不共不無因故，生之與法，無生故空。又清涼五地疏云，盡無生智者，無生是滅，因亡曰盡，即盡智也，後果不起名爲無生，即無生智。此盡無生，是其滅體。無學之智，如是而知，意在取滅爲滅諦道。據斯所釋，則二乘但以因亡取滅，曰盡智，菩薩兼果喪爲滅，曰無生智。乃道諦中智有上下，取滅有淺深，故分二名也。

△二、斷同。是時妄想都盡，本除。結縛永除。末喪也。是時者，三乘到無學之時也。言妄想都盡者，惑除也。三乘無學俱無發業潤生，故曰結縛永除。

△三、證同。結縛既除，則心無爲。三乘既無十使繫縛，則障盡智圓，同契無爲真理。二乘以我空證，菩薩以二空證也。然三界繫縛，正在煩惱障能發業潤生故，所知障即無此能。但以菩薩入假利生，恐障法空理，故須雙伏雙斷。今就三乘出離證真，俱約煩惱障論，故云結縛永除則心無爲也。心既無爲，理無餘翳。三乘心契無爲，於理更無餘障。

△二、引證同義。經曰，是諸聖智，不相違背，不出不在，其實俱空。此引證智同也。雖所了生空與二空不同，而能了智不相違背。大悲菩薩了三界故不出，一切二乘離三界故不在，其實俱證空理，故同也。又曰，無爲大道，平等不二。此引證所證，理同故也。既曰無二，則不容異二。再定理智同一之義。既曰所證理無二，則知能證心不可説異也。

△三、正詰漸次。不體則已，體應窮微，而曰體而

未盡，是所未悟也。體者，解也。三乘起智斷證既同，同證空理，本合歸一，不解則止而不論，解則必臻微妙，何以前云未盡無爲故有三耳。未曉此旨也。此一章爲乍聞實教談一理無差之人，未曉權中差別之旨，便欲壞三立一，而不知實教接權，但就三會一，非獨即三而一，亦不妨即一而三。不知此者，未爲得旨耳。

△二、就法顯人答，文二。初，章名。

明漸第十三

明，辨也。辨別同歸一乘之人，從權入實，本有三乘之漸次。既知全一成三，故明三乘之漸次也。

△二、正答，三。

初，領前法一。無名曰：無爲無二，則已然矣。人雖於理有偏圓，理本無二，是故究竟真實，同歸一乘無二之法，理當如是矣。

△二、責前人同。結是重平。惑，而可謂頓盡，亦所未喻。此約方便教中，三乘顯然，以機不等故。結者二障，分別、俱生，即用也。惑是無明，即體也。無明體上重重之結，故云重惑。二乘但伏斷煩惱，菩薩伏斷二障。三乘五位，位位漸除，而前曰妄想都盡，結縛永除故，亦未曉此旨。是知，即實而權，則三乘顯然，即權而實，理同一味。但謂一理無差，便泯三乘修證漸次者，未爲知悟也。

△三、正答漸次，四。初，法喻正答，文二。

初，引喻。經曰，三箭中去。的，的謂紅心。三箭同中一的，喻三乘同證一理。三獸渡河，象、馬、兔三獸，同渡一河，喻三乘同斷三界結惑。中渡無異，而有淺深之殊同中一的，同渡一河則無異，喻同斷結惑，同證真理。而三箭到的有淺深。三獸入河，有深淺各別。喻三乘斷惑有深淺，證真有漸次。者，爲去。力不同故也。爲者，由也。由爲三箭三獸力有大小故，入水中的有淺深之三，非爲河的有異也。

△二、法合。三乘衆生，合三箭三獸。俱濟緣起之津，濟，渡也。津，河也。緣起則十二因緣，以法兼喻也。合上渡河。同鑒四諦之的，合上中的。然四諦十二因緣，三乘別說，互不相通，如前引《法華》云爲求聲聞者說應四諦等。若約互通，自有二義：一、通觀義。如經云，上智觀苦，得菩薩菩提，中智觀苦，得緣覺菩提，下智觀苦，得聲聞菩提，上上智觀苦，得佛菩提。則知三乘同觀四諦，通離十二因緣三世因果，但智用利鈍不同。二、互觀義。説合十二因緣中過現五支因爲集諦，現未七支果爲苦諦，則聲聞觀苦集已了十二因緣，辟支觀十

二因緣已了苦集。證滅修道，三乘皆然，但不如菩薩大悲行願，長行六度爾。菩薩五六雙修，圓證二空，豈不達三世因果，具道滅耶。此則三乘行門互具，故緣起四諦通三乘斷證。今論本意，正約斷證二門，以緣起是三世因果，不出惑業苦三，則三乘通斷，故云俱濟緣起之津。四諦是諦審世出世因果如實真理，不過二空，三乘通證，故云同鑒四諦之的。三乘既通名出世證真，故不約別分行相也。**絶僞即真，**合上渡無異。**同昇無爲。**合上中無異。三乘人同離三界生死，同到無爲彼岸也。**然其所乘不一者，亦以智力不同故也。**所乘不一者，指三乘智行不同也，聲聞乘我空四諦出，緣覺乘我空十二因緣出，菩薩乘二空六度出。何故如此。下云謂智力有大小不同故也，合上淺深之殊，爲力不同也。故知諸佛本意，普欲令其如我無異，爲彼智力未及，教有漸次也。

△二、校二乘智量。**大羣有雖衆，然其量有涯，**羣者，不一之謂，萬有也。言其萬有，則通一切有境。若在佛智，必盡無邊。**正使智猶身子，辯若滿願，**梵云舍利弗怛羅，此云身子，弟子中智慧第一。梵云富樓那，此云滿願，亦云滿慈，弟子中辯才第一。**窮才極慮，莫窺其畔。**窮極二聲聞辯才智慮，不能窺度羣有之邊畔。**況乎虚無之數，重玄之域，其道無涯，欲之頓盡也。**虚無重玄，即一佛乘真常妙道，橫竪無涯，如何欲令二乘盡證，有邊事相尚未盡知，況無邊法體豈能盡證。則知二乘淺智力劣，故有階漸也。

△三、引外書明漸。**書不云乎，爲學者日益，爲道者日損。**書是《道經》，今借文用。爲者修義，學者敩也。道者，履於性也。修學者日益於見聞知解。修道者履於自性也，則日損於知解惑結。吾教有學有修，止在於等覺。**爲道者，爲於無爲者也。爲於無爲，而日日損，此豈頓得之謂。**修無爲者，解惑漸除，而無爲漸現，此非頓得之言謂。**要損之又損之，以至於無損耳。**此三句，位位皆有，即諸位中入、住、出之三心，即加行、正行、勝進行之三行。如斷初地惑，在地前要損，名加行入心。要者，欲義也。入初地時又損，即正損，名正行住心。至於無損，求進二地，名勝進行出心。則地地皆有此三行三心。至於無所損者，方惑亡解喪，心境一如，故地地皆證一分真如。又，要損在三賢，又損在地上，至於無損在妙覺也，此則約始教斷實惑説。若約終教無斷而斷，雖惑本自真，而真隨惑緣，亦能隨斷緣，亦不妨斷。故《楞嚴》云，理雖頓悟，承(六)悟併消，事非頓除，因次第盡。若無惑可斷，義即歸頓矣。

△四、引經結智用。**經喻螢日，智用可知矣。**淨名謂富樓那云，無以日光，等彼螢火。螢光喻二乘，日光喻菩薩。此據三乘對

辯，則知智有優劣也。

△二、別對菩薩，文二。初，一乘諸位問，文二。初，章名。

譏動第十四

譏者，責也。動，謂進修之心。此問再敘前難差中疑。此則通疑證真之人，既心境冥合，何故更有進動。若據始教法相宗，初地已得證真。今約七地難者，就三乘教論，菩薩乘中至七地時入純無相觀，得無生忍，深證真平等法，人既即法，亦無心境二相，所謂物我冥一，絶於圖度，何故更進後地三位，別有所求。七地尚爾，況前地耶。此以人法同寂，譏責於進動。

△二、正問二。

初，牒經動寂。有名曰：經稱法身已上入無爲境。此即前引儒童於然燈佛所已入涅槃。涅槃，此云無爲。法身者，法謂法性，身者依也，以法性爲依，則證真者之通稱。今約七地已上曰法身者，謂純無相觀常依真理，以法爲依，以真爲體故。又純無漏功德法分積聚故。心不可以智知，無分別心，非分別智可知。形不可以象測，法身非質礙故，形象不測。體絶陰入，所得法體，離五陰六入，心智寂滅，能證心智，純無漏觀，無功用道，寂滅無相，如順流舟也。此即前所謂物我冥一也。而復云進修三位，積德彌廣。即前云於七住初獲無生忍，進修三位，更勝進後地，慕廣大功德也。

△二、以動難寂。夫進修本於好尚，積德生於涉求。生好尚心，動涉求念。好尚則取捨情現，涉求則損益交陳。取後位，捨前位，棄損無明，增益功德。既以取捨爲心，損益爲體，而曰體絶陰入，心智寂滅。以上動用疑寂滅義。

△三、結成相違。此文乖致殊，而會之一人，無異指南爲北，以曉迷夫(七)。既動寂文義殊乖，而會同七地一人，豈了動寂之異。有似以南爲北，豈能指迷者令曉南北殊方也。

△二、位位寂滅答，文二。初，章名。

動寂第十五

動是用，寂是體。謂行人修因契果，斷惑證理，皆以前般若爲能修也。謂以無知之般若，修即真之因，契如實之果，斷不異真之惑，證寂滅之理。是則能所斷證即寂滅相，動而常寂，故曰動寂。故清涼云，良以非真流之智無以契真，何有飾真之行不從真起。此據實教入住已來，直至究竟，始終如此，非謂七地已後方得動寂不二。此論一乘正行，在此章顯示。

△二、正答，四。初，顯所修之行，文三。

初，引經總標。無名曰：經稱聖人引經，通標證真起實行之人。無爲而無所不爲。爲者，作也，三慧中屬修慧。謂若稱真，則無惑可斷，無理可證，無行可修，無位可得，故曰無爲。心雖明了，力不自由，見有幻相未除，空塵不脱，當以如幻之智，斷幻惑，證幻理，修幻行，求幻位，故曰無所不爲。直須斷至無斷，證至無證，方曰究竟。今就因門，從解起行，則無斷而斷，無證而證，故曰無爲而無所不爲，寂而常動，動不乖寂也。大意如是，故曰總標。

△二、釋成大意。無爲故雖動而常寂，釋上寂義。修即無修，是即動之寂。無所不爲故雖寂而常動。釋上動義。無修而修，是即寂之動。雖寂而常動，故物莫能一。無修中起修，能所修相不一。雖動而常寂，故物莫能二。修即無修，能所一相。物莫能二，故逾動逾寂。物莫能一，故逾寂逾動。逾，過極之義。言不二則能所同寂，此乃即至動而見至寂。言不一則二相宛然，即至寂而見至動。上則即隨緣同不變，次乃即不變而不壞隨緣。故動寂二名，言之似異，義實同時。

△三、結示所以。所以爲即無爲，進修即寂滅。無爲即爲，寂滅即進修。動寂雖殊，而莫之可異也。事理二行，名殊義一也。

△二、明能修之心，五。

初，引經標義。《道行》云，心能修之心，體是本覺，用即是智。位位各具入、住、出三心，通根本、後得。亦不有，亦不無。心體真實，本非有無，亦無能所修相，泯同平等故。《華嚴》亦云，無有如外智，亦無智外如。今正約照用，不滯二邊空有之病，非唯所修之行，爲無爲不二，能修之心，照與無照亦乃同時，故云亦也。

△二、釋經大意。不有者，不若有心之有。不無者，不若無心之無。寂照同時，非有無二心，故經曰不有不無。

△三、逆順推釋，文二。

初，問。何者。問上不若有無之義。

△二、釋文，二。

初，反釋責非。有心則衆庶是也，衆庶者，不一也。指三界衆生心皆有作攀緣。釋上有心也。無心則太虛是也。釋上無心也。衆庶止於妄想，太虛絶於靈照，豈可止於妄想，絶於靈照，標其神道而語聖心者乎。進修所謂動，此是以妄想語聖心，又謂入無爲是寂，此是以太虚標神道，焉可以邪而求正道。

△二、順釋正理。是以聖心不有，不可謂之無。聞説不有，寂而常照，不可執無。聖心不無，不可謂之有也。聞説不無，照而常寂，又不可執有。此遣隨言執也。不有故，心想都滅。想謂取像。能證之心既無取著，故經曰不有也。不無故，理無不契。無不契者，盡契真理。能契之心非無，故經曰不無也。理無不契，故萬德斯弘。弘，大也。萬德者，稱性之德不一。故《起信》云，如來藏具足無量性功德故。心能證理，則稱理之德，一一廣大無涯，故曰斯弘。心想都滅，故功成非我。須菩提云，我不作是念等，況大乘菩薩能所一相，心想都亡，豈有我心成就功行，故曰非我。

△四、結成所以。所以應化無方，未嘗有爲。達俗不妨證真，動而常寂。寂然不動，未嘗不爲。證真而常達俗，寂而常動。

△五、引經證義。經曰，心無所行，平。無所不行，信矣。行者，斷惑證理，修因契果，皆名曰行。行能行之心，動寂同時，斯可信矣。

△三、引前結示，三。初，正引，二。

初，引前經。儒童曰，世尊因地爲菩薩名曰儒童。前難者但見文違，未見意順，故今亦就儒童所説，引不二之義，令彼信悟故。昔我於無數劫，以國財身命，施人無數，七地，二僧祇劫滿，故説昔。曾以國位財寶，捨身分或盡命，以此内外財行施，不可知其數量。以妄想心施，非爲施也。妄想不一，所謂求佛果，進上位，要行滿，欲因圓，但有能所修相，皆曰妄想，竝非稱實之行也。今以無生心，五華施佛，始名施耳。智虚無生，爲能修心。五華施佛，體即無生，爲所修行。能所同真而不壞，以華施佛，始名稱實之施。豈動寂有異也。言五華施佛者，經説佛因中昔名摩衲婆，此云儒童，買五莖優鉢羅華，即青蓮華，施然燈佛，此時心詣無生，三輪同寂，故然燈與記釋迦牟尼。《金剛》亦云，以實無有法得菩提故，然燈受我記也。

△二、引別經。又空行去呼。菩薩入空解脱門，入者，證也。解脱門有三，一空，二無相，三無願，今舉初攝後，故言解脱。謂離繫縛，根本智爲能入，三解脱爲門户，由此故能於一切法證真如性，故曰入空解脱門。此則以智契理耳。方言今是行時，非爲證時。方者，始也。菩薩但行三解脱行，不求證三解脱相，此則正行行時不見行

相也。非獨儒童空行，菩薩亦爾。

△二、結成。然則心彌虛，行彌廣。終日行，不乖於無行者也。結上也。彌，極也。既以至虛之心造行，則行亦寂滅，尚無二相，豈有行耶。

△三、廣示。是以《賢劫》稱無捨之檀，《賢劫經》也。梵云檀那，此云施，即六度之一也。三輪同寂，雖無捨而施行彌勤，故曰之檀。《成具》美不爲之爲，《成具經》也。此通一切，竝皆無作而作。禪典唱無緣之慈，《禪經》也。能緣所緣，理同一味，故無二相，而大慈拔濟不息，即四無量之一也。《思益》演不知之知，《思益經》也。能修之智，無知而知，此即根後二智。此四句經，古人多配六度，唯初後義現，二三兩句文別難對。今但隨文釋之，此皆即真之行，行行全真，菩薩造修必當如是。故《起信》發心，先信真如及三寶故。

△四、責非玄悟，文二。

初，責其所執。聖旨虛玄，殊文同辨，聖教旨趣，虛寂玄微，唯智可了，非情所測。動寂之文有殊，不二之義同辨。豈可以有爲便有爲，無爲便無爲哉。責前聞動執有爲，聞寂執無爲。菩薩住盡不盡平等法門，不盡有爲，不住無爲，即其事也。此引《淨名經》，香積諸來菩薩，向佛求法，當還本土，佛告曰：有盡不盡平等法門，汝等當學。何謂盡，謂有爲法。何謂不盡，謂無爲法。則菩薩當住平等，不住二邊。不盡有爲，即有而無，不住無爲，即無而有，即菩薩動寂不二之行，故云即其事也。

△二、斥其非喻。而以南北爲喻，殊非領會之唱。南北之方定異，寂動二行常一，將定異而喻常一，豈能領解也。已上顯等行畢。

△後二，就人法示等證，文二。初，明人法同異，文二。初，先後窮源門，文二。初，章名。

窮源第十六

窮謂推窮，源謂本源。前章已知一乘正行動寂同時，今則行成必證，未曉證法之人，人法誰先誰後，先者爲源，二俱有過，故推窮之。

△二、正問，二。

初，先人後法過。有名曰：非衆生，無以御三乘。御者，進也。先有人，方可進御三乘因行。理合云御一乘，今約從凡入漸，漸必歸實，據昔曰三乘也，又問者多約權難實故也。非三乘，無以成涅槃。非三乘行人，無以成就一無爲法。然必先有衆生，後有涅槃，此則人在先，法在後，以人爲源也。下出過云，是則涅槃有始，有始必有終。有爲有始終，無爲無三世，豈容有始終耶。

△二、先法後人過。而經曰涅槃無始無終，湛若虛空，竪窮三際，故無始終，横徧十方，故湛若虛空。則涅槃先有，涅槃體常，故先有。下出過云，非復學而後成者也。無爲既本有，何假學者解行成就此果耶。難者謂，人在先則違經旨，法在先則壞前解行，故今窮之。

△二、平等同時答，文二。初，章名。

通古第十七

通謂融通，古即時分。上因以人證法，故窮先後之源，蓋未明法性甚深之旨，猶以三乘滅妄證真問之。今明法性真常，融通今古，由此隨緣，方成萬法。今行人了萬法以會真常，乃名證入，豈同三乘先人後法而有得證耶。又真理雖則本有，既能隨緣成事，何礙事能顯理之解行耶。以法性真常，融通古今，諸法即事顯理而答之，故曰通古。

△二、正答，三。初，明人法不異，文三。

初，正明。無名曰：夫至人，寄極證人，顯深玄法故。空洞無象，無爲妙性，寂而空洞，體絶諸相，故曰無象。此約至人體性寂之又寂，即明不變義也。而萬物無非我造，造者，作也。聖凡依正，心境萬物，皆由真理隨緣而有。即不變而以顯隨緣，全法成人，依理成事義。法本真常，故經曰無始無終也。會萬物以成己者，其唯聖人乎。會，契也。凡夫不能即事契真，故輪迴不息。三乘滅妄求真，故積行不息。今即諸法而契不變真常者，故曰一乘。聖凡一源，唯獨聖人能即事契理，不歷僧祇而成道，以顯全人即法。法雖本有，不廢解行，契會之相，既非新得，故異三乘也。

△二、推釋。何則。推也。何以會萬物以成己者其唯聖人耶。下釋。非理不聖，非聖不理。理而爲聖者，聖不異理。釋上即事契理，方爲聖人也。先反釋，後順明。然雖人法無二，要由即事契真，方證不二之道。故由前解行，成此證入也。

△三、引釋，又三。

初，釋智由理起。故天帝曰，般若當於何求。《大品經》釋提桓因，此云能天主。問須菩提也，般若聖智，如何可求也。善吉曰，般若不可於色中求，亦不離色中求。色是法相之首，今舉例一切也。於一切法，不即不離之間，而妙契真常，爲般若故。此則契理，方爲聖智，釋上理而爲聖。

△二、釋理由智顯。又曰，見緣起爲見法，見法爲

見佛。見，竝證見。爲者，是也。緣起是事。由見事體空，是了法之真實，故云見法。真法即真覺體，故曰見佛。此則由智方即事契真，釋上聖不異理也。

△三、結理智不二。斯則物我不異之効也。結上也。物，即理也。我者，智也。以上二經證之，則理智相由，不異之効可見。此結成即事會理唯在聖智，故須解行之人，證人法融通之性也。

△二、顯妙契即真，三。

初，正顯。所以至人，躡上物我不異，今顯至人妙契之相。戢玄機於未兆，戢，斂也。玄機者，智也。未兆者，無朕迹也。此則收斂智用，即於覺體，而無智照之迹，以智即理故，方爲至人之妙契也。下諸句，例此釋之。藏冥運之即化，藏，覆也。冥運者，寂然運用。即化者，即今萬化也。藏覆冥寂之體，運用於即今萬化之間，此即體不離用，理即於事，以爲妙契。總六合以鏡心，以鏡喻心，心本澄淨，故四方上下，皆不離心而有，故以心而總之也。此句收現在。一去來以成體，過去未來同歸一體。此句泯過未。融三際一體。古今通，終始同，古今終始，一法通之，更無異相。窮本極末，莫之與二。理曰本，事曰末，窮極理事，義一名異。浩然大均，乃曰涅槃。浩然者，無邊涯也。均，平也。以理融事，即理而大均，故平等無涯，乃曰無爲。

△二、引證。經曰，不離諸法而得涅槃，《淨名》云，不離諸法而得涅槃，是爲晏坐。《涅槃》以諸法性常寂故，不離相而證理。此即理事不二。又云，諸法無邊故菩提無邊。諸法體無邊涯，菩提覺體亦無邊涯。此即能證智與理不二。上二經，以明理事智三，名異義一也。

△三、結成。以知涅槃之道，存於妙契。雖理事常融，要由妙契即真，方曰證道。故人法不二，不廢解行證入也。妙契之致，本乎冥一。契則萬法一致。然則物不異我，我不異物，物我玄會，歸乎無極。人法不異，契會玄微，同歸一道，更無過極。

△三、結非先後，文二。

初，正結。進之弗先，退之弗後，豈容終始於其間哉。不二之道，進退求之，不見先後之相，豈容終始可得也。

△二、引證。天女曰：耆年解脫，亦何如久。《淨名經》，舍利弗問天女曰：止此室，其已久如。天曰：如耆年解脫。舍利弗言：止此久耶。天曰：耆年解脫亦何如久。此蓋身子以久近問之，天女以無久近而答。身子再審其久近，天女以絶久近責之。耆年者，指舍利弗，

曰者宿也。意謂汝證解脱時，我止此室。今取責無久近之言，以證涅槃絶先後始終之相。

△二、明得法有無，文二。初，有無乖得問，又二。初，章名。

攷得第十八

攷謂推究，得者證也。以前章明物我不異之道要由契會之人，未知能契之人如何證此平等之法。此則將隣證位，餘疑未決。

△二、正問，二。

初，引經雙立問。有名曰：經云，衆生之性，極於五陰之内。此約界内衆生，隨緣妄性，體是無明，色心依此而有，妄心又依色心而住，故曰極於五陰之内也。此明住有則失。又云，得涅槃者五陰都盡，譬猶燈滅。燈滅者，膏明俱竭，喻色心滅。此約相宗定性二乘入無餘涅槃義也。此明同無曰得。

△二、得失俱非問，文二。

初，住有不能證。然則衆生之性，頓盡於五陰之内，涅槃之道，獨建於三有之外。頓盡者，盡同其中，故衆生在三界，無爲非三界，此即事理迢然也。邈然殊域，非復衆生得涅槃也。邈，遠也。人有法無，理事相隔，故知衆生與涅槃殊别，人無得法之分。

△二、離有無能證。果若有得，則衆生之性，不止於五陰。果，決也。決定有人得法，則須性離五陰，絶妄契真矣。必若止於五陰，則五陰不都盡。五陰不盡，則與涅槃相隔。五陰若都盡，誰復得涅槃者也。若盡五陰，灰身滅智，則無衆生。既無能證之人，將何得所證之法。此明能證之人有無俱不能證涅槃。未知一乘實教行人欲證涅槃，如何可得耶。

△二、即事玄證答，文二。初，章名。

玄得第十九

玄謂深玄，即本無義也。得謂證也。本無可得，故曰真得。有名之問，蓋疑别有所得。今無名之答，但能於心境一切本無所得，即真證涅槃平等妙體，豎無初後，横無邊涯，故云玄得。非謂行人别有一理可得也。此章爲十九章之深深，四論之至極。前之新生義解，何必存焉。情盡見除，本無所得，故曰玄得。

△二、正答，二。

初，揀辯真僞。無名曰：夫真由離起，僞因著生。起者顯義，生者現義。然法本無住，人有悟迷，故離名相則真實顯，著名相則虛僞現。故知真僞但由人有，迷悟異耳。著故有得，離故無名，是以則真者同真，法僞者同僞。法則義同，皆造詣也。悟乃法則於真，真無名相，能證亦無，故曰同真。此則則真屬解，同真屬證。迷則法則於僞，僞有差殊，故事有萬種，故曰同僞。此則迷真曰法僞，順妄曰同僞。此上立迷悟二端。子以有得爲得，故求於有得耳。吾以無得爲得，故得在於無得也。有名子以有所得爲得，故求有得之人以何而得涅槃，此乃法僞同僞也。無名者以無所得是得，故得涅槃在於無得。此乃則真同真矣。

△二、正明玄得，文三。

初，定宗議本。且談論之作，必先定其本。且者，汎詞。大凡談論，語必有本。有本者，所詮也。則言有所起，語有所歸，如詮真性，則可以語之曰不改變，無生滅，豎窮橫徧，則語歸於性，性爲本矣。既論涅槃，不可離涅槃，而語涅槃也。今之問答，既論涅槃，則所說以涅槃爲本，不可離本而語也。若即涅槃以興言，誰獨非涅槃而欲得之耶。誰，何也。若即本興言，但說一切無得，皆語涅槃，何獨有非語涅槃之言，而欲別有所得而談論耶。此責前攷得之情惑也。

△二、推求語本。何者。推也。何者之言是語涅槃耶。下釋。

夫涅槃之道，此標下語本也。妙盡常數，總句語也。微妙出常情數量，數量無所得。故下別句語云，融冶二儀，鑪冶可以和融異器。天尊地卑，同涅槃體，即尊卑無所得。下例知也。滌蕩萬有，萬是多數。有爲差別，蕩無所得也。均天人，均，平也。天勝人劣，均無所得故。同一異，對異有一，一與異同，故一異無所得。內視不已見，返聽不我聞，無聲色可得故。未嘗有得，未嘗無得。嘗，曾也。涅槃無有得無得可得故。又五性之中，三分半人非無得，一分半人非有得。以緣就性，無邪正可得。斯爲即本立言，言皆語本，則知一切無所得，方爲真得涅槃常住妙體，故曰玄得，豈令衆生別有所得而證涅槃。

△三、引經廣釋，二。初，明不二，中二。初，釋理無得爲涅槃果，文三。

初，明不即離。經曰，涅槃非衆生，亦不異衆生。不即五陰性相，性相無所有故。不異五陰性相，性相無所有，即涅槃故。此則無即離可得，爲玄得。

△二、顯不生滅。《維摩詰》言：若彌勒得滅度者，一切衆生亦當滅度。涅槃，此云滅度。彌勒是聖，衆生是凡。由聖無所得故，彌勒得滅度。又由凡亦無所得故，衆生亦當得滅度。此

則聖凡不待泯而自盡，故同玄得也。所以者何。有何所以衆生亦當得滅。一切衆生本性常滅，不復更滅。衆生本性，三際常寂滅故。以無衆生可得，爲真滅。不待滅衆生而別證滅理，故云不復更滅。故《楞伽》云，初生即有滅，不爲愚者説。此明生即無生故生無所得。此名滅度，在於無滅者也。論釋成經意。此顯滅度之名即在於無滅可得。故《涅槃》云，生滅滅已，寂滅爲樂。此明滅即無滅，故滅無所得。以生滅無所得故，方爲玄得，即凡聖、真妄、染淨、依正皆爲玄得。故曰誰獨非涅槃。此乃一切無得，方真達常住妙體，平等寂滅，斯爲玄證矣。

△三、結成理果。然則衆生非衆生，誰爲得之者。涅槃非涅槃，誰爲可得者。生即無生，滅即無滅，以誰爲能得之人，復以何爲可得之法。則生滅雙遣，人法兩亡，理事俱泯，平等一味，乃曰玄得。豈存能得之人，而謂別有所得耶。

△二、釋智無得爲菩提果，三。

初，遣有無。《放光》云：菩提此云覺，即始覺智果也。相教直至佛位，上品四智俱圓，方稱覺滿。果位智强識劣，故説轉八識，成四智，但轉其名，不轉其體。四智者：一轉賴耶，爲大圓鏡。二轉末那，爲平等性。三轉意，爲妙觀察。四轉前五，爲成所作。法性宗中，始覺滅相，直至生相，通名始覺。生相若盡，方稱覺滿。皆菩提果，但理智二果，一異分之，故二宗説異。今此先約分教説，故前明理，此明智。從有得耶，答曰不也。從無得耶，答曰不也。從有無得耶，答曰不也。離有無得耶，答曰不也。此遣有求爲得。初句有得爲得，次句無得爲得，三句亦有亦無得爲得，四非有非無得爲得。此既四處欲求有得，故皆答云不可也。經云，般若如火聚，四面不可取，取則成謗。然則都無得耶，答曰不也。此遣不求爲得，以菩提非都無所求而得故。又前四墮作病，此句墮任病。此上五句，竝爲欲求可得之相，故非玄得，皆答不也。

△二、明玄得。是義云何。問得菩提之義。答曰：無所得故爲得也。非謂別有所得名得菩提，但於一切處得無所得，即菩提果滿，非但無法可得，亦復無智可得，方爲得智。

△三、結智果。是故得無所得也。得於無所得，故曰玄得矣。此則始覺合本，斷生相盡，微細念離。

△二、顯不二，文四。

初，結前不二。無所得謂之得者，誰獨不然耶。菩提、涅槃，竝以無所得爲真得，則知理智不二，同無所得，何有不如此耶。故知以理融智，則理外無智，以智融理，智外無理，理智融融，泯絶無寄，方爲玄得。

△二、述成真體。然則玄道在於絶域，故不得以得之。述上涅槃理果在於絶殊異之域，故以一切無得爲玄得也。妙智存乎物外，故不知以知之。述上菩提智果在乎相外，故以無念而知，是真知也。大象隱於無形，故不見以見之。大音匿於希聲，故不聞以聞之。述上理智不二爲一乘果也。真身大象，本無理智之形，真常大音，本無理智之名，故無理智聞見，方爲見聞。此約證見證聞，非解見也。言隱匿者，皆無也。希聲者，《道經》曰，聽之不聞曰希。則真果在無所得，故曰涅槃無名。

△三、結體顯用。故能囊括終古，此句結體，謂真體常徧，故能包囊該括，徧也，終古無忒，常也。故大涅槃以常徧爲義。導達羣方，此下顯用，謂能隨緣起用也。導，化也。達，通也。羣方，萬法也。謂化用遂通於萬法，無所不周。亭毒蒼生，疎而不漏。亭毒，養育也。蒼生，人也，順俗曰蒼天所生故。十界衆生，皆即真而起，真體雖寂寥虚曠，而萬化從興，故曰疎而不漏。《老子》曰，天網恢恢，疎而不漏。今借此語。汪哉洋哉，何莫由之哉。汪洋，水深廣也。《離騷》云，臨淵號汪洋。今明涅槃體深用廣，何不由斯建立矣。

△四、引證體用。故梵志曰：吾聞佛道，厥義弘深，汪洋無涯，靡不成就，靡不度生。《八師經》，梵志者，淨行之人也。佛道者，佛所證道。弘者，廣大也。讚佛所證之道，體深用廣，如水汪洋。靡者，無也。即真之應，則依正三業，功德莊嚴，無不成就圓滿殊勝之事，一切衆生若見若聞，無不受度。上句讚化德滿，下句讚化用周。此如空淨月圓，潭清影落，真常果體，大用無方，慈悲願力，法爾如此。此則以真應不二結上大意也。

△總結大意。然則三乘之路開，真僞之途辨，賢聖之道存，無名之致顯矣。此一段文，古人節爲流通分，或以此都結四論，蓋文義包博，取釋在人，理亦無爽。但今大部不以三分科文，前三既各有結文，此段亦合自結。當論文理甚順，不在煩釋。初句言開者，顯也，《法華》云開佛知見，故即開顯三乘所行悉當成佛，則一乘顯了矣。次句云真僞者，虚實也。辨，别也，别權實故。此意多義，略釋有二。一約理，則理事不二爲真，理事各别爲僞。二約人，則一佛乘爲實，三乘爲權。辨此真僞權實途路也。第三句云賢聖者，十住下賢，十行中賢，十向上賢，此三十位，亞聖曰賢，十地曰聖，此皆同證真如，同修佛乘，存此以爲正因也。末句云無名之致者，理智相盡，異名無得，圓常妙體，果滿斯顯矣。又，初二句義在十信，第三句在賢聖，末句義在妙覺。

又，前二信解一乘，故有開顯辨別之義，次句行一乘因，故有道存之説，末句圓證一乘，故曰致顯。此則結上一十九章，有開辨存顯一乘之能，斯爲甚深之教矣。

注肇論疏卷第六終

音切

樊。扶袁切。祛。丘於切。迢。徒聊切。邈。莫角切。匿。女直切。括。古奪切。汪。烏光切。

校勘記

〔一〕「□」，底本爲墨丁，疑爲「便」。

〔二〕「□」，底本爲墨丁，疑爲「文」。

〔三〕「未」，《華嚴一乘教義分齊章》（《大正藏》本，下同）作「來」。

〔四〕「二」，《華嚴一乘教義分齊章》作「三」。

〔五〕「□」，底本爲墨丁，疑爲「下」或「後」。

〔六〕「承」，《楞嚴經》（《大正藏》本）作「乘」。

〔七〕「夫」，校本校勘記云一本後有「也」字。

（申婷、常崢嶸整理）

〇九三〇

肇論略注[一]

明匡山沙門憨山釋德清述

肇論序

慧達率愚，序長安釋僧肇法師所作《宗本》《不遷》等四論曰：有美若人，超語兼默。標本則句句深達佛心，明末則言言備通衆教。達猥生天幸，逢此正音，每至披尋，不勝手舞，誓願生生，盡命弘述。夫神道不形，心敏難繪，聊寄一序，請俟來哲。蓋大分深義，厥號本無，故建言宗旨，標乎實相。開空法道，莫逾真俗，所以次釋二諦，顯佛教門。但圓正之因，無尚般若，至極之果，唯有涅槃。故末啓重玄，明衆聖之所宅。雖以性空擬本，無本可稱。語本絶言，非心行處。然則《不遷》當俗，俗則不生，《不真》爲真，真但名説。若能崇茲一道無言二諦，斯則靜照之功著，故般若無知，無名之德興，而涅槃不稱。余謂此説周圓，罄佛淵海，浩博無涯，窮法體相。洪論第一，肇公其人矣。

校勘記

〔一〕底本據《卍續藏》。

肇論略注卷一

明匡山沙門憨山釋德清述

肇乃作者之名，曰僧肇，時稱肇公。論乃所立之論，蓋以人名論也。公爲什門高弟，從譯場翻譯諸經，久參什師，深達實相。比因佛法西來甚少，大義未暢，時人多尚老莊虚無之談，而沙門釋子亦相尚之，多宗虚無以談佛義，各立爲宗。如晋道恒述《無心論》，東晉道林作《即色遊玄論》，晉竺法汰作《本無論》，皆墮相言無，都墮斷滅。公愍大道未明，故造此四論以破邪執，斯立言之本意也。論者謂假立賓主，徵析論量，以顯正理，摧破邪執，人法雙影，故曰《肇論》。

後秦長安釋僧肇作

苻堅有國，據關中號爲大秦，暨姚萇篡立，亦號爲秦，故史以前後别之。萇崩，其子興嗣國。什師譯經當興之時，故公稱後秦。按公傳略云：法師僧肇，京兆人，幼家貧，爲人傭書，遂博觀子史。志好虛玄，每以老莊爲心要。既而歎曰，美則美矣，然其栖神冥累之方，猶未盡善。後見舊《維摩經》，歡喜頂受，乃曰，始知所歸矣。因此出家，年二十爲沙門，名震三輔。什公在姑臧，肇走依之。什與語，驚曰，法中龍象也。及歸關中，詳定經論，四方學者，輻輳而至，設難交攻，肇迎刃而解，皆出意表。著《般若無知論》，什覽之曰，吾解不謝子，文當相揖耳。傳其論至匡山，劉遺民以似[二]遠公。公拊髀歎曰，未曾有也。復作《物不遷》等論，皆妙盡精微。秦主尤重其筆札，傳布中外。年三十二而卒，當時惜其早世云。

宗本義

宗本者，示其立論所宗有本也。以四論非一時作，論既成，乃以《宗本義》統之。蓋所宗本乎一心，以窮萬法，迷悟凡聖之源也。如《起信》以一心爲宗，有法有義，故曰《宗本義》。

本無、實相、法性、性空、緣會，一義耳。

此標宗揀法，以爲四論之本也。本無者，直指寂滅一心，了無一法，離一切相，逈絕聖凡，故曰本無，非推之使無也。以一切諸法皆一心隨緣之所變現，心本無生，但緣會而生，故曰緣會。以緣生諸法，本無實體，緣生故空，故曰性空。以全體真如所變，故曰法性。真如法性所成諸法，真如無相，故諸法本體寂滅，故曰實相。是以本無爲一心之體，緣會爲一心之用，實相、法性、性空皆一心所成萬法之義，故曰一義耳。依一心法，立此四論。不遷當俗，不真當真，二諦爲所觀之境，般若爲能觀之心，三論爲因，涅槃爲果，故首爲宗體。

何則？此徵起四論，各有所宗。一切諸法，緣會而生。

此下標顯《不遷》宗體也。寂滅一心，本無諸法，本無今有，故曰緣會而生。

緣會而生，則未生無有，緣離則滅。

此顯心本不生，但是緣生，非心生也。以生本無生，故滅亦緣滅，非心滅也。不生不滅一心之義，於是乎顯矣。

如其真有，有則無滅。

此返顯緣生諸法非實有也。真，實也，若諸法果是實有，則不應隨緣散滅，今既隨緣滅，則法非實有矣。

以此而推，故知雖今現有，有而性常自空。性常自空，故謂之性空。

以此緣生緣滅而觀諸法，則知雖今現有而非實有，以體常自空。體常自空，故義説性空。

性空故，故曰法性。

諸法實性即是真如。真如性空，以真如性現成諸法，法法全真。良由真如性空，故諸法性空，稱爲法性。

法性如是，故曰實相。

諸法之性全體真如，真如之相本自無相，法性如如，寂滅離相，故曰實相。

實相自無，非推之使無，故名本無。

實相乃真如實體，今既隨緣成一切法，則法法皆真。若觀法法全真，則了無一法可當情者，斯則不待推測使無，則法本無也。

萬法本無，又何有一毫可轉動哉？以此而觀諸法，則不遷之旨，昭昭心目矣。上明《不遷》宗本。

言不有不無者，此標《不真空》宗本也。不如有見常見之有邪見斷見之無耳。

此標立論所破之執也。不如，猶不比也。凡夫外道定執諸法是實有，確執諸法爲斷滅之無，政在所破。但以不字破之，故曰不有不無。

若以有爲有，則以無爲無。

此出計也。若以諸法爲實有，則墮常見。若以諸法爲實無，則墮斷見。

夫不存無以觀法者，可謂識法實相矣。

此示正觀也。存無下應添一有字，言不存有無二見以觀法，可謂識法之實相矣。以有無二見，顛倒見也。

雖觀有而無所取相，然則法相爲無相之相，聖人之心，爲住無所住矣。

此出觀益也，謂離有無二見以觀諸法，則法法寂然。故法雖有而不取相，不取法相，則當體如如，故相即爲無相之相矣。諸相無相，寂滅性空，斯則所觀之境空。境空則心自寂，故聖人之心爲無住之住，此心空也。心境俱空，於何不寂？

三乘等觀性空而得道也。性空者，謂諸法實相也。見法實相，故云正觀。若其異者，便爲邪觀。設二乘不見此理，則顛倒也。

此約法以顯能觀之人也。三乘之人，同觀性空而得道果。然此諸法性空，即是實相。能見諸法實相，方爲正觀。設使二乘不見此理，則同凡夫顛倒矣。此單約諸法盡皆實相，二乘所見偏空，亦是實相性空。若不是實相性空，何以得證道果？意謂法一人異，故下難明。

是以三乘觀法無異，但心有大小爲差耳。

此明法一人異也，伏難，難曰：既三乘

同見一法，何以證果有差？答曰：其實三乘觀法無異，但爲心有大小，故證果有差耳。足知法本是一，但人心大小有異，故所證果不同，以取不取相故耳，非法異也。正若三獸渡河，河本是一，但三獸大小不同，故所履淺深不一，斯乃獸三而河非三也。詳夫立論之意，蓋以《不遷》當俗，《不真》當真，二諦爲所觀之境，般若爲能觀之智，境智爲因，涅槃爲果。其三乘乃能修之人，故介宗本之中，良有以也。

漚和般若者，大慧之稱也。

　　此標《般若無知》宗本也。梵云漚和，此云方便，般若，此云智慧。以有方便之智，乃稱大慧，若無方便，但名孤慧。故所取偏空，非大慧也。前二論真俗二諦，當所觀之境，今漚和般若，爲能觀之心，雙照二諦，不取有無，不墮二邊，故云大慧。

諸法實相，謂之般若，能不形[三]證，漚和功也。適化衆生，謂之漚和，不染塵累，般若力也。

　　此釋大慧之義也。能見諸法實相，是謂般若，雖觀空而不取證，仍起方便度生之事，是仗漚和之功也。適化衆生，乃方便之事，雖涉生死，不被塵勞所累，全仗般若之力也。是以菩薩觀空而萬行沸騰，涉有而一道清淨。《淨名》云，無方便慧縛，有方便慧解，無慧方便縛，有慧方便解。雙照二諦，不取有無之相，故能出空入假而無礙，故云大慧。

然則般若之門觀空，漚和之門涉有。涉有未始迷虛，故常處有而不染。不厭有而觀空，故觀空而不證。是謂一念之力權慧具矣，一念之力權慧具矣。好思，歷然可解。

　　此重明不證不染之義也。以般若唯照空，漚和唯涉有。以涉有而不迷虛，是仗般若之力，故處有而不染。以不厭有而觀空，故觀空而不取證，是仗漚和之功也。斯則空有不異之二諦，權實不二之一心，同時雙照，存泯無礙，故曰一念之力權慧具矣。好思歷然可解者，勉其用心觀照分明，則心境歷然，權實並顯，當不勞而妙契矣。

泥洹盡諦者，直結盡而已，則生死永滅，故謂盡耳，無復別有一盡處耳。

此標《涅槃無名》宗本也。言泥洹，亦名涅槃。稱爲盡諦者，直是煩惱結盡而已。所謂五住究盡，故二死永亡，是生死永滅名爲盡耳，非復別有一盡處可歸，亦非實有一名可稱也，故曰《涅槃無名》。四論所宗，一心爲本。謂不有不無之二諦，以非知不知之觀照，證不生不滅之一心，因果冥會，妙契環中，宗本之義，盡乎是矣。

物不遷論第一

此論俗諦即真，爲所觀之境也。物者，指所觀之萬法，不遷，指諸法當體之實相。以常情妄見，諸法似有遷流，若以般若而觀，則頓見諸法實相，當體寂滅真常，了無遷動之相，所謂無有一法可動轉者。以緣生性空，斯則法法當體本自不遷，非相遷而性不遷也。能見物物不遷，故即物即真，真則了無一法可當情者，以此觀俗，則俗即真也。良由全理成事，事事皆真。諸法實相，於是乎顯矣。論主宗《維摩》《法華》，深悟實相，以不遷當俗，即俗而真，不遷之旨，昭然心目。

夫生死交謝，寒暑迭遷，有物流動，人之常情，余則謂之不然。

將明不遷，先立遷流之相，爲所觀之境。要在即遷以見不遷，非相遷而性不遷也。是由人迷謂之遷，人悟即不遷，故曰人之常情。余則謂之不然，論主妙悟實相，故總斥之。《法華》云，不如三界，見於三界，大火所燒，此土安隱，譬如恒河之水，人見爲水，鬼見爲火，迷悟之分，亦由是也。

何者？徵釋迷悟之由。《放光》云，法無去來，無動轉者。

引經立定宗體。此義引彼經第七卷中云，諸法不動搖，故諸法亦不去亦不來等。即《法華》云，是法住法位，世間相常住。蓋言諸法實相，當體如如，本無去來動轉之相。佛眼觀之，真空冥寂。凡夫妄見，故有遷流。《不遷》論旨，以此爲宗。

尋夫不動之作，豈釋動以求靜，必求靜於諸動。

此依宗出體也。尋究不動之旨，蓋即動物以見真常，非捨動以求靜也。良由全理所成之事，法法皆真，當體常住，非於事外求理，故但言事不遷，不説理不遷也。以即事物以見不遷，故云必求靜於諸動。立論文義有四段，初約動靜以明境不遷，次約境以明物不遷，三約古今以明時不遷，四約時以明因果不遷，此初也。

必求靜於諸動，故雖動而常靜。不釋動以求靜，故雖靜而不離動。

此依體釋義也。必求靜於動，雖萬動陳前，心境湛然，故曰雖動常靜。苟不捨動求靜，故一道虛閒，雖應緣交錯，不失其會。如《華嚴》云，不離菩提場，而徧一切處。所謂佛身充滿於法界，普現一切羣生前。隨緣赴感靡不周，而恒處此菩提座。不悟此理，難明動靜不二之旨。

然則動靜未始異，而惑者不同。緣使真言滯於競辯，宗途屈於好異，所以靜躁之極，未易言也。

此依義辯惑也。其實動靜一源，本來不二，故未始異。但迷者妄見不同，各執一端，真言如所引不去來動轉等了義之談，以異見不同，故使真實之言，滯於競辯而不通，使一乘真宗不能伸暢，返屈於好異之論。如所破心無、本無廓然等，皆不了實相而妄生異論。論者以此之故，所以靜躁之極致，難與俗人言也。

何者？徵釋難言之所以。夫談真則逆俗，順俗則違真。違真故迷性而莫返，逆俗故言淡而無味。

所以難言者，以法不應機，所謂高言不入於俚耳也。若談真則逆俗人之耳，若順俗則違真常之道。若真常不明，則迷者不能使之歸真，若逆俗人之耳，則言之出口淡而無味，此其所以難言也。

緣使中人未分於存亡，下士撫掌而弗顧。

所以難言者，正爲根機之不同也。其順真逆俗之言，若上根利智，聞而便信，故不失人，亦不失言，若使中根之人，則猶疑不決，故未分存亡，若下根聞之，則撫掌大笑而不顧矣。存亡、撫掌二語，出《老子》，中士聞道，若存若亡，下士聞道大笑之，不笑不足以爲道。是知實相妙談，聞而信者實不易得。所以靜躁之極，未易言也。

近而不可知者，其唯物性乎？

此歎不唯信根之難，而真常之法，其實難信難解也。以其觸目皆真，目對之而不覺，可不哀歟。

然不能自已，聊復寄心於動靜之際，豈曰必然，試論之曰：

此言作論之意。爲愍迷者，悲興於懷，不能自已，聊爾寄心於動靜之間，以明動靜不二之言，以曉迷者。然非敢謂必然，但試論之耳。

《道行》云，諸法本無所從來，去亦無所至。《中觀》云，觀方知彼去，去者不至方。

此引經論以定不遷宗極也。諸法當體寂滅，本自無生。從緣而生，故無所從來，緣散而滅，故去亦無所至。如空中華，無起滅故。《中論》但義引彼第二論《破去來品》云，去法、去者、去處皆相因待，不得言定有定無，是故決定知三法虚妄，空無所有，但有假名，如幻如化。大方無隅，本無定向。去者妄指，其實無方可至。如人往東，究竟不知以何爲東也。

斯皆即動而求靜，以知物不遷明矣。

　此下論物不遷也。經言法無來去，則觸目真常，論云去不至方，則去而不去，斯皆即動求靜之微意，證知物不遷明矣。

夫人之所謂動者，以昔物不至今，故曰動而非靜。如朱顔在昔，今已老耄，以謂流光遷謝，故曰動而非靜。我之所謂靜者，亦以昔物不至今，故曰靜而非動。以我而觀，朱顔自住在昔，未嘗遷至於今，故曰靜而非動。動而非靜，以其不來。人之以爲遷流者，以少壯不來，故以爲動。靜而非動，以其不去。我之所謂不遷者，以少壯在昔不來今，亦如老耄在今不至昔，故以爲靜。然則所造未嘗異，所見未嘗同。同以昔物不來，而見有動靜之不同。逆之所謂塞，順之所謂通。迷者以情逆理故塞，悟者以理達事故通。苟得其道，復何滯哉？若悟真常，有何相可滯哉？

傷夫人情之惑也久矣，目對真而莫覺。

　上逆順二言，總申實相之境不異，因人迷悟之不同，故所見有乖。此傷夫下，正出迷情，以觸目皆真，但人迷不覺，良可哀哉。

既知往物而不來，而謂今物而可往，往物既不來，今物何所往？

　此總責迷倒也。既知往物不來，則知昔住在昔而不來今，則可例知今物亦不至昔矣，此乃不遷之義也。却謂今物可遷而往，豈不迷哉？

何則？求向物於向，於向未嘗無。責向物於今，於今未嘗有。於今未嘗有，以明物不來。於向未嘗無，故知物不去。覆而求今，今亦不往。是謂昔物自在昔，不從今以至昔，今物自在今，不從昔以至今。

　此約今昔不相往來正明不遷之義也。以向物自住在向而不來，即今求向而不可得。返覆而觀，則知今自住今而不至向，則不遷之義明矣。以其昔自住昔，今自住今，絶無往來之相。以此觀之，不遷之旨昭然可見。

論初引經論以無去來立定宗體，故返覆論之。故仲尼曰，回也見新交臂非故，如此，則物不相往來明矣。

此引孔子之言，以證不遷之義也。義引《莊子》，仲尼謂顔回曰，吾與汝交一臂而失之，可不哀歟，意謂交臂之頃，已新新非故，蓋言迅速難留之如此也。論主引意，要在迅速極處，乃見不遷之實。《楞伽》云，一切法不生，我説刹那義，初生即有滅，不爲愚者説。賢首解云，以刹那流轉，必無自性。無自性故，即是無生。若非無生，則無流轉。是故契無生者，方見刹那。《淨名》云，不生不滅，是無常義。論主深悟實相，即在生滅遷流法中，頓見不遷之實。故所引乃遷流之文，以明不遷之旨。非達無生意者，最難轉身吐氣也。

既無往返之微眹，有何物而可動乎？

此結顯妙悟，不落常情也。後結文云，得意毫微，雖速而不轉。言諸法湛然，無纖微眹兆來去之相，有何物而可動轉乎？詳其論意，雖云今昔之物本無去來，要見時無古今，平等一際。若達古今一際，則物自無往來。所謂處夢謂經年，覺乃須臾頃。故時雖無量，攝在一刹那。所謂枕上片時春夢間，行盡江南數千里。若以夢事而觀諸法，則時無古今，法無去來，昭然心目。纔入意地，便墮流轉，此非常情可到也。

然則旋嵐偃嶽而常靜，江河競注而不流，野馬飄鼓而不動，日月歷天而不周，復何怪哉？

此引迅速四事，以證即物不遷，以成上無往返之微眹意也。旋嵐亦云毗嵐，乃壞劫之風，須彌爲之摧，故云偃嶽。野馬出《莊子》，乃澤中陽燄，飄揚不停。且此四事，常情見之，以爲遷流之極，若言不遷，則以爲怪。以明眼觀之，本無遷流，復何怪哉？如初引經云，法無去來，無動轉者，正要即動以見不遷，非指靜爲不遷也。靜已不遷，又何論之有。故論命題，乃以物物當體不遷，非言相遷而性不遷也。此不遷之旨，正顯諸法實相，非妙悟之士，誠不易見。上已備論不遷之旨，下引教會通，以釋前真言滯於競辯、宗途屈於好異、靜躁之極未易言等文。要人離言會意，不可執言失旨也。

噫！聖人有言曰，人命逝速，速於川流。此言人命無常，意在密顯真常。是以聲聞悟非常以成道，緣覺覺緣離以即真。二聖皆以聞無常而證果。苟萬動法也。而非化，化言生死無常也。豈尋化以階道？道，涅槃果也，意謂若萬法不是無常，二乘聖人何以由聞無常而證聖果。覆尋聖言，微隱難測。返覆推尋聖人之言，雖説無常，而意在密顯真常，所以隱微難測。若動而靜，似去而留。聖人言雖動而意在顯靜，言似去而意實常住，所以靜躁之極未易言，但可以神會，難以事相求之耳。若不達聖人立言之旨，不能離言得意，將謂實有生死去來之相，執言競辯，此則終不能悟不遷之妙。直須離言得體，方能契會本真耳。可以神會，難以事求。謂滯相則迷真，當契神於物表耳。

是以言去不必去，閑人之常想，稱住不必住，釋人之所謂往耳。豈曰去而可遣，住而可留也？

此釋聖言難測，教人離言體妙也。言去言往，乃生死法也。住乃涅槃常住之果也。凡聖人言生死遷流，不是實有可去之相，但防閑凡夫執常之想耳。所稱涅槃常住，非是實有可住之相，但破二乘厭患生死之情耳。其實生死與涅槃，二俱不可得，豈曰定有生死可遣，實有涅槃可留也？下引證。

故《成具》云，菩薩處計常之中，而演非常之教。《摩訶衍論》云，諸法不動，無去來處。斯皆導達群方，兩言一會，豈曰文殊，而乖其致哉？

此明聖人言異而旨一，釋上生死涅槃二法皆空之義也。《成具》言菩薩以處凡夫計常之中，故説無常以破其執，非是實有生死之相，意在令人即無常以悟真常。如《大論》云，諸法湛然，常住不動，本無去來，意欲令人即羣動以悟不遷，而常與無常之言，皆導達羣方，隨類應機之談。言異而旨一，豈以殊文而乖其致哉？執言競辯，豈非惑耶？

下釋兩言一會。

是以言常而不住，稱去而不遷。不遷，故雖往而常靜。證無爲而不捨萬行，故常而不住。處生死而不起涅槃，故去而不遷。不住，故雖靜而常往。雖順萬化，而一道湛然。雖靜而常往，故往而弗遷。以無不起滅定，而現諸威儀。雖往而常靜，故靜而弗留矣。心意而現行，故常往而弗遷。不住無爲，不捨有爲，故靜而不留。此釋兩言一會之義也。然則莊生之所以藏山，仲尼之所以臨川，斯皆感往者之難留，豈曰排今而可往？是以觀聖人心者，不同人之所見得也。

此引二氏之言，證明兩言一會之義也。莊子曰，藏舟於壑，藏山於澤，謂之固矣，有力者負之而趨，昧者不覺，藏天下於天下，則無所遯矣。此言舟山藏於壑澤，將謂之固，然被有力者負之而趨，則不能留。如今人熟睡舟中，順流而去，雖遷實不見其遷。意謂人未忘形合道，縱隱遯山林，寄形天地，然形骸亦被造化密移，而昧者不覺。以有所藏，則有所遯。若形與道合，則無所藏，無藏則無遯。如藏天下於天下，則無所遯，此莊子意也。《論語》子在川上曰，逝者如斯夫，不捨晝夜。此歎道體無間，如川流之不息，此孔子意也。論主引文以證不遷，意取昧者不覺，則雖遷而不遷，不捨晝夜，則雖往而不往。故論釋之曰，斯二語者，但是感歎往者之難留，不是排今而可往。斯則言雖似遷而意實不遷，故誡之曰，觀聖人之心，不以常情執言害義，可謂之得矣。論主引遷流之文，而釋以不遷之義，結以不是排今可往，則重在「今物自在今，不從昔以至今」一語，爲不遷之準。要人目前當下直達不遷之旨，了無去來之相，求之言外，則妙旨昭然。何者？人則謂少壯同體，百齡一質，徒知年往，不覺形隨。人雖同體一質，而有老少之不同，形容似有遷變，其實朱顔自隨住在昔少時而不來，老耄自住在今而不去，此不遷意也。是以梵志出家，白首而歸，隣人見之曰，昔人尚存乎？梵志曰，吾猶昔人，非昔人也，鄰人皆愕然，非其言也。所謂有力者負之而趨，昧者不覺，其斯之謂歟？

此引梵志之事，以釋雖遷而不遷，以明昧者不覺之義也。且梵志自少出家，白首而歸，隣人見之，謂昔人猶在，是以昔之朱顔，爲今之老耄，梵志答曰，吾似昔人，非昔人也，意爲少壯自住在昔而不來，豈可以今之老耄排去而至昔耶？此不遷之義明甚。但隣人不知，故愕然非其言，是昧者不覺之意也。予少讀此論，竊以前四不遷義，懷疑有年。因同妙師結冬蒲阪，重刻此論，校讀至此，恍然有悟，欣躍無極。因起坐禮佛，則身無起倒。揭簾出視，忽風吹庭樹，落葉飛空，則見葉葉不動，信乎旋嵐偃嶽而常靜也。及登廁去溺，則不見流相。歎曰，誠哉，江河競注而不流也。於是回觀昔日《法華》世間相常住之疑，泮然冰釋矣。是知論旨幽微，非真參實見，而欲以知見擬之，皆不免懷疑漠漠。吾友嘗有駁之者，意當必有自信之日也。

是以如來因群情之所滯，則方言以辯惑。乘莫二之真心，吐不一之殊教。乖而不可異者，其唯聖言乎？

此總結聖人言異而心不異也。諸佛出世，本來無法可説。但因群生所執之情，故隨類設言以辯惑，破其執耳。所乘乃不二之真心，其言乃不一之殊教。其説雖乖，而心實不可異者，其唯聖言乎？隱微難測，正在於此。

故談真有不遷之稱，導俗有流動之説，雖復千途異唱，會歸同致矣。

此釋乖而不異之義也。謂談真有不遷之稱，而意在攝俗，導俗有流動之説，而意在返真。是以千途異唱，會歸同致，此所以乖而不可異也。

而徵文者聞不遷，則謂昔物不至今。聆流動者，而謂今物可至昔。既曰古今，而欲遷之者，何也？

此出迷者執言失旨也。徵文，謂但取信於文言者，隨語生解，聞不遷則謂昔物不至今，似爲得旨。及聆流動，又謂今物可至昔。既曰古今，則古自住古，今自住今，而欲遷今至古者，何耶？此責執言之失也。以古不來則易見，言今不至昔最難明。論主直以現今當下不遷至昔，立定主意，要人目前頓見不遷之實，了悟諸法實相，爲論之宗極。

是以言往不必往，古今常存，以其不動。稱去不必去，謂不從今至古，以其不來。

此下正破迷執也。上論物不遷，此論時不遷。凡言往不必作往解，古今常存者，以其不動也。凡稱去不必作去解，謂不從今至古者，以古不來今也。

不來，故不馳騁於古今。不動，故各性住於一世。

此結歸宗體也。以其不來不去，了無三際之相，故不馳騁於古今。不動不靜，平等一如，故各性住於一世。

然則群籍殊文，百家異說，苟得其會，豈殊文之能惑哉？

此顯忘言會旨也。雖則千經萬論，殊文異說，苟得法界宗通，則會歸一真之境，豈被文言之所惑哉？

是以人之所謂住，我則言其去。人之所謂去，我則言其住。然則去住雖殊，其致一也。故經云，正言似反，誰當信者，斯言有由矣。

此顯迷語一源也。人之所謂住者，乃妄執爲常。且執常，則墮無常矣。故我言去以破其執者，意在無住，非謂往也。今之所謂去者，乃執生死無常也。我則言其住以破其執，意在本無生死，非謂住而可留也。是則去住二言，無非破執之談，以顯一真常住，故言殊而致一。正若老氏所云，正言似反，誰當信者，斯言有由矣，此言迷悟不出一真，是非本無二致，正是現前，則不隨言取義也。

何者？此徵顯古今不遷，要即迷返悟也。人則求古於今，謂其不住。人於今中求古而不可得，則計以爲遷，此迷也。吾則求今於古，知其不去。我求今於古中而不可得，則知今不去，此悟也。今若至古，古應有今，古若至今，今應有古。若今古果有往來，則當互有其跡。今而無古，以知不來，古而無今，以知不去。此正示不遷義也。以今中無古，則知古不來，古中無今，則知今不去。既無來去，則前後際斷，又何遷之有。若古不至今，今亦不至古。古今不相到。事各性住於一世，有何物而可去來？若悟古今一際，則了法法真常，經云，是法住法位，世間相常住。此則事各性住於一世，有何物而可去來哉？然則四象風馳，璇璣電捲，得意毫微，雖速而不轉。

此結歸妙悟也。四象乃日月星辰，新疏指四時。璇璣舊爲北斗二星名，今意爲斗樞，皆旋轉不停，如電捲無速也。苟悟不遷之理於毫微，則雖速而不轉。若法界圓明，則十方湛然寂滅矣。前一往皆論迷見遷流故，故爲凡。此下論悟則不遷，是爲聖。

是以如來功流萬世而常存，道通百劫而彌固。

此下言悟之爲聖，故常住不朽，以明因果不遷也。功流萬世，則利他之行常存，道通百劫，自利之行益固。雖萬世百劫，時似有遷，而二行不朽，不遷之實也。

成山假就於始簣，修途託至於初步，果以功業不可朽故也。

此引二氏之言，以證因果不遷之義也。《論語》云，譬如爲山，雖覆一簣，進吾進也。《老子》云，千里之行，始於足下。二語皆譬資始成終之意，爲山萬仞，假一簣以成功，山成而初簣不廢，如行千里，始於發足一步，行至而初步不移。故功成至聖，行滿不異於初心，所謂發心畢竟二無別。從因至果，而行行不遷。《淨名》云，所作之業亦不忘。不忘則不朽，善惡皆然，此論聖功也。

功業不可朽，故雖在昔而不化。不化故不遷，不遷故則湛然明矣。故經云，三災彌綸而行業湛然，信其言也。

此以不朽釋不遷意。所言功業不朽者，以昔因不化，由不化故不遷，不遷故知因果湛然，平等一際明矣。引經證成。彌綸，充滿之義，言三災壞劫，乃遷之極也。而行業湛然，不動不壞，所謂大火所燒時，我此土安隱。則極遷極不遷，言可徵矣。

何者？果不俱因，因因而果。因因而果，因不昔滅。果不俱因，因不來今。不滅不來，則不遷之致明矣。復何惑於去留踟躕於動靜之間哉？

此總結歸因果不遷，以終一論之義也。何者？徵明因果不遷之意，果不俱因，言因果終始不同遷也。因因而果，果成而因不滅，不遷也。果不俱因，而昔因不來。不來則昔自住昔，雖遷而不遷也。以不滅不來，則不遷之理明矣。又何惑於去留之相、踟躕於動靜之間哉？踟躕，乃卻顧不進之意，猶豫不決之謂也。既明不遷之理，又何惑於去來之時、懷疑於動靜之境哉？一論大義，結歸於此。

然則乾坤倒覆，無謂不靜。洪流滔天，無謂其動。苟能契神於即物，斯不遠而可知矣。

此結責勸修也。謂既明不遷之理，則旋乾倒嶽，勿謂不靜，洪流滔天，勿謂其動。此責也，下勸修。若能契悟於即物見真之境，則觸目無非實相常住，一切萬法無有一毫可動轉者。斯則不必遠求，而當下可知矣。

物不遷論終

予少讀《肇論》，於不遷之旨茫無歸宿，每以旋嵐等四句致疑，及後有省處，則信知肇公深悟實相者。及閱《華嚴大疏》至《問明品》，譬如河中水，湍流競奔逝，清凉大師引肇公不遷偈證之，蓋推其所見妙契佛義也。予嘗與友人言之，其友殊不許可，反以肇公爲一見外道，廣引教義以駁之。即法門老宿如雲棲紫柏諸大老，皆力爭之，竟未迴其説。予閲《正法眼藏》，佛鑑和尚示衆，舉僧問趙州，如何是不遷義？州以兩手作流水勢，其僧有省。又僧問法眼，不取於相，如如不動，如何不取於相，見於不動去？法眼云，日出東方夜落西，其僧亦有省。若也於此見得，方知道旋嵐偃嶽本來常靜，江河競注元自不流。其或未然，不免更爲饒舌。金烏飛，天左旋，地右轉，古往今來經幾徧。金烏飛，玉兔走，纔方出海門，又落青山後。江河波渺渺，淮濟浪悠悠，直入滄溟晝夜流。遂高聲云，諸禪德，還見如如不動麽。然趙州、法眼，皆禪門老宿將，傳佛心印之大老，佛鑑推之示衆，發揚不遷之旨，如白日麗天，殊非守教義文字之師可望崖者，是可以肇公爲外道見乎？書此以示學者，則於物不遷義，當自信於言外矣。

肇論略注卷一

校勘記

〔一〕「似」，《高僧傳》（《大正藏》本）作「呈」。

〔二〕「形」，底本原校云一本作「取」。

肇論略注卷二

明匡山沙門憨山釋德清述

不真空論第二

此論真空不空，以爲所觀真諦之境也。不真有二義，一有爲之法，緣生故假，假而不實，其體本空，此俗諦不真故空，名不真空。真性緣起，成一切法，體非斷滅，不是實實的空，名不真空。有是假有爲妙有，空非斷空爲妙空，此則非有非空，爲中道第一義諦。以妙空破《心無論》《本無論》二宗，以妙有破《即色遊玄論》一宗。即命題一語，曲盡真諦之妙，妙契中道之旨，非玄鑑幽靈，何以至此？

夫至虚無生者，指中道第一義諦，非思量分別境界。蓋是般若玄鑑之妙趣，有物之宗極者也。般若實智照理，故曰玄鑑，中道爲實智所歸，故曰妙趣，此則空而不空。有物以中道爲宗極，故有而不有。非空非有，妙盡中道。此標宗立體，下依宗辨相。自非聖明特達，何能契神於有無之間哉？上言所觀之境，此言能觀之人。中道妙理，唯聖乃證。故曰自非聖明有獨達之智，何能契悟於二而不二之間哉？是以至人通神心於無窮，窮所不能滯，極耳目於視聽，聲色所不能制者，豈不以其即萬物之自虚，故物不能累其神明者也。

此釋上不滯二邊之所以也。神心謂實智内照，即玄鑑。無窮謂中道，即妙趣。窮不能滯，謂不墮斷空。此釋上半句謂不滯空，下釋次半句不滯有。極耳下，謂權智外應，耳目聲色乃有物，極謂宗極，由權智外應而不動本際，故處有而不爲所制。聖能如此者，豈不以即萬物之自虚，故物不真累其神明哉？由萬物自體本虚，故即有以觀空，故物物皆真，與智冥一，故不能累其神明也。

是以聖人乘真心而理順，則無滯而不通。此承上不滯二邊以明妙契中道之所以也。理，調也。聖人乘一真之心，而調順萬物，則物物皆真，無一法可當情，故無滯不通。審一氣以觀化，故所遇而順適。審猶處也，一氣猶一真，化謂萬法。以審處一真之心，以觀萬法，則法法皆真，萬物皆己，故所遇順適。無滯而不通，故能混雜致淳。混謂混融，雜謂異類，淳謂一真，由法法皆真，故衆生如也。衆生本如，故能混融異類。則終日度生不見生之可度，平等寂滅，故一一淳真。所遇而順適，故則觸物而一。以所遇皆真，故觸事而真，故物物歸一。如此則萬象雖殊，而不能自異。此結顯一源，良由心境一如，故萬法皆如，故不能自異。不能自異，故知象非真象。象非真象，故則雖象而非象。由心境不異，則萬法皆空，故象非真象。諸相寂滅，則無法當情，故雖象而非象矣。然則物我同根，物謂境，我謂心，同根謂心境一如。釋上觀智俱泯，心境兩忘。是非一氣。是謂真諦，非謂俗諦，一氣謂真俗不二，妙契中道。潛微幽隱，如此境智俱忘，真俗絶待，長爲深潛微密幽隱之境界，唯聖能證能知。殆殊也。非群情之所盡。如上所云，殊非淺智劣解者所能盡也。故頃爾談論，至於虚宗，每有不同。夫以不同而適同，有何物而可同哉？故衆論競作，而性莫同焉。

此下敘異見，皆在所破，以申作論之懷也。虚宗，即下所引三宗，各立異見，故每有不同。大凡立論蓋爲顯理，今以不同之見，以適大同之理，有何法而可同哉？由各騁己見，競論虚宗，所見不一，故論旨不同，要歸至理，則畢竟難同。故得不已，造此論以破之。

何則？微起衆論。心無者，先敘破晋道恒心無宗。無心於萬物，萬物未嘗無。此敘異計也。言心無者，謂但無心趣附於萬物，未達物虚故，萬物未嘗無。此得在於神靜，失在於物虚。

此出得失也。以心不附物，則不被外境摇動，故得在於神靜。以不了萬物緣生性空，故失在於物虚。以心空境有，非中道也。

即色者，次破晋道林造《即色遊玄論》，爲即色宗。明色不自色，故雖色而非色也。此敘計也。謂青黄等色不自爲色，但因人名之爲色，心若不計，則雖色而非色矣。夫言色者，但當色即色，豈待色色而後爲色哉？此直語色不自色，未領色之非色也。

此敘破也。夫凡言色者，但當在色本就是色，豈待人名彼青黄然後爲色哉？此直下言得失，此但言色不自色而已，未了色體本空也。以唯知依他起名假，不知圓成體真，故非正論。

本無者，此破晋竺法汰本無宗。情尚於無，多觸言以賓無，故非有有即無，非無無亦無。此敘計也。此以情好尚於無，故觸事發言，皆賓伏於無。故言非有，則計有亦無也。及言非無，則計無亦無也。有無俱無，將謂虚玄，不知墮於斷見，未明正理，故非正論。尋夫立文之本旨者，直以非有非真有、非無非真無耳。此出正理也。詳夫聖人立言之本意，但以非有者，顯物非實有，言非無者，顯無非絶無也。何必非有無此有，非無無彼無，此直好無之談，豈謂順通事實，即物之情哉？

何必下，斥異見也。然非有非無，但是有非實有，無非實無，又何必執計非有爲絶無此有，非無謂絶無彼無哉？然雖有無俱無，似爲玄妙，此直好無之談，未達正理，豈是順通事物之實性，以達即物明真之旨哉？上敘破計，下敘立論正義。

夫以物物二物字，謂以名名物。於物，此物字，所名之物。則所物此物字謂所名。而可物，此物字乃所名之物。以物物二物字，亦是以名名物。非物，此物字亦指所名之物，言非物如龜毛兔角等。故雖物而非物。言雖有其名，無實物可得。是以物不即名而就實，名不即物而履真。

將以名言論真諦，惟真諦非名言可及，故發論之初，先以名物以啓端。謂以名名於有相之物，則有物可指。若以名名於非物，然非物乃無相之物，如呼龜毛兔角等，此則但有虚名，其實無物以當其名，故曰雖物而非物。由是觀之，如説火談冰，豈有寒熱於齒頰，此物不即名以就實也，如呼龜毛兔角，豈有毛角以應求，此名不即物而履真，謂不就所呼而得實物也。是知名不就實，則有相之物皆假名，物不履真，則無狀之體但虚稱。《密嚴》云，世間衆色法，但相無有餘，唯依相立名，是名無實事。物尚如此，況真諦無相，豈名言之可及乎？故下云。

然則真諦獨静於名教之外，豈曰文言之能辨哉？然不能杜默，聊復厝言以擬之，試論之曰：

真諦寂寥空廓，思議之所不及，離相離名，象數所不能詮，迥出常情，故曰獨静於名教之外，如此豈語言文字所能辯哉？今爲破迷執以顯正理，故不能杜口緘默，聊復厝置其言以擬議之，略試論之耳。上敘意，下正論。

《摩訶衍論》云，諸法亦非有相，亦非無相。《中論》云，諸法不有不無者，第一真諦也。

此引教定宗也。言諸法非有非無者，先立中道諦體也。言不有者，即俗諦不有也。不無者，真諦不無也。以俗諦假有不真故空，真諦緣生故不是實實斷空，故題稱不真空，含有二義，此遮二邊以顯中也。故立論之初，引此二論以定綱宗，發明中道第一義諦，不屬有無二邊也。下依宗斥邪。

尋夫不有不無者，豈謂滌除萬物，杜塞視聽，寂寥虚豁，然後爲真諦者乎？

此斥邪謬，先破本無一宗也。以本無宗義，謂非有有亦無，非無無亦無，有無俱絶，不達緣生千化之有，故墮斷空。以此斷空絶無一法，故云滌除萬物。聞見俱泯，故云杜塞視聽。古人呼此爲豁達空，故云寂寥虚豁。意謂不有不無者，蓋是雙非二邊，以顯中道第一義諦，豈以豁達斷空爲真諦乎？古德云，寧起有見如須彌山，不起無見如芥子許。永嘉云，豁達空，撥因果，莽莽蕩蕩招殃禍。以此一宗爲害甚巨，衆聖所呵，正在所破。故論開端即痛斥之，急欲令人發起大乘正信也。下顯正義。

誠以即物順通，故物莫之逆。此顯正義。言非有者，在即物以順通其理，故物物順理而不逆，是爲非有。即僞即真，故性莫之易。言諸法緣生虚假，故即假即真，不必改易然後爲真。若改易求真，是爲析色，非真空也，故爲非無。性莫之易，故雖無而有。不是實無。物莫之逆，故雖有而無。不是實有。雖有而無，所謂非有。結以不真故空。雖無而有，所謂非無。結不是實空。如此，則非無物也，言非是絶無，正破所執。物非真物。但物非真物耳，正出論義。物非真物，非真即題稱不真。故於何而可物？不可物，即題稱空義。

反覆論議非有非無，以釋成不真空義，以破本無之妄計也。蓋即有以明空，是謂妙空。即空以明有，是謂妙有。不真一語，盡大乘空義。真諦之理，妙極於斯。

故經云，色之性空，非色敗空。以明夫聖人之於物也，即萬物之自虛，豈待宰割以求通哉？

此下依宗廣辨，以明二諦無雙，以顯中道第一義諦也。文有三段，初色空不二，次真俗不二，三有無不二。今初色性自空，在色即是空，非色敗爲空，此正顯色空不二也。是故聖人即萬法以見性空，以萬法本性自空，故不待宰割分析然後爲空也。彼計本無者，豈不淪於斷滅耶？

是以寢疾有不真之談，超日有即虛之稱，然則三藏殊文，統之者一也。

此引二經以證色空不二之義也。《淨名》云，菩薩病者，非真非有。《超日明三昧經》云，不有受，不保命，四大虛也。非但二經明色性空義，即三藏殊文，皆顯色空不二之旨，故曰統之者一也。

故《放光》云，第一真諦無成無得，世俗諦故便有成有得。

次明真俗不二也。先引經約成得以定二諦，以真諦離緣，故無成得，俗諦緣生，故有成得。

夫有得即是無得之僞號，無得即是有得之真名。

此約真僞以分真俗。以真俗諦緣生故假，故曰僞號。從無住本立一切法，故無得是有得真名。

真名故，雖真而非有。僞號故，雖僞而非無。

此下約雙非以明不二，先出所以。良由有依真立，故有而非有。真自隨緣，故無而不無。

是以言真未嘗有，以物即真，故未嘗有。言僞未嘗無。隨緣建立，故不無。二言未始一，二理未始殊。言異而旨一。故經云，真諦俗諦，謂有異耶？答曰無異也。正顯不二。此經直辯真諦以明非有，俗諦以明非無，豈以諦二而二於物哉？

《放光》已下，通明真俗不二之旨也。物指中道理，古德云，二諦並非雙，言單未曾各。宗門謂，一雙孤鴈，搏地高飛，一對鴛鴦，池邊獨立。曹洞賓主五位，正偏兼帶，照用同時。雖發明向上，實顯理事混融，真俗不二之旨。苟悟即真，自然得大機用矣。

然則萬物果有其所以不有，有其所以不無。

　此下三辨有無不二也。此以二語徵起。果，實也，謂萬物果有其不有，果有其不無耶？且徵定下四句釋也。

有其所以不有，故雖有而非有。有其所以不無，故雖無而非無。

　釋不有不無義也。謂果有真空，則幻有是假，故雖有而不有，果有妙有，則無非斷滅，故雖無不無。故下成正義。

雖無而非無，無者不絕虛。（非豁達斷空。）雖有而非有，有者非真有。（謂是緣生假有，故非實有。）若有不即真，（謂不實有。）無不夷跡。然則有無稱異，其致一也。

　此結成有無，總顯不二之義也。謂若有不是實有，當即有以觀無，則無非實無，不必芟夷其跡，然後爲無也。若芟夷其跡，則爲析色。若絕無，則墮斷滅。以真諦之理，本非有無，故稱異而致一也。上顯真俗不二，下引經斥迷，以攝歸真。

故童子歎曰，説法不有亦不無，以因緣故諸法生。

　引經證成，攝歸真諦非有非無也。《楞嚴》云，真性有爲空，緣生故如幻，無爲無起滅，不實如空華。以從因緣，故非有無。《瓔珞經》云，轉法輪者，亦非有轉，亦非無轉，是謂轉無所轉。此乃衆經之微言也。

　良以説法非有非無，故法輪轉無所轉。諸大乘經唯明此理，而人不達，妄執定有定無，故下斥破。

何者？謂物無耶，則邪見非惑，謂物有耶，

則常見爲得。

將斥迷謬，先縱顯俱非也。謂法果實無，則執斷之邪見非惑矣。若法果實有，則執常者爲得矣。

以物非無，故邪見爲惑。此正破本無、心無二宗。以物非有，故常見不得。此破即色一宗。然則非有非無者，信真諦之談也。

斥破迷謬以攝歸真諦也。上約三種不二，反覆覈論非有非無，以祛迷執。苟契雙非，不墮二邊，則真諦自顯矣。

故《道行》云，心亦不有亦不無。《中觀》云，物從因緣故不有，緣起故不無。尋理即其然矣。

此下至顯於茲矣一段，正顯不真空義。初引《道行》立義，次引《中觀》約緣生無性以明不真。論云，因緣所生法，我説即是空，亦名爲假名，亦名中道義。以從緣生是假故不有，既從緣起則本不有而今有之，故云不無。由假故不真爲空，以緣起故不實無故不是真空。

所以然者，此下辨非有無。夫有若真實也。有，有自一向。常有，豈待緣會聚。而後有哉？譬彼真無，無自常無，豈待緣而後無也？若有不自有，待緣而後有者，故知有非真實也。有。有非真實也。有，雖有不可謂之有矣。上釋非有。不無者，夫無則湛凝也。然不動，變也。可許也。謂之無。萬物若無，則不應起。起則非無，以明緣起故不無也。

此約因緣以明非有非無也。謂若有是實有，則一向自有，不待緣會而後有矣，譬彼真無亦不待緣。今既待緣生，則非實有矣。若無則湛然不動，可謂之無。湛然者，以始教相宗，不許真如隨緣，謂凝然不變。故論主出此文以破執無之見。意謂真如既已隨緣成一切法，則非凝然不變矣，以真如有不變隨緣、隨緣不變二義。下引論證成。

故《摩訶衍論》云，一切諸法，一切因緣故應有，一切諸法，一切因緣故不應有，一切無法，一切因緣故應有，一切有法，一切因緣故不應有。

下斥異見。尋此有無之言，豈直反論而已哉？

此引《大論》，重釋因緣義也。謂諸法既屬因緣，則本非有無。是知無屬因緣則非斷無，有屬因緣則非實有。尋思此言，豈但相反之論而已哉？其意特顯諸法非有非無義也。良以佛説因緣二字，破盡外道斷常之疑，故論宗此以斥異見。

若應有，即是有，不應言無。若應無，即是無，不應言有。

此言申相反意。謂法應是實有，則不當言無。若應是實無，則不當言有。今言非有非無者，正以假而非真，故言非有非無耳。下釋異同。

言有，是爲假有以明非無，借無以辨非有，此事[二]一稱二，其文有似不同，苟領其所同，則無異而不同。

此釋異同以明不二也。今言有無者，但是假借有無，以明非無非有耳。非實有有無作實法也。其實一體，但稱説似有不同。苟能領會一真之理，則萬法唯真，無異而不同也。下顯不真空義。

然則萬法果有其所以不有，不可得而有，有其所以不無，不可得而無。

此辨雙非，以顯不真空義也。謂萬法實不有，豈可强執爲有耶？諸法果不無，豈可强執爲無耶？故不可定執爲有爲無也。

何則？徵釋雙非。欲言其有，有非真實也。生。欲言其無，事象既形。象形不即無，非真非實有，然則不真空義，顯於茲矣。

此顯雙非，結歸不真空義，以呈觀體也。若言實有，則緣會而生，本自無生，故非真實生也。若言實無，則緣起即形，隨緣成事，則非實無也。二者皆非真實，故題稱曰《不真空》，義顯於茲，良以不真故空，故非實有絶無也。前約緣性無生以明不真竟，下約名實無當以明不真。

故《放光》云，諸法假號不真，譬如幻化人，非無幻化人，幻化人非真人也。

此引經證成不真義也。彼經二十七云，須菩提，名字者不真，假號爲名，以假故不真，謂但非實有，非絶無也，故如幻化人，非無幻化人，但非真人耳。

夫以名求物，物無當名之實，以物求名，名無得物之功。

此以假名釋非有非無也。以名求物，如呼木賊地龍等物，豈有真賊真龍以當其名耶？以物求名，如召火呼冰，豈實有寒熱以及齒頰耶？足知名實無當。

物無當名之實，非物也。名無得物之功，非名也。是以名不當實，實不當名，名實無當，萬物安在。

名實無當，則名相元虛，求物而不可得，則妄想不有。此心境兩空，真俗不立，中道之旨於是乎顯矣。下斥迷返悟。

故《中觀》云，物無彼此。而人以此爲此，以彼爲彼。彼亦以此爲彼，以彼爲此。

《中論》第四云，諸法實相，無有彼此。意顯法本一真，元無彼此，由人妄執，故起是非。三祖云，良由取捨，所以不如。

此彼莫定乎一名，而惑者懷必然之志，然則彼此初非有，惑者初非無。

此出迷者雙執也。如兩人東西對立，同觀一標，東者謂在西，而西者謂在東，然標實無東西，迷人妄執爲必然，此惑之甚也。故彼此未始有，惑者未始無。由是觀之，諸法本無，而迷者妄執爲定有定無，正此意也。

既悟彼此之非有，有何物彼此。而可有執也。哉？故知萬物非真，假號久矣。

此言悟則是非兩忘，自離有無之執也。既悟物無彼此，則知法非有無，但有假名，元無實義。

是以成具立强名之文，園林託指馬之況，如此則深遠之言，於何而不在？

此引内外微言，以結屬忘言之妙也。《成具》云，諸法無所有，强爲其名。園林即漆園，莊周嘗爲此吏，故以地指人也。指馬之喻，《齊物論》云，以指喻指之非指，不若以非指喻指之非指，以馬喻馬之非馬，不若以非馬喻馬之非馬。天地一指也，萬物一馬也。意謂物論之不齊者，蓋由人之各執是非之見也。以指喻指等者，謂人以己之初指，喻彼之次指，爲非同己之指以爲必然。若易而觀之，則彼之執次指者，又以己之初指爲非矣。馬即雙陸之馬，戲籌也，意亦如指。意謂指馬本無是非，而人妄執彼此爲必然，豈非惑耶？以譬諸法實相，豈有自他，而人迷執爲有無，亦猶是也。苟能忘言契理，則彼此情忘，是非齊泯，有何法可當情乎？《成具》則妄想元空，園林則是非無主，故曰深遠之言，於何而不在。

是以聖人乘千化而不變，履萬惑而常通者，以其即萬物之自虛，不假虛而虛物也。故經云，甚奇，世尊，不動真際爲諸法立處。非離真而立處，立處即真也。

此結歸中道第一義諦也。以聖人證窮真諦，故異類分身而不動真際，故千化不變，入衆生界而不被煩惱所礙，故萬惑常通。以其萬法即真，故不假分析而後爲虛也。故引經證成，由不動真際而建立諸法，故立處即真。

然則道遠乎哉？觸事而真。聖遠乎哉？體之即神。

此結歸一心，以明聖人之實證也。初云目對真而不覺，以道在目前，故不遠。以不覺，則迷之爲凡，悟則爲聖。是知了悟實相常住，則頓超生死，永證無爲。故曰體之即神，不假外也。

不真空論終

肇論略注卷二

校勘記

〔一〕「事」，底本原校云一本作「是理」。

肇論略注卷三

明匡山沙門憨山釋德清述

般若無知論第三

般若者，此云智慧，乃諸佛妙契法身之實智也。經云，諸佛智慧，甚深無量，即此名爲根本智。法界幽玄，非此莫鑒，故稱本智。然三乘同乘此智爲因，但心有大小不同，故唯佛爲極。以前《不遷》《不真》二論，以顯真俗不二之真諦，爲所觀之境，今此般若爲能觀之智，謂以無知之般若，照不二之中道，以此爲因，將證不生不滅之涅槃爲果，故次來也。然般若唯一，其用有三。一、實相般若，以般若乃諸法之實相故。二、觀照般若，即中道妙心之實智，照中道之妙理，理智冥一，平等如一，故理事雙彰，權實並顯，是爲因心果德，故名二智。三、文字般若，以諸佛言教，乃般若所流，故一一文字能顯總持，要即文字以明般若，此般若義也。無知者有三義。一、離妄，謂本無惑取之知。二、顯真，有三義，一、本覺離念，靈知獨照，知即無知。二、始覺無知，謂窮幽亡鑒，撫會無慮，故無對待之知。三、文字性空，非知不知。然雖三義，蓋以真諦無相，亡知絶鑒，照體獨立，正無知義也。什師初譯《大品》，論主宗之以造此論，以呈什師。師曰，吾解不謝子，文當相揖耳。後傳至匡山，劉遺民以呈遠公，公歎曰，未曾有也。當時見者，靡不服膺。

夫般若虚玄者，蓋是三乘之宗極也，誠真一之無差。

此標宗極也。虚玄正顯無知，以幽靈絶待，故謂之虚，亡知絶照，故謂之玄。三乘同稟此智，但以取不取，知無知之差，所謂心有大小耳。其實所宗，以此爲極，所謂不二真心，故曰真一無差。

然異端之論，紛然久矣。

此述造論之本意也。《語》曰，予豈好辯哉，不得已也。故造論之意，本爲摧伏邪見，以正智未明，不得不爲之論耳。

有天竺沙門鳩摩羅什者，少踐大方，研機斯趣，獨拔於言象之表，妙契於希夷之境。

此出師承有本也。梵語鳩摩羅什，此云童壽。以童年而有耆德，故有此名。師本龜茲國王之甥，以其父鳩摩羅炎，本天竺人，今從本稱。天竺，亦云身毒，亦名印土，有五，乃婆羅門所居，佛出其中。大方指《般若》，什師學本生知，年方二十，即爲國王講般若經論，故云少踐大方。妙悟玄猷，故曰研機斯趣。以般若離言，故拔言象之表，離相離名，非見聞所及，故曰妙契希夷之境。希夷二字出《老子》，言妙悟超卓。今翻譯《大品》，論主親承稟受，妙契玄旨，故造斯論。

齊異學於迦夷，

齊，集也，猶齊物之齊。迦夷亦名迦維，乃佛生之國。佛滅度後，異學紛然，什師名播五天，彼多宗仰，故云集也。

揚湻風於東扇，將爰燭殊方而匿耀凉土者。

所以道不虚應，應必有由矣。

此敘什師入中國之由也。此時道安法師名震當代，秦主苻堅以師尊之，稱爲聖人。安曰，貧道非聖，聞龜茲國有羅什者，真聖人也。堅聞之，欣慕不已。乃遣大將軍吕光，率鐵甲兵十萬伐龜茲，以迎師。光將兵至國，圍其都城。王致辭曰，下國與大秦遼遠，俗不相及，何以見伐？光曰，大秦天王所以命師伐王之國者，非爲土地之利也，因聞王國有聖人鳩摩什，將迎歸供奉耳，非別有所圖也。王曰，什乃予國之寶也，安肯棄之？餘則唯命是聽。遂堅壁。光圍久之，王城益急。什請曰，豈以貧道一人之故，而舉國受困，非利也，願請以行。王不聽。什曰，會當歸耳。王無已，遂遣師同光行。是謂揚湣風於東扇也。光至涼，聞姚萇弑堅自立，國號後秦。光亦據涼自王，國號西涼。時什師未及入秦，遂居於涼。光無良，多困辱師，無以自見，故曰將爰燭殊方而未顯。留滯於涼，故曰匿耀涼土。以既來而致困，其道不行，故曰道不虛應，應必有由矣。

弘始三年，歲次星紀，秦乘入國之謀，舉師以來之意也。北天之運，數其然也。

此敘什師得時行道之由也。姚萇弑堅，在位八年，而什師亦被困於涼。偶堅領鬼兵入宮，刺萇中陰出血石餘而崩。子興嗣立，降帝號而稱天王，意蓋宗尊周制也。改元弘始，丑月爲星紀，以月紀年也。什師在涼十一年矣。時因殿庭生連理樹，逍遥園葱變成芷，咸謂智人入國之瑞。知師在涼，秦主乃遣姚碩德伐涼。光已薨，其子吕隆嗣立。兵至大敗之，隆即降。遂表奉師至，秦主深禮重焉。故曰秦乘入國之謀，舉師以來之。《大品》云，般若於佛滅後，先至南方，次至西方，次至北方，大盛於震旦。震旦在天竺東北，故曰北天之運，數其然也。謂法運時數，當其然耳。

大秦天王者，道契百王之端，德洽千載之下，游刃萬機，弘道終日，信季俗蒼生之所天，釋迦遺法之所仗也。

此敘明時什師行道之會也。天王乃興自

稱，故時並尊之。百王指堯舜以下，端謂百王首，以無爲爲治也。洽，霑潤也，意稱弘法之德，流潤千載之下也。游刃語出《莊子》，庖丁解牛，游刃其間，恢恢乎有餘地。此稱秦主才智有餘，雖萬機叢錯，迎刃而解，恢有餘地，故不妨弘道終日也。謂此聖主，信爲末法蒼生之所天。蒼生猶言赤子，天，稱父母爲天，謂養育羣生如一子也。佛臨滅時，將佛法付囑國王大臣，非仗大力外護，法難久住，故爲遺法之所仗也。上敘弘法之主，下敘弘法之事。

時乃集義學沙門五百餘人於逍遥觀，躬執秦文，與什公參定《方等》。其所開拓者，豈謂當時之益，乃累劫之津梁矣。

此敘秦主弘法之事也。逍遥觀乃秦主游宴之所，什師至國，遂延於此中以譯諸經。後因秦主賜什宫人，乃別搆草堂以居之，即今之草堂寺。什師宣梵，秦主親執文對譯，《方等》諸經乃所譯也。開拓如開疆拓土，以佛法初開荒邈，不唯以益當時，實爲累劫之津梁也。

余以短乏，曾廁嘉會，以爲上聞異要，始於時也。

此論主自敘聞法之時也。短乏謙辭，謂才短德乏。濫廁嘉會，上聞般若玄旨，異常心要，始於此時也。上敘來義，下顯正宗。

然則聖智幽微，深隱難測。無相無名，乃非言象之所得。爲試罔象其懷，寄之狂言耳，豈曰聖心而可辨哉？試論之曰：

正宗之初，據理出意。將欲制論，先示般若玄旨，非言論可及也。經云，諸佛智慧甚深無量，其智慧門難解難入，一切聲聞辟支佛所不能知，不退菩薩亦不能測。故曰聖智幽微，深隱難測。般若之體，離相離名，豈言象之所得哉？今欲論之，試罔象其懷，寄之狂言耳。罔象語出《莊子》，黃帝遺其玄殊[三]，使智索之而不得，使罔象索而得之，謂虛無其懷，乃可與智相應也。狂言亦出《莊子》，謂大而無當之言，蓋謙辭也。意謂試以狂言擬之，非敢謂聖心可辨也。

《放光》云，般若無所有相，無生滅相。《道行》云，般若無所知，無所見。

此引二經以定宗也。《放光》即《大品》也，兩譯文異，二十卷云，般若無所有相，第十五云，般若波羅蜜不生不滅相。《道行》第一云，般若當從何說，菩薩都不可得見，亦不可知。此約義引也。以般若體絶諸相，故云無所有相，寂滅湛然，故云無生滅相。真知獨照，故無所知。絶諸對待，故無所見。

此辨智照之用，而曰無相無知者何耶？果有般若如此，豈名言之可到哉？下依宗辨用。

無相之知，不知之照，明矣。

此徵顯般若實相之體，以爲發論之端也。此者指上引二經，乃辨智照之用。既有智有用，則應有相有知可也，而云無相無知者何耶？由是觀之，實有離相之知，亡知之照，明矣。但非心識思量可及也。

何者？微顯上義。夫有所知，則有所不知。此凡情也。以聖心無知，故無所不知。不知之知，乃曰一切知。故經云，聖心無所知，無所不知。信矣。

此徵明無知之義也。約理而推，夫有所知之境，則滯於一緣，則有不知之地。此心境未泯，對待未忘，乃凡情也。擬之聖心則不然，以聖心虛靈絶待，境智雙忘，能所俱絶，是爲無知。以無知之知，光明徧照，故無所不知。以不知之知，故曰一切知。故《思益經》云，聖心無所知，無所不知。信矣。由無所知，故無所不知耳。豈有心之知而可及哉？

是以聖人虛其心而實其照，終日知而未嘗知也。故能默耀韜光，虛心玄鑒，閉智塞聰，而獨覺冥冥者矣。

此釋聖心無知之所以也。以聖人惑無不盡，故虛其心，真無不窮，故實其照，此實智内證也。由内證之實，故權智外應，則終日知而未嘗有其知也。由其體用雙彰，權實並運，故能默耀韜光。不用其知，虛心玄鑒，故無幽不燭。所以外應羣動，則忘知泯照，閉智塞聰，不有其知，而内與理冥。真知獨照，故曰獨覺冥冥，此所謂無知無所不知也。

然則智有窮幽之鑒而無知焉，實智内證。神有應會之用而無慮焉。權智外應。神無慮，故能獨王於世表。智無知，故能玄照於事外。

此分別觀照以顯權實二智也。實智照理，故有窮幽之鑒，照體獨立，心境兩忘，故無知焉。神，權智也，俯順羣機，故有應會之用，無思而應，故無慮焉。無思而應，則物不能累，故獨王於世表。智無知，則境與心會，觸事而真，故能照於事外。是以不住無爲，不捨有爲，權實雙彰，齊觀並照，此聖人之心也。

智雖事外，未始無事。神雖世表，終日域中。所以俯仰順化，應接無窮，無幽不察，而無照功。斯則無知之所知，聖神之所會也。

此釋成二智並運之所以也。以觸事而真，故智雖事外，而未始無事。以神雖世表，不捨度生，故終日域中。由夫二智齊觀，所以聖人俯仰順化，故權智應接無窮而不累，實智無幽不察而無照功，此其所以爲聖智無知之所知，乃聖智神心之所冥會也。以此而觀聖心，則般若之旨昭然矣。

然其爲物體也。也，實而不有，虛而不無，存而不可論者，其唯聖智乎？

此申明般若體絶有無也。般若本有真實之體，但無相而不可見，故云實而不有。虛靈湛寂而照用常然，故云虛而不無。存而不可論者，義引《莊子》六合之外聖人存而不論，以明般若非常情知見之境，故但當存之而不可論，以非言可及也。何者？徵也。欲言其有，無狀無名。欲言其無，聖以之靈。

此明般若不屬有無也。欲言是有，則無相狀，而不可以名貌。欲言其無，而聖人玄鑒萬機，應用不缺，故不可以有無名也。

聖以之靈，故虛不失照。無狀無名，故照不失虛。

此下明般若寂照一源，體用雙彰，權實並顯也。虛不失照，則寂而常照，故體不離用。照不失虛，則照而常寂，用不離體。

照不失虛，故混而不渝。虛不失照，故動以接麤。

此正明權實並著也。由照不失虛，故權智外應，混融萬物，而其體湛然而不變。渝，變也。由虛不失照，故實智内證，而不捨度生。麤謂現身三界，隨類而應，是以照彌深，用彌廣。

是以聖智之用，未始暫廢，求之形相，未暫可得。

此結成寂照同時之義也。由其權實不二，故聖人彌綸萬有，潛歷四生，未曾一念捨衆生界，其實求其智用之跡而不可得。

故《寶積》曰，以無心意而現行。《放光》云，不動等覺而建立諸法。所以聖迹萬端，其致一而已矣。

此引二經結成寂照一源之義也。若聖人有心作爲，則有形相而可得。由無心意而現行，故現身如水月，説法如谷響，雖可見可聞，其實求之而不可得。由不動等覺而建立諸法，故不離當處而法界彌綸，所以聖迹萬端，皆法身彌布，故云其致一而已矣。

是以般若可虛而照，真諦可亡而知，萬動可即而靜，聖應可無而爲，斯則不知而自知，不爲而自爲矣。復何知哉，復何爲哉。

此總結般若寂照不二，存泯互融也。由

上論聖心如此體用雙彰，故般若體雖至虛，可以即虛而照。亡，絶也，真諦之境雖絶相，可以即絶相而知。萬動雖紛，可以即動而靜。聖應雖無爲，可以即無爲而爲。如此則聖智不知而自知，不爲而自爲矣。由其存泯互融，故體用不二也。上顯雙存，下顯雙泯。復何知哉，復何爲哉，其實無知無爲也。上本論竟，下問答決疑，有十八段。

難曰：一、有知不矜難。由前云智有窮幽之鑒而無知焉，神有應會之用而無慮焉，故躡此二句以興難，意謂既有知有會，豈可言無知無會也？但聖人有知而不矜耳。夫聖人真心獨朗，物物斯照，應接無方，動與事會。物物斯照，故知無所遺。萬境齊觀。動與事會，故會不失機。有感即赴，上領旨也，下敘計。會不失機故，必有會於可會。謂必定有機可會。知無所遺故，必有知於可知。謂必有能知之心，知於可知之境。必有知於可知，故聖不虛知。必有會於可會，故聖不虛會。謂既有知有會，必有可知可會之境。此則知不虛知，會非虛會矣。下正難。既知既會，而曰無知無會者，何耶？此正申難也。既有知有會，而曰無者，豈不謬耶？下敘救。若夫忘知遺會者，則是聖人無私於知會，以成其私耳。此敘救也。謂若以忘知遺會爲救者，則是聖人雖有知會，而不自矜，恃爲己能，返以成其知會之名耳。無私成私，語出《老子》，後其身而身先，外其身而身存，不自貴愛其身而身返存，謂聖人但以不矜其知會爲己私，故人以知會歸之，其實非無知會也。斯可謂不自有其知，安得無知哉？此轉破也，謂如所救云，聖人不矜恃知會爲己長，斯可謂不自有其知，豈得謂無知哉？〇下約知無知相答。

答曰：約真諦可亡而知以答，先立理。夫聖人功高二儀仁也。而不仁，大仁不仁。明逾日月而彌昏，功高謂權智應物，明逾等謂實智證真，無爲而應故不仁，不慮而知故彌昏。豈曰木石瞽其懷，其於無知而已哉？此揀異無情也。若謂無知，不同於木石。誠以異於人者神明，故不可以事相求之耳。此揀異有情也。若謂有知，不同凡夫。子意欲令聖人不自矜恃。有其知，而聖人未嘗不有知。此牒審難意，若以此爲得者。無乃乖於聖心，失於文旨者乎？總責不但不知聖心，抑且失於文旨。何者？徵釋通難。經云，真般若者，清淨如虛空，無知無見，無作無緣。斯則知自無知矣。豈待返照絶無。然後無知哉？此引經證成般若，但無惑取之知，非絶無真知也。義引《大品》等文，言真般若者，意在離妄。以體絶纖塵，故清淨如空。以無惑取，故無知無見。以非有爲，故無作無緣。以此而觀，則般若真知獨照，知自無知耳。豈待泯絶靈明，然後爲無知哉？若有知性空而稱淨者，此牒轉救也。謂若以般若實實有知，但以性空而稱淨者。則不辨於惑智，此返責也，謂若以般若性空爲淨者，則不辨於惑智。以煩惱亦性空，豈稱般若哉？三毒四倒亦皆清淨，有何獨尊於般若？若謂般若以性空爲清淨者，則三毒四倒亦皆性空，如此則真妄不分，有何獨尊於般若哉？若以所知真諦。美般若，此敘轉救也，謂若以所知之真諦清淨，以此美般若爲清淨者。所知真諦。非般若。真諦爲所觀之境，般若爲能觀之心，心境不一，故非般若。所知自常淨，故般若未嘗淨。謂若以真諦清淨美般若者，然在真諦體固常淨。今爲所觀，則對待未忘，是般若未嘗淨，則是真諦返累於般若。亦無緣因也。致淨，歎於般若。若真諦有累於般若，則亦無因以淨致歎於般若。下正釋。然經云般若清淨者，將無豈非。以般若體性真淨，本無惑取之知。本無惑取之知，不可以知名哉。此正釋經義也。經云般若清淨者，豈非以般若性淨，本無惑取之知。既無惑取之知，是不可以真知名哉。但無妄知，非無真知也，如此。豈唯無知名無知，知自無知矣。何獨以絶然無知爲無知，良以真知自無妄知耳。是以聖人以無知之般若，照彼無相之真諦。真諦無兔馬之遺，般若無不窮之鑒。所以會而不差，當而無是，寂怕無知，而無不知者矣。

此結答問意也。謂能觀之智無知，所觀之理無相。以無知之智，照無相之理，故心境如如，一道齊平，所以理絶三乘之跡。兔馬，三乘淺深之喻也。而般若照徹無餘，故無不窮之鑒。如此，所以權智應會羣機而不差，觸事當理而無是，實智則寂然不動，怕然無爲。故無知而無不知矣。聖智如此，豈以不矜其知爲無知，又豈絶然無知爲無知哉？

難曰：此二名互違難。問家約俗諦以名求實，以難名實相違。下約二名順成以答。夫物無以自通，故立名以通物。物本非名，因名以達物。物雖非名，果有可名之物當於此名矣。名不虛召，必有物以當之。如呼甲乙，則有人以應之。是以即名求物，物不能隱。此立理也。以俗諦有名必有物，設難般若既有其實，而今云無知者，是空有其名而無實也。次申難。而論云聖心無知，又云無所不知，此出互違。意謂無知未嘗知，知未嘗無知，斯則名教之所通，立言之本意也。難者意若言無知，則未嘗有知，若言有知，則未嘗無知，此是名教立言之旨也。然論者欲一於聖心，異於文旨，尋文求實，未見其當。此正相違也。若聖心是一，則不應名異。何者？若知得於聖心，無知無所辨，若無知得於聖心，知亦無所辨，若二都無得，無所復論哉。此徵難聖心定應居一也。謂知契於聖心，則不必言無，若無知契於聖心，則不必言有。若有無俱不契，則無復置論矣。今言知而無知，二語相違，豈正論哉？答曰：二名順成答。約真諦無相，故知不可以名求，以破。經云，般若義者，無名無說，非有非無，非實非虛。虛不失照，照不失虛。斯則無名之法，故非言所能言也。此引經立理以遮難也。然難者以名求實，故責有無互違。今引經義，謂般若無名，故不可以實求。無說，故不可以言得。以有無虛實一切皆非，但以體虛而不失照用，雖照應萬有而不離真際，此無名之法，固不可以言傳也。言雖不能言，然非言無以傳，是以聖人終日言而未嘗言也，今試爲子狂言辨之。道本無言，非言不顯，聖人處絶言之道，故終日言而未嘗言。今試狂言以辨之，蓋言其無言也。夫聖心者，下正答。初顯聖心有無雙絶以遣名。微妙無相，不可爲有，聖心實智離相，不比俗諦可以名求。用之彌勤，不可爲無。權智應用，會不失宜，不比外道斷滅。不可爲無，故聖智存焉。靈知獨照。不可爲有，故名教絶焉。但以虛而照物，雖大用昭昭，而言詮不及，名言路絶。是以言知不爲知，欲以通其鑒。以虛而照，所以言知不是真箇有知，但假知字以通曉其鑒照之用耳。不知非不知，欲以辨其相。言不知不是絶然無知，但以無字以辨無惑取之知相耳。辨相不爲無，但無妄知之相，不是絶無真知。通鑒不爲有。但以虛而照物，故非有知之可取。非有，故知而無知。以真照體虛，故雖知而無知。非無，故無知而知。言非無者，以無妄知，故真知彌照。是以知即無知，無知即知。無以言異，而異於聖心也。良以聖心，真窮惑盡，真知獨照，不墮有無，豈可以遮遣之寄言，而異於聖心哉？

難曰：以緣會求知難。謂真諦爲所緣之境，既有所緣，定有能緣之智，非無知也。夫真諦深玄，非智不測，聖智之能，在茲而顯。言非智不能照真諦。故經云，不得般若，不見真諦，真諦則般若之緣也。境知歷然。以緣求智，智則知矣。謂真諦爲所緣之境，般若乃能緣之智，以緣求智，智即知矣，豈無知哉？此以心境對待立難。答曰：此以非緣無知答。意謂真諦離緣，故智亦非知。以緣求智，智非知也。此牒難斥非也。謂若就緣以求智，然真諦離緣，故智亦非知。何者？徵釋。《放光》云，不緣色生識，是名不見色。文云，不以五陰因緣起識者，是名不見五陰。謂不因五陰起分別者，以離身心，故不見身心相。此則離緣之知，不可以緣求也。又云，五陰清淨，故般若清淨。清淨者，空之異稱。以五陰本空，故般若亦空。空則離緣，非有知也。般若即能知也，五陰即所知也，所知即緣也。此楷定知緣，以明離緣無知也。謂若以緣求知，今般若乃能緣之知，五陰乃所緣之境。今云五陰本空，則非所緣也。所緣既空，則能緣亦空。以空則非有所知，由照見皆空，故知即無知，但不從緣耳。夫知能知之心。與所知，所知之境。相與待也。而有，相與而無。相與而無，故物物字通該心境。莫之有。心境皆真故不有。相與而有，故物莫之無。心境角立，故對待不無。物莫之無故，爲緣之所起。心境未忘，則妄緣斯起。物莫之有故，則緣所不能生。心境兩忘，則照體獨立。不因境有，不借緣生。緣所不能生，故照緣而非知。以離緣之智，照寂滅之境，故非有所知。爲緣之所起，故知緣相因而生。以對緣所起之妄心，故心境未忘，知緣相因待而生，此妄而非真。下雙結釋成。是以知妄知。與無知，真知。生因也。於所知境通真妄。矣。釋上心境相待而有，故妄心取相故有知，以真知離緣故無知。此所以知與無知，皆因心境，但有取不取耳。何者？通徵真妄。夫智真智。以因也。知所知，之境。取相故名知，以有對待故名妄知。真諦自本來。無相，無相可取。真智何由知？以真諦離相，故真智無知，以無緣故無知也。○次真妄各辨，初辨妄。所以然者，釋真妄各有所以。夫所知之妄境。非所知，以妄境本空，故本非所知。所知之妄境。生因也。於知。能知之妄心。所知妄境。既生知，妄心。知妄心。亦生所知。妄境。所妄境。知妄心。既相生，妄心妄境相因而生。相生即緣法。心境相待，因緣而生，故對待未忘，是爲緣法。緣法故非真，緣生之法，假而非真。非真故非真諦也。難家以真諦爲所緣之境，今答以緣生乃妄法，非真諦也，何爲所緣？故《中觀》云，通證真妄。物從因緣有故不真，此證緣乃妄法。不從因緣有故即真。此證離緣乃真。○下顯真。今真諦曰真，真則非緣。真則不借緣生。真非緣，真諦既非緣。故無物從緣而生也。前難家以緣真諦，故以般若爲有知。今論主答以真諦離緣，離緣之真諦，豈能生般若之知哉？從緣應云從非緣，謂無有一法從非緣而生者。意責難者不達真諦離緣而妄擬也。故經云，不見有法無非也。緣而生，證成上義。非緣不能生物，則真諦離緣，必不生知矣。是以真智觀真諦，未嘗取所知。謂真智照真諦，未嘗取爲所知之境。智不取所知，此智何由知？謂真智既不取所知之境，則此智何由而知哉？然智非無知，此遮過也。謂真智但不取所知之境耳，非是絶無知體也。良以獨照爲知，非有待也。但真諦非所知，但真諦無相，非所知之境耳。故真智亦非知。由真諦非所知，故真智亦非知。此二句結盡般若無知之妙。○下返責。而子欲以緣求智，故以智爲知。然智無分別，知有分別，以知爲智，則真妄不分，何以興難？緣自非緣，於何而求知？由難意以緣求知，今答以真諦離緣，然緣本非緣，向何而求知哉？此則境智雙忘，能所齊泯，般若玄旨，妙極於斯。

難曰：前云不取之知，今以有知無知不取皆非，二義雙關難。論云不取者，牒論申難。爲無知故不取，爲知然後不取耶？立定下難。若無知故不取，聖人則冥若夜游，不辨緇素之異耶？此則瞢然無知。若知然後不取，知則異於不取矣。謂若有知，則有所取之物。此則既已有知，難言不取矣。○上以心境兩異難，下以心境冥一答。答曰：有無雙非不取以答。非無知故不取，又非知然後不取。有無皆非不取。知即不取，故能不取而知。此明兩是。謂由知處當下不取，故能不取而知。

難曰：因聞上心境皆非，故約不取心境俱成斷滅以難。論云不取者，誠以聖心不物不取著也。於物，故無惑取也。上立理，下申難。無取則無是，是者，印可於物不謬之稱，能知之心也。無是則無當。當者，應物不謬，主賓不差，言所知之境也。誰當聖心？謂無境可知，誰當聖心？無境可當，豈非斷滅？而云聖心無所不知耶？謂無境可當聖心，則絶然無所知矣。而云無所不知，豈不謬耶？答曰：以是當混成答。然縱可之辭。無是無當者，牒難意。夫無當則物無不當，言當者，當心之境也。若一境當心，則滯而不通。若無當心，則境寂心空，真心任徧知，故無物不當。無是則物無不是。謂無能取之心，則心空境寂，法法皆真，故物無不是。物無不是，故是而無是。了境唯心，則心境兩忘，是非齊泯，故是亦無是。物無不當，故當而無當。以唯心之境，則更無心外境。能與心爲緣，故雖照境，而萬法皆空，故當而無當。故經云，盡見諸法而無所見。以萬法唯心，則無一法可當情者，故盡見諸法而無所見。

難曰：聞心境俱泯，遂疑捨有入無，故以立難。聖心非不能是，誠以無是可是。敘聖心捨有以領旨也。雖無是可是，縱成。故當是於無是矣。以爲入無。是以經云，真諦無相故般若無知者，引證無知，此述領意。誠以般若無有有相之知。此釋經正義，下以謬解申難。若以無相爲無相，有何累於真諦耶？意謂若以有相累於般若，今若以無相爲無相，又何累於般若耶？此不達般若真知獨照，故以絶無爲般若。答曰：難以捨有入無，答以兼亡無相。聖人無無相也。難家認取無相，答以無相亦無。總答問意也。何者？徵釋無相亦非。若以無相爲無相，若認著於無相，則心有所住，聖心則不然。無相即爲相。若取著無相，則無相亦成相。永嘉云，棄有著空病亦然。捨有而之無，譬猶逃峰而赴壑，俱不免於患矣。猶如避溺而投火，此外道斷滅也，聖心豈然哉？下申聖心無住。是以至人處有而不有，居無而不無。雖涉有無，而不住有無，所謂二邊不住。雖不取於有無，然亦不捨於有無。有無不住，中道亦不安。所以和光塵勞，《老子》曰，和其光，同其塵。周旋五趣，此能有爲。寂然而往，不動本際，應現一切。怕爾而來，萬化不遷，冥心絶域。恬淡無爲，而無不爲。聖人以無住爲心，豈可以有無而擬之哉？

難曰：難以權智生滅，以不達動靜一如，故立此難。聖心雖無知，然其應會之道不差，此領旨也。是以可應者應之，不可應者存之。此疑聖心有揀擇可否，故以爲有生有滅。然則聖心有時而生，有時而滅，可得然乎？不了生本無生，故立此難。答曰：答以聖心本無生滅。生滅者，生滅心也。此凡夫心也，聖豈然哉？聖人無心，生滅焉起。真顯無生。然非無心，不同木石無情。但是無心心耳。但無生滅之心爲心耳。又非不應，不同孤吊。但是不應應耳。但是隨感而應，本無將迎之心也。是以聖人應會之道，則信若四時之質。質，實也，由聖人之心，無緣應物，感而遂通，如谷響水月，故信如四時之實，應不失時。直以虛無寂滅。爲體，斯不可得而生，不可得而滅也。以寂滅，真知隨緣應現，故本無生滅。

難曰：聞無生滅，不達惑智俱空，故以申難。聖智之無，惑智之無，前云聖智無惑取之知，故疑惑智之無。俱無生滅，何以異之？謂根本實智，靈鑒獨照，本自無知，故云聖智之無。後得權智，照破無明，妄惑本空，故無惑取之知。二者皆無，不識無義何辨，故此興難。答曰：先智惑雙辨，示空義之淺深。聖智之無者無知，真知獨照，心境兩忘，故云無知。惑智之無者知無。權智照破惑取之妄知本無故曰知無。其無雖同，所以無者異也。聖知天然無知，不假功動。惑智因修而得。故無意雖同，所以則異。何者？徵釋不同。夫聖心虛靜，無知可無。可曰無知，非謂知無。聖人真心獨朗，寂然不動，絕無妄法，故無知可無。但可曰無知，不可言知無。惑智有知，故有知可無。可謂知無，非曰無知也。後得照惑，了妄本空，但可言知妄元無，不可言無知。無知，即般若之無也。般若本絕諸妄，故不可說知無。知無，即真諦之無也。知無者，謂知真諦無妄知也。是以般若之與真諦，此下心境合明，會寂用之同異，先同異雙明。言用即同而異，即寂而照。言寂即異而同。即照而寂。同故無心於彼此，心境也，同則心境雙泯。異故不失於照功。境智歷然。是以辨同者同於異，同其所不同。辨異者異於同。異其所不異，此則心境俱存，照用同時。斯則不可得而異，不可得而同也。以俱非雙泯，故不可以同異定名。何者？徵辨寂用。內有獨鑒之明，照體獨立，寂也。外有萬法之實。萬法皆真，用也。萬法雖實，然非照不得。萬法雖真，非智照不得其實。內心也。外境也。相與以成其照功。智得境而照用全彰，境得智而真常獨露，故云內外相與以成其功。此則聖所不能同用也，非境無以顯智，故不能同。內雖照而無知，非有對待之知。外雖實而無相。諸法實相不可以相求，故云無相。內外寂然，內智無知，外境無相，心境雙泯，故曰寂然。相與俱無。由心空故境寂，以境寂故心空，故心境相與一道齊平。此則聖所不能異寂也。寂則心境雙亡，故不能異。是以經云諸法不異者，豈曰續鳧截鶴，夷嶽盈壑，然後無異哉？引證本來不異也。《大品》云，諸法無相，非一相，非異相。豈曰下，引釋不異。《莊子》曰，鳧脛雖短，續之則憂，鶴脛雖長，斷之則悲。謂天生長短，不必裁齊，嶽高壑下，本來自定。不必夷嶽之高，以填壑之下。意引諸法當體真常，本無差別，所謂是法住法位，世間相常住，不待造作，然後齊平。謂若以不二之智，照一真之境，故法法真常，本來不異。斯則自然不異，非安排而後不異也。誠以不異於異，故雖異而不異也。不以境異而異其心，故境隨心一，即異而同，故云雖異而不異。故經云，甚奇，世尊，於無異法中而説諸法異。謂依一真法界，演説無量差別法門，故云無異法而説異法。又云，般若與諸法亦不一相，亦不異相。信矣。引證不一不異。《大品》云，世尊，云何於無異法中而説諸法異，又云，諸法無相，非一相，非異相。是知諸法一異，乃外道邪見，以般若而觀，則非一非異。實相般若，理極於斯。

難曰：因聞寂用，遂疑有二，故此立難。論云，言用則異，言寂則同，未詳般若之内，則有用寂之異乎？不達動静一源，故疑寂用兩殊。答曰：答以寂用一致。用即寂，寂即用，用寂體一，同出而異名。同出異名，語出《老子》，彼意有無同出一玄，此言寂用本乎一心，但約動静言之耳。更無無用之寂，而主於用也。言寂體必有照用，如明鏡之光，未有光明之鏡而無照者。是以智彌昧，照逾明，此言實智照理，泯絶所知，故彌昧。真明逾發，故照逾明。此言即寂之用也。神彌静，應逾動，由實智彌寂，故權用無方，此言用不離體，故云應逾動。豈曰明昧動静之異哉？總結寂用不二。故《成具》云，不爲而過爲。此證權智即實之權。《寶積》曰，無心無識，無不覺知。此證離妄之智，顯即寂之用。斯則窮神權智應物。盡智，實智照理。極象外之談也。釋引二經雙明寂用，乃極象外之談。即之明文，聖心可知矣。以此而觀，羣疑冰釋矣。

般若無知論終

肇論略注卷三

校勘記

〔一〕「殊」，疑爲「珠」。

肇論略注卷四

明匡山沙門憨山釋德清述

劉遺民書問附

遺民和南。

按新疏，公名程之，字仲思，别號遺民，

謂遺逸之民，彭城人，漢楚元王之裔，外善百家，内研佛理。嘗爲柴桑令，值桓玄僭逆初萌，乃歎曰，晉室無盤石之固，蒼生有纍卵之危。因與儒者次宗、宗炳、周續之等，皆當代名流，事遠公於廬山，稱十八賢，精結蓮社，辟命弗顧。太尉劉裕見其野志沖邈，乃以高尚相禮。時生法師入關，就學於什師，與論主莫逆。生公南返，乃以前論出示廬山社衆，遺民覽之歎服，因呈遠公，公歎曰，未曾有也。雖遺民致問，亦遠之深意也。

頃餐味也。徽美也。聞，去聲，名也。有懷遥佇，企望也。歲未寒嚴，體中如何？音寄壅隔，增用抱藴。弟子沈痾草澤，山野也。常有弊瘵耳。因慧明道人北遊，裁纔也。通其情。

將致問深旨，先敘寒温仰慕之懷也。謂頃聞美名，如飢渴之得飲食，故曰餐。有願見之懷而不得，但有遥想企佇，時當歲末，不審道體如何。以乏便鴻，故音寄壅隔不通，日增積藴之思。顧以病臥草澤，不能遠訪，情向未達。近因慧明北遊，纔得一通其情。此敘未見懷想之心如此

古人不以形疏致思也。淡，悟涉則親。是以雖復江山悠邈，不面當年，至於企懷風味，鏡心象迹，佇悦之勤，良以深矣。緬然無因，瞻霞永歎，順時愛敬，冀因行李，數有承問。

此敘慨慕之情也。古人不以形迹疏遠，而遂淡其致思。苟心相契悟，雖遠亦親。是以山川雖邈遠，昔年未面，至若企仰懷慕道風法味，心鏡照其像迹不越方寸，故佇望之勤，日益深矣。此想慕之切也。私心緬然不忘，但無因一見，瞻望秦嶺之煙霞，益增長歎。隨時愛敬之心不忘，冀望乘往來行李之便，願數有音問。

伏願彼大衆康和，外國法師休納。

此祝願也，外國法師常時休納福慶也。以論主在譯場，故問及大衆，致訊本師也。

上人以悟發之器，而遘茲淵對，想開究之功，足以盡過半之思。故以每惟乖闊，憒愧何深。

此歎論主遭逢之幸，顧自愧也。悟發之器，謂論主先遇梵師持《禪波羅蜜經》梵本至秦，論主從梵師得受禪訣，有所開悟，故稱悟發之器。淵對，指什師淵妙之思。論主既已自悟，又遇此良師，想於般若開究之功，以盡過半之思，謂全了悟也。故劉公慕此，不能參預法會，以自乖違闊遠，憒愧何深耳。此山僧清常，道戒彌勵，禪隱之餘，則惟研惟講，恂恂敬貌。穆穆，和也。故可樂矣。弟子既以遂宿心，而覩茲上軌，感寄之誠，日月銘至。瑶本作志。

此劉公自述慶幸法侶嘉會之辭也。言道戒，戒也，禪隱，定也，研講，慧也。此三學精嚴，六和修敬，自遂生平而覩茲嘉範，感託之誠，指日月以銘心志。

遠法師頃恒履宜，思業禪思道業。精詣，到也。乾乾宵夕，自非道用潛流，理爲神御，孰以過順之年，湛氣若茲之勤。所以憑托身。慰慰心。既深，仰謝逾絶。

此讚述遠公之高，且述依托之志也。履宜謂行履如宜，禪思道業，精嚴深到，而又乾乾不息，晝夜不懈。如此操行，若非道用潛流於心地，至理神御於日用，誰能以過耳順之年，澄湛之氣若此之精勤。有師如此，故身有所托，而心有所慰，以畢所願，故仰道謝世，日遠逾絶，此又劉公之所大慶幸也。

去年夏末，始見生上人示《無知論》，才運此疑作韻。清儁，旨中沈深淵。允，恰當。推涉聖文，婉而有歸，披味殷勤，不能釋手。直可謂浴心方等之淵，而悟懷絶冥之肆者矣。若令此辨遂通，則般若衆流，殆不言而會，可不欣乎，可不欣乎。

此敘得論之由也。謂從生公得《無知論》，其才清儁，其理深沈允當，推釋經文，辭婉而旨有歸趣，披閱玩味，殷勤再至，不能釋手。般若玄宗，如衆流歸海。如人浴海，已沾百川之水，浴心般若，已得萬法之宗。般若非見聞之境，故稱絶冥之肆。若使此論一通，則般若引衆流將不言而會矣。再言可不欣乎，慶躍之至也。

夫理微者辭險，由般若理微，故設論辭險。唱獨者應希。如陽春雪曲，和者應稀。苟非絶言象之表者，者指其人也，若非心超象外之人，定不能領會。將以存象而致乖乎？謂未能忘言得旨之人，必執言以乖其理。意謂答以緣求智之章，婉轉窮盡，極爲精巧，無所間然矣。此許前論與理渾然，無有間隙矣。但暗者昧於理者。難以頓曉，猶有餘疑一兩。一二。今輒題之如別，初別列問意，今合歸篇中。想從容無事。之暇，間暇之時。復能麤爲釋之。上敘起疑之由，下正敘疑文。

論序云，般若之體，非有非無，真俗雙泯。虛不失照，照不失虛，寂照同時。故曰不動等覺而建立諸法。下章云，異乎人者神明，故不可以事相求之耳。上總敘實智之文。又云，用即寂，寂即用，神彌靜，應逾動。此敘權智之文。下就敘論意，先權實雙標。夫聖心冥寂，理極同無，此敘實智意。不疾而疾，不徐而徐。此敘權智意。是以下釋成權實一致。知不廢寂，權即實。寂不廢知，實即權。未始不寂，未始不知。權實雙彰，二智並運。故其運物成功化世之道，雖處有名之中，而遠亦作宛。與無名同。謂由寂照同時，故權智應機化世，而遠與實智理冥，是以二智無殊。上敘申論意微妙，下敘迷昧者不了玄旨。斯理之玄，固常所彌新疏作迷。昧者矣。上敘論文立意權實不異，下出疑設難二智體殊。但今談者所疑於高論之旨，欲求聖心之異，以論説聖心冥一，故今疑者按權實二智以求聖心之異。故下正難二智體殊。爲謂窮靈瑶本作虛。極數、妙盡冥符耶？此正難意。云所言二智不異者，爲是般若證窮真諦之虛，斷盡俗諦有爲之數，妙盡冥符、合而爲一耶？此難實智冥真絶俗也。爲將心體自然，靈怕獨感耶？難意謂般若之用，不在窮虛極數，當體虛怕，無相獨存耶？此難疑無權智也。上申疑立難，下出過。若窮靈作虛。極數，妙盡冥符，謂心境既合爲一，則不應存寂照二名。則寂照之名，故是定慧之體耳。然寂照二名體用不一，則所成之定慧既二，則寂照亦二，用既二則體亦二，安可言心境冥一也。此則二名不應一體也。若心體自然，靈怕獨感，是所謂神彌靜，乃返一絶跡，有體無用，如何又有權智耶？則羣數之應，固以幾乎息矣。若有體無用，則權智已絶，又何言應逾動耶？○上雙難權實，下潛難無知。夫心數既玄，則寂然無知矣。而又云。孤運其照，然照則知矣，何言無知？神淯化表，而慧明獨存。言神既淯恬於萬物之表，此則絶於應，而慧明獨存，則不合有應，有應則二知矣。既有二知，則一知照真，一知明俗，何謂無知？當有深證，可試爲辨之。辨上權實不二，真智無知。下難不取，意謂實智可不取，權智則非不取也。疑者當以撫會應機覩變之知，不可謂之不有矣。謂權智應機，必定有知。而論旨云本無惑取之知，本論謂權智無惑取之知。而未釋解也。所以不取之理，意謂權智應機必有知，有知必有取，而言不取，故未解也。下兼難心異。謂宜先定聖心所以應會之道，謂以二語楷定聖心，即下云。爲當唯照無相耶，由上立難權智有取，故今輩就權智以難聖心有二，爲是權智觀物，唯了物體惟空本無相耶？此審定無相。爲當咸覩其變耶？爲是權智應物，覩其萬化皆有相耶？此審定有相。○下難。若覩其變，則異乎無相。謂若唯覩其萬變有相可撫，則異乎無相。若唯照無相，則無會可撫。謂若唯照性空，則萬境斯寂，故無會可撫。既無會可撫，而有撫會之功，意有未悟，幸復誨之。言既無會可撫，則機緣已絶，可言不取。而又言有撫會之功，有撫則何言不取耶？意謂聖心若一，定應得一失一。若二諦俱得，則權實兩殊，故此難之。下難是當，先舉疑文。論云，無當則物無不當，無是則物無不是。物無不是，故是而無是。物無不當，故當而無當。上引論文，下就許是當。夫無當而物無不當，乃所以爲至當。無是而物無不是，乃所以爲真是。上就許是當，下難相違。豈有真是而非是，至當而非當，而云當而無當，是而無是耶？上難相違，下敘救轉非。若謂至當非常泛常。當，真是非常泛常。是，此蓋悟惑之言本異耳。至當真是，乃悟者所見。常當常是，乃惑者所執。故言不同，而義未決。固論旨所以不明也，願復重喻以袪其惑矣。請決所疑，下難以結意。論至日，即與遠法師詳省之，法師亦好相領得意，言遠公亦相得意許可。但標位似各有本，遠宗法性，什宗實相，故各有本。或當不必理盡同矣。此一語，足見遠、民見理未真。頃兼以班諸有懷，謂以論班示同志。屢有擊其節者，謂賞音識趣者。而恨不得與斯人同時也。

凡見斯論者，無不願見而不可得也。

答劉遺民書 書有二幅，前短札，後長幅。

不面在昔，佇想用勞。言與遺民自昔未面，故但勞佇想耳。慧明道人至，得去年十二月疏并問。劉公前書，托慧明寄至。披尋返覆，詳省來問。欣若暫對。涼風屆節，頃常如何？此敘寒温。貧道勞疾多不佳耳。信信乃使者。南返不悉。此敘意，下正答。八月十五日，釋僧肇疏答。

服像雖殊，妙期不二。服像言儒釋雖不同，若妙悟心期，則本來不二。江山雖緬，遠也。理契則鄰。江山雖遠，若忘形契理，則萬里非遥。所以望途致想，虚襟有寄。言與劉公心神契會，所以屬望長途，虚懷有託。君既遂嘉遯之志，嘉遯，《周易》遯卦爻辭，又云肥遯，言高尚隱逸也。標越俗之美，獨恬事外，歡足方寸。此歎劉公匡山蓮社，已遂隱逸之志，標越塵俗之美名，獨享世外之樂，其歡足內心。每一言集，每與南來之人，一言集會之間。何嘗不遠喻林下之雅詠，來人一言話間，未嘗不遠領林下之雅詠，謂時領社中名公著作也。高致悠然，此讚所聞諸作，則知高尚之思，悠然可想。清散未期，言慕社中清勝君子，蕭散之懷，未期佳會。厚自保愛。此囑劉公加餐之意。每因行李，數有承問。因往來人數得劉公音問。願彼山僧無恙，道俗通佳。酬前大衆康和，但社有宰官居士，故併問道俗。承遠法師之勝常，此酬前外國法師當休納。以爲欣慰。喜法師勝常，足以慰心。雖未清承，然服膺高軌，企佇之勤，爲日久矣。敘仰慕遠公之情，雖然未承清範，而服膺懷德，仰其高躅，瞻慕之心，非一日矣。公以過順之年，湛氣彌厲，下酬敘遠公近履佳況。前云遠公湛氣若茲之勤，故因歎云，過順之年，澄湛之氣彌厲，益嚴勁倍常，所謂老當益壯。養徒作養徒衆。幽巖，抱一凝神。沖空虚。谷，遐邇仰詠，遠近仰高誦德，何美如之。歎遠公美德，無以過之。每亦翹想一隅，懸庇霄岸，言翹想遠公，天各一方。霄岸猶言天際，言懸遠托庇，蔭於天際。無由寫敬，懷慕之心，布敬無因。致慨良深。言懸想而不及見，慷慨之念實深。君清對終日，快有悟心之歡也。酬前憑慰既深。謂慕遠公之高，恨不及見，君幸終日清對，且喜有悟心之快。即此大衆尋常，如常。什法師如宜。正答休納。秦王道性自然，此下敘國王外護，三寶正隆。天機邁俗，言秦王向道之性，不勉而能，天機超俗，不以有國爲榮。城塹外護。三寶，弘道是務。言不以國事爲累，但終日弘道。由使異典法寶，即下敘新經。勝僧，僧寶，即下敘諸師。方遠而至，自西竺遠來。靈鷲之風，萃於茲土。佛居靈鷲之風，什師入關，三寶聚於此土。領公支法領也，遠公弟子。遠舉，乃千載之津梁也。領公往西域取經，故云遠舉。於西域還，得方等新經二百餘部，遠公使領公往西域取經，所取方等諸經。按新疏云，《華嚴》梵本，亦領公尋至，恨無正傳。請大乘禪師一人，禪師名佛陀婆陀羅，此云覺賢。賢學禪業於罽賓佛大仙，弘始中入秦，於瓦官寺教習禪道。江南慧嚴慧觀、關中玄高等，皆從師受業，論主亦在其中，故劉公稱云悟發之器。三藏法師一人，名弗若多羅，姚興待以上賓之禮，令譯十誦，未竟而終。毗婆沙法師二人。一名曇摩耶舍，一名曇摩掘多，以善通此論，故以爲名。什法師於大石寺出新至諸經，諸經或諸師齎來，或領公所取，皆一時至，故云新至。法藏淵曠，淵深廣大。日有異聞。時聽誦譯。禪師於瓦官寺教習禪道，門徒數百，夙夜匪懈，日夜參求。邕邕和也。肅肅，敬也。致可欣樂。由是而知達磨未來已前，禪道已行，學者不少。論主蚤以從修禪業，有所悟入，觀論旨幽玄，非悟何以至此。三藏法師於中寺出律藏，本謂四重等。末謂餘篇。精精詳。悉，盡悉。若覩初制。若覩如來初制之日。毗婆沙法師於石羊寺出《舍利弗阿毗曇》，小乘論名。胡本梵本。雖未及譯，時問中事，發言新奇。此上敘譯場近來諸經，及西來諸師，足見一時法運之盛，故特以相聞。

貧道一生，猥參嘉運，遇茲盛化，自恨不覩釋迦祇桓之集，餘復何恨，論主自慶時清道泰，明主弘法，真師主盟，聖典遠臻，勝友雲集，可謂一時之盛。何幸參預嘉運，過茲盛化。所恨不覩祇園，親承佛會，餘復何憾。而慨不得與清勝君子同斯法集耳。此以不得劉公同此法集，良以爲慨耳。生上人頃在此，同止數年。什公門下弟子，有生、肇、融、叡，稱爲四哲，時美其盛，謂通情則生，融上首，精難則叡、肇第一，或云觀公。至於言話之際，常相稱詠。詠，誦也，謂常稱誦匡山之盛。中途還南，因譯《涅槃經》，至闡提無佛性義，生公曰，蠢動含靈，皆有佛性。闡提雖不信，有時善根發現，何以言無佛性，想經來未盡耳。衆皆不然，生公遂去譯場，故云中途南還。君得與相見。來書云始見生上人示《無知論》，故云相見。未更近問，悵悒何言。言生公去後，更無近問，中心悵悒，言思慕不忘也。威道人至，自蓮社來。得君《念佛三昧詠》，并得遠法師《三昧詠》及《序》，言劉公作《念佛三昧詩》，遠公亦作，且更有《序》，感道人持來，故得一見。此作興寄既高，辭致清婉，此美《念佛三昧》之作，托興寄心已高，而文辭清爽，致思微婉。能文之士，率稱其美，言關中能文之士，相率皆稱其美。可謂游涉聖門扣玄關之唱也。稱其能以文辭發揮佛理，故云游涉孔聖之門，而扣法界玄關之唱，非空談也。君與法師當數有文集，因來何少？因見《念佛詠》《序》，則知公與遠公文集當多，而見寄何少耶？什法師以午年弘始八年，歲次丙午。出《維摩經》，貧道時預聽次。什師譯《維摩》，且譯且講，故云時預聽次。參承之暇，輒復條記成言，謂參承講説之暇，復條記什師現成之言。以爲注解。此言註雖出肇手，而義則本乎什師。辭雖不文，然義承有本。論主自謙，《維摩注》解，辭雖不文，而義則承本什師。今因信使者。持一本往南，君閑詳，言劉公閑於文字，詳於義理。試可取看。已上敘彼此一往之事，以通其情。此下方敘來問發起。來問婉切，謂劉公五難，辭婉而義切。難爲郢人。論主自謙，謂難與劉公敵手。郢人事出《莊子》，謂郢人堊漫其鼻端若蠅翼，使匠石斲之，匠石運斤成風，盡堊而鼻不傷，郢人立不失容。此匠石揮斤之妙，固難其人，而郢人立不失容，更自難得，言承當之難也。貧道思不關微，言入理。兼拙於筆語，謂不但思不入理，兼且拙於文字。且至趣無言，言必乖趣。至理無言，言生理喪。云云猶嘵嘵。不已，竟何所辨。言不及理，辨之何益。聊以狂妄言。言，示訓來旨耳。《莊子》云，吾與汝妄言之，汝亦妄聽之。

疏云，稱聖心冥寂，理極同無，雖處有名之中，而遠與無名同，斯理之玄，固常彌昧者。上牒來疏所引論辭。以此爲懷，自可忘言内得，取定方寸。此許其所得自可忘言内證，取定一心。復何足以人情之所異，而求聖心之異乎？此責其不能忘言，復以常人之情，而求聖心之異。疏曰，下舉難出意。談者謂窮靈極數，妙盡冥符，則寂照之名，故是定慧之體耳。寂照下出難。若心體自然，靈怕獨感，下出難。則羣數之應，固以幾乎息矣。上牒難，下出意。意謂通下句。妙盡冥符，心境合一，則寂照雙絶。不可以定慧二法。爲名，意謂。靈怕獨感，則靈絶待。不可稱羣數以息。却不知。兩言雖殊，妙用常一，迹我而乖，在聖不殊也。上以正意責迷。何者？徵釋無異，先示定慧同源。夫聖人玄心寂體。默照，照用。理極同無。照極則兩忘，同一真源。既曰爲同，同無不極。既同一源，則無有不極。〇下責迷。何有同無之極，而有定慧之名？此出正義，下釋伏疑云，定慧既一，何故前云寂即用，用即寂？定慧之名，非同外之稱也。謂寂照既同一源，則知定慧本同一體，豈同外别稱定慧之名耶？若稱生同内，有稱非同。謂若定慧之名，生於同内，則凡涉名言，則非真體。若稱生同外，稱非我也。謂於同外强稱定慧之名，則是迷者妄執在我，般若體中本無定慧二名。〇上答定慧不二，下答權應不息。又聖心虚微，妙絶常境。妙盡冥符，此言實智無爲，次言權應不息。感無不應，會無不通。冥機妙智。潛運，其用不勤。權智妙應，而無不爲如此。羣數之應，亦何爲而息耶？上明實智無爲，權應不息。下答二智體殊，正答心異，兼通有知，先標妄。且夫心之有也，凡夫妄心之有。以因也。其有有。有待緣而後有。有不自有，以待緣而有，故不能自有。故聖心不有有。此顯真也。以聖心離緣，故不有有。不有有，故有無有。以不借緣生，故雖有而非有。有無有故，牒上。則無無，既已非有，則亦非無。無無故，牒上。聖人不有不無。雙絶有無，冥心一際。不有不無，其神乃虚。以有無雙絶，則虚靈獨照，妙契中道。何者？徵起，下即難就通，正答心異以明雙非，夫有下至廢用耶，通爲一唱，二百零一字。夫有也無也，心之影響也。影譬象，響譬言。言也象也，影響之所攀緣也。分别影響本無實法，下正示雙非。有無既廢，絶也。則心無影響。影響既淪，喪也。則言象莫測。心絶緣影，則言象不及。言象莫測，則道絶羣方。則心體離量。道絶羣方，故能窮靈極數。窮虚則理極，極數則妄盡。窮靈極數，乃曰妙盡。真妄雙亡，是非齊泯。妙盡之道，本乎無寄。靈靈絶待，故曰無寄。夫無寄在因也。乎冥寂，權實一心，寂照一體。冥絶故虚以通之，通者道達之意，謂冥寂之體，至絶離相，若不假一虚字通之，則人何以了悟？妙盡存亦因也。乎極數，真不窮則妄不盡，妄不盡則真不極。極數故數以應之。會萬物而爲己，故曰極數。分身萬象，法身普應，故數以應之。數以應之，故動與事會。權智應物，感而遂通，故云動與事會。虚以通之，故道超名外。實智證理，離名絶相，故云道超名外。下兼通有知。道超名外，因謂之無。但離名相，不是斷滅。動與事會，因謂之有。感應在機，隨緣而現，故有非實有。因謂之有者，應夫作非字。真實也。有，强謂之然耳。彼指中道一心。何然哉？待機緣而有者，應非實有，但强謂之耳。彼寂滅一心，何嘗動而爲有哉？故經云，引證無知。聖智無知而無所不知，無爲而無所不爲。此義引《般若》諸文，以證聖心權實不異，有知無知本一致也。此無言無相寂滅之道，豈曰有而爲有，無而爲無，動而乖靜，靜而廢用耶？此據理責迷，以結上義也。

而今談者，此下正答有知，潛答心異。多即言以定旨，責迷不能忘言會理。尋大方而徵求也。隅，《老子》云，大方無隅。謂寂漠沖虚之般若，而以有知無知求之正猶尋大方而求隅也。懷前識以標玄，前識者，《老子》云，前識者道之華而愚之始也，謂分別惑取之知。存執也。所存之必當，以妄執爲必當。是以聞聖有知，謂之有心，聞聖無知，謂等同也。大虚。即謂冥然無知。有無之境，邊見有無斷常二邊。所存，豈是處中莫二之道乎？上責偏見以明不異，下示中道。何者？徵明空假以顯中道，先空次假。萬物雖殊，然性本常一。以性空故常一。不可而物，以緣生無性，不可名物，此示空義。然非不物。以無性緣生，此示假義。可物於物，上物能取之心，下物所取之境。則名相異陳。迷則能所未忘。不物於物，能所兩忘。則物而即真。不取無非幻，故即物即真。〇下正示中道。是以聖人不物於物，不取。不非物於物。不捨。不物於物，物非有也。一心不生，萬法自寂。不非物於物，物非無也。森羅頓現，萬境全彰，以空有兩忘，二邊自泯。此約一心以顯中道，下約境以顯中道。非有所以不取，以萬法本空，無可取者。非無所以不捨。以法法即真，故不捨一法。不捨故妙存即真，由不捨一法，故法法即真。不取故名相靡因。心不附物，則名相自空。名相靡因，非有知也。無境可知。妙存即真，非無知也。萬法唯心，真照獨立，故非無知。故經云，引證。般若於諸法無取無捨，無知無不知。證明般若能所兩忘，以顯中道。此攀緣之外，超妄想境。絶心之域，離心意識。而欲以有無詰者，不亦遠乎？總責執迷。請詰夫雙結有無。陳有無者，夫智之生也，極於相内，智乃六麤智相之智，謂分別見也。言分別知見，因名相起。法本無相，聖智何知？以萬法性空無相，聖人無境當心，又何所知？世稱無知者，謂等木石太虚無情之流，世人謂無知將同無情。靈鑒幽燭，形於未兆，道無隱機，般若真智，靈明鑒照，無幽不燭，一念未生已前，十方三世圓明了了，徹見萬法，故道無隱機。寧曰無知？如此靈明爲正徧知，豈曰無知？下爲解偏滯。且無知生起也。於無知，下無字誤，應云無知生於有知，謂無知之見起於有知，二者相待，其實有無俱無。無無知也，無有知也。雙拂二見，有無不立，下顯雙非。無有知也，謂之非有。是爲寂體。無無知也，謂之非無。是爲照用。所以虚不失照，寂而常照。照不失虚，照而常寂。怕然永寂，湛然常住。靡執靡拘。不墮有無，如此中道，妙絶常情。孰能動之令有靜之使無耶？動不著有，靜不著無。故經云，真般若者，非有非無，無起無滅，不可説示於人。一切皆非，故不可説示。何則？徵釋經義。言其非有者，言其非是有，凡佛言非者，乃遮遣破執之辭，非實法也。且言非有者，乃是遮執有者，遮其不是實有耳。非謂是非有。不是説絶無也。言其非無者，言其非是無，言其不是絶無，非謂是非無。不是説實有也。非有説非有。非非有，也不是非有。非無説非無。非非無，也不是絶無，四句既離，百非自遣。是以須菩提終日説般若而云無所説，此絶言之道，知何以傳？絶言之道，非知見之境，又何以傳？庶參玄君子，有以會之耳。惟忘言者可以心會耳。上雙通權實竟，寂照有無二疑皆通。下別答不取，先廣答心異。

又云，宜先定聖心所以應會之道，爲當唯照無相耶，爲當咸覩其變耶？此敘來難，前難意云，權智有取，爲是唯照萬法性空無相耶，爲是權智應物覩其萬化皆有相耶？來難二意，一難有取，二難心異。今先答心異，後答不取。○下出難意。談者似謂無相與變，其旨不一。覩變則異乎無相，照無相則失於撫會。下責滯。然則即真之義，或有滯也。出其難意，謂二智不一，然覩變則是有相，異於無相矣。照無相則不能應機，異於有相矣。是則空有不能雙照，故責以不能即真，故云滯也。經云，色不異空，空不異色，色即是空，空即是色。此下正答，先引經定理，以色空相即立意，下反質之。若如似也。來旨，觀色空時，應一心見色，一心見空。此出迷滯，下出違。若一心見色，則唯色非空。若一心見空，則唯空非色。然則空色兩陳，莫定其本莫定經中立言本意。也。下釋經意。是以經云非色者，誠以非此非乃破斥之義。色於色，謂凡夫執色是實有，故以非破斥其執。不非色於非色。上非色謂破斥，下非色謂虚空。言但破其色執，不非破虛空。若非色於非色，返釋，謂若非破虛空。太虛則非色，虛空非色相。非色何所明？虛空既非色，縱破何所發明乎？下順釋。若以非色於色，上非色空也，謂以空破於色相。即非色空也。不異色。此空不異色。非色不異色，牒上空不異色。色即爲非色。即了空不異色，則色即是空矣。下依經會理。故知變即無相，正覩變時，即達無相。無相即變。正無相時，不妨覩變。羣情不同，以機不一。故教迹有異耳。執無相者，故説覩變。執覩變者，故説無相。考之玄籍，謂聖經。本之聖意，本其聖人説法之意。豈復真實智。僞權智。殊心，空有二境。異照耶？謂豈一心照無，一心照有耶？是以下依心照境，以顯不異。照無相，實智。不失撫會權智。之功，即實之權。覩變動權智。不乖無相實智之旨。即權之實。造有不異無，雖適生死，而不動本際。造無不異有，雖證涅槃，而不捨度生。未嘗不有，未嘗不無，有無雙照，二諦恒存。故曰不動等覺而建立諸法。以此而推，寂用何妨？寂用二法，有何相妨？如之何謂覩變之知，異無相之照乎？據理責迷，上廣答心異竟，下略答不取。恐談者脱或也。謂空有兩心，靜躁殊用，故言覩變之知，不可謂之不有耳。上出迷執，下正通前疑。若能捨己心謂己見。於封執取也。內，尋玄機至理。於事外名相之外，齊萬有於一虛，等觀萬法，一味純真。曉至虛法身無相。之非無偏一切處。者，當言至人終日應會，與物推移，謂隨順周旋也。乘運時也。撫化，未始爲有也。終日度生，不見生之可度，此正有無齊觀，權實並運。○下結答返責。聖心若此，何有可取，而曰未釋不取之理。前别答不取竟，下決釋是當。

又云，無是乃所以爲真是，無當乃所以爲至當，亦可如來言耳。上印許來意，下示以忘情。若能無心於爲是，而是於無是。是者印物之心，是於無是，則照而常寂。無心於爲當，而當於無當者。當者當心之境，當於無當，則寂而常照。則終日是，不乖於無是。不乖於是，則心空。終日當，不乖於無當。不乖於當則境寂。但恐有是於無是，執心未忘。有當於無當，執境未化。所以爲患耳。但恐執著之情未忘，所以爲患耳。何者？徵明執著。若真是可是，至當可當，此則心境未忘。則名相以形，生心取著，故名相斯起。美惡是生。取捨情生，則愛憎横發。生生奔競，攀緣取境，逐逐不休。孰與止之。自心妄動，誰與止之。此執著之患也。是以聖人空洞其懷，無識無知。聖人心包太虛，萬境斯寂。然居動用之域，而止無爲之境，處有名之內，而宅絶言之鄉。雖爲而不爲。寂寥虛曠，莫可以形名得，超情離見，非思量可知。若斯而已矣。聖心如此。乃曰真是可是，至當可當，未喻雅旨也。聖人心境兩忘，而以是當求之，所以未喻來旨也。恐是當之生，物謂之然，乃凡夫取著之妄見。彼自不然，彼聖心非常情可測。何足以然耳。以凡情而謂聖心之必然，何足以知之。上通答隱顯五難竟。○下結示離言。夫言迹之興，異途之所由生也。尋名執相者，依言取義，分別情生，正智昧矣。而言有所不言，以言而顯絶言之道。迹有所不迹。兔不在蹄，魚本非筌。是以善言言者，求言所不能言，善迹迹者，尋迹所不能迹。得義忘言，得魚捨筌。至理虛玄，擬心已差。擬心即錯，動念即乖。況乃有言，恐所示轉遠，名相不忘，於理轉遠。庶通心君子，有以相期於文外耳。唯忘言者可以意得，息慮者可以心通，若執言競辨，嘵嘵何益哉？

肇論略注卷四

肇論略注卷五

明匡山沙門憨山釋德清述

涅槃無名論第四

《涅槃無名論》者，以所論者涅槃，故以爲題。言涅槃者，梵語也，此云圓寂，謂五住究盡爲圓，二死永亡爲寂，乃寂滅一心之異稱，清淨法身之真體，非死之謂也。以三世諸佛曠劫修因，證此一心之體，名爲法身，以酬廣大之因，名爲報身，隨機益物，名爲化身。一切諸佛皆具三身，法身爲體，化身爲用，有感即現，無感即隱，隱而不現，圓歸一心，攝用歸體，名爲入滅，是稱涅槃，非生死之謂也。以此一心，五住煩惱不能覆，故曰圓，二種生死不能羈，故云寂。故教約出處，說有四種。一、自性涅槃，謂即此一心，名爲法身，偏[二]一切處，爲諸法體，名爲自性本來寂滅，所謂有佛無佛性相常住，一切衆生本來滅度，不復更滅，故云自性涅槃。二、有餘涅槃，謂三乘所證，無明未盡，變易未亡，證理未圓，三皆有餘，故亦稱涅槃。三、無餘涅槃，即修成之佛，妄盡真窮，體用不二，亦名所證無上大涅槃果，故名無餘。四、無住涅槃，謂一切聖人，不處有爲，不住無爲，二邊不住，中道不安，動靜爲二，總名涅槃，故云無住。此四種名，但約體用之稱，其實一心，名相俱寂，故云無名。所謂生死及涅槃，二俱不可得，故云無名，是爲不生不滅常住一心之都稱耳。前《不遷》《不真》爲所觀之境，《般若》爲能觀之智，三皆是因，以此《涅槃》乃所證之果，故以爲論。

奏秦王表

什師入滅，論主追慕無已，因作《涅槃無名論》，以稱述所證之德不異於佛，以讚揚之。言雖以前般若乃能證之智爲因，涅槃爲所證之果，其意實爲什師而發。論成，表獻秦主。故首列其表文。

僧肇言，對人主而不稱臣者，以方外自處也，所謂不事王候，高尚其事，天子雖尊，不以臣禮待之也。肇聞天得一以清，地得一以寧，君王得一以治天下。天得一等語用《老子》，一謂大道之元也，老宗自然，名爲大道，論宗一心，同文義異。伏惟陛下叡聖也。哲智也。欽敬也。明，謂明德。道與神會，道謂涅槃大道，秦王妙契，故曰神會。妙契環中，《莊子》，樞得其環中，以應無窮，謂秦王妙悟中道故。理無不統，以悟一心，則理無不攝。游刃語出《莊子》，庖丁解牛，迎刃而解，以喻妙智應物，則事無不理。萬機，人君日有萬機。弘道終日，謂不以萬機以妨弘道。威被蒼生，垂文作則。法也。所以域中有四大，而王居一焉。

此美秦王能妙悟一心，而具堯舜之德也。

《尚書》，叡哲舜德，欽明堯德。謂秦王不唯具堯舜之德，且能契涅槃中道妙理，統會一心，故雖日應萬機，不妨弘道終日，用武興文，爲世明主，所以域中四大，而王居一焉。語出《老子》，天大地大王亦大，此歎德也。涅槃之道，蓋是三乘之所歸，三乘同證，故曰所歸。方等之淵府，方等深經之究竟理趣，故曰淵府。渺漭汪洋無涯。希夷，離聲離色故。絶視聽之域，迴超見聞。幽致虚玄，幽妙之理致，虚靈絶待。殆甚也，殊也。非羣情淺識。之所測。

此歎涅槃之道，爲衆聖歸趣，體絶名相，非見聞可及，絶待幽玄，故非淺識之可測也。

肇以人微，猥蒙國恩，得閑居學肆，幸列譯場。在什公門下十有餘載。公十九見什，三十二歲而亡。雖衆經殊致，勝趣非一，然涅槃一義，常以聽習爲先。但肇才識闇短，雖屢蒙誨喻，猶懷疑漠漠。無知貌。爲竭愚不已，亦如似有解。未爲必得其趣。然未經高勝先唱，不敢自決。

此論主自敘得法之由也。謂雖刻意涅槃一義，似有所悟。然未經高明勝智之人印證，故不敢自決。

不幸什公去世，諮參無所，以爲永慨。

此言什公業已入滅，咨決無由，再不復見斯人，故爲永慨。此所以有感，故作此論。

而陛下聖德不孤，獨與什公神契，目擊道存，快盡其中方寸，故能振彼玄風，以啓末俗。

此言秦主天挺聖智，獨與什公心相印契，妙悟不言之表，能力振什風，以開導末俗。意謂什公雖亡，幸有秦王可以印心也。

一日遇蒙答安城侯姚嵩書，問無爲宗極。

姚嵩，亦秦之宗屬。以秦王先有詔云，夫道以無爲宗。姚嵩難云，不審明道之無爲，爲當以何爲體？蓋以涅槃乃無爲之道，秦主答有多説，以論所引正言涅槃，故下引其答義，以發論端。

何者？夫衆生所以久流轉生死者，皆由著欲故也。若欲止於心，即無復於生死。既無生死，潛神玄默，亦作漠。與虛空合其德，是名涅槃矣。既曰涅槃，復何容有名於其間哉？

此引秦王答姚嵩問無爲宗極之辭，而指涅槃乃無爲宗極，而結以無名歸之，此論主所以爲茲論之發啓也。意謂生死乃有爲之法，而以著欲爲因，故感三界之苦果。若欲止於心，即生死永斷。既無生死，則勞慮永息，潛神寂漠之鄉，絕然無爲，與虛空合其德，是名涅槃。然涅槃之道如此而已，豈容有名於其間哉？故以無名稱之。

斯乃窮微言指聖經。之美，極象外之談者也。此讚秦王無名之説，妙契佛心。自非道參文殊，謂契文殊之智。德侔慈氏，同慈氏之悲。孰能宣揚玄道，爲法城壍。言若非契二聖之智悲，何以弘揚妙道，外護三寶？使夫大教卷而復舒，幽旨淪而更顯。意謂涅槃大教，得什公闡明。今什公已亡，則妙旨已淪。今幸有秦王發明，故曰卷而復舒，淪而更顯。尋玩殷勤，不能暫捨，欣悟交懷，手舞弗暇，豈直當時之勝軌，方乃累劫之津梁矣。論主述其慶法之歡，謂其言不但爲一時雅範，且爲長劫津梁。然聖旨淵深也。玄，妙也。理微幽微。言約，簡也。可以匠法也。彼先進，宿學之人。拯援引也。拔提也。高士，高尚之士。懼言題之流，執言語名字之流。或未盡上尊人主爲上。意，庶近也。擬擬議。孔《易》十翼之作，伏羲畫卦，文王爻辭，周公繫辭，孔子作十翼以贊之，即上彖下彖等。豈貪豐文，非貪豐富其文，以誇其美。圖以弘顯幽旨，圖以弘揚顯發涅槃之幽旨。輒作《涅槃無名論》。論有九折十演，以法十翼。博廣也。采取也。衆經，託取託。證印證。成喻，以仰述陛下無名之致。豈曰關詣神心，非敢關涉聖神之心。窮究遠當，亦不敢言窮究高遠必當之理。聊以擬倣効也。議軌則。玄門，涅槃玄門。班喻學徒耳。布曉後學耳。論末章云，秦王答姚嵩書末章。諸家通第一義諦，皆云廓然空寂，無有聖人。比時諸家，計勝義空寂，不容有聖。吾常以爲太甚徑庭，《莊子》語，意謂太甚邈遠。不近人情。若無聖人，知無者誰。吾常下，秦王答姚嵩之辭。謂無聖之説，與理乖差，其言邈遠，不近人情。若無聖人，知無者誰。意必有聖爲證理之人。實如明詔，實如明詔。此論主印可秦王有理之談當理，故再稱之。夫道恍惚窈冥，其中有精。二語用《老子》恍兮忽其中有物，窈兮冥其中有精，意指精者即爲聖人，似未穩當。若無聖人，誰與道遊。意謂能證聖諦第一義，是爲聖人，非聖義諦中有聖人也。下云出處異號，故云與道遊。頃諸學徒，莫不躊躇不進之貌。道門，怏怏不決之意。此旨，懷疑終日，莫之能正。謂一時學人聞無聖之説，皆猶豫不進於入道之門，不決此理，故懷疑終日，無與正者。幸遭逢也。高判，宗徒幰裂帛聲。然，謂幸逢秦王有聖之論，乃高遠判決，故宗徒之疑，幰然盡裂。扣關入道之人。之儔，蔚盛貌。登玄室。言一時學人聞秦主之論，其疑盡決，扣關入道之人，蔚然登堂入室。真可謂法輪再轉於閻浮，道光重映於千載者矣。謂當時之疑無能決之，即有談者未必見信，幸遇王言其出如綸，故無不宗仰。一言之重，可謂法輪再轉，道光重映矣。今演論之作旨，曲辨涅槃無名之體寂，止息也。彼廓然排方外之談。方外，謂遊方之外，謂學佛者。當時流輩有宗廓然無聖者，遂起斷見，謂絶無聖人。因排斥聖爲權現非真，撥無因果，恥修行者以爲著相，是以喧然以爲得，莫能正者。今幸秦主答嵩書云，若無聖人，誰與道游。即此一言，使偏見之流邪説頓息，使嘵嘵者寂然無聲，故重演之，以助明教。條牒如左，謹以仰呈。若少參合也。聖旨，願勅存記，如其有差，伏承指授。僧肇言。論呈秦王覽之，答旨慇懃，備加讚述，勅令繕寫，班諸子姪。其爲人主推重如此。

泥曰泥洹、涅槃，此三名前後異出，蓋是楚夏不同耳，云涅槃音正也。五竺梵音不同，如此方之楚夏，蓋以涅槃爲正音也。

九折十演者

折謂折辨，有名立難，演爲敷演，無名通理，謂其難有九，而演有十也。意蓋以涅槃有名而難，以無名而答，以顯無名之理。

開宗第一

開示《涅槃無名》之正義，爲下答難之綱宗，亦猶四論之宗本也。一論大旨，不出此章。將顯無名之致，先標有名以彰宗依也。教説涅槃有四，今但稱二名，以自性約理、無住約行二者，有名無實，故不必論。今二涅槃約人以名，無餘乃如來所證，有餘乃三乘所證。今論指佛應緣未盡，有名有實，將爲宗依，故但稱二也。今詳論主立意，前尊秦王若無聖人誰與道游之詔，以破邪宗廓然無聖之流，以爲發論之端。今標二種涅槃以爲論宗，蓋謂能證之人有實，所證之理無名，故依之以立論也。

無名曰，假設通答之人，如子虛無是公也。經稱有餘涅槃、無餘涅槃者，秦言無爲，亦名滅度。梵語一名翻有二義。無爲者，取乎虛無寂寞，離名絶相。妙絶於有爲。滅度者，言其大患永滅，《老子》云，吾所以有大患者，爲吾有身。今指分段、變易二種生死，二死永亡，故云大患永滅。超度四流。四流謂欲流、有流、見流、無明流，爲二死之本。斯蓋是鏡像之所歸，鏡像，《楞伽經》云，譬如明鏡，現衆色象，現識處現，亦復如是，謂一切衆生身心世界，皆唯識所現，乃八識相分，攝相歸性，元是真如，故云鏡像之所歸。絶稱之幽宅也。以離名故絶稱，離相故言幽宅。而曰有餘、無餘者，既離名相，又有有餘、無餘二名者。良是出處之異號，應物之假名耳。言涅槃者，蓋一真法界法身之真體也。證此法身，是稱爲佛。機感必應，即現身說法，故爲出。緣畢而隱，攝相歸體，故爲處。故一切諸佛，以現身爲有生，以緣滅爲涅槃，殊不知滅元不滅。如云餘國作佛更有異名，所謂應物之假名也。

余嘗試言之。下正廣論無名之旨。夫涅槃之爲道也，寂寥虛曠，其體寂滅。不可以形名得，離名字相。微妙無相，不可以有心知。離心緣相。超羣有以幽升，高超三界，惑無不斷。量太虛而永久。永證無爲，真無不極。隨之弗得其蹤，未來無終。迎之罔眺其首。過去無始。六趣不能攝其生，五住究盡。力負無以化其體。二死永亡。潢漭水無涯貌，謂汪洋無涯。惚恍，言非有非無，不可以定名。若存生而不生。若往，滅而不滅。五目謂肉眼、天眼、法眼、慧眼、佛眼。不覩其容，無狀無相，以離色故視之而不見。二聽謂肉耳、天耳。不聞其響。以離聲故不可聞。冥冥窅窅，誰見誰曉。冥冥不可見，窅，深貌，窅窅不可窺。彌綸充滿包羅之義。靡無也。所不在，而獨曳超脱也。於有無之表。然則言之者失其真，言生理喪。知之者反其愚，非智可知。有之者乖其性，若執是有，則違寂滅之體。無之者傷其軀。法身流轉五道，名曰衆生，若執是無，則墮斷滅。所以釋迦掩室於摩竭，佛初成道，三七思惟，而不說法。淨名杜口於毗耶，文殊問維摩不二法門，維摩默然。須菩提唱無説以顯道，釋梵絕聽而雨華。須菩提巖中晏坐，帝釋散華供養，謂其善説般若。尊者以無説而説，天帝以無聞而聞。斯皆理爲神御，不言之道，唯證乃知。故口以之而默，豈曰無辯，辯所不能言也。四辯不能談其狀。經云，真解脱者，離於言數，象也。寂滅永安，生滅已滅。無始無終，非生非滅，故無始終。不晦不明，寂光常照，不屬晦明。不寒不暑，非遷流之法，不屬時分，故不寒不暑。湛若虚空，法身清淨，湛然常寂，猶若虚空。無名無説。離相故無名，離言故無説，此義引《涅槃》《淨名》等經。論曰，《中論》。涅槃非有，亦復非無，言語道斷，心行處滅。口不能言，故言語道斷。心不能思，故心行處滅。尋夫經論之作，上引斯論立言本意。豈虚搆哉？言非虚稱架空之談。果實也。有其所以不有，故不可得而有。本亦非有。有其所以不無，故不可得而無耳。亦復非無。何者？徵釋非有非無之所以。本言尋究也。之有境，則五陰永滅。不屬生死，故五陰永滅，不可得而有，滅則離苦，乃樂德也。推言推測也。之無鄉，而幽靈不竭。雖絶見聞，而幽深窅眇，靈知獨照，至真常存，此真我德也。幽靈不竭，則抱一湛然。一真之地，湛然常寂，此真常德也。五陰永滅，則萬累都捐。永離生死，則衆惑俱消，此真淨德也。萬累都捐，故與道通洞。由其惑淨，故内冥至理。抱一湛然，故神而無功。由其體常寂，而妙用無方，故神而無功。神而無功，故至功常存。無心而應，故功垂不朽。與道通洞，故沖而不改。由惑盡真窮，故沖深而不變。沖而不改，故不可爲有。由體虚不變，故不可爲有。至功常存，故不可爲無。以隨緣應現，利樂無窮，故不可爲無。然則下總結離名離相。有無絶於内，以其體至真，寂用一源，故内絶有無。稱謂淪泯絶也。於外，不可以名字加之，故稱謂泯絶。視聽之所不暨，及也，非色非聲，故視聽不及。四空之所昏昧。四空天人迷而不知，故所昏昧。恬焉而夷，平等一如。怕焉而泰。寂而常照，無幽不鑒。九流於是乎交歸，九流非世之九流，乃指九界衆生，以涅槃乃一切衆生之本源，故曰交歸。衆聖於是乎冥會。十方諸佛究竟之鄉，故云冥會。斯乃希夷之境，非見聞之境。太玄之鄉，玄之又玄，故云太玄。而欲以有出有。無入無。題榜，標指也。其方域。謂以涅槃爲諸聖出生入死之名，特以有無之名題榜標指其方所。而語其神道者，以此爲得者。不亦邈遠也。哉。

覈體第二

此有名興難，乃折之一也。因前云涅槃之體非有非無，故今折之體竟何在，故云覈體。謂即有餘無餘之名，以責有實體，非無名也。

有名曰，名家按名以責實，故興折難。夫名號不虚生，謂有名必有實，豈有無實而彰名者？稱謂不自起，凡名不自名，必因人見有可稱，乃稱其名。經稱有餘涅槃、無餘涅槃者，蓋是返本之真名，非是虚稱。神道之妙稱神道之妙，無可稱之，故以涅槃名之，是爲妙稱。者也。請試陳之。謂按涅槃有餘、無餘之稱，是則涅槃有名也，何言無名？先論有餘興難。有餘者，謂如來大覺始興，法身初建。

此因有餘以定名，先舉果德以彰因行有餘也。他處有餘，皆依三乘之人證理未圓，斷惑未盡而説。今此論中，單約佛果利生有餘緣未盡而説，詳論文義，蓋是權教三十四心斷結成佛之果號，乃小乘所見之佛，非法報冥一之極果，蓋依小乘見有出生入死以立難也。今言如來乃十號之一，謂乘如實道而來三界。大覺乃就德立稱，謂如來自覺覺他，覺行圓滿，三覺已圓，故稱大覺。然此大覺乃報身之稱，今論通稱權教之佛，亦是大覺，約總德也。法身非清淨法身，乃權教之佛，五分所成之法身，謂戒定慧解脱解脱知見此五法熏成之身也。姓〔三〕興、初建，蓋指應身初現，六年苦行，於鹿野苑初成正覺，非菩提場爲初成也。

澡八解之清流，憩七覺之茂林。

此下正舉佛果已成，返彰因行也。八解者，一、内有相外現色，二、内無色相外現色，三、淨解脱，四、空處定，五、識處定，六、無所有處定，七、非非想處定，八、滅受想定。此八有斷惑之能，故如清流有浣濯之用。憩者，休息也。七覺支謂擇法、進、念、定、喜、捨、倚，此七覺法，如來修習已圓，安逸其中，故如休息於茂林之下也。

此上言果滿，下顯因圓。

積萬善於曠劫，蕩無始之遺塵。

此讚佛因行，曠大劫來，廣修萬善。蕩，洗滌也，無始無明煩惱，洗滌無遺。

三明鏡於內，神光照於外。

内證三明，謂過去宿命明，未來天眼明，現在漏盡明，由具三明，故了知三世，鑒機説法，曲盡隨宜。

結僧那於始心，終大悲以赴難。

梵語僧那，此云弘誓。謂菩薩最初發心，先發四弘誓願，故云始心。及至成佛，專以利生爲事，故云赴難，謂捄八難也。

仰攀玄根，俯提弱喪。

因中上求佛果，以實智證理，故云仰攀玄根。權智化物，故曰俯提弱喪。言衆生沈迷，猶自幼亡家，故云弱喪。

超邁三域，獨蹈大方。

三域謂三界，謂佛能遠超三界，高證無爲。大方喻所證之理，小乘獨許悉達成佛，故云獨蹈。

啓八正之平路，坦衆庶之夷途。

八正即八正道，謂正見正思惟等，由佛開啓衆庶。庶，孽也，即指諸異見外道。夷途應作邪途，唯佛能坦之。

騁六通之神驥，乘五衍之安車。

言佛以六通御物，如騁神駿。五衍，梵語衍那，此云乘，謂界内人天出世三乘，共有五乘，應機説法，運載衆生至無畏處，故云安車。

至能出生入死，與物推移。

言如來應機利物，有感即現，緣盡即滅，故云出生入死。隨順機宜，故云推移。《楚辭》，聖人與世推移，而不凝滯於物。

道無不洽，德無不施。

一雨普潤，無不充洽。三檀等施，物無不利。

窮化母之始物，極玄樞之妙用。

化母謂造化生物，以喻因緣生法，謂一切諸法從因緣生，故云始物。玄樞實智，妙用權智，即實之權，故云極。

廓虛宇於無疆，耀薩雲於幽燭。

昭廓心境，徹法界之量，故云無疆。梵語薩雲若，此云一切智，謂以一切智，照盡微塵刹土，盡見衆生心數，故云幽燭。

將絶朕於九止，永淪太虛。

上言應緣益物，此言緣盡入滅。朕謂朕兆，物始萌之微也。九止即九地，謂地乃佛之行履，今化緣已畢，將絶跡於化境。永淪太虛，指無餘涅槃。

而有餘緣不盡，餘迹不泯。

度生之緣未盡，教道之跡未圓，故云不泯。

業報猶魂，聖智尚存，此有餘涅槃也。

按此二語，論中立難有餘涅槃，正指三藏果頭佛也，所謂同除四住，此處爲齊，若伏無明，三藏則劣。以無明未盡，異熟未空，故云業報猶魂。尚須智斷，故云聖智尚存。以二皆有餘，立難以此。

經曰，陶冶塵滓，如鍊真金。萬累都盡，而靈覺獨存。

此結證有餘涅槃也。約塵滓之言，陶應是淘，謂洗也，冶，鎔冶銷融也，塵滓喻煩惱，如銷真金，先去鑛垢。

無餘者謂至人教緣都訖，靈照永滅，廓爾無朕，故曰無餘。

此下言無餘涅槃也。謂聖人由機教相扣，故現身三界。機教俱盡，故潛耀斂輝，靈照永滅。永滅，應跡俱絶。故廓爾無朕，如薪盡火滅，故云無餘。

何則？夫大患莫若於有身，故滅身以歸無。勞勤莫先於有智，故絶智以淪虛。

何則下，徵釋無餘之所以也。蓋以身智

爲累，故俱滅爲無，是爲無餘。此正小乘所見也。大患莫若於有身，《老子》云，吾所以有大患者，爲吾有身，若吾無身，吾有何患？以厭患其身，故滅身以歸無。又云絶聖棄智，謂因智以勞形，故絶智淪虚，故心逸而無累。

然則智以因也。形倦，形以智勞，輪轉脩途，疲而弗已。

智則分別執取，形則根塵和合，起惑造業，故輪轉生死長劫不返者，身心之過也。

經曰，智爲雜毒，形爲桎梏。淵默以之而遼，患難以之而起。

此引證智形爲累之所以也。智即起信六麤之智相，乃分別執取，爲無明三毒煩惱之本，故爲雜毒。桎梏刑器，乃形累之譬。桎拘足，梏縛手，形骸拘攣，亦猶是也。謂分別情生，故與淵默之理相遠，生死苦患因之而起，此智之過也。故聖人釋智遺形，所以免累。

所以至人灰身滅智，捐形絶慮，内無機照之勤，外息大患之本。

聖人因知形智之累，故灰身歸無，以損其形，滅智淪虚，故忘緣絶慮。由絶慮故，内無機照之勤。勤，勞也。由損形故，外息大患之本。身心兩忘，所以大患永息，生死頓超。

超然與羣有永分，渾爾與太虚同體。

形智俱亡，則生死永絶，高超三界，故與羣有永分。心與理冥，返一絶跡，故渾與太虚同體。

寂焉無聞，怕爾無兆，冥冥長往，莫知所之，其猶燈盡火滅，膏明俱竭，此無餘涅槃也。經云，五陰永盡，譬如燈滅。

此結屬無餘涅槃之相也。謂涅槃之體無聲，故寂焉無聞。無色，故怕爾無兆。泯絶見聞，故冥冥長往，莫知所之。之猶往也。

形智俱泯，故如燈盡火滅，膏明俱竭。以竭盡無餘，故云無餘涅槃。下引經證此，乃小乘偏空涅槃也。蓋論意折辭，皆約小乘起見故難，其答以大乘正義，故以破偏執也。

然則有餘可以有稱，無餘可以無名。無名立，則宗崇也。虛者欣尚於沖默，有稱生，則懷德者彌仰於聖功。斯乃誥典之所垂文，先聖之所軌轍。

此舉益將以結難意也。如上有餘無餘之說，則若有若無，皆可指陳。若無名立，則使小乘崇虛者，欣然趣尚於沖默虛無之理。若有名可稱，則合大乘懷聖德者益觀其功。此讚述有無皆不失理，此乃聖經誥典之垂文，先聖隱顯化物之軌轍。故下責之曰。

而曰有無絶於內，稱謂淪於外，視聽之所不暨，四空之所昏昧，使夫懷德者自絶，宗虛者靡託，無異杜耳目於胎殼，掩玄象於雲霄外。而責宮商之異，辯玄素之殊者也。

此指本論責其乖理也。難者意謂若有名可稱，使懷德者有所歸，無名既立，則令崇虛者有所託。今如所論有無雙絶，稱謂俱喪，如此則懷德絶分，崇虛者無憑，雖云玄妙，但非見聞之，何異杜塞耳目於胎殼，爲生盲生聾之人。玄象指日月。且又掩日月之光如長夜，而責之以辯宮商之音，別玄素之色者，不亦遠乎？

子徒知遠推至人於有無之表，高韻絶唱於形名之外，而論旨竟莫知所歸，幽途故自蘊而未顯。靜思幽尋，寄懷無所，豈所謂朗大明於冥室，奏玄響於無聞者哉？

此結責違理，以明無益也。謂子言涅槃之道，超出有無稱謂之外，徒知高推聖境，迥絶形名，而論之旨趣，畢竟莫知所歸宿，涅槃幽眇之途，自是蘊覆而未顯發。名家謂我靜而思之，幽而尋討之，茫然奇懷無所依託，非所謂朗涅槃大明之道於重冥之室，使其共見，奏玄響於絶聽之地，令其共聞者哉。

謂是欲明而返暗，欲通而返塞也。

位體第三

位猶安也，亦立也。因有名覈體，寄懷無所，故無名答以位之。發明聖人非出生入死而稱有餘無餘，蓋法身隨緣隱顯以答之。

無名曰，據難以答。有餘無餘者，蓋是涅槃之外稱，應物之假名耳。

由前難云，涅槃乃神道之妙稱，返本之真名，故今答意直以應物之假名以破之。即此一言，盡祛其迷。

而存稱謂者封名，志器象者耽形。名也極於題目，形也盡於方圓。方圓有所不寫，題目有所不傳。焉可以名於無名，而形於無形者哉？

此破難者妄執之情也。稱謂，名也，形乃相也。然名相乃依他緣起，爲偏計所執，若封名志相，蓋偏計之執未忘，故名不能超題目之虚稱，形不能出方圓之假象。若了依他性假，則偏計體空，而圓成實性，離名離相，則形有所不能顯，名有所不能傳，是爲超情離見，非常情之境。無形無名之道，安可以形名求之哉？涅槃無名之義，於是乎顯矣。

難序云，有餘無餘者，信是權寂致立也。教之本意，亦是如來隱顯之誠跡也。上縱下奪。但未是玄寂絶言之幽致，又非至人環中之妙術道也。耳。言但是聖人應化隱顯之跡，非返一絶跡之道也。子獨不聞正觀之説歟，維摩詰言，我觀如來無始無終，六入已過，三界已出，不在方不離方，非有爲非無爲，不可以識識，不可以智知，無言無説，心行處滅。以此觀者，乃名正觀，以他觀者，非見佛也。

此正示如來法身真如實際，超三世，離根量，出三界，偏一切處而無方所，不屬有無分別，非思議之境，豈可以有餘無餘假名稱謂可盡其量哉？《放光》云，佛如虚空，無去無來，應緣而現，無有方所。

引證上義以顯自性涅槃也。經云，佛真法身，猶若虚空，應物現形，如水中月。故云應緣而現，無有方所。

然則聖人之在天下也，寂莫虛無，無執無競，導而弗先，感而後應。

此承上經義以明無住涅槃也。以法身徧在一切處一切衆生及國土，故云之在天下。三世悉在無有餘，亦無形相而可得，故云寂寞虛無。競，諍也，有諍説生死，無諍説涅槃，生死及涅槃，二俱不可得，故云無執無競，此言真身也。導而弗先等，言應身隨緣也。寂然不動，故導不能先。感而遂通天下之故，故云感而後應。

譬猶幽谷之響，明鏡之像，對之弗知其所以來，隨之罔識其所以往，恍焉而有，惚焉而亡，此釋鏡像喻。動而逾寂，隱而彌彰，出幽入冥，變化無常。

此正喻顯無住義也。谷鏡喻法身虛明湛寂之體，臨照呼聲喻感應之機，像喻現身，響喻説法，不知所以來，不住有餘也，不識所以往，不住無餘也，其猶月映于江，隨方各應，而本體湛然，故云動而逾寂。風吹萬竅，羣響並作，而谷體愈虛，故云隱而彌彰。此所以出有入無，幽冥莫測，變化無常，以此名爲無住涅槃也。

其爲稱也，有餘無餘之名。因應而作，顯迹爲生，息迹爲滅，生名有餘，滅名無餘。

此釋有無之稱，乃應物之假名耳，故云因應而作。但顯化爲生，生名有餘。緣息爲滅，滅名無餘。

然則有無之稱，本乎無名。無名之道，於何不名？

有無乃應物之跡，無名爲本，是則名出於無名。從本垂迹，何所不名哉？但不可執跡以昧其本耳。

是以至人居方而方，止圓而圓，在天而天，處人而人。原夫能天能人者，豈天人之所能哉？果以非天非人，故能天能人。

言聖人安住無名法身之體，而應用無方，無刹不現，豈天人所能哉？由其超出人天，故能天能人耳。

其爲治化也。也，故應而不爲，因而不施。作也。因而不施，故施莫之廣。應而不爲，故爲莫之大。

此言即實之權，故其用廣大也。治爲教化衆生，以待感而應，故不强爲。因機說法，待扣而說，故但因之而無施作，以作則有心也。以無心而施，故大地齊扣，一時普應，故莫之大。以不爲而應，故十方徧感，一身普應，故莫之廣。此所爲其用廣大也。

爲莫之大，故乃返於小成，施莫之廣，故乃歸乎無名。

此言即權之實，以顯體微也。小成語出《莊子》道隱於小成，彼言大道在人，而所成者自小耳。此言小成，謂返一絶跡也。謂以無爲而爲，故大而絶跡，無心而作，故廣而無名。由即權以顯實，故不可以有無之名求之耳。

經曰，菩提之道，不可圖度，高而無上，廣不可極，淵而無下，深不可測，大包天地，細入無間，故謂之道。然則涅槃之道，不可以有無得之，明矣。

此引證用廣體微之義也。經乃《太子本起瑞應經》，謂菩提之道，其體微妙，非言思境，故不可圖度。其用廣大，故極上極下而不可測。然雖包天地，而細入無間，故極廣大而盡精微。以此而推，則涅槃之道，可以有無之跡而得之者，明矣。

而惑者覩神變因謂之有，見滅度便謂之無；有無之境，妄想之域，豈足以標榜玄道，而語聖心者乎？

此解惑責迷也。由上言極〔三〕槃之道體用微妙，不可以有無得之，故此責其惑者不達，覩其神變即謂之有，見滅度即謂之無。故說有餘可以有稱，無餘可以無名。殊不知有無之境，乃妄想之域，豈足標示涅槃之妙道，而語聖心者乎？其實法身體中，有無雙絶。意謂至人寂怕無兆，隱顯同源，存不爲有，亡不爲無。

此示法身極證，將解惑者之迷也。謂法身寂滅無爲，不墮諸數，故寂怕無兆，隱顯同源。真應不二，故雖生而不生，故存不爲有。雖滅而不滅，故亡不爲無。

何則？徵釋上二義。佛言，吾無生不生，雖生不生，無形不形，雖形不形。以知存不爲有。

此引證存不爲有也。佛言者，乃義引《般若》《涅槃經》語。言無生不生者，謂無一衆生之類而不示生也。無形不形者，謂無一類之形而不受也。不唯人天六道，乃至異類鬼神，總之四生一十二類，無處不入也，此乃法身普應。其體湛然不動，故雖生而不生，雖形而不形，所以存不爲有也。

經云，菩薩入無盡三昧，盡見過去滅度諸佛。又云，入於涅槃，而不般涅槃。以知亡不爲無。

此引證亡不爲無也。經乃普〔四〕《華嚴經》。即安住長者成就法門名不滅度，所得三昧名無盡佛性，唐釋名佛種無盡。三昧此云正思，亦云正受。無盡者，以佛性無盡，故入此三昧，見三世佛亦無盡，以此圓宗，三世互現，故義引盡見過去滅度諸佛。《楞伽》云，無有佛涅槃，亦無涅槃佛。故云入於涅槃而不般涅槃，以此故知亡不爲無。

亡不爲無，雖無而有。存不爲有，雖有而無。雖有而無，故所謂非有。雖無而有，故所謂非無。然則涅槃之道，果出有無之域，絶言象之徑，斷矣。

此躡前以明雙非，以顯無住，由是而知涅槃之道，實超有無之境，絶言象之路，斷然明矣。又何以生死去來有無稱謂而擬議哉？〇上通答有無以破其惑，下別破勞患以袪生滅之見。

子乃云，聖人患於有身，故滅身以歸無。勞勤莫先於有智，故絶智以淪虚。無乃乖乎神極，傷於玄旨者也。

此敘計責迷也。由上發揮涅槃超情離見，逈出言象有無之外，而名家妄以厭患生死，而以滅身絶智爲無餘。故責之曰，若子之所云聖人云云者，豈不乖違於法身神極之理，傷於涅槃之玄妙旨趣者乎？〇下引經極成。

經曰，法身無象，應物而形，般若無知，對緣而照。

此引經證聖人身心本無，勞患何有也。晋《華嚴》三十二略云，清淨法身，非有非無，隨衆生所應，悉能示現。此證無身而現身，無身可厭也。般若無知下，義引《般若》無心而照，證無智可勞也。下明不但身心兩忘，抑且身心雙寂。

萬機頓赴而不撓其神，千難殊對而不干其慮，動若行雲，止猶谷神，豈有心於彼此，情係於動靜者乎？

此明無心應物，以釋無智可勞也。萬機頓赴，如月照萬川，有何撓其神。千難殊對，如一雨普潤，又何于其慮。《華嚴》云，假使無量阿僧祇衆生，一一各具阿僧祇口，一一口具阿僧祇舌，一一舌出阿僧祇問難，而菩薩以一言演説，盡答無餘。今言千難，猶小小耳。以無心而動，故若行雲。虚而常寂，故止若谷神。谷神語出《老子》，謂虚而能應也。聖人如此，豈有心於彼此，精係於動靜者乎？此無心而應，有何智可勞乎？

既無心於動靜，亦無象於去來。去來不以象，故無器而不形。動靜不以心，故無感而不應。

此明非形現形，故無身可患也。言既無心勤[五]靜，則無身生滅，有何去來。由其身心兩亡，故能隨緣普應，故無器不形，無感不應。如此，又何有身可厭患乎？

然則心生於有心，象出於有象。

此言聖人無心生心，無相現相也。謂聖人本自無心，以衆生心爲心，聖本無相，因衆生願見，故應之以相。是以身心如幻，患累何生。下釋無患。

象非我出，故金石流而不燋。心非我生，故日用而不動。紜紜自彼，於我何爲？

言聖人無我故無患，雖流金爍石而不燋，無心故日應衆緣而不動，以紜紜自彼，於我何爲，又何患乎？

所以智周萬物而不勞，形充八極而無患。益不可盈，損不可虧，寧復痾癘中逵，壽極雙樹，靈竭天棺，體盡焚燎者哉？

此示無患之所以，將斥小乘之見也。以無心而應，故智周而不勞。以無身而現，故形云而無患。經云，法身偏在一切處一切衆生及國土，故益不可盈。三世悉在無有餘，亦無形相而可得，故損不可虧。聖人之身心如此。下斥小見。豈有痾癘中逵，此痛背之事。《阿含經》說，如來向拘尸羅城，中路背痛，令弟子四疊僧伽黎樹下休息等。如來雙樹入滅，故云壽極天棺，乃佛之葬儀，焚燎乃火化等。此乃小乘見應化佛有生死去來之跡，而不知法身常住，豈可以此爲無餘涅槃哉？

而惑者居見聞之境，尋殊應之迹，秉執規矩，而擬大方，欲以智勞至人，形患大聖，謂捨有入無，因以名之。豈謂採微言於聽表，拔玄根於虛壤者哉？

此結責迷情也。如上所談至人身心如此之妙，而惑者不知，以生滅見聞之境，求隨應之跡，而擬議法身，其猶執規矩方圓而擬度太虛，將欲以智與形可以勞患聖人，即以生死捨有入無名爲涅槃，如此之小見，豈是超視聽之表，得法身之理哉？玄根意指法身，虛壤意指寂光，此非尋常見聞可及也。

徵出第四

徵，責也。以前云涅槃之道，果出有無之境。徵意云，有無二法，攝盡一切，如何有無之外，別有涅槃之體？今詳徵辭，包舉儒老有無之説，復引小乘有無爲例，以詰難之。

有名曰，夫渾元剖判，萬有參分。有既有矣，不得不無。無自不無，必因於有。所以高下相傾，有無相生，此乃自然之數，謂理數。數極於是。

此言有無相生，以爲定有定無也。渾元乃混沌一氣未分之前，名太極、無極，謂本無也。及陰陽初判，兩儀既分，而人居中，是爲三才。謂一生二，二生三，三生萬物，故曰萬有參分，是謂有也。有既有矣，變化遷訛，四時代謝，不得不無。且無不自無，必因有以成無。只如寒中無暑，暑中無寒，日中無暗，暗中無日，晝夜相代，所以高下相傾。譬如四時，成功者退，有無相生，此乃自然必定之理。天地之理數，極盡於是而已矣。

以此而觀，化母所育，理無幽顯。恢大也。恑奇也。憰詐也。怪，天也。無非有也。有化而無，無非無也。然則有無之境，理無不統。

謂歷觀化母所育。化母指一氣生成萬物，故云所育。凡在陰陽所生之物，無論恢恑憰怪，皆是有也。有形之物必歸變滅，故云有化爲無，此則實實是無，故云無非無也，以此而知有無之境，理無不統，此則世間之法，不出有無。

經曰，有無二法，攝一切法。又稱三無爲者，虛空、數緣盡、非數緣盡。數緣盡者，即涅槃也。

此引出世三乘之法，亦以有無統之也。三無爲者，乃唯識六種無爲之三也。按《百法》解，虛空無爲，乃喻真如之理，猶如虛空，其體常住。擇滅無爲，乃二乘涅槃析色所證，謂因慧數揀擇而證滅故。非擇滅者，謂圓成之理，本來寂滅，不復更滅，故非擇滅，即非數緣滅。新疏以非數緣滅，謂諸法緣離自滅，同前儒老自有入無，似非論義。難家通以無爲爲涅槃，今聞有無之外，別有妙道，所以立難。

而論云，有無之表，別有妙道，妙於有無，謂之涅槃。請覈妙道之本，體也。果若有也，雖妙非無，雖妙非無，即入有境。果若無也，無即無差，無而無差，即入無境。總而括之，即而究之，無有異有而非無，無有異無而非有者，明矣。

此申難意。謂三教之理，世出世間有無之法，該括殊盡。而今論云，有無之外別有妙道，名爲涅槃，是所難信也。請覈下，正出難意。謂妙道之體，果實是有，雖妙亦定有，定有即入有境。若妙道果實是無，則必定無，即入無境。以此總萬法而括之以理，即教以究其元，不出有無之外，豈有異有而又言不無，異無而又言不有者耶？

而曰有無之外別有妙道，非有非無謂之涅槃，吾聞其語，未即於心也。

此難家責違也，謂非有非無之説，其論雖妙，吾聞其語而已，未愜於心，實所未悟也。

超境第五

境即上難家有無之境，謂根塵爲有，小乘灰滅取爲涅槃，是稱爲無。今演大涅槃，超卓有無以破其執。

無名曰，有無之數，名也。誠以法無不該，理無不統，縱也。然其所統，俗諦而已。

《大品》云，菩薩以世諦故示衆生若有若無，非第一義，故云俗諦。《唯識》《百法》該世出世，然皆有我，故稱爲俗。

經曰，真諦何耶？涅槃道是。俗諦何耶？有無法是。

此引證世出世法，通名俗諦。

何則？徵明有無皆俗諦義。有者有於無，無者無於有，有無所以稱有，無有所以稱無。

此則有無相形也。本無生死而今有之，本無身心而今有之，此有者有於無耳。二乘之人灰滅身心，超脱生死而證無爲，是以無者無其有耳。是以有其所無故稱有，無其所有故稱無，此相待相形，故爲俗也。

然則有生於無，無生於有。離有無無，離無無有。有無相生，其猶高下相傾。有高必有下，有下必有高矣。然則有無雖殊，俱未免於有也。

釋成有無相生，如高下相傾，是則有無之名雖殊，俱未免於有，故所以爲俗耳。

此乃言象之所以形，是非之所以生，豈是以統夫幽極，擬夫神道者乎？

此結責有無既形於言象，必生其是非，未爲一定之理，豈足以統攝幽妙之極致，而擬議涅槃之神道乎？

是以論稱出有無者，良以有無之數，名也。止乎六境之内。六境之内，非涅槃之宅，故借出以祛遣。之。

此正明出意也。謂涅槃之道超出有無者，良以有無之名，止乎六境根塵之内。以根塵生滅之法，非涅槃不生不滅之致，故假借一出字以遣執迷之情耳。始非出此之外，别有一有可居也。

庶悕道之流，髣髴比擬也。幽途，託情絶域，得意忘言，體其非有非無，豈曰有無之外，别有一有而可稱哉？

此勉玄悟忘情也。所以言超出者，冀望學道之流，因言比量涅槃之妙，寄心於忘情絶證之域，得意忘言，悟其非有非無耳。豈是有無之外，别有一有可稱謂哉？執言昧旨，失之甚矣。

經曰三無爲者，蓋是羣生紛繞，生乎篤患。篤患之尤，莫先於有。絶有之稱，莫先於無。故借無以明其非有，明其非有，非謂無也。

此斥迷也。經言三無爲者，蓋因衆生生

死往來紛紛繞繞而不停者，生乎根塵爲篤患之本也。而篤患之甚者，莫先貪著執有之情也。若欲絶其貪著之心，莫先於涅槃之無，以爲安逸之宅。因此故借一無字以明其生死之法中非有耳。此意但只明其根塵虛妄，本不是有，非是絶無爲無也。此言揀有二義，一揀涅槃非有無攝，二揀爲無之無，非二家所計之無。

肇論略注卷五

校勘記

〔一〕「偏」，疑爲「徧」。
〔二〕「姓」，疑爲「始」。
〔三〕「極」，疑爲「涅」。
〔四〕「普」，疑爲「晉」。
〔五〕「勤」，疑爲「動」。

肇論略注卷六

明匡山沙門憨山釋德清述

搜玄第六

此承無名言涅槃之道妙出有無，故名家搜之。搜，尋求也。

有名曰，論自云涅槃既不出有無，又不在有無。引論意。不在有無，則不可於有無得之矣。不出有無，則不可離有無求之矣。求之無所，便應都無。

此名家按蹟興疑也。上云良以有無之數等，是不出有無也。前云果出有無等，是不在有無也。以不在故，不可即而得之矣。不出，則不可離而求之矣。於即離之間求之，而所求不可得，便應都無，豈以斷滅爲妙道乎？

然復不無其道，其道不無，則幽途可尋，所以千聖同轍，未嘗虛返者也。其道既存，而曰不出不在，必有異旨，可得聞乎？

既云不出不在，然又不無其道，是則妙道可尋，足知千聖一軌，同歸一極，未嘗虛返者也。然其道既存，則有所可指，而曰不出不在，使人趣向無所，必有異旨，可得聞乎。

妙存第七

不出不在曰妙，體非斷絶曰存，乃無住之深趣，存乎不即不離之間，故曰妙存。雖云妙存，正顯無住。

無名曰，夫言由名起，名以相生，相因可相。無相無名，無名無説，無説無聞。

此意責名家執名相以求無言之妙道，故就有無以求之，非得無言之旨也。謂凡言説從名相而起，名相從妄想而生，故曰相因可相。若名相兩忘，則言説俱無。言説既無，則從何所聞？然此涅槃妙道，本無言説，子於何而得聞乎？

經曰，涅槃非法故不在。非非法，故不出。無聞無説，非心所知，吾何敢言之，而子欲聞之耶？

此正申責意也。由名象家云，不出不在，必有異旨，可得聞乎？故此引經證涅槃本不可説，亦非可聞也。經即本經二十一，略云，涅槃非相非不相，非物非不物等，亦《淨名》義，謂有無二者皆名爲法，所云非法則不在也，非非法則不出也。不出不在，則無言説，離言之道，非心所知，吾何敢妄言，而子欲聞之耶？

雖然，善吉有言，衆人若能以無心而受，無聽而聽者，吾當以無言言之。庶述其言，亦可以言。

此陳道本無言，亦可以因言顯道也。善吉，須菩提之名也。義引《般若》須菩提云，我觀般若，本無言説。若衆人能以無心而受、無聽而聽者，我當述佛之言，亦可以言之。意欲通難解迷不得不言之耳。《淨名》曰，不離煩惱而得涅槃。《天女》曰，不出魔界而入佛界。

此引二經證不出不在義也。《淨名》即《弟子品》文。《天女》即《寶女所問經》，第四偈曰，如魔之境界，佛境界平等，相應爲一類，以是印見印。據此經義，妙道本來不出不在，只在當人妙悟，豈可執言求實也。故下明妙悟。

然則玄道在於妙悟，妙悟在於即真。即真即有無齊觀，齊觀即彼已莫二，所以天地與我同根，萬物與我一體。同我則非復有無，異我則乖於會通，所以不出不在，而道存乎其間矣。

此言涅槃妙道，在乎妙悟等觀，非言説可到也。所言涅槃者，乃法身寂滅之稱也。《大經》云，法身徧在一切處，一切衆生及國土。三世悉在無有餘，亦無形相而可得。此非妙悟不足以了達。然妙悟要在即物以見真，即真要在有無齊觀。若能齊觀，則物我不二。如此，則天地與我同根，萬物與我一體。若物我等觀，則不落有無。若物與我異，心境角立，則不能會通。故所以言不出不在，而妙存乎其間矣。若不如此，則取捨情生，是非繆亂，又何以見忘言之道乎？

何則？（徵釋妙悟。）夫至人虚心冥照，理無不統。懷六合於胸中，而靈鑒有餘。鏡萬有於方寸，而其神常虚。

此言聖人照理達事，故即事而真也。由照真理極，故事無不攝。故懷六合而有餘，鏡萬有而常虚，此聖人之心也。

至能拔（言證窮也。）玄根（指涅槃實際也。）於未始，（言無始，指未迷已前。）即羣動以靜心，恬淡淵默，玅契自然。

言由妙悟，故能真窮惑盡。破無始之迷，徹法界之理，故權應羣機，即動而常靜，無爲湛寂，妙契自然。

所以處有不有，居無不無。居無不無，故不無於無。處有不有，故不有於有。故能不出有無，而不在有無者也。

此言聖人理極情亡，故出在兩超，不墮有無之見也。由實智理窮，故處有不有。權應無方，故居無不無。以不無故不滯於無，不有故不著於有。如此，所以不出有無，而不在有無者也。豈可以一定於有無而求之哉？

然則法無有無之相，境空。聖無有無之知。心空。聖無有無之知，則無心於內。亡知絶照。法無有無之相，則無數名相也。於外。離名絶相。於外無數，則境絶。於内無心，則智絶。彼境也。此心也。寂滅，心境雙絶。物我冥一，物我如如。怕爾無朕，乃曰涅槃。

此歎聖人心境雙絶，物我如如，纖塵不立，乃曰涅槃。此爲聖人之極證，究竟涅槃之果也。

涅槃若此，圖度絶矣。豈容可責之於有無之內，又可徵之有無之外耶？

此責迷也。謂涅槃如此，超出思議圖度之境，豈容可以有無內外而求之耶？

難差第八

此承上言涅槃之道，心境不二，物我一如之妙，是爲平等無二之理。如此，何以三乘修證有差？既曰冥一，則不應有三。

有名曰，涅槃既絶圖度之域，則超六境之外，不出不在，而玄道獨存。斯則窮理盡性，究竟之道，妙一無差，理其然矣。

名家敘領涅槃超出有無之妙，爲窮理盡性之談，理其然矣。但理既一，而三乘所證，何以不同？故此下立難。

而《放光》云，三乘之道，皆因無爲而有差別。佛言，我昔爲菩薩時，名曰儒童。於然燈佛所，已入涅槃。儒童菩薩，時於七住初獲無生忍，進修三位。

難意謂涅槃妙道既是一，則三乘所證不

應有差。引《放光》義，《金剛》亦同，謂一切聖賢皆以無爲法而有差別，所謂證異也。儒童於然燈佛所已入涅槃，而又云時於七住獲無生法忍，圓教七住即權教七地，故言既入涅槃則已證極果，如何後又進修三位耶？此疑涅槃未爲極證也，此引證意。下正難。

若涅槃一也，則不應有三。如其有三，則非究竟。究竟之道，而有升降之殊，衆經異說，何以取中耶？

此正難差也。若一則不應有三，有三則非究竟矣。既曰究竟之道，而有升降之不同，教有明言，又何以折中耶？

辯差第九

無名曰，然究竟之道，理無差也。《法華經》云，第一大道無有兩正，吾以方便爲怠慢者，於一乘道分別説三。三車出火宅，即其事也。

此領難意理本一也。然有三乘者，乃即一之三，權實之義耳。《正法華》云，是一乘道，寂然之地，無有二上，論正與經上，皆極果也。《妙法華》云，佛爲求道者中路懈廢，爲止息故，以方便力於一乘道分別説三。火宅喻先許三車，及諸子出宅，皆等賜一大車。是則本無有三，三非實法也。

以俱出生死，故同稱無爲。所乘不一，故有三名。統其會歸，一而已矣。

此言三乘會歸一極，以申答意也。

而難云，三乘之道，皆因無爲而有差別。此以人三，三於無爲，非無爲有三也。故《放光》云，涅槃有差別耶？答曰無差別。但如來結習都盡，聲聞結習不盡耳。

此正答難意，但人有三，而涅槃之道本無三也。所以有差者，但如來煩惱無明結習已盡，三乘未盡故有差耳。以結習盡處，心契無爲，名爲涅槃。故下以喻明。

請以近喻，以況遠旨。如人斬木，去尺無尺，去寸無寸，脩短在於尺寸，不在無也。

此喻最顯，言無無長短，意旨更妙，此法本不異。

夫以羣生萬端，識根不一，智鑒有淺深，德行有厚薄，所以俱之彼岸，而升降不同，彼岸豈異？異自我耳。然則衆經殊辯，其致不乖。

此明法本不異，異在於機。智有淺深，德有厚薄，正不一之所以也，彼岸豈異？正示法一，衆經隨機之説，故不乖耳。

責異第十

謂無爲之理既一，如何能證之人有三？蓋躡前致難也，故云責異。

有名曰，俱出火宅，則無患一也。同出生死，則無爲一也。此領旨也。而云彼岸無異，異自我耳。此興疑也。彼岸則無爲岸也，我則體證也。無爲者也。立難意，下申難。請問我與無爲，爲一爲異？若我即無爲，無爲亦即我，不得言無爲無異，異自我也。言我與無爲既一，則無彼此之分，故不可言異自於我。若我異無爲，我則非無爲，我是衆生，自屬有爲，故非無爲。無爲自無爲，自一向無爲。我自常有爲。我在生死，則一向有爲。冥會之致，又滯而不通。無爲有爲條然各別，故難通會。然則我與無爲，一亦無三，若生死涅槃本來平等一際，如此既一，則畢竟無三。異亦無三，若生死與涅槃本來不同，則生死自生死，涅槃自涅槃，何有三乘之設？三乘之名何由而生也？進退推之，一亦無三，異亦無三，如此，則三乘之名何由而生耶？

會異第十一

名家執異以難非一，故無名會通無二。

無名曰，夫止此而此，意謂迷時涅槃即生死。適彼而彼，悟時生死即涅槃。所以同於得者得亦得之，證則三乘同證。同於失者失亦失之。迷則六道同迷。我適無爲，我即無爲。無爲雖一，何乖不一耶？

此言生死涅槃本無二致，迷悟同源，以人證法，法則在人，故曰我適無爲，我即無爲。人大則法亦隨大，機小則法亦隨小，是則無爲雖一，何妨因人而有三耶？

譬猶三鳥出網，同適無患之域。無患雖同，而鳥鳥各異。不可以鳥鳥各異，謂無患亦異。又不可以無患既一，而一於衆鳥也。然則鳥即無患，無患即鳥，無患豈異，異自鳥耳。

此喻顯法一而人異也。鳥喻衆生，網喻生死，無患喻涅槃。謂衆鳥出網，無患一而鳥鳥異，異謂飛有遠近也。此以無患喻涅槃，最妙。

如是三乘衆生，俱越妄想之樊，同適無爲之境。無爲雖同，而乘乘各異，不可以乘乘各異，謂無爲亦異。又不可以無爲既一，而一於三乘也。然則我即無爲，無爲即我，無爲豈異，異自我耳。

法合甚明，謂衆生同出生死，所證涅槃是一。但根有大小，智有淺深，故證有高下。此是異在人，不在法也。

所以無患雖同，而升虚有遠近。無爲雖一，而幽鑒有淺深。無爲即乘也，乘即無爲也。此非我異無爲，以未盡無爲，故有三耳。

此喻法雙結生死涅槃本來不二，但出生死之人，未盡無爲之理，故有三乘之分，非有三法以待人也。此論正義，特顯生死涅槃不二之旨，學人不可以迷悟三一求之。

詰漸第十二

詰，難也，由前云未盡有三，是爲漸義，故此詰之。

有名曰，萬累滋彰，本於妄想，妄想既袪，則萬累都息。此言三乘斷惑同。二乘得盡智，菩薩得無生智，此言三乘智同。是時妄想都盡，結縛永除。結縛既除，則心無爲。此言三乘證理同。心既無爲，理無餘翳。

此詰三乘斷惑證智證理皆同，同則不應取果有異也。萬累指枝末煩惱，妄想指根本煩惱，根本既斷，則枝末不生，故云都息。二乘盡智等，新疏引《大品》説三乘之人共十一智，第九名盡智，謂苦已盡見等，第十名無生智，謂苦已見而不更見等。則前之十智聲聞皆有，盡智在已辦地得之。今云菩薩得無生智者，二地已上第九菩薩地，阿鞞跋致，如實知諸法本自不生，今亦無滅，名無生智，不共二乘也。上引聲聞亦證無生，今言菩薩不共者，以二乘但盡生死名爲無生，菩薩乃達諸法寂滅無生，故不共耳。通言三乘斷惑證理皆同，而取果不應有異，此乃名家約義以難。其實三乘斷惑不同，以二乘斷見思，菩薩斷塵沙，伏無明，霄壤有異，豈可同哉？學者不可不知也。

經曰，是諸聖智不相違背，不出不在，應作生字。其實俱空。又曰，無爲大道，平等不二。

此引證三乘證理不異也。疏引《放光》云，聲聞、辟支佛，菩薩、佛世尊，是諸聖智不相違背。乃至云不出不在其實空者，無有差殊。今在字宜是生字，《智論》解云，因邊不起，名爲不出，緣邊不起，名爲不生。又曰下，亦義引《大品·三慧品》，須菩提白佛言，世尊，無爲法中可得差別不，佛言不也，故義言大道平等無二。

既曰無二，則不容心異。不體證也。則已，體應窮微。而曰體而未盡，是所未悟也。

言既所證之理不二，則能證之心又何容異。以不異之心，證不二之理，不證則已，證則窮微徹底，而曰體而未盡，是所未悟也。

明漸第十三

言結習不可頓盡，無爲不可頓證，譬如磨鏡，垢盡明現。

無名曰，無爲無二，則已然矣。領難理無差。結是重惑，可謂頓盡，亦所未喻。經云，理須頓悟，乘悟併消。事因漸除，因次第盡。經曰，三箭中的，三獸渡河，中渡無異，而有淺深之殊者，爲力不同故也。

二喻，疏引《毗婆沙論》之義，云猶如一的，若木若鐵，衆箭所中。一無爲體，爲三想所行。又云，於甚深十二因緣河，能盡其底，是名爲佛。二乘不爾，如三獸渡河，謂象馬兔，兔則騰擲而渡，馬或盡底，或不盡底，香象於一切時無不盡底。

三乘衆生，俱濟緣起之津，同鑒四諦之的，絶僞即真，同升無爲。然則所乘不一者，亦以智力不同故也。

此法合也。緣起十二因緣，乃廣四諦而説，故四諦有生滅、無生、無作、無量四種不同，故是三乘同觀，故云俱濟、同鑒。而斷惑證真，同升無爲，亦各證自乘，故所乘不一，亦以智力不同故也。〇下舉例難盡。

夫羣有雖衆，然其量有涯，正使智猶身子，辯若滿願，窮才極慮，莫窺其畔。

此舉有爲之法難盡，以例無爲不可頓窮也。言萬物難[二]多，各有涯量，直使智慧如身子，辯才如滿慈，窮其才，極其慮，亦莫能窺其邊。有爲如此，況無爲乎？《涅槃》云，佛言，我與彌勒等共論世諦，舍利弗等都不識知，何況出世第一義諦？

況乎虚無之數，妙也。重玄之域，其道無涯，欲之頓盡耶？

此法合也。虚無重玄，用《老子》文玄之又玄，故曰重玄，皆況涅槃無爲之義。言有爲之數，二乘之智，尚不能窮，況涅槃無爲之道乎？譬如大海無涯，而操舟有里數，太虚寥廓，而翔翮有遠近。三乘之人於涅槃之道，亦猶是也。

書不云乎，爲學者日益，爲道者日損。爲道者爲於無爲者也，爲於無爲而曰日損，此豈頓得之謂？要損之又損之，以至於無損耳。經喻螢日，智用可知矣。

引《老子》爲學日益，爲道日損，損之又損，至於無損，以明漸斷漸證之義。至於無損者，至無可損爲極證耳。螢日，《放光》義云，二乘之智如螢火虫，不敢作念徧照閻浮，菩薩之智譬如日出，徧照閻浮，生盲之人，皆得利益等。

譏動第十四

如前所云，既以取捨爲心，損益爲行，是則尚求之心擾動未息，何以動擾之心證不動無爲之理乎？故譏以詰之。

有名曰，經稱法身已上入無爲境，心不可以智知，形不可以象測，體絶陰入，心智寂滅，上明無爲之理。而復云進修三位，積德彌廣。此明好尚之心。夫進修本因也。於好尚，積德生起也。於涉求。好尚則取捨情現，涉求則損益交陳。既以取捨爲心，損益爲體，言體究行也。而曰體絶陰入，心智寂滅，此文乖致殊，而會之一人，無異指南爲北，以曉迷夫。

此躡前進修損益以興難也。經稱法身已上，謂初登地已契法身，證真如理，故云入無爲境。以無分別智現身益物，故云心不可以智知，形不可以象測。至七地頓捨藏識，故云體絶陰入。證平等真如，故云心智寂滅。自此復進修三位，方成佛果。此引經按定，下申難意。謂進修積德，本於好尚涉求。凡好尚則取捨未忘，涉求則損益交陳。既有取捨損益之心，則動擾未息，而又曰體絶陰入，心智寂滅，此則文乖於理，如何會之一人。以動心而取靜理，無異指南爲北也。

動寂第十五

前名家譏動，今答以動寂，而不言寂動者，以問家但譏其動，謂動則違寂，不知動時全寂，故云動寂。

無名曰，經稱聖人無爲而無所不爲。

此引證聖人動靜一如，總答難意也。經即《放光》云，佛言，適無所爲，故行般若波羅蜜。無所爲，寂也，無所不爲，動也。即寂而動，故雖動而常寂。故下廣明進修無取捨。

無爲，故雖動而常寂，無所不爲，故雖寂而常動。雖寂而常動，故物心也。莫能一。以體用雙彰，故莫能一。雖動而常寂，故物境也。莫能二。以心境一如，故莫能二。物境也。莫能二，故逾動逾寂。物心也。莫能一，故逾寂逾動。

此言聖心寂照雙流，體用雙彰，故心境一如，動靜不二，豈可動靜而二其聖心哉？所以爲即無爲，無爲即爲。動寂雖殊，而莫之可異也。

此證經義以明動靜不二之所以也。〇下明聖心絶待，答前積德。

《道行》曰，心亦不有亦不無。

此引經證聖心不涉有無，以明積德非有心也。雖好尚涉求，似分身心，而總攝於心。故言積德雖涉求，亦非有心，亦非無心，任運而已。

不有者，不若有心之有。不無者，不若無心之無。

此釋經義，揀非斷常也。言不有者，不是絶無，但不似衆生之有心耳。言不無者，不是實有，但不比無情之無耳。

何者？有心則衆庶是也，無心則太虚是也。衆庶止於妄想，太虚絶於靈照，豈可止於妄想，絶於靈照，標其神道，指涅槃。而語聖心者乎？

此重明聖心不有不無之所以也。若有心則是凡夫，無心則是太虚。凡夫則所止於妄想，太虚則絶然無知。豈可以妄想無知，以擬涅槃妙道，以語聖心爲有無哉？

是以聖心不有，不可謂之無。絶無。聖心不無，不可謂之有。實有。

此雙遮聖心不屬有無，以遣妄見。

不有，故心想都滅。不比凡夫。不無，故理無不契。不比太虚。理無不契，故萬德斯弘。心想都滅，故功成非我。

以明離過顯德，以彰聖心本無涉求也。以滅妄想，又非無知，乃離二邊之過，故能證一真之理，故云理無不契。以證一真法界，則恒沙性德，總在心源，故萬德斯弘。以妄想盡滅，則永絶貪求，故雖功成而非我證。

如此，又何好尚涉求之有哉？所以應化無方，未嘗有爲。寂然不動，未嘗不爲。經曰，心無所行，無所不行。信矣。

此總結答難意。謂聖心無爲而爲，寂然而應，如此豈有爲好尚涉求之心，而以動擾譏之哉？引經證一致可知。

儒僮曰，昔我於無數劫，國財身命，施人無數，以妄想心施，非爲施也。今以無生心五華施佛，始名施耳。

儒僮義引《智論》事，謂以身命等施，出妄想心，求五波羅蜜未有所得，今見然燈以五華供佛，布髮掩泥，即得無生法忍滿足波羅蜜等。謂七地以前有相觀多，未達三輪體空，名住相布施，非真施也，至第八無相地，證平等真如，三輪空寂，故即得受記，故云始是施耳。意謂聖心果有好尚涉求，豈能證無爲之理乎？

又空行菩薩，入空解脱門，方言今是行時，非爲證時。

此引《放光》義，言菩薩已入空解脱門，方言乃是行時，非爲證時。意謂單空尚不能證，況動心乎？顯寂用同時，爲真行耳。

然則心彌虚，行彌廣，終日行，不乖於無行者也。

謂菩薩已入空解脱門，依空起行，則寂而常照。故心心寂滅，行行契真，所以動而常寂也。

是以《賢劫》稱無捨之檀，《成具》美不爲之爲，《禪典》唱無緣之慈，《思益》演不知之知。聖旨虚玄，殊文同辯。

連引四經以證不爲而爲之義。梵語檀那，此云布施。《賢劫經》説一切諸法無有與者，是名布施。《成具》云不爲而過爲。《禪經》説慈心三昧，有無緣之慈。《思益》云無取捨之知方爲知。此上四義，皆言不爲而爲之旨，故云殊文同辯。

豈可以有爲便有爲，無爲便無爲哉？菩薩住盡不盡平等法門，不盡有爲，不住無爲，即其事也。而以南北爲喻，殊非領會之唱。

此責其動静異見，而引經證義也。菩薩下，即義引《淨名經》略云，上方香積世界菩薩，欲還本國向佛求法，佛言有盡無盡法門，汝等當學云云。如菩薩者，不盡有爲，不住無爲。彼疏云，有爲雖僞，捨之而大業不成。無爲雖實，住之而慧心不朗。即其事者，正同前動寂無礙之旨也。若有無異見，動寂殊觀，而以南北爲喻，豈能領會聖心哉？

窮源第十六

窮謂窮討，源謂根源。由聞前説已知動静不二，今則行成必證，未審能證之人與所證之法，誰先誰後。

有名曰，非衆生無以御控進也。三乘，非三乘無以成涅槃。然必先有衆生，後有涅槃。是則涅槃有始，有始必有終。約人，則人先法後。約法，則法先人後。而經云，涅槃無始無終，湛若虚空。則涅槃先有，非復學而後成者也。

此難涅槃與人兩異。設難若先有衆生，是衆生證得，則涅槃有始終。若先有涅槃，則不屬修得，何言衆生得涅槃耶？此難似不易通，下答以涅槃無始無終，無古無今，浩然大均，物我無二，唯會物爲己，即是聖人亦無始得。

通古第十七

意謂涅槃之體，性自常然，無古無今，何有始終？萬法本寂，當體涅槃，三乘悟此，即爲證得。亦無先後，但以智契理，理智冥一，唯心契會，故無始終。

無名曰，夫至人空洞無象，而萬物無非我造。會萬物以成己者，其唯聖人乎？

言聖人一心寂滅，空洞無象，以隨緣成事，故三界萬法唯心所現，故云無非我造。

以諸法寂滅之體，即是涅槃，若能了達萬法唯心，法法皆歸自己，是名聖人證得涅槃。但是以如如智，照如如理，理智冥一，是爲涅槃，豈有先後始終於其間哉？即此一語，盡破其疑。

何則？徵釋理智一如。非理不聖，非聖不理，理而爲聖者，聖不異理也。

理即萬法一真之理，聖謂照理之智。謂非契理不足以彰聖智，故云非理不聖。非智不足以證理，故云非聖不理。以證理而爲智，故智不異理。平等一心，是爲證得涅槃。

故天帝曰，般若當於何求？善吉曰，般若不可於色中求，亦不離色中求。又曰，見緣起爲見法，見法爲見佛，斯則物我不異之效也。

由上云一心成萬法，照萬法唯一心，名爲涅槃。萬法境寬，今就五蘊中舉一色法以明，則法法皆然。故引天帝之問，乃《大品經·散華品》文，謂般若乃能照之智，萬法乃所照之境。今但舉色法以例餘，言心境非一，故不可於色中求。以心境非異，故不離色中求。以色即是空，空即如如，無如外智能證於如，故云不離不即，不即不離，是爲一心中道。又曰下，義引《涅槃經》文，緣起十二因緣也。見緣起性空，是爲見法，見法即見佛。斯則物我不異之效也，又何有先後始終哉？

所以至人戢止也。玄機智也。於未兆，藏冥寂也。運動也。於即化，總六合以鏡心，一去來以成體。古今通，始終同。窮本極末，莫之與二，浩然大均，乃曰涅槃。

此正出涅槃之體也。未兆，寂然不動之境也。謂聖人以真智照理，止於寂然不動之先，運即寂之動，潛於萬化之域，六合不離一心，故云總。古今不離一念，故云一去來。故十世古今，始終不離當處，故云通云同。窮本極末，究竟一際，浩然大均，乃曰涅槃。

涅槃之道，如此廣大虚寂，豈可以先後始終而擬之哉？

經曰，不離諸法而得涅槃。又曰，諸法無邊，故菩提無邊。

此引證諸法即真，故心境不二也。《放光》云，諸法無邊際，故般若波羅蜜亦無際。此證理智皆依諸法，以顯心境不二也。

以知涅槃之道，存在也。乎妙契，妙契之致，本因也。乎冥一。

依聖言量，因知涅槃之道，單在妙合心境。心境如如，因乎理智冥一，此外無可證者。

然則物境也。不異我，心也。我不異物，物我玄冥也。會，歸乎無極。

理智一如，物我無二，忘心絶照，冥會一心，故曰歸乎無極。蓋寄無極之言，以顯一心廣大寂滅之體耳。

進之弗先，退之弗後，豈容終始於其間哉？

謂三乘證之而弗先，六道迷之而非後，無古無今，前後際斷，豈容終始於其間哉？

天女曰，耆年解脱亦如何久？

此引證久近也。《淨名》，身子問天女，止此室其已久如？曰，如耆年解脱，身子曰，止此久耶？天女云云。謂身子所得解脱，豈屬久近之時耶？

考得第十八

承上不離諸法而得涅槃，因之稽考盡陰存陰，違教違理，當何得乎？所以末後辯者，謂從前決擇修悟已周，意顯極證故也。

有名曰，經云衆生之性，極於五陰之内。又云，得涅槃者五陰都盡，譬猶燈滅。上引經定理，下申難。然則衆生之性，頓盡於五陰之内，涅槃之道，獨建於三有之外，邈然殊域，非復衆生得涅槃也。陰盡無得違。果若有得，則衆生之性不止於五陰。必若止於五陰，則五陰不都盡。五陰若都盡，誰復得涅槃耶？存陰有得違。

難意謂衆生得涅槃，然衆生之性止於五陰之内，且涅槃獨建於三有之外，此則内外本自相懸，今云五陰都盡乃得涅槃，然五陰已盡於内，又誰得界外之涅槃耶？此則陰盡無能得者也。若衆生果得涅槃者，則性不止於五陰矣。若止於五陰，則五陰不盡。若五陰都盡，誰復得涅槃耶？此則陰存而無得者也。未達五陰空寂，即是涅槃故耳。

玄得第十九

得無所得，無得而得，故云玄得。

無名曰：夫真由離起，顯也。僞因著生，著故有得，離故無名。

謂涅槃真理，由超情離見而顯。分別妄僞，由執著名相而生。故執名相者爲有得，離情見者故無名。

是以則法也。真者同真，僞者同僞。子以有得爲得，故求於有得耳。吾以無得爲得，故得在於無得也。

言凡取法於真者則契真，執著於僞者則同僞，故不以有得爲真，以無得爲得耳。此正申玄得之旨也。

且談論之作，必先定其本。既論涅槃，不可離涅槃而語涅槃也。若即涅槃以興言，誰獨非涅槃而欲得之耶？

若剋體而言涅槃，則一切衆生本來涅槃，故云誰獨非涅槃而欲得之耶，以一切法本來如故。〇此標宗，下辯義。

何者？徵釋正義。夫涅槃之道，妙盡常數，泯絶諸相。融和也。冶銷也。二儀，蕩滌萬有，均天人，同一異，内視不己見，返聽不我聞，未嘗有得，未嘗無得。

此辯涅槃妙體也。以涅槃妙體離一切相，故云妙盡常數。二儀，天地也，萬有，萬物也。經云，一人發真歸元，十方虛空悉皆銷殞，何況空中所有國土而不振裂，故云融冶二儀，蕩滌萬有。由此所以均天人，同一異也。以非色故內視不己見，以非聲故返聽不我聞，以寂漠沖虛故未嘗有得，以諸法寂滅平等無二，故未嘗無得。

經曰，涅槃非衆生，亦不異衆生。《維摩詰》言，若彌勒得滅度者，一切衆生亦當滅度。所以者何？一切衆生，本性常滅，不復更滅，此名滅度，在於無滅者也。

引《涅槃經》義，言涅槃之體永離生滅，故非衆生。以衆生之性本來寂滅，故不異涅槃。引《淨名經》義，彌勒若得滅度者，則一切衆生亦當滅度。以一切衆生本性畢竟寂滅，即涅槃相，不復更滅，此名滅度，在於無滅。豈有盡五陰而求涅槃，又豈可存五陰而別求得涅槃耶？

然則衆生非衆生，以性空故。誰爲得之者？無能得之人。涅槃非涅槃，以離相故。誰爲可得者？無所得之法。《放光》云，菩提從有得耶？答曰不也。從無得耶？答曰不也。從有無得耶？答曰不也。離有無得耶？答曰不也。然則都無得耶？答曰不也。是義云何？答曰，無所得故爲得也，是故得無所得也，無所得謂之得者，誰獨不然耶？

言得涅槃者，以衆生性空，故無能得之人。涅槃寂滅離相，故無可得之法。能所雙忘，故無所得爲得。以無所得爲得者，則一切諸法本來寂滅，不復更滅。斯則法法真常，生佛平等，且誰獨不然耶？

然則玄道在於絕域，故不得以得之，妙智存乎物外，故不知以知之。大象隱於無形，故不見以見之，大音匿於希聲，故不聞以聞之。

此言涅槃之體，超心境，絕見聞，結示玄得之方也。玄道指涅槃實際，爲所觀之境，以體絕諸相，故稱絕域。以此非所得之境，故不得以得之。妙智謂能證之智，實智照理，離諸對待，故云物外。以寂而照，故不知以知之。以一真法界，謂之大象，無狀無形，非可見之境，故不見以見之。寂滅圓音，謂之大音，羣動永息，非妄聞可及，故不聞以聞之。

故能囊括終古，導達羣方，亭毒養育也。蒼生，疏而不漏，汪哉洋哉，何莫由之哉？

上示涅槃玄得之體，此顯無方大用也。故能爾者，由自體甚深，所以能德用廣大。囊括，義取易云括囊無咎，謂結其囊口，今取包括無遺之義。謂涅槃真常，不但無始，亦且無終，今古常然，故云囊括終古。導，開引也，達，示悟也，羣方，九界衆生也。由其用廣，故開悟九類，養育羣生，以衆生迷之而不返，似爲疎遠，如不修則已，修而即得，故云不漏。汪洋無涯，故聖凡以之而出入，依正以之而建立，法界以之而恢張，因果以之而不昧，故曰何莫由之哉。

故梵志曰，吾聞佛道，厥其也。義弘廣也。深，汪洋無涯，靡無也。不成就，靡不度生。

此引梵志歎佛之言，以證涅槃化生之用。

然則三乘之路開，真僞之途辯，賢聖之道存，無名之致顯矣。

此總結宗極也。一論所述，九折皆三乘權教之跡，十演乃一乘之實。今論開權顯實，故云三乘之路開。無名顯理爲真，有名執跡爲僞。如上所論，真僞自辯。以時宗廓無聖，秦主斥曰，若無聖人，知無者誰，故論主奉詔作論，以破無聖斷見之執。今言儒童進修空行，起行是有能修能證之人，故曰賢聖之道存。名家按名責實，今論主發揮無名之致，故云顯矣。

涅槃無名論終

肇論略注卷六終

校勘記

〔一〕「難」，疑爲「雖」。

肇論略注後跋

此論言未及二萬，題方稱五篇，義則席卷聲教，囊括衆經，而罄佛淵海者矣。論主因見教中談真指不遷，導物開流動，恐未忘標指者，依文解二而二其心，故且翻其辭，改其名曰《物不遷》，曰《不真空》等。文似相角，而義實相符，所造未嘗異，而所見未嘗同也。然推論主心，蕩無纖異，實爲暢我佛攝末歸本之懷。是以即物而論，虚玄標高，揭物我同根，此不異《雜華》云：法性本無生，示現而有生，是中無能現，亦無所現物。能現所現既即無，昔來今往又何朕？故曰：昔人非昔人，野馬或不動。良有此深因，非驟而語不遷，後尚有約義而駁其文者，有臨文而駭其義者，然又有駁其駁者。迄我明憨山大師主盟此道，執牛耳於宗途，已探此論之奥，而識其微。因見言路縱横，學人首鼠兩端，莫之趨向。即搦管作疏，弄丸其間，析諸家之難，而闡其幽旨，名曰《略注》。古今開闢，本末貫通，借曰千途異唱，會歸同致矣。愚意在昔毗耶大士，爲世尊教海汪洋，代下一轉語，即令五百弟子飽餐香積而消之。繼踵肇公論主復白一椎，至今憨山大師筆底，方能轉身吐氣，抑亦爲論主作此一轉語耶？而始令人悟入宗本，開無知般若，鑒不真空，了物不遷，而無名涅槃即可證，此又一餐香積矣。雖各相去千有餘年，要知般若光中，以燈續燈，若旦暮遇之也。《注》成，大師尚固扃鐍以藏之。恰有居士雲山合掌請曰，摩尼妙在普雨，而法寶幸流通。弟子雖處缾之罄，因惜自他慧命如絲，願貸粟監河。但得金二十五，便可資棗黎氏流行，而皆沾其法味，幸何如哉？大師領而授之，來命跋於不肖。因贊之曰：向之於此論也，但登其枝而忘其本，咀其華而不食其實者衆矣。今得大師信筆注成，又爾居士信心刻之，今而後之於此論也，可括目矣，必能達其本根矣，此其論之中興也歟。

萬歷歲次丁巳孟秋，華山法姪慧浸識。

（潘桂明、李永晟整理）